Solitude de Machiavel

マキャヴェリの孤独

ルイ・アルチュセール

福井和美 訳

藤原書店

Louis ALTHUSSER

SOLITUDE DE MACHIAVEL

This book is published in Japan by arrangement with
les Presses Universitaires de France, Paris,
through le Bureau des Copyrights Français, Tokyo.

マキャヴェリの孤独／目次

マキャヴェリの孤独

凡例

一、本書は Louis Althusser, *Solitude de Machiavel et autres textes*, Édition préparée et présentée par Yves Sintomer, P.U.F. 1998 の全訳である。

一、傍点、括弧の使用法など、邦訳上の約束事は、通常の翻訳書に倣う。原書において大文字で始まる語は、原則として、〈 〉でくくった。編者注にて指摘される異文・削除・加筆は《 》でくくった。注の取り扱いについては、「編者解題」一八ページ訳注参照。

一、原書中の引用文、参照文献については、気付いたかぎりで、邦訳をあげたが、訳文、用字法などを変更した場合がある。フランス語文献以外からの引用文は、原則として、原書に用いられているフランス語訳を尊重した。ゆえに、訳文は、邦訳文献のものとは、必ずしも一致しない。

一、アルチュセールまたは編者による明らかな誤記と思われる箇所は、それと指摘せずに訂正した場合がある。

一、原書にない索引（福井和美＋藤原書店編集部清藤洋作成）を巻末に追加した。

編者解題

イヴ・サントメ

ステファンに

「作品を中断させる狂気によって、作品は空虚を開く。沈黙の時間を、答えなき問いを。作品が引き起こす和解なき分裂の中で、答えを求めて世界が、まさにみずからに問い掛けることを強いられる」

ミシェル・フーコー『狂気の歴史』[*1*]

書店で入手できなくなっていた（というのは、ごく少数の読者を対象にした、いまではもはや見付からない雑誌に掲載されたり、外国でしか発表されなかったり、長らく絶版になっている論文集に収録されたりしたので）アルチュセールの主要なテキストを、フランスの読者のために、一巻にまとめようとの企画が生まれたのは、当の哲学者がまだ亡くなる前、一九八〇年代終わりのことだった。フランスの知的領域の動向に深い影響を及ぼしたにもかかわらず、当時、ルイ・アルチュセールの作品は、分厚い沈黙に覆われ、まるで歴史のゴミ溜めに捨て置かれているかのようであった。[*2] 逆に外国、とくにアングロ＝サクソン圏では、『マルクスのために』の著者に対する新規の関心、六〇年代、七〇年代に比べ、より批判的、より客観的、攻撃を目的とすることのより少ない関心が見られるようになっていた。

フランスでは、一時期彼の最も教条主義的な弟子であった、ほかならぬその人々が、往々にして、この哲学者の作品の上に墓石を据えようとしていた。みずからの過誤を「悔い」、弟子であったことを「否認」してのち、それでも、かつて「マルクス＝レーニン主義」を布教していたころの彼らに特徴的な、破門を宣告するときのあの口調は変えないまま。ほかの人々、アルチュセールに魅かれたことのある人々は、取り繕うかのように、過去の「惑い」の記憶を、できるだけ速やかに拭い去ろうと躍起になっていた。アルチュセールに変わらぬ批判的態度をとりつづけてきていた人々となると、さも当然と言わんばかり、勝ち誇っていた。ほかならぬアルチュセールを批判することで、みずからの立場の明確化をいったい何度迫られるはめになったか、それらの論戦をとおして自分がどれほど変化してきたか、ということは棚上げにして。この沈黙、これら複数の沈黙によって、知識人の歴史の或る最新局面がまるまる抑圧されていた——信奉者サークルを超える広範な影響を刻印した作品、多様な顔をもつ作品に、批判的に立ち返るという必要な作業が阻まれていた。この抑圧を解除する第一歩は、テキストへの接近を再び可能にして、テキストが生まれたときの文脈とはすっかり違う文脈の中で、読み直しがなされていくようにすることだった。

この企画は、様々な理由のため、数年の「遅れ」を伴ってやっと具体的なかたちをとった。そのあいだ、イデオロギー的・政治的状況は大きく様変わりし、アルチュセールの作品にかかわる出版活動も、眺望が激変した。フランスでも外国でも、多数の研究書が彼にさかれた。[*3] ユルム通りの哲学者の主著『マルクスのために』と『資本論を読む』[*4*]が再刊された。[*5] 中でも、O・コルペ、F・マトゥロン、Y・ムーリエ＝ブータンの手で進められている遺稿作品の出版は、アルチュセールの営為に対する可能な見方を豊かに、かつ、複合的にしたばかりか、自伝出版[*6]の成功の勢いをかって、人々の注意を再び彼のほうにむけさせた。

『マキャヴェリの孤独（およびその他のテキスト）』[*7*]は、要するに、言及した様々な刊本への補遺として、刊行リストに登録される。ここ何年かに公刊された遺稿集に比べ、本書の特色は、アルチュセールの生前にフランス内外で発表されたテキストしか含まない点にある。しかし、流れた歳月を考え、またＩＭＥＣ〔現代出版史資料館、通称「イメック」〕に集められて分類整理された、アルチュセールの遺された資料の公開をとりわけ考慮することで、当初の計画は軌道修正された。校訂作業が欠かせなくなったのである。初版の誤植を訂正し、異文を指示し、文脈や文献にかかわる注を繰り込むことが……

「未刊」稿をすべて除外したとはいえ、『マキャヴェリの孤独（およびその他のテキスト）』は、やはり、編者による主体的構築物であって、アルチュセール自身が考えた著作ではない。発表された著者生前のすべてのテキストを再録するつもりは、もとより、なかった。じつに全集の出版には、まったく次元の違う、遥かに広範な作業が必要とされたであろう。当論文集は、アルチュセールの作品に、事実上の取捨選択を施すものである。ゆえに、取捨選択の過程で維持された基準は、当然、明示しておくことが求められる。編者が相対的に重要と判断した論文、状況への依存度が割合低いか、よく彫琢されている論文を選んだことは言うまでもない。他の刊本（とりわけ、Ｏ・コルペとＦ・マトゥロンによって、最近、再編集された、精神分析をめぐる諸テキスト）[*8]と重複する論文は、収録が避けられた。政治的な介入文書（とくに学生運動やフランス共産党への介入文書）は脇に置かれた。逆に、作品の含む多くの断面のうち、一つが、かくべつ、重視された。すなわち、当論文集は、アルチュセールの仕事の、いちばん「開かれている」面を強調しようとするものである――これぞマルクス＝レーニン主義の「正統派」なりとの自己主張に忙しい、このうえなく「閉じられた」テキストに優先して。

とはいえ、選ばれたテキストすべてが「開かれている」わけではない。完全に排他的な一つの立場を一貫して維持するのは、いずれにせよ、困難であったろう。この点にはすぐあとで戻る。この論文集が、全体として、ユルム通りの哲学者の理論的作品のもつあの開かれた次元を明らかにするように、というのがむしろ我々の意図であった。ここに提供される論文集でめざされているのは、批判の余地はあっても同時に発見的な価値をも有する、概念や分析を紹介することである。それらのもつ前提や含意を分かち合わない人にさえ、深く考えることを迫る概念や分析である。[*9]

アルチュセールの作品は巧みで深い。しかしその作品の或る部分は、今日では死んでしまっている「言語」、少なくとも活力を大幅に使い果たしてしまった「言語」で言葉にされている——或る種の通俗版共産主義と或る種の「正統派マルクス＝レーニン主義」に属す「言語」。理論主義的「偏向」や構造主義への「しやれ」などから帰結する言い回しよりも遥かに、この「言語」こそが、『マルクスのために』の著者のテキストを——彼の同時代人を二人だけあげるなら——フーコーやレヴィ＝ストロースのテキストより古い、と感じさせているのである。同じような例をあげよう。中世の神学論争はしばしば驚くほどの繊細さと巧妙さを併せ持っていたが、しかしもはや我々に活き活きと訴えてこない。当時において決定的であったあれらの論争は、いまでは、現代世界の系譜をたどるための、意味ある歴史的研究対象ではあっても、この対象を——あるいは、別の対象を——分析させてくれるようなカテゴリーを我々に与えてくれない。とはいえ、我々の世界観と推論様式とを編成しつづけている思考図式の鍛え上げに、あれらの論争が寄与したことも——もちろん、まったく別の「言語」を使ってではあるが——やはり何度かあった。細かいことを抜きにすれば、アルチュセールを、今日、読み直すことに賭けられているものも、いくらかそのような位相にある。彼のいくつかのテキストは、過ぎ去った（といっても、そう遠くない）時代の証言として、歴史的、政治的、社会学的に分析されるべき対象になっている。[*10] だが、別のテキストは様々な問題——それは我々の問題でもある——を、それなりのやり方で提起していないだろうか？ いずれにせよ、アルチュセールの読み直しに賭けられているものは、マルクスのテキストをどう読むかの一点に尽きはしない。もちろん、現代政治理論の要となる一つの作品を理解することへの、アルチュセールの決定的貢献を忘れようというのではない。ただ、彼の貢献をマルクス学の枠内に囲い込んでしまえば、その貢献に与えられる意義は、結局、かなり二次的なものにならざるをえないだろう、と言いたいだけである。

もちろん読者には、この判断の是非を、証拠にもとづいて議論してもらってかまわない。

＊＊＊

本書に集めたテキストは、発表年代順に分類整理された。[*11] 一九五五年から一九七八年の、ほぼ四半世紀にわたって分布するこれらのテキストは、大きさの異なる四つのまとまりに、さらに分けることができる。

最初のまとまり、最も大きなまとまりは、一九五五年から一九六七年にかけて書かれた、政治哲学と社会科学にかんするテキストを含む。『マルクスのために』と『資本論を読む』の出版を取り囲むテキストである。[*12] これらの試論に政治的争点が欠けているわけではないが、政治的争点は背景に引きこもっていて、使用されるカテゴリーの明示的内容が含む帰結より、理論的立場の含む帰結が前面に出ている。これらのテキストは、アルチュセールのより「アカデミック」な次元を照らし出す。

またこれらのテキストは、哲学者アルチュセールが、マルクスの作品を厳密に読むための、基準の必要性を強く訴えはじめた時期に対応する。彼が提出しようとしていた基準に疑問の余地があったにせよ、それら基準は、『資本論』の著者に関心を抱いていたすべての人々をして、自分がなしているマルクスの読み方を明確化し、たとえ反対であるにもせよ、それらの基準に対してみずからの態度を決めざるをえなくした。その意味で、それら基準はマルクス解釈を決定的に変容させたのだった。しかし、そうした変容が起きたまさにそのとき、この貢献は、「真の」マルクス、イデオロギーから自由になった「科学者」マルクスをみいだそうとするあまりに誘い込まれた、様々な試行錯誤によって、相殺されてしまった（「真の」マルクスをみいだそうとする試みは、この時期のアルチュセールの仕事の中でも、状況と時代に最も制約された部分をなす）。しかも二十年後、『マルクスのために』の著者は、当時の問題構成を振り返り、いまから見ればレーモン・アロンの正しさに軍配を上げなくてならない、[*13] とはっきり述べる。私と私の共同研究者たちは「少なくとも哲学において、一つの想像的マルクス主義をつくり上げてしまった」。この想像的マルクス主義は、マルクスの作品を思考するさいばかりでなく現実を思考するさいにも、発見を促す価値はもっていたが、しかしそれをそのまま『資本論』の作者のものとみなすことはほとんどできない、と。[*14] それでも、アルチュセールの諸テーゼは、厳密な基準と想像的マルクス主義のあいだで、マルクスの世俗的な読み方を容易にしたのであった。信仰を必要とする（あるいは、しない）宗教的教義としてでなく、擦り切れたり乗り越えられたテーゼ、刺激的ではあっても疑問符の付く概念、豊かな発見を促すカテゴリー、などの選り分けをめざす、批判的在庫調べの試みとして、マルクスに接近する道を開いた。たとえ「想像的マルクス主義」を一時的に構成してしまうことがあったにせよ、この平面におけるアルチュセールの貢献は、最も深いものの一つである――それは、避けて通れぬ政治理論の古典へとマルクスを変形することにおいて、決定的な貢献をなした。

並行して、しかもマルクス主義の枠を大きくはみ出て、アルチュセールは、十七世紀・十八世紀政治理論のもつ重要性のなんたるかをつかませるような仕事もしていた。さらに、民族学、社会学、精神分析の最も革新的な研究を発見させるような講義やゼミをおこない、それら研究のもつ哲学的含意、哲学的争点を明らかにしようともしていた。[*15] こうした多様なチャンネルを通じた彼の影響は、共同研究者はもちろんのこと、M・ゴドリエ、N・プーランザスなど、真の意味での弟子とはならなかったものの、彼の引いた軌道に入り込んでいった人々、さらに彼らをも遥かに超えて、フランスや外国における探究の決定的部分、とりわけフーコーやラカン、またデュビー、ブルデューといった偉大な同時代人にまで、地下を通って及んでいった。[*16]

一九六八年に発表された二つのテキストが第二の塊をつくる。[*17] ここに大まかな時代区分を指示したからといって、誤解しないでもらいたい。アルチュセールの人格と作品においては、つねに多様な相貌が一つに重なり合ってきた。だから、我々の時代区分の意図は、彼の六〇年代初期と、一九六八年を機に始まる時期とのあいだに「断絶」がある、と仄めかすことではない。彼の諸テーゼの進展過程を文献学的に内側から再構成すれば、ここで提出された「時代区分」に、いずれにせよ、細かな留保が付くことは、なるほどそうだろうが、しかし、我々の時代区分の目的はただ一つ、つぎの事実をきわだたせることにある。一九六八年から一九七二年にかけて彼が発表するテキスト、少なくとも公的に最も大きな反響を呼ぶテキストは、西欧共産党によって公式に擁護された正統性に対立すると言っていい「マルクス＝レーニン主義的」正統性を、つくり上げようとめざしていた。この時期の政治状況では、マルクス主義的正統性をどう適正に解釈するかが、左翼と極左との理論的‐政治的闘争にとって、最重要の象徴的争点になる。毛沢東主義に秋波を送り、かといってフランス共産党執行部とも訣別しないようにして、アルチュセールはこの鍔迫り合いに全力を投入していく。彼がみずからのテーゼを擁護するときの調子、当時の多くの活動家集団が支持していた政治的・科学的真理から言えば、こうなるはず、と論を張るときの調子は、党執行部の、反論を受け付けない体質、隠然たる権威主義にとって、ほとんど堪えがたいものだった。

この局面は、おそらく、彼が最も影響力をもった時期に当たるが、しかし、そうではあっても、いまから振り返ると、彼における最も不毛な局面であるとも見える。[*18] それ以前の時期におけるほどの発見的価値をもった概念は、生み出されなかった。それまでの「理論主義」を矯正しようと、ほとんどすべてが、社会科学と政治の結び付きをめぐって回っていた。人間社会を客観的に考察する方法と政治参加との、可能で必然的な接合をどう理解すべきか？　確かに重要な問題である。実証主義や相対主義への意思表明だけでは、けっして解決できない問題である。だが、アルチュセールが当時この問題に与えた解釈は、結局、ごく場当たりな反響を呼ぶだけのものにすぎなかった。実際、完全に客観的な一つの科学と政治的諸イデオロギーとを哲学によってつなげる構築作業が重要だと言われても、眉に唾せずにおれないだろう――、唯物論と観念論の対が、下部構造・上部構造なる有名な「トポス論」の効力によってたえずプロレタリア／ブルジョワの対立と重ね合わされつつ、永遠の決闘を演ずる、あの影絵芝居にいたっては、なおさらのこと。この読解格子は視野狭窄を引き起こさずにすまず、政治と社会科学のあいだの問題的な結び目を、もっと一般的な広がりにおいて、こう問うことを禁じてしまった。トクヴィルから、ウェーバー、デュルケムを経由してマルクスにいたる、現代社会学、現代歴史学の創始者たちのもとでは、倫理的・政治的動機が、なぜ、またどのようにして、社会的世界の客観的把握へのはっきりとした意思とかくも緊密に結び付いたのか？　なぜそうした動機は、或る程度まで、社会的世界の対象化という志向のバネになったのか？　そのことから、いかなる帰結がもたらされたか？

とはいえ、この時期にあってさえ、様々な揺らぎが感知される。たとえば、『ジョン・ルイスへの回答』はアルチュセール的教条主義の頂点を極めると言っていいが、その『ジョン・ルイスへの回答』が、時間的には、『自己批判の要素』とほぼ同期しているのである。[*19]『自己批判の要素』は、大きな理論的刷新をもたらすわけでないし、その意義も、アルチュセールの経てきた道を内側から読まないでは、あまり明瞭にならないが、それでも、この哲学者の用いる「調子」の重大な移り変わりと、その移調に伴なう変化、彼が擁護してきたパースペクティヴの屈折をしるし付けている。この意味で、『自己批判の要素』は、いちじるしく異なる時期への過渡期をなす。いままでつくり上げてきた建物を脱構築するのに費やされる過渡期。ゆえに『自己批判の要素』は、あのみごとなテキスト「アミアンの口頭弁論」と共に、『マキャヴェリの孤独（およびその他のテキスト）』の第三の塊、一九七二～一九七五年の塊をつくる。「アミアンの口頭弁論」でアルチュセールは、『自己批判の要素』を引き取って深めていき、自分の理論的軌跡の決算・総括を描き出す。そして、自分の営為をたどり直させてくれる三つの道を示す。第一の道では、社会を一つの全体性と見ることが拒否され、全体性とは逆に、「支配因を伴なう構造化された全体」、つまり、諸審級が歴史の中で相互の連関を変えつつ織りなすまとまり、の観念が提出される。第二の道はより認識論的な道で、スピノザ的発想の線に沿って「認識過程」にかかわっていき、とくに、歴史的ないし社会学的認識が日常的表象（「諸イデオロギー」）に及ぼす働きが分析される。第三の道では、マルクスについての「人間主義的」解釈と、社会関係は透明である、透明になりうると明示的にか暗黙のうちに前提する、あらゆる理論が斥けられていく。これら三つの道はいくつもの広大な領域を、踏査しないで置いたままにする。たとえば権利と民主主義の領域がそうで、アルチュセールは根本的にこの領域に無縁であるとの感じがする。これらの道はまた、現代社会科学の基本文献を無視して通りすぎる――アルチュセールがまったくと言っていいほど引用しない、ウェーバーの著作をはじめとして。こうした棚上げを差し引いても、ユルム通りの哲学者が提出した諸概念それ自体に、異論の余地があり、[*20]彼本人もまた、何年もかけて、それら概念を少なからず「移動」させていったのだった。とはいえ、どの概念も、我々が先に言及した「死んだ言語」を遙かに超えたところにあり、いまでも、発見的手法としての否定すべくもない妥当性を保っている。

最後の塊は一九七六年から一九七八年に及び、いままでの作品を脱構築しようとするテキストを含む。[*21] この局面は、それに先立つ時期になされた自己批判的総括を考えないでは、理解されないと言っていいが、じつはその総括を白熱状態のまま抱え込んでいる。『マルクスのために』公刊前後の時期に比肩できるほどの躍動は、なるほど、欠くとはいえ、それでも、概念の平面において、この局面は、一九六八〜一九七二年とはまったく比べものにならない豊かさをもつ。それまで「マルクス＝レーニン主義的」正統性をめぐる精神の迷路に迷い込んでいたアルチュセールが、決然とそこを抜け出し、現実の世界との対話を回復していこうとするかに見えるのだ――まずなによりも、その当時、マルクス主義を直撃していた危機、西欧世界の現状変革を擁護するあらゆる理論を直撃していた危機に、真正面から取り組むことによって。彼の思索は公然と理論という枠組みをはみ出し、危険を賭して迷わず、はじめて政治論争に入り込んでいく。[*22] アルチュセールは、彼の進む道を共有できないでいた人々と対話できるようになるだろう。「イル・マニフェスト」紙に集う異端派マルクス主義者たちによって組織された「ヴェネツィア討論会」、東側の多くの反体制分子も招かれたこの討論での彼の印象的な発言は、その点、象徴的である――また、アルチュセールの強い刻印を受けた、しかし彼への理論的忠誠からは自由であった革新的経済学思想の一潮流、レギュラシオン学派が、この時期、登場してくるのも同じく象徴的である。[*23] かつて擁護した立場と、彼自身当事者となった集団的歴史とにいよいよ批判的に立ち返ることによって、アルチュセールは自己批判という作業の、峻厳な模範を差し出そうとしていた。どこまでも厳正たらんとするその作業は、過去の否認、過去の抑圧への道をとろうとしなかった。ところが、この時期は、おそらく、アルチュセールの最も知られていない時期の一つに当たる。マルクス主義の危機と、彼に公的な沈黙を強いることになる妻殺しという個人的ドラマとの相乗効果によって、この時期がどれほど見えなくされてしまったことか。『マキャヴェリの孤独（およびその他のテキスト）』が、この時期を積極的に再評価させる一助となってくれれば、と願う。

＊　＊　＊

編集上の観点から言えば、『マキャヴェリの孤独（およびその他のテキスト）』に集められた試論群は、以上の時代区分とは別に、また以上の時代区分と交差するかたちで、三つのはっきり異なる資格付けに従う部分に分類できる。

試論のうちの六つは、アルチュセールの生前に雑誌に発表され、掲載前に彼の校閲を経ている。[*24] これらのテキストに他の二つのテキストが仲間入りする。D・ルクールの著書とG・デュメニルの著書に付された序文[*25]であり、それらもアルチュセールの生前に出版され、彼の手で校正がなされている。これら八つのテキストにかんする編集作業は比較的簡単であり、編集作業の是非もほとんど問題にならなかった（テキスト選別の問題は別として）。要は、以前の版の誤植を訂正し、それらの試論の冒頭に文脈的・文献的観点から簡単な説明を置き、異なる版のあいだの、あるいは手稿との、おもな異同を注記するだけで足りた。

別の二つのテキストはいくらか違う資格付けをもつ。「今日のマルクス主義」はアルチュセールの生前に、しかし外国語〔イタリア語〕でのみ発表され、フランス語での公刊は彼の死後にすぎない。「マキャヴェリの孤独」と題された講演が公刊されたのは、講演からおよそ十年後のことで、いよいよ悪化する病気のため、彼はゲラを校正できる状態になかった。[*26] しかし、必要とされた編集上の介入は、前記の作業とさして変わるところはなかった。ただ、校訂にさいし、公刊された翻訳よりも、フランス語手稿版への依拠を優先しなくてならなかったとの点を除いて。

残る四つのテキストには特殊な問題があった。それらはアルチュセールによって論文集に収録されたからである。「レーニンと哲学」と「自己批判の要素」は、それぞれ同名のタイトルをもつ論文集に再録された。「革命の武器としての哲学」と「アミアンの口頭弁論」は『ポジション』に収められた。紙幅の制約という明白な理由から、三つの論文集の全体を本書に再録することは、まず不可能だった。これらのテキストの編集作業も前出の諸テキストの場合と変わらなかったが、しかし著者の手で組み立てられた著書を分解することの是非が問われた。そこで、三つの論文集の中の主要論文を再録する、とのプラグマティックな解決策が採用された。

『レーニンと哲学』のケースは処理が最も簡単であった。もともとアルチュセールは、この書名と同じタイトルの講演を、自分の監修していた「理論」叢書の一冊として、そのまま刊行したにすぎなかったからである。[*27] ポケット版叢書《ＰＣＭ》〔« La Petite Collection Maspero »〕の一冊として出された第二版で、[*28] はじめて彼は、ほかの二つのテキストを、[*29] この口頭発表のあとに付け加えることに決めた。絶版になっていたこのポケット版から、我々は、冒頭に置かれたテキストのみを再録することでよしとした。

第二論文集『自己批判の要素』[*30] も、すでに長らく書店では入手できなくなっていた。初版からそこには、書名と同名の試論と、それよりあとに執筆された、遥かに短いテキストの二つが含まれていた。[*31] ここでも我々は、中心となるテキストを再録することでよしとした。

『ポジション』[*32] は、以上二つのケースとは別格であった。複数の主要論文を含み、アルチュセールの手で綿密に構成された、まさに真の意味での論文集だったのである（フランス共産党の出版社〔エディシオン・ソシアル〕から出た、最初にして最後のアルチュセールの本でもあった）。長らく絶版であったが、しかし分解はすでに始まっていた。冒頭の論文「フロイトとラカン」（一九六四年一月）は、いまでは、精神分析関係のテキストを集成した、アルチュセールの死後出版作品集に収録されている。二番目に置かれた論文「イデオロギーと国家のイデオロギー装置」は、アルチュセールが「再生産」をめぐるみずからのテーゼを紹介している教科書（それまで未刊であった）を中心にしてやはり死後に編まれた集成に、組み込まれている。[*33] それ以外の残りのテキストの中から、我々は二つを再録することにした。「アミアンの口頭弁論」（一九七五年六月）と題された最も重要なテキストは、アルチュセールの中心的テキストの一つで、そこにおいて著者は、「業績にもとづく博士号」[*34] の口頭審査の場で、みずからの探究の基本的座標軸を総合してみせる。もう一方の「革命の武器としての哲学」と題されたテキストは、イタリア共産党日刊紙「ウニタ」のフランス特派員を、一時期、務めたM・A・マッチオッキによる、書面でのインタビューに答えるという体裁で呈示されている。[*35*] 理論的な意義は確かに低いが、それでも二点において、このテキストは或る種の重要性をもつ。まずそれが、アルチュセールの最も「閉ざされた」時期、『マキャヴェリの孤独（およびその他のテキスト）』が触れる義務を負う時期の、一見本になっている点で。つぎに、このテキストに、アルチュセールが多大の推敲を施し、ひとかたならぬ強い愛着を抱いていた点で。愛着の理由は、このテキストがイタリア共産党の日刊紙の記事として掲載されたことに、とりわけある。[*36] 逆に他の二つの二次的テキスト[*37]は、脇に置くことにした。

＊　＊　＊

『マキャヴェリの孤独（およびその他のテキスト）』においてなされた編集作業は、Y・ムーリエ＝ブータン、O・コルペ、F・マトゥロンの手になる遺稿作品の出版で採用された処理方式を、ほぼ踏襲している。我々の編集作業が可能になったのは、IMECに保管されている豊かなアルチュセール文庫を閲覧できたおかげである。[*38] それぞれのテキストの冒頭には、文脈と文献にかかわる情報を与えるための解題が付されている。誤植、綴りと句読法の誤りはできるかぎり訂正したが、アルチュセールの極めて独特な句読法はそのままとした。テキスト本体への編者による介入はブラケット［　］によって指示する。本文の活字組み、とくに引用、注参照符、参照文献指示符の活字組みは、その統一を図った。アルチュセールによる注は1、2、3……と番号を振り、各ページ毎の脚注とした。編者注と異文はa、b、c……とアルファベットを振り、各章末にまとめた。アルチュセールによる引用に編者が加えた訂正は、それとわかるようにした。〔この日本語版では、アルチュセール注と編者注・訳注をそれぞれ別立てとし、前者は（1）（2）……で示して各論文の末尾に置き、後者は編者注を＊1、＊2……、訳注を＊1＊、＊2＊……で示し、通し番号で巻末にまとめた。編者注への訳注は（＊）で示してその編者注の末尾に置いた。訳注以外での訳者による本文への介入は〔　〕でくくった〕

＊　＊　＊

つぎの方々に感謝する。ルイ・アルチュセールの包括受遺者で、当論文集に出版許可を与えてくれたフランソワ・ボダール、労を惜しまずアルチュセール文庫の遺された資料に私を案内してくれたＦ・マトゥロン、必要にして不可欠な助力を与えてくれたＯ・コルペとＩＭＥＣのスタッフ、この企画を支えてくれたＭ・プリジャンとＪ・ビデ、編集作業中に様々なアドバイスをくれたＶ・ジロー、アルチュセールをめぐる長い議論の相手を務めてくれたＥ・クヴェラキス、さらに私の質問に快く答え、この校訂版の作成に協力してくれた多くの人々。とりわけエティエンヌ・バリバールの名はあげておかなくてはならない。企画の発案、テキストの選択・配置・理解から、企画の実現を視野に入れた実務にいたるまで、彼がつねに時間を都合して手を貸してくれなかったなら、『マキャヴェリの孤独（およびその他のテキスト）』は、日の目を見ることはなかったであろう。[*39]

第一章　歴史の客観性について——ポール・リクールへの手紙（一九五五年）

この論文は「哲学教育評論」(*Revue de l'enseignement philosophique*, 5 (4), avril-mai 1955, p.3-5) に出た。「ルイ・アルチュセール、高等師範学校」と署名がある。雑誌の発行元は公教育哲学教員協会(Association des Professeurs de Philosophie de l'Enseignement Public)、協会の当時の名誉会長はJ・イポリット、会長はL・M・モルフォが務めていた。アルチュセールは協会事務局メンバーで、他のおもな事務局メンバーに、アルキエ、ギュマン、イポリット、モノー、モルフォ、ルヴォ・ダロンヌ、スピールなどがいた。アルチュセールの伝記第一巻で著者ムーリエ=ブータンは、協会が、一九五二年十月、セーヴル国際センターで主催した哲学者と歴史家の対話集会に、アルチュセールはサッカーの最中に捻挫したため出席できなかった、と記している。[*1] この対話集会でリクールは歴史の客観性について講演をおこない、とくにレーモン・アロンの著書[*2]に対する批判を展開した。「哲学教育評論」はこの講演原稿を、以前の号に載せていた。[*3] P・リクールがほんとうの意味でアルチュセールに答えるのはずっとのちのこと、一九六七年のアルチュセールの講演「レーニンと哲学」[*4]に続いてもたれた討論会でと、リクール自身が一九七五年秋にシカゴ大学でおこなった一連の講演[*5]の枠内でのことである。一九九〇年、アルチュセール歿後、彼はユルム通りの哲学者が自分にとってもった意味を、再度、こう言明するだろう。「マルクス主義をその科学認識論《エピステモロジー》の頂上において思考した人、私にとってアルチュセールはつねにそういう人であった。弛緩した、人間主義的な、それどころかキリスト教ふうに潤色されたマルクス解釈に、私はあまり敬意を払ったことがない」[*6]

ここに公刊する版(「哲学教育評論」に掲載されたテキスト)は、我々の知るかぎり、現存する唯一の版である。[*7][*]

読み終えたあなたのセーヴル講演について、いただいた同意のもと、いくつか気付いた点をここで述べたい。

まず最初に、論点を共有するために、何があなたをレーモン・アロンから分かつかを取り出し、その「何が」を明確化したい。この対比は恣意的なものではない。しばしばやんわりと、しかしときに直截に、あなたのテキスト自体がそれを要求している。[1] ついては、レーモン・アロンの論点「主観主義」を批判することがあなたのテキストの旗幟の一つをなすと言っても、あなたの考えを裏切ることにはならないと思う。この対比は、さらに、我々のいまにもかかわる。アロンの論点は、こう言ってよければ、じつに公共の場に入り込み、誰にでも知られ、多くの人の頭の中で、自明なことがらとさえ受け取られている。

あなたをアロンから分かつのは、あなたの設問それ自体である。「普遍妥当的な歴史の科学は可能か」と問うアロン、カントの言葉で言えば、「歴史の科学の実在性を疑っている」[2] アロンに対して、あなたは、歴史の科学が実在すること、歴史の科学が合理性と客観性をもつことを一つの事実的所与のごときこととして、そこから出発する。カントが科学にむける問い（基礎の問い）をでなく、科学とは反対のもの……じつに形而上学にむける問い（可能性の問い）を、レーモン・アロンは歴史にむけるが、あなたは、そのアロンの視角をひっくり返して批判主義の伝統へ立ち返り、歴史に、歴史は科学として実在するとあらかじめ承認したうえでの問いをむける。あなたの問いの理論的根拠と内容は、とりあえず、脇に置くとしても、この視角のひっくり返しは決定的な意味をもつ。それがあなたの批判全体を導くのだから。

「歴史の科学は可能か」とみずらかに問うとき、じつはあらかじめアロンは、その問いへの一つの答えを締め出している。当の問いを立てることを彼に免じるとさえ言っていい答え、科学が実在する、科学が現実性をもつという、まさにそのことがもたらす答え。科学そのものの中にもう答えをみいだそうとはせず、彼はそれを、科学のそと、科学とは別の水準に探していく。一方で、通常の経験、自己認識、他者認識の水準、彼自身の言葉で言えば、ふつうの人の経験の水準に、他方で、歴史という対象についての哲学の水準に。言いかえれば、アロンは、歴史という一個の対象をあらゆる科学的直観把握のそとで構成して、そこにみずからの問いに対する答えを求める。ゆえに、ごく当然にも、彼はこの歴史という対象を〔歴史認識としてでなく〕「歴史の真理」として呈示する。気付かずにおれないが、言われる「歴史の真理」は、哲学ふうの準概念をちりばめられた直接的経験を素地にして構成される。「目撃者」、「判事」、過去の記憶をたどりつつその過去を変形して思い描く人間の、それどころか、改札を受ける乗客の経験[*8]、他人と意思が通わぬ経験、政治、イデオロギーへの回顧的感情移入の経験、エトセトラ……、そのすべてに哲学的概念がまぶされ、歴史〔という対象〕の「多義性」、「極め尽くしがたさ」、「複雑さ」、「多数性」を、「継承」現象や未来の圧倒的優勢を[*9]、不滅化していく……。科学的直観把握の水準そのもののそとでなされるこの対象構築作業は、歴史家がみずからの作業の中で出会うアポリアや困難から、道徳的な支えを受け取ることもある。そうした困難が、歴史認識を構成する場でしか意味のない問題にすぎぬことは、なるほど、そうではあっても、しかし、言った困難をアロンは歴史という対象それ自体のもとへ移し替え、そうすることで、この対象のもつ神秘的多義性に、確固たる支えを与えようとする。したがって、カントが形而上学にむける問いをアロンが歴史にむけるのは、まったくの偶然ではない。期待された答えをもたらしてくれる歴史とは、じつに形而上学的な歴史のことなのである。しかし、カントが形而上学、形而上学の対象を、対象認識の条件と、その認識のモデルを提供してくれる実在する科学とを論拠に反駁するのとは反対に、アロンは、歴史の科学は可能であるとの観念は空虚なりと、歴史の形而上学を論拠にして反駁する。その形而上学を、あらかじめアプリオリに、みずからに与えておいたうえで！　言いかえれば、その反駁の依拠する中心は、カントにとってとは違い、アロンにとっては、現にいま存在する科学の、実際的合理性にあるのではなく、およそ科学というもののそとで構成された対象の、その「真理」にある。「批判」への要請を建て前にしてなされるなんとも驚くべき、カント的設問の転倒！　対象性を成り立たせる条件そのもののそとでは、いかなる対象についてであれ、それの「認識」を語ることにまったく意味なし、と明らかにするそこに、カントの全努力が注がれたことを思えば、まさに、である。この条件をカントが構想するときの形式が理念的であることは、さしあたり、重要ではない。彼は、実際にそれを構想しようとし、しかも現にいま在る科学を出発点にそうしようとしたのだから。或る科学の可能性の有無を決するために、この可能的科学という観念を、可能的科学の対象、いまだないゆえに認識されぬその対象、つまり、対象のあらゆる直観把握のそとで物自体として構成される対象に、関連付けようとする考え方が、そもそも、批判主義以前の時代、批判主義以前の素朴さに我々を連れ戻す形而上学的手続きの、まさに典型なのだ！

　だからこそ、いまやこう指摘することが重要になる。どのようなタイプのであれ、この種の形而上学的判断をあなたの設問は、少なくとも原則的に、排除する（あるいは、排除しなくてならないはずである）。歴史学の水準は直接的経験の水準でないこと、(3) 科学としての歴史は過去の蘇生でないし、そうでありえないこと、(4) 歴史の科学は歴史についての一つの認識であって、過去の全体的（または部分的）蘇生でないこと、(5) こうしたことをあなたは、まったく正しくも明らかにしている。

　この水準においてこそ、自然科学と「同類の」合理性を、歴史の中に再びみいだせる可能性もある。じっに巧みにあなたが明らかにしているように、歴史学における科学的営為を構成していく諸契機、観察、抽象、理論(6)は、実験科学の手続き（それは実験的であるからこそ、同時にまた理論的でもある）に対応する。あなたのアロン批判が極点に達するのは、あなたが良い主観性と悪い主観性を区別するときで、ここであなたはアロンの詭弁の急所に触れる。なぜなら、アロンの企て全体は、歴史の科学についてのイデオロギー理論と呼べるものに行き着く。アロンにとって、なるほど、いくつかの領域（たとえば経済学。ただし彼の経済学の捉え方は、純粋に静力学的で、ひどく図式的である）にかんしては留保を口にせざるをえないとはいえ、歴史的現実については、結局、回顧によって得られる対象性と回顧によってなされる合理化しかないのである。諸事実は（彼の有名な言い回し「対象の分解」にもかかわらず、少なくともいくつかの事実は）[7]記述できることがあるし、また、中には乖離してきて、現実そのものの中にいわば読み取れる構造もあるけれど、しかし、一般性の或る水準にまで上昇するや否や、もはや回顧への不服申し立てができなくなる。言いかえれば、抽象の或る水準、ちょうどあらゆる科学的理論が身を置き構成されるところの、水準に達するや否や、人は、みずからの哲学的「選択」と「意思」とが決定する運命のもとに、ひとことで言えば――そのひとことを、彼は著書の最後になってやっと口にするのだが――要するにイデオロギーのもとに、なすすべなくゆだねられる。[8]理論、たとえば物理学においてこの語が用いられるときの意味でのいかなる理論も、歴史学においては、相対主義と恣意性の抜きがたい染みに汚れている。どうして？　なぜなら（アロンがここであげる二つの理由は互いに支え合っている。言ってみれば、ケーラーの猿が箱を高々と持ち上げようとするとき、猿の指先に掲げられたその箱が逆に猿を支えてもいるように[9]）、なぜなら、まず、現実のもつ複雑性・多義性、そのまま歴史家のもとに持ち越されてくるその複雑性・多義性が、理論によるいかなる統一化をも根本から阻んでしまうから。つぎに、この難儀な場面で歴史家は或る選択をなすが（その選択のうちに、彼の偉大さと共に苦痛からの解放もまたある）、そのとき彼は自分の過去がもつ意味を選択するのであり、このようにして彼は、自分の気分にもとづく理論をではないにせよ、みずからの属す民族・階級にもとづく理論を、アプリオリに、みずからに与えることになるから。歴史家の偉大さからは、彼の理論の貧しさが（また逆に、理論の貧しさからは彼の偉大さが）すぐさま目に飛び込んでくる。貧しさというのも、その理論は普遍的でないから。その理論は、利害、受けた――たとえ高貴ではあっても――苦痛、哲学的選好を翻訳しているにすぎない。それはイデオロギーにほかならない。

「悪い主観性」を語りつつあなたが糾弾するのは、このアロンのテーゼである。[10]しかも指摘しておくだけの意味あることだが、ここでもアロンは、直接的意識をめぐる通俗極まりない諸テーゼに論拠を求めることを、みずからの設問そのものによって強いられ、それらテーゼを自分が仮想した歴史家に託しておいたうえで、この歴史家を思う存分こきおろす(11)。こうしたイデオロギー的回顧の行いを、すでにヘーゲルが『歴史哲学入門』*10で、反省する歴史の名のもとに断罪していたこと、こうした主観的相対主義を乗り越えるような認識の必要性を訴えていたことを、ここで言っておくのは有益なのでは？　実際、疑いを入れないが、イデオロギーは、歴史学が踏むあらゆる操作手順の本質をなすどころか、逆に、科学的歴史の対象の一つでしかありえず、歴史学は、みずからを科学的に構成するためには、イデオロギーという、この直接的意識の水準を乗り越えなくてはならない。つまり、イデオロギーの支配力を、よって、みずからの頽落を、免れようとするなら、歴史学は、イデオロギーの理論をさえつくれるだけの力を示さねばならないのである。

＊＊＊

いままであなたに付き従ってきたが、おそらくここで、私はあなたと袂を分かつことになる。正しくもアロンを糾弾して誘惑やお手軽さを言うあなたが、ほかならぬその誘惑やお手軽さのいくつかに屈していることを、私は批判する。良い主観性と悪い主観性の問題を、しばし、取り上げ直してみよう。科学的理論とイデオロギーの問題に等価な問題である。この二つの形態を区別させてくれる基準は何か？　あなたがなしているように、「科学の対象は正しい精神につねに結び付いている」と述べるだけで十分なのか？　「探究をなす自我を感情で動く自我に(12)」対立させ、一般理論の正当性は理論の作者がもつ知性の力にのみ存す、と考えるだけで？　おそらくそれだけでは十分でない。いかにして歴史から神話を、つまりは、歴史についての科学から歴史についてのイデオロギーを区別すべきかと問われて、あなたが、いま言ったのとは別の根拠を持ち出し、こう答えたのであってみれば。区別をなさせてくれるのは「批判的方法の実行であり、検証であり、他の人々が歴史家に加える制御である(13)」。

要であると私に見える語「検証」を、あなたがどういう意味で理解していたのかわからないが、この語を厳密な意味でとれば、重要な諸点をめぐるあなたの分析を、それどころか、あなたが歴史にむける問いの、原理と内容を、どうしても批判せずにすまない。

あなたをアロンから分かつのは、歴史家の実践を真剣に受け止めているという、そのことである。この対比をここでさらに広げて言わせてもらうなら、他方であなたをマルクス主義科学認識論研究者から分かつのは、歴史家の実践は、当の実践のうちにのみ、歴史のもつ客観性および科学性の、その根拠を含むと、そうあなたが考えている点である。その徴候のように見えるのだが、あなたは「自分の職業《メチエ》を反省する歴史家に耳を澄ますことをなす。というのも、この職業こそが歴史に見合う客観性の、尺度となる。また、この職業こそが、歴史の客観性に含まれる良い主観性と悪い主観性の尺度ともなる」[14]。歴史家の自己意識を問うて、あなたの問い掛けは、なるほど、その自己意識にのみむけられているのでなくて——じっに歴史家の自己意識は信用の置けないことが多い——歴史家の実践にも及ぶ。だが、この実践は純粋に職域内在的なものにとどまる。この実践にかかわるのは、史料批判、諸「時系列」の立証、理論の改訂である。よって、理論をその最大の外延において考察するなら、理論もまた職域内での検証を受け付ける。ならば、最大限の整合性をもって、可能なかぎり多数の現象を説明してしまえば、それだけで歴史家は満足ということになろう。だが、こうであっては、唯名論型の議論からどう完全に抜け切れるのか、私にはわからない。たとえば、つぎのごとき議論。職域内での整合性のみが問題であるなら、複数の理論が可能であってしかるべきでないか？　この議論は、科学的歴史という観念に「解釈体系の複数性」を飽かず対置するアロンの詭弁に、我々を囚われさせる。しかも、「要因」のあいだで、つまり、究極的には、相異なる諸理論のあいだで歴史家がなす「選択」についてあなた自身がなしているように、「この重要なる判断、ただし確実な判定基準を欠くそれに、歴史の合理性は根差す」[15]と認めてしまうなら、どうして、アロンの詭弁に囚われるとの帰結を避けられるのか？　アロンのなす批判の原理を受け入れることと、その原理のもたらす諸結果を拒絶することを、どうしてあなたは同時になせるのか？　この矛盾が生じるのは、あなたが歴史の客観性を擁護しようと図るその一方で、同時に、この客観性を純粋に内在的に捉えようとするから、と私には見える。あなたの目標とあなたの概念構成とのあいだに、また、あなたの論証の方向とその論証の哲学的諸前提とのあいだに、基本的な矛盾があることを、これから示してみたい。

歴史が客観性をもつことの根拠をなす「歴史家という職業《メチエ》」、その最終的な内実とは実際には何か？　それはまずなによりも、あなたがマルク・ブロック[*11*]に倣って叙述する合理化の実践である、とそう述べても、あなたを裏切ることにならないと考える。しかし、この実践そのものは「客観性への導き」の実行化（作品化）にほかならず、この導きそのものは「客観性への志向〔意図〕」によって動かされていて、したがってこの志向が、言った実践の最終的な基礎をなす。ゆえに、歴史をつくるのは、「歴史家のなす選択、なんらかの認識行為が、つまり、合理的に理解しようとするなんらかの意思がなす選択である」、とこうなる。[16]

この選択をあなたが、フッサールと共に、経験的な意味での選択でなく、超越論的な意味での選択として考えていることは、私もよく承知している。科学の誕生をめぐるフッサールの概念構成を、ここで批判するつもりはない。その概念構成の曖昧性・形式主義は、いずれにせよ、あなた自身がきちんと明らかにしている。[17]なるほど、確かに、この選択の超越論的性格が歴史学に一種の威厳、通俗的主観主義や心理学主義による侵害からまさに歴史学を守ってくれるはずの威厳を付与することは、明らかに目に入ってくるが、しかしまた同じく目に入ってくることに、言った超越論的性格はこの威厳を歴史学のあらゆる作品に、それらがどう構成されていようと、付与することもできる。超越論的なこの「客観性への志向」が、どのように客観性をめぐる抗議に変質することがあるかは、しばしば目にするところである。歴史家もどきさえ含め、客観性を欲しないどんな歴史家がいるというのか、と。たとえこの線に沿ってフッサールをたどっていっても、我々が見ることになるのは、じつは彼が、ガリレイ物理学を、たんなる「客観性への志向」によっては定義しなかったということ、物理学の対象の一般理論に正確に対応する構造を、この客観性に与えたということ、ゆえに、この客観性は「数学的に規定されうるもの」だということである。この定義がまだ形式的である点は脇に置こう。ここで重要なのは、特定の科学がもつ客観性を性格付けるには、対象の一般理論を持ち出す必要性がある、とこの定義が言っていて、ゆえに、その必要性を承認していることだ。言いかえれば、科学を定義するには、あなたがしているように、「客観性への志向」を持ち出し、この志向を原動力とする操作のあらゆる水準に当の志向をみいだしてみせるだけでは、十分でないのである。実際、内在性および形式主義というこの水準にいては、我々はほとんどアロンの先に進んだことにならない。彼であれば、世界に差し向けられる「客観性への志向」をすべて難なく我々に授け、それら志向を互いに対立させてみせることだろう。科学は、科学の対象の一般理論の、その関数として定義されなくてならないのである。まさにここに、あなたを立ち往生させるものがある。そのわけは、一方であなたは確かに対象の一般理論の必要性を擁護し、対象性一般の視点からこの理論の正当性を示しはするが、しかし他方で、この理論を性格付けてくれるはずの「確実な判定基準」を、それが不可欠であるにもかかわらず、与えることをしなかったからである。じつを言えば、歴史家がこの判定基準をみいだせる場は、彼の「職業《メチエ》」のたんなる範囲内にはない。

　私があなたをどの道に連れていこうとしているか、あなたにはわかっている。私としては、それが無理やりでないと思いたい。というのも、じつにこの点にかんしては私もあなたに倣い、自然科学の前身を持ち出したいと考えている。その前身には、観察、抽象、理論の三つからなる循環が働いているのが見られる。しかしそこにはもう一つ別の契機が付け加わってくる。実験であるが、ただしそれは、実験室での経験をだけでなく、理論的成果から引き出される無数の効果についての、日常的経験をも言う。常識を逆撫でする一つのテーゼを、ここで押し出してみたい。歴史もまた実験的であるかぎりでしか科学でありえない。[18]このテーゼには、なるほど、反論が返ってくるだろう。実験室でとは違い、歴史では実験をやり直せない、と。ここには、反復されることがらについてしか科学はないとする、古いアリストテレス的図式が前提されている。しかるに、理論がまさに現実の変形についての理論であるのなら、かたちを変える現実の中に、どうして理論の検証がないなどと言えよう？　たとえばマルクス主義理論、諸社会の発展についてのこの一般理論は、現実の歴史のなす実践をくぐるべしとの要請と、そこをくぐる契機とを共に含んでいる、と私には思われる。[19]「歴史家が歴史をつくると同じほどに、歴史がまた歴史家をもつくる」と言うときのあなたが、歴史とは歴史家の組み立てる歴史のことでなく、生きている歴史、歴史家がつくりつつも、その必然性を彼が身にこうむるところの歴史のことだと理解しているなら、我々の意見が一致する可能性はあるかもしれない。だが、たとえそうであっても、個人の主観的意図〔志向〕に対しても、社会構成体のなりゆきを説明する一般理論に対しても、根本的な「批判」をおこなうのは、まさにこの現実的な歴史なのである。マルクス主義はこの「歴史自身による批判」の産物であって、また同時に、その批判についての理論でもある。それはともかく、我々共通の出発点に戻って、結論を言いたい。イデオロギーか科学的理論かを言う「確実な判定基準」をあなたが取り出せなかったのは、客観性の基礎を歴史家の実践の中にのみ求め、その実践を「客観性への志向」という空虚な志向にまで縮めてしまったからである。こうであっては、どうしてあなたがアロンの議論から身を守れるだろう？　あなたは、あらかじめアロンに与えておいたその位置から、彼を攻撃しているかに、私には見えるのだ。

＊＊＊

こうした原理的妥協のもたらす最後の結果を、さらにまだ、明らかにしておかなくてはならない。物理学の客観性に比べて「不完全」な、しかし「より豊か」でもあるあの客観性、歴史の客観性に「固有」な性格をめぐる、あなたの概念構成を論じようと思う。この概念構成をあなたが展開するのは、歴史家の「主観性」を扱った章でのこと。それは偶然なのか？　この章をあなたはこう結ぶ。「我々は歴史の客観性を歴史家の主観性の相関項として構成してきた[20]」。しかし、そうしたのは、妥当な手続きはこれとは逆だとの印象を何度も与えておいたあとでのこと。実際、あなたは、「出発すべきはそこ（客観性）からであって、他方の項（主観性）からではない」と言っていたのだった。[21]〔主観性への〕

この「差し戻し」は、原理的には、客観性についてのあなたの内在的概念構成がもつ、「循環性」に起因するように、私には思われる。しかしそうだとすると、客観性をその真の水準、科学的理論と検証の水準で定義しなかったあなたは、この（ここまでのところ）無内容なままの客観性に、超越論的規定、直接的意識に根差すか、あるいはまた、問題というかたちで歴史学に属すかする規定を与えていくことになる。これは、あなたを、馬鹿げた企てにむかわせるだろう。この企てを私は、完全にでき上がっていて、しかも認識されていることが前提されている形而上学的対象に、歴史の科学という観念の空虚さを対比する、アロンの姿を明らかにすることで、このテキストの冒頭に描き出しておいた。

歴史の客観性に特有な性格の、第一の特徴なりとあなたに映る重要なる判断、この論点には拘泥しないでおく。重要な出来事を選ばなくてならない。まことにそのとおり。しかし、現象から本質への移行など、どんな科学でもやっていることで、あなただってこうはっきり言った。物理学は「知覚において最初になされる現象の整理を、訂正する」、と。[22] さらに付け加えておこう。歴史学においても自然科学においても、課題は直接的現象を取捨選択することにでなく、「現象を深化させること」、そのようにしてそれら現象の本質に達することにある、と。かくして、「歴史家の主観性」に「重要なる判断」という超越論的カテゴリーをまとわせるとき、あなたは、「歴史家の主観性」と物理学者の主観性を対立させるところまでは行けず、逆に、別の対立を明らかにしてみせる。科学の語り（「物語は続きをもつ」）と、あなたにとって直接的という意味をでなく、超越論的なる意味をもつ歴史の、その「本性」（「体験はその場かぎりのもの」）との対立である。

こうしたことより、あなたが因果性について言っていることのほうが、注目にあたいする。なぜなら、そこにおいてあなたは、「様々な程度に応じて因果性の通俗的観念に追随する」歴史家の「批判以前の素朴さ」に対して、[23] ほかならぬレーモン・アロンのテーゼを擁護するのだから。私の感じでは、あなたの議論構成の中には、水準を同じくしない複数の論点がいっしょくたになっている。まず、実証主義批判。必要な批判であるとはいえ、批判の原理を明確化する必要がある。つぎに、歴史家は「手元にあるもろもろの因果性」(先行事象、緩やかな進化力、不変の構造)「を解きほぐして整頓すること」をなさねばならないとする観念。あなたは例として、地中海とフェリペ二世を扱ったブローデルの著作[*12]、「方法の観点から見て一時代を画す」著作を引く[(24)]。ブローデルというじつに異論の余地の大きい実例それ自体を議論することは、私にはできないが、ただつぎの点は指摘しておきたい。因果性の実証主義的概念構成もブローデル的概念構成も、歴史の内容(経済、イデオロギー、政治、etc.の役割)にかかわる一般理論に、緊密に結び付いている。基本図式は、究極において、理論に依拠しているのである。「素朴」であるのであれ、ないのであれ、「批判的」であるのであれ、「批判以前」であるのであれ、歴史家は、社会進化を説明するのに、一般理論に基本的に結び付いた諸カテゴリーをつねに利用する。科学史はこの依存関係をよく示す。かくして、あなたが、おそらくブローデルの地中海的ピラミッドを念頭に置いてのことだと思われるが[(25)]、大切なのは「因果性を階層化すること」と述べるとき、このあなたに、別タイプの「まとめ上げ - 解きほぐし」を対置できる。活動の諸局面を、それらの生成変化の中で、機械論的にでなく、弁証法的につなぎ合わせていくようなタイプの。ここで我々は科学認識論的次元の領域にいるが、この領域では、理論であるか、規定をなすために理論に依存する図式であるかをはっきり判別させてくれるのは、「批判的」か否かの資格付けではなく、現実の歴史がなす実践である。

ところが、あなたは科学認識論の次元にとどまっていない。「しかし、この整理はつねに一時的なものにとどまるだろう。というのは、互いにほとんど同質なところのない因果性、それぞれみずから生起して、分析によって固有の本質を付与されていく因果性を、全体へと合成することは、ほとんど解決不可能と言っていい問題を提起する[(26)]」とあなたは言い、またあとのほうでも、こう言う(ただし、引用する文章がほんとうにあなたの考えを伝えているなら。なにしろ、それは口頭でなされた応答なので)。「この客観性それ自体が法則である、などと言うつもりはまったくない。実際に起きた歴史は法則ではないし、事実ですらない。事実も法則も、歴史認識をつくり上げていく作業に結び付いている[(27)]」。それを理由にあなたはマルクスを、方法論的に「批判以前」の人、「素朴」な人とみなし[(28)]、みずからの「哲学的」思索の最後にこう書く。「歴史の出来事としての側面と構造としての側面、通りすぎていく登場人物たちと、緩やかな進化力、さらには地理的環境の安定した諸形態とのあいだで……歴史家が板ばさみになる」理由は、「歴史時間の二律背反性」にある。[29] これらどの判断においても、あなたは、明らかに、科学認識論の次元のそとへ出ていき、なんとアロンの企てを引き継ぐ。「客観性への志向」と自身が呼ぶ水準の、その手前にあなたは逆戻りする。「判断中止《エポケー》」に付さねば、と公言していた[30]「日常的主観性」の局面に舞い戻る。そのうえに、「日常的主観性」を超越論的なものの威光で飾り立てて！　要するに、あなたは、科学の場のそとで、対象の真理を構成するわけだ。科学が追い求めているのは、ほかならぬその対象の真の認識だというのに。

歴史の客観性がもつ他の「種別的特徴」にかんしてあなたが敷衍していくどの論点についても——たとえば、歴史家は彼の語る過去から「隔てられている」、歴史学の対象は「別の人間」である、など——私はいまと同じことを言うだろう。なぜなら、あの有名な「隔たり」にしても、それが歴史学のもつ不正確な、それどころか厳格でない性格を生み出す原因の一つであるとはいえ、つまり、その隔たりの中に「入り込んでくる歴史時間が、同化をなそうとする知性に異化の働き、乱雑さで対抗し、そこに……我々は、プロティノス以来、自己からの遠さ、つながりの希薄化・弱まり、ひとことで言えば、根源的他性という、解消不可能な現象を認めてきた」[31]にせよ、言うところの隔たりは、ただ、歴史学を死体蘇生術とみなす人々、あるいは、あなたがじつにみごとにしかるべき場所に置き直した「感情による同調」、とみなす人々にとってのみ、超越論的カテゴリーであるにすぎない！　歴史家にとって、この隔たりは、彼がみずからに立てる問題そのものから離れては、なにものでもない。歴史家のその問題が言葉の問題（歴史的であるがゆえに「必然的に多義的である」とあなたが言う言葉の）であるのは、それが科学的用語法の問題、現実の規定にかかわる問題であるそのかぎりでのことにすぎない。そこで問われているのは、同一の概念が同一の現実をうまく包摂できるか否かということ。レーニンが帝国主義を語るときと厳密に同じ意味で、ギリシャ都市国家の「帝国主義」を語ることができるか？　十六世紀から二十世紀にいたるまで、一義的にブルジョワジーを語ることができるか？

原始教会についても中世教会についても、同じキリスト教を？　しかし、あなた自身こう書いたのでは？　「歴史家は、最も広範な総合において、時代意識の再構成を試みるであろうが、その時代意識の糧をなすのは、歴史家が分析によって我がものとした、あらゆる方向に及ぶあらゆる相互作用、あらゆる関係である」[32]。ならば、どこにあの「隔たり」があるのか？　「隔たり」は歴史認識にとってのアプリオリなのか？　それとも逆に、あなたが示すように、知覚の直接的所与としてでも、超越論的カテゴリーとしてでもなく、歴史認識の成果として、歴史学の作品の結末ではじめてみいだされるものなのか？

千年来の伝統が哲学者に背負うよう強いているあの「十字架」――なんとまた宗教的なことか――、あの「決定的特徴」、「他とは一個の人間なり、とするあの種別的な隔たり」、歴史学を「別の主観性への転移[33]」となすあの種差、そうしたものに言及しようとしてあなたが躊躇を感じることは、死体蘇生術と感情による同調とに有罪を言い渡したあとでは目に見えている。「彼らの経験を生き直すことなどできぬのであってみれば」、「それら人間について我々がなせる唯一の叙述」は「過去の人間の生活がもっていた諸価値を叙述すること」である[34]。これらの価値は、あなたにとって、代償の意味をもつのでは、と私としては大いに心配である。実際、どのようにしてあなたはそれらの価値に接近できるのか？　それらが直接あなたに与えられるとは、私は思わない。それらの価値に説明を付けてくれるのは、歴史学の労働であり、それらの価値に近付くことは、遺物に託されていまも残るその記憶を照らし出してくれる、科学的抽象をとおしてしか可能でない。あの「決定的特徴」（人間たちが歴史学の対象であること）にしても、いったいいかなる意味で、それは歴史家にとっての啓示になりうるのか？　いかなる意味で、あの「隔たり」は、歴史の客観性の、超越論的次元[35]をなしうるのか？　誰でも知っていることをわざわざ言っておこうとめざされているのなら、歴史家は、歴史が人間たちによってつくられることくらい、言われなくても知っている。人間たちがみずからのつくる歴史をどう経験するのか、まさにそれを明らかにすることを、歴史家は企てるわけだから。もっと重大な意味をもつ、しかし少しも科学的でないこと、「別の主観性への転移」を歴史学に目的として差し出すことがめざされているのなら、私が思うに、こんなことは、歴史家には、ほとんどなんの意味もない。誰か先達の意義や思想を蘇らせたいと考えている歴史哲学者にとってなら、なんらかの意味をもつかもしれないが。これはあなたが、講演の最終部で、哲学史に関連して明らかにしていることでは？　最後に、歴史学によって実際に達成される客観性に対して、人間の汲み尽くしがたい本性、予見不可能な自由を置くことがめざされているのなら、これは、客観性を求める歴史学の請求そのものを、あらかじめ撥ね付けることだ。

こうした理解不足について、結論を付けておきたい。講演の最終部は脇に置くが、その部分の前提については語ることになる。というのは、あなたがアロンを受け入れがたいとする哲学的理由そのものが、あなたの哲学の基本的立場によって、受け入れがたくされるのでは、とじつに問えるから。あなたを出発点でアロンから分かっていたのは、歴史の客観性と合理性とにくみしようとのあなたの決意であった。しかし、あなたはこの客観性の根拠を、その客観性のもつ方法論的内容を超えたところで、ただ「客観性への志向」の中にしかみいだせなかった。言うなれば、それ自体を、それ固有の「選択」を、支えにした志向。なるほど、歴史家のなす合理化の操作を、あなたは列挙した。しかし、その操作をそれ自体において考察するだけで、その操作が歴史の一般理論の内容と歴史の「批判的」現実とに対してもつ、根本的な関連を明らかにしなかった。〔歴史の〕客観性からその実際の内容を抜き取ったあと、別の内容を歴史の科学的真理が構成される領域のそとでつくり上げ、それを当の客観性に付与してしまった。そして、科学的客観性の特徴的性格を特定していくその裏で、最終的にこの内容（「直接的真理」と哲学的概念との混合物）を、科学的客観性の判定者に仕立て上げたのだった。こんなふうにして歴史の「主観性」と客観性とを構成しつつ、あなたが、もちろん、あの「一段上の……本来の意味で哲学的な主観性[36]」への移行を準備していたというそのことは、よくわかる。あなたが歴史を真剣に受け止めたということもよくわかる（じつにあなたは歴史の現実性を信じていて、そのことをセーヴルとは別の対話集会で示した）。しかし、あなたが真剣に受け止めたのは、歴史にかかわる或る部分、歴史をしかるべきときに成就へと導いていくのに必要な部分、つまりは、一つの歴史哲学だった。だから、率直に言って私は、対話者となった何人かのマルクス主義者にあなたがむけた「批判以前の素朴さ」という非難を、皮肉を込めずには読めなかった（もちろん、歴史の皮肉を、と私は言っているのだ）。というのも、カントについての、あるいは彼の教えの最良の部分についての、私の理解に間違いがないなら、「素朴」な人、「批判以前」の人とは、ほかならぬ対象認識の条件のそとでなんらかの真理を、物自体を構成して、それを実際の認識と取り替えてしまう人のことなのでは？

　以上のどぎつすぎる批判的指摘をお赦し願うために、もっと一般的な視点から、それに照明を当てておきたい。なにしろ、今日、明晰な頭脳の持ち主ですら、歴史学を考えるときには、それどころか、自然科学を考えるときでさえ、科学的認識の実際の機能についての認識不足を言われても仕方ないことがある。

　この認識不足のもとは観照的態度にある、と私は考える。実在そのものを直接的な形姿で、いわば、再生すること、再賦活すること、再呈示、むしろ、再現前化することを科学に「期待する」態度である。「正真正銘の」過去、プルーストの舌の上に乗せられたマドレーヌのごとき独特の味わいをもった出来事、不確定な現在が繰り広げる、勝負の行き先わからぬ戦いの中に在る未来を、我々の前に復元することが、程度の差はあれ、歴史学にはできぬということ、歴史学は不実で「隔たって」いて、ゆえに生まれつき本来性を歪めるということ、歴史学の立てる諸法則、諸カテゴリーは人間のくぐる自由の、偶然性の、意思の直接的経験を裏切るということ[37]、こうしたことが示されるとき、科学の目的と、この科学の実際の働きとの二点で、我々はたぶらかされている、と私には思われる。

　ここで私が言う科学とは科学一般のことで、別に歴史の科学や人間の科学だけにかぎらない。というのも、〔体験でも科学でもあるとの〕歴史のあの二律背反になされる注釈を聞いていると、天文学者がくれた第二の太陽というおみやげにすっかり泡を食った、デカルト主義者たちのことを思わずにいられない。農民の太陽と天文学者の太陽にどう折り合いを付けたらいいのか？　余分な太陽がある。科学の言う太陽が。だが、もう一個の太陽のイメージを追い払えと言われても、できやしない、逆立ちしたって、それは「二百歩先に」しか「見え」ない。万事休す！　この袋小路から彼らを抜け出させるのは、大して難儀でなかった。ほんとうは、知覚を恋々と引きずっている人々にだけ、余分な太陽があったにすぎない。もう一個太陽があることを疑わないでいても、二百歩先に見える太陽を失うのもやはり不安、そこで天文学者に、なんと太陽をつくり変えてくれるよう期待する人々。そういう人々には見えていなかったのである、この第二の太陽は第一の太陽の代わりになるのでも、それをなしにするのでもなく、どんなに遠くにあろうが、その第二の太陽が、こう言っていいなら、じかに見える太陽について、別の水準の理解をもたらし、じかに見える太陽の及ぼす諸効果への働き掛けを可能にしてくれる。天文学者、物理学者、「自然を教える先生であり教師である」ありとあらゆる活発な人々にとって、余分な太陽などありはしなかった！　当時同様、今日でも、多かれ少なかれ意識的に人々が歴史の科学に突き付けたり、要求するのは、あの同じ馬鹿げた任務、第一の太陽と瓜二つの兄弟であるような、第二の太陽を生むこと、第二の歴史を、どんな奇跡によってかは知らぬが、生み出すこと、活き活きと蘇らされて目の前に在る、直接的な歴史を……。ところが、歴史の科学の中に、この第一の歴史が、当然ながら、見付からないので、人々は歴史の科学に文句を垂れる！　歴史の科学は直接的な歴史、「生きられた」歴史、「人間」の、「自由」の歴史でないじゃないか、と（多かれ少なかれ意識的に）難詰して言うのだ。そのうえに、こうもまた難詰して言う、それは二百歩先に見える歴史を見させない。つまり、人間を自由であらしめない、生活を「偶然性」の中で体験させない、芸術を美的な対象として鑑賞させない、道徳を道徳的に望まれるものとしない。要するに、人々は口々に非難する、科学的歴史は、直接的な生活を法則や必然性としてつかもうとするので、その直接的な生活のもつ魅惑やドラマを人間から奪いかねない。

　こうした議論の底に、あらゆる科学が成立する種別的な水準についての認識不足を、また、或る種の絶対知への、あるいは、死体蘇生術への郷愁を、どうして見ないでいられよう！　光の法則の認識は人間に見ることを、二百歩先の太陽を見ることをさえ、けっして妨げはしなかったし、人間のなまのまなざしの代わりになったり、それを脅かしもしなかった。同様に、社会の発展を司る法則の認識も、人間の生を妨げもしなければ、人間の労働、愛、闘いの代わりになることもない。逆である。光の法則の認識は眼鏡を生み出し、眼鏡は人間のまなざしを変形した。社会の発展法則の認識は、人間生活の地平の変形と拡大とをなしてきた様々な企てを生み出した。科学にそれが与えてくれるもの以外を「期待する」のを止めれば、科学としての歴史と体験としての歴史の二律背反も止む。科学的真理が成立する水準を把握すれば、それは止む。科学の実践的な行き先を把握すれば、それは止む。科学が直接性から出発して一般性へ、法則へと上昇するのは、ただ具体的なものへと戻るためなのだ。その具体的なものとは、直接性の分身ではなく、直接性についての能動的な理解のことだ。フォイエルバッハは「現実を直観形式のもとで」捉え（「起源の直観 intuitus originarius」への郷愁につねに取り付かれている形式）、それを「実践」としては捉えなかった、と非難するとき、[*13] マルクスが言いたかったのは、まさにこのことだと私には思われる。科学とは、実践の一契機、真理の一契機にほかならないのである。

原注

（1）「レーモン・アロンの本を極致とする哲学的批判の大いなる仕事のあと、いまやこう問うことが、おそらく、なされなくてならない。良い主観性とは何か、悪い主観性とは何か？」——« Objectivité et subjectivité en histoire », *Revue de l'enseignement philosophique*, 3 (5-6), juin-septembre 1953, p.34.

（2） Cf. Aron, *Introduction à la Philosophie de l'Histoire*, Paris, Gallimard 1938, p.10.〔アロン『歴史哲学入門』霧生和夫訳、『レイモン・アロン選集4』荒地出版社、一九七一年、一六ページ〕。アロンはまた、「批判」という問題の意味を意識的に変形しようともしている。彼は書く。「カントの定式『いかなる条件のもとで歴史の科学は可能か』の代わりに、我々はこう問うだろう。普遍妥当的な歴史の科学は可能か？」（p.10〔邦訳、一六ページ、邦訳では「歴史の科学」は「歴史認識」となっている〕）。この「訂正された」カント的設問に、カント自身のいくつかのテキストを対置してみたくなるところである。たとえば、「我々は異論のないアプリオリな、なんらかの総合的認識（純粋数学と純粋物理学）を有しており、それについては、可能かと問う必要がない。それは現実的な認識なのだから。ただその現実的な認識がいかにして可能かを問いさえすればいい」（*Prolégomènes à toute métaphysique future*, Paris, Vrin, trad. J. Gibelin, p.33〔『学として現われうるあらゆる将来の形而上学のためのプロレゴメナ』湯本和男訳、『カント全集』第六巻、理想社、一九七二年、二二五ぺージ」)。別の例、「或る科学の可能性を問題にすることは、その前に、科学一般の実在性を疑っているということである」(*Id.*, p.9〔カント前掲邦訳、一九九ページ〕)。なるほど、アロンをカントに似させる唯一の特徴は、形而上学と科学のどちらもが「議論にさらされる」性格をもつという、そのことだけなのである。[*14*]

(3) « Objectivité et subjectivité en histoire », *op. cit.*, p.29.

(4) *Id.*, pp.29-30.

(5)「歴史の客観性はまさに、過去との同時性を生み出すことの、過去を生き直すことの、こうした放棄にある。諸事実のつながりを歴史家の理知の水準でつくり上げようとする志向にある」(*id.*, p.29)

(6) *Id.*, pp.29-30. 了解と説明との対立を引き継ぐことをあなたは拒否するが、それはまったく正しい。あなたがいみじくも言うとおり、「物理学の理論を語るときと同じ意味での理論」を歴史学もまた要求する。

(7) あなたはこう述べている。「歴史家の主観性がこのようにして入り込んでくること、それは、主張されたように、対象の分解をしるし付けるのだろうか?」

(8) Cf. Aron, *op.cit.*, p.312.「イデオロギーという語は使わなかったものの、イデオロギーの問題に我々は何度も出会ってきた」〔アロン前掲邦訳、三七四ページ〕

(9) この「循環」をアロン自身も認める。「歴史家の好奇心と歴史の構造のどちらを先に考察すべきかと問うことには……意味がない。言うまでもなく、それらは相互に呼応しているのだから」(*id.*, p.45〔前掲邦訳、五六ページ〕)。〔ヴォルフガング・ケーラー(一八八七〜一九六七)はゲシュタルト理論の卓越した主唱者の一人で、とりわけチンパンジーの道具使用について、様々な研究をおこなった〕

(10) « Objectivité et subjectivité en histoire », *op.cit.*, p.34.「歴史は歴史家に相関していると言ったところで、なにも言ったことにならぬ。[…]〔超越論的主観性への対象の相関性は〕いかなる相対主義とも、生への意思、力への意思、その他、いかなる主観性とも関係ない」

(11) こう述べるあなたはまったく正しい。「伝統的社会がみずからの過去に加える公式的かつプラグマティックな整理を、歴史学はつねに訂正する。この訂正は、知覚と知覚をもとに構成される宇宙論とにおいて最初になされる現象の整理に対比される、物理学によるその訂正と、精神においては別ものでない」(p.29)。すなわち、これは、歴史の科学が、直接性とイデオロギーの水準を乗り越えることによって構成されることをはっきり言っている。

（12） « Objectivité et subjectivité en histoire », *op.cit.*, p.34.

（13） *Id.*, p.42.

（14） *Id.*, p.29.

（15） *Id.*, p.31.

（16） *Id.*, pp.29-30.

（17） あなたの論文 « Husserl et le sens de l'histoire », *Revue de Métaphysique et de Morale*, juillet-octobre 1949 において。

（18） つぎの点を想起させてもらいたい。歴史学を自然科学に対置するためにアロンは、「科学は自分で真・偽の区別をなす［…］。なぜなら、科学は実験による検証という判定基準を具えているから」ということを、最終的に持ち出す（*Introduction à la Philosophie de l'Histoire*, *op.cit.*, pp.125 et 127『歴史哲学入門』前掲邦訳、一五一ページ、一五四ページ。「科学は、それ自体として真偽の区別をなし得る（…）。科学は、実験的検証という基準によって、この識別〔真偽の識別〕を行なうことができる」）。歴史学のほうはそのような判定基準を具えていない。ゆえに歴史学の論争的性格と「理論の多数性」が出てくる。

（19） この原則に対する最初の意識的肯定は、『フォイエルバッハにかんするテーゼ』に含まれている。この主題をレーニンとスターリンは、たえず取り上げ直した。一例を引くにとどめるなら、現実が働かせる言ったような「批判」は、プロレタリアートがブルジョワ的民主主義の枠内で政権をとることの可能性をめぐる、エンゲルスのテーゼを訂正するところまでレーニンを導いた。一九〇五年の〈革命〉の「実践」が彼に、「ソビエト」権力についての理論を思い付かせた。例は、あげようと思えばいくらでもあげることができるだろう。

（20） « Objectivité et subjectivité en histoire », *op.cit.*, p.33.

（21） *Id.*, p.28.

（22） *Id.*, p.29.

（23） *Id.*, p.31.

（24） *Id.*, p.31.

（25） どうしても指摘せずにおれないが、事実、あなたはブローデルの図式に肩入れすることで、他の諸図式、とりわけマルクス主義的図式に対抗している（ヴィラールへのあなたの応答参照。「下部構造のもつ特権を捨てて、この因果性のもつ完全に循環的な性格を認めねばならない」)。どうしてこのあなたの選択が「批判的」・超越論的聡明さの特権を権利として要求できるのか、私には見えてこない。この選択は、或る特定のタイプの因果性にだけでなく、「地理」、経済、政治、イデオロギーが果たす、またそれらのあいだの関係が果たす役割に傾いた選択である。要するに、この選択は、歴史についての或るなんらかの一般理論、「経済主義的」でも「観念論的」でもあり、かつ、明らかにあなたを魅き付けているところの一般理論に、傾いている。だがこの理論そのものが自分で自分を照らし出すことはない。

(26) *Id.*, p.31.
(27) *Id.*, p.41.
(28) *Id.*, p.41.
(29) *Id.*, p.40.
(30) *Id.*, p.34.
(31) *Id.*, p.32.
(32) *Id.*, p.30.
(33) *Id.*, pp.32-33.
(34) *Id.*, p.33.
(35) この論拠とあなたのなすこの論拠の利用とによって、しかしどうしてあなたが、自然の科学と「人間」の科学との根源的区別——前者は自然にかかわるから科学でありうるが、後者は対象が人間であるがゆえに、つまりモノとはまさに反対のものであるがゆえに、ほんとうの意味での科学ではありえない、etc. ……——という擦り切れた論題を引き継ごうとする誘惑か、読者にその論題を引き継がせてしまう危険を避けられるのか、私には見えない。
(36) *Id.*, p.28.
(37) つぎのあなたの発言に、これとは別の解釈が可能だろうか？「実際に起きた歴史は法則ではないし、事実ですらない。事実も法則も、歴史認識をつくり上げていく作業に結び付いている」(*id.*, p.41)

第二章　レーモン・ポラン『ジョン・ロックの道徳的政治学』について（一九六〇年）

この書評は「近現代史評論」(*Revue d'histoire moderne et contemporaine*, 9, avril-juin 1962) に掲載された。書評の対象は、レーモン・ポランの著書『ジョン・ロックの道徳的政治学』[*1]である。この研究書は、(画期的ではなかったとはいえ)フランスではじめてロックの政治哲学を論じた中の一冊であった。ソルボンヌ大学の権威ある保守派知識人というR・ポランの人物像以上に、おそらくこのことが大きくものを言い、アルチュセールは、「近現代史評論」の当時の編集局長ルネ・レモンからの書評依頼を快諾した。ユルム通りの哲学者がむけた、ロックの作品の政治哲学的側面への関心は持続していき、この側面を彼は何度も講義で取り上げていく。中でも、十七世紀・十八世紀の政治哲学をテーマとした一九六五年度の講義は出色である。[*2] 書評を読んだレーモン・ポランは、ユルム通りの哲学の「好意的な言葉」に厚く感謝し、こう付け加える。「この善良な哲学者をめぐる我々二人の解釈が、事実上、一致したと確認できたことは、私にとって大きな喜びであります[*3]」

アルチュセールはこのテキストを、一九六〇年九月末か、十月初めに執筆した。我々がここに公刊する版は、「近現代史評論」に掲載されたテキストである。IMEC保管のタイプ稿との異同はごくわずかで、二つの版を分かつ異文は編者注としてあげる。[*4]

ポラン氏のこの著者は、巻末に、ロックの哲学・政治主要著作リストを含む。そこに読者は、ロックの生前と歿後の刊行物一覧をみいだすだけでなく、ポラン氏がオックスフォード大学ボドリー図書館所蔵の未刊草稿（ラヴレイス文庫）[*5*]から抜粋した、少なからぬ部分についてと、研究者に公開されているその他の保管資料についても、情報をみいだすであろう。ただ惜しまれるのは、こうした研究書に、ロックにかんする歴史的・哲学的研究文献表が欠けていることである。[*6*]

惜しまれる理由は、さしあたり利便性にかかわるが（この手の最新の文献表はフランスにない）、しかしそれ以上に、より本質的なことがらにもかかわる。文献表の欠如は、ロックに暗い読者に、ポラン氏の研究のもつ重要性と射程を測り取ることを禁じてしまうのである。

実際、言えることだが、フランスでロックは、高名であって、なおかつ、未知の人でもある。[*7] 彼は高名である。なぜなら、一つの時代全体（十八世紀）と一つの政治的伝統全体（「自由主義」の伝統）が、彼の「名を称えた」から。しかし、ほかならぬこの高名さが、彼にまつわる、いわば、イデオロギー的神話をつくり上げ、ついには、その神話が現実の人間、現実の思想家に取って代わってしまった。十八世紀フランス思想の全体は、「著名なるロック」をインスピレーションの源となし、彼に典拠を求め、彼を引用し、彼を、ごく稀に、論駁した。ロックはなんとも特異な運命をたどらされた。独特な体系をつくった人であることをやめ、一つの世紀全体がみずからの諸問題を考えるための、言うなれば、エレメントになったのである。体系の作者は、彼にまつわる神話と行方を同じくした。栄華から凋落へ、凋落から永劫の祭り上げへ。[*8] 一つの世紀が彼に上げさせた名が、まるで、今日でさえまだ彼を読むことを省略させてくれるとでも言うかの祭り上げ。しかし、ロックへの不当な評価には、もう一つ別の理由がある。十七世紀イギリスと十八世紀フランスの理論家たちに対する、或る極めて重大な歴史的態度に、それは根差す理由である。ロックは確かに現代の思考の中に生き延びたが、しかしそれは彼のもつ政治的意義ゆえにであって、哲学的意義ゆえにではない。この判断は歴史から来る判断ではあっても、歴史について下された判断ではない。そうした判断のおおかたは、この百五十年来フランスに蔓延している、哲学的偏見にもとづく。実際、火を見るより明らかなことに、[*9] フランス哲学の伝統は、十七世紀イギリスの偉大な「経験論者」たち、ひいては、その彼らに触発された十八世紀フランスの観念学者たちを、[*10] 真の哲学的意味を欠いてはいないにせよ、どこか胡散臭いとみなしている。ホッブズは、彼の批判に答えたデカルトの反批判によって以外、ロックは、ライプニッツのなした『人間知性論』[*11] 反駁によって以外、フランス哲学にはほとんど知られていなかった。経験論断罪の歴史は、真剣に考究してみるだけの意味をもつと言っていい。その歴史は、十九世紀のイデオローグたちが前革命期の哲学者たちに[*12] 示した、精神的反動の余波の中にある。[*13] ただし、つぎの明確な事実を、さらに付け加えておくべきだろう。ホッブズとロックが、経験論哲学者としての資格においてだけでなく、政治哲学者としての資格においても、その真価を哲学者たちに知られることがなかったのは、政治思想家そのものが真の哲学者たることなしとの、支配的偏見のなせる業であった。この二重の偏見の馬鹿馬鹿しさと、にもかかわらず、その偏見がまたもちもする信じられないほどの根強さは、それぞれ「経験論」と「政治」にかかわる二人の思想家、ヒュームとルソーを考えてみれば、一目瞭然である。この二人だけが、フランス哲学の伝統の寛容と慈悲に浴したが、その理由はただ一つ、彼らがカントという真の哲学者の、思索の出発点の役を果たしたからだった。（ヒュームは、今日、さらにフッサールの証言という力添えからも恩恵をこうむっている）。しかし、この承認は正式なものではない。その証拠に、とりわけルソーの政治的思考は、いまでもまだしばしば、前‐哲学的なものとして、在りうる哲学的思考への非‐哲学的[*14] 予感として、通っている——だがじつは、[*15] ルソーの政治的思考は、カントの実践理性理論の直接の哲学的前提であって、まさにこの思考によって、この思考を到達点とする理論的‐政治的伝統の全体が、まったく正当に哲学的思考の中に帰ってくるのである。

以上の指摘は、すでに我々の手元に『トマス・ホッブズにおける政治と哲学』[*16]をめぐる著作をもたらしてくれたポラン氏、今日にいたっては『ジョン・ロックの道徳的政治学』を論ずるその氏の企ての価値を、おそらく、よりよく測らせてくれる。なぜなら氏の仕事は、フランス哲学の伝統を「政治」哲学者についての研究から迂回させてきたあの偏見への、(ときに直截な)批判[*17]を、事実上、かたちづくる。実際、ポラン氏は、あの知られざる人ロックを我々に紹介するだけでなく、彼の政治的思考のもつ哲学的意味と、その思考が、ドイツ観念論の、ドイツ観念論をとおして、現代思想の、大きな諸哲学体系の素材をなす諸概念の形成において果たした役割を、我々に明らかにしてみせる。すなわち、我々が今日読むことができるこの研究書は、政治思想史にあいた空隙を埋めようとしているだけでなく(さらには、のちに見るごとく、一連の誤りをことごとく訂正しようとしているだけでなく)、哲学思想史にあいた重大な空隙を埋めること、また、現代思想の歴史の解明に[*18]欠かせない一つの真実を、流通するもろもろの偏見に抗して回復することをも、なそうとしているのである。

ロック政治理論の研究は哲学にとって二重の意義をもつ、とそう述べても、ポラン氏の言を裏切る[*19]ことにならないと考える。

ロック政治理論の研究はまず、彼の経験論がもつ根本的な意味の一つを、照らし出すことに貢献する。じつにロックを読むとき、すかさず感じ取られるのは、彼の経験論、認識形而上学的経験論と呼んでいいようなそれと、彼の政治的観念論との、明白な矛盾である。認識形而上学的経験論は、ライプニッツの批判の矛先となったかの有名な定式、タブラ・ラサ〔拭われた書板〕によって例解される。人間精神は純粋な「経験」からもたらされる教えがその上に書き込まれていく白紙にすぎない、といかにもそう言っているかの、あの定式である。ところが、政治と道徳——人間性の根本目標たるあの道徳——の領域では、この同じ人間精神が、超越的義務のあらゆる装い、むしろ、あらゆる属性をまとった自然法に従うのである。[20] ロックの「経験論」にそれの意味とそれの限界とを問い掛けないでは、どうしてこの矛盾する主張を調停できよう? ライプニッツが——おそらくは、いちだんと確実にロックの息の根を止めようとして——この「経験論」に与えたあまりに単純なイメージを、いま一度、疑わないでは。[21*] ロックの政治的思考のもつ理論的諸前提の解明は、ほかならぬここに介入してきて、逆に彼の認識哲学に照明を当ててくれる。著書の冒頭を飾る、人間の自然〔本性〕の分析と共に、ポラン氏が自然法——自然法の本質[22]、自然法の基礎、自然法理解のされ方——にさく記述は、この照明に打って付けである。[23] なぜ政治は（政治はロックにとって道徳と同じことである）、「経験論」哲学という建物全体を揺るがさずに、真理に、少なくとも数学的真理ほどの明証性と必然性は具える真理に凭《もた》れることができるのか、それをその記述は我々にこうつかませてくれる。自然法が実際に「永遠の真理」として把握されうるのは、また、人間の自然がその自然の「本質」によって定義されうるのは、ロックにとって、経験論が、人間精神による包括的真理への、神が人間のあらゆる経験以前に定めた全体的秩序そこへの、接近方法を表現するものにほかならないからだ、と。神の望んだこの秩序、神が真理と存在とのあいだに制定したこの秩序を、人間は、個体的発達と人間的認識の進歩とをとおして、みずからの経験そのものの中に、言うなれば、ただ発見していくにすぎないのである。こう前提されているのであれば、生得説に対する有名な論駁の（直接の）意味も、また、感覚的観念と反省的観念の区別も理解できる。生得説への反駁、ライプニッツによる猛烈な反撃を受けたこの反駁は、（数学的または道徳的）真理の超越性を揺るがしはしない。それはただ、デカルト哲学の中にこの超越性についての特殊な心理学として呈示されていることがら、真理は起源よりすでに人間の中にまるまる現前するということがらにのみ、打撃を与えるにすぎない——生得説への反駁は、この心理学に代えて、認識は接近されていくものだとする別の心理学を置く。そのことが、ゆえにロックにこう言わしめる。自然法のすべての文言が、起源から、どんな人間精神にも明白なかたちで書き込まれているわけではない、だからこそ、自然法は、反省と推理の努力によって、発見され、言葉にされなくてならない、と。ただし、この発見は、すでに以前より存在していた法、人間の自然のその本質を表現するところの法を、発見することにほかならず、言われた認識は再認することにほかならない(1)。こうした超越の原理は、すでにカントを先取っている区別、感覚的観念と反省的観念の区別にも、意味を与える。この区別の前提をなす問題体系の、その要素をとおして与えられる意味――すなわち、ロックの哲学的「心理学」では、この区別は、永遠の真理が超越していることとその真理の認識を人間が徐々に獲得していくことの区別を、反映しているにすぎないのである。ゆえに、ポラン氏はこう書ける。「経験論はロックの思考の基底ではまったくない。彼の思考の基底をなすのは、事物の秩序、意味にみちたその秩序が、なるほど、実際には短期間、人間の関心外にあるにもせよ、ともかく実在するという、このことである。この秩序にかんして言うかぎり、また、道徳性から見るかぎり、自然法とは、人間が理性的反省に達すればなすことのできる、基本的な発見なのである。ロックにとって、経験論は人間理性の原理なのではない。それは人間理性の限界であり、人間理性の有限性のしるしである(2)[…]」。ロックの政治的思考がいかにして彼の「哲学的」思考に照明を当てるかが、ここに言われている。彼の具体的思索のいかにも「非哲学的」と見える概念が練り上げられていくその中に、様々な理論的前提を露呈させることによって、と。ロックの政治的概念のどれもが、彼の深部に在る哲学を明かす。ゆえに、こう考えていけないわけでない。哲学者は、純粋に「哲学的」な理論においてより、みずからの思索の具体的対象を論ずるときに(たとえば、政治において)、より雄弁に自己を語る(または、馬脚を現す)。

　だが、ロックの政治的思考は、別の意味で、哲学的な注目にあたいする。というのも、彼の自然法理論は、「〈実践理性〉」の問題体系をつくり上げていくうえでの、決定的な概念複合体を呈示する。ロックが自由、理性、法のあいだに立てる同一性は、カントの思索に直結する前提なのである。自然状態においてすでに自由が(たんなる自然権、個体がもつ生きることへの意欲、個体の本能と力能の発現、個体の自己保存《コナトゥス》の現れ、としてでなく)法への服従として捉えられていること、法が、超越的権能に発する命令であるどころか、逆に理性と同一視されていること、ここに、哲学的問題体系の歴史において獲得される最も重要なもの、すなわち、哲学的対象、哲学的主題がある。カントの思索が傾注されていくことになる、まさに対象そのものが。ここでもまた、こう言える。ロックの政治的思考は、すなわち、具体的諸対象（人間の社会生活、国家の政治的構成）にむけられる彼の分析は、「真の哲学者」の思索の原料になる理論的対象を構成するかぎりで、[*24]そのままじかに、哲学的な意味をもつ、と。「このようなパースペクティヴに身を置けば気付かれるかと思われるが」、とポラン氏は書く、「義務というカント的道徳は、古典的道徳哲学に比べていかに新しくはあっても、その場所と、おそらくはその源泉の一つとを、自然法をめぐる政治哲学の系譜のうちにみいだすであろう」[(3)][*25]。

　ポラン氏の分析がもつ哲学的重要性のあらましは以上のとおりだが、本来の意味でのロック政治理論に目を転じても、氏の研究は[*26]興味深い論点にみちている。ポラン氏はケンダルの「絶対主義的」解釈、ヴォーンとシュトラウスの誤った解釈[*27]を斥けるが、これはまったく正当なことと私には見える。氏はロックをその真実の姿のもとに置き直す。『市民政府論』[*28]〔『統治論』第二論文〕で一六八八年のイギリス革命〔名誉革命〕への直接的な呼応を示さなかったにせよ（ポラン氏はラスレットの研究成果を利用しているが、そのラスレットは、この有名な著作がウィリアム[*29]即位の八年前に執筆されたと想定することの、侮りがたい諸理由をあげている）[*30]、まちがいなく、ロックは「自由主義」の政治家であり、一六八八年の革命を成就とする一般的な政治運動の、その理論家である。だが、注目にあたいするのは、この自由主義の意味である。そしてこの点で、ポラン氏の分析は、ロックがその父とされる「自由主義」について、伝統的解釈への一つの批判をかたちづくる。この自由主義は[*31]、モンテスキューのような人に帰せられる「自由主義」とは縁もゆかりもない。モンテスキューの「自由主義」は「三権分立」に基礎をもつという——議論を引き起こしかねない点だが——このことを認めて、そのような「自由主義」をロックのもとに探しても、見付からないだろう。なぜなら、ロックは、すべての権力は立法権に従属する、とラジカルに言う理論家なのである。[*32]ポラン氏がみごとに明らかにしているように、ロックにとっては、立法権力が国家の「心臓」・「魂」であり、執行権はその立法権の「代理人」にすぎない。モンテスキューについて先ほどとは逆に、彼は権力分立のみかけで変装した、じつは三権従属（三権をとおして、人間集団が互いに従属し合うこと）の理論家であると認めるなら、こう気付かされる。モンテスキューのもとでは、立法権は全体に従属する一要素にすぎぬが、ロックのもとではすべてが立法権に由来する。そのさらに先にさえ行くことができる。おそらく[*33]ポラン氏の注釈の字義をはみ出すではあろうが、私であれば、みずからの関心にもとづいてこう言うであろう。ロックの自由主義は人民的・革命的自由主義のごとき「響き」をもつ、と。ロックは水平主義者[*34] *leveller* である、と言っているのではない。まったく逆に、彼の関心は、プロレタリアという人民にしかない[4]。しかしこのプロレタリアの権利と請求はまだ承認されていないのであって、ロックの理論全体は、その彼らの望みとその彼らへの信頼を、彼らの力として翻訳しているのである[*35]。ロックの社会契約論を実際に検討しさえすればわかるように、かの立法権、ポリス的生の[*36]心臓とされるあの立法権を創設するのは、政治的共同体による信託行為である。人間的自由の行使と実現とを可能にするための条件になる、市民法を発布すること（「自然法」の法典化）、この至上の使命[*37]（*trusteeship*〔受託者義務〕）を、政治的共同体が特定の団体（人民それ自体、集会、幾人かの人間、さらには君主）に委任するのである。なるほど、ここにはまだ、ルソーの理論、団体としての人民に一体化した主権者、との関連性はない。人民と主権者との分かちがたい一体性、ルソーのもとでは、人民を人民となし、この人民を、主権の本質とも台座ともなす（それ以上に、人民に、ただ人民のみに、一般意思の宣言にほかならぬ法律の、その作成権を授ける）一体性であるが、この一体性が、ロックのもとでは、立法権を制定する団体としての人民と、法律作成を唯一なせる権力、立法権とに分かたれているのである。だがこの分割は、深部の一体性が示す現象にすぎない。その一体性はまず[*38] *trusteeship* の本性の中に現れる。*trusteeship* は至上の使命であって、契約ではない[*39]（ポラン氏は、それが契約でないことをはっきり言うにもかかわらず、それを、ときどき、*pactum subjectionis*〔服従契約〕と同視する傾向があるように思われる[5]）。この使命の執行は人民のコントロールのもとにあり、人民はいついかなるときでも執行権者を解任して、みずからの財産を取り戻し、それを新しい「使命受託者」のもとにゆだねることができる。あの一体性は、つぎに、立法権への執行権の従属の中に現れ、最後に、叛乱理論の中にその真の全貌を現す。人民の真の意思を尊重せよ、本来的に人民のものである権力を圧制者の野心が人民から奪い取ったときには、人民はその権力を奪回できるとする権利を尊重せよ、人民の側からのこの合法的要請が、それとは反対の暴力形態をとってまでも、肯定されるのである。人民とはその本質において主権者のことなり、市民社会をつくる契約とは人民（*commonwealth*〔政治的共同体〕）を制定する契約のことなり、それ以外のすべては付帯現象にすぎぬ、ともっとはっきり断言してしまうことはできないだろうか？　そうできるとの深い確信、そうでなくてはとのラジカルな政治的権利請求が、ほかならぬ自然法理論のかたちで表現される。実際、いましがた描き出してみた一体性が、ロックにとって、政治的共同体を構成する一体性であるのは、その一体性が人間の自然の本質と、人類の一体性とを、[*40]すなわち自然法を、表現しているからにほかならない。執行権は立法権の代行者、補佐である。立法権は人民が制定する権力で、人民がこの権力に、自然法を法典化していくことにほかならない法律作成の使命を担わせる。しかし、原始契約によって構成されるその人民は、人間たち共通の人間性をなすこの自然法の効力が働いていてはじめて、人民たりうる。自然法は、政治体全体の、また、政治体が在るというそのことの、まさに隠れた本質をなし、自然法が政治社会の超越的真理なのである。この超越性の目に見える証拠として、自然法は自然状態を支配している。自然法派政治理論家たちのもとでは、自然状態の構造（ゆえに、構造を現象とするところの、自然状態の本質）が、彼ら理論家の根本的な思考を、それどころか彼らの本音を表現する、と言っても大過ない。自然状態における自然法の支配がひとたび認められたあとは、市民状態への移行に根拠を与えることが問題とはなろうが、それは大して重要な問題ではない。なぜなら、いかなる政治的組織化にも先行する自然法の支配は、ロックの根本的な確信を、起源の神話の中に化体させているのにすぎない。自然法は人間の本質そのものであるとの確信、この本質は、人類の政治的歴史[*41]が様々な戦いを経る以前にあってすら、すでに勝利している、との確信。ここから自然法の現れ（政治社会と政治社会の構造）へと立ち返れば、ロックの人民的自由主義がどうして楽観主義的自由主義でありうるか、理解される。圧政や戦争といった極限状態のもとでさえ、結局、人間の本質は圧殺されてしまうことがありえない、との理由から人間たちの政治的運命に信頼を寄せる、それは楽観主義なのである（ロックのもとでかくべつの独自性をなす戦争理論は、ポラン氏によって奴隷制に関連して間接的に言及されているだけだが、それは全面的に敷衍されてもよかったであろう）[*42]。

そう、ロックは、事情に疎かったか偏向していた一つの伝統から我々のもとに伝えられた、あの凡庸で臆病な思想家ではない。ポラン氏はまったく正当にもこう書く。「我々の研究から浮かび上がってくる基本的な表情は、ロック哲学についてしばしば描かれるひじょうに伝統的な肖像とは一致しない」[(6)]。「ロック哲学の擁護とその図解は、試みられていいだけの価値をもっていたのだ」[(7)]、本書を読む人はこのことを納得するはずである。ポラン氏は、その学識、その分析の正確さ・厳密さによって、みずからの主題にまことの貢献をなした。

原注

（1） *La politique morale de John Locke*, Paris, Presse Universitaire de France (Bibliothèque de Philosophie contemporaine) 1960, pp. 101*sq.*
（2） *Id.*, p. 118.「あとがき」（pp. 297 *sq.*）も参照。
（3） *Id.*, p. 126.
（4） 「所有権理論」をめぐるポラン氏のみごとな章を参照。
（5） *La politique morale de John Locke*, *op. cit.*, pp. 218 (n. 3), 221, 233 et 235.
（6） *Id.*, p. 297.
（7） *Id.*, p. 305.

第三章　哲学と人間科学（一九六三年）

このテキストは「哲学教育評論」(*Revue de l'enseignement philosophique*, 13 (5), juin-juillet 1963, pp.1-12) に発表された。このとき、アルチュセールはもうこの雑誌の編集委員ではない[*1]。編集委員会は、規模縮小がなされてきていて、すでにB・ギユマン、C・コドス、J・ロビエ、L・M・モルフォの四名を擁するだけになっている。人間科学協会から出され、「哲学教育評論」前号に掲載されたアンケートに、アルチュセールはいくらか遅まきに回答する。質問表は三点に及んでいた。人間科学の定義(「人間科学とは、じつのところ何であるか?」「人間を対象とする学問分野の中に、人間科学の資格にあたいするものがあると思うか?」)、人間科学と哲学の関係(「近代以降、自然科学同様、人間科学も哲学から独り立ちしたか? それとも、人間科学は、哲学の一部、哲学への準備、哲学の補足のいずれかであるか? 人間科学と哲学が同一の対象を取り扱うそのかぎりにおいて、人間科学に対する哲学の独自性は、那辺にあるか? 人間科学の体系的な確立は、哲学の変形――あるいは、消滅――を引き起こしうるか?」)、そして最後に、学校での人間科学教育について。「哲学教育評論」には、およそ二十の回答が掲載された[*2]。

アルチュセールは、掲載用テキストに添えた、モルフォ宛一九六三年五月十四日付の手紙で、テキストの「意図」をこう告げている。

このテキストは、読んでもらえばわかるとおり、またテキスト自体がそれを言ってもいるように、二つの相関する部分からなる。[1] 哲学は実在する、そして哲学は人間科学の中に溶け込んだり、そこにおいて「実現」されたりすることがありえないと、そのことを疑うかもしれぬマルクス主義者(じつは彼らは、そのことを頻繁すぎるほどにも疑ってかかる）にむかって言うこと、［2］批判主義の偉大な伝統に属す観念論者にむかっては、人間にかかわる事実の領域に諸科学の可能性を認めないなら、〈哲学〉を防衛できる可能性などないと（彼らは、ほんとは、そのことをちゃんと知っている！）、そしてマルクス主義にとってもやはり哲学は実在すると（このことを彼らはしばしば疑う！）言うこと。哲学に対する脅威は、「唯心論」の種々の残存物やその他の形態の独断論から――それに、もちろん、技術官僚主義的イデオロギーから――来るのだと、まあ、言ってみればすべての人々を代表して述べること。

このテキストの特筆すべき一点は、アルチュセールが取り掛かる、力のこもったJ・ラカン持ち上げにある。E・ルーディネスコによれば、ラカンの反応は良好で、彼はアルチュセールを夕食に招き、こうして始まった二人の持続的な関係は、やがてフランスにおける精神分析のパノラマの中に、疑いようのないインパクトを波及させていく。[*3] アルチュセールは自分の講義計画にラカン研究を組み入れ、のちに、（パリ・フロイト派からの除名によって中断された）セミナーを続けさせるべく、ラカンを高等師範学校に招請する（セミナーは一九六四年一月から始まる）。[*4]

ここに公刊する版（「哲学教育評論」に発表されたテキスト）は、我々の知るかぎり、現存する唯一の版である。

〈哲学〉と現代〈科学〉全般、具体的にはとくに〈人間科学〉、との関係の問題をめぐって、以下、いくつかの考察を同僚諸氏にむけて宛てさせてもらいたい。これらの考察は、確かに、締め切りを過ぎてしまったが、[1]しかし、我々のもとに取り付いてやまない一つの問いを論ずるのに、じつはけっして遅すぎるということはない。ほかならぬその問いが、哲学そのものの未来を大きく左右するのであってみれば。

多年にわたって展開されてきた協会[*5]による戦い、後退、妥協、成功などに彩られた、忍耐強くも執拗なその長期戦の深い意味とは何か？〔協会の〕公式見解に繰り返し現れる決まり文句を前に、我々の誰もが或る種の戦意喪失、やってられないとの気持ち、それどころか苛立ちをさえ経験してきた。文部省法案……ブリュノ法案……〈実験科学〉クラス……〈哲学〉クラス擁護……科学授業の時間短縮……時間割……etc. へと議論は及んできたが、しかしこうしたテーマこそ、ほとんど意気高揚させることのないテーマであって、我々の多くは、協会は同時に哲学そのものの領域における建設的な作業を企てて欲しい[2]、理論的射程をもった議事に目をむけて欲しい、と感じたものだ。確かにそのとおり。だがしかし、一つの専門職を守るという意味合いを遥かに超えた戦いを、我々は、おそらくいささか性急に、純然たる「同業組合的」な戦いとみなしてしまった。そう言うのも、この戦いが、じつは〈哲学〉の、またそれに結び付いた文化諸形態の、未来そのものにかかわっていたからである。

この戦いは目に付く特徴をもっていた。しばしば後退を伴なう、守りの戦いではあっても、しかし一度も攻めの戦いであったことがないとの特徴。我々の協会は攻撃をなしたことがない。協会は哲学教育の現状を防衛してきた。それを防衛してきたのは、それが攻撃されていたから。それが、言うなれば、絶え間ない一点集中的攻略の標的になっていたから。哲学教育に必要とされる形式、その要件が、哲学そのものを問題化させる口実を提供していた。

どんな論拠、どんな理由があったか？　どんな勢力が、この総攻撃に荷担していたか？　危険を承知で、あえて或る種の図式化を図るのでなくては、この問いに、ひとことで答えるのは難しい。なんらかの理由あって哲学の諸拠点を攻め立てていた人々の、ときに寛大でも誠実でもある意図を超えたところで、一つの理由を、どうしても明らかにしておかなくてはならない。少なくともこのいちじるしい集中性に、説明を付けてくれはする理由を。図式化するとの留保を付けたうえで考えるに、我々が見た集中攻撃、哲学に（教育をとおして）むけられたその集中攻撃は、一つの深い理由によってしか、ほとんど説明されえない。拡大する「産業文明」の或る種の形態がもつ、もろもろの「必要」である。もっと正確には、拡大する「産業文明」の或る種の形態は、ほかならぬ我が国においては、これらの「必要」によってみずからが承認されると考え、権利としてそれらを要求していたということ。この点を否定しようとする人は、まさかいまい。どんな国も「みずからの時代を伴侶とする」ことをせねばならぬ、科学、技術、産業の世界的拡大の時代にみずからを合わせることを、と我々は耳にタコほどに聞かされてきた――〔この方向を政策的に推進していく〕第五共和制を待たずしてすでにこの「真理」を発見していた人々が、そう口にするのを、我々は耳にしてきた。未曾有の産業転換の世紀にあっては、すべては、この革命の行き先を決する科学に懸かる、と我々は聞かされてきた。一方で、数学、自然科学に、［他方で］人間を――経済的にであれ、社会的にであれ、政治的にであれ、イデオロギー的にであれ――組織化するための科学に懸かる、と。すべてはかくして〈自然〉科学と「〈人間科学〉」とに懸かる、と自覚した人々は、ならばすべては研究者・技術者の養成に懸かる、とこのことを認めるよう我々を促そうとしていた。十分な研究者・技術者を生み出せない国は、〈歴史〉をつくる代わりに、〈歴史〉に翻弄される、と。欠くべからざるものを確保するには、本質的なことがらに赴かねばならぬ、必要とあらば、目先の利を捨てて実をとるごとく、余分なもの、贅沢なものに大鉈を振るわねばならなぬ、と。しかるべき外国に範を求めるべきこと、フランスにおける〈哲学〉教育が、余分なものではないにせよ、贅沢品、必要以上の出費を強いるものではあるとの明白な事実を肝に銘じるべきこと、〈哲学〉教育は改革されるか切り落とされるべきことを、我々は教えられた。こうした言葉づかいを耳にしつつ、我々は、それが〈哲学〉のことを言っているのだ、と知った。〈哲学〉教育において、じつは〈哲学〉そのものが、改革されるか消え去らねばならないのだ、と。

　こうした異議申し立ての様々な形態を改めて論じることは、しない。医者、薬剤師、その他の卵を育てるためと言われて、「実験〈科学〉」クラスが創設され、続いて一種の内々の宣伝によって、生徒たちの指針が自然にそこへむくよう仕組まれた。あるいはまた、端的に〈哲学〉クラスを廃止して、専門を異にする教師たちに、授業の補足として、それぞれの教科を「哲学的」に注釈させることが考えられた（我々のあいだには、哲学の素養をもつ歴史家、数学者、etc. がいたので。これは、こうした同僚たちの良心を傷付けるだけでなく、無資格のまま成り上がった〈哲学〉の「張りぼて」として遇する侮辱を、彼らに加えることでもあった！）。あるいはまた、〈哲学〉を「生まれ変わらせる」ために、要するに時代を伴侶にできるようにするために、〈哲学〉の中に、多量に調合された「〈人間科学〉」（心理学、様々な社会学の変種、etc.）を導入することもくろまれた。こうしたすべての措置ないし試みは、時代の「空気」となりつつあった一つの共通した要請を、深い動機にしていた。我らが〈産業文明〉の海のその上にたゆとう、一種の客観的自明性を。一つの支配的な思考を。つまり、言うまでもなく、例のごとく、支配層の思考〈産業拡大〉を引っ張る頭脳的前衛のそれ。一個の定着した用語がそれをこう指示する。すなわち「〈技術官僚主義《テクノクラシー》〉」、〈大臣〉やら、ほかならぬ〈文部省〉の高級〈官吏〉たちに、まさに自明なことがらとして、さらには火急の課題、それどころか使命としてさえ受け入れられるほどに支配的となった思考。書こうと思えば今日からでも書くことのできる歴史、ちょっとした暇さえあれば、我々の同僚の中に書くことのできる人がいる歴史、言ったすべてはこの歴史に属す。この歴史に属すとは、すなわち、〈哲学〉にかんしては、技術官僚主義的〈思考〉と呼ばれるべきものの攻勢によって、〈哲学〉の存在どころか命さえもが、かつて疑問視され、いまも疑問視されつづけていて、これらかもなおいよいよ疑問視されていく、ということだ[3]。

〈哲学〉はこの異議申し立てをどう感じ取っているか、どうそれから身を守ることができるか、この点を、いちだんとつまびらかに検討してみなくてならない。

まず言っておこう。〈哲学〉は、一種の多少とも意識的な後ろめたさなしに、この異議申し立てを感じ取っていないわけでない、と――〈哲学〉を守勢一辺倒に立たせている、説明の付けがたい理由の一つが、おそらく、これである。実際、抽象でメシを食っているばかりか、その抽象たるや、現代文化の、あるいは、現代科学の諸成果によっておおかた乗り越えられてしまった、一昔前の「真理」に依拠していると、さらにまた、そうした成果に関心をもつにしても、それはただ手前味噌にそれらを手直ししたり、こねくり回したり、利用するためだけのこと、思弁の材料に変えるためだけのことと、外部から来た人間が〈哲学〉をこきおろすとき、その人は、〈哲学〉のいまだ傷付きやすいままの弱点に、期せずして触れていることがある。いまだ傷付きやすいままの、と私は言うが、それというのも、一般的に言って、我々は、ポリツエル[*6]がベルクソンのまやかしや、十九世紀譲りの、能力と行為の心理学の抽象性を暴いて物議をかもした時代から、すでに抜け出しているはずなのに、我々の哲学の中には、その過去を――ベルクソン、ブランシュヴィク[*7]、アラン[*8]によって王座に就けられた唯心論と実証主義の、かの長きにわたる時代を[4]――思い出させる強迫とテーマが、現代の「知識」に適合させられた確かに新しいと言える装いのもとにではあれ、執拗に残っているのをみいだせるからだ。例をあげるとするなら、私は真っ先に、フランス哲学が「心理学」とみずから呼ぶものに対して示す、あの驚くべき嗜好を引くだろう。なるほど、一般的には、我々はビラン[*9]、テーヌ[*10]、ラヴェッソン[*11]、ラシュリエ[*12]、ベルクソンといった人々の言う、記念碑的古さを誇る「心理学」からすでに縁を切っている。まだ形而上学の一部をなしていたころの心理学の擬似「対象」（注意、習慣、努力、観念連合、意思、性向、etc.）を使って変装してはいたが、それは一つの形而上学にすぎなかった。この「心理学」、いずれにせよ、それの想像的な「対象」は、今日では一般に、すでに時代遅れとみなされている。いずれも先端の学問分野から借用された、別の諸「対象」が、それらに取って代わった。ふるまい、行動、知覚、自己身体、性行動、「他者」など。しかし、この新しい「心理学」は、古いそれにほとんど劣らぬ哲学的機能を果たすことがある。もちろん、それは、唯心論哲学がみずからの姿をそこに認め、みずからの姿をそこに眺めるところのあの心理学ではもはやないが、それでもあいかわらず、或る哲学に固有な心理学、要するにその哲学にとっての鏡または口実、の役を果たしてしまうこと、なきにしもあらず。言うところの哲学とは、いささか性急に、また、いささか安価にみずからを「現象学的」と公言して、おのれの価値をフッサールという理論的御神体の庇護のもとに置こうとする哲学である。こうしたケースを見るにつけ疑問に思うが、我々は、かつてどんな形而上学もが企てようとしていた「合理的心理学」という古い企画から、ほんとうに自由になったのだろうか？　これとまったくよく似た傾向の残存を図解してくれる、別の実例がある。それは、「〈主観〉」の根源的超越性というテーマの、驚くほどしぶとい耐久性のことで、この超越性は、〈人間〉を客観的に、科学的に、認識しようとするいかなる企てをも、無用にか、その場かぎりのものにしてしまうとされる。なるほど、ラシュリエ、ブートゥルー[*13*]といった人々の議論は、今日、すでに乗り越えられたものとされてはいるが、しかしその要所は、「了解」の哲学の中、フッサール的なところのほとんどない或る種の「現象学」（シェーラー[*14*]、ヤスパース[*15*]、etc.）の中、さらには、〈人間科学〉に〈統一性〉を、という呼び掛け（ギュスドルフ[*16*]）――科学認識論への、別の〈統一性〉の、つまりは人間の「超越性」の〈統一性〉の、たかだか投影でしかないことになりかねないあの〈統一性〉――の中に、後生大事にしまい込まれているのでは？　なるほど、我々も知るとおり、現に在る特定の学問分野（心理学）についての、あるいは、人間科学一般の条件についての、まともな哲学的省察と、それとはまったく異なる形態の哲学的営為――自前の心理学、自前の人間科学をみずからに与えて、それどころか勝手にこしらえ上げて、そこにみずからの在り方とみずからの正当な根拠を見ようとすることにむしろ汲々としている営為――の、この二つを分かつ間隔が狭いケースも中にはあるが、狭いとはいえ、やはりその間隔は実在する。このことに注意を怠れば、〈哲学〉は、すでにカントがはや二世紀近く前に〈哲学〉に禁じようとした諸形態のその中に、たとえひじょうに「モダン」な外観をとってであれ、再びたやすく陥る恐れがある。哲学の対象が「モダン」であっても、それは哲学そのものが太古的であることを妨げはしない……

この点については、現実とのつながりを失っているとの非難を、或る種の哲学にむけることができるのはそのとおりであるにしても、しかし、現実とのつながりを失っているのは、この哲学が、それ以前にまず、〈哲学〉そのものとの真のつながりをもっていないから。〈哲学〉そのもの、すなわち、どうなそうが、どう望もうが、どう言おうが、今日、いかなる哲学にとってもその生きた基底をなすもの、いくつかの理論的な成果と不可逆的な認識。

哲学の胡散臭さが抱き続けさせるであろう、様々なかたちの疚しさから自由になり、技術官僚主義的思考の攻撃に対抗して〈哲学〉の正当な資格を擁護するための、まったき正当な権利を要求するには、哲学以下の哲学や哲学でない哲学が〈哲学〉そのものの領域に、いわんや、「哲学」の大量流通・大量消費[5]の中に、存在するか存在する恐れがあるという、このことを、おそらく認識する必要がある。この現実を認識して、それを批判する必要が。

殊このことにかんしては、我々の足場はゆるぎない。というのも、我々は、たとえ皆が同じ理由から望んでいるわけでないにせよ、何を望んでいるかは知っている。

我々は我々が何を望んでいるか知っている。ごく単純に一つの自律した学問分野として生存するという、そのことへの哲学の権利請求を、我々は擁護したいと望んでいる。〈来世〉や〈背後世界〉に属す学問分野としてでなく、現世、この世界に属す自律的な学問分野として生存すること、この世界の内容を、その内容の、ほかならぬ、意味を対象とする学問分野——つまり、知覚、行為、社会的・政治的実践、科学、芸術、宗教といった理論的実践など、この世界を「把握する」(「領有する」、とマルクスは言った[6])諸形式を対象とする学問分野——として生存すること。言うところの哲学の自律性は、我々にとって、あらゆる「実証主義」、あらゆる「経験論」、あらゆる「心理学主義」、あらゆる「プラグマティズム」に対する拒否によって表現される。というのも、「真理」がこれこれのこの内容、このモノ、あるいはこの科学のこの定式であるなら、真理がこの「所与」やこの「客体」であるなら、それらが実際に不透明であろうが、透明であろうが、哲学にはまったくなすべき用がない。「現実の研究に手を付ける」(7)だけでいい。現に存在する研究から、すでにでき上がっている科学および科学を標榜する学問分野（そのような学問分野は、「〈人間科学〉」の中で、キノコのようにわんさか生まれてくる）から、始めるだけで。そうすれば、哲学は天寿を全うする。哲学は既存の科学の下に埋葬され、既存の科学は哲学を肥やしに花を付ける（哲学は既存の科学の花になる！）。もう一世紀も前に、哲学を〈自然〉科学の下に埋葬することが考えられた。ところが〈人間科学〉と共に、その分身として、哲学は蘇った。だが、かまうものか、今度は〈人間科学〉の下に哲学を埋葬すればいい、今度こそはほんとうに。こうして〈哲学〉はもうなくなる。死んだと喧伝されて、じつはあいかわらずぴんぴんしている御身《おんみ》の拝見される神様とは大違い、哲学については、それはもうないと言う必要さえない、とそう言わねばならぬ必要さえ、もはやなくなるのだ。安心立命。事ここにいたれば、哲学は科学の立てる、たわいないさざ波、それの残す航跡にすぎぬ。道行かば生まれる付帯現象。ちょうど海行かばどんな船も水面《みなも》に条痕を付けずにすまぬが、しかし通り過ぎてしまえば、決まって塞がるその傷のごとき。残るはただ、たゆとうばかりの波のみ。海が傷跡をもつことはけっしてない。

だが哲学は、科学の残すそんなつかのまの痕跡などでありえない。なぜなら、科学そのものが、真なるものという純粋な所与、真なるものが進んでいく純粋な航路などでないから。哲学によってなされる経験論、「心理学主義」、「実証主義」の拒否とは、まさに科学を破壊する意味を科学に与えることの拒否にほかならぬ。哲学が或る拒否にかかわろうとするのは、その拒否が科学そのものにかかわるからにほかならぬ。哲学が自分のために「経験論」と「実証主義」とを拒否するのは、それらを、なによりもまず科学そのもののために、拒否せんがゆえにである。したがって、現実に在る真正な科学の、現実の姿を確認する行為が、哲学を成り立たせる。つまりは、その行為が、哲学に自律性を保証する。ゆえに、哲学は科学によって脅かされることがあるどころか、逆に、科学それ自体を脅かすものによってしか、脅かされえない。独断論、実証主義、心理学主義、自然主義、プラグマティズム、経験論といった「幻想」によってしか。マルクス主義者なら、いちだんと厳密に（というのは、言った幻想そのものが、「心理学的」または「形而上学的」でありうるわけでないから）、イデオロギーと呼ぶであろうところのもの、要するに、経験論的イデオロギーによってしか。哲学に科学を対置して哲学への正当な資格付けに異議を唱える人々には、ここで、こう呑み込むことが肝心である。「経験論的」イデオロギーの最も巧妙な形態は、真の科学がもたらしてくれる真理という所与それのまとう形態である、と。この「所与」は「客体（*Objekt*）の形式」、「直観」の「形式」のもとに「与えられる」のであって[8]、その所与を生み出すための実際的条件の形式では与えられない（言ったところの条件をいかに解すべきか、観念論的批判主義の伝統、カント―フッサールの伝統のもとで理解すべきか、それとも唯物論的批判主義の伝統、マルクスに発する伝統のもとで理解すべきか、ここではこの問いは脇に置く）。ゆえに、重要なのは、真正な科学のそのただ中から「経験論的」イデオロギーを狩り立てること、この容赦ない批判、この休みない狩りの諸原則が哲学そのものである、と理解することだ[9]。

かくして我々は自分が何を望んでいるか知っている。それを知っているがゆえに、我々はまたこうも考える。今日、〈哲学〉が、また〈哲学〉を（あらゆる領域で——というのも、〈哲学〉の効果は、〈哲学〉がその条件を考察するところの対象そのもの、科学にだけでなく、政治、道徳、美学、さらには宗教までをも含めた、人間による世界領有のありとあらゆる形式にも及ぶから）[10]拠り所とするあらゆる文化的な力がさらされている、いちばん大きな危険、〈哲学〉がさらされているだけでなく、人間の文化のそのまったき中心部もがさらされている、いちばん大きな危険は、まちがいなく、技術官僚主義的〈イデオロギー〉が種々の紋切型によって張る、全面的なネガティヴ・キャンペーンである。このキャンペーンは、反哲学・反哲学教育キャンペーンにひときわはっきり現れる——しかしそれはまた、他の領域、政治、労働組合、経済などの領域にも、大々的に現れている。〈哲学〉と〈人間科学〉の関係の問題がかくも重要である理由が、これだ。実際、その反〈哲学〉キャンペーンにおいて、我々の社会、産業社会の、技術官僚主義的〈イデオロギー〉は、今日、戦いの最前線にむけて〈人間科学〉という大部隊を進行させたり、そこへと自然に進行していくようにしている。

ここにおいて、あいかわらず、或る種の「哲学」が、〈哲学〉の未来にとても大きな影を落としている。ここにおいて、またしても〈哲学〉は、通俗的唯心論——たとえベルクソン的、ディルタイ的など、いちだんと「高尚」な装いが凝らされているのであれ、はたまた、擬似「現象学」の装いを凝らされているのであれ——のいまだ息絶えない遺産に、ひじょうに大きな割りを食わされる。〈人間〉についての〈科学〉という問題は、哲学の主菜[*17*]であったし、いまもそうある。或る伝統全体がみずからの「理論的」空腹感を鎮めるための主菜……、ほんとのところは、或る種の客観性から見放されるのでは、「人間の本性」についての、誰がつくったかは知らぬが！——たぶん、社会主義者たち？——「〈科学〉」から見放されるのでは、との政治的不安を鎮めるための抗不安剤。〈道徳〉〈宗教〉〈政治〉が歴史の更新に恐れをなして逃げ込む理論的避難所に、必要とあらば、いつでもなれる、かの「人間の本性」についての！　この「哲学的」伝統はいまだかくしゃくとしてはいても、乗り越えられている。なぜなら、〈権力〉の理論的番人たちがこんな発見をなしてしまった。少し前まで彼らの「理想」に対する最悪の脅威であった〈人間科学〉それが、かつてベルクソンが差し迫った声で要求したあの「魂の補い」をもはや必要としなくなっている、と。少しも憚ることなくみずからを「科学」と名乗り、〈人間〉を語る、急成長した「具体的」な学問分野は、或る種の観念論がみずからの存在の根拠を据えるための本質的アポリアとして定着させようともくろんでいた、純然たる「哲学的」神話に、ここでもまた罵倒を投げ付ける。「〈人間〉についての〈科学〉」は実在するのである。したがって、たとえ〈哲学〉であってさえ、それがこの〈科学〉の根源的な不可能性という前提に基礎を置いているなら——実際それはそこに基礎を置いていたし、いまでもあまりにしばしばそこに基礎を置く——、その〈科学〉は、〈哲学〉そのものにとっても、脅威になるだろう。〈人間科学〉の原理的な不可能性を証明し、その不可能性をみずからの原理とするのであっては、もはや哲学は〈人間科学〉の襲撃から身を「守る」ことができない。端的にできないのである。ゆえに、哲学が哲学としての役割を果たしうる条件は一つしかない。〈人間科学〉の実在を、とは言わぬ、少なくともその可能性を承認すること、真の自己防衛をこの承認のもとに基礎付けること。哲学の自己防衛は、〈人間科学〉を、それが真の意味での科学になることをあいかわらず妨げているものから防衛することと、一つなのである。

というわけで、じつに〈哲学〉は、この根源的な「先決問題」〈人間〉についての〈科学〉は可能か?〉に片を付けてしまわなくては、我々の世界で簇生を続けている〈人間科学〉にむけて、的確な問い——切りがないかにいたずらに引き延ばされていく胎児状態を〈人間科学〉が抜け出る、その助け、技術にとどまるいまの在り方を脱して真の科学になるその助けを、蔭ながらではあれ、現実になす問い——を差し向けることができないだろう。この言い方がひじょうに図式的であること、こんな乱暴なかたちでは、この言い方自体が、〈人間科学〉を科学として産み落とす出産作業にまさに従事している、聡明な研究者の誰をも逆撫でするであろうことは、承知のうえである。だが、生まれるのにこうした研究者の努力が要るというそのこと自体が、この出産がまったく「自然発生」でないことを証明しているだろう。出産までに事は必然的に進んでいくと、必ずしも強く思い込まれているわけでさえないことを。それもそのはず、一部の世論——それは〈人間科学〉の現在の「顧客」たちにのみ特殊な見解ではなく、名を知られた知識人・大学人のあいだにも広く普及している見解である——は、〈人間技術〉のままで結構と、すっかり満足し、役に立つというだけで、それら技術を〈科学〉と命名しているのだから——経済的‐政治的‐イデオロギー的企てに使えるので、あるいは、真に哲学者たらんとする努力をせずに済まさせてくれるので、それは特定の人々のお役に立つわけだ。

以上の概括的判断の、その意味を取り違えないよう、注意してもらいたい。「人間的事実」の領域でなされている科学的企ての妥当性に、異議を唱えることなど、ほんの一瞬ですら、問題とされていない。いわんや、科学の視角から見てすでに真に科学の名にあたいするほどの成熟度に達している学問分野の、実在性を疑おうというのでもない。たとえば、一つだけ例をあげるなら、言語学、とりわけ音声学は、正当に一つの科学とみなされていいように思われる。なぜなら、それは、現実的な統一性を具えた固有の対象、いかなる学問分野によっても否定されたり奪い取られることのありえない対象をもち、その対象についての一般理論をもち、さらに対象と理論の対応関係に即した、客観的な研究方法をももっているのだから。言語学についていま言ったことがらこそ、科学を定義するのに絶対に必要な条件なり、と知っている我々哲学者、特別な恩寵によって知っているのではなく、我々の理論的作業のまさに対象であり、その作業の成果であるから、そう知っている我々は、それゆえまた、理論なき現実も、現実的対象を欠く理論も、さらに、たとえどんなに厳密であっても、借り物である客観的方法、ゆえに客観的規定を欠く対象に「応用」される方法も、〈科学〉と呼ばれるものを成り立たせるには不十分なり、と知っている。少しく以前からそうしたことすべてを知っている我々哲学者は、ゆえに、こう自問することがある。〈人間科学〉のラベルのもとにみずからを呈示するすべての学問分野はほんとうに人間にかかわるのか[11]、とばかりでなく、なによりもまず、それはほんとうに科学であるのか、そうした学問分野にとって、「科学」なる肩書は、場合に応じて、祈願、プログラム、アリバイ、いかさまの代わりに使われているのでは、と。誰もが認めるであろうが、現代心理学と現代社会学の諸部門すべては、学習の技術か条件付け（脱条件付け〔条件反応の消去〕、条件付け変更）の技術、要するに、適応化技術にすぎない。言うところの適応化とは、じつに明白なことに、現にいま在る条件に適応させること以外でありえない。現にいま在る条件に適応させるための、その種のもろもろの技術が、教育学や精神医学の組織化の現段階にあっては、またより一般的には、社会的防衛手段の現状にあっては、なるほど、個人、「不適応」児の行動、性格障害、精神障害にかんして、現実的で掛け替えのない用をなすこと、単純明快に言ってしまえば、多くの子供や大人に、生きるための、生きつづけるための、よりよく生きるための、端的な可能性を与えることは、私も承知している。しかし、掛け替えのない用をなすからといって、そのこと自体が、許容された技術を、根拠も妥当性もなく、科学として語ることを許すわけでも、また、たんに形式化ないし理論化された技術にすぎないのに、それをさも科学であるかのように語ることを許すわけでもない。

極め付けの例を一つ。全体としてアメリカ精神分析学派は、精神分析を、再適応化技術として扱うと言っていい。しかも、強い義務感からそうする。なにしろそれが、精神分析にアメリカ社会が期待し、かつ、要求するお役目なので。最近明らかにされたように、実際、アメリカ社会は、精神分析の技術とそれが生み出す数々の副産物に、はっきりした社会的・政治的役目を期待している。アメリカの経済成長を推進する感嘆すべき動力機関とアメリカの政治的「安全装置」とに「焼き付き」を起こさせかねない、「人間的」摩擦を予防すること、大雑把に言えば、これである。もちろん、アメリカ社会には、金《かね》を取ってこの「サービス」を提供する一群の業者、要するに、「心理学者」と呼ばれる商売人がうざうざいるが、しかし、その彼らを超えて真の分析家たちにまで感染を及ぼすほどにも、需要はいちじるしく、要望もまた強いのである。[12] そのため分析家たちは、回避策として、条件付けと適応化の分析理論を展開してみせるのだが、当の解釈の妥当性を真剣にみずからに問い掛けることはしない。つまりは、フロイトの仕事に、ごく単純には〈精神分析〉の対象に、或る根本的に誤った解釈を施してしまったのでは、と自問することがないのだ！「科学」というものがこんなふうに対象をまちがえるなど、ありえないことと思われるかもしれぬが、さにあらず、まさしくそのことがほんとに起きたのである！　しかも、合衆国の支配的な精神分析理論においてばかりではない。ヨーロッパの幾多の著作家のもとでもそれが起きたことの証明を、一人の人物がやってみせた。彼のテキストは、いまのところ、格子越し[13]にやっと読める程度だが、しかしやがてそれらは読まれるか、「翻訳」され、近いうちに、人々はそのもつ理論的価値に気付くだろう。言うところの人物とは、J・ラカンである。[14] 彼が読まれたあかつきには、我々は、行動主義、パブロフ主義、〔フォイエルバッハ流の〕人間主義的唯物論、それどころか単純に「心理学」とさえ、精神分析を折り合わせることはできぬ、とはっきり理解するだろう。彼が読まれることによって、いくつかの「自明性」、〈適応化〉のための〈人間技術〉に属す多数の学問分野のその自明でない土台に、にもかかわらず、利用されている「自明性」が、我々にその正体を明かす。そうした学問分野の作り手にとっては、理論的な「利便性」、顧客にとっては、殊のほか実用的な商品であるとの正体を。そして、「心理学」の科学としての統一性、いずれも心理学への、耳に快い語で言われるように、「アプローチ」（接近の動きと共に、接近の「方法」をも指す）である複数の学問分野によって、すでに引き裂かれていたその統一性が、いっそう疑わしきものとして、我々の前に現れてくる。つまり、心理学のなす対象同定の問題が、取り違えméprise をもとに立てられるようになるとき！ならば、社会学の、とりわけ心理社会学のいくつかの部門のごとく、集団を対象にした〈適応化技術〉であることが極めてはっきりしている学問分野については、何をか言わんや。産業、商業、政治、軍隊などの世界で「心理学」や「社会学」が、現在、その手の需要対象となっているのは[15]、まったく明らかなことに、或る種の誘導のための、或る種の目的のための、ゆえに或る種の特定の利害のための、達成手段としてである。こうした特定の需要の場に取り込まれ、その需要の命ずる目標に従わされると、〈人間科学〉の中のいくつかの学問分野は、この「条件」に掌握されてしまい、この需要を満足させるのに必要とされる〈技術〉と〈方法〉の「洗練」ほぼ一筋に、邁進するまでになる。この需要を（あるいは、この注文を）糧にして生きている学問分野は、当の需要そのものを疑問視して、その需要の根拠を質す手立て・可能性を、それどころか単純に言って、質すことの欲求（または観念）をさえ、一般にもたない。少なくとも社会的・経済的な現状では、生活の実践的かつ「理論的」な資をなす需要を問題にすること、この需要の本性と条件とについて科学的な研究を企てることは、一般に不可能である。とはいえ、効果的な〈技術〉をでなく、真の科学を構成する道に確実に就くためには、そこまで行かなくてはならないのだ。〈技術〉というものは、往々にして、その方法の「科学的」性格をしか、科学的であることのアリバイとしてもたない……まるで方法さえ精密化されれば、それだけでもう、科学を構成するのに十分と言わんばかり！

この判断、図式的たらざるをえないこの判断の意味を、ゆめゆめ誤解なさらぬように。〈人間科学〉という言い方によって指し示される領域は実在するが、大きな問題を抱えていること、この領域は数少ない真の〈科学〉と共に、多数の〈技術〉を含むこと、それら〈技術〉のうち、或るものは、社会と知識の現状においては、人間的観点から言って取り替えが利かないこと、反面、或るものは、極めて限定された利害から見れば、確かに注ぎ込んだ以上の元をとらせてくれるが、しかし胡散臭く、〈人間〉についての〈科学〉という企図から見てさえ、利益に適うかどうか疑わしいばかりか、損失をもたらしかねないこと、以上の批判的確認事項は、いかなる意味でも、古い唯心論的郷愁を奇跡のごとく支えにくる論拠にはなりえない。科学的理性が「敗北」を喫するたびに、その理性にまつわる哲学的に反動的な神話の聖化という、神からの不意の賜わり物が、いつ到来するかと待ち構えている郷愁。〈人間科学〉の領域が問題含みであること、「〈人間科学〉」なる語が正真正銘の現実と共に疑わしい現実、さらには純然たるまがいものを、その意味範囲に無差別に抱え込んでいることに、〈哲学〉は確認を与える。そのような意味での哲学は、今日のあらゆる聡明な研究者たち、「〈人間科学〉」の領域の現実的な部分に真の科学という形態を与えることを企てる研究者たちに、彼らの直面せねばならぬ事実のありさまを報告する。この事実のありさまを描き出しつつ、〈哲学〉はまた同時に、現実的な情勢、言った研究者たちが現にいま生きている、矛盾した情勢を描き出しもする。実用上の成功と奉仕への善意とに彩られた多幸症的なみかけを呈する、危機的情勢である。この危機的情勢をいくらか厳密に考えることを試みはしても、しかし〈哲学〉は、これら研究者がこの危機を解決するのを、彼らに代わってなすのでなく、ただみずからの方法を用いて、ごく慎ましく、みずからの場所でその彼らの手伝いをなすだけである。制覇を成し遂げたにもかかわらず、マルクスから百年、フロイトから五十年経ったいまも、真の意味での科学をうまく産み落とせずにいる〈人間技術〉の、かくも奇妙なまでに引き延ばされている懐妊期間に終止符を打とうとする彼らの。この危機を考えるそのことによって、〈哲学〉は、自分の持ち前から、自分のやり方で、危機解決に資することができるのである。この危機が〈人間科学〉にかけている「脅し」でさえ、じつは、生まれようとする〈人間科学〉の「産気」の兆しにほかならぬと、事実にもとづいて証明することが。

だがそのためには、おそらく〈哲学〉は、非‐哲学の新種から、自分の身を守れなくてはならない。現実を否認し、〈技術〉を〈科学〉とみなし、どんな〈人間科学〉でも等し並に〈科学〉であると信じ、〈人間科学〉はすべて成った、いずれにせよ、しっかり基礎付けられたと宣言し、このまことしやかな嘘（あるいは、そうあれかしとの願い）を〈現代哲学〉そのものとして差し出す、あの前衛的〈イデオロギー〉から。少し前に私は、技術官僚主義的〈思考〉について語った。そのとき私の視野にあったのは、世界の流れ、〈経済〉〈科学〉〈技術〉の発展の流れについての、或る種の概念構成とその概念構成が（〈哲学〉教育の中にまで）もたらす実践的帰結である。この技術官僚主義的〈思考〉は政治、経済、etc. の中にも働いている、と私は言った。いまや我々は、それはまたさらに、必ずしも感知されることのない意味または影響を伴なう様々なかたちで、〈哲学〉そのものの中にも働いていると、気付き、言わねばならない。大いなる御宣託に耳を傾けてみよう。我々は歴史的特権に浴している、とその御宣託は我々にのたまう、〈近代以降に科学と技術がくぐった大規模な「突然変異」に匹敵する、前例なき哲学的事件、今世紀の最も瞠目すべき「前衛的」な諸科学部門の、常識を超えた収斂的出会い、一つの「場」――すなわち、〈哲学〉――におけるそれらの「融合」に、我々は、まだ生きているうちから、もう参賀している、と。この出会いはすでに一つの新しい〈哲学〉を生み出している、と。それは哲学を覆す〈哲学〉で、この〈哲学〉を生み出した諸科学にむかって、それら科学は、もとより、この出会いにおいて〈存在〉そのものの言挙げをなすべき運命にあったのだ、とそう誓って言ってみせる〈哲学〉である。時間性、効率計算、ゲーム理論、コミュニケーション理論、「〈長期経済見通し〉」なるイデオロギー的神話に包まれた計画経済、こうしたものの名のもとに集う〈高級官僚〉、学者、稀に哲学者。〈言語学〉と〈情報理論〉と〈数学〉と最先端の〈物理学〉、マルクス、フロイト、ゴルトシュタイン[*18*]、コント、語の、女の、財の交換、フォン・ノイマン[*19*]、霊媒師とラカン、ルソーとほかならぬ民族学者、これらすべてを二項対立の存在論の中に十把一絡げにまとめ上げる方法、器用仕事《ブリコラージュ》をこなす人ブリコルール[16]の究極の夢であるそれを見付け出した、レヴィ＝ストロースのような哲学者たち（私はレヴィ＝ストロースの感嘆すべき具体的分析のことをでなく、その分析に彼がまとわせる「哲学」のことを言っている）。そのほか、情報通で知識欲も旺盛な、それでいて、しかし、理論への希望を差し出すのでなく、むしろ、おのれの希望を理論として我々に差し出してしまう哲学研究者たち。各々肩書は違え、これらすべての「哲学者」は、〈哲学〉であるとそれぞれの考えるもの、あるいは、〈哲学〉であろうことをそれぞれが信じようとするものを、実際に生み出している――それでも、その〈哲学〉をはっきりとほんとうの名で名指してやらねばならぬ。願望であったり、幻想であったり、いかさまであったりと、ケースごとに異なりはせよ、それは〈イデオロギー〉である、と。要するに、〈技術官僚主義的思考〉の哲学的面子にすぎぬ、「〈サイエンス・フィクション〉ならぬ？」〈哲学〉-〈フィクション〉なのだ、と。

技術官僚主義的〈思考〉、この〈イデオロギー〉に象徴される、哲学的幻覚剤（願望、ユートピックな夢、アリバイ、いかさま）を〈人間科学〉から取り除く、との前提条件をみたすのでないかぎり、明らかに〈哲学〉は、「〈人間科学〉」が真正な科学を産み落とす、その手助けをなすことができない。

それゆえ、私としては、進んでこう言いたい。〈人間科学〉が〈科学〉になるその手伝いを、哲学は二重のやり方でなせる。

［1］つぎのような手助けをなすことによって。みずからの置かれた条件の現状を〈人間科学〉自身が批判し、科学を端的に科学、技術を端的に技術と呼び、対象を端的に対象、非-対象を端的に非-対象と呼ぶ、その手助け。いま在る〈人間技術〉の大部分の出所をなす需要をそれとしてきっぱり指示して、この需要の理論をつくることに着手し、この需要の或る部分を進んで受け入れたり、或る部分を疑問視したり、或る部分を無効にすることを可能にする、その手助け。借り物のたんなる方便でしかない方法と、現実的対象についての科学理論の、その方法をなす方法とをはっきり区別し、たとえそれが認知された〈人間科学〉であっても（たとえば構造主義言語学）、また、それがうまく知られていないか、まったく知られていないか、知られていてもイデオロギー的歪曲をこうむっている〈人間科学〉（マルクス、フロイト）であるならなおさらのこと、何が〈人間科学〉の真の始まりをなすかを探究する、その手助け。要するに、〈人間科学〉が〈技術〉としてでなく、〈科学〉としてみずからを構成する、その手助け。

［2］それと同時に、技術官僚主義的思考という〈イデオロギー〉を批判することによって。この〈イデオロギー〉は、今日、〈人間科学〉に、哲学的加護と哲学的免罪の代わりになるものを与えている。なんの哲学的後ろめたさも感

じずに〈人間科学〉がみずからの矛盾を堪えていくのに必要なもの、〈人間科学〉がみずからの「誤謬」の中にあっけらかんととどまりつづけていけるよう、〈人間科学〉の「真理」を保証するのに必要なものを、それは提供している。

この役割を、もちろん、〈哲学〉は、〈哲学〉を〈哲学〉以下のものに貶めうるもの、古い唯心論的〈イデオロギー〉と現代におけるそれの——たとえいまふうであるとの威光をまとっているにせよ——あらゆる後継と擬態から、まず自分自身を、〈哲学〉としての身分を、防衛できないでは、確実には果たせないだろう。

この条件をみたしてはじめて〈哲学〉は、〈哲学〉教育の諸問題をも含めて〈哲学〉に仕掛けられる攻撃、反〈哲学〉キャンペーンから、真にみずからを防衛できるようになる。防衛とはいえ、そのとき、〈哲学〉はもはや「守勢」に立ってはいず、すでに攻勢に転じているだろう。誰であれ真摯な人の、あるいは、なんであれ確実なものの占める地歩を、脅かすためではなく、ただ、〈哲学〉をたぶらかし、あれら学問分野——〈科学〉になることを、少なくとも聡明な研究者の精神において、希求している学問分野——の発展を妨げる神話とイデオロギーを、引き剝がすために。

そこにいたったそのときには、〈哲学〉と〈人間科学〉の関係の「問題」は、「解決」をみいだしているだろう。その「解決」によって、〈人間科学〉はついに〈科学〉となっているだろう。

原注

（1） 本来、「哲学教育評論」第十年度第六号にて公表された人間科学協会のアンケートへの、回答として、これらの考察は掲載されるべきものであった。

（2） 今日、この願いは、D・ドレフュス夫人監修のもとに企画された『原典による哲学辞典』の、息の長い編纂作業によって叶えられた。

（3） たとえば、ルイ・アルマン／ミシェル・ドランクール『未来のための弁明』[Louis Armand et Michel Drancourt, *Plaidoyer pour l'Avenir*, Paris, Calmann-Lévy 1961, collection : « Question d'Actualité »] を一読すれば、言ったところの技術官僚主義的〈思考〉の現実の姿について、なんらかの観念がもてるだろう。ついては、「クリティーク」誌一九六三年五月号に載ったこの本の書評をあげておく［P. Dimitriu : « Puisqu'il faut changer de mentalité », *Critique*, 192, mai 1963, pp.457-471］。

（4） この点については、リュシアン・セーヴの本『現代フランス哲学の光景』（Lucien Sève, *Tableau de la philosophie française contemporaine*, Paris, Éditions Sociales, 1962）が興味深い資料を呈示している。

（5） カミュ、サン＝テグジュペリ、テイヤール〔・ド・シャルダン〕などの、なんと「哲学」を糧にして。彼らは確かに尊敬にあたいする人間でありモラリストではあるが、しかし哲学者と言えるかどうか……

（6） 思考は……「みずからに可能な唯一の仕方で世界を領有する。芸術、宗教、精神などによるこの世界の領有とは異なる仕方で」［K. Marx : *Introduction à la Critique de l'Économie politique* (1857), *in Contribution à la Critique de l'Économie politique*, Paris, Éditions Sociales 1977, p.167.〔カール・マルクス『経済学批判序説』岡崎次郎訳、『マルクス 経済学・哲学論集』『世界の大思想Ⅱ‐4』河出書房、一九六七年所収、四六二ページ〕。我々はマルクスからのこの引用を、アルチュセールが用いたフランス語訳そのままにしておいた］。

（7） 『ドイツ・イデオロギー』（一八四五年）期のマルクスによるこの言い回しを、私は意図的に引用する。その言い回しはまだフォイエルバッハの「実証主義」の跡を残しているのである。マルクス主義にとって、「現実の研究」、よって、科学は、根本的なものであると言いたいのではない――フォイエルバッハとは逆に、マルクスは認識を「所与」として、真理を「実践」なき「直観」のその「対象」としては捉えていないということなのだ。「科学的認識」（科学的実践）の現実を科学は、一般に、みずから反省することがない――その現実を科学は認識しないどころか、逆にみずからの「自然発生性」に身を任せて、その現実を「誤認」する傾向がある。「科学的実践」の現実を反省するのは、〈哲学〉ないし〈理論〉である（それはマルクス主義が唯物論的弁証法または弁証法的唯物論の名で指し示すもの、マルクス主義の「認識理論」[*20*]のことを言う）。

（8） マルクス『フォイエルバッハにかんするテーゼ』第一テーゼ[*21*]。

（9） マルクス主義者なら、ここで言う哲学をイデオロギーとしての哲学から区別するために、それをむしろ（一般）理論と呼ぶであろう。

（10） Cf. Marx, *Introduction à la Critique de l'Économie politique*, *op.cit.*〔マルクス『経済学批判序説』前掲参照〕

（11） 第二の問いと切り離されたこの第一の問いは、お説教話に事欠いていたイデオローグたちに、麗しき日々をもたらした。私はG・デュアメル氏[*22*]を引くつもりでいたが、おやおや、もっと遥か遠くまでさかのぼらなくてならない。観念学者たち（彼らは、その先生たる百科全書派よろしく、「社会物理学」をつくれると主張していた）に対抗した回心後のメーヌ・ド・ビランから唯心論へ、V・クザン[*23*]から……ベルクソンその人まで、名簿は長大になりそうだ。「〈人間〉」擁護の、また「〈ヒューマニズム〉」の、ありとあらゆる形態が百花繚乱する昨今、こうした人々の血を引く厖大な数の子孫たちについては、口をつぐませてもらいたい。

(12) 「需要」から来る要望のほか、真に批判的な哲学的伝統の欠如をあげなくてならないだろう――それと、哲学の日常的な代役をなす経験論的‐プラグマティズム的イデオロギーの全面的優位を。

(13) 彼を読者から守り、またおそらくは著者を著者自身から守りもする格子の謂いである。凶暴な獣は、仮に人間であるなら、こうした、はにかみを示すであろう。

(14) マルクスは「〈ホモ・エコノミクス〉」神話の拒絶の上にみずからの理論を打ち立てた。フロイトは「〈ホモ・プシコロギクス〉」神話の拒絶の上にみずからの理論を打ち立てた。ラカンはフロイトのなした解放するための断絶をその目で見、理解した。断絶という語の万全の意味において、彼はその断絶を理解した。その断絶を厳密に字義どおりにとり、その断絶をしてそれ固有の帰結を、休戦も妥協もなく生み出すよう強いたのだった。誰もがなすように、彼もまた細部において、それどころか哲学的道しるべの選択において、迷走しているかもしれぬ。だが、本質的なことは彼に負っているのだ。

(15) ［産業においては］市場調査、企業内「人間関係」の組織化、管理職のストレス解消療法、労働者組織との付き合い方、幹部要員と雇用人員の選択、などなど。［商業においては］消費者動向調査、宣伝、業界幹部の心理社会学的養成、製品の個性化、その他。［政治においては］世論調査、「マス・メディア」（ラジオ、テレビ、新聞、映画、出版、etc.）の活用、政治権力の「人格化」、選挙キャンペーン等のテーマと技術、など。［軍隊においては］忌まわしい記憶の果たすいくつかの心理的働きが消えてくれるだろう。心理学と社会学はつねに軍隊に興味を示し、人員募集の問題、とりわけ、軍隊の目標――大きく政治に傾いた目標であれ（革命戦争の新形態と軍が呼ぶところのものへ、軍隊のイデオロギーを適応させること）、より技術的な目標であれ（「近代戦」の技術）――への内部的適応の問題を解決しようとしている。

(16) レヴィ＝ストロースが『野生の思考』（*La Pensée sauvage*, Paris, Plon, 1962, pp.27 *sq.*〔大橋保夫訳、みすず書房、一九

七六年、二二二ページ以下〕）で展開したブリコラージュ理論は、生産の解明という点から見て、つまりは、或る型のイデオロギー形成の観点から言って、決定的なものであると私の目に映る。この理論は、まちがいなく、レヴィ＝ストロースその人の「哲学」にも適用できる。『この空は君のもの』〔ジャン・グレミヨン監督、一九四三年制作、四四年封切り作品〕に登場する整備工ド・クルミヨンは、自動車部品と鉄片と針金で飛行機——ほんとうに空を飛ぶそれ——をつくることを夢見る。空飛ぶ飛行機、占領されたフランスから逃れるための自由の空を彼に開く飛行機。『構造人類学』〔*Anthropologie structurale*, Paris, Plon, 1958〔荒川磯男ほか訳、みすず書房、一九七二年〕〕、『悲しき熱帯』〔*Tristes Tropiques*, Paris, Plon, 1955〔川田順造訳、中央公論社、一九七七年〕〕、モース序言〔«Préface» à Marcel Mauss, *Sociologie et Anthropologie*, Paris, PUF, 1950〔マルセル・モース『社会学と人類学』1／2、有地亨ほか訳、弘文堂、一九七三／一九七六年〕〕、『野生の思考』などのいくつかの箇所で、一人の人間が夢を追っている。ヤコブソンの、フォン・ノイマンの、サイバネティクスの、断片と、神話の、コードの、破片とで、「真の」哲学——〈存在〉を開示するそれ——をつくりたいとの夢を、ときに小さな、ときに大きな声に出しつつ。文化と自然とをつなぐ奇跡のごとき短縮回路を現実のものとなす「哲学」、技術に制圧された文明から逃れ、文明を救い出したいと望む人々に、究極の〈起源〉という自由の空を開く「哲学」。この短縮回路、通俗化された或る種の「構造主義」は、あの自由の空を日常的な奇跡として実現して、誰の手にもおおかた届くものにする。たとえば換喩と隠喩、範列と連辞、etc. の手際よくなされる操作は、それに少しでも慣れさえできれば、手軽な、それでいて驚くべき成果をもたらす。成果のいくつかはすでに発表された。残りも近いうちに発表されるだろう。構造主義的生産が大いに拡大していくことは、すでにして見えている。我々の時代の嗜好、手早くなされて、しかし個性のしるしを失わぬ制作への嗜好、知的ホビーへの嗜好を、それはくすぐるのだから。なかんずく、職人仕事によって、あるいは、もっと簡単な手作業によって「工業」生産をなすとの神業、ブリコルールの夢そのものを、それは達成させてくれるのだから。

第四章　「〈社会契約〉」について（一九六七年）

このテキストは、「ジャン゠ジャック・ルソーの思考されざるもの」と題する「分析手帖（高等師範学校認識論サークルの仕事）」（*Cahiers pour l'analyse* (*Travaux du cerlcle d'épistémologie de l'Ecole Normale Supérieure*)）第三期八号、五〜四二ページに掲載され、J・A・ミレールとJ゠C・ミルネールによる編者序のすぐあとに置かれている（「分析手帖」のこの号はスイユ社から再刊された。Seuil, Paris 1972）。[*1*] このルソー特集号は、アルチュセールの論文のほか、A・グロリシャール、P・オシャール、M・フランソンのテキストを含む。[*2*]「分析手帖」は、（R・リナールを中心に活動していた）「マルクス゠レーニン主義手帖」とほぼ同時期に創刊され、いずれの刊行物も、アルチュセールの弟子たちによって、高等師範学校で編集されていた。しかし、ラカンと『マルクスのために』の著者という二つの指針をもった点で、「分析手帖」は違っていた。号が進むにつれ、この雑誌の主宰者たちの「毛沢東主義的」傾向がいよいよ顕著になっていった。

アルチュセールの論文は、タイプされた高等師範学校一九六五〜一九六六年度講義録を書き直したものである。正確に言うなら、それは講義の一部をなし、講義自体は、ルソーを中心に据えてはいても、もっと広汎に十七世紀・十八世紀政治哲学に言及していた。実際、アルチュセールは、短いイントロダクションのあと、ホッブズに五回、ロックに四回、[*3]『不平等起源論』に五回、『不平等起源論』から『社会契約論』への移行に三回、それぞれ講義をあてたあとで、真正面から『社会契約論』を取り上げた。講義録のタイプ稿はこの段階に属す。講義は六回に分けてなされ、これをもって通年講義の全体が終了する。

アルチュセールは、一九六五年前後に、教員として何度か同様のテーマの講義をおこなった。しかも、ルソーの『人間のあいだにおける不平等の起源と根拠をめぐる論文』〔『不平等起源論』のフルタイトル〕をめぐる「小論文」

〈副論文〉と、「十八世紀フランスの政治と哲学」をテーマとする「大論文」〈国家博士論文〉の執筆計画を、一九四九〜一九五〇年度に登録してもいた。この計画は、結局、達成されないのだが、それでも「アミアンの口頭弁論」[*4]で彼自身はっきり言っているように、十八世紀政治哲学への関心は持続していき、それは、なかんずく、モンテスキュー試論[*5]に結実した。

発表のためにアルチュセールがなした書き直し作業は、講義録の文体的精彩化と、それに比べれば少ないが、いくつかの内容的敷衍に及んだ。この作業にはまたいくつかの削除も含まれていて、とくに大幅な削除については、それを編者注にて指摘する。[*6*]

現在の我々を相続人とする哲学にむけて尋問を始めるには、つぎの簡単な調書をもとにできる。どんな偉大な哲学体系も一つの種別的な対象、哲学的対象と、それの及ぼす理論的効果の中で、自分自身を思考していくということ。例――プラトンの〈イデア〉、アリストテレスの〈エネルゲイア〉、デカルトの〈コギト〉、カントの〈超越論的主観〉、エトセトラ。こうした対象は、哲学という固有領域においてしか理論的実在性をもたない。ルソーの法理論の内部では、社会契約が、そのような性質の理論的対象である。哲学的反省が練り上げ、構築して、そこからいくつかの限定された理論的効果を引き出すところの対象。[*7*]

ルソーの哲学的対象「社会‐契約」について、私はこう示唆してみたい。理論のもつ根本的な理論的対象の、その理論的作動方式の検討は、この哲学的理論の客観的機能――よりよく限定して言えば、その理論が、自分で「問題」を選び出すそのことによって、巧みに回避していく問題――を、我々の前に照らし出す、と。

実際、社会‐契約という対象の理論的作動を図式的に分析すれば、我々はつぎの事実に突き当たる。この作動は、或る内部的な理論的ズレ（〈ズレⅠ〉）の、その「遊び‐戯れ[*8*] jeu」によって、はじめて可能になる。この〈ズレ〉の、理論的「遊び‐戯れ」によってはじめて、「社会‐契約」は政治「問題」を「解決」[*9*]できる。ところが、「社会契約」[*10*]の直接的機能は、「社会契約」を唯一作動させてくれるこの〈ズレ〉、この遊びを、隠蔽することにある。隠蔽するとは、否認する、先延べする、を意味する。つまり、〈ズレⅠ〉のもとで〈社会契約〉が作動できるのは、じつはただ、この〈ズレⅠ〉を〈ズレⅡ〉のかたちで先送り＝転記すること、移転＝転移させることによってである。[*11*]〈ズレⅡ〉それのみが、〈ズレⅠ〉に応じた解決を、理論的に作動させることができる。つぎに、同じメカニズムによって、〈ズレⅡ〉は〈ズレⅢ〉に持ち越され、やはり同じ原理に従って、〈ズレⅢ〉も〈ズレⅣ〉へと持ち越される。こうして我々は、つぎの確認事項の前に立たされる。理論的ズレの連鎖があり、どの新たなズレも、一つ前のズレに応じた解決を「作動」させる役を担わされていて、どの解決も、結局は、いちばん最初の解決のもとから及ぼされくる効果である。したがって、「解決」の連鎖（〈社会契約〉、譲渡 - 交換、一般意思 - 個別意思、etc.）の中に、その連鎖を理論的に可能にする別の連鎖が現前していることを、我々は見て取る。〔解決の連鎖の〕各段階に関与してくる〈ズレ〉の、つまり、各段階に応じた解決を理論的に「作動」させる〈ズレ〉の、連鎖である。解決とズレの二つの連鎖の照合、それぞれの連鎖固有の「ロジック」と、二つの連鎖の関係がもつ極めて特殊なロジック（〈ズレ〉の理論的抑圧）との照合は、政治を思考しようとするルソーがその内部にいる哲学的な体系《システム》＝機構の、理論的機能を理解する道に我々を就けてくれるだろう。

　このタイプの分析は、それに正当な根拠ありと示されるなら、さらにつぎの二つの利点をもたらすだろう。

［1］ルソーのプロブレマティーク[12]とそれの及ぼす理論的効果を、理解可能にする（権力組織化の、一見、技術的と見える手段、その権力組織をかたちづくる器官の区別、権力組織を作動させる手続きも、プロブレマティークに含まれる）

［2］ルソーの『社会契約論』がもちうる複数の「読み方」、そこから引き出される複数の解釈（カント的、ヘーゲル的、etc.[13]）を、理解可能にする。それら解釈は、もはや、たんなる恣意や傾向にもとづくのでなく、その可能性の根拠をルソーのテキストそれ自体にもつこと、より的確に言えば、ルソーの理論の成分をなす理論的〈ズレ〉の、その「隙間 espace」によって許される「戯れ」にもつことが見えるようになるだろう。逆から言えば、それらの解釈は、我々にとって、言った〈ズレ〉が必然的に存在することの指標・証拠になってくれるだろう。

　我々の分析の主眼は、『社会契約論』第一篇第六章にむけられる。

I　問題設定

1　第一～五章の成果

第一篇第六章は〈社会契約〉の全体を支える。実際、この章は、ポリス的生にかかわる根本的な問い（かの「理論的深淵」）を成り立たせるところの、問題を設定して、解決する。

言った根本的な問いは、つぎのような語群の中に置かれている。

「各構成員の身体と財産とを、共同の力のすべてをあげて防衛・保護する結社形態、各人がすべての人と結び付いていて、しかも自分自身にしか従わず、以前と同じように自由なままでいられる結社形態をみいだせるか？」社会契約が解決を与える根本問題とは、これである。[1]（I. VI. p.90〔第一篇第六章、一二二ページ〕）

ところで、問いをかくのごとく定式化する第六章に、五つの章が先行する。

第一章は解決を予告するのみ。

……社会という秩序は神聖な権利で、他のあらゆる権利の土台になる。ところが、この権利は自然から出てくるのでは全然ない。つまり、それは、いくつかの取り決めにもとづく。いかなる取り決めであるかを知ることが肝要だが、そこに赴く前に、私はまず、いままで述べたことを証明しておかなくてならない。（I. I. p.58〔第一篇第一章、一一〇ページ〕）

問題設定の客観的条件を規定するこの二つの文章中、重要な語を検討してみよう。

第一の条件は、「人間たち」が「達した」「点」〔または、度合の「度」〕が、彼らの生存にとっての極限点、発作＝危機の起きる点 point critique にほかならぬ、ということである。人類の生死を分ける点。人類に致命的な発作＝危機をもたらすこの「点」は、我々を『第二論文』[*17]に連れ戻す。それは、すなわち、完全に発展しきった戦争状態のことである。[*18]

この点が致命的な発作＝危機をもたらすのは、それが、この状態における乗り越え不可能な矛盾の場をなすからである。人類の生命に対して置かれる「障害」と、その「障害」に対して個人が置くことのできる「力」との矛盾。言われる「障害」とは何か？　言われる「力」とは何か？

1　「障害」

それは外部的な障害ではない。自然のもとからやってくる障害（天変地異、大災害、食糧生産を阻む様々な——風土、資源——「自然的」困難、etc.）ではない。〈自然〉がすでに沈静化していること、人間が耕しはじめて以来、〈自然〉がもう自己との戦争状態にないことを、我々は〔『不平等起源論』をとおして〕知っている。災禍はもはや人間に根差すものでしかない。「障害」は、また、他の人間集団に由来するのでもない。

障害は、いま在る人間的諸関係の、そのまったき内部にある。それは一つの名をもつ。それは全面化した戦争状態のもたらす結果を言う。万人の万人に対する競争を言う。また、つかのまの晴れ間のごとく現れる一時的な「平和」のときにさえ、誰もが自分の財産、自由、生命の上にのしかかっていると感じる、間断なき脅威を。戦争状態は、ホッブズによってはじめて定義された、強い意味で解されなくてはならない。人間のあいだに持続的に、かつ、あまねく存在する関係のこと、ゆえに、諸個人がたとえ平和を好むのであっても、その彼らからは独立した関係のこと。この状態が彼らの在り方をさえ決める。彼らはこの状態に従属し、そこから逃れるいかなるすべもないままあり、その状態のもたらす容赦ない結果から身を守ってくれる逃げ場をこの世界にみいだすことも、彼らを虐げる悪の止むのを当てにすることも、まったくできずにいる。

この「障害」は、「自然状態」での人間の「自己保存を妨げる」。戦争状態によって脅かされているのは、人間の最終的本質をなすもの、すなわち、自由な生活、ずばり生命そのもの、人間に生命を「保存」することをさせる本能、『第二論文』でルソー言うところの「自己愛」である。

この永続的で普遍的な戦争状態を、我々流に、人間疎外 aliénation の状態と呼ばせてもらう。これは理論的な「先取り」である。ルソーは aliénation〔譲渡〕の概念について語り、その概念を使いはするが、それを、戦争状態のもたらす結果を言うのに用いはしない。その概念を我々が疎外と呼び替えていいとする理由は、やがて示す。

2 「力」

この「逆らう」「障害」に、「各人」が自然状態で自己を維持すべくもつ「力」が対峙する。この力は、戦争状態に達した自然人のもつ諸属性からなる。「戦争状態に達した」との限定を付けねば、社会契約の問題は意味不明になる。

『社会契約論』でルソーがこの「力」について語るとき、明らかに彼は、「最初の自然状態」にいる人間の「力」について語っているのではない[*19*]。その状態で我々がかかわるのは、「知的・道徳的能力」ゼロの自由な動物でしかない[*20*]。いま我々がかかわっているのは、〈自然の大災害〉と〈大発見〉（冶金）とからもたらされる二重の結果を受けて社会的存在となった動物、発達した能力、外化した aliénées 能力[*21*]をもつ動物である。最初の自然状態に属す動物が「力」としてもっていたのは、身体（生命）＋自由である。全面化した戦争状態に属す人間は、まったく別の力を所有する。彼はあいかわらず身体をもつが（ただし体力は落ちている）、しかしまた、知性の力と、さらに「財産」を所有している。「共同体の各成員は、共同体が形成されるときに、みずからを共同体に与える。すなわち、彼自身と、所有する財産も含めた彼のすべての力とを、現状のまま与える」（I. IX. p.118〔第一篇第九章、一二七ページ〕）。言うところの財産を彼は、社会的生存様式の発展につれて獲得してきた。知的・「道徳的」能力の発達を引き起こした発展である。

かくして、戦争状態に属す個人がもつ諸種の「力」を、つぎのように要約していい。身体的力（生命）＋知的・「道徳的」力＋財産＋自由。自由はつねに「力」の一側面として現れる。「……各人の力と自由は、自己保存のための、最初の道具である」（I. VI. p.90〔第一篇第六章、一二〇ページ〕）

我々は力をこのように区別しつつ、その相違を戯れに数え上げているのではない。当の相違を一つ一つ確認していくのは、それが、或る発展過程を指摘することにつながるからである――戦争状態を頂点とする歴史過程の成果として自然状態の中でさえ進む、人間の外化＝疎外を指摘することに。

この変容を我々は、個人のもつ「力」の一つとして「財産」が存在し、人間の生存様式にかかわる新しいカテゴリー、利害が出現するというそのことの中につかむことができる。*22*「個別利害の対立が社会の設立を必要ならしめた［…］」（II. I. p.135〔第二篇第一章、一三一ページ〕）。〈契約〉の条件を言うこの規定（個別利害の対立）と、全面化した戦争状態のもたらす結果とを比較するだけで見えてくるように、人間の社会化過程は、人間の能力を変容させることで、人間の「自己愛」を個別利害に変容させる。個人による反省の対象であるかぎりでは、個別利害は、自己愛 amour de soi の外化＝疎外である利己愛*23* amour propre という、抽象的（かつ主観的）形態をとる。しかし、その客観的内容から言えば、個別利害は、直接、戦争状態の本性に結び付きもする。個別利害というカテゴリーは、このカテゴリーが普遍的なことがらの上に成立していることを、やがて明かす。個別利害というものは、万人の万人に対する競争で競合する、他の個別利害に対してしか存在しない、と。先ほど引用したルソーの文章は、このことを別の言葉で言っている。「個別利害の対立が云々」は、個別利害が、戦争状態の本質たる万人の対立によって成立することを意味している。それぞれの個別利害をもつ個人が最初にいて、そのあとから、思い掛けない事故のように、対立が入り込んでくるというのではない。最初にあるのは対立で、その対立が個人を、個別利害をもつ個別者に仕立てる。戦争状態、万人をかかわらせる*24*との意味でのその状態を引き起こす、土地の排他的寡占（「あぶれた人々」*25*は土地を欠く）と、この寡占のもたらすすべての直接的結果（富者と貧者、強者と弱者、主人と奴隷）とを、いま一度、銘記するなら、戦争状態に達した諸個人の「力」の構成要素の中に「財産」が入ってくるというなんでもなく見えることがらの、隠れた意味が理解される。

個別利害というカテゴリーは、社会関係が戦争状態の中に存在するときの、その在り方にのみ特有な性格である、と指摘することが重要である。最初の自然状態に属してまだ動物のままである人間は、文字どおり、個別利害をもたないが、それは、なにものも彼を他の人間に対立させることがありえないからである——いかなる対立にとってもその条件をなすところのもの、必然性をもった人と人のつながりが、そこにはまだ欠けている。発達‐外化した人間、社会化を強いられてその弁証法によって関係の中に取り込まれていく人間のみが、個別利害——生まれたての社会で利己心がとる形態であるかぎりでのそれ——というカテゴリーを、(言うなれば)おまけとして徐々に獲得していく。その個別利害は、戦争状態においてはじめて、ほんとうの意味でのそれ、徹底した個別利害に変わる。だから、個別利害は、社会設立の条件の中にもろに登場する。「個別利害の対立が社会の設立を必要ならしめたのだが、しかしその設立を可能にしたのは、当の個別利害のあいだの一致である」。この文章を記憶にとどめておこう。

3　致命的な矛盾——障害／力

障害が純粋に人間的かつ内部的で、戦争状態の結果であるなら、銘々の個人のもつ力では、明らかに、障害を取り払えない。なぜなら、そうできるには、個人の従属している力、個人をいま在る姿にしているその力よりも、個人が強くなくてならない。個人を捉えているいかんともしがたい（普遍的かつ永続的な）関係、戦争状態のもたらす関係よりも、各人が各様に「強く」なくてならない。

個人はその関係に、ひじょうに特殊な仕方で捉えられている。「障害」は外部的でなかった。ということは、正確に言えば、個人の「力」と障害とのあいだに、密接なつながりがある。このつながりが我々に、戦争状態を普遍的な疎外状態として語ることを許す。戦争状態をつくり上げている普遍的関係とは、実際には、いかなるものであるか？個人を捉えている当の関係は、個人の活動が生み出したもの以外のなにものでもない。ゆえに、関係は個人の外部にあるのでないから、その関係を個人がそとから変えることはできない。関係と個人は一心同体である。強いられた最初の社会化の、その諸効果が個人を発達させて、なおかつまた疎外しもし、他方で、この最初の疎外が社会関係に反作用して、それを徐々に外化させつつ、いま在る社会関係へと発展させる。じつにこのような弁証法の中で、人類史全体の発展が起きたのである。「森が残っていた」あいだは、人間は社会関係の横暴を、また、社会関係の拘束が及ぼす疎外効果を、部分的に逃れることができた。「森の終わり」が到来したとき、つまり、大地全体が耕作にゆだねられ、最初の占有者たちによってか、彼らを追い落とした強者によって、独り占めされたとき、人間の自由に、もはや逃げ場はなくなった。人間たちは戦争状態を、疎外を、強いられた。こうして人間たちは、自分の活動が生み出した関係そのものに捉えられた。この関係に属す人間になった。その関係同様疎外され、個別利害に支配され、その関係とそれの及ぼす結果に対してなすすべをもたず、戦争状態という致命的な矛盾にたえずさらされる人間に。致命的とは、言うところの矛盾が、人間の生命と自由の二つ——この自由の疎外された表現でしかない個別利害といまや切り離せなくなった、その二つ——の上に、脅威を及ぼすとの意味である。矛盾は文字どおりの矛盾である。じつに戦争状態とは、人間の自由と活動とがそれ自体に背いている状態、人間の自由と活動とが、みずからのもたらした結果のもとで、自分で自分を危うくし、自己を破壊しようとしている状態のことなのだから。矛盾は、個人および彼の力と、万人の万人に対する競合のもたらす人間的「障害」とのあいだにあるばかりでなく、(この普遍的疎外の状態の本性の関数として)各個人と彼自身のあいだ、自己愛と個別利害のあいだ、自由と死のあいだにも、またある。

「原初状態」が「もはや存続できなく」なる、あの危機＝発作の「点」——「人類は、もしみずからの在り方を変えないなら、滅びるであろう」[I. IV.〔第一篇第六章〕]——の最終的根拠とは、これである。

b　問題設定の絶対的境界

以上の条件(一つは戦争状態、もう一つは各個人の力)が、問題設定の絶対的境界を画定する。第六章第二段落に、その条件が、まとまってみいだされる。「ところで、人間がなしうるのは、新しい力をつくり出すことでなくて、現にいま在る諸力を一つに結合し、それらに方向を与えることだけであるから〔…〕」問題の置かれる理論場を厳密に規定していること、ほかならぬその場のそとに在る要素を介入させるのでは、いかなる解決もありえない、と指摘していること、そこにこの文章の面目がある。神であれ、偶然であれ、そういった第三者頼みの、超越的な解決というものはない。これだけがすべて、とドラスチックに数え上げられた、現にいま在る与件のそのそとに、解決はみいだせない。人間たちと、彼らを作り手とも犠牲者ともする、疎外された関係とからなる理論場の、その内部に在る解決、唯一可能な解決は、「在り方を変えること」のみである。ルソーは「人間を在るがままに捉える」(I. p.55〔第一篇、導入部、一〇九ページ〕)。人間たちの力を在るがままに捉える。人間たちはこの力をしか具えていない。どんな解決も、この力の本性を変えることも、その力にぶつかっている「障害」の本性を変えることも、絶対にできない。唯一の活路は、人間の「在り方」に、あの力の配備のされ方に、働き掛けることである。「……人間がなしうるのは、新しい力をつくり出すことでなくて、現にいま在る諸力を一つに結合し、それらに方向を与えることだけであるから、自己を保存していくには、障害の抵抗に打ち勝てるよう、みなが集まって諸力の総和をつくり出し、ただ一つの原動力でこれらの力を動かして協働させるよりほかに、もはや手段はない」[*26] (I. VI. p.89〔第一篇第六章、一二〇ページ〕)

問題が立てられる＝置かれる場、理論場の、その絶対的境界によって、『社会契約論』全体が限定される。各個人の力を塞き止めている「障害」を乗り越えていける、一つの力をつくり出すこと、その一つの力をつくり出すために、現にいま在る諸力のあいだに新たな関係を（対立をでなく、結合を）据えること、すなわち、人間たちの「在り方を変えること」、ここに課題がある。[*27] 諸個人の、また、彼らの力の、本性を関数にして契約の問題を立てる、というそのことを、それははっきり意味している。

c　問題設定

限定された力を担うところの主体とみなされる、いま現に在る個人とは何か？　生命＋身体的力＋知的‐道徳的力＋財産＋自由というこのまとまりは、つぎのかたちに要約できる。力＋自由。

そして、最終的に立てられる問題は以下のとおり。

各人の力と自由は、自己保存のための、最初の道具である。それでは、どのようにして、各人が損失をこうむることもなく、自分にむけられる当然の配慮をおろそかにすることもなしに、自分の力と自由を捧げうるであろうか？　この難点は、私の主題に引き戻すと、つぎの言葉で言い表すことができる。

「各構成員の身体と財産とを、共同の力のすべてをあげて防衛・保護する結社形態、各人がすべての人と結び付いていて、しかも自分自身にしか従わず、以前と同じように自由なままでいられる結社形態をみいだせるか？」

[I. VI.〔第一篇第六章〕][28]

諸個人の自己保存の道具――力（財産も含めたそれ）と自由――を損なうことなく彼らの「力」の「結合」を保証する、特殊な「結社形態」、そこに解決が求められなくてはならない。

力（財産も含めたそれ）＋自由＝個別利害、であることを見落とさぬようにしよう。第一篇冒頭の二番目の文章を読み返してみよう。「私は、正義と効用とがけっして分離しないよう、この研究の中で、権利が許すことと利益が命ずることとを、つねに結び付けるべく努めよう」（p.55〔一〇九ページ〕）

II　問題の解決――〈ズレI〉

設定された問題の解決は、人民を人民となす行為の本性にある。言うところの行為が契約である。したがって、契約の法的概念の中で市民社会の起源、国家の起源を考える〈自然法〉学派の、伝統的な解決を、明らかにルソーは引き継いでいる。

契約は何からなるか？　契約の構成要素とは何か？　最も図式的な表現へと単純化すれば、契約とは、なんらかの交換、ギブ・アンド・テイク、をなすために、二人の〈当事者〉Partie Prenante のあいだで交わされる取り決めである（我々は〈当事者〉の一方を〈当事者1〉＝P・P・1、他方を〈当事者2〉＝P・P・2と呼ぶことにする）。たとえば、〈人民〉と〈君主〉の古典的な服従契約では、P・P・1が〈人民〉、P・P・2が〈君主〉で、交換は、つぎのような「規約」の上に成り立つ。〈人民〉は〈君主〉に恭順を約束する、〈君主〉は人民の安寧を（なによりも基本〈法〉の遵守によって）確保することを約束する。契約がまったく前代未聞の構造をもつ唯一の例外、ホッブズを除けば、市民的・政治的社会の「起源」の問題を「解決する」べく契約概念を用いるとき、自然法法学者、自然法哲学者は、一般に、契約の法的構造（二人のP・Pのあいだでの交換＝ギブ・アンド・テイク）を壊さぬよう維持してきた。

ルソーもまた契約の法的概念を持ち出すが、すぐに注意を促す。「この契約の諸条項は〔契約〕行為の本性によって[*29*]規定されているので、ほんのわずかでも変更されるなら、空疎で無効なものになってしまう」（I. VI. p.90〔第一篇第六章、一二一ページ〕）。『エミール』では、もっと明示的に言われる。「社会協約 pacte social は特殊な、それのみに固有な本性をもつ〔…〕」[(2)]。実際、社会契約の厳密な法的モデルと比べ、ルソーのもとでは、契約「行為の本性」のせいで、社会契約の構造がいちじるしく変更されてしまっている。契約の法的概念から見て、我々がかかわっているのは、背理的構造をもつ例外的な契約なのである。

この特殊な契約の、背理全体は中心条項に含まれている。契約の「諸条項は、よく考えてみれば、すべてがただ一つの条項に集約される。すなわち、結合する各人が、みずからとみずからのすべての権利とを、共同体全体に全面的に譲渡すること」(I. VI. p.90〔第一篇第六章、一二一ページ〕)。[*30] この数語のうちに、〈社会契約〉の謎が潜む。ずばり言えば、全面的譲渡の概念のうちに。今度ばかりは、aliénation を語るのはルソーその人である。

譲渡とは何か? この用語の定義を、ルソーはすでに第一篇第四章にて済ませている。


グロティウス[*31]は言う。個人がみずからの自由を譲渡して、主人の奴隷となれる以上、どうして一つの人民全体がその自由を譲渡して、国王の臣下になれないことがありえよう? ここには説明を要す曖昧な語がたくさんあるが、譲渡するという語に話をかぎってみよう。譲渡するとは、与えること、または、売り渡すことである。[*32] ところで、自分を他者の奴隷となす人間は、みずからを与えるのでなく、食いつなぐという最低限のことがらと引き換えに、みずからを売り渡す。では、人民は何と引き換えに、みずからを売り渡すのか? 〔…〕(p.70〔一一四〜一一五ページ〕)

ここに言われる譲渡の定義から浮かび上がってくるのは、「みずからを与える」(交換なき無償の行為)と「みずからを売り渡す」(無償でない、つまり交換の代償を条件とする行為)の区別である。この区別をもとに、つぎのように言われる。

「人間はみずからを無償で与える、とそう述べることは、不条理な、想像も付かないことがらを述べるに等しい。そのような行為は、それをなす人が分別を欠くというそのことからだけでも、不当かつ無効である」。それをなす人は狂っているわけだが、「狂気は権利をつくらない」(p. 71-72〔一一五ページ〕)。

奴隷はみずからを、厳密には、売り渡す。じっに奴隷は、少なくとも食いつなぎを引き換えにして、みずからの服従を売買交渉に掛けるのだから。厳密には、と述べたが、それは、「無償で与える」と言わず、「売り渡す」と言ってなすルソーの譲歩が、論証のための技巧にすぎないからである。奴隷契約のテーゼは、たとえそれを支える原理〔交換〕に即したとしても、(政治的)服従契約にまで拡張できない、というそのことを浮き彫りにするための技巧である。その証拠に、人民はみずからを売り渡すことができない。なぜなら、奴隷が主人から受け取るあの食いつなぎを、しかし人民は、服従の代償として、たとえ国王からであれ、受け取ることがない。みずからを売り渡すのだと(ゆえに、利益を伴なう交換契約の中にいるのだと)人民は思い込むだけであって、じつは、みずからをただで与える。みずからの自由を含めたみずからの全部を、無と引き換えに、与えるのである。

自由という、ついに発せられたこの偉大な言葉が、我々をして、ここまで受け入れられてきた擬制を乗り越え、グロティウスを論破することをさせてくれる。人はなんでも望むものを売り渡すことができる(ギブ・アンド・テイク)、だが、みずからの自由だけは売り渡せない。

> みずからの自由を放棄するのは、みずからの人間としての資格、人間であることのすべての権利、それどころか人間としての義務を放棄することである。すべてを放棄する者に、いかなる補償もありえない。そのような放棄は人間の本性と相容れない。人間の意思からいっさいの自由を取り去るのは、人間の行為からいっさいの道徳性を取り去るのと同じことだ。(I. IV. p. 73〔第一篇第四章、一一六ページ〕)

そのように言う第四章が譲渡に下す明示的な結論は、つぎのとおり。全面的譲渡は不当である。「全面的」と「譲渡」との形容矛盾ゆえに、全面的譲渡は考えられない。それは「人間の本性と相容れない」。

ところが、ほかならぬこの全面的譲渡が、〈社会契約〉の唯一の条項「結合する各人が、みずからとみずからのすべての権利とを、共同体全体に全面的に譲渡すること」を成り立たせる。

いかなる曖昧さもありえない。結合する各人の「すべての権利」の中に、まちがいなく、自由も含まれる。

この背理にしばし立ち止まってみよう。我々はつぎのように言うことができる。〈社会契約〉は、戦争状態の頂点をなす危機を解消する。戦争状態の定義は普遍的疎外の状態で、その普遍的疎外の状態によって提起される問題を、〈社会契約〉、全面的譲渡は解決する。全面的譲渡は、全面的疎外状態に対する、解決である。

すでに指摘したように、ルソーは aliénation の語を、もちろん、戦争状態の仕組みとその状態の諸結果を指すために用いはしない。[*33] それでもしかし、これもすでに明らかにしたように、戦争状態の本性にかんするルソーの思考内容を指し示すために、この語を時代錯誤的に〔「疎外」の意味で〕用いる権利を我々はもつ。この語義入れ替えの利点は、それが aliénation というただ一つの概念の上で、あの方向転換、人間に与えられる唯一の解決たる、あの「在り方」の変更を、〔「疎外」から「譲渡」への意味転換として〕「上演」してくれることにある。

〈契約〉以前では、我々は、なんの外部的な拠り所もなく、疎外という、（ヘーゲル的な意味での）「エレメント」の中にいる。この疎外は、それをこうむっている人間たち自身がつくり出した事実である。戦争状態への隷属は人間のまさに疎外であり、人間は、無と引き換えに、つまり、純然たる幻想、自由であるとの思い込みと引き換えに、自由を与えることを強いられる。我々は、確かに、疎外というエレメントの中にいる。ただしその疎外は、意識の対象にも意思の対象にもなっていない。

この全面的疎外に対する解決としてあるのはただ一つ、それ自体全面的であるところの、ただし意識的で意思的であるところの譲渡である。

かくのごとくであるのなら、我々は解決そのものの中に、我々がいかなる可能な解決ももつ、その絶対的境界と呼んだものを、再びみいだすはずである。[*34] 解決が外部から到来することはありえない。疎外の世界の内部においてすら、解決は、その世界を統べる唯一の法則〔疎外〕の外部にはありえない。このいかんともしがたい法則それの「在り方」に「働き掛ける」との条件のもとでしか、解決は可能でない。全面的疎外というこの法則そのものをその起源においてつかみ直し、「それの在り方」、それの様態を、「変更する」こと以外、解決はありえない。このことをルソーは、別の場所で極めて意識的に言葉にし、こう言っている。悪に対する治療薬は、悪の法外さそのものの中に求めなくてならない、と。[*35] ひとことで言えば、強いられた全面的疎外を、自由な全面的譲渡に変えなくてならない。

だがここに、人を驚かす背理がある。全面的譲渡が、いったいいかにして自由でありうるというのか？ その二つの語（譲渡、自由）は、第四章をとおして我々も知っているとおり、結び付けようにも結び付きえないのだから。それは絶対的な矛盾なのだから。[*36] 垣間見えたと思った途端、解決は不可能の中へ後退していく。要するに、解決それ自体が解決を必要としている。

この解決の解決は、契約の〈当事者〉のあいだに在る〈ズレ〉（〈ズレⅠ〉）の中に含まれている。

二人の〈当事者〉と彼らのあいだの〈ズレ〉

実際、我々はここまで、社会契約の一面をしか、すなわち、全面的譲渡というかたちで二人の〈当事者〉（P・P）のあいだに何が到来するかをしか、検討してこなかった。しかし、この二人のP・Pとは誰のことか？

その一方は、一人一人が当事者として数え上げられていく諸個人で、他方は「共同体」である。ゆえに、P・P・1＝個人、P・P・2＝「共同体」。

契約は、P・P・1とP・P・2との交換行為である。この交換行為でP・P・1が何を与えるかを、我々は知っている。すべて、である（全面的譲渡）。しかし、P・P・2が何を与えるかは、まだ我々に知られていない。

P・P・1（個人）　　　　P・P・2（共同体）
（全面的譲渡）——→　←——（？）
（交換）

P・P・2は何を与えるか？　そう自問してみると、我々は、いままで見過ごされてきた「小さな」困難にぶつかる。P・P・2とは誰であるか？——「共同体」である。だが、共同体とは何か？　諸個人と彼らの「力」とを集めたその結合体、結社のこと。こう言えば、明快で十分でないか？　ところが、契約の仕組みの謎全体は、このP・P・2の奇妙な本性に潜む。

ひとことで言えば、困難はつぎのとおり。いかなる契約の場合でも、契約行為の以前に、また契約行為の外部に、二人の〈当事者〉が存在する。ルソーの社会契約では、P・P・1だけが、いま述べた契約の条件に服している。逆に、P・P・2は、この条件を免れている。P・P・2は契約以前に存在しない。それもそのはず、P・P・2そのものが契約の産物なのだから。要するに、〈社会契約〉の背理は、それが向かい合わせにする二人のP・Pの一方は契約の以前に、またその外部に、存在するのに、他方は契約の以前にも、その外部にも、存在しない、ということである。それが存在しないのは、言うまでもなく、それがほかならぬ契約の産物、もっと適切に言えば、契約の対象、契約の目的だからである。二人の契約〈当事者〉のあいだに在る、この理論的身分規定の違いに、我々は〈ズレI〉と書き込む。

共同体とは何か？　それは誰からなるか？　交換の他方の極P・P・1に個人の資格で登場する、当の個人たちからなる。P・P・2では、彼らは、もはや個人の資格でそこに登場するのでなく、全員が「団体として」、ゆえにいまとは別の形態、別の「在り方」で、つまりは、まさしく「全体」という形態、「結合体」の形態で登場する。これが共同体である。P・P・1とP・P・2という「形態」の違いは、諸個人のとる形態の違いにすぎない。二人のP・

Pのどちらにも、じつに同一の諸個人が登場するゆえに。しかし、これは「小さな」違いではない。諸個人のとる形態が違うというそのことが、ずばり、契約という解決なのである。その違いによって、解決が契約の条件の一方、P・P・2に書き込まれる。

そう知りながら、しかし、徴候的なかたちで観察されるように、ルソーは、社会契約の構造がもつこの特異性を考えるそのことによって、その特異性を隠蔽し、その特異性を、それを言い表す用語そのものによって否認する。例を二つ、以下にあげる。

『エミール』より。

人民が自分自身とのみ契約するとの意味で、社会協約は特殊な、それのみに固有な本性をもつ［…］[(3)]

「特殊」とは、まさに言いえて妙。なぜなら、人民について、「自分自身とのみ契約する」は、ただ語の戯れ[*37*]によってしか言えない。「人民」という語は、厳密には、P・P・2、共同体にしか当てはまらないはずなのに（「人民を人民となす」行為[*38*]を考えることが、契約の目的である）、その語が、ここでは、P・P・1を指す。

『社会契約論』それ自体より。

この公式からわかるように、結社行為は公と個との相互約定を含んでいて、どの個人も、言うなれば、自分自身と契約を交わすのであるから、どの個人も、〔約定によって〕二重の関係のもとに拘束されている自己を、みいだす。個に対しては〈主権者〉の成員である自己を、〈主権者〉に対しては〈国家〉の成員である自己を。(I. VII. p. 104〔第一篇第七章、一二三ページ〕)[*39]

Ｐ・Ｐ・１とＰ・Ｐ・２を区別する「形態」の違い、言いかえれば、孤立という形態での個人と、Ｐ・Ｐ・２の定義たる共同体という形態での個人との違いが、ここでは、個体性のカテゴリーの中で思考されている。「どの個人も、言うなれば、自分自身と契約を交わす［…］」の「言うなれば」において、〈ズレ〉が告白されていて、同時に取り消されている。

以上の分析を要約しよう。

〈社会契約〉の「特殊性」はつぎのとおり。〈社会契約〉は、（いかなる契約においてもそうであるように）二人の〈当事者〉のあいだで交わされる、交換の取り決めであるのに、第二〈当事者〉が、じつにそれ自体が契約の産物なので、契約以前に存在しないということ。契約という「解決」は、契約の、ほかならぬ条件の一方、Ｐ・Ｐ・２に、あらかじめ書き込まれている。Ｐ・Ｐ・２は契約以前に存在しないのだから、あらかじめ、である。契約の構成要素内部に、すなわち、Ｐ・Ｐ・１とＰ・Ｐ・２の理論的身分規定のあいだに在る〈ズレ〉。

我々はまたこう確認した。この〈ズレ〉の意識をもつルソーは、それを記すべきときが来て用いる当の用語によって、それを隠蔽せずにいられない。Ｐ・Ｐ・２（人民）の名でＰ・Ｐ・１を、Ｐ・Ｐ・１（個人）の名でＰ・Ｐ・２を指して、じつに〈ズレ〉を取り消す。意識しているのに、ルソーにはどうにもできない。この〈ズレ〉を撤回できない。なんといっても、その〈ズレ〉は、その〈ズレ〉を解決の中にでなく、解決の条件の中に書き込む手続きのかたちでなされる、解決そのものなので。だから、この〈ズレ〉にまともに出くわすと、ルソーはそれを否認によって取り扱う。Ｐ・Ｐ・２の名でＰ・Ｐ・１を、Ｐ・Ｐ・１の名でＰ・Ｐ・２を呼ぶのである。否認は抑圧である。

ならば、みずからのプロブレマティークを包み隠そうとしてそこにルソーが導入する法的契約概念の、その内容と、彼の言う契約の実際の内容とのあいだに、〈ズレ〉が認められるはずであろう。契約の法的概念を比較基準とし、そこから見てルソーが、言った法的概念を、我々に差し出す内容の、その概念として捉えているということを考慮するなら、ルソーの言う契約は契約の概念に対応しないと言える。事実、彼の〈社会契約〉は契約ではない。或る可能な契約、なされるときにはもはや原初契約でないその契約のための、〈第二当事者〉を構成する行為なのである。[*40] 社会契約とその概念との〈ズレ〉は、我々が先ほど定義した〈ズレ〉と同じ内容をもつ。概念としての法的契約がもつ規約とルソーの〈社会契約〉がもつ規約とを重ね合わせれば、一つの関与的差異、〈ズレ〉が得られる。〈ズレ〉がかかわっていく先はＰ・Ｐ・２である。

以上の図式的な指摘から、最初の結論を引き出すことができる。その結論は、法的契約概念と〈社会契約〉概念とのあいだに在る、特異なタイプの関係にかかわるだろう。なぜにルソーは自分が述べることがらを、その述べることがらの概念でない、別の概念の中で考えるよう強いられるのか？　別の概念に拠り所を求めるのはなぜ？　求める拠り所を必然的にまちがえている、この求めはなぜ？　この見当はずれの求めから、ルソーはどんな効果を「期待」しているか？　あるいは、主観性＝主体性を主語に立てずに言うなら、むしろ――いかなる効果が、この求めを必然的に命ずるのか？　こうした問いをとおして我々は、〈社会契約〉なる特異な哲学的対象が保証する機能にむかって、道に就く。契約（既存の〈法〉から借用されたそれ）と〈社会契約〉という人工の哲学的対象とのあいだの〈ズレ〉は、理論内容の単純な相違のことではない。いかなる〈ズレ〉も、〈ズレ〉のつくり出す乖離の中になんらかの接合あり、と示す指標でもまたある。我々の文脈で言えば、ルソーの哲学は、既存の〈法〉のもつ現実的概念（現実的実践を裁可する概念）の一つである契約を介して、その〈法〉に接合していき、さらに既存の法的イデオロギーに接合していく。ルソーの哲学的思考によって保証される機能は、接合を研究すれば、おそらく、その本性が解明できる。彼の哲学的思考を一連の理論的〈ズレ〉のかたちで哲学へ、ルソーの哲学という特定の哲学へと、つくり上げていく乖離の中で、その当の思考を〈法〉〈政治〉etc. といった現実に結び付けていく接合である。

別の帰結。この〈ズレⅠ〉を考察すれば明らかなとおり、〈ズレⅠ〉は、それの開く「遊び」に、理論空間に、書き込まれているところの、よって、完全に客観的であるところの、諸理由ゆえに、ルソーを読む異なる「読み方」を許す。〈ズレ〉の開く理論空間に「遊び」をなくそうとしてルソー自身が用いる、語の「戯れ」が、〈社会契約〉のカント的およびヘーゲル的な（強い意味での）読み方を許す。P・P・1の名でP・P・2を呼ぶ語の「戯れ」（個人は、「言うなれば、自分自身と契約を交わす」）が、それだけで〈社会契約〉のカント的な読み方（カッシーラー参照[*41]）を許す。P・P・2の名でP・P・1を呼ぶ語の「戯れ」（「人民が自分自身とのみ契約する」）が、それだけでヘーゲル的な読み方を許す。第一のケースでは、契約は〈道徳性〉理論の先取りで、いくつかのすでにカント的である定式（自由とは人がみずからに与えた法に従うこと、etc.）の中に、その理論の存在を示す。第二のケースでは、契約は、全体性としての〈民族〉、客観的〈精神〉の契機であるところの〈民族〉の、その理論の先取りで、この理論の基本的諸規定は、少なからぬ機会にみいだされる（契約を可能にする歴史的条件、習俗の理論、宗教の理論、etc.）。どちらのケースでも、哲学的対象〈社会‐契約〉は、元来の機能を喪失している。カント的道徳性もヘーゲル的民族も、「契約」によって構成されるのではない。いずれにせよ、ルソーを精緻に読むことをしさえすれば、彼の言う〈契約〉が「契約」でないことは見えてくるのでは[*42]？

〈ズレ〉をもとに、我々は二つの可能なルソーの「読み方」に達した。ゆえに、言うまでもなく、〈ズレ〉はさらに、〈契約〉の現象学的（フッサール的）な、素晴らしい読み方——すでに試みられたことがあるのか、私は知らぬが、まだなされてないなら、我々はこの読み方を確実に予言できる——をも許す。P・P・2という法的共同体をその起源において構成する行為として、〈契約〉を読む読み方である。言いかえれば、『第二論文』が我々にみごとな叙述を与え、あとは注釈者を待つだけになっている「受動的総合」を「基礎」に、法的理念性をその起源において構成する行為。

カント的、ヘーゲル的、フッサール的なルソーの「読み方」をかくのごとく客観的に許す〈ズレ〉は、またもちろん、ありがたいことに、ルソーの「ルソー的」な読み方をも許す。もっと適切な言い方をするなら、この〈ズレ〉を白日のもとに引き出して、厳密に定義せずには、ルソーの「ルソー的」な読み方は可能でない。なぜなら、ルソーにおいてルソーを読むには、つぎの点を勘定に入れなくてはならない。［1］この〈ズレ〉はルソーの中に客観的に存在する、［2］ルソーはこの〈ズレ〉を否認する、［3］この〈ズレ〉の存在とそれの否認とは共に必然的性格をもち、それらは、偶発的な事故のようにルソーの思考の中に出現するのではなく、それらがルソーの思考そのものを構成し、決定する。この〈ズレ〉とそれの否認とを勘定に入れるとは、一つの理論的事実とそれの及ぼす理論的効果とを、勘定に入れることだ。この効果が、ルソーの思考のロジック全体を、すなわち、その思考の可能性と不可能性とを共に支配する。というのも、言うところの可能性も不可能性も、唯一同じロジック、ルソーの思考がなす〈ズレ〉の否認そのものにおいてその思考を構成していく〈ズレ〉のロジックに、もとづいている。〈社会契約〉が契約でなく、〈第二当事者〉を（擬制的に）構成する行為（すなわち、「解決」の強行）であるなら、やはり同じようにこう言っていい。〈ズレ〉は、ルソー自身がそれについて語るところのものではなく（ルソーのもとでは、〈ズレ〉の概念は、つねに〈ズレ〉という既成事実の否認でしかない）、ルソーの哲学そのものを、その哲学の理論的対象とその哲学のロジックを、構成する行為である。

そこから考えれば、明らかに、ルソーの哲学のロジックは二重でしかありえない。思考されていく問題の、論理的連鎖は、たえず第二の連鎖、〈ズレ〉の論理的連鎖に取り付かれている。〈ズレ〉は問題の影として問題に付き従っていて、じつは、問題の有無を言わせぬ「真の姿」として問題を先導する。

Ⅲ　契約と譲渡

いまや我々は全面的譲渡に戻ることができる。全面的譲渡は解決であった。しかし、不可能な解決。なぜなら思考不可能な解決だったので。その解決を〈ズレⅠ〉は思考可能にし、ゆえに可能にした。

全面的譲渡が、それの概念の矛盾しているにもかかわらず、可能であることの理由は、〈第二当事者〉の本性にある。P・P・1である人間たちがまた〈第二当事者〉としても登場する、というそのことに。全面的譲渡は、それが純粋に諸個人の自由の内部にてなされることがらであるがゆえに、可能である。すなわち、みずからのすべてを与える人間たちが、しかし、そのすべてを自分自身に与えるがゆえに。

ルソーの新しさを考えるには、古典的契約に立ち返ってみる必要がある。古典的契約では二人の〈当事者〉は契約以前に存在し、互いに異なる。たとえば、人民と君主。そこでなされるのは、よって、つねに法的な交換契約、ギブ・アンド・テイクである。交換であるだけでなく、その契約はまた――ここで譲渡のカテゴリーを用いるなら――部分的譲渡でもある。個人は、身の安全と引き換えに、自分の権利の一部をしか譲り渡さない（ホッブズだけは例外だが、彼についてはのちに語る）。ルソーのもとでは、あるまじきことに、個人は、交換がもはや意味をもたぬそこのところで、しかし「代わりに」なにかを受け取るべく、すべてを与えること、無条件にみずからの全体を与えることを、なさなくてならない。あるいは、むしろ――交換の可能性に具体性をもたせるべく、この全面的贈与、いかなる交換の対象ともなりえないこの贈与が、はじめにおこなわれなくてならない。要するに、ルソーは、いかなる交換によっても報われることのありえないこの全面的譲渡を、あらゆる可能な交換の、アプリオリな条件として置く。ゆえに〈第二当事者〉を構成すること、すなわち、共同体を構成することは、交換をなすことではなく、（現実的、経験的）交換一般を可能にする、アプリオリな条件を構成することである。この結論は、すぐあとで再検討する。

この全面的譲渡の理論は、ホッブズというあの「悪魔」が政治哲学全体に（また端的な哲学に）突き付けた「身も凍る」問題の、理論的な解決をルソーに許す。戦争を〔「普遍的・永続的」という強い意味での〕状態とみなすその戦争状態理論[*43]において、戦争状態という政治的問題を容赦のない厳密さで立てたのち、市民社会を創設する契約が、二人の〈当事者〉のあいだにギブ・アンド・テイクを成り立たせる交換契約でないことを断言したそこに、ホッブズの天才があった。ホッブズの言う契約も基礎を全面的譲渡にもち、諸個人は相互的な全面的譲渡に、〈第三の関与者〉を益するかたちで同意する。つまり、言うところの関与者は、すべてをとる（絶対権力をとる）との意味で、〈受取人〉ではあっても、しかし〈契約〉に内属する〈当事者〉ではない。じつに彼は〈契約〉の外部にいて、〈契約〉時になにも与えない。この〈第三当事者〉もまた〈契約〉によって構成されるのだが、ただしそれは、〔交換としての〕契約とその契約の

〈当事者〉との外部に〈契約〉がもたらす結果として、構成される〈すべての個人は、すべてを〈君主〉に与えるために、互いに契約を交わすのである。現代の生命保険契約を念頭に、これは寄贈契約であると言われてきたものだが、ホッブズの重さに見合う用語で言えば、それすなわち、死に対抗するための保証契約〉。〈契約〉によって〈絶対君主〉として構成される外部の〈第三者〉にむかって、〔契約の〕外部にてなされる全面的譲渡、これがホッブズである。言うまでもなく、この「制度」には様々な不備がみいだされてもいた。約束を交わすことさえない、そのような無制約な〈君主〉を専制にむかわぬようにする、いかなる「担保」があるというのか？　そのような〈君主〉の「利害」に、どうして信頼を置けるか？　そのような〈君主〉に彼の「義務」を示してやることが（かつまた、そのような〈君主〉について、「義務」自体を考えることが）どうしてできるのか？

　ルソーが理論的に偉大であるのは、ホッブズの最も恐ろしい部分を引き受けようとするからである。普遍的・永続的状態としての戦争状態、あらゆる超越的解決の拒否、権力一般の本質としての絶対権力を生じさせる全面的譲渡「契約」。だが、そのようなホッブズに、ルソーは、外部でなされる全面的譲渡を、内部でなされる全面的譲渡に変形することを武器に対抗する。この変形に伴なって〈第三当事者〉は〈第二当事者〉に、〈君主〉は〈主権者〉になる。言うところの〈主権者〉は共同体それのこと、そして自由な諸個人はこの共同体に自己を全面的に譲渡するが、〈主権者〉とは当の諸個人からなる共同体以外のなにものでもないのだから、個人が全面的譲渡によってみずからの自由を失うことはない。最後に、あらゆる超越性に対する拒否は、ホッブズのもとでも、事実上は超越のかたち、契約への〈君主〉の外在性というかたちをとった。ただ独りルソーのみが内在性にとどまる。たとえそれが一個の人間であっても、第三者という存在にまったく依拠することなしに。彼はホッブズ的戦争状態に内在する法則を受け入れ、ただその法則の様態のみを変えるのである。

　ここからルソーは、つぎのごとき利得を引き出す。ホッブズその人以上に「ホッブズ的」であること、ホッブズの思考が獲得した理論的成果を保持していくこと。じつにルソーの言う社会体は、ホッブズの〈君主〉にかかわるあらゆるカテゴリーを具えている。共同体は自然的個人のすべての属性を具えているが、それら属性は、結合体という「エレメント」の中に移し替えられている。ゆえに、ここで言う個人とは現実的個（特定のこの人間として在るか、特定のこの合議体として在る〈君主〉）ではなくて、精神的全体性、すべての個人の譲渡によって構成される精神的人格である。権力は本質からして絶対的である、権力は譲渡不可能である、権力は不可分である、権力は「過てる」ことがありえない、ホッブズの主張した、こうした大それたテーゼは、すべて一字一句たがえずルソーに引き継がれているが、ただ譲渡の内部性がそれらに授ける、新たな方向へと転換されているのである。

　これらのテーゼのうち、一つだけを考察してみよう。あらゆる至高権力〔主権〕の、本質からして絶対的であるとのその性格である（アプリオリな可能性の条件についてのカント的概念構成の、その原理をさえ延長線上に含む「哲学素」）。［この絶対的性格を］[*44]再考するときのルソーをホッブズから分かつ、ごく小さな、それでいて決定的でもある差異が、彼をホッブズの「困難」から守ってくれる。中でも、譲渡契約の「担保」という「十字架《ネック》」から。古典哲学では、この「ネック」は、不可避的に、第三者問題のかたちをとる。〈人民〉と〈君主〉のあいだに軋轢が生じたとき、誰が調停するのか？　ホッブズの解決はこの問題自体を削除することをめざしているが、しかし、その削除は担保権の削除によってなされる。そこに、「事実上の」明らかな困難が由来する。ルソーは怯まずこの問題に取り組む。彼もまた問題を削除しようとするのだが、しかし担保権を削除することはしない。逆に、担保権の実現を図り、それによって問題を余分なものにする。第三者問題を削除するには、契約は、違反が第三者、調停者の介入を必ず招来するような通常の契約であってはならぬ、とホッブズははっきり「感じて」いて、それゆえに、彼の言う契約は全面的譲渡契約になるのだが、しかしその全面的譲渡は、契約の外部になされる。つまりこれは、問題を、〈君主〉の個体性（彼の利害、彼の良心、彼の義務）の中へ移転させることでしかない。問題を解決する方法は、たんなる事実上の移転によって問題を削除することではなく、問題を現実的に余分なものにすることだと見るそこに、ルソーの天才的な閃きがある。

契約に内属する二人のP・Pのあいだの軋轢を調停するには第三者が必要、と仮定することは、契約者たちからなる市民社会が存在するためにはその社会のそとにいる第三者が必要、と事実上仮定すること、ゆえに、市民社会は、それ自体が存在するためのまさに条件を――かの第三者を――それ自体のそとに残す以上、存在しない、と仮定することである。要するに、〔〈社会契約〉の以後においても〕人々は暗黙裡に〈社会契約〉以前のエレメントの中にとどまっている、と仮定すること、事実上のことがらにもとづいて、権利上のことがらが、交換の経験的条件にもとづいて、あらゆる交換のアプリオリな条件が論じられる、と仮定すること、エトセトラ。よって、第三者問題は、当の政治的問題の立て方のまずさを示す指標・証拠になる。そのような問題の立て方では、法的‐政治的なものを構成するアプリオリな本質を白日のもとにもたらす、あのラジカルな還元にまでは行けなかったのである。言いかえれば、第三者が必要だと訴えることは、まだ暴力というエレメントにとどまっていると、市民社会にかかわる諸問題をあいかわらず自然状態と戦争状態の二つのカテゴリーの中で考えていると、告白することなのだ。

ルソーの全面的譲渡理論では、この「困難」が消える。もはや調停者、第三者は必要でない。大胆な言い方でその理由を言わせてもらうなら、〈第三者〉がいないから。すなわち、〈第二当事者〉は〈第一当事者〉と同一で、諸個人はただ自分自身とのみ契約を交わし、純粋に内部的に全面的譲渡がなされるからである。諸個人（臣民）と〈主権者〉とのあいだに、調停者はまったく要らない。言うまでもなく、〈主権者〉は、当の諸個人からなるその結合体にほかならないのだから。諸個人は、〈主権者〉の構成員として、結合体の「形態」で存在するのだから。

〈社会契約〉、この新しき哲学的対象の果たす役割とは何か？　言ったすべての「問題」を「解決する」こと。だが、それら問題の解決は〈ズレI〉の及ぼす効力にすぎない。〈ズレI〉が非‐契約に契約として機能することを、つまりは、ほかならぬ解決でじつはあるところの〈第二当事者〉をその解決のための条件の一つとして差し出すことを、やらせてくれるのである。「真の」問題はよそにある。「真の」問題を追跡していかなければならない。解決されたのだと言い張って、そのじつ、その解決の前方へと「真の」問題をたえず「追い出して」いくことが、〈ズレI〉の効果なので。そのどれもが始まりに在る問題それがじつは終わりに在る、ということが明らかになる瞬間まで、問題を追跡していくこと。始まりに在る問題が終わりに在るのは、問題が出現する前に、問題の「解決」それだけは、すでに始まりから、しかるべき場所に置かれていたから。〈ズレ〉とは、方向の逆転の謂いでもまたあるのだ。

Ⅳ　全面的譲渡と交換――〈ズレⅡ〉

〈社会契約〉は「真の」契約ではない、なぜならそれは交換を含んでいないから、すなわち、全面的譲渡は、まさにそれの全面的であるとの性格から見て、あらゆる可能な交換を排除するから。このことを、我々はいささか性急に言ってしまった。[*45]〈社会契約〉は、じつは、二人の〈当事者〉間の法的契約、ギブ・アンド・テイクとしてもまた作動する。個人はすべてを与えてしまう――しかしそれと引き換えに、受け取ることもなす。全面的譲渡は我々の前に、非‐交換、あらゆる交換の可能性の条件として、現れたのだったが、それでもこの背理が或る交換を生み出す。ここに我々は〈ズレⅡ〉と書き込む。

〈社会契約〉がまったく「特殊」なタイプのものであると指摘することで、ルソーは〈ズレⅠ〉をそれと指摘したが、同様に彼は、全面的譲渡が或る「特異」な効果を生むと述べることで、〈ズレⅡ〉を暗示する。

この譲渡において特異なのは、個の財産を受け取ることによって共同体が個からその財産を奪うどころか、逆に個にその財産の合法的占有を保証すること、横領を真の権利に、享有を所有権に変えることをしかなさないという点である。〔…〕彼ら〔土地占有者〕は、言うなれば、与えたものを獲得したのである。(I. IX., p.120〔第一篇第九章、一二九ページ〕)

最も驚くべき文章、個人の「財産」「所有物」にかかわるとの意味で最も「具体的」な文章を、私は単刀直入に取り上げた。そこに新たな「言うなれば」（先のケースでと同様、〈ズレ〉の否認を示す指標）のあることも、ついでに気付かれるだろう。個人が与えるあの「すべて」に、彼の財産も含まれる。彼は財産を与えるが、しかしそれは、与えたときのままの財産を（税として徴収される部分は別にして）受け取るためである。与えたときのままの？　いや、違う、受け取る財産は所有権という新しい「形態」をまとっている。たんなる占有に取って代わる所有権である。「在り方」の変更の――〈契約〉によって生み出されるそれの――まさに特殊ケース。

別の文章は、もっと遥かに明示的である。

> 各人が社会協約によって譲渡するすべては、各人の能力、財産、自由のうち、その使用が共同体にとって重要性をもつ部分のみであることが同意されるが、しかし、その重要性を判定するのが主権者だけであることについても、また同意されなくてはならない。（II. IV. p.153〔第二篇第四章、一三七ページ〕）

ここでは差し引きの操作が、全面的譲渡そのものの内部になされる。すなわち、譲渡による交換の収支が全面的譲渡の上に転記され、すぐにその全面的譲渡に控除が加えられる。それゆえ、全面的譲渡は、譲渡されるすべてのうちの、一部にしか及ばない。つぎのように言うことほど、最適な言い方はないだろう。全面的譲渡は、全面的でなくなるために、全面的でなくてはならない。〈ズレII〉である。

我々はまさしく交換の簿記の中にいる。第一篇第八章のルソーに耳を傾けてみよう。バランスシートである。

> この貸借全体を対照の容易な項目にバラしてみよう。社会契約が人間にもたらす損益は彼の自然的自由と、彼が欲し、彼が手に入れることのできるもの全体に対する無制限の権利である。彼の利得は市民的自由と、彼の占

有物全体に対する所有権である。この対照において勘違いを犯さぬようにするには、二つのことがらを明確に区別しなくてならない。個人の力のみをその限度とする自然的自由と、一般意思によって制限される市民的自由。力の結果か先占者の権利でしかない占有と、制度的に確立された権原〔権利の法的源泉〕それのみに基礎をもちうる所有権。（p.115〔一一六ページ〕）

「貸借」「対照」「損益」「利得」。会計士の言葉づかい。交換の言葉づかい。決算──交換に利益あり。

かくして我々は連鎖の両端を手にしている。一方の端は全面的譲渡、他方の端は現実的利潤である。いかにして全面的譲渡は、利益ある交換に変容できるのか？　引き換えにいかなる対価をも受け取らせることのありえない全面的譲渡、我々の前に交換一般の可能性の条件として現れたその全面的譲渡は、いかにしてそれ自体が、交換の、しかも利益をもたらす交換の、形態を直接にとることができるのか？　いかなる仕組みがこの驚くべき効果を生み出すのか？

言った仕組みは譲渡の自己調整・自己制限の仕組みで、それは、譲渡のもつ全面的であるとの性格をとおして、まずは譲渡そのものに従って生み出される。この仕組みは契約の「条項」と一体化している。条項は、一字一句たがえず、厳密に遵守されなくてならないが、それは譲渡そのものの及ぼす効果、譲渡の自己調整・自己制限を確実なものにするためなのである。


この契約の諸条項は〔契約〕行為の本性によって規定されているので、ほんのわずかでも変更されるなら、空疎で無効なものになってしまう。（I. VI. p.90〔第一篇第六章、一二二ページ〕）

言われている条項とはいかなる条項か？　一つは形式的である条項、全面的譲渡における平等。しかしまたそこには、条項をではなくて、〔契約の〕動機をなすなにかも、含まれている。利害である。

平等。各人は、何を占有していようが、みずからとみずからの占有物とのすべてを与える。譲渡においてすべての人間は、その譲渡が各人にとって全面的なものである以上、平等である。この条項は形式的である。じつに人間たちの占有物については、不平等がある。交換が、より多くを占有する人にとって、有利であることを我々は知っている。その人というのは、戦争状態において、より多くを失う恐れのある人なのだから。

利害。利害が平等という形式的条項に「働く」ことをさせ、この形式的条項が利害に、「働く」ことを許す。「条件はすべての人にとって平等であるから、その条件を他の人々に対して重くしようとの関心を、誰も抱かない」[I. VI.〔第一篇第六章、一二二ページ〕]。なぜに？ その条件を「他の人々に対して重くしよう」と望むことは、全面的譲渡に含まれる形式的平等に連動して、自動的に、自己に対してもその条件を重くすることになるから。ゆえに、ほかならぬこの平等が、全面的譲渡そのものの内部で調整‐制限の役割を果たす。しかしこの形式的平等は、それが、各個人の利害によって、たえず現に働いているものとされないなら、空文句になってしまうだろう。契約の相互性は、全面的譲渡によって生み出される形式的平等に由来する。しかしこの相互性は、個人の利害が相互性の内部に取り込まれて、当の相互性に、現実に「働く」ことをさせないなら、空疎で無意味なものになってしまうだろう。

我々を社会体に結び付ける約定が拘束力をもつのは、約定が相互的なものであるからでしかない。約定を実行することで人々が他人のために働くなら、それがまた自分のために働くことにしかならぬというこの点に、約定の本性がある。一般意思がつねに正しいことの、全員がたえず各人の幸福を望むことの理由は、各人という この語を自分のものとせぬ人、全員への賛成票を投ずるときに自分自身のことを考慮しない人が、誰もいないからにほかならない。この理由はつぎのことを証明している。権利上の平等とその平等が生み出す正義の観念は、各人のなす自己優先から、ゆえに人間の本性から派生すること、一般意思は、それが真に一般的であるためには、それの対象においてもそれの本質においても、一般的でなくてならないこと、つまり、一般意思は、それが全員に適用されるためには、全員から出発しなくてならぬこと［…］。(II. IV. p.153〔第二篇第四章、一三七～一三八ページ〕)

言われていることは明快である。権利の背後、相互性の背後には、「各人のなす自己優先」しかない、つまり、自分のことのみを「考慮」する、「自分のために働く」ことのみをする個人しかいない、これである。全面的譲渡の仕組みは、この「自己優先」、この個別利害に変形を強い、その変形の動き自体が、一般利害（または一般意思）を生み出すことと、全面的譲渡に、部分的譲渡へと、むしろ、利益ある交換へと自己制限させることとを、同時に成し遂げる。

ルソーの理論のもつこの一点が、道徳性からなされるカント的な「読み方」そのものを、決定的に不可能にする。厳密に考えるなら、「全面的譲渡」という言い方は、道徳性の次元があらゆる利害を超越することを言うものと受け取っていいであろう。しかし、全面的譲渡がその諸効果を生み出す理由はただ一つ、全面的譲渡そのものが、譲渡内部にて働く利害の、決定的な効力を前提にするからである。ルソーにとって、利害が（利害とは、戦争状態であれ、契約社会であれ、社会関係のシステムの在るところで自己愛がとる形態である）、利害以外のものによって「括弧にくくられ」たり「超越される」ことはけっしてありえない。利害の効力なくしては、全面的譲渡の自己調整・自己制限も、「利益ある交換」への全面的譲渡の転換もないと言っていい。各個人の利害が、全面的譲渡のさいに、現に働いているからこそ、各個人は、みずからの与えるもの＋アルファを受け取るのである。全面的譲渡の条項が課す平等に従って、個人は自分が自分のために欲するものを他人のためにも欲することになる。しかしその前に、その欲するものをまず自分自身のために欲するのでないなら、彼は他人のためになにも欲することがないだろう。一般利害は、個人をその個人的利害から引き離す道徳的転換から生み出されるのではない。一般利害とは、平等という一般性を強制的にもたされた、個人的利害のことにほかならない。個人的利害は平等の一般性によって制限される一方で、しかしまた同時に、この一般的平等を打ち立てる全面的譲渡の、諸効果を制限しもする。

この仕組みのロジックをルソーは、第六章、全面的譲渡の条項の呈示のすぐあとに続く諸段落で、差し出す。それらの段落を、最後の段落が要約する。

要するに、各人は、全員にみずからを与えるがゆえに、みずからを誰にも与えないのである。そして、他人に譲り渡したと同じ自分に対する権利を、結社員の誰もが、必ず他人から受け取るのであるから、失うすべてと等価なものが獲得されるだけでなく、もっているものを保存するための力がより多く獲得されもする。(I. VI. p.92〔第一篇第六章、一二二～一二三ページ〕)

ゆえに、交換でないはずのこの契約は、逆説的にも、結果としては交換なのである。ならば、「人間の本性と相容れない」(I. IV.〔第一篇第四章、一一六ページ〕)この全面的譲渡が、なぜに人間の本性に反しないことがありうるかを、我々は理解する。〈社会契約〉において人間は、みずからのすべてを、まるまる無と引き換えに与えるわけではない。みずからの与えるもの＋アルファを、彼は受け取る。その理由は、彼が自分を自分にしか与えないからであるが、この理由は強い意味で解されなくてはならない。すなわち、自分を自分自身の自由のもとへしか与えないから、と。

こう考えてくれば、〈ズレⅡ〉の本性をはっきり詰めることができる。二人の〈当事者〉の理論的身分規定が違うこと、〈社会契約〉が契約であるのではなく、〈第二当事者〉を構成する行為であること、ここに〈ズレⅠ〉の原因があった。

第一契機から〈ズレⅠ〉の効果によって「追い出された」ものが、第二契機の中に、〈ズレⅡ〉のかたちで再び現れる。これは、あの偽りの契約がじつは真の契約として作動している、ということである。実際、その契約は交換を、しかも利益ある交換を生み出す。第一契機から「追い出された」ものが、第二契機で、いまや「捕まえ直され」て思考される。ただし〈ズレⅡ〉という代償を伴なって。全面的譲渡とそれが生み出す交換とのあいだのズレ、全面的譲渡と、全面的譲渡を交換として実現してこの譲渡の自己制限・自己調整を保証する、利害とのあいだのズレである。

だがこのとき、我々はもっと先まで進むことができる。各個人の利害が及ぼす効力を、全面的譲渡という万人に共通な（ゆえに平等な）形式のもつ必然性の中に、その一部として書き込んでいく仕組み、そこに理論的身分規定にかかわる或る〈ズレ〉、思考されていない〈ズレ〉、自覚的に受け止められていない〈ズレ〉が存在するのである。言いかえよう。全面的譲渡を生み出す利害と、全面的譲渡のもとで働いてその譲渡を交換として実現する利害とは、同じものではない。この思考されていない「問題」は「追い出され」「先延べされる」。解決そのものが問題をなすのである。その問題をルソーは、個別利害と一般利害（個別意思と一般意思）にかかわる言葉で立てることになるが、しかしすでに我々は、この「問題」自体が、新しい〈ズレ〉、〈ズレⅢ〉を条件にしてしか「立てられる」ことがありえないだろうとの予感をもつ。

要約しよう。〈ズレⅠ〉はP・P・1とP・P・2との差異にかかわる。〈ズレⅡ〉は全面的譲渡と利益ある交換との差異にかかわる。〈ズレⅢ〉は、一般利害ないし一般意思の「問題」の中に、あるいは、同じことだが、法の問題の中に、現れるだろう。[*46]

Ⅴ　個別利害と一般利害、個別意思と一般意思——〈ズレⅢ〉

続く指摘のすべては、〈社会契約〉から生ずる諸制度の、その配備と本性とがすでにわかっていることを前提とする。〈主権者〉（または〈立法権〉）、〈政府〉（または執行権）、〈主権者〉の行為（法）と〈政府〉の行為（政令）との本性、〈政府〉は〈主権者〉の「補佐」「代理人」にすぎず〈主権者〉に従属するとの関係。

この配備は現実の二つの次元を出現させる。

［1］一つは基本的で本質的な現実で、それは〈社会契約〉と〈主権者〉の側、立法権力と法の側にある。そこが社会体の「生命」と「魂」の在り処である。

［2］もう一つは二次的な現実で、権限を受権して執行に当たること、任務を受けてそれを遂行することをその本質のすべてとする現実、すなわち、〈政府〉とそれの発する政令である。

つぎのごとく述べれば、この二つの次元の現実のあいだの違いを、とりあえず、近似的に言い表すことができる。第一の現実は一般性を、第二の現実は個別性をその本質とする。一般性と個別性とが区別されることで、この二つのカテゴリーが〈社会契約〉の「本性」全体を、ということは、事実上、〈社会契約〉のすべての理論的「問題」を、支配する。この点をもう少し詳しく見るために、〈主権者〉の本質がそこで実現されるところの、典型的な対象を検討してみよう。法である。

法とは何か？　〈主権者〉固有の行為。法の本質とは何か？　一般的であること。形式においても内容においても、一般的であること。一般意思の決定として一般対象に及ぶゆえに。

> ［…］人民全体が人民全体にかんする決定をなすとき、人民は自分自身を考量するだけであり、このとき一つの関係が形成されても、それは、或る視点のもとに置かれた対象全体〔主権者としての人民〕から、別の視点のもとに置かれた対象全体〔臣民としての人民〕への関係であって、全体〔人民〕が分割されることはまったくない。ならば、決定される内容は、決定する意思と同じく、一般的なものである。ほかならぬこの〔決定〕行為を、私は法と呼ぶ。（II. VI. p.169〔第二篇第六章、一四四ページ〕）

そのうえにルソーはこう付け加える。

> 法の対象はつねに一般的であると述べるとき、私はこう理解している。法は団体としての臣民と抽象的であるかぎりの行為とを考量するのであって、けっして個人としての人間を考量するのでも、個別的な行為を考量する

のでもない。［II. VI.〔第二篇第六章、一四四ページ〕］

法のこの二重の一般性を考察してみよう。

［1］法の一般性はその形式のもつ一般性である。「人民全体が人民全体にかんする決定をなすとき［…］」。人民全体＝集会を構成する公衆全体で、それはすべての個別意思を捨象して、「団体」としての自分自身にかんして決定をなす。この団体の意思が一般意思である。ゆえに、つぎのように書ける。法の一般性＝一般意思。

［2］法の一般性はその対象のもつ一般性である。「人民全体が人民全体にかんする決定をなすとき［…］」。法の対象は人民「全体」、「団体」としての人民であり、この人民は、いかなる個別性（行為、個人）をも捨象して、自分自身をしか考量しない。つぎのように書ける。法の対象の一般性＝一般利害。

かくして、法の統一性はつぎのように書かれる。一般意思＝一般利害。

この対は、それに対立する対によってのみ理解される。すなわち、個別意思＝個別利害。個別意思と個別利害のなんたるかは、それを我々は知っていると考える（『第二論文』参照）。意思と利害とがもつ一般性をまさに一般性として理解するそのことに、困難のすべてが根差す。

ルソーの夢――

〈主権者〉と人民がただ一つの同じ利害をしかもちえないような国に、私は生まれることを望んだでしょう。〈人民〉と〈主権者〉とが同じ人物であるときにしか、これは起きえないことであります。（『第二論文』の「献辞[*47]」）

集会を構成する公衆に〈主権〉を与える〈社会契約〉によって、この夢が実現される。立法行為とは、実際、各「瞬間」ごとに持続、再開、再発効されていく〈社会契約〉以外のなにものでもない。「人民を人民となす」起源的「瞬間」は、歴史的「瞬間」のことではない。それはつねに現在的であるところの起源的「瞬間」であり、〈主権者〉のあらゆる行為のたび、〈主権者〉が立法の決定をなすそのたび、つまりは、一般意思が意思表示をなすそのたびに、この起源的「瞬間」に新たに命が吹き込まれていくのである。ところで、一般意思が存在する理由は一つしかない。一般意思の対象たる一般利害が存在すること。

個別利害の対立が社会の設立を必要ならしめたのだが、しかしその設立を可能にしたのは、当の個別利害のあいだの一致である。個別利害のあいだに在る共通なものが、社会の絆を形成するのであり、個別利害のあいだになにか一致点がないなら、どんな社会も現にはありえないだろう。ところで、まさにこの共通利害にもとづいて、社会[*48*]は統治されなくてはならない。(II. I. p.135〔第二篇第一章、一三一ページ〕)[*49]

よって我々は、個別利害と一般利害との関連という問題に直面するが、すでに見たように、個別利害は、全面的譲渡の自己調整の、ほかならぬその仕組みに介入してくるのであった。

全員がたえず各人の幸福を望むことの理由は、各人というこの語を自分のものとせぬ人、全員への賛成票を投ずるときに自分自身のことを考慮しない人が、誰もいないからにほかならない。この理由はつぎのことを証明している。権利上の平等とその平等が生み出す正義の観念は、各人のなす自己優先から[*50]、ゆえに人間の本性から、派生すること。(II. IV. p.154〔第二篇第四章、一三七〜一三八ページ〕)

『社会契約論』の初稿に当たる『ジュネーヴ草稿』中の一文がはっきりさせているように、言われている自己優先は、個別利害の別名にほかならない。

意思は意思をもった存在の安寧へとつねにむかい、つねに個別意思は私的利害を、一般意思は共通利害を対象とする。したがって、一般意思が社会体の真の動力であり、またそうであらねばならない。[…]じつに、つねに私的利害は自己優先へ、公的利害は平等へとむかうのであるから。(4)

右の二つのテキストの比較から、背理が浮かび上がる。個別利害は、一般利害の基礎としても、一般利害の反対物としても呈示されているのである。*51 この矛盾を「解決」するために、それをルソーが、投票が有効であるための条件によって課される理論的問題をきっかけに、どう実践的に取り扱うかを見てみよう。

人民の総体が参加する投票は、法の発布、すなわち一般意思の表明をまさに目的とする。一般意思を認識するにはどうすればいいか? 第四篇第一章で、その原則が立てられる。

[…]集会における公的秩序にかかわる法は、一般意思を集会の中に維持せよ、であるよりむしろ、一般意思につねに問い掛けがなされ、一般意思からつねに返答が返されるようにせよ、である。(p.363〔二二四ページ〕)

この文章はつぎのことを意味する。

[1]一般意思はつねに存在する。じつに、この章の題〔「一般意思は破壊できないこと」〕が言うとおり、一般意思は「破壊できない」のだから。

[2]だが、一般意思が自己を表明しうるためには、三つの条件をオンにしなくてはならない。

まず、一般意思に、適切な問い、本質的に一般意思にかかわる問いが、むけられなくてはならない。個別対象にでなく、一般対象に及ぶ問いである。

つぎに、この問いは、適切な形式にて、一般意思にむけられなくてならない。個別意思にではなく、ほかならぬ一般意思そのものに問い掛けをなす形式である。

最後に、この問いに、一般意思が答えを返すのでなくてならない。すなわち、いくら存在しているとはいえ、一般意思は、「社会の絆がすべての人々の心の中で断ち切られる」〔第四篇第一章、二一三ページ〕ときに起こるように、「口がきけない」ではいけないのである。*52

一般意思に一般的な問いがむけられ、一般意思が口をきくと仮定したうえで、さて、むけられた問いに一般意思がきちんと答えを返すためには、一般意思の本性そのものが要求する形式にて、問い掛けがなされなくてならない。ここに投票規則の問題のすべてがある。

一般意思はつねに正しく、つねに公益をめざすが、しかしだからといって、人民の議決が、いつでも変わらぬ正しさをもつわけではない。（II. III. p.145〔第二篇第三章、一三四〜一三五ページ〕）

原則として言えば、一般意思は個別意思の合力である。

……これら個別意思から、相殺し合う過不足分を差し引いてみよ。さすれば、その差分の合計として一般意思が残る。［…］多数の小さな差分から、つねに一般意思が結果として生み出される［であろう］。（II. III. p.145〔第二篇第三章、一三五ページ〕）*53*

一般意思の表明の仕組みがかくのごとき原理をもつのなら、なぜ人民の議決が正しさを欠くなどということが、またそれを欠くゆえに一般意思を表明しないなどということが、ありうるのか？　この仕組みが機能を全うするには、二つの補足条件が必要になる。

十分な知見を具えた人民が議決をなすとき、〈市民〉のあいだにいかなる事前交渉もないのなら、多数の小さな差分から、つねに一般意思が結果として生み出され、議決はつねに適正なものになるであろう。（II. III. p.145〔第二篇第三章、一三五ページ〕）

ゆえに、人民は「十分な知見」を具えていなければならない。つまり、人民は「明知 lumières」をもっているのでなくてはならず、このことは人民の政治教育という問題を提起する。

だが、とりわけ必要なのは（この点ですべてが決定される）、国家の中に「徒党」も「部分結社」も、またなによりも支配的な部分結社がないことである――というのは、それらがあれば、「表明」されるものは、もはや一般意思でなくて部分的意思で、言うところの部分的意思は、たんなる個別意思ではなく、支配集団の意思であるから。

ゆえに、一般意思の発言が確実になされるために重要なのは、国家の中に部分社会のないことと、どの〈市民〉もが、ただ自分にのみ従って意見を述べることである。（II. III. p.146〔第二篇第三章、一三六ページ〕）[*54*]

ルソーにとっての絶対条件――一般意思には、それの在り処たる孤立した個々人のもとで、問い掛けがなされなくてはならない。共通ではあっても一般利害から見れば個別なままであるところの利害が人間たちを結び付けてつくる、特定の集団のもとで、ではなく。一般意思が自己を表明するには、ゆえに会派、身分、階級、党派、ありとあらゆる集団を黙らせる（廃止する）必要がある。国家の中に集団が形成されれば、一般意思は黙りはじめ、最終的には口をきかなくなる。

しかし社会の結束が緩みはじめ、国家が弱体化しはじめると、つまり、個別利害が意識されはじめ、複数の小社会が一大社会に影響を及ぼしはじめると、共通利害は変質していく。(IV. I. p.362〔第四篇第一章、二一三ページ〕)

こう指摘しておこう。それでも一般意思は存続していき、変質させられうることも正しくなくなることもない、と。「一般意思はつねに健在、不変、純粋であるが、しかし、その一般意思を凌駕する別の意思に従属している」[IV. I.〔第四篇第一章、二一三〜二一四ページ〕]。証拠——どんなに腐敗した個人の中ででも、一般意思はけっして破壊はされず、ただやりすごされるだけである。

個人——「票を金で売るときでさえ、彼はみずからのうちに在る一般意思を消し去るわけではない。彼はそれをやりすごすのである。彼の犯す誤りは、問いの在り方を変え、尋ねられたことがらとは別の答えを返すことにある。したがって、みずからの投票をとおして彼は、『これこれの意見が通れば』『それは国家に利益をもたらす』と言う代わりに、『それはこれこれの人、または、これこれの党派に利益をもたらす』と言うのである」(IV. I. p.363〔第四篇第一章、二一四ページ〕)

いまや我々は、〈ズレIII〉の本性と理論的機能をはっきりさせることができる。

我々はこう言った。個別利害のなんたるかを我々は知っていると考えるが、一般利害のなんたるかは知らない、と。ところで、一般利害は個別利害の共通の土台であることが言われている。ゆえに、どの個別利害もそれの中に一般利害を、どの個別意思もそれの中に一般意思を含む。このテーゼはつぎの命題に反映される。一般意思は破壊されること、譲渡されることがありえず、つねに正しい。これは明快につぎのことを意味する。一般利害はつねに存在し、一般意思も、表明されるのであれ、やりすごされるのであれ、つねに存在する。

何が一般利害をそれ自体から、一般意思をそれ自体から切り離すのか? 個別利害である。我々は矛盾のただ中にいる。個別利害は一般利害の本質であるが、それはまた、一般利害にとっての障害でもある。だが、この矛盾の秘密のすべては、一人一人捉えられた各個人の個別利害と社会集団の個別利害とをルソーが共に「個別」という同じ名で呼ぶ、その言葉「遊び」にある。集団の、階級の、党派の利害である後者の利害、各個人の利害でないその利害は、一般利害から見てのみ、個別と言われる。このような利害を、単独の個人の利害が個別と言明されるときと同様に、個別と言明するそのことが、語の「戯れ」である。この語の「戯れ」は、新たな指標として、或る〈ズレ〉を示す。すなわち、単独の個人と社会集団とのあいだの理論的身分規定の違いを――そしてこの違いが、否認の及ぶ対象なのである。個別利害の概念を二つのことがらに共通して使うということに書き込まれた否認。この否認は、否認自体の無力であることの言明に、明瞭に書き込まれている。国家の中に人間集団が存在してならない、との言明に。無力であることの言明、というのも、人間集団が存在してならないとは、それが存在するということなのだから。抵抗の働いている絶対的な地点。その抵抗が〈理性〉に属す事実でなく、還元不可能な事実そのものであるとの意味で。すなわち、ここまでの長い「追い出し」の果てに、はじめて現実的な問題に出会うとの意味で。

だが、まさにそうであるからこそ、一つ同じ概念（「個別利害」）の両義的用法による、言った「抵抗する」事実の理論的否認が、理論に、個別利害／一般利害の鏡像的対についての注釈として抵抗なく展開されていくのを、許すのである。それでも、仔細に眺めると、この対そのものの内部で〈ズレ〉の働いていることが見えてくる。

一般利害。一般利害が存在するということの正味の内容をなすのは、一般利害は存在するとの言明である。社会一般の基礎として一般利害が存在することを、一瞬たりとルソーは疑わない。ルソーが参照する現実の諸社会に一般利害なるイデオロギーが不可欠であるという、これが疑いえないことなのに、『社会契約論』でルソーは、一般利害をけっしてイデオロギーや神話として扱わない。彼に疑いえないのは、一般利害が現実に存在することであって、ゆえに彼はこう断言して憚らない。一般利害は、それを表明する一般意思が口をきけなくされたときでさえ、変質させられることも妨げられることもなく存在する、と。現実からの理論の〈ズレ〉は、ここにおいて、まったく別の〈ズレ〉

を明らかにしはじめる。生まれようとしてこの哲学がその生誕のときに実在に対してとった〈ズレ〉の中に、当の哲学の存立基盤を置く〈ズレ〉である。

　個別利害についても、事情は鏡に映したごとくに同じだ。じつに一般利害は個別利害の鏡映にほかならない。個別利害もまた、存在するとの絶対的言明が及ぶ対象である。同じ内容に及び、同じ機能を果たすのだから、言うまでもなく、二つの言明は呼応する。さらに、どちらの言明も同じ現実からズラされている。社会集団の利害から、である。個別利害と一般利害という鏡像的カテゴリーを使えるよう維持するためにどうしても否認されなくてはならない、対象から。一般利害は一つの神話である。それがいかなる性質の神話かは、一般利害が、現実の側に在る分身から引き離されることを見れば、すぐさま気付かれる。すなわち、言った分身、現実の側に在る「一般利害」をルソーは、人間集団（会派、階級、etc.）にかかわることがらであるとの理由で、「個別」と言明するのである。――同様に、単独の個人がもつ「純粋」な個別利害（自然状態を構成する起源から彼のもとに由来するもの）もまた一つの神話で、その神話の性質も、やはり、たちまち気付かれる。この個別利害が、先ほど言った人間集団の一般利害の中に現実的な「分身」をもつことを見さえすればいい。個別利害の「分身」というのも、人間集団の一般利害をルソーは、国家を支配するか国家権力の制覇を争うとの理由で、「個別」と言明するのだから。いままで見てきたケースでと同様、このケースでも、我々は確かに〈ズレ〉を発見する。ただしその〈ズレ〉は、言葉遊び――ここでは個別と一般との交差「入れ替え」[*55*]〔交錯ダンス〕――による言語的否認の、裏側に発見される。本来、個別の概念は個人にのみ、一般の概念は〈主権者〉にのみ属すはずなのに、交差的に入れ替えられることで、それらは、社会集団の利害の存在というあの解消できぬ現象の出現がルソーの概念体系《システム》＝機構の中に繰り込む、理論的〈ズレ〉を解消してくれる。社会集団の利害が或るときは個別、或るときは一般と言われるのは、〈利〉、イデオロギー的な鏡像的対、個別利害／一般利害、のもつ〈利〉の都合に応じてであり、実際、この対には、階級支配のイデオロギーが反映している。特定の階級利害を、個別者たちに、彼らにとっての（一般）利害として差し出すイデオロギーが。[*56]

ここを境に〈ズレ〉は、その広がりを全面的に開示されて、かつ、新しいかたちで、我々の前に現れる。〈ズレ〉はもはや、理論内部の任意の点にかかわるのではない。〈第二当事者〉の身分規定（〈ズレⅠ〉）も、全面的譲渡における交換の身分規定（〈ズレⅡ〉）も、もはや問題ではない。いまや問題なのは、実在からの、理論の〈ズレ〉それ自体である。社会集団が存在するとのそのことにおいて理論がはじめて出会う、実在からの。この地点に達した我々は、一つの提案と、一つの指摘をなすことができる。

提案。我々の踏破してきた道をさかしまにたどり直したらどうか、そうすれば、きっと大きな意味がもたらされる。ただし、そうするに当たって〈ズレⅢ〉は、いままで見てきたすべての「問題」、すべての〈ズレ〉の根拠として出発点にされなくてはならない。これは、ルソーの哲学がなす乖離から、言いかえれば、その哲学によって接合がなされる地点から、出発することである。ルソーの哲学は、その哲学自体を構成する〈ズレⅢ〉から距離をとり、距離をとるそのことによって、自己をルソーの生きている社会の、法的イデオロギーに接合させ、政治的なるもののイデオロギー的哲学として自己を構成するのである。哲学理論に対する外在的批判と内在的批判の古典的な区別・対立は一つのまやかしである、との帰結が、このさかしまの歩みによって、明るみに出されるだろう。

指摘。〈ズレⅢ〉による否認が及ぶ対象（社会集団、会派、階級、etc.）の中でルソーが最終的に出会うのは、彼が問題として出発点とした当のもの、『第二論文』の帰結であるということ。そして『第二論文』との比較は、『社会契約論』の理論空間全体を支えるイデオロギー的概念——自由、自己愛、平等、etc. ——について、おそらく、的確な諸帰結を与えてくれる。中でも、最初の自然状態にいる人間に厳かに授けられる、かの論じに論じられてきた自由について。自由という、なんのためのかさっぱりわからぬ、つまりは、〈来るべき〉〈道徳〉と〈宗教〉（さらには〈一般意思〉、すなわち、〈一般利害〉）のための、備えにして聖なる担保——実際、自然人にとって、自由はまったく必要も使い道もないということ、『第二論文』の全体は、自由を、完全になしですませるということに、気付かされるだろう。さらにまた、社会集団の正体も見えてくるだろう。〈社会契約〉を率先してなそうとするのは、じつは「富める者」の団体なのでは？　そうなら、〔富者による〕〈社会契約〉の理屈付けのなんたるかが、こうあらわになる。〈人類〉史最大のいかさまの、ひじょうによく「考え抜かれた」企て。[*57*] 真の、「正当」なほうの〈社会契約〉は、その概念の移転＝転移の果てに、かくして現実そのものに出会う。『第二論文』がすでにその実際のありさまを描き出していた現実に、『第二論文』の冷厳なロジックに。

もう一つ、最後の指摘。〈ズレⅢ〉がいまや実在からの理論のズレにかかわっているのなら、問われているのはもはや、たんなる理論的否認ではない。否認は実践的でしかありえない。人間集団（会派、階級）が現に在るということを否認するのは、そのことを実践によって禁圧[*58*]することなのだ。ここに我々は〈ズレⅣ〉と書き込む。

Ⅵ　イデオロギーにおけるやむなき前進、あるいは、経済における退行――〈ズレⅣ〉

現に存在する「理論的諸困難」の解決は、実践のもとにゆだねられる。なすべきは、もはや回避しようのない現実の中で、社会集団とそれの及ぼす効果を首尾よく伏せること。会派、社会階級、政治的・イデオロギー的党派とそれらの及ぼす効果とが現に存在するという、そのことの禁圧。

一般意思への諮問が「正しく」作動するための条件を思い出してみよう。人民は明知をもっていなくてならず、その人民と一般意思とのあいだに、いかなる中間的人間集団も介入してならないのであった。この二つの課題にルソーは、一つ同じ操作によって、真正面から取り組んでいく。操作は二つの形態をとり、それぞれの形態は他方の形態の失敗を報告する。イデオロギーにおけるやむなき前進と（または）現実における退行。まったく「実践的」である（しかし、もちろん、理論の諸効果を含みもする）〈ズレⅣ〉は、この試行‐選択肢の二形態を「分離」する。ここで私は、いくつかのポイントを指摘するだけにとどめる。

1　イデオロギーにおけるやむなき前進

この前進の本質的な契機は、習俗、教育、市民宗教それぞれの理論の中にみいだされる。この試行は、それの原則に即せば、たゆみない道徳的改革を遂行していく実践的手段の配備をめざす。社会の中にたえず立ち現れては働き掛ける社会的利害集団の、その効果を無効にするための改革である。その課題は、個人の意識（すなわち、それ自体としては一般利害であるところの個別利害）が「個別」集団の及ぼす有害な効果の標的となる社会で、この個人の意識の「清さ」を守り、〔損なわれたなら〕それをたえず回復させることにある。

諸種の法を列挙していく中、ルソーは国法、市民法、刑法を区別する。だが肝心なことが言われていない。

　この三種類の法に、第四の、中でもいちばん重要な法が付け加わる。大理石にでも銅板にでもなく、市民の心に刻まれる、それは法で、この法は国家の真の体質をなし、ほかのすべての法が年老いたり老衰したとき、それらに生気を取り戻させたり、それらを追補したりして、人民に人民制定時の精神を保たせ、人知れず権威の力の代わりに習慣の力を置こうとする。私は習俗、慣習、とりわけ世論のことを言っているのである。世論は我々の時代の政治家には知られていない法の部分であるが、しかしこの部分に、他のすべての法の成否が懸かる。偉大な〈立法者〉は、個々の法規にしか心を配らぬように見えて、じつはこの部分に密かに心を砕く。個々の法規は丸天井の迫枠《せりわく》〔楔《くさび》形の石を組み積んでつくったアーチ状の梁《はり》。それら梁を頂部で連結するためにはめ込む石が「要石」〕のごときもの。習俗はあとからゆるりと生まれてきて、やがて、迫枠を一点でつなぐゆるぎない〈要石《かなめいし》〉になる。(II. XII. p. 223〔第二篇第十二章、一六二ページ〕)

この成文化されていない要石としての法が生むのは、「習俗」と一体化した「個別意思」それへの作用である。「個々の個別意思が一般意思に、すなわち習俗が法に、かかわっていくことが少なくなればなるほど〔…〕」(III. I. p. 242〔第三篇第一章、一六六ページ〕)。しかし「習俗」は、つぎのように図示できる作用連鎖の、最後から一つ前の環にすぎない。

法→世論→習俗→個別意思

信頼の置ける集団であろうがなかろうが、すべての社会集団は、それらの存在によって、またそれらのなす企てとそれらの及ぼす影響によって、それ自体の側から自動的に、いま図示したプロセスの各契機に作用を及ぼす。ゆえにどうしても、中間を占める作用因のそれぞれに、なんらかの反作用を加えねばならない。〈立法者〉はなによりも法に働き掛ける。教育、祭り、市民宗教、etc. はなによりも世論に、監察官はなによりも習俗に、それぞれ働き掛ける。しかし〈立法者〉は、社会体が歴史的に存在しだすその起源でしか介入しない。監察官は良き習俗を保つことができるだけで、悪い習俗の改善はなせない。かくして、働き掛けが持続的かつ効果的でありうるのは、またそうであらねばならぬのは、世論の水準においてである。それゆえ、公的な方法(祭り)[*59*]か私的な方法(『エミール』)による、市民教育が重要性をもつ。しかし、宗教に頼らねば、教育は十分なものとなりえない。宗教、すなわち、宗教的イデオロギー、ただし市民宗教として捉えられた、つまりは、道徳的・政治的イデオロギーの機能を果たすものとして捉えられたそれ。

悪名高き「中間」集団のもつ「個別」と言われる――すなわち、社会的――「利害」による汚染から、個別意思を守る唯一の手段としての、イデオロギーにおけるやむなき前進。やむなき前進というのも、この前進には止め処がない。イデオロギー的解決、あの「丸天井の要石」は、政治的迫枠を空中にて支える。ゆえに、それは空中 le ciel を必要とするが、なにより〈天上〉le Ciel ほど脆いものはない。

2 (経済的) 現実における退行

だから、地上に舞い戻って、あれら危険な人間「集団」を、その第一原因から叩かねばならない。『第二論文』の主テーゼを思い出すなら、現実について、すなわち「財産」、所有、富、貧困について、語らねばならない。明快な言葉で言うなら、特定の経済構造の、狭い枠内に国家を維持しなくてならない。

あらゆる立法体系の目的［…］は、あの二つの主要目標、自由と平等に帰着する［…］。自由、なぜなら、個別的なものへのいかなる依存も、その依存のぶんだけ国家の身体から力を奪う。平等、なぜなら、平等なくして自由は存続していけない。［…］平等について言うなら、この語をもって理解すべきは、権力の度合と富裕の度合とが絶対的に一致するということではなくて、権力がいかにしても暴力の度合には達せず、しかもただ地位と法とによってしかけっして行使されないということ、富裕については、いかなる市民もほかの市民を買えるほどには金満家でなく、いかなる市民も自分を売らねばならなくなるほどには貧乏でないということ、すなわち、地位も名誉もある人々の側には財産と影響力の抑制が、庶民の側には貪欲と羨望の抑制が、それぞれ前提されるということである。（II. XI. p.218-219〔第二篇第十一章、一五八〜一五九ページ〕）

この箇所にルソーは注を書き加える。

国家にほんとうの堅固さを与えたいのなら、できるだけ両極端を接近させるがいい。金満家を許容することも、細民を許容することもなさぬがいい。この二つの身分はもともと不可分なもので、どちらも、万人の善にとって、忌まわしいものである。一方の身分からは圧制の推進者が、他方の身分からは暴君が出てくる。［…］（II. XI. p. 219〔第二篇第十一章、一五九ページ〕）

あげた二つの文章の中心的な言い回しは、『第二論文』のいくつかの用語を、そのまま、ただしそれら用語のもつ政治的効果の点で、引き継いでいる。「一人の人間が他の一人の人間の助けを必要としたとたん、また、一人だけで二人ぶんの蓄えをもつのは有益と気付かれたとたん、平等は消え去った〔…〕」。こうなる可能性は分業の開始、それと共に依存の開始をしるし付ける。土地という土地が耕されて占領され、「あぶれた人々が〔…〕富める人々から生活の糧を受け取るか、奪い取るかせざるをえなくなった」とき、そして富める人々が貧しい人々を買うか束縛できるようになったとき、依存はあらゆる人々を巻き込む。[*60]『社会契約論』の第二の実践的解決に付きまとっているのは、このような現実なのだ。

みずからの提案する経済改革において、ルソーの狙いは、根付いてしまった経済的不平等がもたらす諸効果を、とりわけ「もとより不可分な」あの二つの「身分」、「富める者」と「細民」への人間の集団化を、禁ずることにある。彼が堅持する基準は、「いかなる市民もほかの人を買えるほどには金満家でなく、いかなる市民も自分を売らねばならなくなるほどには貧乏でないということ」〔第二篇第十一章〕[*61*]。声高に、しかしその実践的条件のことなど考えずに、彼は経済的独立性という古い夢を表明している。「独立した状態での交易」（『第二論文』[*62*]）、すなわち、（都市または農村での）職人的小生産の夢。

ここ経済的現実では、「やむなき後退」である。退行。

それが夢であり、信仰にも似た願いであることを、ルソーは知っている。

この平等は、頭の中で考えられただけの、実際〔実践 la pratique〕においてはありえない夢幻である、と人々は言う。しかし〔権力と富の〕濫用が避けられないからといって、それを規制するそのことさえもが不要になるのだろうか？　まさに事物の力はつねに平等の破壊へとむかうからこそ、立法の力は、つねに平等の維持へむかわなくてならない。（II. XI. p.219〔第二篇第十一章、一五九ページ〕）

なるほど、そのとおり。避けようのない濫用を、事物の力の効果を、規制すること、実の問題はこれしかありえない。「両極端を接近させる」ことをルソーが語るとき、まさにこの不可能な条件のことが言われている。事物の力に抗って進むこと、「実際においてはありえない」解決を実践的な措置として提案することが。ほとんど注記するまでもないが、ただ在るだけで、二つの「極端」は、みずからの「利害」を守ろうとする人間集団、一般性や個別性のカテゴリーなど屁ともせずにそうする人間集団として構成される。

要約しよう。みずからの問題（社会階級の存在を廃すること）に対する実践的解決としてルソーは、封建的生産様式の解体現象の一つへとむかう経済的退行に、望みを掛ける。独立した小規模生産者、都市や農村の職人、『第二論文』が「独立した状態での交易」の概念のもとに描き出すもの（「自由な」交易を、すなわち個人間の自由な関係を許す、万人の経済的独立性）へと、それはむかう退行である。しかし、こんな不可能な退行的経済改革に首尾よくいたるには、神頼み以外に何があるというのか？　あるとすれば、道徳を説くこと、つまりは、イデオロギーによる働き掛けだけだ。堂々巡り。

イデオロギーにおけるやむなき前進、経済における退行、イデオロギーにおけるやむなき前進、以下同様。いまや〈ズレ〉は、ルソーの提案する実践の中に書き込まれている。この実践は概念にでなく、現実（実在する道徳的・宗教的イデオロギー、実在する経済的所有）に及ぶ。みまごうことなし、明々白々、ズレとは、実在のもたらす結果からの、まさに理論の〈ズレ〉のことなのだ。いずれも不可能な二つの実践の、そのあいだのズレ。いまや我々は現実の中にいて、しかもそこにおいて我々にできるのは、円を描くようにぐるぐる回ることだけ（イデオロギー⤵経済⤵イデオロギー、以下同様）、ゆえに現実の中にさえ、もはや可能な逃げ道はない。〈ズレ〉の終わり。

＊　＊　＊

可能な〈ズレ〉はもはやない——たとえあったとしても、それは、あれらの〈ズレ〉を糧にしてのみ生き延びていくだけの理論の秩序立った流れの中では、もはやなんの役にも立たないだろう。問題をそれの解決として次々と前方へ追い出していった果てに、現実の問題、解決不可能な問題に出会うにいたる、流れの中では。それでもなお一つだけ頼みの綱が、ただし別の性質のそれが、残されている。転移。ただし事ここにいたっては、不可能な理論的解決を、理論にとっての他者、文学に転移させること。前例なき書法による「虚構された勝利」、惚れ惚れするほどみごとな勝利。『新エロイーズ』〔一七六一年〕、『エミール』〔一七六二年〕、『告白』〔〔死後出版〕一七八二～八九年〔執筆は一七六四～一七七〇年〕〕。この勝利の前例のなさは、前例なき理論〈社会契約〉の、これまた惚れ惚れするほどみごとな「失敗」と、おそらく無縁ではない。*63

原注

（1）『社会契約論』からの引用はアルヴァクス〔の手になる校訂〕版による〔Paris, Aubier 1943〕。〔より最近の校訂版として、現在ではプレイアッド版『全集』第三巻が参照可能である（*Du Contrat social. Écrits politiques, Œuvres complètes*, vol. 3, Paris, Gallimard, Bibliothèque de la Pléiade 1964, pp.349-472）。アルチュセールによるルソーからの引用は、プレイアッド版をもとに訂正した。『社会契約論』の篇・章への指示があるので、プレイアッド版の参照ページは割愛させてもらう。参照ページは、アルヴァクス版にもとづくアルチュセールの指示をそのまま残した〕〔この邦訳では、プレイヤッド版からの翻訳である白水社版『ルソー全集』第五巻、一九七九年所収の『社会契約論』（作田啓一訳）を参照し、その参照ページを〔　〕でくくって示す。ただし用字法と訳文は、適宜、変更する〕

（2）Garnier, p.589.〔Paris, Garnier-Flammarion 1966; rééd. format poche, p.604.『エミール』は一七六二年、すなわち『社会契約論』と同じ年に、パリではじめて公刊された〕〔白水社版『ルソー全集』第七巻、三二六ページ〕

（3）*L'Émile, op.cit.*, p.589.〔Garnier-Flammarion, *op.cit.*, p.600. 強調はアルチュセール〕〔『エミール』、白水社版『ルソー全集』第七巻、三二六～三二七ページ〕

（4）この最後の文章は *Contrat social*, II. I. p.135-136〔『社会契約論』第二篇第一章、一三一～一三二ページ〕に再録された〔ただし、「つねに」が「その本性からして」に書きかえられて〕。〔*Du contrat social ou essai sur les formes de la République — Première version, in Œuvres complètes*, tome 3, *op.cit.*, p.295.〔白水社版『ルソー全集』第五巻中の『ジュネーヴ草稿』(『社会契約論または共和国の形態についての試論（初稿）』）は、第一篇第二章までしか訳出されていない。引用された文章は第一篇第四章からのものである〕〕

第五章　レーニンと哲学（一九六八年）

このテキストは、一九六八年二月二十四日、フランス哲学会（Société Française de Philosophie）にてなされた研究発表の原稿である。学会という場には異例なほど多くの聴衆が、アルチュセールの話を聞くために押し掛けた。この講演は、続いておこなわれた数十分にわたる討論（おもな参加者はJ・ヴァール、P・リクール、ブランシャール、J・イポリット、P・M・シュール、J＝P・ファーユ、R・P・ブルトン）を付録に、「フランス哲学会会報」（*Bulletin de la Société Française de Philosophie*, 62（4）, octobre-décembre 1968, pp.127-183）に掲載された。[*1]

続いてテキストは、学会長ジャン・ヴァール氏の承認を得て、別途、ブックレットとして公刊され、[*2]その三年後、二つの別のテキストを付録に、同じ出版社から『レーニンと哲学（付――ヘーゲルを前にしたマルクスとレーニン）』の書名で再刊された。[*3]本書をこれ以上分厚くせぬとの配慮から、アルチュセールによってあとから追加されたこの二つの補論的テキストは、再録しなかった。ヘーゲル理論とマルクス主義（マルクスのマルクス主義とレーニンのマルクス主義）とのあいだに著者が立てた断絶の公理を、再度、強調するテキストであるが、そこにアルチュセールは、新しい要素を付け加えてもいる。マルクスはヘーゲルから「主体なき過程」の概念を継承した、との主張である。[*4]

アルチュセールの発表したテキストの中から、他の諸潮流との批判的対話と、アルチュセール主義が構成されてしまったことへの自己批判とにむかって最も「開かれて」いたものを集める、との本論文集の趣旨から言えば、「レーニンと哲学」は、「編者解題」にて説明したように、いささか異色のテキストである。文体的にじつによく彫琢されたこの試論は、我々の趣旨とは裏腹に、アルチュセールとその共同研究者たちがフランス共産党の公式の正統派教義に対置しようともくろんだ、「新しい正統派教義」を形成するうえで、最も重要な部品をなした。『マルクスのために』や『資本論を読む』からの、或る種のアクセントの移動をしるし付けるとはいえ、全体として、テーゼの硬直化を推し進めている。その意味で、この試論は、アルチュセール主義的教条主義の頂点を極める有名な『ジョン・ルイスへの回答』を、予告している。こうした「閉じた」テキストの一つを再録したことは、いくつもの対照的な断面をもつ作品の、現在からの読み直し作業を複雑にするだけかもしれぬにせよ、しかし、無意味ではなかった——なにしろ「レーニンと哲学」は、当時、端倪すべからざる反響を轟かせたのだから。[*5]

アルチュセールによるオリジナル・タイプ稿は、そのままのかたちで「会報」に掲載され、そののち、わずかな誤植の訂正を経て、マスペロ社版に再録された。以下に提供する版は、この最終稿である。[*6*]

みなさんの〈学会〉が、設立以来、懐かしさできゅんと胸を締め付ける語でこう呼んできたもの、おそらくこれからも長くそう呼びつづけていくであろうもの、すなわち研究発表、それをなすようお声を掛けて私に授けてくださったその栄誉に、返礼あらんことを[*7／*8*]。

I

学者が学会を前に研究発表をなすのは、至極、まっとうなことである。研究発表と議論は、科学的なそれのみが可能である。では、哲学の研究発表、哲学的議論は？

哲学の研究発表。この言葉は、まちがいなく、レーニンを大笑いさせただろう。屈託のない開けっぴろげな笑い、〔イタリアの〕カプリ島の漁師たちをして、俺たちと同じ人種、同じ側だと聞き取らせたあの笑い。いまからちょうど六十年前の一九〇八年、レーニンは、当時、ゴーリキ[*9*]といっしょにカプリ島にいた。ゴーリキの鷹揚さを愛し、彼の才能を買っていたレーニンではあったが、そのゴーリキを、彼はプチブル革命家と見ていた。ゴーリキは、自分がそのテーゼを共有するボリシェヴィキ知識人の小グループ、引き揚げ派〔召還派〕（*Otzovistes*）との哲学的議論に加わるよう、レーニンをカプリ島に誘ったのだった。一九〇八年と言えば、最初の十月革命、一九〇五年のそれを経て間もないころで、労働運動の退潮、労働運動弾圧のときだ。それはまた、ボリシェヴィキ知識人をも含めた「知識人」のあいだに、精神的動揺が広がっていた時期でもあった。ボリシェヴィキ知識人の中から何人かが集まって、歴史上引き揚げ派の名で知られるグループをつくっていた。

引き揚げ派は政治的には極左で、帝国議会《ドゥーマ》[*10]からの代議員の引き揚げ（*otzovat'*）、あらゆる形態の合法的活動の拒否、暴力活動への即座の移行など、過激な措置を支持した。しかしこうした極左的態度表明の裏には、右派的な理論的立場が隠されていた。引き揚げ派は、流行哲学あるいは哲学的流行、オーストリアの有名な物理学者エルンスト・マッハによってその形態を更新された「経験批判論」に、すっかりイカレていた。物理学者と生理学者の手になるこの哲学（マッハは有象無象の科学者の一人ではない。彼は科学史に名をとどめた）は、学者によってつくられた他の哲学、ポワンカレのそれやP・デュエム、A・レーといった科学史家のそれと、類縁性がないではなかった[*11／*12]。

我々がそれについての認識をもちはじめているところの現象が、ここにある。いくつかの科学（当時においては数学と物理学）が重大な変革をこうむるときには、必ず専門の哲学者がいて、数学にせよ、物理学にせよ、「科学の危機」は開かれている、と言挙げする任に当たるということ。哲学者によるこうした言挙げは、言わせてもらえば、既定の台本の中にある。なんと言っても、哲学者なる種族の全体は、哲学による臨終の秘蹟、神ニ最大ノ栄光アレ、を科学に授けようと、科学のいまわのきわを予言すること、ゆえに、その瞬間を待ち構えることで、時間を潰しているのだから。

だがもっと好奇心をくすぐることに、科学の危機を語ることを任とする学者がまたいて、おのれのうちに、突如、驚くべき哲学的召命をみいだし――その召命をもって彼らは、突如、哲学者への宗旨替えを考えるのであるが、じつはそれ以前からすでに、哲学をたえず「実践」してきてはいるのだ――啓示をふれまわろうと考える。ところが、実際に彼らのやることといったら、哲学がみずからの歴史の一部と考えざるをえないものに属す、紋切型の古ぼけた言葉の数々を復唱することのみ。

我々哲学者、哲学を少なくとも生業とする我々としては、「危機 crise」にかんしてこうした学者は、科学の成長にさいしてそれを科学の転換と捉え、子供が「急に熱を出す」と言われるときの意味での、あからさまな、めざましい哲学的発作 crise に襲われるのだ、と考えたくなる。これはたんに、学者の自然発生的・日常的な哲学[*13]が、そのとき、彼らにとって見えるものになるということにすぎない。

マッハの経験批判論とそれのボグダーノフふう、ルナチャルスキーふう、バザーロフふう[*14]、etc. のあらゆる副産物は、この手の哲学的発作だった。ここにあるのは、慢性化した出来事である。どの例をとっても、いずれにせよ、同じだが、現代における事の次第をちょっぴり思い描いてもらうために、こう指摘しておこう。生物学、遺伝学、言語学、etc. に携わる何人かの科学者が、今日、「情報」ということを中心にしてつくり上げようとしている哲学は、この手の、とりあえずいまのところは多幸症的である、小さな哲学的「発作」なのだ。

ところで、こうした学者の哲学的発作で注目すべきことは、その発作が、哲学的に、いつもただ一つ同じ方向性をもつ点だ。経験論的か形式主義的な、すなわち観念論的な、古いテーマを若返らせて蒸し返すのである。それで、唯物論が決まって目の敵にされる。

引き揚げ派は、要するに、経験批判論者であったわけだが、しかし彼らはマルクス主義者（なおかつボリシェヴィキ）でもあったので、こう主張していた。マルクス主義は「弁証法的唯物論」なる批判以前的形而上学を始末しなくてならない、二十世紀のマルクス主義となるために、マルクス主義はいままでずっと欠いてきた哲学、ほかならぬあの観念論的で、ぼんやりと新カント主義的な哲学、学者の手でモデルチェンジされてお墨付きを与えられた哲学、経験批判論を、最終的に、みずからに与えなくてはならない。このグループをかたちづくるボリシェヴィキの中には、宗教のもつ「ほんものの」人間的価値をマルクス主義に繰り込もう、と考えた人たちさえいて、彼らは、この目標を念頭に置いて、みずからを「〈創神主義者〉」（神の創造者）と称した。しかし、まあ、この話は措こう[*15]。

いずれにせよ、ゴーリキの意図は、レーニンを招いて、引き揚げ派哲学者グループと、哲学について議論させることにあった。レーニンは条件を付けた。親愛なるアレクセイ・マクシモヴィッチ、あなたに会いに行きたいのはやまやまなれど、いかなる哲学的議論もまっぴらご免でござる。[16]

もちろん、これは戦術から出た身の処し方。肝心なのは、在外ボリシェヴィキのあいだの政治的統一、だから、哲学的議論によって彼らを分裂させてはいけない。しかし、我々はこの戦術的態度に、たんなる戦術を遥かに超えるものを見分けることができる。それを私はこう呼びたい。すなわち、それは哲学の実践のことであり、また、哲学の実践の意味するところについての意識のこと、要するに、哲学は分裂させるとの最初に来る獰猛な事実それについての、意識のこと。科学が統一をもたらす、分裂させることなく統一をもたらすのに対して、哲学は分裂をもたらす。分裂させることによってしか、哲学は統一をもたらすことができない。かくしてレーニンの笑いの意味が理解される。哲学の研究発表《コミュニカシオン》〔哲学的交流〕なんてものはない、哲学的議論なんてものはない、ということだ。

本日、私は、それだけで一つのテーゼをなす、この笑いを注釈することのみをしてみたい。

このテーゼそれだけでも我々をどこかに導いてくれる、との期待さえ私はもつ。

実際、そのテーゼは、私が自分にむけずにすまない問いをみずからに立てることへと、たちどころに私を導く。哲学の研究発表などありえないとするなら、いったい私はどんな話をしゃべったらいいのか？　言うところの話とは、もちろん、哲学者を前にした講演のことである。だが、法衣が坊主をつくるのでないように、聴衆が演説をつくるのではない。ゆえに、私の言説は哲学的なものとはならないであろう。[17]

とはいえ、それは、理論の歴史のいま我々がいる地点にかかわる、必然的な理由ゆえに、哲学の中で運ばれる言説とはなるだろう。哲学の中で運ばれる言説は、しかし、哲学に属す言説とは必ずしもならない。それは哲学についての言説となる、あるいは、そうなろうとするだろう。とすれば、研究発表をなすよう私を招請してくださったことで、みなさんの〈学会〉は、あらかじめ、私の願いを見越していたことになる。

というのも、これから私がしゃべりたいと思っていることは、もし私が哲学についてのなにごとかを、つまりは、哲学の理論なる観念のためのごく基本的な諸要素を、みなさんに伝達できたなら、研究発表の名にあたいすると言っていいのだから。理論――なんらかの仕方で科学を先取るなにかのことゆえ。

私の題目「レーニンと哲学」を、以上のような意味で理解していただくようお願いする。レーニンの哲学ではなく、哲学についてのレーニン。実際、思うに、我々がレーニンに負うもの、まったく前例がないわけでないにせよ、しかしこのうえなく貴重であるそれは、哲学についての哲学的でない理論にいつかおそらくなりうるであろうものを先取る或る種の言説をもつ、というそのことを始めるための、手段なのである。

Ⅱ

本日の我々の主題から見て、レーニンの最大の価値がこれであるなら、我々はフランスの大学で教えられる哲学をも含め、講壇哲学とレーニンとのあいだに在る、古い未決の問題を手早く片付けることからまず始めて、たぶん、いいであろう。私自身大学人であり、哲学教師であるのだから、私もまた、レーニンが「ご免こうむりたし」との言葉をむける「理知の人」に属す。

私の知るかぎり、彼に素晴らしい著書をさいたアンリ・ルフェーヴルを除けば[*18]、現代史上最大の政治革命を指導し、あまつさえ、H・ポワンカレ、P・デュエム、A・レーをはじめとする我らフランス人の著作を『唯物論と経験批判論』にて長々と熱心に分析した人物に、フランス講壇哲学が関心すら示そうとした形跡はない[*19]。

我々の先生のそのまた先生に当たる人々には、私がうっかり忘れているなら、お赦しを願いたいが、しかし最近五十年を見るかぎり、共産主義哲学者や共産主義科学者の論文を除けば、レーニンについて書かれたページは、一九四六年の「レ・タン・モデルヌ」誌のサルトル（「唯物論と革命」）、メルロ＝ポンティ（『弁証法の冒険』）、リクール（「エスプリ」誌の一論文）など、ほとんど数えるほどしか見当たらないと思う[*20]。

リクールは、敬意を込めて、そこで『国家と革命』について語るも、私には、レーニンの「哲学」を論じたとは思われない。サルトルは、エンゲルスとレーニンの唯物論哲学は、*Unding*〔非合理〕という意味で、「思考不可能」であると言う。たんなる思考による検証には堪えない思考である、と。なぜならじつにそれは、自然主義的、批判以前的、カント以前的、ヘーゲル以前的形而上学なので。とはいえ、サルトルは、太っ腹にも、この哲学に、プロレタリアが革命者たらんとするときにその助けとなる、プラトン的「神話」の機能を認めはする。メルロ゠ポンティとなると、ひとことでちょん――レーニンの哲学は一つの「方便」なり。

　過去百五十年にわたるフランス哲学の伝統に、たとえ必要なツボをきっちり押さえてであれ、裁判を仕掛けるなど、もちろん、私の任ではない。そんなことをせずとも、フランス哲学がこの過去を秘匿してきたその黙秘にこそ、あらゆる公開裁判に匹敵する意味がすでにしてある。支持しがたい光景をもつ、一つの伝統こそが問われなくてならない。なにしろ、今日まで、名を知られたフランス人哲学者の誰一人として、この伝統の歴史をおおやけに書こうなどと、あえてしなかったのであるから。

　メーヌ・ド・ビラン、クザンからラヴェッソン、アムラン、[*21*]ラシュリエ、ブートゥルーを経てベルクソン、ブランシュヴィクへいたるフランス哲学は、それが集中攻撃の的としてきたコントとデュルケム、あるいは、それが忘却の中にうずめてきたクールノー、[*22*]クーテュラ[*23*]といった幾人かの偉大な精神によってしか、また、この三十年間に我らがフランス哲学の経験した再生の、その一翼を担ってきた人たちを育てることに、忍耐強く、黙々と徹してきた幾人かの篤実な哲学史家、科学史家、科学認識論研究者、誰もが知るそうした人のうち、故人の名だけをあげさせてもらうなら、カヴァイエスとバシュラール[(1)*24*]によってしか、みずからの歴史を前にして救われない、と言い切るには、確かに、いかほどかの勇気が要るだろう。

　百五十年のあいだ深く宗教的、唯心論的、反動的なままいて、そのあと、最善の場合でも、保守的になり、やがて自由主義的、「人格主義的」となっていくこのフランス講壇哲学、恐れ入ったことに、ヘーゲル、マルクス、フロイトを知らずにきたこの哲学、カントを、そののちヘーゲルとフッサールを本腰を入れて読むこと、フレーゲとラッセルの存在を発見することを、やっとこの数十年で、いや、場合によってはもっと最近になって始めたこの講壇哲学、なんにせよ、そんな哲学が、どうしてあのボリシェヴィキ、あの革命家、あの政治家、レーニンなどに関心をもったろう？

それは、フランス哲学の本来の意味での哲学的伝統に、過重な階級的理由がのしかかっていたせいだけではなかった。この哲学に属す最も「自由な」精神たちによって、「批判以前に在るレーニンの思考不可能な哲学的思考」に、有罪判決が下されたせいだけでもなかった。我々の受け継いだフランス哲学が、政治家からも政治からも学ぶべき哲学的なことがらなどなにもありえないとの、確たる信念を生きていたからでもあった。一例のみあげるなら、フランス講壇哲学者の何人かが、マキャヴェリ、スピノザ、ホッブズ、グロティウス、そこにルソー、「我らの」ルソー[*25]をさえ含めて、政治哲学の偉大な理論家の研究に手を付けはじめたのは、それほど昔のことではない。ほんの三十年もさかのぼれば、これらの著作家たちは、お余りでもあるかのごとく、文学研究者と法学者の手にゆだねられていたのだった。

しかし、政治家と政治からなにかを学ぼうとすることへの徹底した拒否によって、フランス講壇哲学は、少しも自己を偽ったのではなかった。政治にかかわるなにごとも、哲学に、致命傷を負わせかねないのである。なにせ、哲学を生きさせているのは政治なので。

たとえ読んだからとて、レーニンが惜し気もなく、「お釣り」さえ付けて、講壇哲学に見返りを支払ってくれることなどなかったとは、もちろん、言えない！　戦闘的プロレタリアであったゆえに、独学によって、「まったく自力で」すでに弁証法的唯物論をみいだしていた、とマルクスとエンゲルスに言わしめたあのドイツのプロレタリア、ディーツゲン[*26]を『唯物論と経験批判論』のレーニンが引き合いに出しつつ述べることに、耳を傾けてみよう。

J・ディーツゲンの目に映る哲学教授とは[*27]、「キザったらしい観念論を下敷きに理想の財についてぶつ演説によって民衆を阿呆にする、大学卒の肩書きをぶら下げた御用学者」である（p.53)。「悪魔が神様の対極であるように、唯物論者は、茶坊主的大学人の対極である」。認識についての唯物論的理論は、「宗教的帰依に対抗するための普遍的な武器」である（p.55）。「法衣者の宗教、誰もが知るふつうの意味での正式な宗教」に対抗するだけでなく、「蒙昧な観念論者のもつ、純化・高尚化された大学教授専用の宗教にも対抗するための」（p.58）。ディーツゲンなら、自由思想家ぶった大学教師の「のらりくらり」より「宗教的正直さ」のほうが好ましい、と望んで判断したろう（p.60）。その正直さには「体系がある」、理論と実践とを分離しない全的人間がある。教授様たちには「哲学は科学でなく、社会民主主義への防衛手段である」（p.107）。「教授であれ私講師であれ、哲学者の看板を掲げるすべての人々は、彼らの自由思想にもかかわらず［…］多かれ少なかれ、偏見・秘教の中に落ち込む。［…］彼らは［…］社会民主主義を向こうにまわした［…］ひとかたまりの反動分子をなすにすぎぬ」（p.108）。「宗教的・哲学的なたわけた言辞にあたふたさせられずに、正しい道をたどるには、どこへも通じぬ道の中の道（*den Holzweg der Holzwege*）、哲学を研究しなくてならぬ[2]」（p.103）

容赦ない文章だが、しかしそれは、「自由思想家」と、「全的人間」、宗教的でさえある人間、だが思弁のための、だけでなく自分の実践の中に書き込まれてもいる「体系」をもつ人間とを、区別することもちゃんとやってのけている。また、明察力に溢れもする文章。レーニンの引くディーツゲンの驚くべき言葉――我々には正しい道をたどる必要があるが、正しい道をたどるには、どこへも通じぬ道の中の道（*den Holzweg der Holzwege*）、哲学を研究しなくてならぬ――をもってこの文章が締め括られるのは、偶然ではない。その意味するところをずばり言えば――研究なくしては、さらに踏み込んで、どこへも通じぬ道の中の道としての哲学それについての理論なくしては、正しい道（科学におけるそれ、しかしなによりも政治におけるそれ）はありえない。

講壇哲学にとって、また、大学人か否かを問わず、大多数の――すべてのとも、特定の誰それとも、言わぬ――哲学者にとって、レーニンが鼻持ちならないことの、最終的な理由、いままであげてきたあらゆる理由を超えたところにあるその理由が、おそらくこれだ。彼が我々全員にとって（もちろん私は自分のことも言っている）哲学的に鼻持ちならなくなることが、時に応じてある、または、あったのである。鼻持ちならない、なぜなら哲学者たちは、彼の哲学のもつ批判以前的性格、彼のカテゴリーのいくつかがもつ粗略な面について言いたい放題を言っても、やはり本心では、真の問題それがそこでないことをしっかり感じているし、しっかり知っているから。彼らの反論をレーニンが、内心、歯牙にも掛けないことを、彼らはしっかり感じても知ってもいる。歯牙にも掛けないのは、なんと言っても、そうした反論をすでに彼がずっと前に封じておいたから。こう言うのは、レーニンその人だ。私は哲学者ではない、私はこの方面に疎い（ゴーリキへの手紙、一九〇八年二月七日）。こう言うのは、レーニンだ。私の使う定式、私のなす定義が、曖昧で要領を得ていないのは承知している、哲学者たちが唯物論を「形而上学」だと非難するだろうことは承知している。しかし、付け加えてレーニンは言う。問題はそこじゃない。私は彼らの哲学をおこなわないだけでなく、哲学というものを彼らのごとく「おこなう」こともしない。彼らが哲学をおこなうその仕方は、ただ哲学の中で反芻‐反復強迫を持続させるためにだけ、理知と緻密な思考を湯水のごとく濫費するが、私は、それとは別のやり方で哲学を扱う‐診察する。哲学を、マルクスが望んだように、その在り方に適したやり方で実践‐治療するのだ。[28] その意味で、私は自分のことを「弁証法的唯物論者」だと思う。

これはすべて、『唯物論と経験批判論』の地の文にか行間に、書き込まれている。そこにこそ真の問題あり、と知ることを望まない、つまりは、わかっていながら口に出さない大半の哲学者にとって、哲学者レーニンが鼻持ちならないわけは、そこにある。真の問題は、マルクス、エンゲルス、レーニンがほんとうの哲学者であるか否かではない。彼らの哲学的言明が形式的に万全かどうか、彼らがカントの「物自体」について馬鹿なことを言っているか否か、彼らの唯物論が批判以前的であるか否か、etc. ではないのだ。これらすべての問題は、じつに、哲学の或る特定の実践の内部で立てられ、その内部に置かれている。真の問題は、ほかならぬ、この伝統的な実践に及んでいて、その実践をレーニンは問い直す。それとはまったく別の、哲学の実践を差し出すことによって。

この別の実践は、哲学の在り方についての客観的認識を告知するなにか、素描するなにかを含んでいる。哲学とは

Holzweg der Holzwege なり、との認識。哲学者と哲学とにとってもうこれ以上堪えられない、許しがたいもの、おそらくそれが、まさにこの認識を言う観念である。哲学が堪えられないのは、哲学の理論（つまりは、哲学についての客観的認識）という観念、その理論が哲学の伝統的実践を変えることができるとの観念である。この理論は哲学の伝統的実践に死をもたらしかねない。なぜならその実践は、この理論を否認することで生を得ているのだから。

ゆえに、講壇哲学がレーニンを（まったく同様にマルクスをも）許せない理由は二つあり、二つの理由は、結局、一つ同じ理由なのだ。政治と政治家からなにかを学ばねばならぬとの観念に、講壇哲学は我慢ならない一方、哲学が理論の、つまりは客観的認識の、対象になりうるとの観念にもまた、我慢ならないのである。

哲学の意識的で思慮深い実践‐治療には哲学の理論が絶対に必要だ、とする観念を大胆にも押し出すのが、おまけにレーニンのごとき政治家、哲学の「素人」にして独学者ふぜいであるというそのこともまた、明らかに許容限度を超える……

講壇哲学であるにせよないにせよ、哲学はこの点でも正直である。一見偶然と見えるこの出会い、一介の政治家が哲学のなんたるかについての認識を始めるための手段を、哲学に差し出すとの出会いに、その哲学がかくのごとき猛烈な抵抗を示すのは、この出会いが、最も敏感な部位、許容の限界点、哲学が営々とただそれを反芻・反復してきたにすぎぬ抑圧されたものの部位を、的確に衝いたからだ――より正確に言うなら、哲学が哲学の理論の中で自己を認識しようとするなら、哲学は、みずからが或る仕方でなされる政治へのリビドー備給、或る仕方でなされる政治の継続、或る仕方でなされる政治への反復強迫にすぎぬことを承認せねばならなくなる、というその点を衝いたのである。

偶然にもレーニンがはじめてそのことを言い、そのはじめて言うことを彼ができるのは、これまた偶然に彼が政治家、たんなる政治家でなく、プロレタリアートの指導者たる政治家であらばこそ。まさにこのことゆえに、レーニンは哲学の反復強迫にとって堪えがたくあり、しかもそれは、ここで私は慎重に言葉を選ぶが、フロイトが心理学の反復強迫にとって堪えがたくあるのと、同じほどの堪えがたさなのである。

かくして、レーニンと既成の哲学のあいだには、場当たりな誤解と摩擦だけがあるのではない。いわんや、あなたたちは、全体として、プチブル知識人で、ブルジョワ教育システムの中で、支配階級のイデオロギーにもとづく望むかぎり批判的・批判以後的である教義を若い学生集団に教え込む、イデオローグとしての機能を果たしていると、教員の息子でのちに革命の指導者となった一介の弁護士に、不用意に宣言されてしまった哲学教師たちの、傷付いた自尊心の反動だけがあるのでもない。(3) レーニンと既成の哲学とのあいだには、文字どおり、許容限度を超えた関係がある。支配的哲学をして、みずからの抑圧しているもの、すなわち政治に、じかに触れさせてしまう関係が。

III

しかし、レーニンと哲学との関係がいかにしてそこにまで来たかをはっきり見るには、少し後ろに引く必要がある。レーニンと哲学一般とを語る前に、我々は、マルクス主義哲学の中でのレーニンの席を定めること、ゆえにマルクス主義哲学の状態を描くことを、してみなくてならない。

マルクス主義哲学の歴史を、ここで素描しようというのではない。我々はそれをなせる段階にいない。まったく決定的な一つの理由ゆえに。すなわち、その歴史を書くことが問題となるこのXがなんであるかの認識を我々がもっていて、そのXを知ったうえでさらに我々がこのXが歴史をもつか否か、つまりは、歴史への権利をもつか否かを知ることができるのでなくてならないのに、実際には、まさにそうなっていないからである。

マルクス主義哲学の「歴史」を、たとえ遥か遠くからであれ、素描するより、歴史の中に継起して現れたテキストと作品とをとおして、徴候的な困難の存在することを浮かび上がらせてみたい。

この困難は、いまも続く名高い、もろもろの論争にきっかけを与えてきた。これらの論争にいちばん共通する一連の題目をとおして、言うところの困難の存在を指し示すことができる。マルクス主義理論の基底をなすのは何であるのか？　科学、それとも哲学？　マルクス主義の基底が哲学、「プラクシスの哲学」であるなら――では、マルクスがマルクス主義に強く求めた、科学としての資格はどうなるか？　マルクス主義の基底が逆に科学、すなわち、史的唯物論、歴史の科学であるなら――では、マルクス主義哲学、弁証法的唯物論は、どうなるか？　あるいはまた、史的唯物論（科学）と弁証法的唯物論（哲学）の古典的区別を受け入れるなら、この区別を、どう思考したらいいか？　伝統的な用語を使って、それとも新しい用語を使って？　はたまた――弁証法的唯物論における唯物論と弁証法の関係とはなんぞや？　はたまた――弁証法とはなんぞや？　たんなる方法のこと？　それとも掛け値なしの哲学？

　おびただしい論争を育むこの困難は、徴候的である。徴候的ということで、私はこう示唆したい。じつにあの困難は謎めいたところのある一つの現実、さっき想起してみた古典的な問いによって或る意味で診察されている現実、或る意味で解釈されている現実を物語る、と。ごく図式的に言わせてもらうなら、古典的な定式化はこの困難を、もっぱら哲学的問い question にかかわる用語で、ゆえに哲学的反復強迫と我々の呼んだところのものの内部で、解釈する――しかし、あれら難問を、それらが必ずや引き起こしうる哲学的問いをとおして考えるとき、哲学的問いとはまったく別の用語、問題 problème にかかわる用語、客観的（ゆえに科学的）認識にかかわる用語で考えることを、おそらく、なさなくてならない。唯一このことを条件としてのみ、哲学へのマルクス主義の本質的寄与を、時期尚早にも、哲学的問いの用語で考えることをさせた混同を、おそらく理解できる。[*29] 哲学的効果を確かに生み出せても、最終審級的には、ただ哲学的問いでないそのかぎりでしか哲学的効果を生めない、或る問題が持続的に存在する、との理解である。

　区別を予想させる二つの語（科学的問題、哲学的問い）を、私は意図あって用いるが、それは、その二つを混同した人々を裁くためではない。じつにそれを混同しているのは我々誰しも同じで、その混同がかつて不可避であっただけでなく、いまも不可避と考えていい、確たる根拠を我々はもつ――その不可避性は、必然的な一つならずの理由から、マルクス主義をさえ、その混同にかつてはまり込ませ、いまもはまり込ませているほどだ。

実際、マルクス主義哲学と呼ばれる舞台、『フォイエルバッハにかんするテーゼ』以来のその舞台を一瞥するだけで目に入ってくるように、とどのつまり、そこにはかなり奇妙な光景がある。マルクス青年期の作品は脇に置く必要あり、との私の意見に賛同してもらえるなら（すでに押し出してみた諸根拠の力をもってしても、或る人々には受け入れがたい妥協を、私がここで迫っていることは承知のうえだ）、また、『ドイツ・イデオロギー』が「以前の哲学的意識を清算する」[*30*]、ゆえにみずからの思考における断絶と転換とをなす、とのマルクスの言明を承諾してもらえるなら――そしてそのうえで、『フォイエルバッハにかんするテーゼ』（「切断」の最初の指標、一八四五年）とエンゲルスの『反デューリング論』（一八七七年）のあいだで何が起こるかを見てもらえば、長期にわたる哲学的真空が、目に飛び込んでこずにすまないはずである。

フォイエルバッハにかんする第十一テーゼは、こう謳っていた。「哲学者たちは世界を〔様々に〕解釈することをなしてきただけ、肝心なのは、世界を変形すること」[*31*]。この簡潔な文章は、新しい哲学を約束しているかに見えた。もはや世界を解釈するのでなくて、世界を変形する哲学。いずれにせよ、半世紀余りのち、当の文章は、ラブリオーラ[*32]、続いてグラムシによって、そのように読まれ、彼らは、本質的にマルクス主義は新しい哲学、「プラクシスの哲学」である、と規定したのだった。とはいえ、火を見るより明らかな事実を、受け入れねばならない。この予言的な文章がすぐには、新しい哲学どころか、新しい哲学的言説さえ、一つも生み出さなかったばかりか、まったく逆に、長い哲学的沈黙の端緒を開いただけだったということ。この長い沈黙がはじめて公然と破られたのは、いかにも予期せぬ事故としか見えぬ出来事によってであった。デューリング[*33]に対するイデオロギー戦に参入することを強いられたエンゲルスの、やにわの介入。盲目の数学教師が書いた「哲学的」文書、ドイツ社会主義の上に危険なほどの影響力を広げつつあったその文書の、政治的帰結に真っ向から対抗するために、彼の言っていることを、エンゲルスは「相手の土俵でたどる」ことをせねばならなくなったのだった[*34*]。

ごらんのとおり、じつに奇妙なシチュエーションがあるわけだ。まず哲学における革命を告知するかに思えるテーゼ――続いて三十年に及ぶ哲学的沈黙、最後に政治的・イデオロギー的理由から、マルクスの科学的理論についての、瞠目すべき要約への導入部としてエンゲルスによって公刊された、哲学的論争のための即席の数章。

ここから引き出すべき結論は、我々は、「第十一テーゼ」を哲学革命の告知と読むことで、過去の哲学的幻想に振り回されているということか？　そうであり、またそうでない。だが否を言う前に、まず最初に、本気で然りを言わなくてはならないと思う。然り、我々は最も肝心な点で、哲学的幻想に振り回されている。あらゆる「解釈する」哲学からの訣別を宣言するその言葉づかいは必然的に哲学的ではあっても、『フォイエルバッハにかんするテーゼ』で告知されているのは、新しい哲学とはおよそ別のことがらだった。新しい科学、歴史の科学、マルクスが、『ドイツ・イデオロギー』で、そのまだかぎりなく脆い最初の基礎を置こうとする科学、それであった。

「第十一テーゼ」の告知に続く哲学的真空は、ゆえに、じつは科学の充満である。いつまでも完成の日の目を見ることのない『資本論』の最後の最後の下書きにいたるまで、マルクスが残りの全生涯をつぎ込んでいく前例なき科学それを緒に就けていく、長くも労多い集中的な仕事の充満。「第十一テーゼ」が、たとえ哲学を揺るがす事件を予言的に告知してはいても、なにがしかの哲学を生み出せなかったことの、あるいはむしろ、あらゆる既成の哲学の根こそぎ的廃棄を宣言せずにすまなかったそのことの、深い第一の理由を、この科学的充満は表していて、マルクスの科学的発見がくぐる理論的練り上げ作業を、前景に立たせる。

哲学の根こそぎ的廃棄は、ご存知のとおり、『ドイツ・イデオロギー』に明瞭な文言で書き込まれている。マルクスはそこでこう言っている。あらゆる素っ頓狂な哲学的思い付きを排し、経験的現実の研究に着手すること、哲学のヴェールを裂いて、在るがままの現実をついに見ることをしなくてはならない。

『ドイツ・イデオロギー』は哲学の廃棄を、一つの理論の上に基礎付ける。哲学とは幻覚であり、まやかしである、ずばり言えば、夢であるとする理論。その夢をつくっているのは、私の言葉を使わせてもらえば、具体的人間の現実的歴史という昼の、その残滓[35]、まったき想像的な存在形式を付与された、昼の残滓であり、そこでは、ものごとの順序がひっくり返る。宗教や道徳とまったく同様、哲学もイデオロギーでしかなく、歴史をもたない。哲学で起きていると見えるどんなことがらも、現実には、哲学のそとで、もっぱら現実的な歴史の中、人間の物質的生活の歴史の中で起きている。ならば、科学とは実在そのもの、それを覆うイデオロギーを破壊してヴェールを剥ぐという行為によって認識される、実在そのものであって、そうしたイデオロギーの先頭に来るのが、要するに、哲学だ。

このクライマックスに立ち止まって、その意味を性格付けてみよう。「第十一テーゼ」の告知する理論革命は、見たとおり、じつは新しい科学の創設である。この新しい科学を創始する理論的出来事を、我々は、バシュラールの概念を使わせてもらって、「認識論的切断」として考えることができると思う。

マルクスは新しい科学を創設する。つまり、以前はイデオロギー的擬似概念[*36*]の組成が支配しているだけであった場所で、新しい科学的概念の体系を練り上げていく。歴史哲学しかなかった場所で、マルクスは歴史の科学を創設する。以前は歴史哲学が支配していただけの領域の中に、マルクスは科学的概念からなる一つの理論体系を配備する、とそう言うとき、我々は、隠喩以外でない隠喩を紡ぎ出している。一つ同じ空間、歴史の空間の中でマルクスが、イデオロギー的諸理論に代えて、一つの科学的理論を置いたことを我々は暗示しようとしている、との意味でそうなのであるが、現実には、この置き換えによって歴史という領域そのものがまた、組み替えを受ける。この重要な留保を付けたうえで先の隠喩をとりあえず保持することとし、なおかつそれに、より明確なかたちを与えてみよう。

人類の歴史がなしてきた科学的大発見を、実際に考察してみると、我々が科学と名付けているもの、それぞれが地域的形成体をなすそれを、我々の呼び方で言うところの大きな理論的大陸に関係付けることができるように思われる。過去への客観的判断をいまや我々に許す時間的距離を利用しつつ、ただし我々であろうとマルクスであろうと「自分の鍋で調理する」ことなどできぬ未来を先取ってしまわぬようにして、我々の改善された隠喩を引き伸ばすなら、こう言えるだろう。マルクス以前には、持続していく認識論的切断によって二つの大陸、二つのみが科学的認識に開かれていた。ギリシャ人（ターレスまたはターレスの名にまつわる神話の中に登場するギリシャ人）の手になる〈数学〉

大陸と、（ガリレイと彼の後継者たちの手になる）〈物理学〉大陸である。たとえば化学、ラヴォアジェという認識論的切断によって創設されたこの科学は、〈物理学〉大陸の一地域をなす科学である。化学がこの大陸に編入されることは、いまでは誰もが知っている。ダーウィンとメンデルによって開始された認識論的切断の第一ステージに、やっとかれこれ十年ほど前、終止符を打って分子化学の中に繰り込まれた、生物学という科学もまた、〈物理学〉大陸に包摂される。現代的な形態をとった論理学は、〈数学〉大陸に包摂される、エトセトラ。かたや、フロイトの発見が新たな大陸を開きつつあることは、いかにもありうることだが、ただその大陸の探索は、まだ始まったばかりでしかない。

この隠喩を紡いだ糸が品質検査に堪えうるなら、そのとき我々は、つぎの命題を提起できる。一つの認識論的切断によってマルクスは、科学的認識に、新しい第三の科学大陸、〈歴史〉大陸を開いたとの命題で、その切断は、『フォイエルバッハにかんするテーゼ』で告知されてのち、まだまったく切れ味鈍いままであれ、『ドイツ・イデオロギー』に記録されている。この認識論的切断は、言うまでもなく、一時点で起きる、一度かぎりの出来事ではない。それどころか、過去へと遡行してこの切断の細部の或る特定の部分について、そこに、過去における前触れめいたものを指摘することさえできる。いずれにしても、この切断はその最初の予兆をとおして可視的となるが、予兆そのものは、終わりない歴史の始まりを画すにすぎない。どんな切断とも同様、実際にはこの切断もまた、複雑な組み替えがその内部に幾度となく観察される、持続していく切断なのである。

ことほど左様に、本質的な諸概念とそれらの理論的配備とに及ぶ組み替えの動きを、一八四七年『共産党宣言』と『哲学の貧困』から、一八五七年『経済学批判』、一八六五年『賃金、価格、利潤』、一八六七年『資本論』第一巻、etc. へといたるマルクスの著述の流れの中に、肉眼で観察することができる。別の組み替えと発展が、レーニンの著作の中で継続されていった。とりわけ、経済社会学の突出した傑作でありながら、残念なことに、社会学者には知られていない、あの『ロシアにおける資本主義の発展』と題された作品のほか、『帝国主義』、etc. の中で。*37 この切断によって開かれてその刻印をもつ理論空間に、今日でも我々は、認めようが認めまいが、登録されている。既知の二つの別の大陸を開いた別の切断とまったく同様、この切断もまた、終わりをけっしてもつことのない一つの歴史を創始する。
フォイエルバッハにかんする第十一テーゼを、新しい哲学の告知としてでなく、哲学へのなさねばならぬ訣別宣言、新しい科学の創設にきっちり場所を空けよ、との宣言として読むべき理由は、以上のとおり。その理由ゆえに、あらゆる哲学の根こそぎ的廃棄から、『反デューリング論』の哲学的な諸章の引き金となった不慮の「事故」までのあいだを、あの長い哲学的沈黙が延べ広がっていくのである。そのあいだしゃべっているのは、ただ新しい科学のみなので。

この新しい科学は、もちろん、唯物論であるが、しかし、唯物論であるのはいかなる科学も同じこと、ゆえに、この科学の一般理論は「歴史の唯物論」〔史的唯物論〕の名をもつ。この場合、唯物論とは、要するに、学者がみずからの対象の実在性を前にしてとる厳格な態度、学者をして、のちにエンゲルスが言うところの「そとからのいかなる付加もない自然[38]」をつかませる、その態度を指しているのにすぎない。

ちょっと妙な言い方「歴史の唯物論」（化学を指すのに、化学の唯物論などという言い方はしない）の一方の語、唯物論は、歴史哲学という観念論からの断絶がまずなされてのち、はじめて科学性が打ち立てられたことを、他方の語、歴史の上に記載する。この場合、史的唯物論とは、歴史の科学を言う。かくなるうえで、いやしくもマルクス主義哲学のようななにかが生まれうるとするなら、そのなにかは、歴史の科学——確かに、既存の科学とは似ても似つかぬが、しかしその似つかなさにもかかわらず、やはり既存の科学の姉妹である科学——が誕生するまでの過程から、生まれてくるように思われる。しかも、科学革命とそれが引き起こすなんらかの哲学的組み替えとをつねに隔てる、長い時間差を伴なって。

実際、あの哲学的沈黙の理由のさらに奥まで踏み込もうとするなら、我々は、科学と哲学の関係について、ここで一つのテーゼを提起するよう導かれる。ただし、そのテーゼを経験的なデータによって例解する以外のことはせずに。レーニンはその本『国家と革命』〔一九一七年〕を、つぎの単純な経験的ことがらの指摘をもって開始する。国家はつねに存在してきたわけではない、国家の存在は、ただ階級社会においてのみ観察される[39]。これに倣って、我々もつぎのように言うことにしよう。哲学はつねに存在してきたわけではない、哲学の存在はただ、科学または諸科学と呼ばれるものを含む世界においてのみ、観察される。厳密な意味での科学である。経験的成果の集積ではなく、理論的な、つまりは、理念的かつ論証的な学問。

いま言ったテーゼの経験的な例解を、簡潔に、以下に示す。

哲学が誕生または再生するには、科学があらねばならない。おそらくこの理由ゆえに、厳密な意味での哲学は、ギリシャ数学の存在によって誕生を促されて、プラトンと共にはじめて始まった。ガリレイ物理学によって近代的変革を促されて、デカルトによってひっくり返された。ニュートンの発見のもたらした効果のもとで、カントによって基礎付け直された。最初の公理論的数学から刺激を受けて、フッサールによってモデルチェンジされた。エトセトラ。

このまだ検証に掛けねばならぬ図式を、参考としてここに差し出してみたのは、哲学は日が暮れてから飛び立つ、とのヘーゲルの言が根本的には誤っていなかったことを、やはり経験的な仕方で指摘するただそれだけのためである。明け方に生まれた科学は、哲学が飛び立つそのときには、すでに日がな一日ぶんの時間をくぐり抜けている。すなわち、哲学は、哲学がはじめてかたちをなして生まれるのを、あるいは自己変革をとおして再生するのを促した科学に対して、つねに日がな一日ぶんの遅れを伴なっている。二十年、五十年、百年といったぐあいに、何年も続くことのありうる遅れを。

科学的切断の衝撃は、その瞬間に、すぐ感知されるわけでなくて、その衝撃によって哲学が組み替えられるには時間が要る、と考えねばならない。

そこから、おそらく、つぎのようにも結論せねばならない。哲学の胎動と科学の胎動は内的に結び付いていて、一方は他方の中で分娩にむかう。新しい哲学的カテゴリーが、科学の胎動の内部で生成されていくことは言うまでもないとして、しかし中には、哲学と呼ばれるものが、新生科学の概念に必要とされる新しいカテゴリーの整備を進める、理論的実験室の用をなすケース（まさにプラトン、デカルト）があることも、また確かである。たとえば、「認識論的障害」にぶち当たったかのようにアリストテレス的原因より先へ進めなくなっていたときにガリレイ物理学が必要とした、因果性の新しいカテゴリーは、デカルト主義の中で生成されたのでは？　我々の知る哲学的大事件（プラトンをバネにした古代哲学、デカルトをバネにした近代哲学）は、それを引き起こした二大科学大陸の開闢、ギリシャ数学とガリレイ物理学の開始へと明らかに送り戻されるということを、ここで付け加えるなら、我々は、マルクス主義哲学と呼んでいいと考えるものについて、（述べてきたすべては経験にもとづくことがらなので）推測によって、いくつかの結論を表明してかまわないだろう。三つの結論が推測される。

第一の結論　マルクスが新しい大陸を、ほんとうに科学的認識に開いたとするなら、彼の科学的発見は、哲学に、なにか重大な組み替えを引き起こすはずである。「第十一テーゼ」はたぶん先を行っていた。なにしろそれは、哲学における最大の出来事を、まちがいなく告知していたのだから。「第十一テーゼ」が先を行っていたそのことは、実際にもそうでありうるように思われる。

第二の結論　哲学は、科学による哲学の産気付けに遅れるそのかぎりでしか、存在しない。ゆえに、マルクス主義哲学も、歴史のマルクス主義科学に遅れているはずである。実際にもそうであるように見える。『フォイエルバッハにかんするテーゼ』と『反デューリング論』とのあいだに広がる三十年間の砂漠が、その証拠である。さらに、その後のいくつかの長い足踏み状態、いまでも我々の多くの行軍を難渋させつづけている、その状態もまた。

第三の結論　マルクス主義科学の懐胎の中に、我々の思っているより先に行っている理論的諸要素を見付け出し、マルクス主義哲学を、いまや我々にこの哲学の遅れを客観的に眺めさせてくれる距離を利用して練り上げていけるチャンスは、大いにある。マルクスの弁証法を探すべき場所は『資本論』そこだ、とレーニンは言った——マルクスの弁証法ということで彼の頭にあったのは、ほかならぬマルクス主義哲学だった。新しい哲学的カテゴリーを完成させる、または、じっくりつくり出す手段は『資本論』の中にあるはずで、そこでは、それらカテゴリーが、「実践状態」のままで働いているにちがいない。実際にもそうでありうるように見える。『資本論』を読み、仕事に着手しなくてならない。

一日はつねに長くはあるのだが、しかし今日はツイテるとでも言うように、日は、ごらんのとおり、すでにだいぶ傾いている。いまや暮れる近くまで来ている。マルクス主義哲学が飛び立つのは、間近だ。

これらの結論を展望とるなら、それは、我々の愁眉の問題と我々の希望の中にだけでなく、我々のいくつかの思考の中にも、こう言わせてもらえば、或る種の秩序をもたらす。このとき理解されるように、赤貧と猛烈な科学的仕事と切迫する政治的舵取りとにがんじがらめにされていたマルクスが、あの夢見ていた〈弁証法〉(ないし〈哲学〉)を、結局、書かなかった最終の理由は、彼自身がどう考えたかにかかわらず、「暇を見付ける」余裕がなんとしてもなかったせいではない。同じくこのとき理解されるように、「哲学的問題にひとこと言う」と彼自身書いている必要に、急遽、迫られたエンゲルスが、専門の哲学者を論破できなかった最終の理由は、イデオロギー的に構えられただけの論争の、その応急性のゆえではなかった。そしてこのときまた理解されるように、『唯物論と経験批判論』が哲学的限界をもつことの最終の理由は、イデオロギー闘争による拘束にのみ、由来するわけではない。

我々はいまやこう言っていいのである。マルクスが見付けられなかった暇、エンゲルスの短兵急な哲学的対処、敵のむけた刃先を敵自身に突き返す以上のことをレーニンにさせなかったイデオロギー闘争の法則、このどれもこれも、なるほど言い訳ではあっても、理由ではない。

時機が熟していなかった。日が暮れていなかった。マルクスその人もエンゲルスもレーニンも、マルクス主義に欠けている哲学というあの偉大な書物を、まだ書けなかった。最終の理由とは、これである。彼らがやってきたのは、この哲学が依存する科学の、確かに以後のことではあっても、しかし、不可欠でありながら必然的な遅れからしか生まれえない哲学にとっては、彼らのやってくる時が、いずれにせよ、いまだ早すぎた。

必然的な「遅れ」というこの概念をもとにすれば、すべてが明快になるはずだった。若きルカーチ、グラムシ、この二人ほどの才能を持ち合わせないその他大勢の人々の誤解をも含めたすべてが。そうした人々は、遅々として生まれない哲学を前に、いよいよジリジリしていったあげ句、それはずっと前、事の始まり、『フォイエルバッハにかんするテーゼ』のときに、ゆえにマルクス主義科学それ自体の始まる遥か前に、すでに生まれていた、とまで公言してしまう――そのうえに、証拠を示そうとして、こうまったく単純に公言してしまいもした。いかなる科学も「上部構造」であるから、ゆえにいかなる既存の科学もブルジョワ的、ゆえにその根底において実証主義的であるから、マルクス主義「科学」は哲学的でしかありえず、マルクス主義は哲学、ポスト・ヘーゲル主義的哲学ないし「プラクシスの哲学」、でしかありえない。

必然的な「遅れ」というこの概念をもとにすれば、ほかの多くの困難もまた、明らかになるはずであった。マルクス主義組織の失敗と危機とを含めた、その政治的歴史に見られる困難にいたるまで。階級闘争の歴史――すなわち、事実上の人類史――の最大の出来事が、マルクス主義の伝統全体の教えるとおり、まさにマルクス主義理論と労働運動の合一であるなら、考えられるように、この合一の内的均衡は、理論が、たとえ感知されないほどわずかにであれ、いわゆる偏向というかたちで機能不全に陥れば、危うくなりかねない。レーニンが「ニュアンス」と呼んだこの些細なことがらをめぐって社会主義〈運動〉の中、ついで共産主義〈運動〉の中で始動した、激越な理論的論争の、政治的射程もまた理解される。実際、『何をなすべきか?』で彼はこう言っている。「ロシア社会民主主義の長きに渡るこれから、じつに何年にも渡るその未来は、どの『ニュアンス』が凝固するかに左右されうる」[*40]

マルクス主義理論は、その在るがままには、科学であり哲学であるが、その哲学は科学に遅れざるをえなかったし、実際にもこの遅れによって、発展にブレーキを掛けられたのであった。このように見てくると、階級闘争が理論の上また内部に及ぼす効果のゆえばかりでなく、理論そのものが内に抱える時差《ズレ》ゆえに、本質的にあれら理論的偏向は不可避であった、といかにも考えたくなる。

事実、マルクス主義労働運動の過去に立ち返ってみれば、我々は、プロレタリアの多々ある歴史的大敗北、そのうちの一つだけをあげるなら、第二インターナショナルの敗北、へとつながっていった理論的偏向を、ずばりその名で指摘することができる。それら偏向は名をもつ。経済主義、進化論、主意主義、人間主義、経験論、教条主義、エトセトラ。煎じ詰めれば、これらの偏向はどれも哲学的であり、エンゲルスとレーニンを筆頭に、労働者階級の偉大な指導者たちによっても、哲学的偏向として告発されたのであった。

このような事情のもとで、しかし我々は、それらの偏向がそれを告発した人たちをさえ呑み込んでいってしまったその理由を、現時点で、こう理解する間近まで来ている。マルクス主義哲学の必然的な遅れという、まさにそこから見るとき、あれら偏向は、或る意味で、避けようがなかったのでは？

ケリを付けよう。今日の国際共産主義運動を分断する深い危機まで含め、事情がかくのごとくであるのなら、マルクス主義哲学者たちは、望みに望まれていまやその望み以上の望みを託された務め、歴史が彼らにそれと指示して任せる務めを前に、意気盛んに武者震いしてしかるべきだろう。かくも多くの予兆が示すとおり、マルクス主義哲学の遅れが部分的に埋められそうな可能性が、今日、ほんとうに出てきているのなら、過去に光が当たるだけでなく、おそらく未来が変形されてもいくだろう。

政治的緊急性と哲学的遅れとの矛盾の中で生きねばならなかったであろう人々に、やがてこの変形された未来において、公正な判決が下されるだろう。その彼らのうちでいちばん偉大な人物の一人、レーニンにもまた。判決が下されるそのとき、彼の哲学作品もまた完成されるだろう。完成される、つまり、訂正されて完全なものにされるということ。我らが任務とそこからもたらされる我らが栄誉——そう言ってかまわないのでは？——を、我々はまちがいなく一人の男に負っている。政治的に時宜に適って生まれたとの幸運に恵まれながら、哲学的には早く生まれすぎたとの不運にみまわれた男。いずれにせよ、誰が自分の誕生日を選べよう？

Ⅳ

歴史の科学に対するマルクス主義哲学の遅れの理由を、マルクス主義理論の「歴史」によって教えられたいま、我々はレーニンにむかって直進し、彼の作品の中に入り込むことができる。だがこのとき、我々の「哲学的」な夢は粉々に砕かれる。事態は夢のごとき単純さをもたないので。

あらかじめ結論を言っておくなら、レーニンは、否、けっして哲学的に早く生まれすぎたのではなかった。哲学的に早く生まれすぎるというそのことが、そもそもありはしない。哲学が遅れていて、遅れているというそのことが哲学を哲学たらしめるなら、いったいどうして、歴史をもたぬ遅れに遅れることなどできよう？　それでもまだなんとしても遅れを語らねばならぬとすれば、我々が、レーニンに遅れているのだ。我々の遅れとは、取り違えの別名にほかならない。じつに我々は、レーニンと哲学の関係について、哲学的に取り違えをしている。レーニンと哲学の関係は、確かに哲学の中で、つまり、哲学を哲学として構成する戯れの内部で表現されるが、しかし、この関係は哲学的なものではない。なぜなら、言ったところの「戯れ」が哲学的なものでないので。

レーニンの偉大な「哲学」作品『唯物論と経験批判論』を分析対象として、以上の論告のその理由を、圧縮した系統的な、ゆえに必然的にごく図式的とならざるをえないかたちで、呈示することを試みてみたい。この呈示を三つの段階に分ける。

1　レーニンの哲学的大テーゼ

2　レーニンと哲学的実践
3　レーニンと哲学における党派的立場

レーニンがマルクス主義哲学にどんな新しさをもたらすかを、この三点それぞれにおいて明らかにするよう、努めてみたい。

1　レーニンの哲学的大テーゼ

誰とも同じように、私はテーゼを、哲学的陳述に記録される、レーニンの哲学的立場設定 prises de position のことと理解する。レーニンの使うカテゴリー用語、彼のなす歴史への言及、さらには彼の無知など、講壇哲学によって『唯物論と経験批判論』を読まないことの、建て前的理由ないし口実とされてきた反論は、さしあたり脇に置く。

多くの点でレーニンは、また開いた途端に我々を強引にバークリーとディドロのもとへ連れ戻す『唯物論と経験批判論』の驚くべき「始まり」からしてすでに、みずからを、十八世紀経験論の理論空間の中に位置付ける。哲学が「公式的」にはカントと共に批判となることを思えば、それはつまり、「公式的」には批判以前的である哲学的プロブレマティークの中に、ということだ。それだけでも一つの研究にあたいすると言っていい。これは事実である。

十八世紀経験論という基準系の存在を指摘して、その基準系の構造がもつロジックの認識を得るなら、経験論のカテゴリー用語で経験論をやり込めるためにそのカテゴリー用語にレーニンが加える、信じられないような捩れをも含めた彼の理論的定式化は、すべて、このロジックの効果として説明される。というのも、彼が客観的経験論（レーニンは「客観的感覚論」とさえ言う）のプロブレマティークの中で思考していて、このプロブレマティークの中で思考するというそのことが、しばしば定式化にだけでなく、レーニンの思考のいくつかの運動にまで影響を及ぼしているのなら、レーニンは、誰しも疑いえないところだが、思考をなしている。すなわち、体系的に、かつ、厳密に考えている。我々にとって重要なのは、テーゼを表明するときのこの思考である。表明されたテーゼの、ずばり核心をなすエッセンスはつぎのとおりで、それを私は三つに分けて示す。

テーゼ1　哲学は科学ではない。哲学は科学から区別される。哲学的カテゴリーは科学的概念から区別される。

このテーゼが中心をなす。このテーゼの命運を決める決定的な点を取り出すなら、それは物質のカテゴリーである。唯物論哲学にとっても、この哲学の禊ぎ——つまりは、この哲学の死——を望むあらゆる哲学的魂の持ち主にとっても、それは急所をなすカテゴリーである。ところで、レーニンは明瞭にこう言っている。哲学的カテゴリーとしての物質と、科学的概念としての物質との区別が、マルクス主義哲学の生死を決める。

「物質は哲学的カテゴリーである」(4)

「哲学的唯物論が物質に認める唯一の『属性』は、客観的現実であるというそのことだけである」(5)

実在のテーゼと客観性のテーゼの結合である、物質という哲学的カテゴリーは、したがって物質の科学的概念のもつ内容とは、まったく混同のしようがない。物質の科学的概念は、物質という科学の対象についての認識、科学の歴史的状態と並行して進むその認識を、規定する。物質の科学的概念それの内容は、科学的認識の発展、ゆえに科学的認識の深化に伴なって変化する。物質の哲学的カテゴリーの意味は、変化しない。言うまでもなく、その意味は、いかなる科学的対象にもかかわることがないので。その意味は、対象についてのいかなる科学的認識もがもつ、客観性を主張しているので。物質というカテゴリーは変化しようがない。このカテゴリーは「絶対的」である。

この区別からレーニンの引き出す帰結は、重大な意味をもつ。なによりも、当時「物理学の危機」と呼ばれていた事態にとって。物理学は少しも危機などに陥っていない、それは成長しているのだ、との真理に、レーニンは有効性を取り戻させる。物質は「消える」などしなかった。ただ物質の科学的概念それだけが内容を変えたのであり、それは、今後も、絶え間なく内容を変えていくだろう。じつに認識過程は、ほかならぬその対象において、無限であるので。

物理学の科学としての擬似的危機は、唯物論に対するイデオローグたちの――たとえ彼らが学者でさえあっても――抵抗を表面化させる、哲学的発作ないし痙攣にすぎない。物質は消えたと彼らが公言するそこに、彼らの強い願望の、黙説法を聞き取らなくてはならない。唯物論よ、消えてあれかし！

そこでレーニンは、俺たちの出番が来たとの思い込みで一日哲学者を気取る、こうした学者の正体を暴いて、彼らをことごとく薙ぎ倒した。この連中の何が、今日でもまだ、残っているというのか？ 誰が、まだ、この連中のことを覚えているというのか？ レーニンというあの哲学のド素人が、少なくとも正しい判断力を欠いていなかったことだけは言っておこう。実際、彼のごとくたった一人で、二の足も踏まず迷いもせず、負けの明らかな全員に対する戦いに、みずから進んでかくも決然と踏み込んでいくことをやってのけた、どんなプロの哲学者がいたというのか？ フッサール以外の名前を、一人でもあげてみて欲しい――当時レーニンと共に経験論と歴史主義に対抗した、客観的な味方であったフッサール――とはいえ、かりそめの味方、彼はレーニンと出会うことは果たせなかった。なにせ、フッサールは、由緒正しき「哲学者」として、「どこかへ」通ずる道を信じていたので。

だがレーニンのテーゼは、直接的な状況を超えたところにまで、及ぶ。物質という哲学的カテゴリーをいかなる科学的概念からも区別する、絶対の必要があるなら、哲学的カテゴリーを科学の対象に、まるでそれらカテゴリーがこの対象の概念でもあるかのように当てはめる唯物論者は、「勘違い quiproquo」に捕らわれている。実例――カテゴリーの対である物質／精神や、物質／意識を、概念として用いるなら、偽推理に陥る余地が大いにありうる、というのも、「物質と意識の対立は、ごくかぎられた範囲でしか、絶対的な意味をもたない。我々の文脈で言うなら、認識形而上学の基本的な問い、何が一次的で、何が二次的か、の範囲でしか［すなわち、哲学においてしか］。この範囲を超えたところでは［すなわち、科学においては］、この対立が相対的であることに、微塵の疑いも生じない」[6]。

ここで詳論するわけにいかないが、極めて大きな射程をもつ別の帰結、たとえば、つぎのような帰結も出てくる。

哲学と科学の区別は、レーニンの視野の中に、認識の歴史の、その理論という場を必然的に開く。この理論をレーニンは、彼が絶対的真理と相対的真理の区別の理論として考える理論（この理論においては、一方で哲学と科学の区別、他方で科学の歴史の理論の必要性という二つのことがらが、ただ一つのカテゴリー対のもとで、同時に考えられている）の中に、告知している。いかなる真理も（つまり、いかなる科学的認識も）歴史的限界をもつとの理論の中に。

ここでは、つぎのことを指摘するだけにしたい。哲学と科学の区別、哲学的カテゴリーと科学的概念の区別は、その根底において、あらゆる形態の経験論と実証主義とに対抗する、一つのラジカルな哲学的立場設定を成す。唯物論者のあいだにさえ見られる経験論と実証主義とに対抗するだけでなく、自然主義、心理学主義、歴史主義（この一点にかぎって言うなら、ボグダーノフの歴史主義にレーニンがむけた、論争の激越さを参照）[*41]にも対抗する、哲学的立場設定である。

正直に言わなくてならないが、いくつかの定式だけを見て批判以前、カント以前と誰からも競って決め付けられる哲学者にしては、まんざらデキが悪くないどころか、むしろ、ぶったまげたことに、この一九〇八年のボリシェヴィキ指導者、当時カントもヘーゲルも明らかに一行たりと読んだことがなく、ただバークリーとディドロでお茶を濁したその人が、にもかかわらず、奇妙な理由から、ライバルの実証主義者に対する「批判的」感覚をだけでなく、時代の哲学、いまや「超批判的」となったその哲学の宗教的大合唱の中で、驚くべき戦略的洞察力をも示してみせる。

なんと言ってもたまげるのは、みずからが基準系としている経験論的プロブレマティークの、その場の内部で、あれら反経験論的立場をとるとの力業を、レーニンがやってのけることだ。

経験論の基礎カテゴリーの中で考えを運んで意見を言っていながら、自己を反経験論者となすところにまで行けるということ、逆説的快挙とは、これを言うが、それでもこの快挙を説明しようとする実直な哲学者に、それはちょっとした「謎掛け」を出す。

もしかしたら、それは、哲学的プロブレマティークという場、カテゴリーによる定式化、哲学的陳述などが、哲学的立場設定には、案外、無関係であることを言っているのか？　哲学を構成すると見えるものの中には、じつは、本質的なことはなにも起きない、とそれは言っているのか？　ふーむ。

テーゼ2　哲学が科学から区別されるにしても、哲学と科学とのあいだには、或る特権的な結び付きがある。この結び付きは、唯物論のテーゼたる客観性に表される。

ここでは二つの点が本質的な重要性をもつ。

第一点は、科学的認識の本性にかかわる。『唯物論と経験批判論』に含まれる指摘は、『弁証法ノート』[*42]に引き継がれて、展開・深化させられる。それら指摘は、まさに科学的実践についての概念構成の内部にて、レーニンの反経験論と反実証主義に十全な意味を与える。ここから見てもレーニンは、真摯な実践家として科学的実践を語る証人とみなされて、しかるべきである。一八九八～一九〇五年に彼がマルクスの『資本論』にさいた諸テキスト、『ロシアにおける資本主義の発展』について彼がなした分析を読むだけでわかるように、歴史、経済学、社会学にわたるマルクス主義理論家としての彼の科学的実践は、鋭い科学認識論的反省にたえず裏付けられていて、彼の哲学的テキストは、そうした反省を一般的なかたちで取り上げ直しているにすぎない。

レーニンが、ここでもまた経験論への参照によってそれに汚染されかねないカテゴリー（たとえば反映のカテゴリー）をとおしてであるが、明らかにするのは、科学的実践のもつ反経験論、科学的抽象の果たす決定的役割、より適切に言えば、概念的体系性の果たす役割に加え、もっと一般的なレベルでは、理論そのものの役割である。

レーニンは、政治的には、「自然発生主義」批判で知られる。ただし指摘しておかなくてならないが、その批判の及んでいる先は一般大衆の自然発生性〔自発性〕、臨機応変能力、創意、天才ではなくて、大衆の自然発生性を口先で称揚しつつもその裏で大衆を欺いて、まちがった政治に踏み込ませようとする、政治的イデオロギーである。しかし、これと同じ立場をレーニンが科学的実践の概念構成においても採用していることは、一般的には見えてこない。「革命理論なくして、革命運動なし」[*43]と書いたレーニンであればこそ、こう書くこともできたであろう。科学的理論なくして、科学的認識の生産なし。科学的実践の中での理論の諸要請を擁護することは、政治的実践の中での理論の諸要請を擁護することと、ぴたり重なる。政治的実践における彼の反自然発生主義は、科学的実践においては、反経験論、反実証主義、反プラグマティズムという理論的形態をまとうのである。

だが、彼の政治的反自然発生主義が、大衆の自然発生性への、じつに深い敬意を前提するのと同様、彼の理論的反自然発生主義は、認識過程における実践の、最大限の尊重を前提する。科学の概念構成においても、政治の概念構成においても、レーニンは、一瞬たりと、理論主義に陥ることがない。

以上の第一点は、第二点を理解させてくれる。レーニンの見るところ、唯物論哲学は深く科学的実践に結び付いている。このテーゼは二つの意味で解されねばならぬ、と私には思われる。

まずは第一の極めて古典的な意味、それは、哲学一般を科学に結び付けている関係の歴史の中に我々が経験的に観察することのできたことがらを、例解してくれる。レーニンにとって、科学の中で起こることがらは、なによりまず、哲学に関係してくる。大きな科学革命は、哲学の中に、重要な組み替えを引き起こす。それはエンゲルスの知られたテーゼ、大きな科学的発見のたびに唯物論はその形態を変える、である――しかし、このテーゼを擁護するためにレーニンは、自然科学の発見（細胞、進化、カルノーの〔熱力学第二〕法則、etc.）が哲学にもたらした帰結に魅惑を感じるエンゲルスとは別のやり方、かつまた、彼よりも上手なやり方で、つぎのことを明らかにする。唯物論哲学の組み替えを引き起こしてそれを強いる決定的な発見は、自然科学からよりむしろ、歴史の科学、史的唯物論からやってくる。

第二の意味のほうでは、レーニンは重要な議論を援用する。この場合、彼はもう哲学一般については語らない。語るのは、唯物論哲学についてである。唯物論哲学は科学的実践の中で起きることがらに、固有の仕方で、とりわけ強い関心を示す。なぜなら、この哲学は、学者たちが彼らの科学の対象の実在性と、彼らの認識の客観性とについて抱く「自然発生的」確信を、みずからの唯物論的テーゼの中で代表するから。

〈自然〉科学の専門家の大半は、少なくとも彼らの自然発生的哲学の諸傾向の一つによって、「自然発生的」に唯物論者である、とレーニンは何度も『唯物論と経験批判論』で繰り返す。科学的実践の自然発生性を言うイデオロギー（経験論、プラグマティズム）と戦う一方、レーニンは、科学的実践の経験の中に、マルクス主義哲学にとって最も重要性の高い、自然発生的な或る唯物論的傾向をみいだす。それをみいだした彼は、科学的認識の種別性を思考するのに必要とされる唯物論的テーゼを、科学の実践者が示す、自然発生的な唯物論的傾向に関連付けてみせる。一つ同じテーゼをなす実在性と客観性とをこの傾向は、実践的にも理論的にも、表現する、と見てである。

先回りして言うなら、科学と哲学の特権的結び付きを主張することへのレーニンのこだわりは、或る決定的な結節点がそこで問題にされていることを示す。よろしければ、この結節点を〈結節点1〉と呼ばせてもらう。

だがまさに、学者の自然発生的哲学への言及をとおして、なにか重要なことがらが描き出されていく。もう一つ別の、しかもまったく違う性質の決定的な結節点に、我々を直面させることがら。

テーゼ3　ここでもまたレーニンは、エンゲルスが『ルートヴィヒ・フォイエルバッハ〔と古典哲学の終結〕』[*44*]で呈示した古典的テーゼを引き継ぐが、そのテーゼに、かつてない射程を与える。このテーゼは、二つの傾向、観念論と唯物論の永遠の闘争の歴史として捉えられた、哲学史に及ぶ。

なるほど言っておかなくてならないが、この乱暴なテーゼは、プロの哲学者の大多数がもつ強固な見解と、真正面から衝突する。レーニンを読むことを快く受け入れてくれて、彼をいつか実際にも読んでくれるなら、彼ら哲学者も、人口に膾炙してきたほどにはレーニンの哲学的諸テーゼが簡略なものでないことを、進んで認めてくれるだろう。しかし、先ほどあげた最後のテーゼ、彼らの最も深く根付いた確信を逆撫でしかねないテーゼには、猛然と抵抗を示すのでは、との思いが私には強い。このテーゼは、どう考えても、雑駁すぎる、それは通俗的な論争、すなわち、イデオロギー的・政治的な論争にお手頃、と彼らには見えてしまう。哲学史全体が、最終審級的には、唯物論と観念論の闘争に帰着するとの言は、哲学史のもつ豊かさ全体を値切るようなものだ。

実際、このテーゼは、本質において哲学はじつは歴史をもたぬ、と断言するのに等しい。二つの基本傾向の衝突を反復するにすぎない歴史とは、何であるのか？　対戦の形態と応酬される議論は変わるかもしれない、しかし、哲学史の全体がこの形態の歴史にすぎない以上、それら形態をそれらに表された二つの動きなき傾向に要約するだけで、当の形態の変形を、いわば、意味のない戯れ〔無をめざす動き jeu pour rien〕となすには十分である。突き詰めれば、哲学は歴史をもたず、哲学とは、まさになにごとも起きぬ奇妙な理論的場所のことだ。このなにごともという無を反復する以外の、なにごとも起きぬ場所。哲学においてはなにごとも起きぬとは、哲学はどこへも通じぬということ、どこへも行かないのでということだ。哲学の開く道は、ハイデガーに先立ってディーツゲンが言った、ほかならぬ *Holzwege*——どこにも通じぬ道——なのである。

いずれにせよ、まさにこのことを、レーニンは実践的にそれとなく言ってしまっている。なにしろ『唯物論と経験批判論』の冒頭から彼は、マッハはバークリーを反復しているにすぎぬと説明し、この反復に、ディドロを反復する自己を意図的に対置するのだから。それどころか、おやおや、バークリーとディドロが互いを反復し合っていることさえ認められる。じつに彼らは物質／精神の対を共有する点で一致していて、ただ項の置き方がひっくり返っているのにすぎない。彼らの哲学の無であることは、ぶつかり合う二つの敵対的傾向の戯れを哲学理論の中に媒介して再現する不動のカテゴリー対（物質／精神）の、その項をひっくり返すことの無を、言っているにほかならない。ならば、哲学史とは、この反復されるひっくり返しの無であること以外の、なにごとでもない。おまけにこのテーゼは、マルクスによるヘーゲルのひっくり返しをめぐる有名な諸定式に、無であるとの同じ意味を、改めて付与することになるかもしれない。そのヘーゲル自体が、エンゲルス自身の言うごとく、一つ前になされたひっくり返しにすぎなかったのであれば。

哲学のこの点にかんしては、レーニンが、条件も限定も付けず、それにこだわっていることに、はっきり気付かねばならない。少なくとも『唯物論と経験批判論』では（というのは、この点、『哲学ノート』では調子が変わる）、彼は、哲学がみずからの「対象」を思考しようとして用いるニュアンス、区別、技巧、理論的精緻さを、きれいさっぱりうっちゃる。そんなもんはこじつけ、くどくどした区別、大学教師特有の屁理屈、弥縫策、妥協にすぎず、その目的は、どんな哲学もが巻き込まれている論争の現実的な争点、根本に在る、唯物論と観念論との傾向的闘争を、隠すことにしかないと言うのである。政治でと同様、〔哲学においても〕第三の道、中庸、玉虫色の立場などありはしない。よくよく見れば、観念論者と唯物論者しかいない。そのどちらかであることをきっぱり宣言しない人はみな、「恥ずべき」唯物論者か、でなければ「恥ずべき」観念論者（カント、ヒューム）だ。

だがここでもっと先まで話を進めて、こう言わなくてはならない。哲学史全体が、たった一つの闘争に集約されるだけの、議論の飽くなき蒸し返しにすぎないなら、哲学というものは、傾向のあいだの闘争、カントの語ったあの*Kampfplatz*〔戦場〕にすぎない。しかし、そうであるなら、哲学は我々を、イデオロギー闘争のもつ無条件の主観性の中に放り込む。これは、つまり、科学が対象をもつとの意味での対象を、哲学は本来もたぬ、ということだ。

レーニンは、これは彼がまさに思考していることの証しでもあるのだが、そこまで行くのである。唯物論の最終原理を証明することはできぬ、同じく、観念論の原理を証明することもできぬ（ディドロを苛つかせたように、さらに論駁することもまた〕、と彼は言明する。そうした原理を証明できないのは、それらが認識の対象でありえないから。みずからの対象の属性を証明する科学がなす認識に比較できる、との意味での認識の。

哲学は、要するに、対象をもたない。だが、すべてはちゃんと在るべく在る。哲学になにも起きないのは、哲学がまさに対象をもたぬから。科学になにかが実際に起きるのは、科学が対象をもち、対象の認識を深めることができるからで、このことが科学に歴史を与える。哲学は対象をもたぬので、そこにはなにも起きようがない。哲学の歴史の無は、哲学の対象の無を反復しているのにほかならない。

ここから我々は、〈結節点2〉への接近を始める。かの有名な傾向にかかわる結節点である。基本的な衝突をカテゴリーのかたちで再現するところの議論を、哲学は、何度も蒸し返して反芻することしかしない。傾向の闘ぎ合い、哲学内部で起きる無数のそれが、哲学を雄弁な舞台とするなされても差し引きゼロである永遠のひっくり返し、物質／精神という基本カテゴリー対のひっくり返しを、下から支える。このとき傾向は、どういうふうに、みずからを明らかにするか？　対をなす項のあいだに位階秩序を打ち立てることによって、すなわち、支配秩序のかたちで、である。レーニンの言葉に耳を傾けてみよう。

ベルトフ〔プレハーノフの筆名〕をしか議論の対象としないかのふりをしつつ、そのうえにエンゲルスのことなど、臆病風に吹かれてだが、ものともせぬ勢いで、ボグダーノフはこの定義に憤慨するのだが、ごらんあれ、当の定義は、一方の哲学的傾向にとって物質が一次的所与、精神が二次的所与で、他方の傾向にとってはこの順序が逆になるという〔…〕エンゲルスの「定式」の〔…〕「たんなる反復にほかならぬことがわかる」。そしてロシアにおけるマッハののぼせ上がった弟子たちは、誰もかれもがボグダーノフの「反論」を反復しているというわけ！だが、こんな連中でさえ、ちょいと頭を冷やしさえすれば、つぎのことは明らかになるだろう。認識形而上学の二つの最終的な観念は、そのどちらを一次的所与と考えるかを言わなくては、根本においては定義できない。「定義」を与えるとはどういうことか？　それはなによりもまず、特定の概念構成を他のもっと広い概念構成に包摂させることである。［…］ここで問わねばならぬが、実在と思考、物質と感覚、身体的なものと心的なもの、認識理論を作動させうるそのような観念よりも広い観念があるか？　ありはしない。それらは無限に広い観念、いままで認識形而上学がその先へ超えたことのない、最も広い観念なのである（用語法の変更はいつでも可能だ、ということは別にして）。大法螺吹きかひどいノータリンでないかぎり、この二つの系列をなす無限に広い概念に、「たんなる反復」という以外の定義を求めてやることはできない。すなわち、どちらが一次的所与とみなされるかという以外の定義を。(7)

形式的にはひっくり返しは、哲学の中、哲学の明示的な言説の中に到来する無ではあるが、しかしそれは、差し引きゼロのことではなく、むしろ差し引きゼロとなすことの及ぼす効果である。以前にあった位階をさかしまの位階で置き換えて、差し引きゼロとなすことの。ゆえに、あらゆる哲学の体系《システム》＝機構を作動させる最終カテゴリーをとおして哲学の中で争われているのは、位階のもたらす意味、或るカテゴリーを支配的位置に就けることでもたらされる意味で、それは、哲学内部での権力奪取ないし権力付与ということに、否応なく思いいたらせるなにごとかである。哲学的には、こう言わなくてならない。権力付与は対象を欠く、と。実際、権力付与がまだ、一つの純然たる理論的カテゴリーであるだろうか？　権力奪取（ないし権力付与）は政治的であって、それがもつのは対象ではなく、一つの争点、ほかならぬ力と、一つの目標、力の効果である。

ここで、一旦、立ち止まり、レーニンがエンゲルスに比して、どんな新しいものをもたらすかを見なくてならない。いままでじつにしばしばニュアンスとしか受け取られてこなかったものについて、それの及ぼす効果をきちんと測定するなら、レーニンの貢献は絶大なのである。

マルクスについて仕事をするときは、あっと言わせるほどの天才的閃きに溢れるエンゲルスではあっても、レーニンに比肩できるほどの思考は、結局のところ、持ち合わせない。テーゼを並べるだけですますことが、多いのである――テーゼとテーゼを関連付けて、それらを統一的に思考するよりは。

もっとまずいことに、『ドイツ・イデオロギー』の、或る実証主義的テーマに真に始末を付けたことが、彼には一度もない。哲学の体系的研究を推奨するとはいえ、彼にとって、哲学は消えゆくべきもの。なにしろ哲学とは、科学に必要な哲学的カテゴリーを過去において編み出してきた、旧式の実験室にすぎないので。こんな時代に幕は下りた。哲学はお役目を終えた。いまや哲学は科学に席を譲らねばならぬ。科学が科学相互の関係を、統一的な有機的体系として、自力で差し出せる段階に達すれば、以後もはや、*Naturphilosophie*〔自然哲学〕も*Geschichtsphilosophie*〔歴史哲学〕も要らない。[*45*]

哲学に何が残るか？　一つの対象が残る。自然と思考とにかかわる最も一般的な法則、弁証法が（ただし自然については、そのような法則を科学が提供してくれる）。[*46*]つまりは、科学の歴史から引き出すことのできる、思考の諸法則が残るわけだ。かくして、哲学は科学から真に切り離されることはなく、それゆえ、エンゲルス、唯物論者であるとは「そとからの付加なき」在るがままの自然を受け入れることだと述べるときの、その彼のいくつかの定式は、実証主義の好餌となる。ただそれでも、科学が認識過程であることを、エンゲルスは知ってはいるのであるが。というわけで、哲学はやはり対象をもつとされる。ただし、その対象とは、逆説的にも、純粋思考であって、これは観念論の気に染まぬことはなかろう。たとえば今日、エンゲルスをお墨付きに持ち出すレヴィ＝ストロース氏が、自分でも認めつつなしていることとは何か？　氏もまた法則を、すなわち、思考の構造を研究しているのである。[*47*]そのレヴィ＝ストロース氏に、氏が超越論的主観を差し引いたところのカントであることを、リクール氏は正しくも示してみせたのだった。[*48]

レヴィ＝ストロース氏も、違う、とは言わなかった。実際、哲学の対象が純粋思考であるなら、エンゲルスを後ろ盾にすることも、超越論的主観を差し引いたところのカント主義者である自分をみいだすことも、できる。

右に述べた困難は、別様に言い表すこともできる。哲学が対象とする弁証法は、また論理学とも言われる。哲学は、対象として、論理学の対象をほんとうにもっているのだろうか？　いまや論理学は、哲学なしで立ち行けるようになりつつあるかに見える。論理学は、結局は、一つの科学なのである。

もちろんエンゲルスは、同時に、二つの傾向というテーゼをも擁護しはする。しかし、唯物論と弁証法とを、また他方、傾向の闘争と、科学の進歩によってのみ規定される哲学の進歩とを、一つのまとまりとして考えるのは、すなわち、思考するのは、すこぶる困難なのである。それをエンゲルスは懸命になすが、たとえ彼の言を言葉どおりに受け取らないにしても（言葉どおり受け取るか否かは、専門家でない人にとっては、どうでもいいことだが）、なにか本質的なものが彼に欠けていることは、火を見るより明らかだ。

思考を可能にする、なにか本質的なものが、彼の思考に欠けているということ。その欠けているということを、我々は、レーニンのおかげで見ることができる。なぜなら、レーニンのもたらしてくれるものが、まさにエンゲルスの思考に欠けているので。

レーニンは深い整合性をもった思考をもたらす。その思考において席を与えられるいくつかのラジカルなテーゼは、おそらく、空虚を、ただしまさに在るべきところに在る空虚を限取ってくれる。この思考の中心には、つぎのテーゼがある。哲学は対象をもたない、すなわち、哲学はそれが科学とのあいだに保つ単純な関係によっては理解されない。

我々は〈結節点2〉に迫りつつある。だが、まだそこに達していない。

2　レーニンと哲学的実践

この〈結節点2〉に達するために、我々は新しい領域に入っていく。哲学的実践の領域である。様々な著作の中でなされるレーニンの哲学的実践を研究するのは、興味深いことではあれ、しかしそうするには、あらかじめ我々が、在るがままの哲学的実践のなんたるかを、知っているのでなければならないだろう。

ところで、ちょうど棚からぼた餅、哲学的論争の課すまさに必要に迫られて、何度か稀な機会に、レーニンはみずからの哲学的実践の、いわば、定義をつくり出すよう強いられる。その定義を最も鮮明に述べた文章は、つぎの二つ。

この絶対的真理と相対的真理の区別の曖昧さが言われるかもしれない。ならば、答えて言おう。科学を悪い意味での定理、死んで硬くなり白骨化したもの、にせぬようにするのにちょうどいいくらいに、この区別は、十分、「曖昧」で、またその一方、ヒュームとカントの弟子たちの信仰絶対主義、不可知論、哲学的観念論、詭弁法と我々とのあいだに、決定的で消すことのできぬ境界画定の線を引いてくれるほどには、十分、「明確」でもある。[8]

もちろん忘れてならぬことだが、実践という基準は、人間の抱くいかなる表象であれ、それを完全に確証したり論駁したりは、実際のところ、けっしてできないものだ。この基準もやはり、人間の知識が一《いっ》にして「絶対」とならぬようにするほどには、十分「曖昧」で、またその一方、観念論の、また不可知論の、あらゆる亜流に対する容赦ない闘いを許すほどには、十分、限定されていもする。[9]

他の文章も、レーニンの立場をさらに裏付けてくれる。明らかにいずれの文章も、その場かぎりの思い付きの口上などでなくて、一つの深い思考である。

レーニンは哲学的実践の究極の本質を、要するに、理論領域への介入として定義する。この介入は二重の形態をまとう。限定されたカテゴリーを定式化する理論的形態と、それらカテゴリーを機能させる実践的形態。カテゴリーを機能させるとは、真なりと宣言された観念と偽なりと宣言された観念、科学的なものとイデオロギー的なもののあいだに、理論領域内部で「境界画定の線を引く」ことである。この線引き効果は二重で、或る特定の実践——科学的実践——に資するとの意味で積極的、いくつかのイデオロギー的擬似概念、いまの場合なら、観念論と独断論に属す擬似概念から科学的実践を守るとの意味で、消極的である。いずれにせよ、レーニンの哲学的介入によって生み出される効果とは、これである。

我々は、すでに問題にした二つの基本傾向が、境界画定の線引きの中でぶつかり合うのを目撃する。境界画定の線を引くのは、唯物論哲学で、それは、観念論哲学の襲撃から科学的実践を、イデオロギー的なものの襲撃から科学的なものを、防御するためにそうする。つぎのように言えば、この定義を一般化できる。いかなる哲学も、その要は、境界画定の太い線を引いていくことであり、そうすることで哲学は、みずからの傾向とは逆の傾向を代表する哲学そこに属す、イデオロギー的擬似概念を斥ける。この線引きに、つまりは哲学的実践に、賭けられているのは、科学的実践、科学性である。ここで我々は〈結節点1〉、科学への哲学の特権的関係を、再びみいだす。

我々はまた、項のひっくり返しの、逆説的な戯れをも再びみいだす。このひっくり返しをとおして哲学の歴史が無を生み、生み出したその無の中で、みずからをゼロとなす戯れ。だが、この無はゼロとは違う。じつにその無に科学的実践の、科学的なものの、またそれの分身たるイデオロギー的なものの、運命が賭けられているのだから。科学的実践は二つに一つ、食い物にされるか、哲学的介入によって支援を受けるか、である。

哲学は歴史をもっていても、その歴史の中ではなにも起きないということの意味が、こうしてはっきりする。すなわち、既存の哲学的カテゴリーを移動させるか変更するという、どの哲学もがなす介入は、そうした変化を哲学の言説の中に生じさせ、それによって哲学の言説は、哲学の歴史が哲学を在らしめるそのための場となるのだが、じつはこの介入が、我々がその執拗さを確認したところの哲学的無なのである。なぜなら、境界画定の線 ligne de démarcation は、まさしく、なにものでもない。線でさえ、線引きですらない。〔サッカーなどで、付きまとうディフェンスから距離をとり、敵の監視・牽制をかわすとの意味で〕たんにマークを外す se démarquer ことにすぎない。ゆえに、とられた距離の空虚。

この距離は、哲学的言説のもつ区別、カテゴリー、その言説自体の配備が変更されるということのうちに、痕跡を残すが、しかし、こうした変更はすべて、それ自体でなにかであるわけではない。じつにその変更は、変更そのものが起きる当の場所においてではなく、ただその外部でしか作用しない。敵対し合う傾向を、それらの闘いの争点、科学的実践から区別するところの距離もしくは非‐距離ということの中でしか。

ゼロの線引きというこの操作に、なにか真に哲学的なものがあるとすれば、それは線引きの位置が移動していくことにしか、ありえないのだが、しかしこの移動は、科学的実践の歴史、科学の歴史にかかわりをもつ。つまり、こういうことだ。科学には歴史があり、科学の状況は変容していくが、この変容に応じて（すなわち、科学と科学の問題とが置かれる状態に応じて）、さらにこの変容によってもたらされる哲学的配備それの状態に応じて、哲学の前線もまた移動する。ゆえに、科学的なものとイデオロギー的なものを言い表す用語は、哲学の前線の移動のたびに、再考されなくてはならない。

かくして哲学の歴史があるというより、哲学の中には、確かに歴史がある。ゼロではあってもその効果は現実的である痕跡が際限なく反復されては移動していく、その移動の歴史が。偉大な哲学者の誰を読んでも、この歴史について教えられるところがある。たとえ観念論哲学者であっても——哲学史全体を要約する観念論哲学者ヘーゲルでさえ。だからレーニンは、瞠目しつつ、ヘーゲルを読む——ただしそのヘーゲルの読み方は、レーニンの哲学的実践に律せられてもいる。唯物論者流にヘーゲルを読むとは、そのヘーゲルの中に、様々な境界画定の線を引くことだ。

私は、たぶん、レーニンの言っていること以上のことを言ってしまった。しかし、彼に忠実でなかったとは思わない。いずれにせよ、私が言っているのは、つぎの単純なことがらだ。哲学的実践の種別的な形態をその本質において思考することを始めるための、手立てと、哲学の偉大な古典的テキストの中に書き溜められてきた多数の定式に、現在から、なんらかの意味を与えるための手立てを、レーニンは我々にもたらす。実際、プラトンでさえ、彼流のやり方で、すでに〈形相〔イデア〕の友〉〔哲学者〕と〈大地の友〉〔ソフィスト〕との闘いを語り、こう宣言した。真の哲学者は区別すること、切り取ること、分割線を引くことをなせるだけの能力を、もたねばならぬ。[*49*]

だがまだ、根本的な問いが一つ残っている。哲学史の中でぶつかり合うあの二つの大きな傾向は、どのような在り方をしているのか？　この問いにレーニンは粗暴な答えを与えるが、粗暴ではあっても、答えではある。

3　哲学における党派性

その答えは、哲学における党派性という有名な、しかしまた、ちゃんと言っておかなくてならないが、多くの人を逆撫でしもするテーゼに含まれている。

党派性 prise de parti なる語は、政治に直結するスローガン、党派が政治的党派〔政党〕、共産党の意味をもちうるそのようなスローガン、であるかに響く。

だが、『唯物論と経験批判論』だけでなく、とりわけ歴史と経済についてなされる理論的分析をも含めて、レーニンを少しばかり精読しさえすれば、党派性がたんなるスローガンでなくて、一つの概念であることがわかる。

レーニンは単純な確認をなす。みずからの基本傾向を基準にして、また、みずからとは反対の基本傾向に対抗して、さらにみずからの傾向を代表するあらゆる哲学をとおして、いかなる哲学も党派を選び取る。しかしまた、つぎの確認をもなす。大部分の哲学は、我、党派選びの必要なし、ゆえに党派を選ばず、とおおやけに宣言すること、その証明を差し出すことに、とりわけやっきになる。

たとえばカント。彼の語る *Kampfplatz*〔戦場〕は、他の批判以前的哲学には当てはまるが、批判哲学には当てはまらない。彼自身の哲学は、*Kampfplatz* のそと、別の場所に立つことで、まさに形而上学の抗争を〈理性〉の利益の名において裁定する役目を、みずからに授ける。哲学が存在して以来、つまりプラトンの *Théorein*〔観想〕から、フッサールの言う「人類の公僕」たる哲学[*50*]、さらにはいくつかのテキストにおけるハイデガーにいたるまで、哲学の歴史は、かの反復、逆を言うこと〔矛盾〕の反復にほかならぬそれに、支配されてきた。すなわち、自分自身の実践を理論的に否認し、厖大な理論的努力を傾けてその否認を、整合的な言説の中に登録すること。

大多数の哲学の成分をなすと見えるこの驚くべき事実への、レーニンの応答は、哲学史の中でぶつかり合うあれら謎めいた傾向のもつ執拗さについて、ほんのいくつかの語を我々に言うことでなされる。レーニンの目に、これらの傾向は最終的に、階級的立場への関係、ゆえに、階級的抗争への関係の中にあると映っている。私は関係の中にと言う。なぜなら、レーニンはそれ以上のことを言っていない。しかもレーニンは、マルクス主義の伝統の中で言われるイデオロギー的階級闘争であれ、純然たる階級闘争に哲学が要約されるとも、まったく言っていない。レーニンの言明をはみ出さないでいても、我々には、こうは言える。彼の目に、哲学は階級闘争を、つまりは政治を、代表すると映っている。哲学が政治を代表するということは、一つの審級を前提としてその審級のもとで、政治が哲学によって代表される、ということだ。言うところの審級が、科学である。

〈結節点1〉——科学への哲学の関係。〈結節点2〉——政治への哲学の関係。すべてはこの二重の関係として上演される。

かくなるうえは、つぎの命題を提出していいだろう。哲学とは、或る現実にかんして、或る領域の中で、或る仕方で継続される政治のことなり。哲学は理論の領域で、より正確に言うなら、科学のもとで、政治を代表する——また、アベコベに、哲学は政治の中で、階級闘争に巻き込まれている諸階級のもとで、科学性を代表する。いかにしてこの代表行為は調整されるのか、どんなメカニズムによって、この代表行為は保証されるのか、どんなメカニズムによってそれは、適正さを失ったり偽られる可能性をもち、また、一般的には適正さを欠いたままであるのか、それをレーニンは我々に言わない。彼の深い確信は、明らかにつぎのことにある。究極的には、いかなる哲学も、この条件を飛び越えること、あの二重の代表行為をなさずにすまぬとの決定論から逃れることはできない、つまり、哲学は、哲学そのものを一つの審級として構成するあの二つの大きな審級、階級闘争と科学のあいだのどこかに、第三の審級として存在する。

ならば、あとひとことで十分。エンゲルスのもとには、確かに〈結節点1〉、〈科学〉の審級は見付かるのに、哲学における傾向の闘争への言及にもかかわらず、そのエンゲルスのもとに、〈結節点2〉、〈政治〉の審級は見付からない。これは、レーニンがエンゲルスのたんなる注釈者にとどまらないことを言っている。彼はマルクス主義哲学と呼ばれる領域に、なにか新しい決定的なもの、エンゲルスに欠けていたそれを、もたらす。

ならば、やはり単純なもうひとことを加えれば、結びには十分。哲学のなすあの二重の代表行為をじつに認識することは、哲学の理論の、おぼつかぬ始まりにすぎぬとはいえ、しかしまさに始まり、確かに始まりなのである。哲学の理論がまだ胚胎したばかりの理論にすぎぬこと、たんなる論争と我々が考えていたことがらの中に、その理論がわずかに素描されたにすぎぬこと、このことに異議を挟む人は誰もいまい。それでも、レーニンのなしたもろもろの指摘は、それらをしっかり銘記するなら、前代未聞の成果を伴なっている。すなわち、問いを問題へと移動させること、マルクス主義哲学と呼ばれるものを、哲学的実践の反復強迫のそと、みずからの現実的な実践を否認するという、いつを問わず絶対的に優勢なかたちでなされる反復強迫のそのそとへ、抜け出させること。

この意味でレーニンは、「フォイエルバッハにかんする」第十一テーゼの予言に、応答している。しかもそれをなすのは、彼がはじめて。なにしろ彼以前には誰も、エンゲルスでさえ、それをやらなかった。レーニン自身は、みずからの哲学的実践《プラティーク》の「スタイル」によって応答した。粗暴な分析とフロイトが言う意味で粗暴な治療《プラティーク》*51、つまり、みずからのなす施療の理論的裏付けなど差し出そうとしない治療。それは世界を「解釈」する哲学、否認の哲学と名付けていいそれに、大声をあげさせる。どこまでも粗暴な治療、だが、粗暴さから始まらなかった何があるだろう？

じつは、この治療は新しい哲学的実践なのである。新しいとは、それがもはや、否認の実践にほかならぬあの反復強迫ではない、との意味である。その反復強迫において、科学の現実的な運命の懸かる論争の中、科学の創設する科学的なものとその科学を脅かすイデオロギー的なもののあいだに、たえず「政治的」に介入していながら、また、階級の運命の懸かる闘争の中、階級に奉仕する科学的なものと階級を脅かすイデオロギー的なもののあいだに、たえず「科学的」に介入していながら、哲学は——にもかかわらず、そこに介入していることを、哲学の「理論」の中で、猛然と打ち消す。新しいとは、それが否認を放棄した実践、みずからのなしていることを自覚しつつ在るがままの自己に従って行動する実践だ、という意味である。

かくのごとくであるなら、そこから、つぎの推測が可能である。前例なきあの効果がマルクスの科学的発見によって引き起こされ、プロレタリアートの政治的一指導者によって思考されたということは、おそらく、偶然ではない。実際、突き詰めればこうだ。人類史上初の科学によって哲学の誕生が促された場所が、ギリシャ、つまり一つの階級社会であったのなら、しかも、階級搾取がその効果をどこまで波及させうるかを知っている人なら、みずからの支配を支配階級が否認する階級社会において、言った階級搾取の効果が、政治による哲学支配に対する哲学の側からなされる否認の形態、その古典的形態をも、またとったとしても、驚きはしないだろう。ひいては、階級支配のメカニズムとそのメカニズムの及ぼす効果とについての科学的認識、マルクスによって生み出され、レーニンによって応用されたその認識のみが、否認から生ずるファンタスム[*52*]を揺さぶるあのとてつもない移動 - 置き換え[*53*] déplacement を、哲学の中に引き起こしたとしても、やはり驚きはしないだろう。その否認において哲学は、みずからにむかってこう語り聞かせようとする。その話を人々に信じ込ませるために、また自分でその話を信じ込もうとして。哲学は政治を超越している、また階級をも超越しているのである、と。

ここから出てくる結論は、つぎのとおり。レーニンを待ってはじめて、フォイエルバッハにかんする第十一テーゼの予言的な文句、（いままで）「哲学者たちは世界を〔様々に〕解釈することをなしてきただけ、肝心なのは、世界を変形すること」は、ついに肉体と感覚、現実性と意味を受け取ることができる。この文句は新しい哲学を約束しているのか？　私はそう思わない。哲学が廃棄されることはない。哲学は哲学のままいつづける。だが、哲学の実践とは何かを知り、哲学とは何ごとであるのかを知るなら、あるいは、それを知ることを始めるなら、それによって、哲学は少しずつ変形されていくであろう。そうなれば、マルクス主義は新しい哲学、プラクシスの哲学であるなどと、我々はだんだん言わなくなるだろう。マルクス主義理論の心臓部には、一つの科学がある。まったく特異な科学が、しかし確かに科学が。マルクス主義が哲学に繰り込む新しきもの、それは新たな哲学の実践である。マルクス主義は、プラクシスの（という新しい）哲学ではなく、哲学の（新しい）実践なのだ。

この新たな哲学の実践は、哲学を変形することができる。そればかりか、力の及ぶかぎりで、世界の変形に手を貸すことも。手を貸すのみ、なぜなら歴史をつくるのは、学者であれ、哲学者であれ、理論家ではないし、また「人間」でもない――それをなすのは、「大衆」、すなわち、一つ同じ階級闘争のもとに結集した、諸階級であるのだから。*54

付記

哲学教師たちと彼らが教える哲学とに対する、あの非難の意味を取り違えないためには、テキスト〔『唯物論と経験批判論』〕の日付と、いくつかの言い回しに注意しなくてはならない。ディーツゲンの言を引き取りつつレーニンは、哲学教師たちを、一つのマスとして糾弾しているのであって、一人の例外もなく、すべての哲学教師を糾弾しているのではない。彼は哲学教師の哲学を糾弾しはするが、哲学そのものは糾弾しない。哲学教師の哲学を研究することさえ、彼は推奨する。それは、哲学においてなす哲学教師の実践とは別の実践を定義すること、その別の実践に従うことを可能にするためだ。そのうえで、確認事項が三つ。日付と事情とによって本質的にその内実に影響を受けない、確認事項である。

1　哲学教師は教師である。すなわち、特定の学校システムの中で雇用され、このシステムに従属し、「支配イデオロギーに属す価値」の刷り込みという社会的機能を、マスとして果たす知識人。学校制度やその他の制度の中に、〔クラッチやブレーキの「遊び」という意味での〕なんらかの「遊び」がありえて、言った既成の「価値」に授業や思索をとおして反旗を翻すことを、その「遊び」が個々の教師の何人かに許すとしても、哲学教師の機能が生み出すマス効果が、それで変わるわけではない。哲学者は知識人、つまり、プチブルであり、マスとして、ブルジョワ的・プチブル的イデオロギーに従属する。

2　かくして、マスとしての哲学教師たちを、彼らのもつ「批判」の自由においてさえ、みずからの代理または担体とする支配的哲学は、支配イデオロギー、マルクスがつとに『ドイツ・イデオロギー』以来、支配階級のイデオロギーとして規定してきたイデオロギーに、従属する。支配イデオロギーは、観念論に支配される。

3　哲学教師というプチブル知識人と、また彼らが教える哲学、あるいは、個人的な形態をそれに授けて彼らが再生産する哲学とが共に置かれている、こうした情勢があるからといって、知識人の中の或る人々が、マスとしての知識人を支配している拘束を脱すること、その人々が哲学者であるなら、唯物論哲学と革命的理論とにくみすることを、なせないわけではない。『〔共産党〕宣言』はすでにこの可能性に言及していた。レーニンはその可能性を取り上げ直し、労働運動にそうした知識人の協力が欠かせないことを付け加える。一九〇八年二月七日、レーニンはゴーリキにこう書く。「我々の党での知識人の役割は低下している。知識人の離党が各方面から報告されている。頃合いに吹く風が、あのろくでなしどもを運び去ってくれるがいい。党はプチブル的埃を叩《はた》ける。そのぶん、労働者が事態を掌握する。労働者活動家の役割がいっそう前面に出る。すべては願ったり叶ったりだ」。レーニンが協力を要請したゴーリキは抗議するが、一九〇八年二月十三日、その彼に、レーニンはこう答える。「我々の意見の相違についてあなたが抱く、疑問のいくつかは誤解にすぎないと思う。じつに言うまでもなく、私は、クルクルパーのサンディカリストがするように、『知識人を追放する』ことや、労働運動にとっての知識人の必要性を否定することを、考えていたのではない。こうした問題のどれについても、我々のあいだに意見の相違はありえない」。ところが、その同じ手紙の中で、哲学については、意見は平行線をたどったまま。「世界観としての唯物論については、肝心なところで、あなたに賛成しかねると思う〔…〕」。それはそうであろう、なにせゴーリキは、経験批判論と新カント主義の大義を、擁護していたのだから。

原注

（1）悲しいかな、いまやこの名簿に、ジャン・イポリットの名を加えねばならぬ。〔フランスの哲学者ジャン・イポリット（一九〇七～一九六八）はアルチュセールの友人であり、フランスにおけるヘーゲル研究刷新の立て役者。この講演に続いておこなわれた討議のときはまだ元気であったが、ほどなくして物故した〕

（2）*Matérialisme et Empiriocriticisme*, p.314. [Paris/Moscou, Editions sociales/Editions du Progrès 1973, pp.337-338.]〔レーニン『唯物論と経験批判論』佐野文夫訳、岩波文庫（全三冊）、一九五二～一九五三年、下巻、一三五～一三六ページ〕。我々は、レーニンによるディーツゲンからの引用をイタリック体で記したが、鍵となる表現「*den Holzweg der Holzwege*」〔「杣径《そまみち》の中の杣径」〕を強調したのは、レーニン自身である。〔以下、アルチュセールの手になる引用は、いまあげた『唯物論と経験批判論』フランス語版をもとに訂正した――ただし「*den Holzweg der Holzwege*」だけは別で、この言葉の含むハイデガー『杣径』への暗示と、テキストの以降の部分でこの言葉にアルチュセールが与える、重要性とに鑑み[*55*]、それをそのままのかたちで保存した。レーニンの引くディーツゲンの文章は *Kleinere philosophische Schriften. Eine Auswahl*, Stuttgart, Dietz 1903 による〕

（3）このテキスト末尾の「付記」参照。

（4）*Matérialisme et empiriocriticisme*, p.110. [*op.cit.*, p.120. レーニンからのこの引用はつぎのように続く。〔この哲学的カテゴリーは〕「人間の感覚に与えられる客観的現実を指すのに用いられる。人間の感覚が複写し、撮影し、反映する客観的現実で、それは感覚とは独立に実在する」]〔『唯物論と経験批判論』前掲邦訳、上巻、一八九ページ〕

（5）*Id.*, p.238. [*op.cit.*, p.255.]〔『唯物論と経験批判論』前掲邦訳、下巻、二〇ページ〕

（6）*Id.*, p.128. [*op.cit.*, pp.138-139. 引用中、ブラケットで囲んだ付加は、アルチュセールによる]〔『唯物論と経験批判論』前掲邦訳、中巻、三〇ページ〕

（7）*Id.*, p.127. [*op.cit.*, p.137. 強調はアルチュセール]〔『唯物論と経験批判論』前掲邦訳、中巻、二七～二八ページ〕

（8）*Id.*, p.117. [*op.cit.*, p.127. 強調はアルチュセール]〔『唯物論と経験批判論』前掲邦訳、中巻、一二～一三ページ〕

（9） *Id.*, p.123.［*op.cit.*, p.133.］〔『唯物論と経験批判論』前掲邦訳、中巻、一二一ページ〕

第六章　革命の武器としての哲学——八つの質問に答える（一九六八年）

理論的・政治的発想から言って「レーニンと哲学」の近くに登録されるこのテキストは、当時のアルチュセールにとって、或る重要性をもった。初出の場がイタリア共産党の日刊紙「ウニタ」であったことが、その主たる理由をなした。大部数を誇る共産党の新聞に記事として掲載されることは、政治闘争の中を方向性をもって進む手助けとなる厳密なマルクス主義理論（少なくともそれの、通俗的すぎない普及版）を、「大衆」の手に届くものにするとの理論的取り組みに、[*1]応えるように思われたのである。このような関心はつねにあったが、それは、確かな政治的高揚がはっきり表面化する文脈の中、マルクス主義知識人のあいだに、積極的な政治的役割を演じられるのでは、との希望が膨らんでいく一九六八年の初頭、いよいよ強まった。

パリ滞在の五年間に友情と知的親近性とにもとづく関係をアルチュセールと結んだ、「ウニタ」パリ特派員M・A・マッチオッキとのあいだで、この日刊紙での発言計画はすでに熟していた。哲学者に宛てた一九六八年一月十四日付の手紙で、書面インタビューの原則について、編集局の了解が得られたことを彼女は告げ、質問表を提示する。その質問表をアルチュセールは全面的に書き改める。最後のいくつかの質問が、当初のものとはほとんどつながりを失うほどにも。また、「革命の武器としての哲学」は、事実上、アルチュセールによるアルチュセールへのインタビューである、と言っていいほどに。[*2]何度も推敲された複数のテキストができ上がり、そこには、一九六八年一月中旬からあいついで執筆されていった、少なくとも三つの版が含まれる。[*3]

テキストは、「ウニタ」ローマ版一九六八年二月一日、に掲載された。アルチュセールの哲学的立場と、彼の弟子たちの多くが示す、多かれ少なかれ公然たる毛沢東主義的傾斜とのせいで、イタリア共産党指導部の一部に、テキスト掲載をめぐって多大の躊躇が生じた。この煮え切らぬ態度を覆すには、イタリア側に了承の意を伝えたフランス共産党政治局員R・ルロワの後押しが、決定的にものを言ったようだ。実際にもテキストは、アルチュセールとマッチオッキの目に「右派的」スターリン主義批判を地で行くと映っていた（イタリア共産党の定期機関誌）「リナシタ」に対する、戦争機械であると受け取られたのだった（そればかりか、少なくとも一部ははっきりと、そのようなものとして構想されたのでもあった）。おまけにマッチオッキは、イタリア共産党の知識人指導部と政治的に対立していたため、すでに一九六七年末、イタリアへの強制帰還命令を受けていた。*4

のぼせた上がった調子で、アルチュセールは記事の掲載を迎え入れた。「この大成功に至極感激」と気持ちをあらわにし、作戦は、ジャーナリスティックにも政治的にも、「完璧」だったと形容し、「二つのいちばんの関心事」「イタリアのプロロ」*5*と『若者』（学生）」の反応について、マッチオッキに心配を示した。*6 この若い女性に厚く感謝し、高揚した気分を弾みにアルチュセールは、本にして出せるかもしれない継続的文通の企画への同意を、彼女に与えた。本は、一九六九年、イタリア語で出た。*7「革命の武器としての哲学」掲載から数えて一年余り続いた通信が、収録された。大部分はマッチオッキの文面で占められ、そこに十通ほど、アルチュセールの手紙が登場する。公然たるイタリア共産党指導部批判にみずからのお墨付きを与えるよう、またとくに、〈一九六八年五月〉をめぐってフランス共産党が公式に打ち出した解釈に対立する解釈を正面きって公言するよう、彼を駆り立てていた戦いから、このころ、アルチュセールはすでに撤退を始めていた。結局、彼の思惑どおりには運ばなかったのだが、彼はイタリア語版の書名に自分の名を出さないよう求め、フランス語版の翻訳を出すのはまずいと強く牽制し、自分の手紙が本に収録されることにさえ最終的に反対した。このことはマッチオッキに苦い思いを味わわせ、いっしょに始めた戦いのさ中で「見捨てられた」、と彼女は判断した。*8

「革命の武器としての哲学」の「ウニタ」発表後、アルチュセールはそのフランス語版を、フランス共産党の理論機関誌「ラ・ヌーヴェル・クリティーク」（「新批評」）に掲載させることをもくろんだ。このもくろみは見送らざるをえなくなり、掲載誌を、もっと間口の広い共産党雑誌「パンセ」に乗り換えた。*9 一九七二年、テキストを、『ジョン・ルイスへの回答』のフランス語版となるはずだった論文集に再録する計画を温めたが、この計画は断念された。[*10] 数年後、「革命の武器としての哲学」は、アルチュセールが一九七六年にエディシオン・ソシアル社から刊行した論文集『ポジション』に、そのままのかたちで組み込まれた。まったく異なる理論的・政治的文脈に置かれて。[*11] 我々がここに提供する版は、『ポジション』の中に公刊されたテキスト（これは「パンセ」掲載のテキストを、そのまま、再録したものである）にもとづく。タイトルは同じであるが、いくらか縮小されている最初の版たるイタリア語版との、おもな異同は、編者注にて言及する。

質問1　個人的な経歴について、ひとこと言ってもらえないか？　どんなふうにマルクス主義哲学に行き着いたのか[*12]？

一九四八年、三十歳で私は哲学教師になり、フランス共産党に入党した。

哲学が私の関心事だった。おのれの仕事をなそうと志した。

政治が私の情熱だった。共産党闘士になろうと志した。

哲学で私の関心を引いたのは、唯物論とその批判的機能だった。科学的認識に是を、イデオロギー的「認識」によるあらゆる神秘化に非を、唱える機能。神話と虚言に対するたんなる道徳的告発に非、それらに対する合理的かつ厳密な批判に是。

政治で私を情熱の虜にしたのは、社会主義をめざす戦いにおいて労働者階級が示す革命的本能、革命的知性、革命的勇気、革命的ヒロイズムだった。戦争と長期の捕虜生活は、労働者および農民との接触を私の生きる力に変え、共産党闘士との知遇を得させてくれた。

すべてを決定したのは政治だった。政治一般ではなくて、マルクス＝レーニン主義的政治。

この政治を見付けて理解する必要が、まずあった。そうするのは、知識人誰にとっても、いつもすこぶる難しい。

一九五〇〜六〇年においても、難しかった。理由は知られている。「崇拝」〔スターリンに対する個人崇拝〕のもたらした影響、〔ソ連共産党〕第二十回大会、続いて国際共産主義運動の危機。現代的「人間主義《ヒューマニズム》」というイデオロギーの波をはじめとするブルジョワ・イデオロギーの、マルクス主義への攻勢に対抗するのは、殊のほか、容易でなかった。マルクス＝レーニン主義的政治をよりよく理解できるようになると、私は、哲学一般にも情熱をもちはじめた。マルクス、レーニン、グラムシの偉大なテーゼ、哲学は根本的に政治なり、がようやくわかるようになったから。

最初は独りで、のちにもっと若い同志や友人たちと協力して私が書いてきたことのすべては、我々の試論のもつ「抽象性」にもかかわらず、じつは、いまあげてきた、極めて具体的な問題のまわりを回っている。

質問２　哲学において共産主義者であることが、一般に、なぜそんなに難しいのか？　もう少し説明してもらえないか？

哲学において共産主義者であるとは、マルクス＝レーニン主義哲学、すなわち弁証法的唯物論の、民兵《パルチザン》にして職人《アルチザン》となることだ。

マルクス＝レーニン主義哲学者になるのは、簡単ではない。「知識人」一般の例にもれず、哲学教師もまたプチブルだ。彼が口を開くと、プチブル・イデオロギーが語る。このイデオロギーの繰り出す策略と狡知には、限りがない。

「知識人」についてレーニンがなんと言っているか、君も知っている。一人一人を見るなら、中には（政治的に）筋金入りの革命家で勇敢な人もいる。だがマスとして見ると、イデオロギー的に彼らは、「死んでも治らぬ」ほどにプチブルのままだ。レーニンにとって、彼がその才能を高く買っていたゴーリキでさえ、プチブル革命家だった。「労働者階級のイデオローグ」（レーニン）、プロレタリアートの「有機的知識人」（グラムシ）になるには、知識人は根底から、みずからの思想変革を成し遂げなくてはならない。長くも苦しい、困難な再教育。外部でと内部での、終わりなき闘争。

プロレタリアは、彼らをプロレタリアの「階級的立場」へ容易に移行させてくれる「階級本能」をもつ。対して、知識人は、この移行にとことん逆らうプチブル階級本能をもつ。

プロレタリアの階級的立場というのは、プロレタリアのたんなる「階級本能」以上のものだ。それは、プロレタリア階級闘争の客観的現実に適合した、意識と実践とを言う。階級本能は主観的、自然発生的だが、階級的立場は客観的、理性的だ。プロレタリアの階級的立場へ移行するのに、プロレタリアの階級本能はただ教育される必要あるのみだが、プチブルの、ゆえに知識人の階級本能は、変革されなくてならない。この教育、この変革に最終審級的な決定力を及ぼすのは、マルクス＝レーニン主義理論の諸原則を土台にして導かれる、プロレタリア階級闘争だ。

この理論の知識をもつことは、『〔共産党〕宣言』が言っているように、知識人の一部を労働者の階級的立場へ移行させる、助けになりうる。

マルクス＝レーニン主義理論は、一つの科学（史的唯物論）と一つの哲学（弁証法的唯物論）を含む。

ゆえに、マルクス＝レーニン主義哲学は、プロレタリア階級闘争に欠かせない二つの理論的武器の、一つだ。共産党活動家は、この理論の原理をなす科学と哲学とを、マスターして活かすのでなくてならない。

プロレタリア革命は、この理論の防衛と発展とを助ける活動家、学者（史的唯物論）と哲学者（弁証法的唯物論）を、また必要としもする。

こうした哲学者の養成は、二つの大きな困難にぶつかる。

［1］第一の困難は政治的なそれ。職業哲学者は、党員登録をしても、イデオロギー的にはプチブルのままだ。哲学においてプロレタリアの階級的立場を占めるには、彼は、みずからの思想を変革しなくてならない。

言うところの政治的困難が「最終審級的な決定力をもつ」。

［2］第二の困難は理論的なそれ。いま言った哲学における階級的立場を定義するために、どの方向にむかって、またいかなる原則をもって仕事をなすべきかを、我々は知っている。だが、マルクス主義哲学を発展させなくてならない。このことは、理論的にも政治的にも、緊急を要す。ところが、なすべき仕事は広大で、なおかつ、困難を伴なう。

じつにマルクス主義理論のもとでは、哲学が歴史の科学に遅れているので。
今日、ヨーロッパの国々では、これが「支配力をもつ」困難をなす。

質問3　つまり、君はマルクス主義理論の中で、科学と哲学を区別するわけか？　この区別が、今日、疑問視されていると承知のうえで。[*13]

承知している。ただこの「疑問視」はもう昔からのことだ。

極端に図式化して言えば、マルクス主義運動史の中で、この区別の抹消は、右派的偏向か左派的偏向を表す。右派的偏向は、哲学を抹消する。残るは科学（実証主義）のみ。左派的偏向は、科学を抹消する。残るは哲学（主観主義）のみ。「例外」（「逆さま」のケース）もあるが、それら例外もまた規則を「確証」する。

マルクスとエンゲルスの時代から現在にいたるまで、〈マルクス主義労働運動〉の偉大な指導者たちは、いつもこう言ってきた。こうした偏向は、マルクス主義に跳ね返ったブルジョワ・イデオロギーの影響力と支配力の結果である、と。彼らは、彼らなりの考えで、この区別（科学、哲学）を擁護してきた。そこには理論的理由だけでなく、死活にかかわる政治的理由もまたあった。『唯物論と経験批判論』『〔共産主義内の「左翼主義」〕小児病』における、レーニンのことを考えてみてくれ。彼の理由は一目瞭然だ。

質問4　マルクス主義理論における、この科学と哲学の区別を、君はどう正当化するのか？

図式的な、とりあえずのテーゼをいくつか表明することで、君に答えよう。

［1］マルクス主義理論と〈労働運動〉との融合は、階級闘争の歴史全体のうえで、ということは、実質的に人類の

歴史全体のうえで、いちばん大きな出来事だ（この融合の最初の結果が社会主義革命）。

［2］人間の認識の歴史の中で、マルクス主義理論（科学と哲学）は前例のない一つの革命だ。

［3］マルクスは新しい科学、歴史の科学の基礎を置いた。ここで一つのイメージを使ってみる。我々の知る科学はすべて、いくつかの大きな「大陸」の上に築かれている。マルクス以前に、二つの大陸が科学的認識に開かれていた。〈数学〉大陸と〈物理学〉大陸。前者はギリシャ人（ターレス）によって、後者はガリレイによって開かれた。マルクスは科学的認識に、第三の大陸を開いた。〈歴史〉大陸だ。

［4］この新大陸の開闢は、哲学に革命を引き起こした。哲学はいつも科学に結び付いている、これは法則だ。〈数学〉大陸の開闢に伴なって、哲学は生まれた（プラトンのもとで）。〈物理学〉大陸の開闢によって、哲学は変形された（デカルトのもとで）。今日、哲学は、マルクスが〈歴史〉大陸を開いたことで変革されようとしている。この変革はこう呼ばれる。弁証法的唯物論。

哲学の変形は、つねに科学的大発見の余震として起きる。だから、本質的に、この変形は事後に生ずる。マルクス主義理論において哲学が科学に遅れている理由が、これだ。誰もが知る別の諸理由もあるが、しかしいま言った理由が、現在のところ、支配力をもつ。

［5］マスとして捉えられたプロレタリア活動家だけが、マルクスの科学的発見のもつ、革命的射程に気付いた。それで、彼らの政治実践はかたちを変えた。

だがしかし、現代史の知る最も大きな理論的破廉恥はこうだ。

マスとして捉えられた知識人（人間科学の専門家、哲学者）のほうは逆に、マルクスの科学的発見のもつ前代未聞の射程に、それが彼らの「仕事」なのに、真に気付くことがなかったか、気付くことを拒み、非難と軽蔑の目をむけて、いまやそれについて語っても、歪曲して語る始末。

例外を別にすれば、彼らは、『資本論』から百年経ついまもあいかわらず、経済学、社会学、民族学、「人類学」、「心理社会学」、エトセトラ・エトセトラにおいて「器用仕事《ブリコラージュ》」をやりつづけている。ガリレイから五十年経っても、物理学において、アリストテレス主義「自然学者」がいまだ「器用仕事」を続けたように。彼らの「理論」なるものは、知的器用さとウルトラモダンな数学テクニックとの大量投与によって若作りされた、イデオロギー的骨董品なのだ。

しかし、この理論的破廉恥は、少しも道徳的破廉恥ではない。それはイデオロギー的階級闘争の効果だ。というのも、権力の座にあって「ヘゲモニー」を行使しているのは、ブルジョワ・イデオロギー、ブルジョワ「文化」で、マスとして捉えられた知識人は、数多くの共産主義・マルクス主義知識人も含め、その理論を、例外を別にすれば、ブルジョワ・イデオロギーに支配されている。例外を別にすれば、「人間科学」もまた。

[6] 哲学でも破廉恥の様に変わりなし。マルクスの発見によって引き起こされたすさまじい哲学革命を、誰が理解したか？　プロレタリア活動家とプロレタリア指導者のみ。マスとして捉えられた職業哲学者は逆に、この哲学革命を思ってさえみなかった。彼らがマルクスについて語るのは、極端に稀な例外を別にすれば、決まってマルクスと戦うため、彼を非難するため、彼を「消化」するため、彼の上前をはねるため、彼を修正するため。

エンゲルスやレーニンなど、弁証法的唯物論を擁護した人々は、哲学的な能無しとして扱われる。ほんとうに破廉恥なのは、「反教条主義」を建て前にして、彼らをそう扱うことに感染してしまうマルクス主義哲学者がいることだ。だがここでも、理由は同じ。要するに、イデオロギー的階級闘争の効果。権力の座にあるのは、ブルジョワ・イデオロギー、ブルジョワ「文化」なので。

[7] 〈共産主義運動〉が理論においてなすべき主要な課題は、以下のとおり。

○科学とマルクス＝レーニン主義哲学とがもつ、革命的な理論的射程に気付き、それについての認識をもつこと。

○マルクス主義理論をつねに脅かし、今日ではその理論の奥深くにまで浸透しているブルジョワ・プチブルジョワ世界観に対抗すること。この世界観の一般形態は、〈経済主義〉（今日の「技術官僚主義」）と、その「精神的補完物」たる〈道徳的観念論〉（今日の「〈人間主義《ヒューマニズム》〉」）。〈経済主義〉と〈道徳的観念論〉は、ブルジョワジーの発生以来、ブルジョワ世界観の基本的な要素対をなす。この世界観の現在の哲学的形態は、新実証主義と、その「精神的補完物」たる現象学的／実存主義的主観主義。この世界観の、〈人間科学〉に固有な変異体は、「構造主義」と言われるイデオロギー。

○〈人間科学〉の大きな部分、なによりも〈社会科学〉を——例外ありとはいえ、じつに〈社会科学〉は、マルクスが我々にその鍵を与える〈歴史〉大陸を、いんちきによって占拠しているので——科学の側へと征服すること。

○必要とされる厳密さ、大胆さを惜しまず、新しい科学と新しい哲学を発展させて、それらを、革命的階級闘争の実践による要請と創造とに結び付けること。

理論において、現在、決定的な環をなすのは、マルクス＝レーニン主義哲学だ。

質問5　一見するかぎり矛盾している、あるいは異なっている、二つのことがらを君は言った。［1］哲学は根本的に政治である、［2］哲学は科学に結び付いている。哲学のもつこの二重の関係を、君はどう捉えているのか？

ここでも、図式的な、とりあえずのテーゼによって答えよう。

［1］階級闘争で対峙する階級的立場は実践的イデオロギー（宗教的、道徳的、法的、政治的、美的、などのイデオロギー）の領域では、互いに敵対傾向に在る世界観に「代表」される。最終審級的に言えば、観念論的（ブルジョワ的）と唯物論的（プロレタリア的）な世界観に。どんな人間も、自然発生的に、なんらかの世界観をもつ。

［2］理論（科学＋「理論的」イデオロギー、科学と科学者とが浸かるイデオロギー）の領域では、世界観は哲学に代表される。哲学は階級闘争を理論において代表する。それゆえ、哲学は闘争（*Kampf* とカントは言った）、根本において政治的であるところの闘争、階級闘争なのだ。どんな人間も自然発生的に哲学者であるわけでないが、哲学者になることはできる。

［3］理論的領域が実在するから、つまり（厳密な意味での）科学が実在するから、哲学も実在する。科学なくして哲学なし、ただ世界観あるのみ。戦いの勝負どころと戦いの場を区別しなくてならない。哲学的闘争の最終の勝負どころは、世界観の二大傾向（唯物論的傾向、観念論的傾向）のあいだの、ヘゲモニー闘争。この闘争の主要な戦場が、科学的認識。科学的認識の側に就くか、就かないかだ。最重要の哲学戦は、要するに、科学的なものとイデオロギー的なものとの境界にて戦われる。科学を利用する観念論哲学が、科学に奉仕する唯物論哲学に、この境界で対抗する。哲学闘争は、世界観の階級闘争の、一部門だ。過去においては、唯物論がいつも観念論に支配されてきた。

［4］マルクスによって創設された科学は、理論という領域のシチュエーション全体を一変させる。それは新しい科学、歴史の科学だ。ゆえに、それは世界ではじめて、社会構成体の、構造と歴史とを認識させてくれる。それは、哲学が理論において代表する世界観を、認識させてくれる。それは哲学を認識させてくれる。世界観を変形する（マルクス主義理論の諸原則のもとで導かれていく革命的階級闘争）そのための手段を、それは与える。かくして哲学は二重に変革される。機械論的唯物論、「歴史について観念論的」であるそれは、弁証法的唯物論になる。力関係が逆転する。いまや唯物論が、哲学において観念論を支配する可能性を、また、政治的条件が現実にみたされるなら、世界観のあいだの、ヘゲモニー階級闘争に勝利する可能性をもつ。[*14]

マルクス＝レーニン主義哲学ないし弁証法的唯物論は、プロレタリア階級闘争を理論において代表する。マルクス主義理論と労働運動との合一（理論と実践との合一の究極的現実）の中で哲学は、マルクスの言うように、「世界を解釈する」のをやめる。哲学は世界を「変形する」武器、革命の武器となる。

質問6　『資本論』を、今日、読む必要があると君が言ったのは、いまあげてきた理由のゆえにか？

そのとおり。『資本論』を読むこと、研究することをなさなくてならない——

○プロレタリア活動家が長いあいだ実践の中で理解してきたことの、つまりは、マルクス主義理論がもつ革命的性格の、射程と科学的・哲学的帰結とを、余すところなく真に理解するために。

○この理論に、今日、深甚な脅威を及ぼしているブルジョワ的かプチブル的なあらゆる解釈、要するに修正、なによりも〈経済主義〉／〈人間主義〉の対から、この理論を防衛するために。*15

○マルクス主義理論を発展させて、ヨーロッパ、その他の国々における今日の階級闘争の分析に不可欠な、科学的概念を生み出すために。

『資本論』を読み、研究しなくてならぬ、に付け加えて言っておく。レーニンを、また国際労働運動のくぐってきた階級闘争の経験が書き溜められている、新旧のあらゆる偉大なテキストを読み、研究しなくてならない。革命的労働運動の実践的作品を、その現実、その問題、その矛盾、その過去の歴史、とりわけその現在の歴史にわたって、研究しなくてならない。

今日、ヨーロッパの国々には、革命的階級闘争のための巨大な底力がある。だがその底力を、それが在る場所に求めなくてならない。すなわち、搾取されている大衆のもとに。大衆との密な接触なしに、またマルクス＝レーニン主義理論のもつ武器なしに、言った底力が「みいだされる」ことはない。*16「産業社会」「ネオ資本主義」「新しい労働者階級」「消費社会」「疎外」、ソノ他モロモロのブルジョワ・イデオロギー的擬似概念は、反科学的、反マルクス主義的で、それらは、要するに、革命家と戦うためにつくられている。

ここで最後の指摘を付け加えておく。いちばん大切な指摘だ。

これら理論的、政治的、歴史的作品から何を「読む」か、何を研究するかを真に理解するには、それら作品を隅から隅まで決定している二つの現実、自分の具体的生活の中での理論的実践（科学、哲学）の現実と、自分の具体的生活の中での革命的階級闘争の実践の現実を、大衆との密な接触を保ちつつ自分でじかに、経験してみなくてならない。理論が歴史の諸法則を理解させてくれるとしても、その歴史をつくるのは知識人、ましてや理論家ではなく、大衆なのだから。理論のもとで学ばねばならない――だがまた、しかもこれが肝心なこと、大衆のもとでも学ばねばならない。[17]

質問7　用語法も含め、君は厳密さに多大の重要性を付与する。なぜなのか？

――哲学的実践の中心機能を、一つのユニークな言葉が要約してくれる。正しい観念とまちがった観念とのあいだに「境界画定の線を引く」こと。レーニンの（から来ている）言葉だ。

しかしまたこの同じ言葉に、階級闘争の実践を方向付ける、本質的操作の一つが要約される。すなわち、敵対する階級のあいだに「境界画定の線を引く」こと。階級的味方と階級的敵のあいだに。

同じ語である。正しい観念とまちがった観念のあいだの理論的境界画定の線。民衆（プロレタリアートとその仲間）と民衆の敵のあいだの政治的境界画定の線。

哲学は民衆の階級闘争を、理論において代表する。その一方で、哲学は、民衆が理論とあらゆる観念（政治的、道徳的、美的、etc.）において、正しい観念とまちがった観念を区別する、その手助けをする。原則として言えば、正しい観念はつねに民衆に奉仕し、まちがった観念はつねに民衆の敵に奉仕する。[18]

なぜに哲学は語をめぐって戦うのか？　階級闘争の現実は「観念」によって「代表」され、その「観念」は語によって「代表」される。科学的推論、哲学的推論において、語（概念、カテゴリー）は認識の「道具」だ。しかし政治闘争、イデオロギー闘争、哲学闘争においても、語は武器、火薬であり、また、鎮静剤、毒薬である。或る語に味方して別の語に反対する闘争に、階級闘争の全体が要約されることが、ときにあるのだ。敵同士のように相争う語がある。紛糾〔曖昧さ〕の場となる語もある。決定的でありながら行方の見えぬ戦いの、勝負どころとなる語が。

例。共産主義者は階級廃止のためと、すべての人がいつの日か自由で兄弟になれる共産主義社会のために闘っている。ところが、古典的マルクス主義の伝統全体は、マルクス主義は〈ヒューマニズム〉なり、と述べることを拒んできた。なぜか？　実際には、つまり、事実においては、〈ヒューマニズム〉という語は、ブルジョワ・イデオロギーによって利用されているから。その語をブルジョワ・イデオロギーは、別の正しい語、プロレタリアートの死活の懸かる語、階級闘争という語と戦うために、すなわちそれを殺すために、使うのだ。

例。最終審級的には技術、武器、etc. にではなく、活動家たち、彼らの階級意識、忠誠心、勇気に、すべてが左右されることを革命家たちは知っている。ところが、マルクス主義の伝統全体は、「人間」が歴史をつくる、と述べることを拒んできた。なぜか？　実際には、つまり、事実においては、この文句はブルジョワ・イデオロギーによって利用されているから。その文句をブルジョワ・イデオロギーは、別の正しい文句、プロレタリアートの死活の懸かる文句、大衆が歴史をつくる、と戦うため、すなわちそれを殺すために、使うのだ。

哲学はその最も抽象的、最も難解な長い理論的仕事においてさえ、同時に語をめぐって戦う。嘘の語、曖昧な語に対抗し、的確な語に味方して。哲学は「ニュアンス」をめぐって戦う。

レーニンは言った。「分派的な議論とかニュアンスの厳密な限定とかを、時宜に適わぬこと、余計なことと見る人は、近眼に決まっている。ロシア社会民主主義の長きに渡るこれから、じつに何年にも渡るその未来は、どの『ニュアンス』が凝固するかに左右されうる」(1)

語をめぐるこの哲学的戦闘は、政治的戦闘の一部なのだ。マルクス＝レーニン主義哲学は、極めて「学者的」な語（概念、理論、弁証法、疎外、etc.）と極めて単純な語（人間、大衆、民衆、階級闘争）をめぐってもまた戦うとの条件のもとでしか、その理論的で抽象的、厳密で体系的な仕事を成し遂げることができない。

質問8　仕事はどんなふうにしているのか？

哲学教師である三、四人の同僚や友だちといっしょに、仕事をしている。[*19]

我々が書くどのことがらも、明らかに、未熟さや無知のしるしをもつ。つまりそこには、不正確さや誤りが見付かる。我々のテキストや定式は、だから、とりあえずのものであって、いずれ訂正されていくべきものだ。哲学においても、政治におけるのと変わらない。批判なくして訂正なし。我々にマルクス＝レーニン主義的批判をむけてもらうよう、お願いする。

我々は革命的階級闘争の活動家からの批判に、最も大きな考慮を払う。たとえば、アルジャントゥイユ中央委員会大会[*20]の開催中に幾人かの活動家が我々にむけてくれた批判は、我々にとって、大きな救いになった。そのほかの批判もまた。哲学では、プロレタリアの階級的立場のそとにあっては、なにもできない。革命理論なくして革命運動なし。だがまた、革命運動なくして革命理論なし――とりわけ、哲学においては。階級闘争とマルクス＝レーニン主義哲学は、歯と唇のごとく、くっついているのだ。

原注

（1）『何をなすべきか？』[*op.cit.*, p.79]〔『レーニン全集』第五巻、前掲、三八九ページ〕

第七章　自己批判の要素（一九七二年）

論文集『自己批判の要素』は、アルチュセール監修の新しい叢書「分析」の一冊として、アシェット社から出た。[*1] この著作の冒頭にアルチュセールは、一九七四年五月二十日の日付をもつ、つぎの「はしがき」を付けた。

この小さな本は、二つの未刊の試論を含む。

第一の試論は一九七二年六月の日付をもつ。『ジョン・ルイスへの回答』に見られる自己批判の諸要素——思い出してもらえると思うが、それら要素は、哲学の定義を訂正することに限定されていた——を大幅に拡張すべく、そこに登場する予定であった試論である。しかし、この試論を『回答』というテキストに組み込むのを、私は思いとどまらねばならなかった。理由は、一つに、『回答』のもつ、たんなる雑誌論文であるとの枠組みをはみ出さぬようにするためと、もう一つ、のちにフランス語で発表したこのテキストの、統一性を壊さぬようにするためであった。

『マルクスのために』と『資本論を読む』が「理論主義的傾向」に染まっていることは、この二著作刊行から二年後、『資本論を読む』イタリア語版への序文にて、すでにはっきり言っておいたが、その二著作の立場に対する、はじめての批判的検討が、この試論にみいだされるだろう。

論文「自己批判の要素」に、それよりあとの一試論（一九七〇年六月）を、付論として追加していいと考えた。若きマルクスの進化を論じたその試論は、当時の私がどの方向に進もうとしていたかを、指し示しているので。

いまから私が、我々の反省によって目撃されたままに、その内部的「ロジック」とその内部的論拠とを展開してみせようとする自己批判は、もちろん、純粋に内部的な現象であるわけではない。その「ロジック」は、まったく別の「ロジック」、外部的なそれ、『ジョン・ルイスへの回答』で論じた政治的諸事件のもつそれの、効果としてしか理解されえない。

読者には、この二つの「ロジック」の必然的関係を自分で立ててもらいたい。理論に対する実践の優位、理論内階級闘争に対する経済・政治内階級闘争の優位を見失わぬようにして。[*2]

ごらんのとおり、この「はしがき」をもってアルチュセールは、論文「自己批判の要素」と『ジョン・ルイスへの回答』を強く結び付けようとしていた。数年前にケンブリッジから高等師範学校にやってきていた、イギリスの若き共産主義者G・ロックの勧めに従い、アルチュセールは「回答」を執筆した。「ウルトラ理論主義的」とアルチュセールの見ていた雑誌「理論的実践 *Theoretical Practice*」を主宰する、イギリスでの彼の公式的な弟子たちから距離をとり、より「政治的」、より「労働者階級至上主義的」とみなされていた諸潮流にむかって彼の努力を指針付けるよう、G・ロックは示唆したのだった。これをきっかけに始まった思索は、「一九六八年五月」を幕開けとする政治的高揚期にアルチュセールが没頭する、新たな課題と軌を一にしていた。イギリスの共産党知識人ジョン・ルイスの発表したアルチュセール批判論文が、イギリス共産党の理論機関誌「現代マルクス主義 *Marxism Today*」に掲載されたことで、口実はできた。[*3] この同じ雑誌に反撃を公表することの意義について、G・ロックはアルチュセールを説き伏せた。イギリスの党活動家たちの方針決定にとって、それは重要な役割を演ずる、と。[*4] 続いてテキストは、フランスの文脈に、「新たな」アルチュセール主義のマニフェストとして転用された。政治をより前面に打ち出し、「理論主義」を後景に退かせたアルチュセール主義――しかしそれはまた、付け加えておかなくてならないが、いままでになく強く教条主義的でもあった。[*5]

『ジョン・ルイスへの回答』の脱稿までに、アルチュセールは何度も書き直しを試みた。無数の異文と断片とを含む、次々と改訂されていった十を下らない版が、IMECに保管されている。[6] これらすべての版は、それらのあいだの相違を超えて、三つの本質的な関心に貫かれている。[1]「マルクス＝レーニン主義」の正統派をもって任じようとする意思――この意思は、最終稿において、有無を言わせぬほどに強まる、[2] アルチュセール言うところのみずからの「理論主義」と、それに密接に関連する問題、マルクスとマルクス主義一般における「持続的切断」の問題とについて、正確な見解を明らかにしようとする配慮、[7][3] 最後に、みずからの理論的介入を歴史の中に置き直して、その効果を測定しようとする配慮。この書き直しを通じて明らかにアルチュセールは、六〇年代のテキストが、スターリン主義に対する当時優勢を極めていた「右派的」批判、「人間主義」からする批判とは逆の、左派的批判を生み出す狙いをもっていたことを主張しようとしている――この分析は、最終稿で、大幅に口当たりよくされてしまうが。また、順次変えていった彼の立場設定は、解放的役割を果たす一方で理論主義的・極左的（毛沢東主義的）偏向を生むとの両義的効果をもった、とする観念（発表されたテキストには出てこない観念）が、しつこいほど繰り返し現れもする。[8]

論文「自己批判の要素」が『回答』と同時期のものであることはほぼまちがいないが、タイプ稿の比較研究からは、二つのテキストがはじめから別々に、しかもはなはだしく異なる発想のもとに、準備されていったことが判明する。[9] アルチュセールは長い時間と多大の労力をかけて、「要素」を改稿した（IMECには、多数の異文と断片とを伴なう、少なくとも三つの異稿が存在する）。[10] 日付のないデュルー宛の一書簡で、アルチュセールは、「或る種の読者たちと我々とのあいだには、ほとんど精神分析的と言っていい、無視できぬ『転移』関係がある」と指摘して、こう付け加える。

今日は別のテキストを送る。少なくとも大筋においては、[『ジョン・ルイスへの回答』と] 時期を同じくするテキストだが（一九七二年六～七月）、最近になってかなりの部分を書き直し、重要な加筆もおこなったので。なんで再びこのテキストを取り上げたのかって？『ジョン・ルイスへの回答』を出版するとの考えのまわりを「うろついて」みたが、この解決に満足できなかったからだよ。『回答』はあまりに「閉じられている」との感じがした。それで『回答』に、僕にとって大した問題にならないより政治的な第二の覚え書き以外に覚え書きを、理論主義についてのそれを、追加しようと考えたわけ。要するに、一種の「自己批判」。自己批判にはいつも（誰からもそれを求められていないときは！）、極めてデリケートなところがある。［1］なすべきか、それとも……口にせぬようにするか（そしてその沈黙を上手に操るか）を、知っておかなくてならない。［2］なすなら、何をどこまで、どんな調子とかたちで言うかを、要するに過去（自分の過去）について下す判断にどんな「体裁」を与えるかを、正確に知っておかなくてならない。［3］なすならまた、未来のこと、我々が互いに（やがて来るいつの日か）書けることがらのことをも、考えなくてならない。結局、どこから見ても危なっかしい作戦行動。君に言っても詮無いが、このテキストを書くには、ほとほと、てこずった。脱稿したいま、グロッキーとまではいかないまでも、ほとんど……テキストについてなんて言っていいかわからないありさまだ［…］。問題にかかわる当事者だが、比較的外部に立っていると、僕には君が見える。だから、君なら僕に、これは出版できる、できない、を言えるとの気がする。問題とテキストとをひっくるめてね。テキスト（「切断」、哲学は言うに及ばず……構造主義、認識論、スピノザなど少なからぬ問題をめぐって、少なからぬ危うい命題が、ここには仕込まれている）の細部については、しっかりドジっていると君の考える点、危なすぎる橋を渡っている点を、僕に指摘して欲しい。

ここに再録する版はアルチュセールによって公表された版で、最終タイプ稿（いくつかの手書きの訂正を含む）と比べ、ごくわずかしか違わない異文を含むだけである。異文は編者注にて指摘する。

一九六六年六月の或る日　長い時間をかけて
スピノザを私に語ってくれた彼の賛美者
ヴァルデク・ロシェに

それでもやはり必要なことと思う。ジョン・ルイスのそれ、さらにかくも多くの批判者たちのそれに続いて、私もまた、私の視点をみずからの試論群に与えることが。『マルクスのために』所収の、最初の試論[*11]はじつに一九六〇年の日付をもつのだから、書いてかれこれ七年から十二年経つ試論群ではあるが。

これらの試論を、私は一度たりと否定したことがない。そうする理由がないのである。しかし一九六七年、すなわち『マルクスのために』が出て二年後、私は『資本論を読む』イタリア語版（さらにその他の外国語版）で、それらの試論が、或る種のまちがった傾向に染まっていることを認めた。この誤りの実際に在ることを私は指摘し、一つの名をそれに与えた。理論主義。今日、私はもっと遠くまで行けると考えている。この誤りに愛でられた「対象」、その対象の本質的諸形態、その対象が響かせた共鳴効果を、明確にできる、と。

付け加えておく。誤りよりむしろ、偏向を語らなくてならない。理論主義的偏向。私が用語の変更、目下の場合ではカテゴリーの変更を促すのはなぜか、このニュアンスにどんな哲学的・政治的争点が賭けられているか、それはのちに見る。

すべてはいくつかの語に要約できる。

ブルジョワ・イデオロギーの現実的脅威からマルクス主義を守りたい、と私は思っていた。ゆえに、マルクス主義の革命的な新しさを示す必要があった。ゆえに、つぎのことを「証明する」必要が。マルクス主義はブルジョワ・イデオロギーに敵対する、マルクス主義は、ブルジョワ・イデオロギーからのラジカルで持続した断絶と、このイデオロギーの攻撃に対する間断なき闘いとを条件にしてのみ、マルクスと〈労働運動〉のもとで発展しえた。このテーゼは正しかった、いまも正しい。

しかし、社会的、政治的、イデオロギー的、理論的広がりを、余すところなく、この歴史的事実に与える代わりに、私はその事実を、一個の限定された理論的事実の大きさにまで縮めてしまった。一八四五年以降のマルクスの作品に観察できる、認識論的「切断」にまで。この縮小をとおして私は、「切断」をめぐる合理主義的解釈の中に引きずり込まれていった。「単数形の」科学と「単数形の」イデオロギー一般を思弁のうえで一対一に対立させるかたちで、真理と誤謬を対立させる解釈。かくしてマルクス主義とブルジョワ・イデオロギーの敵対関係は、この対立の一特殊ケースであることになった。縮小＋解釈。この合理主義的‐思弁的場面には、実質的に、階級闘争が欠けていた。

この縮小と、この合理主義的‐思弁的解釈から、私の理論主義のすべての効果が生じる。

それゆえ、みずからの理論主義について自分の見解を明らかにするには、できるだけ後ろにむかって批判的距離をとってみなくてならない。（話をはぐらかすかのように）別のことがらを語るためではない。あの出発点まで、私の理論主義の定着するきっかけをなしたあの特権的「対象」まで、引き返すため、要は、一八四五年を機にマルクスの作品の中に現れて上演される、あの途方もない政治的‐理論的実験、「切断」まで引き返し、それを私がどう縮小し、どう解釈したかを、そこから明らかにするため。

I 「切断」

じつに「切断」は幻覚でも、ジョン・ルイスの言う「無条件のでっちあげ」でもない。あいにくだが、この点については譲るつもりはない。縮めないで「切断」を解釈しなくてならないことは、いま言った。だが、事のなりゆきを、ごらんあれ。単純な合理主義的‐思弁的対立へと「切断」を縮めようとした私に対し、批判者の大半ときたら、それを無にまで縮める！　消しゴムでこすり取り、抹消線を引いて、なかったことにするのだ。しかも彼らが削除と破棄のこの仕事に掛ける情熱の、ものすごいこと！　明快に言おう。マルクスの理論的思考の歴史には、「切断」に似たなにか、無でないなにかが、まちがいなくある。〈労働運動〉全体の歴史にとって重要な、なにかが。そして、「切断」の事実を認める人々とその事実を無に縮めようとする人々とのあいだに在る対立は、あっさり言ってしまえば、結局は、一つの政治的対立にほかならない。

もう少し詳しく見てみよう。

マルクスに先行する理論的諸作品、レーニンに倣って三つの大項目、〈ドイツ哲学〉（〈法哲学〉と〈歴史哲学〉を含む）、〈イギリス経済学〉、〈フランス社会主義〉（ユートピア的とプロレタリア的なそれ）、のもとに分類できるそれら作品に、わずかでも通じている読者なら、誰にとっても明快なとおり、いや、明快であるだけでなく、異論の余地なしでもあるとおり、なぜなら、そのことは経験と比較によって検証可能なので（ただし個別に取り出された特定の定式を、でなく、テキストのまとまり全体のもつ構造とそれらテキストの作動様式を分析するなら、との条件は付くが）、『ドイツ・イデオロギー』[*12]を契機に、なにか前例のない、以後後戻りすることのない出来事が出現する。強い意味で歴史にかかわる出来事、しかしまたそれは理論にもかかわり、理論にかかわるかぎりで言えば、かつて私が隠喩的に「〈歴史〉-〈大陸〉を開くこと」と呼んだ出来事。この隠喩を保持してそれに即すなら（ただし「歴史を開くこと」と「大陸を開くこと」の二つの隠喩を二つとも保持して、その差異を巧みに操らねばならぬ）[(1)]、その出来事とは、「科学的認識に〈歴史〉-〈大陸〉を開くこと」、または（かつ）科学的理論の中に〈歴史〉-〈大陸〉が侵入すること、出現することだと言っていいだろう。

事実として言っても、新しい対象と固有の用語法とを手探りする中、往々にして明確さ、器用さをいちじるしく欠くかたちでであれ[(2)]、それどころか古い哲学的カテゴリーに深く捕らわれたかたちでであれ[(3)]、しかも、生まれ出るのを尻込みするかのようであれ、ラジカルな新しさを具えたなにかが、確実に理論の中に出現したのである。はじめてのなにか、前例のないなにか、また現在から振り返れば言えるように、後戻りの利かないなにか。

批判者たちが容赦しなかったこのテーゼを、私は維持する。当時はあのように呈示するほかなかったそのままのかたちでそれを引き継ぐが、しかしそのままでは、このテーゼが図式的すぎることは言うまでもない。時間のかかる探究と分析が必要とされると言ってよく、そのための、このテーゼは仮説にすぎない。しかし私には、むけられた多少とも真面目な反論の一つとして、このテーゼの原理的な部分を揺るがしたとは思われない。枝葉を落としてしまえば、つまるところ、このテーゼは一つの事実を記録する以外はやっていなかったのだから。

私はこう言ったのだった。『ドイツ・イデオロギー』の示す様々な曖昧さ、様々な迷いの中にさえ、マルクスのそれ以前のテキストに探しても見付からぬ、理論的基礎概念の組成が実際に存在することが確認できる、と。いずれも、その前史におけるとはまったく異なる様式に従って作動しうるとの、特殊性を示す概念である。独自の配備からいままでにない意味と機能とを受け取る、これら新しい概念――生産様式、生産関係、生産力、その根を生産力と生産関係とからなるユニットにもつ社会階級、支配階級／被支配階級、支配イデオロギー／被支配イデオロギー、階級闘争、etc.――の研究に、ここでは立ち入らない。申し分ない比較を許すあの実例『一八四四年草稿』〔いわゆる『経・哲草稿』〕だけを取り上げ直すなら、それのもつ理論体系《システム》＝機構が、三つの基礎概念――〈人間的本質〉／〈疎外〉／〈疎外された労働〉――の上に成り立っていたことを思い出しておこう[4]。

そのうえで、こうはっきり言っておく。この新しい概念体系＝機構、概念配備《ディスポジティフ》＝装置の「作動様式」は、それ以前の体系＝機構の「作動様式」とはまったく単純に別のものとして現れた（そこには「本性上の」つながりも、連続性、それどころか「転倒」さえない）。そこで目撃されるのは「地盤替え」なのであるから（ごく早い時期に、私はこの重要な隠喩を差し出した）、ゆえに「新しい地盤」なのであるから。その地盤の上に、新しい概念が、長くも周到な準備期間を経て、やがて科学的理論の土台を据える。あるいは、科学、通常の枠を超えた科学、革命的科学となるべく、しかしまたこの科学が客観的認識をもたらす以上は、我々が通常の科学に認める意味での理論ともなるべく運命付けられたもの、それの発展に、（別の隠喩）「道を開く」。具体的な歴史の現実的な問題を少しずつ、はじめて、新しい概念の中で科学的問題として立て、（『資本論』でマルクスがなすように）証明された理論的成果に達することが、実際、この新しい地盤の上で可能になる。証明されたとは、それら成果が科学的かつ政治的な実践によって検証可能であること、[5]一定の基準に従ってなされる訂正に対して開かれていることを意味する。

さて、歴史にこの新しい科学的〈大陸〉、土台となる理論的概念のこの新しい配備が出現することは[6]、いままで土台をなしていた古い準概念の数々および（または）それら準概念の配備を理論的に拒絶すること、まちがっていたと認知したうえで拒絶することと並行して、進んでいった。たとえこの進行過程が明らかに矛盾を含むにせよ、マルクスの中に肉眼で見て取れるように。

注意せよ。ここで我々は、過敏な理論的・政治的反応性をもつ第一の点に触れている。

一八四五年を機に『ドイツ・イデオロギー』で、この明示的な拒絶過程は始まるが、しかし極めて一般的で抽象的な形式に包まれて、それは始まる。経験的現実についての「実証的＝積極的科学」を、誤認・幻想に、イデオロギーという錯覚に、とくに明度の高い言葉で言えば、哲学という錯覚に、対立させる形式である。哲学は、単純なイデオロギー、むしろ典型的なイデオロギーとして、その時点では把握されていた。しかし、一八四七年になるが早いか、『哲学の貧困』にて「清算」はじかに新しい理論的「地盤」の上で起きる。三年前には『聖家族』でフランス・プロレタリアートの科学的理論家として激賞されたプルードン、いまやその彼の似非科学的概念が、ツケの払いに回される。

しかし決定的なのは、この清算のやり方である。「転倒」[7]をとおして部分的に進むか、場合によってはそのようにして進むこともありうる哲学的「批判」では、それはもはやない。誤りの誤りであることが科学的に暴露され、誤りの除去、誤りの端的な始末がなされる。マルクスは概念的誤りの支配を終わらせる。それら誤りを彼が誤りと名指せるのは、彼が「真理」を、科学的概念を、提出するがゆえである。極めて特異なこの清算のやり方は、もはや停止することがない。それはマルクスの全営為を通じて続行される。『資本論』で、またその後も（「ゴータ綱領」に含まれる理論的誤りのゆえに彼が社会民主党指導者たちに食らわせた痛棒、また、「価値」概念をめぐるヘーゲル的たわごとをいじくり回して、価値を使用価値と交換価値とに「分裂」させる、ヴァーグナーに食らわせた痛棒参照)[*13]。それはレーニンにおいても続行される（大衆迎合主義者、「ロマン主義者」たちとの論争、『資本論』をめぐるローザ・ルクセンブルクとの論争、国家と〈帝国主義〉をめぐるカウツキーとの論争、etc.)[*14]。さらに毛沢東においても。けっしてそれは止まることがない。科学は（ほかならぬ史的唯物論について、レーニンがたえず想起させるように）けっして止まらない。

だが、いかなる科学も始まる[(8)]。いかなる科学も、もちろん、必ず前史をもったのちに、そこから抜けるのだが、その抜けるに、二つの意味がある。ふつうの意味での抜けると、それとは別の、科学特有の意味での抜ける。この特有の意味は、科学をまずなによりも哲学から、理論のもとで科学に付き添っている哲学から、区別するのだが、しかしまたそれは、実践的・理論的イデオロギーのような別の現実からも、科学を区別する。

科学がその前史をふつうの意味で抜けるとは、つぎのごとく理解されたし。科学は無から生まれるのでなく、ときに光の差すことはあれ、闇雲で盲滅法の——というのも、どこへむかっているのか、いつか終わりがあるにしても、果たしてどこに出るのか、「その作業」は知らずにいる——、複雑かつ多様な営々たる出産準備作業を経て生まれてくる、と。様々な「要素」、イデオロギー的要素、政治的要素、(他の科学の領分にある）科学的要素、哲学的要素、etc. の見通しがたい、信じられぬほど複雑かつ逆説的な、それでいて、その偶然性において必然的でもある合流[*15]から、科学は生まれる。互いが互いを求め合っていたことを、それら要素は、或る時点＝瞬間において[(9)]「発見する」。ただし事後的に。なぜなら、生まれようとしている科学の、その理論的な顔付きの中に互いを認めることなく、それらは出会う。この第一の意味で、科学はみずからの前史を抜ける。原子から生物、人間にいたるまで、さらに遺伝情報を複製する遺伝コードをも含めて、この世に生まれくるありとあらゆるもの同様。

しかし科学はまた、独自に、みずからの前史から抜けもする。まったく類のない抜け方、少なくとも理論的には科学特有の抜け方。じつにこの抜け方を、科学は、中でも哲学がみずからの歴史を「抜ける」やり方から、[*16*]区別する。この第二の意味でなら、つぎのように言ってほぼかまわない。「無知が論拠になるわけない！」との有名な捨て台詞を吐くなり席を立ち、ばたんとドアを閉めて共産主義者ヴァイトリングの部屋[*17*]からマルクスが出ていったように、科学はみずからの前史を抜ける、と。みずからの前史の全部または一部を拒絶し、それがまちがっていた、誤りであったと規定して抜け出す、と。だが、少なくとも最初のうちは、この科学も「細かい詮索」をせずにすますことがある。当初の判断が究極において「公正を欠く」のであっても、かまやしない。ここで問題なのはモラルなんかでないのだから。そう、かまやしない――全然！――、事後に、ずっとあとになってから、イデオローグたちがやってきて、彼らの力ではもはやいないことにできないこの父なき子のために、公式の系図をひねり出そうが。この子の存在をはぐらかすための系図[10]、その子が前史においてもったはずのただ一人の父を選び出して押し付ける、系図（少しばかりこの子を躾るべく）。かまやしない――大いに結構！――、さらにそのずっとあとになってから、正統的な、ということは当然にもかなり異端的な[*18*]研究者たちがやってきて、複数の血統の存在を改めて立証する。とても複雑で、その必然性においてとても偶然的なこれら複数の血統は、父（唯一で-特定可能な）などもたぬ子が生まれるとの結論を、受け入れさせる。いずれにせよ、父なき子という明白なことがらを受け入れ、この事実の説明を試みることがなされなくてならない。認知された科学は必ずその前史を抜けてきた科学であるが、その科学はまた、その前史を抜けることをいつまでも続けていく（科学の前史は、科学の〈分身〉として、科学のいまと共につねにあるので）。みずからを誤りとして拒絶するという様式、かつてバシュラールが「認識論的断絶」と呼んだ様式に従って、である。

　彼に負うこの観念を、言葉遊びによって、できるだけ切れ味よくするために、私はそれを「認識論的切断」と呼び、初期試論群の中心カテゴリーとしたのだった。

　青天の霹靂！　この用語が、私を狙ったまさしくユニオン・サクレ〔神聖同盟〕協約[*19*]を、もののみごとに固めさせた。ユニオン・サクレに参加したのは、みずからの支配する〈歴史〉が〈持続〉していくこと、また、みずからの途絶えることなき支配権と未来とを信ずるのに必要な自己像を映し出してくれる、〈文化〉が〈持続〉していくことに、生まれて死ぬまで、ブルジョワとしてしがみつく人々だけではなかった――ひとたび革命が成って社会主義を建設しようという段で人間的知識のありとあらゆる力添えが必要になることを、共産主義者として、レーニンと共に知っていながら、しかし「ゴータ綱領」のマルクス主義者たち同様、連立の基本方針から「ずれた」いくつかの科学的概念のせいで政治的同志を失うのでは、と危惧する人々もいた、――さらにまた、マルクス主義に「ブルジョワ的」概念を――なにせ私はマルクス主義について「科学」を、マルクス主義の始まりについて「切断」を言ったので――持ち込んだとの罪で私を、政治的には異なれ哲学的には同じである議論をもって断罪したアナーキスト化した人々も。

とまれ、別の概念が、だけでなく、もっとよく誤差補正された、もっと的確な概念が提出されるまでは、私は自分の誤りを訂正しつつ、自分のテーゼを維持していくつもりだ。明白な政治的理由と、余儀ない理論的理由の、いずれの理由からしても自分のテーゼを維持していく、と言っているのである。

幻想と言っただけで口を拭わぬようにしよう。これは究極的には政治的論争であり、政治的衝突である。私を批判する、善良なるブルジョワであることを隠さぬ人々のほかにも、相手はいる。マルクス主義理論、マルクス主義科学という言い方、〈労働運動〉の歴史をとおして、また、マルクス、エンゲルス、レーニン、毛沢東の定式化をとおして、数えきれぬほど何度も用いられてきたにもかかわらず、この言い方が、我々も知る喧喧囂囂たる論争の嵐、論難、熱中を引き起こしてきたことを[11]、たんなる言葉をめぐる喧嘩であったなどと、いったい誰が素朴に信じるだろう！これは文献学者の論争なんかでない！　あれらの語が維持されるか消されるか、守備されるか撃破されるかが、明らかなイデオロギー的・政治的性格をもつまさに闘争の、その勝敗を分けるのだ。あれらの語をめぐる喧嘩の裏で、今日、争点となっているのは、レーニン主義そのものである、と言って言いすぎではない。理論の、マルクス主義科学の、存在と役割を認知するか否かだけでなく、〈労働運動〉とマルクス主義理論との具体的融合形態が、さらには唯物論と弁証法とについての概念構成が、また争われてもいる。

公平であることが必ずしも容易でないのは、承知している。イデオロギー戦がしばしば混戦になること、陣営が部分的に入り乱れること、戦闘員の頭越しに議論が交錯することも、なるほどそのとおり。また、或る党派の味方を自他とも任ずる人々が、現実には、いつもその党派の立場を占めるとはかぎらぬこと、あるいは、狙ったのとは違う目標をその人々が達成してしまうことのあることも認めるし、さらに、マルクス主義科学なる観念への攻撃が、ややもすると、そういう議論のいくつかを弾みにして、弁解の余地なきいくつかの誤りに飛び移ってしまうことさえあることも。だから、こう約束することにしよう。公言された立場を、確保された立場と引き起こされた効果とがなす連関《システム》によって、つねに判断すること。たとえば、一方の側にのみとどまろうとしてマルクス主義理論の味方であることを公言しつつも、その理論を思弁的な、ゆえにマルクス主義的でない立場にて擁護してしまうことや、また同様に、マルクス主義者であることを公言しつつも、マルクス主義理論を実証主義的な、ゆえにマルクス主義的でない立場にて擁護してしまうことがある――そこから直接もたらされる、あらゆる効果を伴なわせて。だが、革命的理論としてのマルクス主義理論、革命的科学としてのマルクス主義科学という、類例がないとの意味でまさしく前代未聞であるこの現実を思考しようとすれば、マルクス主義理論・マルクス主義科学の擁護は、唯物論的‐弁証法的な、ゆえに思弁的でも実証主義的でもない立場においてしかなしえない。

　いまの言い方でほんとうに前代未聞であるのは、それが理論と革命的とを結び付けるということ（客観的に／革命的である／理論なくして、客観的に／革命的である／〈運動〉なし、レーニン）、なおかつ、科学が理論の客観性の指標である以上、[*20] 科学と革命的とを結び付けるということである。まともに受け取れば理論と科学の既成概念を覆すことになる、この二つの対には、しかしまだ、理論、科学の二語が現れる。それは「物神崇拝」でもブルジョワ的な「物象化」でも、さらには筆の滑りでもない。この二語なしで済ませることは、政治的にも理論的にも、我々にはできない。それというのも、現在なされている実践の地平で逆のことが証明されないいまのところ、我々は別の語をもっていない、より良い語をもっていない。しかも、マルクス、エンゲルス、レーニンが、みずからの政治的戦闘と理論的作品とを通じて、終始その二語を道しるべ、武器として使いつづけたのは、政治的・理論的闘争に、すなわち、プロレタリアートの革命的解放に、不可欠な語と考えていたからだった。

ゆえに、マルクス主義のあらゆる古典がその語を使ったように、我々にも、マルクス主義理論を、またマルクス主義理論の内部で、科学と哲学とを語る権利、さらには義務がある。ただし、理論主義、思弁、実証主義にけっして陥らぬとの留保付きで。このうえなく敏感な地点[*21]にただちに触れて、さらに言うなら、「科学」という哲学的カテゴリーを引き継ぐことの、語をめぐる塹壕戦でマルクス＝レーニン主義についてそのカテゴリーを防衛することの、そして革命的科学のマルクスによる創設を語ることの、理論的には権利が、政治的には義務が、然り、我々にはある。ただし、科学について我々のもつ観念のなにか決定的なものを「動かす」この前代未聞の対、「科学」と「革命的」の対の、その条件、根拠、意味を説明すること、との絶対条件を付けて。この文脈とこのプログラムのもとで「科学」という語を引き継ぎ、それを守備することを、我々は、主体＝主観に寄りかかるあらゆるブルジョワ的観念論者に抗してだけでなく、プチブル的マルクス主義者にも抗して、なさねばならない。こうした観念論者、こうしたマルクス主義者のいずれもが、「科学」と口にされるだけで、「実証主義」への不満を叫ぶが、それはたぶん、科学の実践と科学の歴史——それがマルクス主義科学であるならなおさら——について彼らがつくりうる、またはつくりたいと望む唯一の表象が、あいかわらず実証主義にもとづく古典的もしくは通俗的な表象、ブルジョワ的な表象であるからだろう。相手がマルクス主義者であるか否かを問わず、プチブル・イデオローグに対抗して、我々はいま言ったことをなさねばならない。プチブル・イデオローグは（かつてシュティルナーが「〈聖なるもの〉」を声高に難詰したごとく[*22]）「物象化」を、客体性への「疎外」を大声で難詰するが、それはたぶん、彼らが、ほかならぬブルジョワジーの法的・哲学的イデオロギーの背景をなす対立、〈人〉（〈自由〉＝意思＝権利）と〈モノ〉との対立を、なんの抵抗もなく受け入れているからだろう。[(12)] 然り、死活の懸かるくっきりした一義的な境界画定の線を、二つの側のあいだに引くために（実証主義や思弁の中に落下せぬようその線引きに際限なく「取り組む」ことを、たとえなさねばならぬにせよ——それはなさねばならぬ――）、我々が、マルクス主義の中に厳然として在る不可欠の科学的核、〈史的唯物論〉なる核を語るのは正しい。一方の側にいるのは、検証された、かつ検証可能な客観的知識、要するに科学的知識を、階級的敵対者に言葉のうえででなく、事実として勝利するために必要とするプロレタリアート、他方の側にいるのは、マルクス主義に、言うまでもなく、いかなる科学の資格をも認めまいとするブルジョワに加え、空想かプチブル的「欲望」によってみずからこしらえた、個人的「理論」もしくは「理論」もどきで満足する人々、あるいは、いかなる科学も、それどころかいかなる理論も本質的に「物象化をなす」もの、疎外をなすもの、ゆえにブルジョワ的なものとの口実をもって、科学的理論という観念のいっさいを、それどころか科学という語、理論という語さえも、受け付けない人々である。[13]

さらにこう付け加えておこう。我々には、「認識論的切断」についても語る権利がある。革命的マルクス主義科学がまったき独自性をもつとはいえ、それをも含めたところの科学の誕生という歴史的‐理論的事実を、科学がその前史から抜けるという、つまりは科学がその前史の誤りを拒絶するという明白な徴候によりつつ指し示すために、この「認識論的切断」なる哲学的カテゴリーを用いる権利が。もちろん、それを用いるには条件が付く。たんなる結果を原因と取り違えないこと――すなわち、「切断」の予兆と効果とを、理論の歴史の中に科学が出現するという理論的現象として考えること、つまり、理論の歴史の中に科学が侵入してくる、その社会的、政治的、イデオロギー的、哲学的条件へ、参照を振る現象として。

Ⅱ　「科学とイデオロギー」

さて、ほかならぬまさにこの地点で私は、というのも、誰も私の代わりにそれをほんとうにはやってくれなかったので、[14]みずからの理論主義的誤り、「切断」にかんするそれを、告発しなくてならない。

言うところの「切断」であるが、慎重のうえにも慎重を期したつもりであったのに、私はそれを結局は、科学と非科学なる合理主義的用語の中で捉えて、定義してしまった。あからさまに、真理と誤謬の「古典的」対立（起源において、つまり〈プラトン主義〉においてすでにして「固定」されていた或る一つの対立をデカルト主義が引き継いでもつことになった対立）を言う用語の中で、というわけではなかった。知識と無知の対立（〈啓蒙主義哲学〉のもったそれ）を言う用語の中ででもなかった。あえて言えばもっとまずい対立、科学〈一般〉とイデオロギー〈一般〉の対立を言う用語の中でであった。

なぜまずかったか？

とても重要だが、またとても曖昧でもあり、曖昧であるがゆえに人を騙しもするマルクス主義的準概念、『ドイツ・イデオロギー』に出てきてそこで区別のないただ一つの名称のもとに二つの異なる役割、一つは哲学的カテゴリー（幻想、誤謬）の、もう一つは科学的概念（上部構造の形成）の役割を演じる準概念、すなわち、イデオロギーなる準概念を、科学に対置するかたちでまさに舞台に載せることで、それはあったからだ。『ドイツ・イデオロギー』がこのような混同の余地を確かに与えるとしても、それは大したことではない。言うまでもなく、マルクスは『ドイツ・イデオロギー』から抜け出て、我々に混同の罠を避けさせてくれるのだから。じつはあれは、誤謬と真理の対立という合理主義の舞台の上に、イデオロギーなる曖昧な準概念を配置することだった。つまりは、イデオロギーを誤謬へと縮小する一方で、誤謬をイデオロギーと命名し、当の合理主義の舞台に、くすねてきたマルクス主義的体裁を凝らすことだったのである。

我々にとって、このことにどんなイデオロギー的・実践的使い道があったかは、言うまでもない[15]。意味のないものまで仮装させることはしていなかったので、この仮装には確かに役立つ面もあった。だがマルクス主義は、理性的ではあっても〈合理主義〉ではないし、「現代的」な〈合理主義〉（戦前、ナチズムの非合理主義に対する烈火の戦いの中で、我々の先達の何人かが夢見たようなそれ）でさえない。私が他方でイデオロギーのもつなによりも実践的な、つまりは社会的・政治的な機能について何を言ったにせよ、そのとき（『ドイツ・イデオロギー』を盾に）イデオロギーという一つ同じ語を使っていた以上、私がこの語の第一の用法、政治的で疑問の余地なく合理主義的である用法（＝幻想・誤謬を暴露すること）に期待した意義は、客観的には、この地点で私の解釈を理論主義のほうへ傾けたのだった。

とはいえ、イデオロギーへの誤謬の仮装は、『ドイツ・イデオロギー』の曖昧さの中ででさえ、別の意味をもちえたのであり、実際にもまたもった。イデオロギーが誤謬のマルクス主義的な「名前」にすぎなかったにせよ、この縮小をなす『ドイツ・イデオロギー』からさえも、理論的であるばかりか政治的・イデオロギー的でもある、まったく別の断絶、まったく別の広がりをもつ断絶が、「実証的真理」とイデオロギー的幻想との対立の背後で始まって、完了にむかって進んでいることは、すでにはっきり感じ取れていた。この断絶はイデオロギー一般からの、マルクスの断絶を言うのではなかった。既存のイデオロギー的歴史観からの断絶だけを言うのでもなかった。ブルジョワ・イデオロギー、権力の座に就いた支配的ブルジョワ世界観からの断絶だったのだ。社会実践の上にだけでなく、実践的・理論的イデオロギーの中、哲学の中、果ては〈経済学〉の作品、ユートピア的社会主義の作品の中にまで君臨するこの世界観からの。ブルジョワ世界観の君臨が無条件に成ったのではなく、封建的世界観の残滓と新しいプロレタリア的世界観のまだ堅固でない大前提とに対する、闘争の結果であったこと、これもまた、マルクスの立場を理解するうえで、決定的な事実である。というのは、彼がブルジョワ・イデオロギー全体からの断絶をなしうるその唯一の条件となったのは、じつにプロレタリア・イデオロギーの大前提と、このイデオロギーに具体的なかたちと粘稠性をもたせる最初のプロレタリア階級闘争とに、触発されることであったのだから。「実証的真理」とイデオロギー的幻想を対立させる合理主義の舞台の背後でこの対立に、それのもつ真に歴史的な広がりを与えた「事件」とは、これである。あの論争の勝敗がブルジョワ・イデオロギー[*23]からの断絶に懸かることを、私は確かに「感じ取った」。私はこのイデオロギーを（人間主義、歴史主義、進化論、経済主義、観念論、etc. の中に）特定して性格付けようとしていたのだから、当たり前である。しかし当時は、イデオロギーそれのメカニズム、それの形態、それの機能、それの階級的傾向についての理解、イデオロギーと哲学および科学との必然的な関係についての理解を欠いていたため、私は、ブルジョワ・イデオロギーからのマルクスの断絶と、「切断」とのあいだに在るつながりを、ほんとうの意味では明確化できなかった。

「切断」は、実際、幻想ではない。

イデオロギーへの誤謬の仮装の背後には、一つの事実が残っていた。真理・誤謬の対立の発生は、客観的に言って、科学の誕生・出現の一つの徴候をなす（ほんとうにそれが科学であるなら）との事実。人がなんと言ったにせよ、確かに私は、科学とイデオロギーの「非弁証法的」対立にとどまってはいなかった。その証拠に、私は、この対立が繰り返し回帰すること、ゆえに歴史的・弁証法的であることを明らかにしようとしていたのであり、実際、「真理」を「発見」「獲得」してはじめてそのとき、ただそのときにのみ、科学者は、勝ち取ったこの地歩から科学の前史を振り返って、その前史の全体をか部分を、誤謬、「誤謬の織物」（バシュラール）と性格付けることができる。たとえ彼がこの前史のうちに、そこから除外すべきもろもろの部分的真理や、そこから拾い集めるべきもろもろの先取りを（例——〈古典派経済学〉〈ユートピア的社会主義〉）改めて認めることがあるにしても。というのは、じつにこの除外ですら、それがはじめて可能となるのは、科学の前史のもつ部分的真理や先取りが、最終的に発見されて所持されるにいたった真理をもとに、部分的真理であり、先取りであると、そのとき確認・同定されるからである。« *Habemus* enim *ideam veram...* »（スピノザ）[24]。真なる観念を実際に所持している（*habemus*）がゆえに（*enim*）……我々は、« *Verum index sui* et *falsi* »「真なるものはみずからと虚偽とを共に指し示す」[25]、と述べることもできる。またそれゆえに、誤謬を（部分的真理として）確認することは、真なるものの回帰なのである。

だがしかし、科学とイデオロギーの対立がたとえ「回帰する」のであれ、「持続する」のであれ、「終わりをもたない」のであれ、ただそれのみへ「切断」を縮小して尽くしてしまうことで、私は、科学がそれ自体に対して（しかし、それ自体に対してだけでないことは、明らかすぎるほど明らかか！）もつ視点を、無批判に採用しようとしていた。むしろ——というのは、いまの言い方はまだ観念論的なので——科学的実践の「代行者」たちが、彼ら自身の実践とその実践の成果の歴史とに対してもつ視点である。あるいは、むしろ——じつにいまの言い方もまだ観念論的なので[16]——科学の始まりの中に以後と以前の対立、みいだされた真理（複数でさえある真理）と斥けられたもろもろの誤謬との対立をしか見ない、「学者の自然発生的哲学」（レーニン）の視点。だがその後、[17]私は、この「学者の自然発生的哲学」が自然発生的でないと明らかにすることを、まさに試みてきた。つまり、その哲学は、学者自身の哲学的構想力に由来するのでは少しもない。じつにこの哲学は、端的な哲学が、ということは、つまるところ、「哲学者の哲学」が白日のもとで展開してきた諸〈テーゼ〉、矛盾した諸傾向の、学者と「自然科学者」とによるまったく単純な継承にすぎない。

要するに「切断」の存在を私は確かに指摘したのだったが、この「切断」を、しかし、イデオロギーへの誤謬のマルクス主義的仮装のもとで、しかもその「切断」に歴史の全体と弁証法とを「注入」[18]しようと試みていたにもかかわらず、合理主義的でしか最終的にはないカテゴリーの中で考えていたので、何が切断を必要とさせるかを説明できず、またそのことを、内奥で感じ取っていただけで、考えることも表現することもできなかった。[19]

そのことゆえに、実際にも私は、ブルジョワ・イデオロギーからのマルクス主義の断絶を「切断」に縮小し、ブルジョワ・イデオロギーへのマルクス主義の敵対を、科学とイデオロギーの敵対に縮小していた。

このまちがった立場は、当然にも、帰結を伴なわずにすまなかった。陳腐にであれ、キザったらしくであれ、ただその立場を語るだけでやめておいたなら、そうなりはしなかったかもしれない。ところが私は、愚直にも（あるいはロジックの道筋に沿って）、それを理論的な議論に仕立て、撒いた種をのちに自分で刈り取らねばならなくなるほどの厳密性をもった推論の中に、書き込んでしまった。

科学（真理）とイデオロギー（誤謬）を合理主義的に対立させるというこの「誤り」を私は、あらゆる種類の留保、しかし当然にも効果のない留保を付けたにもかかわらず、三つのかたちで理論化してしまった。私の理論主義的（合理主義的‐思弁的）傾向を体現・要約することになった三つのかたち、すなわち――

［1］科学一般とイデオロギー一般との差異の理論の（思弁的）素描

［2］「理論的実践」のカテゴリー（このカテゴリーが、そのときの文脈において、哲学の実践を科学の実践に重ね合わせてしまうそのかぎりで）

［3］哲学とは「理論的実践の〈理論〉」なりとの（思弁的）テーゼ――言ったところの理論主義的傾向の極みを表していたテーゼ[20]

もちろん、この最後のテーゼ、哲学についてのそれは、マルクス主義科学の概念構成、史的唯物論の概念構成の上に、派生効果をもたらさないでいなかった。私がマルクス主義科学とマルクス主義「哲学」の（ぎりぎり原則的な）区別に演じさせた役割のせいというより、むしろ、私がこの関係を考えようとしていたそのやり方（科学同様、哲学も究極的には理論、同じ布地から切り出されただけでなく、加えて大文字で言い表される〈理論〉である）のせいで。ここから、もろもろの悪影響が、マルクス主義科学の、〈史的唯物論〉の、様態を呈示することの上に及んだのであった。とりわけ『資本論を読む』において。

そしておそらくこのとき、私の理論主義的傾向の時勢的な副産物、構造主義という子犬が、我々の足元にじゃれつきはじめたのだった……

Ⅲ　構造主義？

言っておかなくてならないが、〈古典派経済学〉の「見誤り bévue」、〈生産関係〉、さらには物神崇拝（といっても、これは私の関心事ではなかった。物神崇拝の理論は、私にはつねにイデオロギー的と見えていた）のどれをも説明するために、構造と要素、etc. をでなく（これらの概念のどれも、マルクスのもとにはあるのだから）、たとえば「不在の原因の及ぼす効力」(これとても、構造主義的というより遥かにスピノザ主義的だが!)をしゃれる(*Kokettieren*)[*26]のは——また、まちがいなく「マルクスの巨大な理論的発見」であるなにか、しかしマルクス主義の伝統の中で唯物論的な弁証法的因果性と呼んで別にさしさわりない、そのなにかを、構造的因果性(スピノザ参照)の用語のもとで告知するのは、当時では、そそられることであった。及ぼされる批判的効果を考えるなら、これらの準概念、たとえば「不在の原因」[(21)]というカテゴリーが全面的に無意味であるわけではないが、一九六五年のあの春、『資本論を読む』の何ページかにおいて、我々は必ずしも抑制を利かすことができず、構造主義的用語法への我々の「しゃれっ気 flirt」は、確かに一線を超えてしまった。その証拠に、我々を批判した人々は、何人か例外もあったが、構造主義的用語法への皮肉や茶化しを感じ取ることはなかった。じつに我々の頭にあったのは、構造主義的テーマとそれの流行とをつくり出した匿名の作者とは、まったく別の〈人物〉であったのに! それが誰であったかは、やがてわかる。

それでも我々の試論の中には、再考を促しえたでもあろう、いくつかの手がかりが含まれてはいた。たとえば、どうして構造主義が「最終審級での決定」「支配/従属」「重層決定」、これだけではないが、そういったカテゴリーを呑み込んでしっかり消化できるのか、との疑問は、私の頭を離れることがなかった。しかしそんなことなどおかまいなし、態《てい》のいい目先の理由だけで、人々は我々を「構造主義者」と決め付けた。あらゆる党の、あらゆる国の社会民主主義者の一大家族は、我々を「構造主義」の棺桶に入れて厳かに墓穴に運び、マルクス主義の名において、つまりは、彼らのマルクス主義の名において、土を被せた。「歴史」「実践」「弁証法」「具体的なもの」「生活」、それにもちろん「〈人間〉」と「〈ヒューマニズム〉」、スコップで振り掛ける土に事欠くことはなかった。埋葬としてはみごとな埋葬だった。ずいぶんと奇妙なこんなおまけも付いて——何年も時間は経ったのに、葬式だけはいまも続く。

それなりの興味を欠くわけでない(どんな興味かをまだ知る必要はある)、こうした閑話休題は措くことにするが、しかしこの脇道が、我々を本題から逸らせてしまうことはありえない。理由はごく単純。[*27]むけられた当時の批判は、ものごとの順序をあべこべにしようとしていたということ、つまり、我々に構造主義者の名を冠することで、理論主義のほうを翳《かす》ませたのである。或る意味で、その批判はなにごとかをみごとに埋葬した。[28] すなわち、中心的な偏向、理論主義を。しかしそれを、副次的な（かつ、疑問ありの）偏向、構造主義の下に埋葬したのである。なぜかは理解される。理論的反人間主義というマルクス主義的テーゼは、それが簡潔に表現されても、何人かの重要な研究者（ソシュール[29]とその学派）の、正しいが、いずれにしてもマルクス主義とは異質な、「構造主義的」（反心理主義的、反歴史主義的）反応のいくつかとは「擦れ違う」ことがありえたが、あれら批判のもつ人間主義イデオロギーとは、真正面から衝突したからである。いくつかの境界画定の線がこうして交わり、いくつかの敏感な点で交差しうること、哲学の戦いでは（敵でもありうる）他者の占める拠点にしばしば戻り、それをみずからの守備する陣地に併合せねばならぬこと（そうされることで、この拠点の意味は変わりうる。なぜなら、それはまったく別の配備の中に書き込まれるから）、このような攻囲は、あらかじめ誰によっても保証されてはいず、マルクスがヘーゲルと彼の用語法を『資本論』第一巻第一篇で「しゃれてみた」と認めたときに指摘するリスクさえ含めて、リスクというものを伴なうこと――構造主義と人間主義のみかけの競り合いに魅了された我らが批判者たちは、彼らにとって都合のいい対立の中に頑と居座りつづけ、いま言ったことを見もしなければ、それに気付きもしなかった。それゆえ、ものごとの順序を元に戻さなくてならない。流れた時間的距離、受けた批判による鍛錬（私は批判を無視しはしなかった。核心を正確に衝いた批判もまたあったのだ）、一貫して続けてきた思索を経て思うに、一九六七年の短いが適切になされた自己批判の言葉は、六年後のいまも、そのまま維持できるし、また、中心的な偏向、理論主義（合理主義‐思弁）を初期試論群（『マルクスのために』『資本論を読む』）に、理論主義の時勢的副産物を、構造主義的用語法へのごく半端な[30]「しゃれっ気」を、『資本論を読む』に、それぞれ特定できる。

だが、構造主義が喚問されている以上、それについてひとこと言っておきたい。

このいかにもフランス的な特産物は「哲学者の哲学」ではない。哲学者の誰一人として、それにみずからの名も、そみずからの認め印も与えはしなかった。哲学者の誰一人として、あれら定まりなくぼやけたテーマを引き継いで、それらに体系的思考という統一性を付与することはなかった。偶然ではない。学者がその実践において(ソシュール以来の言語学において、レヴィ=ストロースとボアズ[*31]以来の民族学において、精神分析において、etc.)理論的問題にぶつかることから生まれた構造主義は、「哲学者の哲学」ではなく、「学者の哲学」ないし「哲学的イデオロギー」である。構造主義の諸テーマがぼやけていて定まりなくても、それらテーマの輪郭付けがごく杜撰であっても、構造主義の一般傾向なら、性格付けることができる。合理主義、機械論、なにはさて措いても形式主義。極言すれば(しかもそれは、レヴィ=ストロースのいくつかのテキストに、また、哲学をなす言語学者やそのほかの論理学者のもとに、読み取れる)、構造主義は(むしろ、幾人かの構造主義者は、と言ったほうがいい)、なにがしかの要素を組み合わせてその結果として実在を生産することを、理想とする傾向をもつ。しかし、「構造主義」は既存の諸学問から借りた、ワンセットの概念の山を操作するのだから、構造の概念を使うというそれだけで、誰かれの区別なく構造主義の廉《かど》で起訴するなんて、正直言って、てんでお話にならない!

ほかならぬここで、こう銘記することが重要になる。[*32] 構造主義とは、一個の完結した哲学のことではなく、或る一定の条件のもとでしか構造主義としての究極的傾向を実現することのない、ひとまとまりのぼやけたテーマのことである。構造主義と言われて、そこに何を(たとえば反心理学主義を)「聞き取る」か、構造主義の、それ自体借り物である諸概念とたんに擦れ違うとき、そこから何を借りると見えるか、構造主義に触発されたロジックの極みに入り込んでいくか否か、こうしたことに応じて、人は構造主義者でなかったり、多少とも構造主義者であったり、真に構造主義者であったりする。ところで、なにがしかの要素を組み合わせて実在を生産しようとする馬鹿げた形式主義的観念論に、我々が一度でも屈したことがあるなどとは、誰にも言わせない。或る生産様式がもつ構造の中での諸要素の「結合」を、なるほど、マルクスは語る。だが、言うところの結合(*Verbindung*)は、形式的な「組み合わせ」のことではない。そのことを我々は明瞭に指摘した。意図的に、である。実際、最も重要な境界画定の線は、まさにそこを通る。

たとえば、要素のありうる様々な結合を形式的に操作して、異なる「可能な」生産様式を演繹すること（ゆえに予見すること）など論外で、とりわけ、そのようにしてアプリオリに……共産主義的生産様式を構築するなど、できるわけがない！　位置や機能の概念、関係の支えとしての *Träger*（「担い手」）の概念を、確かに、マルクスはたえず用いはするが、しかしそれは、具体的な現実の中身を空っぽにして、現実的な人間を、支えという純然たる機能に還元するためではない——もろもろのメカニズムを、それらについての概念の中でつかんで理解可能にするため、抽象というこの迂回をとおしてしかつかめない具体的現実を、あれらメカニズムから出発して（これが唯一可能な道なのだから）理解可能にする、そのためなのだ。しかし、構造、要素、位置、機能、*Träger*、関係、関係による決定、形態および変形された形態、移動〔置き換え〕、etc. の概念を使うからといって、それでマルクスが構造主義者であるわけではない。なぜなら、彼は形式主義者ではない。ここを第二の境界画定の線が通る。

　ことほど左様に、あげたマルクスの諸概念は、明確な限度内で使われていて、その中に囲い込まれている。そのうえ、それらの概念の有効範囲を限定する他の概念——過程、矛盾、傾向、限界、支配、従属、etc. ——の規制下に置かれてもいる。ここを第三の境界画定の線が通る。

　構造に対する過程の優位によってマルクス主義は構造主義から区別されると、そのように言うことのできた人がいたし、これからも、そのように言う人が出てくるだろう。そのように言うことは、形式的には、間違いではない。しかし、この優位は、ヘーゲルにも当てはまる！　問題の核心を衝きたいのなら、もっと遥か先まで行く必要がある。なんとなれば、過程の形式主義（その戯画なら、ブルジョワ経済学者たちが、日ごと、我々に提供してくれている）というものもまた、考えることができる。つまり、過程の……構造主義[*33]だ！　じつはそこから、マルクス主義理論における決定的概念、傾向（傾向法則、傾向的過程の法則、etc.）の概念[*34]の、奇妙な身分規定を、問題として立てなくてならないのである。なぜなら、傾向の概念からは、過程内部に在る矛盾だけでなくて（マルクス主義が構造主義でないのは、それが構造に対する過程の優位を主張するからでなく、過程に対する矛盾の優位を主張するからだが、しかし、それだけではまだ十分でない）、政治的・哲学的にそれよりも遥かに重要な別のものが、浮上してくる。すなわち、マルクス主義科学を革命的科学にする、特異であって類例のない身分規定が。マルクス主義科学は、革命家たちが革命のために使用できる科学であるだけではない。概念の理論的配備から見て階級にもとづく革命的な理論的立場に立つ科学であるからこそ、革命家たちが使用できる、そういう科学でも、またあるのだ。

まったく明らかなことに、一九六五年の時点では、この最後の問題に対する明瞭な視力を我々は欠いていた。それはつまり[*35]、マルクスの哲学と『資本論』そのものの概念配備との中で果たす、階級闘争の役割の例外的な大きさを、我々が、そのときには、つかんでいなかったということだ。これはずばりそのとおり。マルクス主義科学は「有象無象の科学の一つ」ではないと思いつつも、その「ない」ことが那辺にあるのか言えず、結局、我々はこの科学を「有象無象の科学」として扱い、ゆえに、またぞろ理論主義の危険の中に陥ったのだった。だが、我々が構造主義者であったことはない。

Ⅳ　スピノザについて

構造主義者ではなかったが、そのなかったことの理由、我々が構造主義者と見えて、なぜじつはそうでなかったか、人々に何冊もの本を書かせるその元になった、あの奇妙な誤解がいったいなぜ生じたか、いまなら我々は、それをはっきり認識できる。比べものにならぬほど強く、かつ、危うい情熱に囚われたとの意味で、我々は有罪であった。我々はスピノザ主義者であった。もちろん、ブランシュヴィク流[*36]のやり方でではなく！、我々のやり方で、そうあった。すなわち、『神学‐政治論』『エチカ』の著者に、彼が自分のものとはけっして[*37]認めなかったにちがいないテーゼ、それでも許してはくれたであろうテーゼを、仮に彼のものとすることで。しかし、異端的スピノザ主義者であることは、スピノザ主義の一つの在り方でもあると言っていい。スピノザ主義が、歴史上、最も偉大な異端教義の一つで確かにあるのなら！　いずれにせよ、モラルと宗教に恥じない我らが批判者たちは、自分の思い込みに凝り固まり、流行にすっかりヤラレていて、ごく稀な例外を除いて、我々がスピノザ主義者であることなど思ってもみなかった。お手軽さが彼らに道を外させた。構造主義だ、けしからぬ、と一斉に声をあげるのは、ほんとに簡単なことだった！　構造主義というやつは巷に知れ渡っていて、それでいてどんな本にも載っていないので、誰だってそれについて、好き勝手におしゃべりできる。だが、スピノザは読まなくてならない、読んで、彼の生きていることを知らなくては。彼が今日でも生きていることを。それが彼であると気付くには、少なくとも、少しは彼のことを実際に知るのでなくてならない。

ゆえにこの件については、手短に我々の考えを述べることにしよう。まったくの話、構造主義を理論主義に結び付けても、満足も光もほとんどもたらされない。それもそのはず、このカップリングでは、少なくとも、なにかがあいかわらず「放置」されたままになる。形式主義、まるで偶然でもあるかのように、構造主義の本質が！　逆に、構造主義とスピノザ主義をつないでみるなら、問題となっている理論主義的偏向の、その中のいくつかの点、いくつかの限界に光が当たる。

だがそうなると、こんな大いなる反論がくる。単純にマルクス主義者であればよかったときに、いったいなぜスピノザなどに、みずからをかかわらせねばならなかったのか？　この迂回はなぜ？　それは必要なことだったのか、どんな代償が伴なったのか？　事実はつぎのとおり。一九六〇〜一九六五年に我々はこの迂回をなし、かなり高い代償を払った。[*38] だが、問題はそこではない。問題は、この問題自体がいったい何を意味しうるか、である。（哲学において）単純にマルクス主義者であることが、いったい何を意味しうるか？　なにせ、哲学においてマルクス主義者であることの少しも単純[*39]でないことを、私は（私独りではなかったが、そのことに私の与えた理由のほとんどすべては、いまでも通用する）、ひじょうに具体的に、すでに身をもって味わっていた。何年ものあいだ、謎めいたテキストとそれらテキストについてなされた情けない注釈とに足をすくわれたまま過ごしてのち、後退と迂回[*40]を決心しなくてならなくなったのだ。

そのこと自体には、常識外れなところはなにもない。ただしここで、知的自伝を見舞う、様々な偶発事だけを思い浮かべないでもらいたい。自分で選んだのでない任意の地点から出発していくのは、我々誰しも同じこと、その地点を改めてそれと認め、確認するには、その地点から、どれほどの労力を費やしてのことか、離脱していかなくてならないこともまた。問題にされているのは、じつは、哲学の労働そのものである。哲学の労働それ自体が、後退と迂回を共に要請するのだ。ヘーゲルから身をもぎ放して自分をつかむために、ヘーゲルに戻ること、ヘーゲルから自分を区別して自分を確定するために、ヘーゲルに再びあいまみえること、終わりなき探究の全行程をとおして、マルクスが、それ以外のいったい何をなしただろう？　これが純粋に個人的なことがら、魅惑があって清算があってそののちの、若き日の熱中のぶり返しであったなどと、信じられるだろうか？　マルクスのうちで、なにかがカチッと動いた。個人を超えるなにかが。自己をみずからの差異において、自他の分割において確定して自己をつかむために、他の諸哲学なる迂回路を通過する、というこのことの必然性、あらゆる哲学にとってのこの必然性が。現実においては（またそのめざすところがなんであれ）、どんな哲学も、みずからの現に在ることの単純な絶対性を、自分で自分に与えることはない――いかなる哲学にもまして、マルクス主義哲学は（じつにこの哲学は、そのような志向を、かつて一度も掲げたことがない）。固有の立場を占めるためにみずからの差異を、他の哲学――言った差異を近しさか対照によって感じ取らせ、知覚させ、つかませる他の哲学――にもとづいて「こしらえる労働」をなしてしか、哲学は実在しない。たとえば、ヘーゲルを前にするレーニン。差異による自己確定の努力の、その支えとなりうる「要素」だけを、「残骸」、利用価値のない「がらくた」から分離しようと励むレーニン。このなされねばならぬ実践のなんたるかを、我々は仄明るさの中に見ることを始めたばかりである。[22]　いかなる哲学にもこの手順が不可欠、マルクス主義哲学そのものにも不可欠であることを、どうして否定できよう？　十分に指摘されてきたように、マルクスはたんにヘーゲルへの迂回だけでよしとせず、彼自身もはっきり言うとおり、いくつかのカテゴリーの強調をとおして、みずからを「〈形相〉のかの偉大な思想家」アリストテレスのもとに引き戻すことをも、たえずやっている。そして、どうしても必要なこうした迂回に理論的代償が伴なったということもまた、誰が否定できよう？　その大きさを我々が漠然と予感してはいてもまだ正確には確定していない代償。この代償の大きさは、今度は我々自身がこうした迂回に取り組むとの条件のもとでしか、測り取れないのである。

原則的には（もちろん例外あり）、我々はそのような方向でスピノザを、大胆にか軽はずみにか（どちらでもお好きなように）、遇したのだった。我々の主体的な歴史と当時のイデオロギー的・理論的な状況の中では、スピノザへの迂回は、一つの必然として、なさざるをえないことだった。

なぜ？

一つ、ただ一つだけ理由を、つまりは理由の中の理由を、あげねばならないと言うなら、つぎのとおり。我々がスピノザへの迂回をなしたのは、マルクスの哲学をもう少し明快に見るためだった。正確に言おう。マルクスの唯物論が、ヘーゲルへの彼の必然的な迂回を思考するよう我々に強いるので、我々は、ヘーゲルへのマルクスの迂回をもう少し明快に見るために、スピノザへの迂回をなしたのである。なるほど、迂回、ただし迂回の迂回。しかもそこには、こんな莫大な賭金が積まれていた。すなわち、〈絶対的観念論〉の『大論理学』[*41]の、その「最も思弁的」な諸章から借りた弁証法が、那辺において、また、いかなる条件のもとで、唯物論的・批判的たりうるかを、もう少し明快に理解すること（「転倒」と「脱神秘化」によって理解することは除くとの、これ自体理解されなくてならぬ留保を付けて）。ところで、この観念論と唯物論の謎めいた驚くべき交錯ダンスは、すでに一度、歴史の中に起きた。別のかたちで（そこにヘーゲルは、自分とのきわだった類似性を認めたのだった）、二世紀前に、しかも途方のない条件のもとで。「精神、世界からでなく、〈神〉から」始めて、そのうえ、けっして〈神〉のそとへ出ることをしないスピノザ哲学、観念論と「独断論」のありとあらゆる外観をまとってその時代を震撼させたこの哲学が、那辺において、唯物論的・批判的たりえたのか？　いかなる条件のもとで、哲学がその求めるところ、その黙するところにおいて、またその形態の如何を問わず、いや、ほかならぬその形態によって、すなわち、テーゼの理論的配備、要するに立場によって、唯物論にいかにも有利な効果を生み出すことができるのか、スピノザによるヘーゲルの先取り的反復の中に、我々はそのことを探したばかりか、そのことがそこで判別されるとも考えた。そこから、哲学がなんでありうるかに差す幾筋かの光、ゆえに哲学に差す、そして唯物論に差す幾筋かの光が、おそらく、もたらされる。そこからまた、別の淡い光も。

ヘーゲルと『大論理学』とを私は語った。もちろん、理由あって。ヘーゲルは〈論理学〉〔ロゴス〕、「創世以前の〈神〉[*42]」から始める。しかし、〈論理学〉は〈自然〉の中に自己を疎外し、〈自然〉は〈精神〉の中に自己を疎外し、そして〈精神〉は〈論理学〉において自己を完結させるのだから、これは無限に循環運動を続ける円環、始まりなき円環である。そのことは、〈論理学〉の始まりを示す最初の言葉が言っている。〈在る〉は〈無い〉なり、と。始まりは置かれて否定される。始まりはない、ゆえに〈起源〉はない。対して、スピノザは〈神〉から始める。それは、しかし、〈神〉の力能それのみが普遍的なり、として[*43]（*Deus* = *Natura*）、〈神〉は〈在る〉（〈主体〉である）、を否定するためだ。そうすることでスピノザは、ヘーゲル同様、〈起源〉〈超越〉〈背後世界〉のあらゆるテーゼを、たとえこのテーゼが〈本質〉の絶対的内部性へと仮装されていようとも、斥ける。だが、そこには違いが伴なう（スピノザ的否定はヘーゲル的否定ではないので）。ヘーゲル的〈在る〉の空虚においては、否定の否定によって、〈テロス〉の弁証法が思索されているのである（*Telos* = 〈目的〉）。歴史の中でみずからの〈目的〉、つまりは主観的＝客観的、絶対的〈精神〉の、その〈目的〉に達する〈テロス〉、透明性の中への絶対的〈現前〉に達する〈テロス〉。目的は、たとえ内在性へと「みずからの道を付けて」いっても、やはりまだ〈超越〉の比喩でありテーゼであるが、（空虚な〈在る〉からでなく）「〈神〉から始めた」ことが[*44]、スピノザを、いかなる目的からも永遠に守ってくれる。かようにして、スピノザへの迂回は、ヘーゲルに欠けている或る徹底性を、差異によって我々の前にあらわにする。その迂回は、否定の否定、*Aufhebung*（＝乗り越えたものを保持していく乗り越え）の中に〈目的〉を、すなわち、ヘーゲル弁証法のおこなう「神秘化」の特権的形態・特権的場所を、我々に発見させてくれるのだ。

スピノザは〈目的〉の使用を完全にシャットアウトするが、その代わり、〈目的〉という必然的な、ゆえに根拠ありの幻想の、理論をつくる、と付言する必要ありや？　『エチカ』第一部の「付録」および『神学‐政治論』に、実際、我々は、それまで思考されたことのないイデオロギーというものについての、おそらく最初の理論と、イデオロギーの三つの性格をみいだしていた。［1］それは想像的な「現実性」をもつ、［2］それは内的な反転を引き起こす、［3］それは「中心」に主体という幻想をもつ。イデオロギーの抽象的理論にすぎぬ、と言われてしまうかも！　なるほどそのとおり、と私も思うが、しかしマルクスに行く前によく見て欲しい。この問題についてマルクスはほとんど語らなかったし、『ドイツ・イデオロギー』で語りはしても、そこでは口が滑りすぎる。しかも、とりわけ言っておかなくてならないが、理論は判読するだけでは十分でなく、それがいかに働くかを、さらに見なくてはならない。理論もまたテーゼの配備である以上、それが拒むもの、それが許容するものを見なくてならないのである。スピノザの「理論」は、イデオロギーを想像的なものとして同定することで、イデオロギーをめぐる、また当時における最高のイデオロギー、宗教をめぐる、いかなる幻想をも撥ね付ける。しかし同時にその「理論」は、イデオロギーをたんなる誤り、丸出しの無知とみなすことをも拒否する。じつにそれは、人間の身体の状態によって「表現される」、人間と世界との関係に、イデオロギーという想像的なものの機構《システム》を基礎付けるのだ。*45*この想像的なものの唯物論が、〈第一種の認識〉についての驚くべき概念構成、それは「認識」とはまったく別のもの、人間が生きるままの物質的世界、人間の具体的・歴史的生活世界のことであるとの概念構成へ、道を開く。行き過ぎた解釈？　いくつかの点では確かにそうかもしれぬ。しかし、スピノザは、そのようにもまた読みうる。実際、まさにそのように彼のカテゴリーは、ヘブライ民族の、ヘブライの預言者たちの、ヘブライの宗教と政治の、その歴史の中で果敢に作動し、その歴史の中に宗教に対する政治の優位が、マキャヴェリについで歴史の理論をはじめて差し出した著作『神学‐政治論』をとおして、鮮明に描き出されていく。

　しかし、この想像的なものの理論は、もっと先にまで進もうとしていた。それは、〈主体〉を想像的幻想の中心カテゴリーとして根底から批判して、ブルジョワ哲学、十四世紀以来、主体という法的イデオロギーを基底にして構築されてきたその哲学の、心臓部に達する。スピノザの断固たる反デカルト主義は、この点に、意識的な勝負を掛けていて、そこに、名高い「批判的」伝統がもろに見て取れた。[*46] この点でもスピノザはヘーゲルを先取っているのだが、しかし彼は、ヘーゲルの先を行っている。というのも、ヘーゲルは主体性＝主観性のありとあらゆるテーゼを批判したにもかかわらず、やはり〈主体〉に、それ相応の席を用意しておいた。[*47]「〈実体〉が〈主体〉に‐なる」とのかたちでばかりか（これゆえにヘーゲルは、スピノザが〈実体〉にとどまっているとして、その「間違い」を「叱る」）、〈主体〉なき過程の内部に〈テロス〉あり、とのかたちででも。つまり、〈主体〉なき過程は、否定の否定の、その力によって、〈理念〉の意図と運命とを実現するわけだ。ここにおいてスピノザは我々に、ヘーゲル弁証法を「神秘化」するところの、主体と目的との密通を明らかにしてくれたのである。

その先を続けてもらっていいが、私としては最後のテーマ、有名な「*verum index sui et falsi*」で我慢しておく。この言が「切断」を幾度も回帰するものと捉えることを許す、と我々に見えたことはすでに言ったが、それは、そのような意味をもつだけではなかった。「真なるものはみずからと虚偽とを共に指し示す」と言い切ることで、スピノザは、「真理の基準」という問題構成を撥ね付けようとしていた。所持する真理をなんらかの「基準」によって判定しようとするなら、この基準それ自体が真でなくてならない以上、基準の基準という問題を、藪から蛇のごとく、つつき出すことになり、さらに基準の基準のそのまた基準を、というふうにきりがなくなる。基準は、それが外部にあるのであれ（アリストテレス的伝統における精神とことがらとの一致）、内部にあるのであれ（デカルト的明証性）、いずれにせよ、斥けられなくてならない。じつに基準とは、〈真なるもの〉le Vrai の有効性を認定・保証することを任とする、〈裁判権〉の比喩、〈判事〉の比喩にすぎない。これと同じ手さばきでスピノザは、〈真理〉la Vérité への誘惑をも撥ね付ける。良き唯名論者として（マルクスが見抜いたように、唯名論はその当時、唯物論への控えの間でありえた）スピノザは、ただ「真なるもの」を語るのみ。実際にも〈真理〉は、〈基準〉という〈裁判権〉とつねにペアをなす。それもそのはず、基準の役目は、真なるもののもつ〈真理性〉を認定することにあるのだから。認識理論のすべての〈観念論的〉審級が遠ざけられたそこのところで、スピノザはこう示唆しようとしていた。「真なるもの」は〈現前〉としてでなく、《produit》の二重の語義において（真なるものを「露呈 découvrir」[48]させていく過程の仕事の、その成果）、produit として「みずからを指し示す」、と。みずからを生産するその中でみずからを「真なるもの」としてあらわにしていく、と。[49] ところで、この立場は、マルクス主義哲学の大きなテーゼ「実践という基準」と類縁性をもたないわけでない。なぜなら、言うところのマルクス主義的「基準」は、実践の外部にでなく、じつにその内部にある。しかも、この実践は一つの過程であるから（レーニンは力を込めてこう言った、実践は絶対的な「基準」ではなく、ただ実践の成功それのみが検証となる）[50]、基準は〈裁判権〉ではない。認識は、それの生産過程の内部で、みずからを「真なるもの」としてあらわにしていくのである。

ここでもまたスピノザは、みずからの差異をとおして、ヘーゲルに欠けているものを我々に気付かせてくれた。真なるものはそれの過程の内部にある、と考えることで、確かにヘーゲルは真理のいかなる基準をも使用禁止にしたが、しかし、ほかならぬその過程の内部に、〈テロス〉として〈真理〉の力を復活させてしまった。まさにいかなる契機も、じかに先行する契機「それの真理」以外でない、と言うのだから。君臨するプラグマティズムに、またあらゆる〈観念論的〉〈裁判権〉に抗して、レーニンの言葉（「マルクスの学説は、真であるがゆえに全能である」[51]）を引き継いだ挑発的な定式のかたちで、認識行為を「生産」として「定義」し、科学性のすべての形態は「理論的実践」に内在すると主張したとき、私はスピノザに凭れ掛かっていたのである。それは正解〈そのもの〉をもたらすためではなく、君臨する観念論から道を逸らし、スピノザという迂回路を通って別の道を開くためであった。唯物論が、この迂回をあえてなしさえすれば、たんなる言葉以外のものをみいだせるようになるかもしれぬ、その道を。

こうした理由の背後で我々が、スピノザに、当の理由を支えてくれる別のテーゼをみいだしたこと、そしてその値《ね》を偽りさえして、それらテーゼをもまた我々の賭に回したことも、わかってもらえるだろう。

我々にとってスピノザは、〈主体〉／〈目的〉の対がヘーゲル弁証法の「神秘化」の本質をなすというそのことを見る、助けとなったが、しかしこの対を、たんなる引き算と転倒によって、弁証法から厄介払いしさえすれば、それでマルクス主義の唯物論的弁証法が成立するのか？　そうとはかぎるまい。このお荷物から解放されても、ヘーゲルの知らぬ新しい形態、唯物論であることの保証スタンプを授けてくれる形態を、[52] 錘《おもり》として具えるのでないなら、新しい弁証法は、空っぽになった観念論の中で、空回りしてしまうことになりかねないのだから。

ところで、まさにそのことについてマルクスは、『哲学の貧困』『経済学批判』『資本論』において、何を我々に示してくれていたか？　唯物論的弁証法の動きが〈トポス論〉〔位相論 La Topique〕[53] なる配備に依存しているという、そのことであった。有名な建築の隠喩のことを私は言おうとしている。社会構成体という現実を思考するために、マルクスが下部構造（経済「構造」、「土台」）と、それの上方 au-dessus に、[54] 上部構造を配置する、あの隠喩。私はまた、この配備によってもたらされる、理論的問題のことを言おうとしてもいる。すなわち、「経済（下部構造）による最終審級での（上部構造の）決定」、「上部構造（の諸要素）の相対的自律性」、この決定と自律性とが及ぼす「下部構造への反作用」、決定と支配のあいだの差異と統一、エトセトラ。さらに私は、たとえば下部構造内で決定的問題となる、生産関係のもとでの生産関係と生産力との統一、つまりは一方で関係による決定の問題（この問題の痕跡は、マルクスのもとに、たえずみいだされる。構造／要素という概念、位置、機能、担い手、etc. の概念を参照せよ）、他方で支配の問題のことを、言おうともしている。

ところで、マルクスのもとで〈トポス論〉とは、筆の滑りとか不注意とかがもたらした、いくつかの定式のことではなくて、唯物論にとっての本質的な立場を表す一つの要請、まじめに受け取らねばならぬ要請のことである。実際、ヘーゲルが〈位相〉のような比喩の中で思考する姿など、どこにも見当たらぬ。ヘーゲルが位相の区別を差し出さない、と言っているのではない。一例だけでとどめるなら、なるほど、じつに彼は抽象的法、主観的法（人倫）、客観的法（家族、市民社会、国家）を語って、なおかつ、そのいずれをも圏〔sphère, *Sphäre*〕[55] として語る。だがヘーゲルは圏を語って、結局、それが「多くの圏の中の一つの圏」であると言うのみ、円環を語ってそれが「多くの円環の中の一つの円環」[*56*]であると言うのみ。位相の区別を押し出しても、ただそれを宙吊りにし、抹消し、乗り越える（*Aufhebung*）だけ。それもそのはず、区別された位相「それ自体の真理」は、どれもこれも当のそれのそと、当のそれのむこうにあるので。この観念論的否認の成果は周知のところ。まず最初に来るのは抽象的法！　法の「真理」は人倫！　人倫の「真理」は家族、市民社会、国家！　そして人倫（*Sittlichkeit*）というこの最後の圏の内部では、市民社会（マルクスの言う下部構造）が家族「の真理」！　国家が市民社会「の真理」！　ここでは*Aufhebung*がやりたい放題。[*57*]どんな〈位相〉も乗り越えられるのだ。だがもっと悪いことに、配置される「圏」が、これ以上なくこの否認にうってつけの順序で並べられている。『法の哲学』のあらゆる圏は、法の比喩、〈自由〉が存在することの比喩でしかない。そして〈自由〉の存在することを「証明」するために、ヘーゲルは抽象的法、人倫と来て、そのあとの家族と国家とのあいだに〔つまり、市民社会の中に〕、経済を〔「欲求の体系」として〕隠し入れてしまう。否定の否定という絶対的な錯乱のもとにゆだねられた弁証法から何が到来しうるかが、これによって予感される。到来しうるのは、〈在る〉＝〈無い〉から「出発」して、みずからの動く場であるあらゆる比喩を、否定の否定によって、生み出していく弁証法、つまり、弁証法たるみずからに帰属する当のもの[*58]を生み出す弁証法である。それ自体の存在「圏」を生み出す弁証法、乱暴に言ってしまえば、それみずからの素材を生み出す弁証法。[*59]ブルジョワ・イデオロギーの基本テーゼ「資本を生み出したのは（資本家の）労働なり」を移調して忠実に翻訳するテーゼ。

マルクス主義的〈トポス論〉が唯物論の保証スタンプ[*60]をもつことが、いまや理解される。建築の隠喩がほかならぬ隠喩であることは、問題ではない。哲学では、思考は隠喩のもとでしかなされないのだから。しかし、この隠喩のもとで出会われる理論的問題は、隠喩ではまったくない。マルクスはその〈トポス論〉によって、現実的な圏を配置する。互いに区別されていて、しかし*Aufhebung*の調停によって関連付けられるのでない圏である。経済的下部構造が「下方に」、それ固有の様々な決定力を伴なわされた上部構造が「上方に」。ヘーゲル的順序は覆される。国家はここでも「上方に」あるが、しかし法は最初にあるのでも、いたるところにあるのでもない。経済も、家族と国家、経済の「真理」たる国家との隙間に、もはや押し込められていない。下部構造のその位置 place が、端折ることのできない現実性を、すなわち、最終審級での経済的なものによる決定を指し示す。それゆえ、下部構造と上部構造の関連付けは、「〜の真理」というヘーゲル的な関連付けとは、もはやなんの関係もない。国家はここでも確かに「上方に」ありはするが、しかし、経済「の真理」としてそこにあるのではない。国家のなす関連付けは、「真理」の関連付けとはまったく逆の神秘化による関連付け、力とイデオロギーとによって保証された搾取にその根をもつ、[*61]関連付けなのである。

　結論は明快。マルクス主義的〈トポス論〉[*62]という立場は、弁証法に、それ自身の素材を生み出すという観念論的錯乱を禁じる。それは弁証法に、弁証法の効力の物質的条件を嫌でも確認させることを、逆に強いる。場所 lieu（「圏」）それぞれの規定、場所それぞれの境界、社会構成体という「全体性」の中で場所それぞれが働かせる決定の様式、それらから、言うところの条件は出てくる。この条件、この現実性を考えるには、唯物論的弁証法は、ヘーゲル弁証法の遺制形態だけに自足しているわけにいかない。ヘーゲル弁証法には見当たらない別の形態を、それは必要とする。まさにここでスピノザという（近くもあり、またとても遠くもある）参照点が、我々に標識として役立ったのであった。〔原因（要するに神）が結果よりも高い完全性をもっとの意味で〕「優勝的」でも（すなわち超越的でも）、（デカルト流に〔原因がみずからのそとに結果を生み出すとの意味で〕）たんに外在的でも、[*63]また（ライプニッツ流に〔結果が原因を表現するとの意味で〕）表現的でもない因果性、〈全体〉の部分に及ぼす効力と〈全体〉の中での部分の作用とを説明してくれる因果性を——閉じていない全体、部分の作用連関にほかならない全体を——考えようとするその努力において、スピノザは我々にとって、遠くはあっても第一の、ほとんど唯一の証人の役を果たしてくれたのである。

　もちろん、マルクス主義者たるもの、代償を支払わずしてスピノザへの迂回をなすことはできない。じつにこの冒険は危ういのであって、どうしたってつねにスピノザには、ヘーゲルがマルクスに与えたもの、矛盾が欠けている。一例をあげるにとどめるが、あの「イデオロギーの理論」は、それとさらに、想像的なものの物質性を（の中で）生きる人間の具体的・歴史的世界が「〈第一種の認識〉」であるとするあの解釈は、私をまっすぐ、物質性／想像的なもの／反転／主体、からなる一つの概念構成（あげた見出しは『ドイツ・イデオロギー』にもみいだされる）に導いた。しかし私は、イデオロギーを歴史的実存の普遍的要素と見て、そのときはそれ以上先へ進まなかった。そのため、イデオロギーの部分領域のあいだの相違と、それら部分領域を横断して分断・再編し、対立させる、敵対的な階級的傾向とを、なおざりにすることになった。「矛盾」の欠如は、やることをやったのである。イデオロギーにおける階級闘争を問題にさせなかったのである。かくしてイデオロギーの「理論」というこの裂け目から、理論主義、科学／イデオロギーの対立が、入り込んでくる可能性があった。あとは推して知るべし。

しかしそれでもなお、収支は差し引きゼロではない、と私には思われる。我々は、マルクスによるヘーゲルへの迂回を理解したいと思って、スピノザへの迂回をなした。唯物論のための論拠を求めて。その論拠のいくつかを、我々は見付け出した。そして意外ではあっても、多くの人に知られていなかったわけでないこの迂回によって、我々はいくつかの問題を、立てること、明瞭な言葉にすることではないにしても、少なくとも（巣で休む野ウサギを狩り出すように）「狩り出す」ことはできた。そうしなくてはおそらく『資本論』の閉じられたページの中で永遠の自明性に包まれたまま、安閑と眠りつづけたであろう問題を。ほかの人々がこれらの問題の無益であることを示すか、それらにもっと的確な答えを与えるまでは、我々は、賭けてもいいが、構造主義であるとの嫌疑で告訴されつづけるだろう……

V　哲学における諸傾向

理論主義的誤りについては、すでに語った。いまからは、理論主義的傾向について語る。誤りの語を用いたのは、ありのままの自己をさらすためでも、自己を容赦なく処するためでもあった。しかしその第一の語よりも第二の語のほうが、あえて言えば、重い意味をもつ。なぜなら、それは的確な語であるので。誤った傾向、より正確には、正しく方向付けられていない、ゆえに逸脱した傾向。偏向。実際、マルクス主義の視点からは、厳密に言って、哲学における誤りというものは語れない。それを語れるのは、哲学それ自体を合理主義のカテゴリー（真理／誤謬）のもとで、すなわち、非マルクス主義的な哲学的テーゼのもとで、考える場合である。自分の哲学的「誤り」をただ語るのみで、この語を傾向と偏向の二語の中で訂正しないのなら、私は真理・誤謬の合理主義的対立の一撃にやられ、その結果、自分の過去の「誤り」を、いまやもつようになった「真理」それの名において、告発しているだろう。なぜにそんな贈り物を受け取ることになったのか知ることも、哲学の実践――というのも、哲学は（一つの）科学ではなく、理論内階級闘争である(23)――の中で働く、ひじょうに特殊な弁証法に注意を払うこともなく。一つのテーゼを提出してみよう。理論的誤り、文字どおりのそれは、科学にかかわるかぎりでしか、つまり、科学がそれ自体の前史（この前史は科学と同時にあり、科学の歴史の〈分身〉として、たえず科学に同伴する）と取り結ぶ関係、前史が科学のもとに回帰してくるという関係の中にしか、ない。哲学にかかわってくるのは〔誤りではなく〕、実在する理論的「戦場」にてぶつかり合うところの、傾向で、傾向は、最終審級的には、観念論と唯物論との敵対関係のまわりに振り分けられ、「哲学」のかたちで「実在する」。「哲学」は、社会的（政治的、イデオロギー的、科学的、etc.）実践を争点にして占める、階級にもとづく理論的立場に応じて、傾向を、傾向の変種や混合を、現実のものにする。

哲学はテーゼを引き継いだり、テーゼを表明する。テーゼ、すなわち、純粋に理論的である科学的命題のような様態をもつことのない命題、理論的-実践的命題。社会的争点をめぐる階級的理論戦に投入されている諸力のあいだの関係の中に、最終審級的に言えば、それら社会的争点をなす階級的社会実践の中に、効果を生産しようとめざす命題。ゆえに、哲学と科学の違いをはっきりきわだたせるには、テーゼと哲学的傾向とにかんする、一つのカテゴリーを介入させなくてはならない。マルクス主義の政治的実践および理論的省察において主役を演じるカテゴリー、的確さjustesseのカテゴリーである。だから私は、哲学的命題固有の「本性」をテーゼ（あるいは、措定。措定は置かれる、ゆえに、措定は、他の措定に割り込んで、それらに対抗しつつ、一つの立場を占めることによって、立場設定をおこなう）*64*として性格付けるために、的確さのカテゴリーの明示的援用を提案して、[24]こう言ったのである。「哲学はテーゼであるところの命題を表明する。テーゼは的確である・ないと言われる」。傾向はテーゼの配備から生ずるのだから、同じことは傾向についても言える。傾向は的確であるか、偏向しているかである（的確な線を描くか、それとも、敵対するまでにプラス方向またはマイナス方向へ、的確な線から逸れるか）。的確さは空から降ってこない。それは、つねに多大の労力を要するであろう作業〔労働〕、またたえずやり直しを迫られもする作業、誤差補正 ajustement の成果である。純理的機能をもまた哲学がもつことは、およそ疑いないところだが、しかしそこで問われるべきは、いかなる様式に従い、いかなる条件のもとでそれをもつか、である。その様式と条件とを示すには、長い敷衍が必要となるであろう。私が感じ取らせたいと思ったのは、また我々の生きている諸時代を通じた事態の現状から言って、マルクス主義にとって決定的であると私に見えるのは、哲学のもつ純理的機能と実践的機能との「絡み」だけでなく、ほかならぬ哲学における純理的機能に対する実践的機能の優位なのである。この立場（〈テーゼ〉）の決定的な重要性を強調するためと、実践的機能の優位を一点の曇りなく明快にするために、私はつぎのテーゼを主張した。「哲学は、最終審級的には、理論内階級闘争である」

　的確なテーゼ、的確な傾向、偏向……。これらのカテゴリーは、「哲学」の中で起きていることについて、合理主義的な表象とはまったく別の表象を差し出すことを我々にさせてくれる。哲学は、真理か誤謬かの一対の判決に服する均質な命題がつくる、〈全体〉なのではなく、措定（テーゼ）からなる一つの装置《システム》であり、これらの措定をとおして、哲学自体が、理論的階級闘争の中に、様々な立場を占めるのである。それら立場を哲学は、戦闘の中で、敵対者に割り込み、敵対者に対抗して、占める。しかし敵対者もまた、ひとかたまりの軍隊をなすのではない。ならば、哲学の戦場は、真理と誤謬の単純な合理主義的対立を、対立する「体系《システム》」のかたちで再現するものではない。一律に善玉からなる陣営と、一律に悪玉からなる陣営とがあるわけではない。敵対者たちの立場は、じつにしばしば互いに入り組み合う――しかも、すべての敵対者が同じ資格で敵対者であるわけでないので、この混戦においては、雑踏の中から主たる敵対者を特定すること、その主たる敵対者の下にいて（まるで前線の移動などなかったかのように）古い立場で戦っているか、「部分的」または中心から外れた争点をめぐって戦っている、副次的な敵対者を識別することは、必ずしも容易でない。したがって、全方位的にありとあらゆるところにおいてではなく、少なくともいくつかの前線で、主要な傾向と副次的な傾向のどちらをも、また、主要な争点と副次的な争点のどちらをも勘定に入れて、的確な立場を占めようと「努め」つつ、戦わなくてはならない。明らかにこうしたことのどれも、すべてを見通しよく一望のもとに収めることを保証された意識という奇跡によっては、処理できない。奇跡というものはないのである。理論的階級闘争に介入する用意のあるマルクス主義哲学者は、〈労働運動〉の歴史の一環たる理論戦によってすでに認知され、固められた陣地から、出向いていかなくてならない――だが彼は、闘争の中で、闘争をとおして、理論的かつ実践的に理論的・イデオロギー的「地勢」に探りを入れるのでないかぎり、その「地勢」の現に在るがままの状態を認識できない。すでに固められている陣地から出発して公然たる、または、隠然たる敵対者に達しようとしたにもかかわらず、そうしようとして彼の占めたいくつかの立場が、実践過程の進むうちに、照準していた的確な線から逸れた、偏向した立場として現れてしまうようなことが起きても、なにも驚くに当たらない。肝心なのは、そのとき彼がみずからの偏向に気付き、みずからの立場を訂正して、それをより的確な立場にするかどうかなのだ。

だがもっと先まで進もう。哲学という「理論内階級闘争」が、最終審級的に、ほんとうに傾向（観念論と唯物論）の代理戦、エンゲルス、レーニン、毛沢東の語るそれであるにしても、この闘争は空中でではなく、理論的地盤の上で展開され、しかもこの地盤は歴史の流れの中で偶発的に変化していき、同時に争点もまた新しい形態をとるのであるから、こう言っていい。哲学者によるあらゆる戦闘をとおして戦場でぶつかり合う、観念論的傾向と唯物論的傾向は、どの「哲学」においても純粋な状態で現実のものとなることはない。敵対する二つの大きな傾向の一方を、たとえ明示的に、かつこれ以上なく「首尾一貫」して標榜してはいても、いかなる「哲学」にも、他方の傾向の、めだった要素か潜在的な要素が存在する。しかも、そうであることをどうして避けられよう？　敵対者の諸措定を攻囲しようとすることが、ゆえに、攻防戦の支配権を握るためにその攻防戦をみずからのうちに取り込もうとすることが、哲学というものの性《さが》であるのなら。しかし、そうした哲学の特性にかかわらず、この支配権[*65]は、それを打ち立てようとする人の手からさえ逃れていくことがある。理由は単純だ。哲学的テーゼの運命は、それらテーゼがたんに置かれることによって決まるのではないからである——理論内階級闘争は、端的な階級闘争に対して、二次的であるからである、哲学を哲学として構成する外部が哲学にはあるからである。たとえそのことを聞く耳を哲学がもとうとしないのであっても。また、その聞く耳をもとうとしないときには、なおさら。

これゆえ、或る特定の哲学を論ずるにも評価するにも、矛盾をめぐる毛沢東の諸カテゴリーから出発するのが正しい。哲学的テキストにおいてすら、まずなによりも政治を語るその毛は——しかも彼の言うことは、誰も気付かぬ或る一点において正しい——我々に、つぎのことを断定する手立てを与えてくれる。それは、エンゲルスとレーニンが書いたことに妥当する断定で、観念論の絶対者ヘーゲルをだけでなく、例外なくあらゆる哲学者（そこにはエンゲルス、レーニン、毛沢東も、もちろん含まれる）をレーニン主義にもとづいて「唯物論的に読む」ことを、理論的に基礎付けてくれる断定である。すなわち、いかなる哲学、いかなる哲学的立場においても、傾向を傾向の矛盾において考察し、つぎに、この矛盾の中に矛盾の主要な傾向と副次的な傾向を、そしてこのそれぞれの傾向の中に主要な側面と副次的な側面を、というぐあいに、以下同様、順次、考察していかなくてならないということ。ただしこれは、プラトン的分割、際限なしの形式的分割ではない。この分割が、そのつど、結節 nœuds として、どう固定されていくかを見なくてならない。一つの中心となる結節（「決定的な環」）と複数の副次的な結節とが政治的‐理論的状況によって確定されてつくっていく、ひとつづきの結節として。隠喩を変えて言うなら、一つの主要な「前線」と複数の副次的な「前線」、一つの主要な攻防地点、複数の副次的な攻防地点。このかたちででは、なるほど、ひじょうに図式的で、こんなのはスコラ学だ、と言われてしまうかも！「我、区別ス」とモリエールの哲学者は言う。こう言わせることでモリエールは、分割（境界画定によって闘争の一傾向を現実のものにするという、哲学的実践の中心操作）をおちゃらかし、対象と本質とを設定するたんなる区別へと、それを変形してみせる。だがレーニンと毛沢東の言う「区別」は、結果を固定する区別ではなくて、線引きによって道を開いていく分割なのである。そこから出発するとき、哲学「一般」においてと「特定の」哲学において何が起きているかを、もう少しよく理解するための作業に——用いる道具に終わりない改善を加えつつ——取り掛かることができる。

この一般的注記はなんのためか？　私の初期試論群の「傾向」を、少し高いところから、よりよく性格付けることを可能にするためである。その主要な傾向を見るなら、それら試論は、私がそれらにむける厳しい批判にもかかわらず、「間に合わせの手段」を用いてそれなりに、所定の状況の中で、マルクス主義理論とプロレタリア階級闘争とに資する立場を防衛しようとしていた、と思う。ブルジョワ・イデオロギーの最も攻勢的な形態、すなわち、人間主義、歴史主義、プラグマティズム、進化論、哲学的観念論、etc. に対抗しつつ。だが、その副次的な傾向、理論主義を見るなら、あれら試論は、マルクス主義的立場にもマルクス主義的階級闘争にも害を及ぼす、偏向を表していた。

だが、一方はこうこう／他方はこうこう、との単純な細目計算で満足しているわけにいかない。集計を、すなわち、それぞれの傾向が他方の傾向に及ぼす効果と全体的収支とを、改めて考えてみることを同時にしなくてならない。そのときはじめて、（全体として的確であるところの主要な傾向と、偏向しているところの副次的な傾向との）矛盾した統一を語ることができる。この統一の中にあって、理論主義的傾向は、主要な傾向の側に在る諸テーゼに影響を及ぼさないでいなかった。私の批判者の中でも、とくに政治的であった人々は、まさにその点を衝いたのだった。『マルクスのために』においても『資本論を読む』においても、階級闘争が対自的にはほとんど問題にされていないじゃないか、私がイデオロギーの実践的・社会的機能を語るときも、階級闘争は問題にされていないじゃないか、したがって、当然にも、（これはおそらく、マルクス主義哲学を扱った試論群のもつ、最も重大な欠陥である）階級にもとづく理論的立場が問題にされていないじゃないか。しかしだからといって、二つの傾向の矛盾の中で一方の主要な（的確な）傾向が他方の副次的な（偏向した）傾向に及ぼす効果を、無視することもまたできない。私の理論主義的テーゼのいくつか、とりわけ、スピノザに凭れたそれは、主要な傾向によってその方向性を変えられることで、戦闘でなんらかの役割を果せもしたのである。

この試みの成果がなんであったか、いかなる問題が白日のもとにもたらされ、いかなる問題がいちだんとはっきりさせられたか、マルクスという名を冠された驚くべき理論が我々に差し出すもの、我々のために予約するものを、よりよく理解することを許すどんなカテゴリーと概念が提出されたか、それを言うのは私の任ではないが、しかし、つぎのことだけは言えると思う。すなわち、一つの「前線」が開かれたということ、的確な議論によってその全体が一律に維持・防衛されたのではないにしても、少なくとも本質的な部分（主要な傾向）にかんしてだけなら、この「前線」が、唯物論‐弁証法の立場にて維持されたということ。私が標的とした人々は、脆弱な地点のあることに確かに気付いた。それら弱点を「一望する視野」をもつだけの能力は彼らになかったけれど（それをもたねばとの要請は、或る人々にはどうでもいいことだった）、利用できる細部は利用し尽くし、不足分はでっちあげた。まことの戦争と言うにふさわしい戦争。だがかくべつの意義は、我々の攻撃したいくつかのテーゼが、後退を余儀なくされたことにある。[66] たとえば、人間主義の特定のテーゼ、歴史主義の特定のテーゼ、etc. が。

「実践」のレッスンを受け、レーニンから、「誤りを犯すより、犯した誤りに気付かないことのほうが重大である」を学んだのであるからして、いまやこの過去に私は向き直り、自分の諸テーゼをそれらに取り付いていた矛盾に照らして再考することで、「選別をなす」ことができる。

手を切ることが明らかに必要なテーゼがある。なぜならそれは、現在から見てまちがっている（方向付けがうまくいっていない）、ゆえに有害であるテーゼなので。たとえば、哲学を「理論的実践の〈理論〉」とした定義は、どのようにしても弁護の余地はなく、取り除くべきものと私には見える。だが、定式を削除するだけでは十分でない。定式の共鳴作用によって引き起こされたあらゆる効果、あらゆる反響の、理論的配備を訂正する必要がある。[67] 別の文脈で極めて有益であった[68]「理論的実践」のカテゴリーは、科学の実践と哲学の実践とを一つ同じ語に包摂してしまう曖昧さのせいで、やはり危なっかしいものである。その包摂は、哲学があたかも（一つの）科学でもあるかの観念を、誘導してしまうのである。しかし、そのような曖昧さを思弁的な混同へと沈殿させてしまわない布置の中でなら、このカテゴリーは、場合によっては、いまもって役立ちうる。じつにそれは「理論」に、実践という唯物論的注記を書き込むので。科学／イデオロギーの対立については、合理主義的 - 思弁的な対立図式を、すなわち、その対立の一般性を、無条件に放棄して、まったく別の視点からこの対立を「練り直す」必要ありと理解してもらうだけのことは、すでに述べた。この練り直しは科学／イデオロギーの対立を、認識「生産」の複雑な過程にとっての要素へと、バラさずにおかない。というのは、実践的イデオロギーの階級的衝突、理論的イデオロギー、既存の科学、そして哲学が、そこでは互いに組み合う。

　だが、かつてのかたちのままでも、戦いと探究において理論的・政治的に奉仕できる別のテーゼ、別のカテゴリーがある。ただしそれらを、感じ取れないほどにであっても（レーニンの言う「ニュアンス」）移動させて、より的確な、つまりは、よりよく誤差補正された理論的配備の中にまとめること、との条件が付くこともある。それらテーゼ、カテゴリーの点検は受けないですますことにする。誰でも自分で確認を得ることができるので。要は、階級的敵対者を、すなわち、現にいま在る理論的地勢（この地勢さえもよりよく認識されなくてならない）での哲学的敵対者を、よりよく識別・認識するために、理論的階級闘争の目標に重心を置くこと、そしてよりよく誤差補正された前線を維持・防衛するために、階級にもとづくより的確な理論的立場を占めること、これがすべてである。

　私の初期試論群に欠けていた本質的なもの、すなわち、理論内階級闘争とそれの及ぼす効果——まさにこの欠けていたものが、私が出発点としたカテゴリーのいくつかを、（より）的確な位置に移動させることを許す。たとえば、再び取り上げるなら、かの有名な「切断」。これを私は名前もそのままに使いつづける。ただし、それを移動させることによって。あるいはむしろ、危険な観念論に染まった[*69]或る種の合理主義の空気の中に、それを危なっかしげに漂うままにするのでなくて、それの席を、弁証法的唯物論の前線の堅固な地面の上に指定することによって。しかし、よりよく誤差補正された配備の中で切断をしかるべき席に就けるとは、いかなる意味か？　そのときには私にはそうする力がなかったが、なにもよりもまず、こう肝に銘じることを意味する。切断を指標とする特異で疑問の余地のない事実を契機にして、切断に現実的な賭金が確かに積まれるにしても、切断は、事に決着を付ける最後の切り札なのではない。なぜなら、まず、切断は、それだけでは、みずからを照らす光でない、と言わなくてはならない。新しい科学の歴史的出現という一つの理論的な出来事が生み出す様々な徴候、様々な効果、この単純な事実を切断が記録するだけのものである以上、それは当然だ。しかしまた、理論の歴史に属すこの出来事が、それを規定する物質的、技術的、社会的、政治的、イデオロギー的条件の協働によって、説明されなくてはならないからでもある。そして、そうした条件の中でも、なにはさておき、階級にもとづく理論的立場の介入を、あるいは、哲学という「審級」[(25)]の、その介入と呼びうるものを、場合によっては――しかしマルクスの場合には、断然――第一位に保持しておかなくてはならない。というのも、マルクス主義理論の場合、「切断」と名指ししてしかるべき出来事、先に定義した意味でのそれは、レーニンが〈三つの〉主たる源泉と呼んだものの合流によって、「父なき子」として生み出された。つまり、もっと要領を得た言葉で言えば、一八四〇～四八年の階級闘争（このころ、封建制対ブルジョワジーの歴史的階級闘争よりも、ブルジョワジー対プロレタリアートの階級闘争が優勢になる）を背景にして起きた、境界画定の線と極端に複雑な理論的・イデオロギー的家系との[*70*]相互干渉、ないしは、巡り合わせ conjonction によって。相互干渉から生じるものの中で[*71]、それらの線とそれらの家系は、目的もなく勝手に交差していく。

　ところで、歴史的「個人」マルクス‐エンゲルスの、階級にもとづく理論的立場のその変化と呼んでいいものを、この矛盾した過程の主調〔支配因〕として取り出すことができるし、またそうする必要もある。言うところの、階級にもとづく理論的立場の変化は、政治的階級闘争とその経験とが及ぼす効果として、哲学の内部で起きる。こう確認したからとて、哲学が、私の示唆するごとく、最終審級的には確かに理論内階級闘争であるのなら、そこに奇妙なところはいっさいない。

この確認に私はこだわる。じつにそれは初期試論群へと私をダイレクトに送り返すので。その当時、私は、本質的な問題はマルクス主義哲学である、と述べた。いまもそう考えている。しかし、一九六〇～六五年に何が本質的問題であるかをはっきり見た私は、いまや、そのときの私がその問題の本質を明快に見通さなかったことを見る……。その問題を「理論的実践の〈理論〉」と定義し、「理論」という唯一の用語のもとに、科学と同じ身分規定を理論的実践に付与してしまった。哲学を理論的に過大評価するそのことによって、当時の私は、階級闘争を「介入させる」ことをしていないと正しくも私を非難した人々がすかさず指摘したように、哲学を政治的に過小評価してしまったのである。『レーニンと哲学』で哲学を新しく定義して（「理論内政治」）、自分の偏向の本質的な部分を訂正したものの、そこでもやはり、〈科学〉と〈政治〉のもとで平等になされる「二重代表」制〔科学において政治を、政治において科学を代表すること〕と、ヘーゲルから偶然にでなく引き継がれた〈テーゼ〉「哲学はつねに夕暮れに飛び立つ、つまり、ただ一つの出来事――政治的 - イデオロギー的革命という出来事ではなく、〈科学〉それのみの誕生または手直しという出来事――が起きたその歴史的事後に」が、哲学の政治的過小評価を証言している。『レーニンと哲学』での哲学の定義はまだ応急処置、半ば妥協の産物であって、科学の歴史に属す出来事とそれの結果として起きる哲学的な出来事とに、それぞれの持ち分を与えはしたものの、的確な持ち分をでなく、過分な持ち分をアプリオリに与えてしまったのである。私が、今日、新しい定式「哲学は、最終審級的には、理論内階級闘争である」を提案するのは、階級闘争（最終審級と〈科学の実践をも含めた〉他の社会的実践のどちらをも、哲学との「関係」において、まさに的確な席に就けるためである。[*72]

ここを出発点にして、新しい探究が可能になる。

原注

（1） さらにその差異を巧みに操りつつ活用して、いちだんと「的確な」隠喩をこしらえねばならない。なぜなら、哲学において思考すること、すなわち、借用された既存のカテゴリーの的確さを、理論の中に占めた立場の要求する配備をとおして高め、新たなカテゴリーを生み出すことは、隠喩のもとでしかできないので。

（2）たとえば用語 *Verkehrsverhältnisse*〔交通関係〕は、新しい概念のすべてがそのまわりを回る『ドイツ・イデオロギー』の理論的重心だが、この用語自体は、まだ欠けている概念、まだ決定的なかたちでは生み出されていない概念のまわりを回っている。生産関係の概念である。

（3）たとえば「分業」は、『ドイツ・イデオロギー』において、じつは疎外概念の代役としても作動している。そのため、この著述には個の、「人格」の、共産主義の理論が見付かる。

（4）古典派経済学の概念の大半が『一八四四年草稿』に見付かることをあげ、ほかの多くの批判者同様、ジョン・ルイスもまた、確かに私に反論することができる。資本、蓄積、競争、分業、労賃、利潤、etc. といった概念である。まさしくそのとおり、これらはマルクスが、経済学から、そこにみいだしたままのかたちで借りてきた古典派経済学の概念である。一字一句たがえず、いかなる新しい概念も付け加えず、概念の理論的配備を少しも変更せずに、借りてきたのである。実際、『一八四四年草稿』でマルクスは、〈エコノミスト〉〔フランソワ・ケネーをはじめとするフランスの「フィジオクラート」（日本語では「重農主義者」と訳されることがある）の別名〕たちを、彼らが〈経済〉についてこれ以上なく完成されたことを述べているかのごとく、引用する。彼らの概念に手を触れるわけではない。その概念を批判するにしても、それは「哲学的に」、つまりは、そとからなされる。哲学者の名を隠さぬ哲学者の名において、なされるのである。「経済学に対する（…）実証的＝積極的批判は、その真の基礎をフォイエルバッハの発見に負う」。当時のマルクスが決定的とみなしていた革命、「現実的な理論革命」の主導者フォイエルバッハである（cf. *Manuscrits de 1844*, Paris, E.S., 1972, pp.2-3）。〔『経済学・哲学手稿』三浦和男訳、『世界の大思想 II-4 マルクス』河出書房、一九六七年所収、五四ページ〕

とりあえず落差と言っておくが、その落差を測るには、数ヵ月後に『〔フォイエルバッハにかんする〕テーゼ』で遂行されるフォイエルバッハからの断絶を考えてみるだけで十分である——さらにつぎの事実を確認するだけで。『ドイツ・イデオロギー』を機に出現しはじめるいままでにない理論的配備の、その土台をなす、まったく新規の概念的三幅対、〈生産様式〉／〈生産関係〉／〈生産力〉が、『草稿』では問題にならぬとの事実。この新しい配備は、『ドイツ・イデオロギー』以後、古典派経済学の概念を新たに布置し直していく。概念の位置、意味、役割が変わる。この激しい変化は、剰余価値が「発見」され（エンゲルス）、それが資本制生産様式理論の中心に置かれることで〈剰余価値＝資本制搾取＝階級闘争〉、すぐさま加速化される。その結果、〈経済学〉に対する全然別の批判形式が現れる。『草稿』での（フォイエルバッハ的な）「哲学的批判」とはまったく無関係、「フォイエルバッハの偉大な発見」にもとづくこともない批判、資本制生産様式の矛盾した過程がもつ、また、この過程の場所たる、すなわちその原因でも結果でもある敵対的階級闘争がもつ、現実性に基礎を置く批判である。かくして〈経済学批判〉（『資本論』の副題）は、古典派経済学の経済主義、つまり経済学の在るがままの姿〈搾取関係と階級闘争のそとで考えられる経済学〉に対する、暴露に変わるのである――それと同時にこの〈批判〉は、資本制生産様式のはらむ矛盾の、内側からの解明、資本制生産様式をもってするその生産様式自体の批判に変わる。資本制生産様式固有の傾向法則、プロレタリア階級闘争の攻撃にさらされてこの生産様式の消滅することを告げるその法則をもってする、資本制生産様式批判に。テキストと睨み合わせつつ、以上のことはすべて証明できる。

（5）　言うまでもなく、この小さな「かつ」（科学的かつ政治的な実践）が、ここでは言及することはしない、厖大な問題を課してくる。これらの問題の設定と解決は、〈労働運動〉とマルクス主義理論との、いわゆる「合一」ないし「融合」に左右される。こちらの問題にかんしては、レーニン、グラムシ、毛沢東が決定的なテキストを書いた。

（6）　私のなした「縮小」をはっきり感じ取らせるために、先ほど私は「切断」というたんなる「理論的事実」を、マルクス主義とブルジョワ・イデオロギーとのあいだの断絶という「歴史的事実」に対置した。だが、それのみを眺めれば、切断という「理論的事実」はまた、歴史的事実でもある。歴史的、なぜなら、理論的な歴史的出来事といったものについて語っていい権利があるから。歴史的、なぜなら、この種の比較が意味をもつとして、ターレスの名を中心にギリシャのどこかで起きた数学の「出現」以来の、認識の歴史における最大の出来事としてマルクスの発見を語っていいほどの歴史的射程をもった出来事を、切断は言うから。しかも、この理論的出来事の大きさ、それのもたらす政治的帰結の大きさを測り取る遥か手前に、我々はいる。

（7）　「転倒」問題についての自己批判。初期試論群で私は、哲学と科学とを折り重ねてしまった。そのため、「転倒」の比喩がしかるべき席を哲学的関係の歴史の中にもつことを、私は認めようとしなかった。一九六八年二月の口頭発表「マルクスのヘーゲルに対する関係について」[*in Lénine et la philosophie*, seconde édition, Paris, Maspero

1973, pp.49-71〔『政治と歴史』前掲所収〕〕をもって、みずからの立場の訂正を開始した。哲学が（一つの）科学でないこと、哲学の「歴史」における哲学的諸措定 positions のあいだの関係は、科学の定理 propositions 集とそれら定理の（前‐科学的）前史との関係の、再現でないこと、これを受け入れなくてはならない。「転倒」は、哲学的措定のあいだの内的弁証法についての、必要な比喩の一つである。ただし、厳しく制限されたいくつかの条件のもとで。実際、ほかの条件のもとでなら、この同じ関係について、ほかにも多くの比喩が存在する。ただ一つの比喩（「転倒」）しか認めないのは、思弁的観念論に入り込むことである。唯物論は、関係にかかわる比喩の複数性、それら比喩の置かれる条件の限定性を、重視する。

（8）「科学一般の理論」、思弁的であるそのような理論への再落下としてでなく、具体的対象について考えることを可能にしてくれる最小限の一般性として、以下の行文を受け取ってもらいたい。科学「一般」は存在しない。しかしまた、「生産一般」も存在しない。それでもマルクスは、断固として、かつまた意識して、「生産一般」を語る。それは、具体的な生産諸様式の分析を可能にするためである。

（9）正確に決まった或る日であるわけでないが――ただし、極限的には、例外的な事態のもとでそうなることもありえ、それは何人かの科学者がパスカルに倣ってみずからの「夜」[*73]、すなわち突然の明証性がもたらす「光明」と呼ぶ、彼らが「見る」ことをなすそのときを指す――それでもこの「瞬間」を、歴史時間の中に、それのもつ幅の中に、おおよそ指定することはできる。

（10）たとえばブルジョワ・イデオローグたち。マルクスがリカード以外のなんでもないこと、『資本論』がヘーゲルの『法の哲学』の一章、（家族を除いた）*Sittlichkeit*〔人倫〕、市民社会＋国家、の（まったく当然にも）ひっくり返された章以外のなんでもないことを、彼らは発見したのだった。探偵小説の〈定石〉は教える。「女を探せ〔犯罪の陰に女あり〕」と。だがいま見たように「〈ただ一人の〉父」を探そうとするのは、言うまでもなく、子供のことを思ってのこと〔「あなたのことを思って」は匿名の手紙に使われる署名〕、すなわち、子供が誰かを消すこと。だが少なくともレーニン、こういう瑣末事に入り込まなかった彼は、マルクス主義は三つの「源泉」をもつと、ついでのごとく言い添えた。三つ以下でないのだ！　ほとんど理解されなかったが、これは、〈唯一の〉父という問題をお払い箱にする、一つのやり方であった。

（11）思い出しておく必要があるだろうか、これらが引き起こされたのが、ついこないだでないことを？……アロンの遥か前にクローチェが、しかも日付のうえでは彼が最初にそれをやったのではない、そのクローチェが、『資本論』にいかなる科学的価値をも否認したことを。シュティルナーの示した「反理論的」反応にまでさかのぼらないでも、マルクス主義科学なる観念への「左派的」批判が、若きルカーチ、コルシュ、パンネクック、[*74*] etc. にさかのぼることを。

(12)「作動」できるためにイデオロギーを必要とするからイデオロギーと一つになっている、ユニークな事例、すなわち〈法〉が、ゆえに法的イデオロギーが、最終審級的に、かつまた驚くほどの透明なかたちをじつにしばしばとって、あらゆるブルジョワ・イデオロギーの土台をなすことは、たんなる法令集や判例集をひもとくだけで、あからさまに目に入る。法律家がマルクス主義者でありさえすれば、このことを示すに十分、法律家が哲学者でありさえすれば、このことを理解するに十分。哲学者たちのほうは取り巻く霧のむこうをまだ見通せず、自分の思索の中に、つまりは哲学そのものの中に〈法〉と法的イデオロギーの存在することを、ほとんど見抜けないでいるが、それでも、つぎの単純で自明なことがらには屈せざるをえなくなるであろう。支配的な古典ブルジョワ哲学（およびその副産物、近代的なそれも含めて）が法的イデオロギーの上に構築されていること、その哲学の「哲学的対象」（哲学は対象をもたぬ、哲学がもつのは哲学の対象である）[*75*] は、法的なカテゴリーないし実体、たとえば〈主体〉〔＝名義人〕〈対象〉〔＝物件〕〈自由〉〈意思〉〈所有権（物）〉〈表象〉〔＝代理〕〈人〉〈モノ〉etc. であること。しかし、こうしたカテゴリーのもつブルジョワ的な法的性格を感じ取って、それを批判するマルクス主義哲学者も、罠の中の罠、「認識一般の理論」という観念・プログラムから、まだ身をもぎ放さなくてならない。支配力をあいかわらず振るう古典ブルジョワ哲学の、それは骨子をなす部品なのだ。どこを通ってそこから抜け出すべきか、（レーニンと毛沢東がなすように）「抜け出す」の科学的様式にでなく、それの哲学的様式に従って抜け出すべきか、を指示する文脈の中で「認識理論」という言い方を用いずに、この観念を、「マルクス主義哲学」をも含めた哲学の成分と受け取るなら、ブルジョワ・イデオロギーの哲学的罠の中の罠に捕まったままになる。「認識理論」が答えようとする単純な問いは、じつにあいかわらず〈法〉にかかわる問い、認識の有効性それの権原〔権利の法的源泉〕を問う問いなのであるから。

(13)「物象化」をめぐる文献全体の哲学的アリバイとして使われている理論の一部始終、『資本論』第一巻第一篇における商品の物神崇拝理論については、後日、我々の考えを明らかにするとして、とりあえずいまは、科学という観念どころかマルクス主義理論という観念をすら嫌悪する人々が、それでもみずからをマルクス主義者と公言するための努力を惜しまず、ライヒやマルクーゼのまずい言い回し（ライヒには正しい言い回しもあったが、マルクーゼにはそれがない）に自足する代わりに、（パリで）[*76*]奇妙なアクチュアリティを得ている男シュティルナーと、そのシュティルナーにマルクスが『ドイツ・イデオロギー』でむけた批判とを読む労をとってくれるよう期待しておきたい。「理論」ということにかんし、それらは或る種の刺激を欠かないテキストである。

(14) じつは誰かがそれをやっていて、ただ私が知らないだけかもしれない。もしそうなら、お赦しを。読みえた範囲で言えば、決定的な断罪、効果満点の仄めかし、さらにきつくも正しい指摘あり、と気付くことはじつにしばしばだったが、しかし本質に届く真の意味での批判、首尾一貫した、ゆえにこちらの蒙を実際に啓いてくれる説得力のある批判にお目にかかることはなかった。だがまた、私が見る目も聞く耳も、もたなかっただけかもしれぬが……

(15) 例として、また典型として、一つの名前、ルイセンコを、そして「ブルジョワ科学／プロレタリア科学」という、いかさまをあげるにとどめよう。要するに、或る時期をめぐる二つの記憶であり、これはあまり遠くに行かないですますためである。当時（一九六〇～一九六五年）、共産党員であるか否かを問わず私を批判した人の多くは、私の「試論」のなしたごくささやかな介入の水準においてさえ政治が問題にされてもいることを、じつにはっきり理解した。その政治を取り違えるようなことをしなかった人もいたのである、ともかくそのときには。確かに人は忘れる。「状況 conjoncture」は、少なくともその明白ないくつかの面から見るかぎりは、この十年で変わった。理論闘争の前線も政治闘争の前線も、予期せぬきっかけのたびに移動していく。だが、しかし、本質的なことがらはほとんど変わらずじまいだった。

(16) これについては、口にするだけでバシュラールの言い回し「検証を仕事とする労働者たち」から、猟師の足元に潜む鶉《うずら》のように、わんさと飛び出してくる曖昧さを参照。とりわけ彼らが「学者の国」に結集されているとされるときには、この曖昧さはいや増す。肉体労働と精神労働のブルジョワ的分割のもとにしか、さらにこの分割をブルジョワ的視点のみから裁可・正当化して作動させる、「科学と技術」なるブルジョワ・イデオロギーのもとにしか、「学者の国」なんてものはない。この問題に対するプロレタリア的視点はまったく違っている。「学者の国」を廃棄し、彼らを労働者および活動家と「連帯」させて、分業の共産主義的形態、つまりブルジョワ的視点からはまったく前例もなく想像も付かないと見える形態へむかうことが、問題になるのだ。

(17) 「科学者のための哲学講義」、一九六七年において。〔この講義は『哲学と学者の自然発生的哲学』(*Philosophie et philosophie spontanée des savants*, Paris, Maspero, coll. « Théorie » 1974〔『科学者のための哲学講義』西川長夫ほか訳、福村出版、一九七七年〕)の書名で、『自己批判の要素』とほぼ同時に公刊された。この講義の、死後出版のかたちで出た部分をも参照。« Du côté de la philosophie (cinquième Cours de philosophie pour scientifiques) », *in Écrits philosophiques et politiques*, tome 2, Paris, Stock/IMEC 1995, pp.253 sq.〔「哲学のほうへ(科学者のための哲学講義第五講)」、『哲学・政治著作集II』前掲、八五一ページ以下〕〕

(18) 弁証法のいかなる「注入」であれ、それがなんらかのテーゼや理論にもたらす、不可避的であってなおかつ不可避的に負でもある成果については、プルードンにかかわるマルクスの決定的な経験を参照。「私は彼にヘーゲル弁証法〔ママ〕を注入 injecter しようと試みた……」[*77*]。無駄であった。それどころか、〔プルードン著〕『貧困の哲学』を裁く〔マルクス著〕『哲学の貧困』の言うことを信ずるなら、おそらく、台無しと語らなくてならない! 弁証法は「注入」されることも、技術的意味を込められた隠喩« s'appliquer »〔応用される〕の字義「押し当てられる」ことも受け付けない。そのことは、すでにヘーゲルが力を込めて言っていた。少なくともこの点にかんしては、我々はヘーゲル主義者でなくてならない。この点にかんしては——この点だけではないが——マルクスとレーニンはヘーゲル主義者である。弁証法については、注入も応用も語れない。ここで我々は、極めて高い哲学的反応性をもつ点(それら単純な二語によって指し示される点)に触れている。哲学では、「境界画定の線」は互いに交わり、交点で互いを切断するが、このとき、その交点が、敏感な点になる。分岐における出会いを言う点である。

(19) それを考えることができなかった、と私は言った。なぜなら、まじめな作業をなそうというときに大切なのは、線に沿っているとの感覚・確信を他の人々の背中に凭れて与える、一般的で定説化された諸定式に満足して、ことがらの切り札を握ることではないのだから。ここで思い違いをしてならない。一度も立てたことがないのに解決済みと考えて、問題を手の一払いか口舌によって片付けてしまう人々は、大して〈労働運動〉の——そこに彼らが参加していさえしても——役に立たない。我々が立てようと始めてみたばかりの問題を、我々とは別の人々がやがて考えることをなしうる日が来るだろうが、そのような人々を、我々の試論がそのブルジョワ的、社会民主的などの逆鱗に触れてしまったところの、〈憤激派〉の著作家たちのあいだにみいだすチャンスは、まずない。

（20）私が自分の偏向を性格付けて使った語、理論主義の語を理解するには、これら三つのテーゼを比較対照するだけでいい。理論主義がここで意味するのは、実践に対する理論の優位、理論への一面的な固執、だがより正確に言えば、思弁的‐合理主義である。理論主義の純粋形式なら、その説明は簡単になせる。真理／誤謬の中で考えることは、なるほど、合理主義に属すことがらであり、その一方、保持された真理／斥けられた誤謬の対立を、〈科学〉一般と〈イデオロギー〉一般との、またそのあいだの差異の、一般〈理論〉の中で考えることは、思弁に属すことがらであった。もちろん私は、事態を極端にまで単純化し、極端にまで変形して、「極限における」推論をなしている。それは、我々の分析が必ずしもこの流れに沿っていたわけでないからなのだが、しかし、指摘したところの運動それ自体は否定できない。

よくあるように、この運動は一つの語という明示的なかたちに固定された。それの語としてもつ資格に疑問なしと見えた語、すなわち〈科学認識論〉Epistémologie という語。この語は、それをたえず使うバシュラールのもとに、またそれを——我々は注記しかなかったが——ほとんど使わないカンギレムのもとに、我々を送り返した。我々はこの語を用いただけでなく、濫用しもした（とりわけ私は）。用法を制御することが、我々にはできなかった。このことを強調しておきたい。なぜなら我々の読者の一部はみなこの語に執着し、みずからの哲学的性向に従って、我々の試論のもつ理論主義的傾向を彼ら自身のうちで強めてしまう結果になったので。

〈科学認識論〉を我々はどう理解していたか？　文字どおりに理解していた。科学の実践の条件と形態との理論、また様々な具体的科学における、その実践の歴史の理論である、と。しかし、この定義は二つの意味で解される可能性があった。唯物論的な意味で解されたそれは、認識生産の現に在る理論的「生産様式」および理論的「生産過程」の、その物質的、社会的、政治的、イデオロギー的、哲学的条件の研究へと我々を導いていく可能性をもっていた。しかしこの場合、言うところの研究領域は、〈史的唯物論〉の領分にあった！　逆に思弁的な意味で解された〈科学認識論〉は、科学的実践の理論を他の諸実践との差異において形成し発展させることへと、我々を導いていく可能性をもっていた。しかし「理論的実践の〈理論〉」としてやはり定義されていた哲学とのあいだに、どんな差異があるというのか？　この場合、我々は「〈弁証法的唯物論〉」の地盤の上にいたのである。じつに哲学とは〈科学認識論〉であり、〈科学認識論〉にほかならなかったのだから。道は交わるのであった。〈科学認識論〉が哲学そのものであるなら、この思弁的一体性は、理論主義を強化せざるをえない。他方、〈科学認識論〉が（それの対象を種別化する最小限の固有の概念を除いて）〈史的唯物論〉の領分に属すのなら、〈科学認識論〉を〈史的唯物論〉に登録しなくてならぬが、しかし同時に、〈科学認識論〉なる企てが幻想であり、いかさまであることを認めなくてもならない。（そのとき以来、我々が指摘してきたように）この企てを放棄し、いかなる〈科学認識論〉もがもつ観念論を、あるいは、観念論的残滓を、批判しなくてならないのである。

(21) 三つの意味で――

［1］政治的な意味。たとえば、或る人々によって「スターリン主義」、また別の人々によって「個人崇拝」と呼ばれたものそれの、「特定の」原因に「手を付ける」ことの難しさ。結果は確かにそこにあった、しかし原因は不在。

［2］科学的な意味。科学的分析によってその「特定の」原因に達したとしても、それどころか、その原因を「スターリン的偏向」（そう性格付けることができるとして）であると指し示したとしても、この「原因」そのものは、一国社会主義の建設を指針とした〈労働運動〉がなす階級闘争の弁証法の中の、一つの環にすぎず、しかもこの弁証法自体が、資本主義の帝国主義的段階に属す世界規模の諸階級闘争において、〈国際労働運動〉の歴史の一契機をなす。「最終審級においては」、すべてが〈生産関係〉と〈生産力〉との「矛盾」によって決定されているのである。

だが、特定の原因としてこの「最終審級における」矛盾に「手を付ける」ことも、またできない。この矛盾をつかんで取り押さえることは、階級闘争の諸形態の中でしかできない。階級闘争とは、強い意味では、当の矛盾が歴史的に存在することを言う。ゆえに〈史的唯物論〉の中で言われる「原因不在」との言は、「最終審級における矛盾」が、歴史の舞台の上で、けっして登場人物としてその場にあるのでないこと（「最終審級における決定を告げるベルはけっして鳴らない」）、この矛盾を「その場にいる人物」のようにじかに取り押さえることのできないことを、意味する。この矛盾は「原因」ではあっても、弁証法的な意味でそうなのである。階級闘争の舞台の上で、それは、取り押さえるべき「決定的な環」がどれであるかを決定するのである。

［3］哲学的な意味。「不在である」特定の原因を、弁証法がまさにテーゼとして立てることはそのとおりとしても、原因を、この語のもつ構造主義的と言われる響きの中でとはまったく別様に、解さなくてならない。弁証法は、通常言われるところの原因を、不在化する。じつにそれは特定のカテゴリー、機械論的、ゆえにヘーゲル

以前的なカテゴリーとしての原因を、消して見えなくし、「乗り越える」。その場にあってつかむことのできるビリヤードの特定の玉として考えられた原因、特定の実体、特定の主体、etc. と同一視される原因である。弁証法は、機械論的因果性を不在化して、まったく別の「因果性」をテーゼとして呈示する。

(22) Cf. D. Lecourt, *Une crise et son enjeu*, Paris, Maspero, coll. « Théorie » 1973.

(23) 『ジョン・ルイスへの回答』［前掲］にて提案された定式。

(24) 「科学者のための哲学講義」一九六七年［前掲］。

(25) これもまたとっておきの実例。いかにも私が意図あって、審級なるこの語を再び持ち出したと思われるだろう。別のもっとよく誤差補正されたカテゴリーが案出されるまでは、とっておかれるべき、ただし、しかるべき位置で使われるべき、これもまたカテゴリーの一つである。ところが、当時は、あらゆる審級を上に下に引っ掻きまわしてしまう突風が、共産主義哲学者のもとに吹き荒れた……。かくふるまわねばならないのは、ちまちました組み合わせ理論に入れ揚げている或る種の人々が、しっくりいく・いかないなどおかまいなしに、あらゆる定食に「審級」を給仕するからではない。次善の策とはいえ、そのときは確かにいささか「審級」を濫用した私ではあったが、しかしこれからはもう「経済的審級」を語ることはせず、ただ審級というこの貴重な語を、〈上部構造〉、すなわち〈国家〉〈法〉〈哲学〉のためにとっておくことにする。

第八章　アミアンの口頭弁論（一九七五年）

このテキストは、アルチュセールが、「業績にもとづく博士号」取得のため、一九七五年六月二十八日にアミアン大学に提出した口頭弁論原稿の、[*1*]わずかに短縮された版をなす。業績とされた著作は、つぎのとおり。『モンテスキュー。政治と歴史』『フォイエルバッハの哲学宣言』（アルチュセール訳・解説）、『マルクスのために』『資本論を読む』[*2]。当時この大学は、アミアンの町同様、共産党員に率いられていて、革新的志向の強い大学とみなされていた。数年前から「業績にもとづく博士号」は選択肢としてあったが、一般にパリの大学では、この学位は低く見られていた。その学位をアルチュセールに申請させるとのアイディアは、アミアン大学創設者の一人ベルナール・ルッセ、哲学科を守り立てる一方、当時、文学部長を務めていた彼の発案であった。B・ルッセは一度もアルチュセール派であったことはなかったが、ユルム通りの哲学者の仕事には敬意を表していて、その仕事が大学の多くの同僚にとってもちうる重要性を、認識していた。アルチュセール主義の流れともっと密な関係を結ぶことを望んで、一九七四年初頭、彼はドミニク・ルクールを哲学科助手に推挙した。続いてルクールを仲立ちに、学位審査の意向をアルチュセールに打診した。このテキストの冒頭でも言っているとおり、アルチュセールは一九四九～一九五〇年度に登録した博士論文を中途で放棄してしまったが、「業績にもとづく博士号」はその彼に、「正教授」の地位へ、道を開く可能性を潜在的にもたらすものだった――ユルム通りを去って大学に赴任する可能性を。[*3*]この時期、アルチュセールは、教員としての将来を考えはじめていて、最終的に学位審査の申し出を受けることにした。審査を受ける側、なす側のどちらもがこの交換で得することが、彼にとって、このアイディアをいっそう魅力的なものにした。アルチュセールにとっては、アミアン大学の好意的な環境が学位審査を有利にしてくれ、文部省の攻撃にさらされていたアミアン大学のほうは、『マルクスのために』の著者の威光から、なにがしかの象徴的恩恵を受けることができる。

学位審査の前に何度か、アルチュセールとB・ルッセのあいだで話し合いがもたれた。審査は厖大な数（四、五百人）の聴衆を前に、午後いっぱいかけて、一四時半から二〇時まで続いた。ベルナール・ルッセが委員長を務め、委員会報告者のパリ第一大学イヴォン・ベラヴァル、アミアン大学からのもう一人マドレーヌ・バルテレミ＝マドール、ポワティエ大学ジャック・ドン、高等研究院の歴史家ピエール・ヴィラールが審査委員会を構成した。委員会は、「優」の評価と共に、満場一致でアルチュセールに文学博士号を授与し、口頭弁論原稿の出版を奨励した。[*4] しかしこれで、アルチュセールと大学官僚制とのかかわりに、片が付いたわけでなかった。ほどなくして彼は、この博士論文にもかかわらず、「正教授」資格候補審査を担当する国の委員会によって「落とされ」てしまう（その後も、J・デリダ、D・ルクールなど、多くの人がそうなったように……）。

何箇所かの削除と、いくつかの文体上の改善を施された口頭弁論原稿は、「哲学においてマルクス主義者であるのは単純なことか？」と題され、一九七五年十月の「パンセ」誌第一八三号に発表された。この論文は、そのままのかたちで、『ポジション』に再録された。[*5] 以下に提供するのはこの版で、発表にさいして口頭弁論原稿（IMEC保管）から削られたおもな文章は、編者注にて指摘する。

「叙述の弁証法的形式は、その限界を認識しているときにのみ、的確である」
Marx, *Contribution à la critique de l'économie politique*,
Paris, Éditions Sociales, 1972, p. 253.[*6*]

小著『モンテスキュー』、『マルクスのために』所収の諸論文、『資本論を読む』の二つの章、これらテキストの一つとして、博士論文を念頭に書いたのでないことを言っても、誰にも、当惑も驚きも与えはしないと思う。[*7/*8] それでも、二十六年前の一九四九〜一九五〇年度、私は、イポリット、ジャンケレヴィッチ両氏のもとに、「十八世紀フランスの政治と哲学」と題する大論文（〔現在では「博士論文」というが〕当時はそう言った）と、ルソーの「第二論文」[*9]をテーマとした小論文〔「副論文」〕の、執筆計画を登録したことがあった。この計画をその後も完全に捨てたわけでないことは、モンテスキュー論の物語るとおり。なぜ、いま改めて、こんなことに言及したのか？　皆さんのもとにゆだねた諸テキストに、それがかかわるから。当時、私はすでに共産党員であったが、そのうえに、マルクス主義者であろうとも努めていた。すなわち[*10]、何をマルクス主義が意味するかを、力の及ぶかぎり、理解しようと試みていた。たとえば十八世紀の哲学と政治をめぐるあの勉強だが、それを、マルクス思想の解明に必要な予備学習と考えていた。そのときすでに私は、哲学の或るやり方[*11]、以後もけっして捨てることのないやり方を、実地に、実践しはじめていた。

　この理論的迂回、私はそれを、まず十八世紀の著作家たちについて実行することから始めたのだった。哲学を解明するのに不可欠だけでなく、哲学が在るというそのことにとっても不可欠と[*12]私に見える迂回。というのも、神々と人間とからなる社会にミネルヴァが来るようには、哲学は世界のもとにやってこない。哲学は占める立場によってはじめて在り、すでに占め尽くされている満員状態の世界からみずからの立場を戦い取ることで、はじめて、その立場を占める。つまり、哲学はみずからの抗争的差異によってのみ在り、その差異を戦い取ること、受け入れさせることを哲学は、他の現に在る立場に対する絶えざる工作という迂回をとおしてしか、なしえない。この迂回は抗争のやり方なのである。哲学という戦いの中、哲学というかの「*Kampfplatz*〔戦場〕」（カント）の中に在るどの哲学をも当事者となす、それは抗争である。哲学者たちの哲学がこの恒久戦争であるなら（カントは、みずからの哲学のもたらす恒久平和によって、この戦火を消そうと望んだ）、どの哲学も、ただ敵たちから一線を画し、敵たちの陣地から、自分の取り分たる部分を攻め取ることによってしか、この理論的力関係の中で実在性をもつことがない。その敵たちは敵たちでまた、いまもつ陣地をかつて、敵への支配力を確保して敵を自分の中に取り込むために、占領しなくてはならなかったのである。人間社会についてだけでなく、舞台の袖で、おそらく哲学についても同じほど語ったホッブズの驚嘆すべき概念構成のとおり、戦争が、世界のどこにも逃げ場のない一つの全面的状態をなして、結果として、戦争それ自体の条件、すべての戦争を本質的に抑止的なものに変えてしまう条件を生み出すとすれば、観念の体系の角逐である哲学戦争それの前提は、じつにこう理解できる。すべての立場‐陣地が、他を抑止すべく、互いに相手側へはみ出していること、ゆえにどの哲学も、みずからの立場‐陣地を確定・維持するには、他の哲学へ迂回せねばならぬこと。のちに私が打ち出したように、哲学が、最終審級的には、理論内階級闘争であるのなら、この闘争は哲学に固有な形態をとる。みずからの差異をめぐる理論的線引き、理論的迂回、理論的工作という形態。このことの証拠として、[*13] 哲学史全体に続いてマルクスを出したい。ヘーゲルに凭れつつ彼からの線引きをなすことで、はじめてみずからを確定した、マルクスその人を。考えるに、なぜマルクスがヘーゲルを経由しなくてはならなかったか、その理由を理解しようとしてスピノザへの経由を自分に許すことで、私もまた、マルクスの手本に従ったのである。

しかしまったく明らかなとおり、哲学を闘争、最終審級的には、理論内階級闘争として捉えるこの哲学の概念構成は、哲学と政治の伝統的関係が覆えされることを、暗に意味していた。マキャヴェリからホッブズ、スピノザ、ロック、モンテスキュー、ルソー、カントを経てヘーゲルにいたる、これら政治哲学者と端的な哲学者とを素材にして、そのころの私は、この転覆の訓練を積んでいたのだった。政治思想家たちを哲学者として低く、つまり、非哲学者ないし日曜哲学者として、扱い、その一方で、哲学者たちの政治学を、彼らが明示的にいかにも政治について語ろうとするテキストそれのみに求める、という疑わしい区別から袂を分かつことの必要性を、私は声を大にして公言していた。哲学についてほとんどなにも言わぬマキャヴェリのごとき人さえ含め、いかなる政治思想家も強い意味での哲学者でありうる、また逆に、政治についてほとんどなにも言わぬデカルトのごとき人さえ含め、いかなる哲学者も強い意味で政治思想家でありうる、と私は考えていた。じつに[*14]哲学者たちの政治学、哲学を哲学として構成する政治学は、当の哲学の作者がもつ政治観とはまったく別なのだ、と。実際、哲学が、最終審級的に、理論内階級闘争であるなら、哲学を構成する政治学は（政治思想家たちの思想を支える哲学についても、まったく同様のことが言える）、政治闘争にまつわる特定の事件の中、それどころか哲学者の政治的な党派性の中にさえ、特定されはしない。哲学を構成する政治学は、それとはまったく別の問題にかかわり、それとはまったく別の問題のまわりを回っている。支配階級のイデオロギー的ヘゲモニーの問題である。このヘゲモニーをつくり出すか、強めるか、擁護するか、あるいは、それと戦うかの違いはあれ。そのころにはまだ打ち出すまでにいたっていなかった諸定式を、ここで用いているのだが、しかし言わせてもらうなら、のちに呼ぶ「哲学の新しい実践」に似たなにごとかを、そのころにあっても私は、既成の諸観念を揺さぶりつつ、一歩一歩、発見しはじめていて、この新しい実践を発見していくのと並行して、それをその時点でさえ、覚束ないままに、それでもしかし、やがてマルクスへの特別な接近路をみずからに与えることになるほどには巧みに、実践していた。

十八世紀[*15]をもとにした理論的予備学習、その後もじつは様々なアイディアを吹き込みつづけてくれたこの予備学習を、私が放棄したかに見えたのは、予想してもらえるとおり、個人的事情からだけではなかった。『マルクスのために』の序文で言及した、いわゆる周囲の事情が、私を、急遽、戦いへと連れ出した。〔ソ連共産党〕第二十回大会が概念なきひとことで「個人崇拝」と呼んだことがらや、人間の哲学、自由の哲学、投企の哲学、超越論の哲学、etc. と共に到来する解放ないし解放への希望を祝福したり利用したりして、当時、マルクス主義のもとに押し寄せていた右派的解釈の波などが。一概に比べられないことを承知で言えば、[*16] 森林盗伐やプロイセンの検閲など「実践的問題について意見を言うことを強いられた」「ライン新聞」時代の若きマルクスのように、[*17*] 私もまた、自分の考えていることを沈黙によって裏切るまいとして、マルクス主義理論にかかわる、差し迫ったいくつかの問題について「意見を言うこと」を、たちまちにして強いられたのだった。発言の機会は偶然に、[*18] つまりは、ありふれた必然性によって、もたらされた。若きマルクスにあてられた国際論文集についての書評、「パンセ」誌に採用された一九六〇年のその書評[*19]のかたちで。この書評は一つの反撃となった。支配的諸テーゼに、正面からでなく、むしろ背面から攻撃を仕掛けることの、つまり、論戦の土俵を移動させることの、効果に乗じてそれが提出したいくつかのテーゼを、私は以後も取り上げ直すこと、鍛えること、訂正することをやめなかった。

こうした周囲の事情を改めて言うのは、私の哲学的試論のもつ論争的、ずばり言えば、政治的性格についての、第二の注記を導き入れるためである。[*20] 皆さんのもとにゆだねた試論は、いかなる哲学の中心にも闘争あり、を公然と受け入れていくことへと方針をとらねばならなかった。先ほど述べたことは、なるほど、こう理解させるであろう。あれらの試論は、哲学的試論である以上は、剝き出しの政治に属さず、また議論として構成された考察の成果である以上は、つまり、一つの単純な観念を打ち出し擁護することに試論の全努力のある以上は、生々しい論争にも属さない。言うところの観念とは、マルクス主義者たるもの、みずからの戦いを思考しないでは、すなわち、みずからの入り込む戦い、みずからを引き込む戦いの条件、仕組み、勝負どころを思考しないでは、書くことにおいても為すことにおいても戦えない、との観念である。あれらのテキストは、要するに、或る特定の状況への、紛れもない介入なのである。教条主義とそれに対する右派的批判のどちらにも対抗してなされる、支配的マルクス主義哲学への政治的介入、経済主義とその「代補」である人間主義とに対抗してなされる、政治への哲学的介入。だがしかし、あれらのテキストは、労働運動とマルクスとに判断の拠り所を求めていたのであるから、たんなる状況の注釈ではすまされなかった。この哲学的‐政治的介入の弱点・限界が人にどう映るにせよ、それが一〈共産党〉員による行為であったことを、強調しておきたい。最初は孤立無援であったし、つねに声が聞き届けられたわけでなく、批判を受けたし、いまも受けているが、たとえそうであれ、労働運動の中で労働運動のために行動してきた〈共産党〉員による行為であった。ゆえに、政治の重要性を認識して、政治の条件・拘束、政治が理論そのものに及ぼす効果を考えようとする活動家、結果によってみずからの介入の線とかたちとを確定しようと試みる活動家による行為であった。このような率先行動に[*21]、そとからの締め付けもリスクもないわけでなかったことは、同意してもらえるだろう。リスクを言ったからには、他のすべてのリスクはさて措いても、私の試論群の理論的立場にかかわるリスクだけは、取り上げさせてもらっていいだろう。[*22]

こうである。入り込んだ論戦のいくつかの政治的・理論的な戦略地点で私は、ラジカルなテーゼを主張しようとの方針を、意識的に固めた。それらテーゼを文字どおり言葉にすれば、ときとしてパラドクス、それどころか理論的挑発すれすれにまで行きかねなかったけれど。[*23] 選び取ったこの方針を例解するために、実例を二、三。

たとえば「理論は実践である」と私は主張して書き、理論的実践なるカテゴリーを打ち出して、少なからぬ人々の顰蹙を買った。しかし、いかなるテーゼとも同様、このテーゼもまた、それのもたらす線引き効果、すなわち、反対位置に立場をとることの効果から、評価されてしかるべきであった。あらゆるプラグマティズムに対抗して理論の相対的自律性のテーゼを公認させる効果を、あのテーゼは第一にもっていた。ゆえに、その日の政治決定に奉仕する重宝な女中並みにマルクス主義理論が扱われてならないとする権利、政治実践、その他の実践と結び付きつつもそれ固有の要求を放棄せずにマルクス主義理論が発展していくことの権利を、公認させる効果。だがまた同時にそれは、純粋理論なる観念論に対抗して、唯物論理論に実践という目印を付ける効果をも、もっていた。

別のラジカルな定式化。理論的実践はその有効・無効の判定基準をそれ自体の中にもつ、との性格規定。「マルクスの理論は、真であるがゆえに全能である」[*24]（成功・失敗によって検証されるから真であるのでなくて、真であるから成功・失敗によって検証できる）とする挑発的テーゼを、ほかの多くの人々に混じってまた自身も表明する、レーニンを引き合いに出してもよかったが、私はそれとは別の議論を援用した。数学は、みずからの公理を証明するために、物理学や化学によるその公理の応用を必要としない。実験科学は、みずからの成果を証示するために、技術へのその成果の応用を必要としない。証明も証示も、じつにそれぞれの科学がそれ自体のうちにもつ、決まった種別的な物質的・理論的装備と手順とから生み出されるものなのだから。この議論で争われているのも、理論の相対的自律性であったが、しかし対抗の相手は、もはや理論についての観念論ではなく、無差別化をなして、ヘーゲルの言う夜の中の雌牛たちのごとく、すべての実践を黒くしてしまう、プラグマティズムと経験論であった。

締め括りに最後の実例。私はマルクスの理論的反人間主義をテーゼとして主張した。明確な規定を与えられたテーゼであった。なのに人々はその規定を理解しようとせず、このテーゼは、私に対抗するユニオン・サクレのきっかけをつくった。ブルジョワ的・社会民主主義的イデオロギー、世俗のあいだにばかりか国際労働運動の懐にさえ現に在るそのイデオロギーを総動員してなったユニオン・サクレ[*25]。私はなぜこれほどにもラジカルな[*26]立場を、あえてとったか？　自分の明らかな無知をあげつらうことで、そこに口実を求めようとは思わない。そういう議論はつねに効を奏するが、しかしそれには順序がある。まずは、あれらラジカルな立場を実践するさいの原則そのものを、擁護しておきたい。言うまでもないが、人々は、独断論だ、思弁だ、実践、具体的なもの、人間、etc. の軽視だとの怒声を浴びせたのだから。その怒りには、しかし、なにかしら、こちらの注意をそばだたせるものがあった。

指摘した哲学と政治との関係を少しばかり学び取っていた私には、マキャヴェリのことが想われた。言葉にされること稀であっても、彼のつねに実践されている方法的原則はこうである。極端において、すなわち、極限テーゼを表明する立場、考えることを可能にするために在りえぬものの席を占める立場において、考えることをなさねばならぬ。マキャヴェリは何をなしているか？　自国の歴史のなにかを、つまり、意思をもつために考えよと彼が駆り立てようとする読者たちの、その精神のなにかを、変えるために、マキャヴェリは、こう舞台の袖で説いているのである。自分の力を頼りにせねばならぬ、したがって現時点では、実在する国家も実在する君主も、なにも頼りにしてならぬ、実在せぬ不可能なもの、〈新しい公国〉の〈新しい君主〉を、頼りにせねばならぬ。

さて、人々を駆り立てようとするこのパラドクスそれのもつ響きと理由を、私はレーニンのもとにもみいだした。『何をなすべきか？』の数年後、そこで立てた定式に対する批判に答えようとして、彼が棒の曲がりの理論で応接することは知られている。[*27] レーニンは言う。まちがった方向に棒が曲がっているとき、それを直すには、それを真っ直ぐな状態に戻して保つには、まず逆方向に曲げなくてならない、ゆえに、ぐいっと力を込めて、持続的に逆の撓《たわ》みを棒に付けていかなくてならない。この単純な定式は、[*28] 真なるものが発揮する効力の理論、マルクス主義的実践に深く錨を下ろしたその理論をすべて含む、と私には見える。曲がった観念を正すのに真っ直ぐな観念をしか必要としない、合理主義的伝統とは逆に、マルクス主義は、観念は社会関係の物質性に捉えられて、その物質性の一部になってしか、歴史的実在性をもたぬとみなす。[*29] たんなる観念のつくる関係の背後には、ゆえに力関係があって、力関係が変わるまでは、特定の観念を権力に就け（手短に言えば、これが支配イデオロギーと呼ばれるもの）、それら観念に別の観念（いわゆる被支配イデオロギー）を従属させる。したがって、哲学の名をもつ明らかに抽象的である領域においてさえ、歴史的に存在してきた観念を変えるには、真なるものをありのままに説いて、それの一糸まとわぬ明証性が精神を、我々の十八世紀の祖先が言っていたごとく、「啓蒙する」のを待つだけでよしとするわけにいかない。変わるよう観念に強制せねばならぬ以上、観念を曲がった状態に保っている力を認識すること、その力を相殺する逆の力を加え、観念にそれを正すのに必要な逆の撓みを強引に付けることを、まさに強いられるのである。

このすべてが、闘争的社会過程のロジックをきわだたせる。言うところの闘争的社会過程は、書かれたいかなるテキストをも明らかに超えてはいるが、しかし、『何をなすべきか？』のような書かれたテキストであっても、この力関係は、いくつかのラジカルな定式の中に現前して、そこで考慮される・先取られるというかたちなら、少なくとも、とることができる。新しい観念と支配的観念とのあいだの、テーゼによってつかみ取られている力関係を、そのテーゼを言う言葉そのもののうちに感じ取らせる定式である。自分のいる慎ましい場所で、あれらの実例からなんらかの観念を引き出し、あれらの実例に支えを求めることができるなら、私はこう述べるであろう。然り、私は、意識的に[*30]観念のあいだの関係に立ち向かい、意識的にそれを力関係として扱った。然り、重要と考えるいくつかの点をめぐって、「極端において考える」ことを意識的になし、意識的に棒を逆方向に曲げた、と。挑発を楽しむためでなく、あの力関係に注意せよ、と読者たちに言い、彼らをその力関係のほうへ扇動していくために。哲学の見張り番の中には、理論の全能性への観念論的信仰だと、私を非難した人々もいたが、私の関知せぬそんな信仰にもとづいてではなく、まったく逆に、理論のただそれのみで在るときの弱いことを唯物論的に意識しつつ、すなわち、みずからを力に変えるチャンスを理論がつかむのに認識しなくてならぬ、かつまた、そのもとに[*31]みずからを置かなくてならぬ、力の条件のことを意識しつつ、私は明確な効果を生み出そうとしたのである。

述べたことの証拠として、この場でつぎの観念を主張してもいい。曲がりに逆の曲げを加えるとの力関係、つまりは、テーゼを表明するとの過激さを、哲学はそれ固有の属性とするのであり、この法則を、観念論的否認のもとで[*32]あれ、唯物論的「スキャンダル」という露骨なかたちであれ、偉大な哲学者たちは、レーニンがそこに立ち止まらずただ寸言に隠れてそれをなすごとく、言葉にせずともつねに実践してきた。

棒を逆方向に曲げることにリスクが伴なうこともまた確か。曲げ足りないか、曲げすぎてしまうリスク、どんな哲学にも付き物のリスク。それというのも、社会的力と社会的勝敗とが審問に掛けられていながら、それらを絶対の確実性で測定することのできないこの情勢には、すぱっと結審を付けてくれる審級など存在しない。ゆえに、棒を曲げ直すというやり方で介入する者は、正しい物差しをすぐには見付けられないリスク[*33]を冒す。曲がりに加える力が弱すぎても強すぎても、脇に逸れていってしまう恐れあり。ご存知と思うが、このリスクに私もまた部分的に見舞われたことを、おおやけに認めてきた。皆さんのもとにゆだねた一九六五年の試論群、少なくとも『資本論を読む』が理論主義の傾向に染まっていて、構造主義的用語法へのしゃれっ気によって、わずかなりとも、危うくされていたことは、一九六七年にすでに認め、最近も『自己批判の要素』でそれは説明したとおり。しかし、こうした逸れに自分で根拠を与えるには、時間的距離が必要であった。十年というたんなる時間的間隔がでなく、引き起こされた効果を、研鑽を、自己批判を、身をもってくぐることが。理解するには時間が要る、と書いた人がいる。付け加えておきたい。とりわけ自分の書いたことを理解するには、と。[*34]

＊＊＊

試論群について議論に入る前に、それらのもつ最も一般的な狙いについて、ひとこと述べさせてもらいたい。[*35]

この狙いは、私の本のタイトル『マルクスのために』『資本論を読む』に読み取れる。いずれのタイトルも、じつに標語なのである。ここで私の世代の人間、ナチズムとファシズムの、人民戦線の、スペイン内乱、戦争、レジスタンスの、スターリンの時代を経験した人々のために、語っていいかと思う。同時代の歴史に属す大規模な階級闘争に巻き込まれ、〈労働運動〉の中に導き入れられた私たちは、マルクス主義者であることを望んだ。だが、〔スターリン批判のなされたソ連共産党〕第二十回大会のあとでさえ、[*36] マルクス主義者であること、マルクス主義理論の中に自分をみいだし直すことは容易でなかった。「マルクス主義」と銘打たれた、人間についての哲学的おしゃべりを対位旋律として伴ないつつ、じつに旧来の教条主義が残りつづけていた。このおしゃべりはマルクス青年期の著作の一字一句を支えにしていたので、歴史の試練によって曇らされた思考をもう少し見通しよくするには、マルクスに戻ることが必要だった。私の行き方の政治的意味には拘泥しないでおく。その行き方の示す見咎められた独自性は、人間主義イデオロギーの側に在る右派的立場からでなく、理論的反人間主義、反経験論、反経済主義の側に在る、左派的立場から、教条主義を批判することにあった。この行き方をとったのは私独りでなかった。のちに知らされたように、私以外の人々、イタリアのデッラ・ヴォルペ[*37]だけでなく、著作の出回ることのなかったソ連の若い研究者たちもまた、それぞれのやり方で、この道に踏み込んでいた。めざされていたのは、教条主義とマルクス主義的人間主義とによって有象無象のイデオロギーの一つとして扱われていたマルクス主義理論に、理論の資格、革命的理論の資格を少しばかり返してやることであった。『資本論』序文でマルクスは、「自分自身で考えようとする読者」を望んだが、[*38*]マルクスの考えたことを考えようとするには、彼に戻って、彼の考えたことを「我々自身で考えようとする」ことを受け継ぐ必要が、最低限、あった。

マルクスの思考の置かれていた乱雑状態に対抗するには、一つの単純な観念を強調することが不可欠と、当時の私には思われた。マルクスの思考のもつ空前さと革命性である。空前というのも、[*39]とりあえずの名で歴史の科学と呼べるものの基礎を、マルクスは『ドイツ・イデオロギー』を始点、『資本論』を頂点とする概念の加工作業をとおして、据えたから。革命というのも、闘うプロレタリアートに武器をもたらすこの科学的発見は、哲学にも、大変動を引き起こそうとしていたから。新しい科学とその科学の効果とに合うよう、みずからのカテゴリーを手直しするよう哲学を駆る、との意味でだけでなく、階級闘争に対してもつ現実的関係を認識させることで哲学に、みずからの実践を意識的に引き受けて変形する手段[*40]をもたらす、とのかくべつの意味ででも。

理論と実践とにおける革命者マルクスのもつこの新しさ、このラジカルな差異を、私は感覚させたいと思っただけでなく、それを知覚させたい、できるなら概念として把握させたいと思った。なぜなら、この差異が思考されるとい[*41]うそのことが、労働運動とその味方たちの政治的・理論的死活を決める、と考えていたからで、いまもそう考えている。そのためには、科学革命を遂行するマルクスによって生み出された、新しい哲学の水準に足場を定め、勝ち取られた新しい真理を出発点に、スピノザに近い思考の運動、マルクスによってよしとされたその運動の中で、あの差異を考えてみる以外の手段を私はもたなかった。しかしそれには、そのようにあの差異を考えるための、当の哲学それ自体が思考されなくてはならなかった。すなわち、マルクス自身の哲学をはっきりと見なくてはならなかった。ところが、誰もが知ってのとおり、成熟期のマルクスは驚嘆すべき「一八五七年の序説」[*42]と、約束して守らなかった弁証法について二十ページ[*43*]書くとの意図以外、なにも我々に残さなかった。マルクスの哲学は、レーニンが望んだとおり、確かに『資本論』の中に含まれているが、それは労働運動の大いなる闘争に含まれているのとまったく同じかたちで、すなわち、実践状態で、そこに含まれている。『資本論』からマルクスの哲学を引き出して、手に入る断片とサンプルをもとに、その哲学にその哲学の概念に近い形態を与えることを試みなくては、と私は考えた。それゆえごく自然に、マルクス主義哲学という問題が私の思索の中心に置かれた。哲学を世界の中心にしようというのではなかった。哲学を権力に就けようというのではなかった。[*44] マルクスのラジカルさに接近するには、哲学へのこの迂回が必要であったからである。

この確信はいまも変わらない。いまなら、『マルクスのために』や『資本論を読む』でのやり方とは別様にこの確信を定式化するかもしれぬが、しかしいまでも、マルクス理解を可能にすべく出発する場所を、彼の哲学に指定することに間違いはなかった、と考えている。なぜならその哲学に、彼の立場は要約される。

「最終審級……」

さて、[*45] 三つの道から試論群に入ることを、皆さんに提案する。試論群を貫いて走り、互いに交差しもする、まだ踏み均されていない道である。

最初にとる道は「最終審級」のそれである。[*46]

知られているとおり、マルクスとエンゲルスは、テーゼ「経済による最終審級での決定」を主張した。最終審級なるまったく何気ないこの一語が、じつは、社会のメインストリームと歴史のメインストリームとにかんする概念構成全体を覆す。『経済学批判』への一八五九年の「序言」[*47] で、社会についてみずからの概念構成を表現するマルクスの配置図ないし隠喩には、十分な注意が払われてこなかった。言うところの配置図とは、トポス論のそれ、すなわち、実在領域それぞれに空間内での場所を割り振る、空間的布置化によるそれである。

マルクス主義的トポス論は、社会を建物の隠喩として与える。建物のもつまっとうなロジックから言って、すべての階は土台に支えられる。土台、すなわち *die Basis* ないし *die Struktur* で、伝統的には base、より頻繁には infrastructure とフランス語に訳される。これが生産関係のもとで生産力と生産関係とがなすユニット、すなわち、経済である。土台を一階としてその土台の上に、法的 - 政治的・イデオロギー的 *Überbau* という、フランス語で言えば superstructure という、一つまたは複数の階が積み上がる。

実在領域を図像化するたんなるイメージ、と言われるかもしれない。なるほどそうではあるが、しかしこのイメージは、すでに重要なことに、実在領域のあいだに区別を付けている。たとえばヘーゲルが市民社会の中に位置付ける実定法を、それは上部構造の側に置く。さらにそれは、実在領域とはまったく別の二つのことがら、実在領域の及ぼす効力とこの効力の弁証法とのあいだにも、区別を付ける。最終審級では土台ないし下部構造が決定力をもつ、と述べるとき、マルクスは、その決定力の及ぶ先が上部構造であると理解している。

たとえば、

「不払い剰余労働の一部を直接的生産者のもとからくすね取る〔汲み出す *auspumpen*〕種別的な経済形態が、生産そのものをめぐる〔生産から直接に生じる〕支配〔 - 隷属〕関係を決定し、〔その支配 - 隷属関係が〕今度は、生産へと、決定的な仕方で反作用を及ぼす(1)」

しかしマルクスの考えている決定とは、最終審級での、と限定付けられた決定である。それは、エンゲルスがつぎのように言うとおり。

「唯物史観に従うなら、歴史における決定因は、最終審級においては、現実生活の生産・再生産である。マルクスも私も、それ以上のことは断言しなかった。この命題を続いて誰かが捩曲げ、経済的要因が唯一の決定力である、などと言わせるなら、彼は当の命題を空虚で抽象的、馬鹿げた文章に歪曲しているのである(2)」

トポス論の言う決定では、最終審級はまさしく最終の審級である。審級が最終であるとは、〔第一審、第二審……最終審級という〕それを支える裁判所のイメージでと同様、複数の別の審級がある、ということだ。法的‐政治的・イデオロギー的上部構造の中に登場する諸審級である。決定における最終審級に言及することは、ゆえに、二重の働きをなす。マルクスをあらゆる機械論からラジカルに境界画定する一方、複数の互いに異なる審級それらの及ぼす作用 jeu を決定の中で始動させる。つまりは、弁証法の働く場たる現実的差異という隙間 jeu を、決定の中に開く。このとき、トポス論はつぎのことを意味する。経済的土台による最終審級での決定は、一つの分化した全体、すなわち、複合的で分節化された全体（「*Gliederung*」）の中でしか考えられず、この全体の中で、最終審級での決定は、他の審級のあいだの現実的差異を、それら審級の相対的自律性を、それらが土台そのものに及ぼす効果の固有の波及様式を、規定する。

ここから帰結を引き出す前に、「最終審級」というカテゴリーの、大きな理論的重要性を指摘しておきたい。哲学上生ずる隙間を詰めるもの、ズレを補正するものと、あまりに受け取られがちな、それはカテゴリーだが。最終審級での決定が経済によってなされると主張することは、観念論的なあらゆる歴史哲学から境界画定をなすこと、唯物論的立場を選び取ることであるが、またその一方で、経済による決定が最終審級でなされると述べることは、決定論についてのいかなる機械論的概念構成からも境界画定をなすこと、弁証法的立場を選び取ることである。とはいえ、ヘーゲルの膝元で思考をなすときの、弁証法の放つ観念論への誘惑には、用心しなくてはならない。一つの位相《トピック》構造を構成する複数の審級のあいだの、その作用‐隙間に弁証法を登録するとき、じつにマルクスは、弁証法がその自然発生的に自己発展していく運動によってみずからの素材を生み出す、とする幻想に対して境界画定をなす。弁証法[*48]をトポス論の拘束に従属させることで、マルクスは弁証法を、その行使のための現実的条件に従属させて、思弁的錯乱から保護し、唯物論的であることを、すなわち、みずからの運動図がみずからの条件のもつ物質性によって規定されていることの自覚を、弁証法に促す。この登録、この規定だけでは、唯物論的弁証法そのものの運動図を我々に与えるに十分でないのは私も認めるが、しかしそれは、この運動図をすでにでき上がったかたちでヘーゲルに求めようとする誘惑から、我々をあらかじめ守ってくれる手段にはなる。

私の試論群で展開されたテーマは、この角度からすると、マルクスとヘーゲルとのあいだの境界画定を目的とするテーマとしてみいだされる。マルクスが、可能性として、ヘーゲルにどれほどの負債を負っていたか、またなぜ彼が、みずからの道を切り開くために、ヘーゲルへの迂回路をとらねばならなかったかを、私は別の機会に言った。[3]

確かにマルクスは、ヘーゲルの近くにいたのである。しかし、それはなによりもまず、言われたことのない理由ゆえに、であった。弁証法に先立つ理由、デカルトからカントにいたる古典ブルジョワ哲学の理論的前提に対する、ヘーゲルの批判的立場に根差す理由。ひとことで言えば、合理主義的、経験論的、超越論的のどれであれ、〈起源〉と〈主体〉の哲学というものを論破しようとするヘーゲルの執拗さゆえに、マルクスはヘーゲルの近くにいたのである。ヘーゲルのなすコギト、感覚論的‐経験論的主体、超越論的主体への批判ゆえに、つまりは、認識理論なる観念への批判ゆえに。権利主体と社会契約への批判、道徳的主体への批判がヘーゲルにあるがゆえに、マルクスはヘーゲルの近くにいた。要するに、〈主体〉にまつわるいかなる哲学的イデオロギーをもヘーゲルが批判するがゆえに。どう変奏されようと、この哲学的イデオロギーが古典ブルジョワ哲学に、その認識の、実践の、目的の、保証手段を与えていた。支配的法イデオロギーに属するもろもろの準概念をたんに複製するのでなくて、それらを哲学的に彫琢することによって。批判の及ぶこれらテーマのまとまりを考えると確認せずにすまないが、ヘーゲルがスピノザから公然と引き継いだものをとおして、マルクスはヘーゲルの近くにいたのである。じつに、言及したテーマのすべては、すでに『エチカ』『神学‐政治論』に読むことができる。一般に、恭《うやうや》しい沈黙に覆われてはいるが、しかし、この深い親近性は、エピクロスからスピノザとヘーゲルとにいたる、マルクス唯物論の前提をかたちづくる。マルクスが語らなかったから、との身も蓋もない理由によって、このことはほとんど語られずにすまされ、マルクス‐ヘーゲル関係は、もっぱら弁証法のみに関連付けられる。それについては、マルクスが語ったので！　誰を判断するにも、その人の自己意識にではなく、彼の意識の背後にてその意識を生む、全体的過程にもとづかねばならぬことを最初に教えたのがマルクスでない、とでも言うかのごとし。

この点にこだわるのは省かせてもらうが、しかし、それは、マルクスとヘーゲルの関係、さらにはマルクスにおける弁証法と唯物論の関係にかかわる実の、または思い過ごしによる多くの疑問を氷解させる、その鍵をなす。実際、私の考えでは、唯物論の優位に弁証法を従わせて、ほかならぬこの唯物論の弁証法たるためにはいかなる形態を弁証法がとらねばならぬか、それを見るとの条件のもとでしか、マルクス主義弁証法の問題は提起されえない。この視点からなら、つぎのような理解が可能になる。ヘーゲル哲学のような哲学に弁証法の観念が入り込みえたのは、フランス革命とそれに続く経緯とがもたらした劇的な動乱が、弁証法のなんたるかを、強烈に叩き込んだからだけでなく、〈起源〉と〈主体〉とを、たとえ外見を変えてそれらを復活させてしまうにせよ、まずは拠り所とも保証ともすることを拒もうとする強い動機をもった哲学において思考をおこなう、そのための唯一の手段が、弁証法であったから、と。もちろん、ひとたび〈起源〉と〈主体〉とを放り投げてしまうと、ヘーゲルは弁証法の探究に手を付けなくなり、古典哲学からの境界画定をなそうとする自分にとって必要な弁証法を、代わりに編み出し、マルクスの言うように、みずからの目的に仕えさせるべく「弁証法を神秘化した」。[*49] しかしそれでも、〈存在〉の哲学、〈主体〉の哲学、〈意味〉の哲学のどれであるにせよ、要するに〈起源〉の哲学というものからみずからを境界画定することでのみみずからを置くことのできる唯物論それと、弁証法とのあいだの、エピクロス以来、おそらくは彼以前の他の人々以来、連綿と続いてきた関係を、ヘーゲルによる神秘化でさえ、やはり証言している。ことがらをひとことでもっと明快にするなら、ものごとの根たる起源がいかなる形姿をまとうにせよ、その起源自体が放り投げられてしまえば、本質、原因、自由など、起源を肩代わりする諸カテゴリーを考えるために、古典的カテゴリーとはまったく別のカテゴリーの一部を、どうしても編み出さざるをえなくなる。哲学的発券機関としての起源を拒否してしまえば、そこから発行される通貨を拒否せねばならず、別のカテゴリー、弁証法に属すカテゴリーを流通させる必要が出てくる。エピクロス、スピノザ、ヘーゲルのもとにみいだされる唯物論の、こうした諸前提を綴じ合わせ、弁証法にかかわるすべて、ひいては、ずばり弁証法そのものを、是が非でも必要ならしめる、深い関係とは、太い線で描けば、このようなものである。

弁証法と唯物論のこの関係が重要、と私には見える。弁証法の問題それのみをそれへの関心だけから取り上げつつマルクスがヘーゲルについて語って下した、いくつかの判断、「前提なき結論」よりも、遥かに重要である、と。知られているとおり、マルクスがそうするのは、彼の言葉を引けば、「弁証法の全体的運動をはじめて表現した」功績をヘーゲルに認めるためで、そこに言われたことは正しく、ほとんど留保も付かぬが、しかしそう言っておいて、続いて今度は、ヘーゲルが弁証法を「神秘化した」こと、マルクス自身の弁証法がヘーゲルの弁証法でなくて「それとは正反対のもの」であったことを、無条件に強く言うためでもある。ところが、これも知られているとおり、ヘーゲル弁証法を脱神秘化するには、それをひっくり返すだけで十分、ともマルクスは断言する。このひっくり返しでは計算が合わず、弁証法の運動図を真に唯物論的に変形するとはどういうことかについての、それが隠喩にすぎぬと明らかにするのに十分なほどには騒々しく、私はチャンバラを交えた。ただ我々に約束しておきながら、弁証法についての二十ページを、結局、マルクスは書かなかった。この沈黙は、まちがいなく、偶然ではない。結論から弁証法の唯物論的前提にさかのぼり、それら前提のもたらす新しいカテゴリーを、それら前提から強い意味で考える必要が、おそらくあったのである。『資本論』の中やレーニンの中に働いているのがみいだされるのだが、そのようにみいだされても必ずしも名前をもっていないか、まだ名前をもつにいたっていないカテゴリーである。

私は悪戦苦闘しつつ、マルクスとヘーゲルとのありうる差異を、彼らの密接というまさにそのことの中に、あえて探そうとした。というのも、あまりに明らかなことに、弁証法の語とその観念とをヘーゲルから借りたマルクスが、しかし、その二重に神秘化された弁証法に同意できずにいた。この弁証法は、みずからの素材をみずから生み出すとする、その観念論的身分規定において神秘化されていただけでなく、否定と、否定の否定または*Aufhebung*とによって自己受肉化の奇蹟を実現する、その運動図においても、はやり神秘化されていた。つまり、〈論理学〉の始点では〈存在〉が、即、〈虚無〉に一致するとされるそこに読み取れるとおり、ヘーゲル弁証法はいかなる〈起源〉をも斥けるが、にもかかわらずそれを、〈テロス〉の達する〈終わり〉に投影し、〈テロス〉はそれのたどる過程そのものを、みずからの〈起源〉、みずからの〈主体〉へと反転させるのである。ヘーゲルのもとに、それと指定できる〈起源〉はない。しかしそれは、最終的全体性において完了する過程の全体が、無限定に、つまり、みずからの目的‐終わりをあらゆる瞬間に先取るかたちで、それ自体にとっての〈起源〉になっているからなのだ。ヘーゲルのもとに〈主体〉がないのもまた、否定が否定されていく過程の完了として実体が〈主体〉に‐なる、ということが、過程そのものの〈主体〉〔基体〕であるからなのだ。弁証法の観念をヘーゲルから引き継いだマルクスは、ゆえに、この観念を「ひっくり返し」てそこから、自己生産という観念論の高望み、または、空想を取り除くだけではすまなかった。弁証法の運動図を変形して、その運動図に観念論的効果を生まなくさせることをも、また、しなくてならなかったのである。一九一八～一九二三年に、レーニンは、こうたえず繰り返し言った。社会主義が小規模商品所有を変革できないなら、存在しているかぎり、小規模商品所有は資本制を再生産していく、と。[*50*] 同じようにこう言っていいだろう。マルクス主義がヘーゲルによって神秘化された弁証法それの運動図を変形できないなら、存在するかぎり、この運動図はヘーゲル的神秘化の諸効果を再生産していく。ところで、この変形は、私の頭の中にあったのでも、これからやってくるのでもなかった。マルクス、レーニンのテキストとプロレタリア階級闘争の実践とが放つ大いなる光に照らされて、それはまさにそこにあったのである。

そのように実践状態で現に存在していたものを、私は、概念的に定式化しようと試みたにすぎなかった。

この角度からことがらを捉えて私は、たとえば社会構成体の本性について、マルクスがヘーゲルと同じ観念を抱いていなかったことを主張し、その違いを、こう言えば明らかにできると考えた。社会を、ヘーゲルは全体性 totalité として考えるが、マルクスは、支配因を伴なう構造化された複合的全体 tout complexe, structuré à dominante として考える。[*51*] 少しばかり挑発的であることを許してもらえるなら、私には、ヘーゲルに全体性のカテゴリーを残して、マルクスのためには全体のカテゴリーを要求していい、と思われる。たんなる言葉のうえでのニュアンスと言われるかもしれないが、必ずしもそうとは思わない。マルクスには全体性より全体のカテゴリーがよいとしたのは、彼が全体性の核心に在る二重の誘導に、たえず警戒しているからである。全体性を、現勢化している本質、みずからの現れすべてを漏らさず抱え取る本質であるとみなさせようとする誘導と、これも結局は同じことなのだが、隠喩として使えば我々をヘーゲルに連れ戻すところの、円環や圏に全体性を擬して、全体性の本質である中心点をみいださせようとする誘導である。[*52]

この点については、マルクスとヘーゲルとのあいだに意味ある違いを見付け出せたと、私は思った。ヘーゲルにとっては、社会も歴史も、多くの円環の中の一つの円環、多くの圏の中の一つの圏である。彼の概念構成全体を支配するのは表現的全体性の観念で、すべての構成要素は全体的部分とされていて、それぞれが全体性の内的一体性を表現する。というのは、どれほど複雑であっても、全体性は、結局は、一つの単一な原理それの、対象化‐疎外にすぎないので。実際、*Rechtsphilosophie*〔『法の哲学』〕を読めばわかるとおり、抽象的権利の圏、*Moralität*〔道徳性〕の圏、*Sittlichkeit*〔人倫〕の圏が、それらを生む客観的〈精神〉の弁証法の中で、並べられていく。どの圏も否定の否定をとおしてつぎの圏を生み出していき、最終的に、どの圏もが、みずからの真理を国家にみいだす。多くの差異があれ、差異同士は「真理」の関係でつながっていて、ゆえに、差異は、ただ自己否定をとおして他の差異へと自己を乗り越えていくためにのみ、自己を肯定する。そんなふうに自己の乗り越えが可能なのは、どの差異の中にも、未来の対自それの即自が、すでに目覚めているからだ。『歴史哲学』の序論を読んでも、プロセスはやはり同じ。段取りが同じと言ってもいい。〈理念〉の発展の各契機は、ギリシャにとっての麗しき個体性、ローマにとっての法の精神などの単一の原理を実現していくところの、諸国家の中に存在する。経済的、政治的、道徳的、さらには軍事的を問わず、すべての具体的規定は歴史的全体性の中に唯一同じ原理を表現する、との観念をモンテスキューから受け継いで、ヘーゲルは歴史を、表現的全体性のカテゴリーのもとで考えるのである。

マルクスにとっては差異は現実的で、それは活動、慣習、対象といった圏の差異であるだけでなく、効力の差異でもある。ここでは最終審級が、円環や圏といった静謐な形象を打ち砕くよう働く。マルクスが円環の隠喩を捨てて建物の隠喩に赴くのは、偶然ではない。円環は閉じていて、この円環にフィットする全体性という準概念は、あらゆる現象を漏れなく抱え取って、それらを中心という単一の統一性の中に収集することの可能性を、前提にする。対してマルクスが我々に示すのは、建物である。土台と一つまたは二つの階、それ以上の明確化はなされていない。また、すべてが建物に回収されなくてならないとも、すべてが下部構造か上部構造のどちらかに属すとも、やはり言われていない。社会と歴史とにかんするマルクス主義理論は、それらにかんする、予算外支出や目減りの理論を遺漏なく含むとの、『資本論』にとっての本質的な観念を、主張することさえできそうである。言われているのは、つぎのようなことのみ。区別を付けなくてならないこと、付けられた区別はどれも現実的で、他の区別に置き換えできないこと、決定の水準での、土台と上部構造それぞれの関与は均等でないこと、主調〔支配因〕をなすこの不均等性が、全体のもつ統一性の構成にかかわってくること、ゆえにもはやそれは、単一の原理がもつ表現的統一性、すべての構成要素を統一性の現れにしてしまう統一性でないこと。[*53]

なぜ私が全体について語ったのか、理由がこれである。社会構成体のマルクス主義的概念構成では、すべてが凭れ合っていること、或る要素の独立性はそれの依存性の形態でしかないこと、諸差異のなす作用は、最終審級での決定それによる統一性から調整を受けること、こうしたことを指摘するためであった。しかしまた、なぜ全体性について私が語らなかったかの、これがその理由でもある。マルクス主義的全体が複合的、不均等であり、最終審級での決定によって不均等の刻印を受けているからであった。社会構成体のもとになにか現実的なものが到来するその可能性を考えさせて、政治的階級闘争をとおし、現実的な歴史へのつかみ所をもたせてくれるのは、言ったところの作用、言ったところの不均等である。ついでに私はこうも言った。ヘーゲル的発想にもとづく政治学など、金輪際、見られたためしなし、と。実際、円環の内部に捕らわれていては、その円環をつかむ、つかみ所など、どこにあるというのか？形式的にはそれへの答えを、マルクス主義的トポス論はこう指差すことで与える。最終審級で決定力をもつのはこれ、すなわち、経済、つまりは、経済的階級闘争で、それは、国家権力掌握をめざす政治的階級闘争へと延長されていく。ゆえに、土台の階級闘争が上部構造の階級闘争に接合していく（または接合していかない）仕組みはこれだ。しかし、これですべてではない。そう指摘することで、マルクス主義的トポス論は、歴史過程の中のどこの部署に就くべきかと問う人に、こう指示を送り返す。君の占める場所はこれ、ゆえに、事態を変えるために君が移動していかなくてならぬ先はこれだ。世界を持ち上げるために、アルキメデスは一個の固定点しか望まなかった。マルクス主義的トポス論は、世界を変形するための行くべき戦いの場所を指定する。なぜなら、そこで人々が戦っているから。しかし、その場所はもはや点ではなく、固定されてもいない。その場所は、最終審級での決定が命じた陣地からなる、分節化された一つのシステムなのである。

なんびとも首肯するだろうが、それとなく私の言及している『経済学批判』の「序言」〔一八五九年〕では、いま言われてきたことのすべが形式的なままにとどまる。しかし、その言われてきたことのなんたるかを、〔『経済学批判』の「序言」以前に〕すでに『共産党宣言』〔一八四八年〕がずばり述べてのち、『資本論』もそれを繰り返し言いつづける。『資本論』はたえずトポス論の配置図の中で考えるが、理論的に言われる決定は、トポス論をとおして、実践的決定‐決断へと旋回しうる。なぜなら、トポス論によることがらの布置は、マルクスの語りかけている労働者たちに、それらことがらを把握させるようにするから。つかむことである概念（*Begriff*）は、マルクスのもとで、トポス論という理論的‐実践的装置、世界を実践的につかむ手段になるのだ。

無理なく理解されるように、この新しい全体の中に働く弁証法は、ほとんどヘーゲルの跡をとどめない。そのことを矛盾について示すことができる、と私は考えた。マルクス主義的全体の本性とその全体の不均等性との重要さを認めるなら思い至らずにすまぬ、つぎの観念を指摘すればいい、と。この不均等性は、矛盾の過剰決定か過少決定、という形式に必然的に反映するはずとの観念である。あらかじめ存在する矛盾、どこかに権利のうえでなら存在していていいその矛盾に加えられるか、逆にそこから除かれる、一定量の決定へと、過剰決定・過少決定を翻訳して、それを足し算・引き算と捉えるのは、もちろん、論外である。過剰決定・過少決定は、純粋な矛盾から見られた例外なのではない。ちょうどマルクスが、人間は社会の中でしか孤独になれない、と言うように、ちょうどマルクスが、単純な経済的カテゴリーがあるのは、実際には、歴史のもたらした例外的成果である、と言うように、純粋状態の矛盾もまた、不純な矛盾による一定の生産物としてしか、実際には存在しない。

このテーゼのなしているのは、矛盾を考えるときの参照枠を変更すること以外でない。中でも私が単純な矛盾と呼んだもの、明確化して言うなら、二つの均等な実体にたんに逆の符号＋／－、A／非‐Aを付けてそれらを対立させるだけの、論理学的な意味での矛盾から、このテーゼは距離をとる。さてここで、初期試論群での主張のむこうへと、ただし、たどる線は変えずに行かせてもらうなら、私はこう言うだろう。『資本論』にみいだされるような矛盾それの示す、驚くべき特異性は、それが不均等であること、項の一方に他方とは逆の符号を付してでは得られない諸対立項を、活動させることにある、と。符号の逆転でそれらが得られないのは、それらが不均等の関係に入り込んでいるからで、この関係は、矛盾という事実そのものから、みずからの存在条件をたえず再生産していく。たとえば、資本制生産様式を存在させて、その生産様式を、傾向的に、制約するところの矛盾、資本制生産関係の矛盾を、私は語る。諸階級を類に二分する、それは矛盾で、この矛盾の中で、資本家階級と労働者階級、二つのまさに不均等な階級が対峙する。不均等な、というのも、労働者階級は非‐資本家階級、マイナス符号を付された資本家階級、資本家階級からその資本、その権力を差し引いたところの階級のことではない——資本家階級もまた、プラス符号、富と権力の符号を付された労働者階級のことではない。同じ歴史をもたず、同じ世界をもたず、同じ手段をもたず、同じ階級闘争を進めているのでないにもかかわらず、この二つの階級は対峙する。これはまさしく矛盾である。じつに二つの階級の対峙の関係が、その対峙の条件を、ヘーゲル的な麗しき上昇‐和解にむかって乗り越えるのでなくて、再生産するのであるから。

不均等であるとの、マルクス主義的矛盾のもつこの特異な性格を見失わずにいれば、そこから興味深い帰結が引き出されてくるだろう、と私は思う。『資本論』についてだけでなく、労働者の階級闘争についても、労働運動の、ときにドラマチックなこともある矛盾についても、社会主義の矛盾についても。私がそう思うのも、この不均等を理解しようとすれば、マルクスとレーニンに倣って、言うところの矛盾を不均等にする、その条件を、真剣に受け止めなくてならなくなるだろうから。支配因を伴なう複合的全体と私が呼んだものを規定する、物質的・構造的条件である。またそれら条件のうちに、レーニン主義的テーゼ「不均等発展」の理論的基礎が見て取れるでもあろうから。じつにマルクスのもとでは、いかなる発展も不均等であって、この不均等もまた、いわゆる均等発展を量的に変動させる足し算でも引き算でもなく、まさに一つの本質的性格を言う。いかなる発展も不均等である、なぜなら、発展を駆動するのは矛盾で、その矛盾が不均等であるから。というわけで、少し前に私は、ヘーゲルに先行する疎外の最初の理論家ルソーの『人間のあいだにおける不平等の起源〔と根拠〕をめぐる論文』への仄めかしを念頭に置き、唯物論的弁証法をめぐる論文[*54]のサブタイトルとして、諸起源の不均等について、と書き入れた。「諸起源」と複数形にすることで、哲学的意味での〈起源〉のないこと、いかなる始まりにも不均等が刻印されていることを、言わんとした。

ここまで、いくつかのテーマを、おおざっぱになぞることをしただけである。最終審級のテーゼがマルクス理解にとってもつ大きな重要性を指摘する、そのことのみをやりたかったので。しかし、マルクス主義理論をどう解釈するかにかかわらず、そのなされた解釈に理論的勝敗のほか、政治的・歴史的勝敗もまた懸かるのでは、と皆さんは考えていられることだろう。最終審級について、支配因を伴なう構造化された全体について、重層決定について、また、矛盾の不均等性について言った、あれらテーゼは、或る直接的な第一の狙いをもっていて、まずは、その狙いに沿うよう言葉にされた。レーニンの有名な文句「革命理論なくして革命運動なし」[*55]を肝に銘じてだけでなく、理論から様々な混同、神秘化、捏造を取り除くために細部にまで入り込みもして、マルクス主義労働運動における理論の位置と役割を識別して示す、との狙い。だがこの第一の狙いのむこうに、あれらテーゼは別の狙いをもっていた。いちだんと重要な狙い、というのも、労働運動を標的にした様々な誘惑に、それはかかわる狙いであるから。メシア的観念論か批判主義的観念論に導く弁証法の誘惑、若きルカーチ以来の、それどころか新旧のヘーゲル青年派以来の叛逆する知識人たちに取り付く、この誘惑と、私が貧乏人のヘーゲル主義と呼ぶ進化論、いままでいつも労働運動の中で経済主義のかたちをとってきたその進化論への誘惑。これら二つのケースでは、弁証法は、前‐マルクス主義的哲学の古い様式に従って作動し、革命の到来、社会主義の到来を、哲学的に担保する。これら二つのケースでは、唯物論は、手品のように消されるか（弁証法を仮定した場合）、生産力の機械論的・抽象的物質性へと縮められる（進化論を仮定した場合）。いずれにせよ、この弁証法の実際は、事実による手痛い応酬に跳ね返される。革命の起きた場所は、十九世紀のイギリスでも二十世紀のドイツでもなかった。最先端の先進国でなく、別の場所、ロシア、のちに続いて中国、キューバ、etc. であった。帝国主義の主要な矛盾が、このように、最も弱い環に移動したことをどう考えたらいいか？　裏から言えば、階級闘争が勝利していると見えていた国々で階級闘争が停滞していたことを、どう考えたら？　矛盾の不均等性を、矛盾による過剰・過少決定を参照点とする、レーニン主義的カテゴリー「不均等発展」なしでは、それは考えられぬことである。過少決定には、特別、こだわりたい。お手軽な追加分を決定に加えることには易々同意するくせに、過少決定の観念には我慢ならぬ人たちがいたのである。過少決定の観念とは、決定の閾の観念であって、決定が閾を超えないその結果、革命は流産し、革命運動は停滞するか消滅し、帝国主義は発展していきつつ同時に腐っていく、などのことを言う。これらの事実を記録する力はあっても、それらを思考する力がマルクス主義にないとすれば、また、いままで起きた革命は早産か流産であるとのこの自明の真実を、マルクス主義が、早産・流産という、在るべき正常性を言うそれら準概念なしですませる理論において、つまりは、規範性を必要とせぬ理論において、強い意味で concevoir できないなら、すなわち、概念的につかめないなら、明らかに、マルクス主義的弁証法の側で、なにかがうまくいっていないのだ。ヘーゲルへのツケの最終的清算を済ませていない、なんらかの観念に、まだマルクス主義が囚われているのだ。

だからこそ私は、マルクスの差異をよりよく見るには、ヘーゲル弁証法へのみずからの関係を言い表した、彼のなまの言葉から一歩引かなくてならない、と考える。一歩引くには、弁証法の問題が依存しているマルクスの唯物論がどう言い表されているかを、まずよく見なくてならない。そのためのかなりいい道がある。私がなぞってみせようとした道、最終審級での決定、の道である。

認識過程について

試論群で展開された別のひとまとまりのテーゼ[*56]、「認識」にかんする諸テーゼに明確な輪郭を付けるために、いまから別の縦走路を、遥かに足早にたどってみたい。

この問題領域でスピノザに大きく依拠したことは、隠すつもりはない。認識理論という観念をヘーゲルが批判したがゆえにマルクスが彼の近くにいたことは、先ほど言ったが、ヘーゲルによるこの批判は、じつは、すでにスピノザにある。有名な文句「*Habemus enim ideam veram*」を書き付けるときの、スピノザの言いたいポイントは何か？　我々は真なる観念をもつ？　そうではない、文章の全体は「*enim*」〔「実際に」〕に懸かる。真なる観念を実際に所持しているゆえに、ただそれだけのことゆえに、我々は、その観念を規準に、別の観念を生み出すことができる。真なる観念を実際に所持しているゆえに、ただそれだけのことゆえに、我々はその観念を真であると知ることもまたできる。真なる観念は、じつに「*index sui*」〔自己を指し示すもの〕であるので。言うところの真なる観念は、どこから我々のもとにやってくるか？　これはまったく別の問いである。しかし、この観念を我々が所持している（*habemus*）というそのことは一つの事実であって、この事実が何からの結果であるにせよ、その事実について言われうる、また、その事実をもとに言われうるなにごともが、この事実そのものに支配されている。認識することの権利について御託を並べる認識理論を、まさにここでスピノザは、所持されている認識という事実の支配下にあらかじめ登録してしまう。認識の〈起源〉、認識の〈主体〉、認識の〈権利〉、認識理論を支えるそうしたいかなる問題もが、まさにここで斥けられるのである。だがしかしそのことは、スピノザに、認識について語るのを禁じはしない。彼は認識について語る。ただもはや認識それの〈起源〉、それの〈主体〉、それの〈権利〉を考えるためでなく、認識過程とその過程の契機をなすかの有名な「三種」[*57]〔の認識〕を明示するためである。しかも少し詳細に見てみると、言われた「三種」はじつに奇妙なもので、実際、第一種〔の認識〕は、文字どおりには、生きられた世界〔経験の世界〕のことであるのに、第三種は、『神学 - 政治論』で異端的視点から問題にされる民、ユダヤの民の「個別的本質」――ヘーゲル流の言葉づかいで言えば、「具体的普遍」――を考えるのに適したものへと、つくられるのである。

　或る人々が異端であると、もちろん理論的楽天主義から、みなす解釈へ、困ったことに、こうして私もまた、はまり込んでいくわけだが、しかしマルクス――一八五七年の「序説」[*58]の、じつはスピノザによってヘーゲルと戦っているマルクスは言うに及ばず、さらに『資本論』のマルクス――それにまたレーニンも、その立場から見て、スピノザの立場に深くつながっていないわけでない、と私には思われる。認識それの〈起源〉、それの〈主体〉、それの〈権利〉を考えようと望むいかなる理論をも斥けておきながら、彼らもまた、認識について語るのだ。レーニンがマルクス主義のために「認識理論」という言い方を要求するそのことは、しかし、大して苦にならない。見ればわかるとおり、彼はこの言い方を限定するのだから……弁証法の語によって、である。[*59]じつはマルクスもレーニンも、極めて一般的な言葉づかいで、認識について語る。認識過程の全般的な動きを記述しようとしているのである。マルクスがその延長線で様々な一般性を言葉にしている文章には、用心が要る。そういう文章はもろもろあるが、その中の少なくとも一つには、彼の姿勢がはっきり出ている。「生産」について言う文章である。そこには二つの狙いが同時に込められていて、まず生産の一般的性格を与えておいて、続いてすぐに、一般的生産、いわんや生産一般の存在しないことが言われる。実際に存在するのは、限定された個々の生産様式のみ、しかもそれら生産様式は、具体的な社会構成体の内部に存在する、と。個別的プロセスからなる具体的構造の内部ですべては動くが、しかしその構造に接近するには、実在しないあの最小限の一般性に助けを求める必要のあることを言う、それは持って回った言い方なのである。この一般性なくしては、実在しているものを識別・認識することそれ自体が、不可能になってしまうだろうから、と。そこで私の考えだが、一八五七年の「序説」もまた、そのような発想に貫かれている。それは「認識理論」を用意しようとしているのでも、その代替品たる科学認識論《エピステモロジー》を用意しようとしているのでもなくて、ただ認識の具体的プロセスを識別・認識することがそれなくしては不可能になってしまう、あの最小限の一般性を言葉にしようとしているにすぎない、と私は思う。だが、生産の一般概念とまったく同様に、認識の一般概念もまた、具体的プロセスの具体的分析の中に、認識過程のもつ複雑な歴史の中に、消えていくためにのみ、そこにある。[*60*]

認識にかかわるすべてのことがらにおいて、私は、できるかぎり密着して、一八五七年の「序説」［のマルクス］に依拠した。必要であったいくつかの理論的挑発効果をそこから引き出せたのなら、それは、私が彼に忠実であったことの証拠だと思う。

認識「生産」の概念を何度も用いるマルクスの文言それ自体から、直接、ヒントを得て、私はみずからの中心テーゼ、生産としての認識行為の観念を打ち出した。もちろん、スピノザ的「production」のこだまもまた、私の頭にあって、私は、労働・実践へと、また同時に、真なるものの呈示[*61*]へと指示を振る、二重の語義を利用したが、しかしだいたいにおいては、読者挑発を狙って、むしろ production のマルクス主義的概念のできるだけ近くに、言うなれば、機械的に身を置いた。それは、文字どおりには、一つの工程と、道具による原料加工を示唆する概念である。『資本論』における労働過程の概念をまねた一般概念「実践」を叙述することで、私はマルクスの言う一般性を、正価以上に吊り上げることさえした。そこから再び理論的実践に戻り、マルクスのテキストを利用して、なおかつそのテキストを、おそらく、いくぶんか水増しして、三つの〈一般性〉の区別にたどり着いた。第一の〈一般性〉が理論的原料の役割を、第二の〈一般性〉が理論的労働用具の役割を果たし、第三の〈一般性〉が「思考された具体物[*62*]」〔concret-de-pensée, *Gedankenkonkretum*〕、認識に当たる。この件については、スピノザもまた関与していたことは認める。彼は「三種」を言い、その第二種の中心的役割は、科学的抽象作用にあるのだから。[*63]

マルクスのテキストで私の関心をいちばん強く引いたのは、経験論とヘーゲル両方への彼のラジカルな対立であった。認識が具体的なものから抽象的なものへでなく、抽象的なものから具体的なものへ進むことを、マルクスは経験論に対して主張した。しかも、このことのすべては、引用するなら、「思考の中で」進んでいくが、この過程全体を始動させる、実在する対象のほうは、思考のそとにある。ヘーゲルに対しては、抽象的なものから具体的なものへむかうこの過程が実在的なものをでなく、たんに実在的なものについての認識を生産するにすぎないことを、マルクスは主張した。このことの叙述全体の中で私を魅了したのは、抽象的なものから始まるという、そのことであった。ところで、マルクスは、認識は「思考すること、概念構成することによる生産物［…］、直観と表象をもとにして概念を加工することによる生産物（ein Produkt der Verarbeitung）である」と書く一方で、その前にこうも書いていた。「実在的なもの、具体的なものから始めるのが正しいかに見える［…］、たとえば経済学なら、人口から始めるのが［…］。しかし、よく見れば気付くとおり、それがまさに誤りなのである。人口とは一つの抽象なのだ」[*64]。そこから私は、直観と表象が、マルクスによって、抽象として扱われていることを結論して、この抽象に、具体的なもの、あるいは、スピノザの第一種の認識にみいだされる体験されたもの、という身分規定を与えた。私自身の言葉で言うなら、イデオロギー的なものという身分規定を。〈一般性Ⅰ〉に働き掛ける〈一般性Ⅱ〉が、イデオロギー的なものにしか働き掛けない、などとは、もちろん私は言わなかった。じつに科学的にすでに加工された抽象に、それは働き掛けることもあるのだから。あるいは、そのような抽象とイデオロギー的なものとの両方に働き掛けることが。しかしそれでも、純粋なイデオロギー的原料、この極限ケースは残るのであって、それを仮定することが私に、科学／イデオロギーの対と、バシュラールの遥か前にスピノザが第一種と第二種のあいだに指摘した、認識論的切断とを設定すること、そこからいくつかのイデオロギー効果を引き出すことを、許したのであった。『自己批判の要素』で言ったように、理論主義の混入のまったくなかったわけでない、それらは効果であったけれども。

正確な引用でないが、ルソーの言う「帰結の力を信じようとする弱さ」があったにもかかわらず、しかし私は、もちろん、自分の帰結にとどまっていなかった。やはりマルクスのテキストに支えをとって、そのテキストから重要な区別を引き出した。実在する対象と認識の対象の区別である。マルクスが認識過程を論じる文章そのものに、この区別は記されている。唯物論者として彼は、認識が、実在する対象（実在する主体、とマルクスは言う）[*65] についての認識であって、その実在する対象は、引用すれば、「前にも後にも精神のそとに独立して存続していく」ことを主張する。さらに、或る社会を研究するとき、その社会が、引用するなら、「前提としていつも精神に浮かびつづけている」ことを、彼はその先で書く[*66]。つまり、実在する対象を認識するいかなる過程にとっても、この実在する対象が思考のそとに存在することを、マルクスは前提として置くのである。しかし、実在する対象のこの外在性が肯定されるのと相俟って、直観と表象をもとに「加工作業によって」概念を「生産する」との、認識過程のもつ固有の性格もまた肯定され、この過程の終わりに、その成果である思考された具体物、思考された総体が、実在的で具体的なものについての認識、実在する対象についての認識として現れる。マルクスのテキストでは、実在する対象と認識過程とが区別されていることも、加工作業への言及がなされていることも、疑いえないし、この加工作業が異なる諸契機を経ていくことも、思考された具体物とそれが認識を与えるところの実在する対象とが区別されていることも、疑いえない。

　このことを私は論拠として利用した。「認識理論」をつくるためでなく、みずからを敵から守ってくれるとの信を或る種のマルクス主義哲学が往々にして置きがちな、盲目的自明性そこにて、なにごとかを動かすために。獲得されたいかなる認識も、まちがいなく、実在する対象についての、「前にも後にも」精神から独立したままのそれについての、認識であるのなら、この「前」と「後」を隔てる時間的間隔、ほかならぬ認識過程、に問いをむけてつぎの自覚を得るのは、おそらく、無駄でないことを、私は示唆した。すなわち、継起的諸形態に加えられる「加工作業」をその特徴とするこの過程は、はじめから終わりまで、まさに一つの変形の枠内にある、との自覚である。実在する対象にでなく、それの代わりをなす、はじめに在る直観と表象に、つぎに終わりに在る概念に及ぶ変形[4]。ここから私のテーゼが出てくる。曰く、認識過程が実在する対象を変形するのでなくて、実在する対象についての直観を概念に、続いて、思考された具体物に変形するにすぎないなら、しかも、マルクスが繰り返し言うごとく、この過程全体が実在する対象の中ででなく、「思考の中で」進むなら、実在する対象が与えられてそれを認識しようとするとき、要するに「思考」は、実在する対象とは別の「素材」に働き掛ける。「思考」の労働の及ぶ先は、変形過程の中での実在する対象の指標をなす、推移的諸形態であって、そこに及んで最終的に、実在する対象についての概念、思考された具体物を生産するのである。この労働によって生産される諸形態、最終形態をも含めたそれらの全体を、私は認識の対象というカテゴリーで一括した。自然発生的な直観と表象から、実在する対象についての概念へと思考を動かしていく運動の中で、どの形態も、確かに、実在する対象を照準にもつが、しかし、実在する対象と混同されはしない。同様に、思考された具体物が、実在する具体物と、終点で混同されてしまうことも、その混同を望んだヘーゲルを批判するマルクスの言うように、またない。これは、明らかに、もう一度スピノザをみいだし直すことであった。忘れられていた彼の記憶を、彼のつぎの言葉が揺り起こすのである。円の観念は円でない、犬の概念は吠えない、要は、実在的なものと、それについての概念とを混同してならない。

この必要な区別は、しかし強固に下支えしておかないなら、言うまでもなく、唯名論、それどころか観念論に通ずる可能性をもってしまう。唯名論に屈したとするのが一般的なスピノザ評価であるが、その評価の是非とは別に、無限の諸属性をもつ実体の理論と、二つの属性、延長と思惟の平行論とを、彼は観念論から身を守るための方策としたのだった。マルクスの防護策はそれとは違っていて、そのうえにもっと確実性の高いものである。認識の対象に対する実在する対象の優位のテーゼと、この第一テーゼの第二テーゼに対する、すなわち実在する対象と認識の対象との区別に対する優位とが、マルクスのそれである。ここでも我々は、あの最小限の一般性の中にある。その一般性は、ここでは、唯物論的テーゼのかたちをとる。観念論からの境界画定をなしつつ、その一方で、認識生産の具体的な諸工程についての討究を自由に展開していける空間を開きもするテーゼ。そして最後に、注意深く比較してもらえればわかるとおり、実在する対象と認識の対象の区別のテーゼは、レーニンのなした絶対的真理と相対的真理の区別とほぼ同じように「作動」し、ごく似た狙いをもつ。

レーニンは書いた。「この絶対的真理と相対的真理の区別の曖昧さが言われるかもしれない。ならば答えて言おう。科学を悪い意味での定理、死んで硬くなり白骨化したもの、にせぬようにするのにちょうどいいくらいに、この区別は、十分、『曖昧』で、またその一方、ヒュームとカントの弟子たちの信仰絶対主義、不可知論、哲学的観念論、詭弁法と我々とのあいだに、決定的で消すことのできぬ境界画定の線を引いてくれるほどには、十分、『明確』でもある」[*67]。それははっきりと、こう言おうとしている。我々のテーゼは観念論に流れぬほどには、観念論からの境界画定をなすほどには、十分、明確であるその一方で、科学がその成果の中に埋葬されないよう科学の生ける自由を守るほどには、十分、「曖昧」である、すなわち、そうするのにちょうどいいほどの一般性はもつ。

細かいことを抜きにすれば、実在する対象と認識の対象の区別をめぐる私のテーゼについても、同じことが言え、そこには、無視できぬ争点が賭けられていた。争われていたのは、マルクスによって生み出された科学が、「悪い意味での定理として」扱われぬようにすること、マルクスによって実行された途方もない批判・加工の仕事を、生きたものにすることだった。この仕事をなさずしては、マルクス自身も、ことがらのあいだの「内密な関係」のもつ、識別しがたい本質を——ここで私は、彼の古典的な言葉づかいを古典的なままに踏襲してしゃべっている——、ことがらの外観の下に、また、その外観の対極にみいだすことはできなかったろう。受け入れられていたそうした様々な外観からの、すなわち、支配的ブルジョワ・イデオロギーのもつ厖大な自明性の数々からの、マルクスのなさねばならなかった空前の切断のいかなるものであったかを理解させよう、感じ取らせようと、あのテーゼは争っていた。しかも、我々自身が喚問台に立たされていた以上、支配イデオロギーによってか労働運動の偏向によってその意味をずらされてしまっていたマルクスその人の語彙に、ときに、覆われていたこともあった他のもろもろの自明性から我々自身が手を切らなくてはならない、との真実を、我々にとって、生きたもの・積極的なものに変えることも、あのテーゼはめざしていた。さらに、レーニンの言うごとく「マルクス主義の生ける魂は具体的情勢の具体的分析である」[*68]のなら、具体的なものの認識は始まりにでなく、分析の終端にあり、分析は、具体的なもののもつ直接的な自明性、欠かせぬとは言え、それ自体についての認識を顔面にもつのでない、そうした自明性をもとにでなく、ただマルクスの諸概念をもとにして、はじめて可能になる、と想起させることもまた。

最後に、これもけっして小さくない争点だが、マルクスをもって、こう想起させること。実在的なものについての認識は、実在的なものに、まさにそれの認識を付け加える以上、実在的なもののもつなにかを「変える」が、しかし、この付加が、それのもたらす効果の中で、おのずとゼロとなるかのように、すべては進む、これである。実在的なものについての認識は、まさに実在的なものについての認識でしかない以上は、あらかじめ実在的なものに属すわけだから、実在的なものになにも付け加えないとの逆説的条件のもとでしか、なにかをそれに付け加えることがない。(5) ひとたび生み出されてしまえばこの認識は、言わずともまったく正当に、実在的なものに帰属して、それの中に消え去る。認識過程は、一歩進むたびに、みずからのなす認識を実在的なものに付け加えていくが、一歩進むたびに、その認識を実在的なものが着服していく。それもそのはず、その認識は実在的なものの持ち物であるのだから。認識の対象と実在する対象の区別は、かくして、ゼロに帰されるためにのみ立てられる、との逆説を示す。しかし、この区別がゼロであるのではない。じつにゼロに帰されるためには、それがたえず立てられねばならない。*69 それは当然の理を言う。みずからの認識をただ実在的なものに返還するためにのみ、それを実在的なものに付け加えていくという、いかなる認識ももつ無限のサイクルを言う。しかもこのサイクルは、たえず再生産されてのみ、サイクルであり、ゆえに生きている。なぜなら、新しい認識の生産それのみが、古い認識を生きたものに保つ。つぎのように言うマルクスのもとでとほぼ同じように、事は推移している。「死んだ労働」の価値、生産手段の中に含まれるその価値が保存され、生産物に移転されるには、生きている労働が「素材に新たな価値を付け加えていく」ことが必要である。引用して言えば、「新たな価値をたんに付け加えていくことで、彼〔労働者〕は古い価値を維持する」。(6)

これらテーゼの争点を尋ねたい？　マルクス主義科学を取り上げ、もはや新しい認識がつくられないままに、もはや新しい認識が付加されないままに、政治的条件が在る、と考えてみればいい。実在的なものが着服してきた古い認識が、そのとき、そこ、実在的なもののうちに、厖大な死んだ自明の理のかたちをとって在る。労働者を欠く機械にも似て。いや、もはや機械ですらなく、ただのモノのごとく。そうなれば、我々が、レーニンの言うように、「科学を悪い意味での定理、死んで硬くなり白骨化したもの、にせぬように」できるかどうか、すでにして怪しい。帝国主義、国家、イデオロギー、社会主義、ほかならぬ労働運動、それらどれについても人々が新しい認識を要求しているときに、肝腎のマルクス主義が、もはやモノの名前を言うにすぎぬ定説の受け売りで、事足れりとする危険のあることを言いたいのである。レーニンのあの、びっくり仰天させる言葉を、思い出させたいのである。曰く、或る理論のための角石をマルクスは置いたにすぎない、全力を傾けてその理論をあらゆる方向に発展させるのは、我々のなすべき務めである。[*70*] 完成されたなどと思ったが最後、マルクス主義理論が歴史に遅れをとる可能性、それ自身に遅れをとる可能性のあることを、言いたいのである。

マルクスと理論的人間主義

別の挑発的なテーゼ、マルクスの理論的反人間主義を言うテーゼを試験するための、ごく短い最後の縦走路。見返りに私に支払われたイデオロギー的進軍ラッパの合奏を、ただ楽しむだけなら、こう言ってもいい。支えてくれる論拠が仮になかったとしても、私は、でっちあげてでも、このテーゼを主張しなくてならなかったであろう、と。じつはまじめな、それはテーゼなのである。ただし、それをまじめに読むなら、またなによりも、それの含む二つの語の一方、理論的、をまじめに受け取るならの話だが、そのように受け取るのは、なにも難しいことではない。マルクスのもとでは人間の概念、人間のカテゴリーが理論的な用をなさないことを、私は言いもし、繰り返しもしたが、しかし、聞く耳をもとうとしない人々には、どのようにしても、理論的のほうは意味をもちえなかった、と思わずにいられない。

　聞く耳をもたせるよう試みてみよう。

　そのためにまず、フォイエルバッハ、そのいくつかのテキストを私が翻訳したことのある彼についてひとこと。誰にも異論はないと思うが、フォイエルバッハ哲学は開けっ放しの理論的人間主義である。[*71] フォイエルバッハは言う。どんな新しい哲学も新しい言葉で自己を告げるものだが、現代の哲学たる我が哲学は、〈人間〉なる語で自己を告げる、と。実際、〈人間〉、人間的本質は、フォイエルバッハ哲学全体の中心原理である。これは、フォイエルバッハが自然への関心をもっていないということではない。じつに彼は太陽と惑星について語り、植物、トンボ、犬についても、果ては、それが宗教をもたぬことを言うために象についてさえ、語る。しかし彼は、どの種《しゅ》も自分に属す自分の世界をもつこと、自分の本質の現れにほかならぬ自分の世界をもつことを、一点の曇りもなく我々に叙述しつつ、まずは自然を使って、言うなればウォーミングアップをなしている。この世界は様々な対象からなるが、その中でも、それらを代表する対象がある。種の本質を成就し、その本質の要請をみたすところの対象、種のもつ本質的対象である。たとえば、すべての惑星は本質的対象として太陽をもち、太陽はまた植物のもつ本質的対象でもある、エトセトラ。

　こうお膳立てが整えば、我々は人間に移ることができる。人間は彼のもつ世界それの中心であり、なおかつ、彼の絶対的地平の中心、彼を包む *Umwelt*［環境世界］の中心にいもする。彼の世界には、彼に属すことのないなにものも存在しない。いやむしろ、彼自身でないなにものも。というのは、彼の世界のあらゆる対象は、じつに彼の本質の実現・投影であるかぎりでしか、彼の対象でない。彼の知覚の対象は、その対象を知覚する彼自身の仕方にほかならず、彼の思考の対象はその対象を思考する彼自身の仕方、彼の触発される感情は彼自身が触発されるその仕方にほかならない。彼の対象が彼に与えるものそれが、彼自身の本質、対象に投影された彼の本質でしかないかぎり、彼のあらゆる対象は本質的である。かくして人間は〈主体〉であり、対象のかたちで客体化される彼の諸属性は、彼のもとに、ただ彼自身の本質を送り返すことしかしない。人間はつねに人間のうちにあり、人間が人間のそとに出ることはけっしてない。なぜなら——ちなみにその理由を言うフォイエルバッハの気の利いた台詞、若きマルクスが書き写した、ミステリアスなところなどありはしないそれをめぐって、去年の夏、モスクワで開催されたヘーゲル学会の参加者たちは、蘊蓄を傾けて議論なすったのであった——なぜなら世界とは人間の世界のこと、人間とは人間の世界のことなので。太陽と星辰、トンボ、知覚、知性、情念、それらはどれも、決定的真理の領域の閾へと我々を導くための、中継点にすぎない。星辰や獣とは違う人間の固有性は、種としての自己を、その種としての自己の本質を、自己の類的本質の全体を、対象としてもち、かつ、それらをいっさい自然に根差さぬ一個の対象の中、宗教の中にもつことにある、これが言うところの閾である。宗教の中では人間の類的本質が、それ自体としては識別されないまま、客体化と転倒のメカニズムをとおして外在的対象、別世界のかたちで、人間に与えられる。宗教の中で人間は、自分自身の力能、みずからの生産する力を、絶対的他者の力能として眺め、その他者を前に、打ち震え、慈悲を請いつつ跪く。このことは完全に行為に表される。そのじつ、そこからあらゆる宗教儀礼が生じてくる。そればかりか、この想像的世界の中でまさしく起きる——というのも、それは、フォイエルバッハの言葉を引いて言えば、「願望実現」(*Wunscherfüllung*)〔フロイトに引っ掛けた訳語を与えるなら、「願望充足」〕にほかならないのだから——奇蹟の、その客観的実在性さえもが。絶対的〈主体〉たる人間は、かくして、神の中で絶対者に出会うわけだが、しかし、その出会っているものが彼自身であることを、人間は知らない。宗教の枠を超えて、芸術、イデオロギー、哲学、さらには、あまりに知られていなさすぎるが、政治、社会、果ては歴史にまで広がっていくこの哲学全体は、その基礎を、要するに、主体と対象との本質の同一性にもち、この同一性を、人間の本質がもつ全能性によって説明する。人間の本質は、実現された自己であるみずからの対象の中にと、主体から対象を分離し、対象を主体に対して外在化させて物象化する疎外の中に、自己を投影できるのである。その疎外が本質の関係を転倒させる。言うまでもなく、いまや〈主体〉は、神や国家、etc. といった〈対象〉の、といっても、〈主体〉にほかならぬその〈対象〉のかたちをとった自己によって、あらんことか、自己を支配されるゆえに。

私がここでそれの諸前提をなぞっているにすぎないこの教説の、しかしかつてもった偉大さを忘れてならない。宗教的疎外や政治的疎外によって生み出された転倒を転倒せよ、との呼び掛けであった、という偉大さ。言いかえれば、人間的主体が彼の諸属性によって想像的に支配されてしまう、その事態を転倒せよ、とそれは呼び掛けていた。人間よ、神の支配や国家の支配の中に疎外されているおのれの本質を、最終的に再び我がものとせよ、人間よ、宗教という想像界、「国家という天上」、ヘーゲル哲学という疎外された抽象の中にでなく、地上に、いまとここに、現実の社会の中に、汝の真の人間的本質、人間のこの共有財を、「財産共有制《コミュニズム》」を、最終的に実現せよ。

人間が人間のもつ世界の、哲学的意味での中心であること、人間が人間のもつ世界の起源的本質であり、目的であること、理論的人間主義と強い意味で呼べるものがこれである。

人間の類的本質と疎外とにもとづくフォイエルバッハのプロブレマティークに深々とのめり込んだのちに、マルクスがフォイエルバッハから訣別をなしたこと、フォイエルバッハの理論的人間主義からの、この断絶が、マルクスの思考の歴史に、ラジカルな刻印を残していること、このことには同意してもらえるだろう。*72

しかし、そこよりもっと先に、私は進んでみたい。じつにフォイエルバッハは哲学的人物としては風変わりで、言い方は悪いが、「裏をバラす」という独特なところがある。フォイエルバッハは、隠し立てをしない理論的‐人間主義者である。だが、その彼の背後には、連綿たる哲学者たちの血脈が控える。彼ほどに明け透けでないにしても、やはり人間をもとに、ただし人間にもっと煙幕を張った仕方で、哲学的な仕事をなしていた哲学者たちである。封建制と教会、それらを擁護するイデオローグたちと戦って人間に地位と尊厳を与えたとの歴史的功績をもつ、この偉大な人間主義的伝統をけなすなど、およそ私の意図ではないが、しかし、偉大な作品と偉大な思想家を生み出してきたこの人間主義的イデオロギーが、擡頭するブルジョワジーと別にありうるわけでない、と言い立てることなど我々は考えてもみないのではないか、と私は思う。このイデオロギーは、じつは、ブルジョワジーの願望の表現であった。古いローマ法をブルジョワ的商法へと手直しした新しい法によって裁可された資本制商業経済の、その要請を翻訳したもの、別様に転写したものだった。自由な主体としての人間、行為の自由と思考の自由をもつ主体としての人間とは、まずなによりも、所有の自由権、売買の自由権をもつ人間、権利主体のことなのだった。

中間を飛ばして単刀直入に私の主張を述べるなら、古典哲学の偉大な伝統は、この伝統にそぐわぬいくつかの例外は別にして、人間のもつ認識することの権利と行動することの権利の二つを、哲学体系のカテゴリーの中に引き継ぎ、人間を、一方でコギトから経験論的主体および超越論的主体にいたる認識理論の主体に、他方で、経済的・道徳的・政治的主体に変えた。ここで論証するのはもちろん無理だが、しかし、人間、人間的本質、種としての人間といったカテゴリーが、様々な種類の主体のかたちで、しかもそれら主体に分与されて見分けが付かなくされつつ、マルクス以前の古典哲学の中で、本質的な理論的役割を果たしていることを主張しても、越権行為にならないと思う。カテゴリーの果たす理論的役割について語るとき、私は、このカテゴリーが他の諸カテゴリーと一体化していて、その全体の働きを変更することなしに、当のカテゴリーをそれの属すカテゴリーのまとまりから削除できない、というふうに理解している。ゆえに、つぎのように言ってさしつかえないと思う。例外を除けば、古典的な大哲学には、異論の余地ない理論的人間主義の伝統が、公然とは言明されない様々なかたちで、表されている、と。フォイエルバッハが、独特の仕方で、「裏をバラす」ことをしてしまうのは、つまり、全体の中心に、人間の本質をはっきり見えるように置くのは、古典的哲学者たちをして人間を複数の主体に分与して隠すよう仕向けた理由に、もう囚われなくていい、と彼が考えているからである。人間のこの分割、単純化して言えば、二つの主体、認識の主体と行動の主体への分割、古典哲学の特徴をなし、フォイエルバッハによる華々しい公言化を古典哲学に禁じていた分割を、彼フォイエルバッハは縮小していいと考え、主体の複数性の代わりに、人間主体のもつ属性の複数性をもってくる。そして、そのようにすれば、別の問題、個と種の区別という政治的に重要な問題が、生殖《セクシュアリテ》によって解決される、と彼は考える。生殖は個〔というカテゴリー〕を無用にする。じつに、生殖には、少なくとも二つの個がつねに必要で、二つの個はすでに種をなすから。*73* 私の言いたいのは、フォイエルバッハが事を運ぶときのやり方から、彼以前に何が問題であったかがわかる、ということだ。すでに人間が問題であった。ただし、複数の主体に分割され、さらに個と種とに分割された人間が。

かくして、マルクスの理論的反人間主義は、フォイエルバッハに負うツケの清算の、遥かむこうにまで行く。それは、社会と歴史とをめぐる既存の諸哲学と、プラス、古典哲学の伝統を、まとめて審問に掛ける。その伝統をとおし、ひいてはブルジョワ・イデオロギーの全体を。

このことを踏まえて私は、マルクスの理論的反人間主義は、まずなによりも、哲学的反人間主義である、と言うだろう。このいま言ったことがなんらかの真実味をもつとして、このことを、マルクスとスピノザおよびヘーゲルとの親近性は起源と〈主体〉とにもとづく哲学への対抗にありとする、先ほどの主張に近付けて考えてみるなら、それだけで、結論はおのずと固まる。実際、マルクス主義哲学の存在を決定的に証明する、とみなしうるテキスト群を検討してみるとわかるとおり、人間というカテゴリーも、そのカテゴリーにかつてまとわされた、また、まとわすことのできるどんな仮装も、そこには見当たらない。片手で掬い取れるほど小さなマルクス主義哲学の全体をなす、唯物論的・弁証法的諸テーゼは、ありとあらゆる種類の注釈を引き起こしうるであろうが、それらテーゼのどれ一つとして、人間主義的解釈のごくわずかな余地さえ与えうるとは、私には見えない。それどころか逆に、観念論の多々在るヴァリエーションの一つにすぎぬとしてそのような解釈を禁じ、まったく別の思考のやり方を促すよう、それらのテーゼはつくられている。

だが、これで片が付いたわけではない。史的唯物論の反人間主義について、共通理解をもつことを、まだしなくてならない。マルクス主義の社会構成体理論、歴史理論が、人間の概念を、中心概念としてはふるい落とすことについて。

あらかじめ二つの反論を斥けておく必要ありや？　おそらくある。じつにどちらも絶えざる再生力をもつ反論なので。反人間主義的に構想されたマルクス主義理論は、結局、人間蔑視と革命闘争の麻痺化に行き着くとの結論を、第一の反論は引き出す。原始蓄積[*74]の残酷さから、勝ち誇る資本主義にいたるまで、『資本論』は、搾取される人々の舐める辛酸にみち、その彼らを階級的従属から解放するために書かれているが、しかしそのことは、彼らの受ける搾取のメカニズムを分析する、ほかならぬ『資本論』において、具体的個人を捨象・抽象化すること、具体的個人を関係の「担体」として理論的に扱うことを、マルクスにやめさせないばかりか、そうするようマルクスを強いさえする。第二の反論は、マルクスの理論的反人間主義に人間主義的諸イデオロギーの存在を対置して、それらイデオロギーは、通則としてはブルジョワのヘゲモニーに奉仕しはすれど、しかし、なんらかの事情といくつかの社会層のもとでは、搾取と抑圧とに対する大衆の抵抗を、宗教的形態をとってでさえ、表現することがまたありうる、と言うのである。だがこれは、マルクス主義が諸イデオロギーの存在を認知し、階級闘争においてそれらの果たす役割に従って、それらに評価を下すと知れば、なにほどのことではない。

審問に掛けられているのは、まったく別のことがらである。人間主義的概念構成のもつ理論的意図、社会と歴史とを人間的本質、自由な人間主体、欲求の、労働の、欲望の主体、道徳的・政治的行動の主体をもとにして説明しようとの、その意図。マルクスが、この手のあらゆる人間主義のもつ理論的意図からの訣別・断絶を条件にしてのみ、歴史の科学の基礎を築きえたこと、『資本論』を書きえたことを、私は主張しているのである。

人間主義の染み込んだブルジョワ・イデオロギー全体に対してマルクスは、「社会は個人から構成されているのではない」（『経済学批判要綱』[*75]）、「私の分析的方法は人間からでなく、経済的に与えられる社会的時代から出発する」（「ヴァーグナー傍注」）と言明する。また、「労働は、あらゆる富とあらゆる文化の源泉である」と『ゴータ綱領』で高らかに謳った人間主義的・マルクス主義的社会主義者たちに対しては、「この超自然的な創造力を労働に授けるべき、格好の理由を、ブルジョワたちはもつ」と断言する。[*76] これ以上にくっきりした断絶が考えられるだろうか？

この断絶の効果を、『資本論』に読み取ることができる。社会構成体を最終審級で決定するもの、社会構成体の認識を与えるもの、それは人間の本質や本性といった幽霊ではない、人間ではない、「人間たち」ですらない、それは関係である、とマルクスは示す。〈土台〉＝下部構造と一つになった、生産関係である、と。そして、言うところの関係が人間たちのあいだの関係、人と人との関係でないこと、間主観的・間主体的関係でないこと、心理学的関係でも人間学的関係でもなく、或る二重の関係であることを、マルクスはあらゆる人間主義的イデオロギーに抗して示す。すなわち、人間集団と、モノ、生産手段との関係に即して、これら人間集団のあいだに成り立つ関係。社会関係を人間のあいだの関係へと、あるいは、人間集団のあいだの関係と言いかえてさえ、そのような関係へと縮小できると考えるのは、理論的まやかしの最たるものの一つである。そう考えるのは、社会関係がじつに人間を問題にするだけの関係である、と前提することなのだから。しかし、社会関係は、モノを、物質的自然から引き出される生産手段を、問題にしもするのだ。生産関係は配分関係である、とマルクスは言う。生産関係は、生産手段を一つの階級に帰属させるそのことをとおして、同時に、人間たちを別々の階級へと配分する。帰属を裏面とするこの配分に根差す敵対関係から、諸階級が生じる。人間的個は、言うまでもなく、この関係に関与している当事者で、ゆえに、この関係に対して能動性をもつが、しかしそうであるのは、彼らがこの関係に捉えられているそのかぎりでのこと。彼らは、自由契約の当事者のごとくこの関係に関与していくから、この関係に捉えられるのでなくて、逆に、この関係に捉えられるがゆえに、その関係の当事者になるのだ。このときマルクスがなぜ人間たちを、関係の「担体」、あるいは、生産関係によって規定された生産過程そこにおける機能の「担い手」としてのみ考察するのかを見るのは、とても重要である。具体的な生活の中に在る人間たちを、たんなる機能の担い手へと縮小することを、彼がなそうとしているわけではまったくない。このとき彼は、人間たちを在るがままに眺めている。なぜなら、下部構造、生産、要するに搾取の場において、資本制生産関係が、人間たちを、この単純な機能へと縮小しているのである。生産する人間、生産の代行者として眺められたこの人間は、資本制生産関係にとっては、まさにそのままの生産の代行者以外でない。たんなる関係の「担体」、たんなる「機能の担い手」として規定された、完全に匿名で、取り替えの利く人間でしかない。であるからこそ、人間は、労働者であれば路頭に迷わされること、資本家であれば大儲けや破産をさせられることがある。どのみち、人間は生産関係の法則に従属している。生産関係とは搾取関係のこと、ゆえに、階級的敵対関係のことで、この関係の法則とその法則のもたらす効果に、人間は従属している。労働者と資本家とがもつ個別的・具体的な諸規定、彼らの「自由」とか人格を理論的「判断中止《エポケー》」のもとに置かないなら、あらゆる個人を経済的機能の担い手以外のなにものとしても扱わない資本制生産関係がそれら個人をそのもとに置いている、恐るべき実践的「判断中止」については、なにも理解されない。

しかし、個人を経済的機能のたんなる担い手として扱うことが、個人に困った結果を招かないわけではない。彼らをかくのごとく遇するのは、理論家マルクスではなく、なんと言っても、資本制生産関係なので！　個人を取り替えの利く機能の担い手として扱うとは、資本制搾取において、つまりは、資本家による基本的な階級闘争の中で、彼ら個人の肉体と生活とを、救いようもなく、規定し束縛すること、彼らをして機械の付録であるほかないよう、自分の妻子を工場の地獄に投げ入れるよう、労働日を最大限まで延長して自分にはみずからの再生産にかつかつ必要なものだけしか与えなくするよう、強いることであり、また、巨大な労働者予備軍を構成すること、仕事に運良くありついた機能の担い手たちを、その予備軍から吸い上げられる他の匿名の担い手たちによって、圧迫することである。

しかし他方で、それは、労働者の階級闘争を組織化する、その条件をつくり出すことでもある。ほかならぬ資本家による階級闘争の展開、資本制搾取の展開そのものが、この条件をつくり出していくのだから。生産の資本主義的組織化、つまりは、搾取の組織化が、その桎梏をとおして、労働者階級を階級闘争にむけて教育していくとの事実を、マルクスは、何度、力説したことか。その組織化が労働者大衆を労働の場に寄せ集めてきて、そこで交流させるがゆえにだけでなく、とりわけ、恐ろしいまでの締め付けを労働と共同生活とに加えるがゆえに、やがて労働者たちは受けた締め付けを、一致団結した行動によって、主人たちのもとにお返しすることになる、と。

しかしそのためには、彼らが別の関係の当事者となっていて、その関係に捉えられているのでなくてはならない。なぜなら、資本主義的社会構成体は、資本制生産関係だけに、ゆえに、下部構造だけに、縮小されない。上部構造の支援がなくては、階級搾取は持続しえない、すなわち、その条件を再生産できない。生産関係によって最終審級で決定されている法的‐政治的関係とイデオロギー的関係とがなくては。このことの分析に、マルクスは立ち入らなかった。いくつかの短い指摘をなしただけだった。しかし彼の言ったすべては、つぎのことを概念的につかむ道に、我々を就けてくれる。すなわち、言ったあれらの関係もまた具体的な人間的個を関係の「担体」、機能の「担い手」として扱うのであり、ここでもまた人間は、そこに捉えられているからこそ、はじめて当事者であるのだ。たとえば法的関係は、具体的人間を捨象・抽象化して、彼をたんなる法的「関係の担い手」として扱う。たとえ剝き出しの労働力しか所持していなくても、所有するそのことはなしうる権利主体として。たとえば政治的関係は、生ける人間を捨象・抽象化して、彼を政治的関係のたんなる「担体」として扱う。たとえ彼の投票権が彼の従属を強めるだけであっても、自由な市民として。たとえばイデオロギー的関係は、生ける人間を捨象・抽象化して、彼を、支配的観念に従属するか反抗する、たんなる主体として扱う。しかし、人間を関係の担体に変えるこれら関係のどれもが、生産関係とまったく同様、やはり人間たちの肉体と生活とを規定し、束縛する。生産関係は階級闘争関係であったわけだから、上部構造に属す諸関係、それら関係のあいだの矛盾、それら関係が掣肘するために下部構造に及ぼす重層決定、これらを最終審級で決定するのも、ゆえに階級闘争である。

資本家による闘争が、生産において、労働者による階級闘争の条件をつくり出していくのと同様、法的・政治的・イデオロギー的関係も、それの課す桎梏そのものをとおして、労働者の階級闘争の組織化とその闘争についての意識とを促す。実際、ブルジョワ的諸関係の中で、かつ、ブルジョワ階級闘争それ自体をとおして、プロレタリア階級闘争は政治へと、まさに教育されてきたのだった。誰もがよく知るように、ブルジョワジーは、みずからの闘争に一般大衆を動員せずには、旧体制を、それのもっていた生産関係と国家とを、打倒することをなしえなかった。誰もがよく知るように、ブルジョワジーは、みずからの政治的戦いにプロレタリアを兵隊として登録することでしか、大土地所有に対する勝利を収めることができなかった。そして、一旦、事が成ってしまうと、続いて彼らプロレタリアを、構わず、虐殺したのであった。機関銃と監獄をとおしてばかりか、法とイデオロギーをとおしても、ブルジョワ階級はプロレタリアを、政治的・イデオロギー的階級闘争へと教育した。プロレタリア階級闘争がブルジョワ階級闘争となんの関係もない、と彼らに悟らせ、ブルジョワ・イデオロギーの課す拘束を揺さぶるよう強いることをも含めて。

最終審級とそれが「建物」内部に巧みに割り振る矛盾した作用は、まさにここ、階級闘争において、その出番があり、いま述べた逆説的諸現象のもつ、弁証法に説明を付ける。人間なる、とんまな概念を援用してでなく、生産関係、階級闘争、法的・政治的・イデオロギー的関係といった、別の概念すべての中で、マルクスが思考しようとしている弁証法である。理論の次元では、最終審級の作用は、経済的闘争から政治的・イデオロギー的闘争までを含む階級闘争の諸形態のあいだの、差異と不均等性を明らかにしてくれる。ゆえに、これらの闘争のあいだに実際に働く作用と、それぞれの闘争の中に存在する諸矛盾とを。

要するに、史的唯物論におけるマルクスの理論的反人間主義とは、理論的意図を込められた人間の概念、人間を彼の欲求の、彼の思考の、彼の行為と闘争の起源的主体となす概念（*homo œconomicus*〔経済的人間〕、*homo rationalis*〔合理的人間〕、*homo moralis, juridicus et politicus*〔道徳的・法的・政治的人間〕）に、社会構成体とその歴史とを説明するための基礎を求めることの拒否なのである。じつに人間から出発すれば、自由の全能性や創造的労働の全能性へと導く、観念論的誘惑を免れえない。支配的ブルジョワ・イデオロギーの全能性を、まったく「自由」〔無制約〕に受け入れるほかなくなるのである。人間の無制約〔自由〕な力という幻想のかたちで、別の力、遥かに現実的で強力な力、資本制の力、を隠蔽して押し付けてくるよう働く、それは全能性である。マルクスが人間から出発しないのは、彼が人間という概念から社会と歴史を理論的に発生させることを拒むのは、資本制生産関係に基礎をもつイデオロギー的力関係の、その表現にすぎないこの神秘化から、手を切るためなのである。かくしてマルクスは、ブルジョワ・イデオロギーの効果、人間から出発すべきとの幻想を持続させるところのその効果を生み出す、構造的原因から出発する。所与の経済的構成体から、『資本論』の場合で言えば、資本制生産関係と、この関係が最終審級で決定する諸関係、上部構造に属す諸関係から、マルクスは出発して、これらすべての関係が人間たちを規定し束縛することを、そのつど、明らかにしていく。それらの関係が、いかにして人間たちの具体的生活を束縛するか、具体的人間たちが、階級闘争の仕組みをとおして、どうあれら関係のなすシステムによって規定されるかを、明らかにするのである。一八五七年の「序説」でマルクスは、具体的なものとは多様な規定 déterminations のその総合である、と言っていた。この彼の言葉を引き継いで、つぎのように言ってもいい。具体的な人間たちは、彼らが捉えられている諸関係、彼らを当事者となしている諸関係が及ぼす多様な決定 déterminations の、その総合によって規定される、と。空疎な観念、すなわち、ブルジョワ・イデオロギーを過剰に負荷された観念、人間から出発することを、断固、マルクスがしないのは、具体的な人間たちにたどり着くためである。具体的な人間たちを「担い手」とするあれらの関係へと、彼が迂回路をとるのは、その具体的人間たちの具体的生活と具体的闘争とを律している法則の、認識にたどり着くためである。

関係へのこの迂回が、どの瞬間にも、マルクスを具体的な人間たちから遠ざけはしなかったことを、注記しておいていいだろう。じつに認識過程の、すなわち、自分のなす分析の、各段階で、マルクスは、最終審級での決定力をもつ資本制生産関係、法的‐政治的関係、イデオロギー的関係のどの関係についても、それが人間たちの具体的生活、階級闘争の形態と効果とによって律せられた生活をどう束縛するかを、明らかにする。マルクスによるどの抽象も、あれら関係が人間たちに押し付けてくる「抽象」に対応している。人間たちを搾取される労働者か搾取する資本家に変える、恐ろしいほどに具体的な「抽象」に。この思考過程の終着点、その過程の行き着く「思考された具体物」が、多様な規定それの総合であること、実在的で具体的なものを定義するところのこの総合であることもまた、注記しておいていいだろう。*77

かくしてマルクスは、階級的立場に身を置き、階級闘争の示す様々なマス現象を見ていた。資本制社会のメカニズムについての理解を労働者階級に与えること、彼らの生活を支配する諸関係と諸法則とを労働者階級に暴いてみせることをとおし、彼らの階級闘争に、力と指針を与えようとめざしていた。彼は階級闘争以外の対象をもっていなかった。労働者階級が革命をなし、そのあと、共産主義の終局で階級闘争と階級をなくす、その手助けをするために。

マルクスのこの理論的反人間主義に対して人々がむけることのできた、いくらかでもまじめな反論のすべては、私も率直に認めるが、疎外のテーマを取り上げ直す『資本論』中のテキスト〔第一巻第一章第四節「商品の呪物的性格とその秘密」〕から来ている。ここで私は、考えたうえで、テーマの語を使っている。じつにこのテーマを取り上げ直している文章に理論的射程があるとは、私には思えないのである。つまり、真に考えられた概念としてでなく、マルクスがそこに拠り所を求めることができるほどにはまだ十分に熟していない現実の、すなわち、労働者階級の組織化と闘争とがとる未来の形態の、その代用品として、疎外がそこに登場することを言いたいのである。仮説として言えば、『資本論』における疎外のテーマは、まだつくられていない一つというよりは複数の概念の、来るべき席を代わりに占めていた。なぜなら客観的な歴史的条件が、それら概念に対応する対象を、まだ生み出していなかったから。この仮説を根拠にすれば、パリ・コミューンは、マルクスの期待に応えて、疎外のテーマを余計なものにした、との理解が得られるだろう。レーニンの政治的実践の全体がそれを余計なものにしたように。事実、パリ・コミューン以後、マルクスのもとで疎外が問題になることは、レーニンの巨大な営為におけるのと同様、もはやない。

だがまさにここで、マルクス主義理論だけでなく、この理論が労働運動と融合するさいのその歴史的諸形態が、問われる。現在のところ、この問題は立てられたのみで開かれたままになっている。この問題を検討することが、今後、強く求められていくはずである。*78

原注

（1）マルクスはこう続ける。「生産関係そのものから出てくる経済共同体は、その構造化（*Gestaltung*）全体の基礎を、まさにこの支配‐隷属関係〔フランス語訳では「生産」〕にもち、ゆえに、この共同体の種別的な政治構造（*Gestalt*）もまた、その基礎を、言った支配‐隷属関係〔フランス語訳では「生産」〕にもつ。社会という構築物（*Konstruktion*）全体の、またそれに続いて主権の政治形態、および、依存関係の政治形態、要するに、あらゆる種別的国家形態の、最も内的な秘密（*inneres Geheimnis*）、隠された基礎（*Grundlage*）を我々は、そのつど、まさに生産条件の所有者と直接生産者との直接的関係の中にみいだす——この関係のとる形態のどれもが、その本性に応じて、労働様式（*Art und Weise*）の一定の発展度、ゆえに、そのもつ社会的生産力の任意の発展度に対応する」（*Le Capital*, tome VIII, livre III, ch. 47.2, pp.170-173）（[Paris, ES 1974, pp. 172. 強調〔および、挿入されたドイツ語〕はルイ・アルチュセール］〔『資本論』マルクス＝エンゲルス全集刊行委員会訳、第三巻第二分冊、大月書店、一九六八年、第四七章第二節、一〇一四〜一〇一五ページ〕）。〔本文およびこの注に引用された『資本論』のフランス語訳は、アルチュセールの言い方を借りれば、「ファンタジー」を含んでいる。ドイツ語原文と比べてかなりまずい部分のあることを承知で、原則として、フランス語訳を尊重して訳す。Cf. K. Marx, *Das Kapital*, Dritter Band, Diez Verlag, 1986, SS. 799-800〕

（2） エンゲルスは続けて言う。「経済の状態が土台ではあるが、しかし階級闘争のとる政治的形態とこの闘争のもたらす成果、戦いに勝つなり勝利した階級によって制定される憲法、こうしたあらゆる現実的闘争のとる法的形態、それどころか闘争に参入する人々の脳髄へのそれら闘争の反映、政治理論、法理論、哲学理論、ひとまとまりの宗教観念、これら観念がその後にたどる教義体系への発展など、上部構造に属す多様な要素もまた、歴史的闘争の流れに影響を及ぼし、多くの場合、それら闘争の形態をぬきんでて決定する」（ブロッホへの手紙）［タイプ稿でアルチュセールは「*Études philosophiques*, p.128」と参照を振っているが、一八九〇年九月二十一日付のこの手紙は、つぎの別の翻訳にみいだされる。*Ludwig Feuerbach et la fin de la Philosophie classique allemande*, Paris, Costes 1952, pp. 139-140.〔「唯物史観にかんする手紙」岡崎次郎訳、『世界の大思想Ⅱ-5 エンゲルス 社会・哲学論集』河出書房、一九六九年所収、三九六ページ〕］

（3） Cf. « Sur le rapport de Marx à Hegel », *in Lénine et la philosophie* [Paris, Maspero 1972, pp. 49-71〔「マルクスのヘーゲルに対する関係について」『政治と歴史』西川長夫／坂上孝訳、紀伊國屋書店、一九七四年所収〕]. Cf. *Éléments d'autocritique* [Paris, Hachette 1974].

（4） 「純粋に思弁的な、純粋に理論的な態度を精神がとりつづけるかぎりは、そうである」[« Introduction à la critique de l'économie politique », *in Contribution à la critique de l'économie politique*, Paris, ES 1977, p.167〔『経済学批判序説』前掲邦訳、四六三ページ〕——強調はアルチュセール］。マルクスは、理論的態度（実在する対象を認識すること）と実践的態度（実在する対象を変形すること）とを区別する。

（5） エンゲルス参照——「そとからの付加なき在るがままの自然それについての認識」〔『自然の弁証法』菅原仰訳、『マルクス＝エンゲルス全集』第二十巻、大月書店、一九六八年所収、五〇九ページ〕。反映を言う、レーニンのテーゼ参照〔「客観的実在は人間の感覚のなかで人間にあたえられており、われわれの感覚から独立して存在しながら、われわれの感覚によって模写され、撮影され、反映されるものである」、『唯物論と経験批判論』川内唯彦訳、『世界の大思想10 レーニン』河出書房新社、一九七四年所収、九七ページ（Cf. 佐野文夫訳、岩波文庫（全三冊）、一九五二〜一九五三年、上巻、一八九ページ）〕。

（6） *Le Capital*, Paris, Éditions Sociales, Livre I, t. 1., p. 199.〔『資本論』第一巻第一分冊、マルクス＝エンゲルス全集刊行委員会訳、大月書店、一九六八年、二六一ページ〕

第九章 終わった歴史、終わらざる歴史（一九七六年）

アルチュセール監修「理論」叢書の一冊として一九七六年に出た、ドミニク・ルクールの本『ルイセンコ。「プロレタリア科学」の現実的歴史』への「序」として、このテキストは現れた。[*1] 最近になって、D・ルクールはこの著作を、L・アルチュセールの序文付のまま再刊し、二つの付録と「まえがき」を追加したが、この「まえがき」で彼は、当時の出版のいきさつと、そこへのアルチュセールの関与を手短に語っている。[*2]

当時、ルクールはアルチュセールの学生で、また、私的な付き合いのある友人でもあった。一九七二年、彼は、ブルジョワ科学とプロレタリア科学ありとの二科学理論の「発明者」であるソ連の高名な生物学者の経歴と、その人ルイセンコが官許共産主義運動によって祭り上げられ、続いて「忘却」されていった経緯とについて、研究を始めた。久しい以前から自身もまたこの問題に関心をもってきたアルチュセールは、その数年にわたり、有益な助言をルクールに与え、やがて「序」を手渡すことになるが、その「序」が少なからずあずかり、この著作はいっそうの衝撃力をもった――衝撃力は、とりわけ、東側諸国において強く、この本は、長らく、地下出版のかたちで流通した。[*3]「終わった歴史、終わらざる歴史」は、アルチュセールの歩みの一つの画期をなす。この哲学者がソ連現行体制に対立する立場を公然と、かつ、明瞭にとった、それはじつに最初のテキストであったとの意味で。

ここに再録する版は、ルクールの著作に収録されたそれで、IMEC保管のタイプ稿とほとんど変わらない。おもな異文は編者注にて指摘する。[**4**]

この本の解説はしない。実際に読んで、判断してもらえばいい。異論をもたれたなら、異論をもつのは僭越なことではない、それを指摘し、もっと先へと進んでいってもらいたい。ルイセンコはぺてん師であった、彼の成功は、なにからなにまでスターリンの独断専行の賜物だった、とこれのみをわめき立てることなら、いまや子供にでもできる。だが、マルクス主義者としてルイセンコ主義の歴史に挑むのは、かくだんに危ない企てなのである。

私としては、この本とその主題をただ取っ掛かりにして、いくつかのいまだ目に生々しく記憶に新しい、注意しておくべきことがらだけを述べておきたい。

というのは、ルイセンコ主義のたどった長くも騒々しい波乱の行程、ソビエト史のほぼ五十年を覆い、農業装置の、官許哲学の、ついには一九四八年の大叙階をもってソ連国家装置の、世界中のあらゆる共産党員の、その力を次々と動員していった行程*5*——この醜聞とドラマにみちた長大な歴史、理論的いかさまを背景に何十年にもわたって角逐、分裂、悲劇、犠牲者を生み出してきた歴史、この歴史が、要するに、現には存在していないからだ。

その歴史は、ソ連高等《ソビエト》会議の閉ざされた記録文書保管庫の静寂の中で、眠っている。理論的・政治的に埋葬され、済みとされた事実の中で。弾圧と恫喝を生き延びた人々の記憶に、確かにいまも、その歴史は取り付いてはいるが、しかし、マルクス主義者としてその歴史を書こう、その歴史の闇から少しばかりの光を引き出そう、との声を、ソ連の哲学者、科学者の誰一人として上げなかった、あるいは、上げることができなかった。(1) 記録文書を握るソ連高等会議の沈黙に、別の沈黙が応える。共産党員たちの沈黙。ソ連のそとにいて、同じ拘束のもと、同じ歴史を生きたその彼らが、いまや、だんまりだ。

しかも、「個人崇拝」のたわけた一語で片付けられた恐るべき現実についても、第三インターナショナルについても、(2) 労働運動史のおびただしいエピソードについても、同じことが言えるのだから、前代未聞と言うにふさわしい逆説の、その明らかさを前にしては、二の句も継げない。歴史を理解するための科学的手段をマルクスが、あらゆる時代に先駆けて、はじめて具えさせた共産党、他人や遠く過ぎ去った時代であるなら、その歴史を理解しようとの、ほぼ完璧な熱意を見せるその共産党が、反対に、自分自身の歴史をマルクス主義者として説明することをなせないのだ——とりわけ、しくじった歴史については。

歴史は、どのみち、不透明である、これ以上なく聡明な意思でさえ、周囲の状況に屈して、自分を見失うことがある、過去、伝統、習慣（これらレーニンが抱いた大きな危惧のタネ〔いわゆる「遺制」〕）の落とす影が、現在を押し潰してしまうこともある、とのこんな単純な理屈付けでは、あの逆説から、抜け出せはしないだろう。じつに、こうした周囲の状況そのものが、分析を免れない（それどころか、周囲の状況を理解するための、新しい諸概念をつくる必要すら出てくるのであって、誰がそれを止められよう？）。要するに、人々がこの分析をサボっていても、歴史を真っ暗なままにしたそのことの報いは、共産党員たちに、彼らのなす（しかじかの細部ないし路線の）訂正の事実によって彼らの誤りを、暗黙裡にであれ、結局は事実として認めさせるほどの明るさは、つねにもつのだ。

だが、こう言う人がいるかもしれない。自分の誤りを正すのであれば、彼らがその誤りを黙ってたっていいじゃないか、「前に進む」のであれば、それに背をむけてたって。噂では、ソ連高等会議は、「個人崇拝」と言われるシステムの、その帰着であるらしい「社会主義的適法性への違反」を、「訂正」したっていうじゃないか？　ルイセンコ主義の誤りを「訂正」し、遺伝学者たちに、研究職と一度はコケにされた彼らの専門知識の権威を回復させた、と。党の「偉大な知識人」たちの威を借りた指導部を先頭に、どこの共産党にも増して、ルイセンコ主義称揚と「二科学」

テーゼの道を邁進したフランス共産党もまた、「方針を訂正し」、しかるべきときに、みずからの信仰告白と党活動家への恫喝とを放棄したでないか？　誰も説明してないって？　いいじゃないの、「訂正」はなされたのだから……。そこに、この「推論」のトリを飾る理屈付け、理論に対する実践の優位を言うお誂え向きの正しき理論の声を、あらかじめ聞かないでいられない。一個の具体的行為は、どんな世界分析にも勝る！

　こんな推論はまったくマルクス主義にあたいしないことを、きっぱり言わなくてはならない。認識訂正過程での特権的役割を誤謬に付与したレーニン（あらゆるポパー主義愛好者のために、「反証可能性」と言っておこうか？）、ひいては、発見に役立つとの意味で誤謬は、科学的・政治的実験の実践において、「真理」より優位にあり、とさえ言うそのレーニンはまた、口を酸っぱくしてこう繰り返しもした。敗北を喫するより、誤りを犯すより、その敗北、その誤りに目をつむり、口をつぐむことのほうが深刻な結果を招く。

　しかも彼が、何度も、あえて不利な実例をあげてみせたことは知られている。たとえばブレスト＝リトウスク条約[*6]。彼はこの条約の事情を分析しつづけた。たとえば戦時共産主義、「我々は見当違いを犯した」、その理由は……。歴史家でなかったレーニン、しかし、ソビエト革命の恐るべき矛盾と対決していたその彼は、労働運動がみずからの過去を分析・認識せねばならぬこと、歴史への愛ゆえにでなく、現在そのものに根差す政治的理由ゆえにそうせねばならぬことを、戦いの拠点から伝えていた。暗闇の中で戦わないために、そうせねばならぬことを。ほんとうの意味での誤りの訂正、原因を認識したうえでの訂正をなしうるには、じつに事の本質に踏み込んで、いの一番に誤りの条件を分析せねばならない。それをなさねば、うまく行ってせいぜい、うわっつらを撫でたくらいに、誤りの一部が改められるにすぎぬ。レーニンは、実践について、場当たりな「訂正」とは、全然、違う観念を抱いていた。分析の優先を主張すること、労働運動がみずからの歴史、みずからの為したこと、その成功としくじりとを認識するよう論を張ることで、彼は、マルクス主義における政治優先を擁護していた。

　誤謬の黙殺は犯された誤謬より重大、と主張するときのレーニンの、何を言いたかったかを正しく考量するには、誤謬の取り扱いというこの問題を、真剣に考えなくてならない。

というのも、いかなる宗教ももたぬ我々、みずからの理論についてさえ——歴史の目的についてはなおさらのこと——宗教をもたぬ我々は、階級闘争がけっして透明性の中で運ばれていくのでないこと、ブルジョワジーの階級闘争とはまったく別のそれを進めるプロレタリアート、みずからの統一性をつねにこしらえていかねばならないこの混成階級の自己が、自己にとって、透明でないことを、知っている。みずからの巻き込まれている力関係を分析して、ほんとうの意味でそれに立ち向かうこと、みずからの統一性、みずからの階級的・闘争的地歩を少しずつ獲得していくことを、プロレタリアートが首尾よく果たせるのは、階級闘争の中にあってのこと。闘争の中にあってこそ、プロレタリアートは、みずからの戦いの「線」を明確に決めることができる。そうしたことのどれも、状況の純粋な客観性に対面する純粋な意識の、その明かりのもとでなされるのではない。じつにこの過程全体をつくり上げ、牛耳っていくのは、少しずつしか現実化せず、あらわにならない矛盾した関係、ゆえに、いつでも先回りの不意打ち（過剰決定）、遅れの不意打ち（過少決定）を用意している関係である。関係のシステムに支配され、捉えられている階級闘争は、だからこそ、必然的に誤謬を道しるべにする。ときに感動を、ときに惨さを演出する誤謬。階級闘争を支配する矛盾した関係の中に、これら誤謬は、もろもろの偏向もろとも、可能性として書き込まれている。等閑に付され、意見を否定され、手も足も出なくされ、打ち負かされた少数派によって、たとえ前もってこの可能性が言われても、誤謬が誤謬として再認され、暴かれるのは、決まって事後のこと（それが再認され、暴かれるそのときのこと！）、偏向が偏向として再認され、暴かれるのは、決まって事後のことだ（それが再認され、暴かれるそのときのこと！）。明晰な見通しを事前にもった人々にとってでさえ、この闘争は、上からの裁決をなすいかなる審級もなしに展開されるのだから、ここでは、逆説的ではあっても、真理なき誤謬、規準なき偏向を語らなくてならない。足踏み、逸脱、敗北、危機へと、ゆっくりとか急激にか、現実的なものの中で真理も規準もなく拡大していく、制御されない誤差、要するに、これが誤謬であり、偏向にほかならない。

さて、そこから再びレーニンに戻るなら、誤謬（または偏向）のあったことを事後的に再認して、それを黙ったまま「訂正」するだけで、十分なのか？　その誤謬の現実的歴史、つまり、その誤謬の条件と原因とをマルクス主義者として分析することを、みずからに課さずとも？　私は言う、それは違う、と。現実的なものからの誤差によって誤謬の前に置かれた党が、堪えがたくなった誤謬をただ再認して、それについてなにも言わずに、すなわち、その誤謬を現実的で踏み込んだマルクス主義的分析に掛けずに、「訂正」するだけで満足するなら、それこそ単純に、誤謬の大部分が、手元に残っていくことになる。誤謬について沈黙すること、往々にしてそれは、沈黙に乗じて誤謬が残存していくことを意味する――「訂正」されたぶんだけは除いて。だがしかし、誤謬の歴史、誤謬の分析にだんまりが決め込まれている以上は、誤謬は認識しようとされないのだから、いったいその誤謬の何が訂正できたというのか？　実際、認識されない誤謬を、そもそも「訂正する」などと、どうして真顔で言い張れるのか？　必然的に、誤謬の最も目に付くか最も目障りに見える部分、些細であるか表面的である要素だけが、気紛れに「訂正」されるにすぎない。なされるのは、要するに、「事情の考慮」。黙っていてもらうこと以外のなにも必要としてない支配的秩序を乱さないのに、ちょうど見合うことのみ。誤謬に口をつぐめば、誤謬は続く。誤謬のうちの、まさに誤謬が平穏に残存していくために必要とされる部分を、「訂正」しないなら。

　わかるとおり、こうしたことがらでは、誤謬、隠蔽、嘘の境目は、ほんとうに見分けがたい。誤謬の根を、事実上、見て見ぬふりをするか、見ないことを受け入れる態度は、しばしば、じつは或る種の政治を、はしなくも明かす。レーニンが誤謬の取り扱いにあれほどの高値を付けたのは、誤謬の取り扱いがつねに政治的であり、一つの政治に足を突っ込んでいるからだ。時間による試験に照らして、ここに第三の道はない。誤謬を根こそぎするのに政治的意思が必要であるのとまったく同様、誤謬を分析しない、認識しない、ゆえに根絶やししないためにもまた、政治的意思が、たとえ公言されることのない秘められた意思であれ、必要なのである――誤謬の側に就こう、その誤謬を平穏に残存させることの政治的理由の側に就こう、との決心をなす意思が。

あまりにも有名な言い回し「個人崇拝」によって指される現実に、いま一度、立ち返る必要ありや？　必要あり、なにしろいまも沈黙が続く。なにも説明せぬ一語の下に、かくも持続的な、かくも悲劇的なもろもろの事実を葬ることの阻止は、事情をわきまえないと見える可能性があった。だがそのとき、人々はこう言っていたのだった。〔ソ連共産党〕第二十回大会は「誤り」を認め（なおかつ、こうも言われていた。かつて世界中のどの党が、誤りを認めることの、これほど模範的な態度を身をもって示したことがあるか?）、それを「訂正」した、と。「社会主義的適法性」が回復されたらしい、と。蹂躙されたのは、じつに、その適法性（それ以外のなんでもなく）だった、と言うのだ。かくしてソビエト指導部は「方針を訂正し」、「ゆきすぎ」を改めた。誤謬であることを事前に指摘したすべての声が、あの誤謬によって、誹謗、拷問、死の中で圧殺されたが、それでも開かれた危機の明らかさの前に、その誤謬を認めなくてならないときが来た。こうして誤謬は事後に再認された。しかと明確化され、しかと封じ込められて、誤謬はかぎられたいくつかの決定によって処理され、いまやそれら決定の制御下にあることが宣言された——だが、ソ連社会構成体の歴史の中に、ソ連社会構成体の階級的軋轢の中に、上部構造と下部構造におけるソ連社会構成体の政治「路線」の中に、誤謬の深い原因を探るというそのことになると、要はだんまり。そのときかぎりの沈黙や言い渋りを、私は言っているのではない。二十年間続いている沈黙を言っているのだ。何百万という犠牲者をあとに、国家の沈黙の中に葬り去れたあの巨大な誤謬の、マルクス主義的分析に乗り出すことを、ソビエト指導部は明らかに拒んだ。いまも拒んでいる。なされるかも、との希望をフルシチョフが開いた解明、その解明への、しかし、のらりくらりした薄弱な意思表示に、彼らは戻りさえした。こうしてソビエト社会主義共和国連邦は、自己の歴史に対する首尾一貫した沈黙の中で、生きている。この沈黙がソビエト社会主義共和国連邦のシステムに無縁であることに賭けても、勝てる見込みはからっきし薄い。それはシステムそのものの沈黙なのだ。だからこそ、いまやレーニンの言葉が大きく響き渡る。誤謬に対する沈黙、それは誤謬の残存していく余地を残すこと、その残存を、断固、許すことだとの言葉。持続的に誤謬に口をつぐめば、誤謬は続く。それはまた、誤謬を持続させるためのだんまりでもありうる。誤謬の持続から期待される政治的ご利益を狙った、だんまり。

誤謬に対する沈黙の、最も血腥い大衆規模の諸形態が消えたことも、その沈黙による直接の犠牲者の数がかぎりなく減っていることも、私は、もちろん、否定しないが、それでもやはり、犠牲者は出ている。強制収容所を含めたじつにスターリン時代の抑圧システムは、いまも、ソビエト社会主義共和国連邦に残存する。さらには、社会的、政治的、文化的営みの中でなされたスターリン的実践のめぼしいものも、加えて、その実践の背後には、恐ろしいほどにご都合主義的で専横な口先だけのヒューマニズムをイデオロギー的対位旋律とする、変わらぬ経済主義路線の骨格も。反対推論[*7*]によって反証したい？　だが、くたびれ損にならないだけの説得力を、それはもつだろうか？　太鼓判付きのお墨付きをいただいていたフランス共産党指導部がお出ましになり、世論を前にソビエト社会主義を「救う」べく、我々にこう説明する。「民主的社会主義」への移行に当たってソビエト社会主義共和国連邦が体験している「困難」は、たんなる手続き上のそれで、じつにソビエト社会主義共和国連邦は、「社会主義に」のみ、すなわち、自分自身にのみ、「遅れ」をとっているにすぎない。その証拠は？　ソビエト社会主義共和国連邦は、「民主主義」に到達するためのすべての「手段」（経済成長、万人共有の文化）を具えていて、そのうえに、それへの「欲求」（「広範化された民主主義それへの欲求」――原文ノママ）をも感じている。では、いったい何がソ連に欠けているのか？　正直言って、なにも。或る小さな補完物、「民主的」社会主義の観念を除いて。その観念はソ連のもとにまだ到来していないが、やがて到来する。だから、まだあと少し待つだけでよろしい。しかし、不幸なことに、いやむしろ事実として、あの「遅れ」の弁証法について、「民主主義」への手段・欲求・補完物について、明らかにソビエト社会主義共和国連邦は、いっさい知ることを欲していない。我々に言われていることとは逆に、また、マルクス主義的なところの欠片《かけら》もないあの擬似弁証法とは逆に、むしろソビエト体制は「民主的社会主義」への手段も欲求も持ち合わせない、と考えたほうがもっともらしく思われる。ソビエト体制がみずからの巨大な歴史的「誤謬」の拠ってくる階級的理由を、マルクス主義の言葉で、真に分析しなかったのは、度忘れやうっかりのせいでないのはまちがいない。それは、ソビエト体制が、その社会関係を現状のまま維持せんがためのあの誤謬への「欲求」、その誤謬が社会関係と共に持続することへの欲求を、みずからの社会関係のどこかに、政治的に託つからなのだ。猫なら猫とはっきり名指さなくてならない、作り話を（みずからに）語ることをやめなくてならない。つぎの明白なことがらを受け入れなくてならない。ソビエト指導部の拒否ゆえにマルクス主義的用語による分析に掛けられなかった、またいまも掛けられない現実は、（たんなる遅れやたんなる偶発事故としてでなく）「訂正」されなかったものとして、まさしくソ連のシステムの不可欠な部分をなす。じつにその現実は、ソ連のシステムの中で、本質的な政治的役割を果たしているのだ。もろもろの区別、それどころか護教のためのこのうえなく巧妙な作り話でさえ、このことの明らかさを糊塗できはしない。分析に掛けられることのなかった路線とめぼしいスターリン的実践とは、ソビエト社会主義共和国連邦でも、そのほかの場所でも、平然とその歴史的道筋を歩みつづけている。それらが分析されなかったのは、一目瞭然、政治的理由による。それらに手を付けないための、それらを持続させるための理由。じつにそれらは、現にいま在る社会関係の状態維持に、必要とされているのだ。しかしならば、根本から問いを変更しなくてならない。アリストテレス的実体ほどにも揺るぎない社会主義のもとに降って涌いた「空間的‐時間的」「偶発事故」を持ち出す、たわけた理屈を、実体‐偶有性の対と区別とを、拒否して、率直に、真剣にこう問わなくてならない。ソ連社会構成体を今日つくり上げている社会関係とは、いったい、いかなるものか？[*8]

これと同じ歴史的重みをルイセンコ事件は、もちろん、もつわけでないが、しかしその教訓は、同じほどに教えるところが多い。しかもこの事件は、まっすぐ、我々にかかわってくる。一九四八〜一九五二年、なんと言っても、フランス共産党はイデオロギー的・政治的前衛の役割をそこで演じたのだから。そのときもまた「訂正」がなされた。しかし、どんなふうに？　いっさい分析なしのそれだ。してみれば、根にまで踏み込み、原因を認識したうえで結果に働き掛ける、どんなチャンスがあったろう？　「訂正」の対象となる部分にのみ、現象は縮小された。ソ連高等会議がスターリン的偏向にかかわる諸事実を、純粋な法的側面「社会主義的適法性への違反」にまで縮めたのとまったく同じように、人々はルイセンコ主義を、国家の干渉を受けつつ生物学的問題について発せられた、理論的たわごとにまで縮めたのだった。ひとたび科学の領域での位置「訂正」がなされ、ひとたび「二科学」理論と研究への国家の干渉とが放棄されてしまうと、ほかになんの説明もせず、人々は議事日程を進行させたのだった。ルイセンコ主義という国家のイデオロギーにかかわった社会層である「知識人」、恫喝、脅迫、弾圧のもとで、このイデオロギーをとおして国家に結び付き、その見返りに、国家による一般大衆支配に奉仕した「知識人」については、なんの説明もなし。階級間の関係・軋轢については、なんの説明もなし、このシステム全体の支えであった経済主義的・主意主義的政治路線については、なんの説明もなし。ルイセンコ理論にお墨付きを与え、その代わりにこの理論から「検証」を受け取り、「諸科学の科学」という手前味噌の役割を受け入れさせてもらった、官許版弁証法的唯物論についてもまた、なんの説明もなし。ルイセンコ主義に対する制御された「訂正」は、こうした現実にまでは及んでいなかった。ほかならぬこの現実が、ルイセンコ主義という逸脱の歴史的運命を決定したというのに。公的沈黙に覆われる中、この現実は、その道筋を歩んでいったのだった。

　数ある実例のうち、一つだけを取り上げてみる。マルクス主義哲学である。あの誤謬が分析されていたなら、根底から、検討を迫られずにすまなかったであろうほどにも、マルクス主義哲学は、ルイセンコ事件で危うくなっていた。見紛いようもなく危うくなっていた。そのとき見ようと思えば見えたはずである。ソビエト社会主義共和国連邦では、もう何年も前から、マルクス主義哲学の存在論的[*9]と言っていい版が受け入れられていたこと、その版は、『ソ同盟共産党（ボ）小史』〔一九三八年〕中の、スターリンの書いた有名な章〔この小史の一部をなす『弁証法的唯物論と史的唯物論』〕で、法則集にまとめられてのち、ソビエト社会主義共和国連邦とすべての共産党で、支配的になったこと。理解しようと思えば理解できたはずである。マルクス主義哲学がそれ以前から抱えていたいくつかの矛盾、マルクスとエンゲルスのテキストの字句の中にさえ探し出せる矛盾が、他の人々に続いて、スターリンにも、この哲学を存在論へと沈殿させることを許した。ならば、一つの哲学のたどった歴史に対する見方をもてても、おかしくなかった。それは、マルクス主義の理論的・政治的作品の中に実践状態で存在する、とのパラドクスを示す哲学であり、いくつかの散発的テーゼ、ゆえに体系化されても当然疑わしいままのテーゼ以外によっては、みずからを確定するにいたらぬ哲学である、と。要するに、弁証法的唯物論を、それの矛盾を、それの偏向を、マルクス主義者として真剣に問題にして、マルクス主義哲学を本来の道、「批判的・革命的」(マルクス)な道に就けることはできたのである。しかし、違った。事態は在るがままの状態に放置された。そして、弁証法的唯物論の支配的な版、唯物論を物質の存在論に翻訳してこの物質の「法則」を言明するのが弁証法であるとする版、唯物論も弁証法もその豊かさのすべては、「法則」をでなく、テーゼを言明することに根差すとの覚醒をみずからに禁ずる版、この版は、華々しい経歴をたどっていった。その版が、今日でも、支配的であることを、我々は知らねばならない。マルクス主義哲学の一つの版、科学的または政治的既成事実の「解釈」と弁護とにおいて、例外なくいつも、あれほど代わり映えのしない、ゆえに、あれほど反動的かつ非生産的なままにとどまる版それの支配を、いつかソ連の哲学者とその追随者たちが免れることがありうるなら、じつにそれは、「還元主義」(原文ノママ)への――ペンキ塗りたて、ご用心、と人がふだん口にするような――警戒を鳴らすことでその「還元主義」が自分のものであることを打ち消す、たわいない否認のごとき、消極的で卑屈な、口先だけの抗議によるのでないのだから。もしかしてマルクス主義哲学者たちは、弁証法についてマルクスの言った言葉を忘れてしまったのか? 弁証法はどちらか一方の側に落ちるしかない、「批判的・革命的」になるか、さもなくば「現に在る既成状態を美化する」か。*10*

最後に問題のもつ政治的背景に言及するなら、なぜにマルクス主義哲学の支配的な版を覆い、結果としてそれを永続化させる、この沈黙ありき、なのか? 「現に在る既成状態を美化する」こと、それを積極的になす人々を理論生産のお目付け役に変えることにかけて、天下一品の、この版に下された召命、深く現状追認的で護教的な召命が、残存する政治的諸実践にとって、美味しすぎるから、この版のなしてくれる奉仕を断念するには、あまりにも美味しすぎるから。それら実践が、要するに、この版への「欲求」をもつから。「解釈する」ことにかまける観念論(マルクス）の、非の打ち所のない伝統の線上で、この版はこれら政治的実践に仕えて、アクチュアルなあらゆる政治的決定に、あらかじめ（ということは、事後的に）、このうえない担保、このうえない口実を与えてくれる。それもそのはず、この版は、下働きの女中のようになにからなにまでを世話するわけでないにせよ、そういう政治的実践の言うなりではあるので。しかも、それがなにも生み出さなくても、そとを照らすことが全然できなくても、かまわない。[*11] このマルクス主義哲学は、少なくとも、党の内部イデオロギーとしては役立つ。党上層部と活動家たちに、ひとまとまりの共通の合い言葉、身内か否かを識別する記号体系、組織の統一を引き締め直すのに一役買うそれを、もたらす。こんなふうに言われるときが、その例だ。組織の統一、賛成――だが、統一のための統一、無差別な目的のための、無差別な手段による統一、反対！[*12] 言うまでもなく、こうしたことすべてに対価が伴なう。党の政治的イデオロギーに弁証法の諸「法則」の保証をもたらすことでそのイデオロギーを裏打ちする実用的イデオロギーへの、哲学の頽落、じつにこの頽落が、党を外部世界から遮断して、文字どおり自閉させる。真のマルクス主義哲学、「批判的・革命的」なそれが、あらゆる領域で、党の理論にも党の歴史的実践にも、もたらしうるかもしれぬ政治的恩恵それを、この頽落は党から奪う。

　この帰結だけを見ても（まだほかにもっと重大な帰結がある）、みずからなしたルイセンコ主義弁護と、審問に付され争われていた政治的・理論的・哲学的諸問題への沈黙とに、フランス共産党がどれほどの対価を支払ったか、わかるというものだ。本来の議事日程に関係ないとして、単純に問題を端折ってすませたがゆえに、マルクス主義哲学の反動的衣替えをめぐる論争から逃げたがゆえに、マルクス主義哲学を「批判的・革命的」にしなかったがゆえに、フランス共産党は、多くの知識人を失った。こうした理由のゆえに徐々に党から去っていった、すべての知識人をだけでなく、おそらくは、その後も復党しなかったすべての知識人をも。私はルイセンコ主義にかこつけて、たまたま「知識人」の話をしているのではない。ソビエト社会主義共和国連邦で弁証法的唯物論の支配的な版と「二科学」理論との宛先とされたのは、ほかならぬ、知識人たち[*13]であったのだ。彼らを結束させ、仕えさせるために。知識人たち――

知識人とは、既存の分業のもたらす一つの効果である——は、理論的・哲学的問題に、殊のほか敏感に反応する。階級として彼らは、共産党に熱中しないだけのイデオロギー的予断を、すでにもっている。ところが、批判と革命を錦の御旗に、知識人たちを理論的ないかさまと「現に在る既成状態を美化する」哲学とのもとに集合させようとすると、驚くことなかれ、彼らは（明らかに我が国ではそうだ）、整列できるときには、一斉に整列してしまうのである。党と知識人の関係という「鬱陶しい問題」を解決することの、とは言わぬ、少なくともそれを（正しく）立てることの難しさにも、また驚くには及ばない。[*14]

どんな誤謬もその取り扱いは政治的である、ゆえに、その取り扱いのなされ方は、従われている政治を指し示す。かくして、こう結論せざるをえない。弁証法的唯物論の支配的な版を現状のまま放置することで、じつは、一つの路線に、そして「訂正」したことにされている誤謬それの分析への「欲求」をまったく感じぬ諸実践に、人々は従っている。ルイセンコについても、人々はそのようにして「訂正」をなした。マルクス主義哲学の支配的な版には、たまたまでもあったかのごとく、手を付けなかった。その哲学のなす奉仕が欲求され、必要とされたのである。

ルイセンコ物語、ルイセンコの歴史は、終わった。ルイセンコ主義をもたらす原因の歴史は、続く。

終わった、歴史。終わらざる？、歴史。

原注

（1）ジョレス・メドヴェジェフの本［*Grandeur et chute de Lyssenko*, préfacé par J.Monod, trad. française, Paris, Gallimard 1971『ルイセンコ学説の興亡』金光不二夫訳、河出書房新社、一九七一年］は、その価値にもかかわらず、マルクス主義者の手になる歴史とはみなせない。

（2）つぎの二つの例外を除いて。Claudin, *La Crise du mouvement communiste* [*Du Komintern au Kominform*, trad. de l'espagnol par G. Semprun, Paris, Maspero 1972]; Bettelheim, *Les Luttes de classes en U.R.S.S* [quatre volumes, Paris, Maspero/Seuil 1974, 1977 et 1982.〔シャルル・ベトレーム『ソ連の階級闘争』高橋武智／天羽均／杉村昌昭訳、第三書館、一九八七年〕]

第十章　G・デュメニル著『「資本論」における経済法則の概念』への序（一九七七年）

一九七七年二月の日付をもつこのテキストは、アルチュセール監修「理論」叢書の一冊として一九七八年にマスペロ社から出たジェラール・デュメニルの本『「資本論」における経済法則の概念』への序として、はじめて発表された。[*1]

デュメニルは、当時、海外協力派遣員として赴任していたアルジェリアで、参考文献なしに『資本論』だけをほとんど唯一の道具に、一九六八年末からこの著作を書きはじめた。この研究は、一九七一年、社会科学高等研究院（E・H・E・S・S）に提出された博士論文に結実した。毛沢東主義シンパであったデュメニルは、一九六八年五月の運動における「マルクス＝レーニン主義者」たちのセクト主義を大きなきっかけに、毛沢東主義から離れた。『資本論』の「素人離れした」[*2]読み方によって『マルクスのために』の著者の目に留まるほどであったが、彼はアルチュセール派ではなかった。だが、言うまでもなく、この著作の討究は、アルチュセール自身が概括的検討をなした諸テーマに及んでいた。ただし、本質的に哲学の枠内にとどまりつつも、デュメニルのアプローチは、アルチュセールがかなり表面的にしか取り組まなかった問題、本来の意味での経済学的問題に沿って、より深く掘り下げられていた。

一九七一年であったなら、おそらくアルチュセールは、自分とは必ずしも一致しないデュメニルの諸テーゼを評価することはなかったであろうが、このときまだ、二人の男に面識はなかった。それから数年後、著者がアルチュセールに博士論文を送ったのは、理論的・政治的文脈が変わって、もはや教条主義が受け入れられなくなっているときで（マルクスに甘すぎたと、ときとしてアルチュセールが暗にデュメニルを難じるほどにも）、彼の反応は逆に極めて好意的であった。彼はこの著作を重大なものと受け止め、デュメニルとの面会の機会を設け、何度も話し合いをもち、〔マスペロ社の社主〕マスペロに出版を推した。しかも、売れそうにないとの懸念からなかなか色好い返事をしない版元に、出版を受け入れさせるべく、高飛車な押し問答さえ辞さなかった。

このテキストの連続する三つの版がIMECに保管されている。以下に我々が提供する版は、マスペロ社から出版されたテキストに対応する。最終タイプ稿と比べていくつか重要な異文には、編者注にて言及する。

「理論」叢書の諸著作（一九六五年の『資本論を読む』から一九七四年の『史的唯物論の五つの研究』[*3]まで）をとおして『資本論』精査の或る仕方に慣れてきた読者に、大きな発想の転換を伴う仕事を独り地道に続けてきた研究者、G・デュメニルの本を紹介することは有益、と我々には思われた。

『資本論』のいくつか自明視されていることがらを吟味して、『資本論』の内容と全体的構成を布置し直すことが、歴史的・理論的距離のおかげで、許される時代に達したいま、[*4]この本から、実り多い照合作業と諸仮説とを期待できる。『資本論』をそれ固有のロジックに従って査定すること、「そこに書かれていないことをけっして読み込まない」こと、要するに、『資本論』の理論場の境界をけっして超え出ないこと、これをデュメニルの本は鉄則とするが、そのような本が、逆説的にも、言った再布置作業に貢献しうるのである。

解説など、大それたことを私は考えていない。この本はそとからの手助けをいっさい必要としていず、それ自体で、申し分ない厳密さ、明快さを具えている。『資本論』を「あらゆる方向に」踏破し、異なる巻、異なる章から引用を抜き出して集め、同じ問題に何度も、ただし視角を変えて言及するその手法の意外性に、たとえ戸惑うことがあっても、微に入り細を穿った、忍耐強くも熱気に溢れた議論には、すぐに入っていけるだろう。「一歩一歩」構築されていくこの議論は、一つの研究計画を軌道に乗せていく。著者もその実現への強い意欲とそれのもつ射程を隠さない研究計画、すなわち、マルクスの思考のロジックをみいだすこと。

十二年前に我々の試みたのと違い、デュメニルは、じつは、『資本論』を「読む」のではない。(「イデオロギー的」と我々があまりに均一に呼んでしまった)前史――スミス、リカード、セー――に対して『資本論』を「経済学批判」として定義させてくれる、適切な概念的差異、当時、我々はそれを『資本論』のテキストの中に探し出そうとしていた。また、意味を失くした系譜関係、気付かれない問題、理論的幻想などの徴候を、用語の不適切さ、概念の失調、議論の循環性の中に、予診しようともしていた。或る明らかな理論主義に囚われていたことを別にしても、経済学とヘーゲルとを仲介者に立てては罷免するその動きによって、我々の解釈は、『資本論』の諸概念とそれら概念のうちでマルクスが直面していた現実的問題との関係を、歪める傾向をもっていた。

デュメニルはぴしゃりと言う。『資本論』を読むのではない、それを研究するのである」と。読めるようにするには研究せねばならぬ、と理解しよう。『資本論』の「研究」の対象を取り違えないようにしよう。『資本論』を詳細に研究する目的は、その明快であるのであれ、混濁しているのであれ、完成していないのであれ、テキストの中に、「経済学的」問題への答えを、生産価格理論、(循環的または全般的)恐慌理論、etc. のかたちでみいだすことではない。特定の問題についてマルクスが何を考えたかを知ることにさえ、研究の目的はない。デュメニルが『資本論』を「研究」するのは、マルクスはいかに考えるか、を知るためで、あとは芋蔓式に与えられる。彼の言いたいことの究極は、つぎの点にあるだろう。なによりもマルクスのいかに考えるかが見えたとき、つまり、彼の対象を規定するロジック、彼の論証を司るロジックが認識されたとき、はじめて自覚的に『資本論』を読むことが可能になる。『資本論』の含むもの、「権利上」それに返されるべきもの、それが受け付けないもの、そこから排除されるべきものを、同定することが。

『資本論』において、マルクスはいかに考えるか? 古くからの問いである。あまりにも有名なレーニンのアフォリズムを超え、また、批判的であるよりは護教色の強い「研究文献」の全体を超えて、誰よりもマルクスその人のもとにみいだされる答えるための諸要素へと、我々を送り返す問い。

最も単純で最も「明証的」な答えは、マルクスの思考のロジック（単一であると仮定されたそれ）と、『資本論』の推論順序」、すなわち叙述順序、マルクスの言い方を借りるなら「叙述方法」「叙述様式」(*Darstellungsmethode, Darstellungsweise*) とを、オーバーラップさせることで得られる。

『資本論』のきわだった概念的統一性が、この答えを、我々に受け入れさせるだけではない。マルクスがまた、『資本論』ドイツ語第二版への「後記」で、その答えを我々にはっきり明示しもする。[1] それは一八七三年、すなわち『資本論』第一巻公刊から六年後のことで、読者と批判者との反応について、彼が自分の意見を述べる箇所である。『資本論』自体の叙述順序は、なにも前提せずに、そのままそこにあるのだが、しかしいまや「後記」には、第二の——といっても、じつは最初に来るべき——順序が現れる。探究順序である。実際、マルクスは、探究方法・様式 (*Forschungsmethode, -weise*) と叙述方法・様式 (*Darstellungs-methode, -weise*) とを区別する必要のあることを言明して、こう注意する。「素材 (*Stoff*) を細部まで我がものにし (*sich aneignen*)、その様々なる発展形態を分析して、それらの内的結び付きを取り出す」ことは、探究様式に属す。概念的叙述は、そのあとに来る。「この作業が完了してはじめて、現実の運動は、ふさわしい仕方で (*entsprechend*)、叙述される (*dargestellt*) ことが可能になる」。つまり、叙述順序は探究順序を前提とする。素材の運動を我がものにするには、まず探究が必要で、「現実の運動」を概念の運動の中に「再現する」ための叙述は、そのあとにはじめて来る。

この区別は我々を、「探究方法」という勝手知った決定的な区画の中、「素材」を「我がものにする」作業、作品のその後の方向を決める作業の中に、導いていくと人は思うかもしれない。我々の前に白日に照らされて呈示される『資本論』の叙述は、じつにその作業の成果を「再現する reproduire」ことしかしないのだから。しかし、違う。一八五七年の「序説」[*5]の「経済学の方法」の章で言われた加工作業 (*Verarbeitung*) にマルクスは、十六年後、振り返って「後記」で言及したのだと言えなくないにしても、その加工作業のことはなにも言われていないし、以後も、言われることはふっつりなくなる。区別されたそれぞれの項を「後記」で分析する意図など、じつはマルクスになく、そもそもその区別の「形式的」[*6*]であることを、彼自身、はっきり言っている。彼に必要なのは、それら項を分析することでなく、それらのあいだに、たんに区別を立てることだけなのである。

この区別は、みずからの唯物論に「形式」を与えることを、彼に許す。方法が二重化され、叙述順序の背後から別の順序、探究順序が現れるのは、一対の項を設定して、この対の、一方の項に対する他方の項の優位を置くためなのである。叙述順序に対する探究順序の優位。ゆえに、「素材」を、それの細部を、それの現実的運動を我がものにすることに、すべてが懸かる。叙述という概念の運動は、現実の運動を「再現する」ことしかしない。それは現実の運動の「理念的反映」（観念への反映）にすぎず、したがって、「アプリオリな構築」では少しもない。

要するに、この区別はテーゼなのである。その区別は、それの実際にもなしている言葉遊び――*Stoff* の二重の意味「素材 - 物質」――を梃子に、マルクス唯物論へのなにがしかの視角を与えることをも、あの我有化作業の分析へ道を開くことをも、可能にしてくれるかもしれない。その区別が、ただテーゼとして「置かれる」だけであるなら。しかし、それをマルクスはまったく別の目的に使う。ドイツの「書評屋たち」が『資本論』を論評しつつ彼にむけた、ヘーゲル主義である、との誹謗に対する反論の中に、彼はそれを「沈殿」させ、そこに固定する。このとき、方法の二重化は、これらそそっかしい読み手をして、彼らが叙述方法の背後に別の方法、探究の、「素材」我有化の方法が決定的に在ることを見なかった、と悟らせる役割へ縮められる。「ヨーロッパ報知」のロシア人評者〔I・I・カウフマン〕は、言うところの区別をはっきり感じ取った。しかし、それは、『資本論』の「叙述方法」、「ドイツふうの弁証法的やり方」（ヘーゲルふうのやり方）を、『資本論』の「探究方法」、「厳密な実在論」に対置するためであった。[*7] あの区別にもかかわらず、残念なことに、この評者も、ドイツ人同様、「叙述方法」の罠に引っ掛かった。ゆえに、もっと先まで進まなくてならない。そこでマルクスは書評家たちの誤りを、エレガントに、幻想によって説明する。思弁的幻想の効果の生み出される可能性のあることを示すのであるが、それを生み出すのは……唯物論に真にふさわしい叙述！「素材の生命がそれの観念的反映にみごとに再現されるとき、人はそれがまるでアプリオリな構築であるかの印象をもつことがある」。逆説。叙述方法によって、つまり、概念の運動ないし概念の弁証法によって、みごとに、ゆえに、ふさわしい仕方で、現実の運動が唯物論的に再現されるそのことが、叙述方法による、つまり、概念の運動ないし概念の弁証法による現実の運動の生産（「アプリオリな構築」）、という思弁的幻想を生む……

あの区別によってマルクスは、書評家・批判者たちに、それを抱いてもむべなるかな、と言うごとくに彼らの思弁的幻想の原因を、すなわち、『資本論』の絵に描いたような「みごとさ」を示して、確かに彼らを片付けた。だがまた同時に、彼は「説明」に足をとられもした。あえて言えば、沈黙することでしか抜けられない「説明」。区別された二つの項のいずれについても沈黙すること、いや、むしろ――なにせ、『資本論』は、叙述順序のほうを、これみよがしに、きわだたせるのであるから――探究順序について、すべての鍵を握る順序であるにもかかわらず、この順序について、沈黙すること。したがって、別の順序に依存するがゆえにそれ自体ではみずからを照らす光たりえぬ叙述順序のその圧倒的な「明らかさ」の下に隠されている、様々な曖昧さについて、沈黙すること。

ことほど左様に、この説明全体の中で、マルクスはちょっとした語を漏らした。たんなる語にすぎないかもしれぬが、しかし人をとても遠くまで引っ張っていく、それは語である。「方法」という語。『資本論』で用いられた方法は、ほとんど理解されなかった」。こう述べて、彼は始めたのだった。自分の言い分を正当化するために、彼は方法を二重化し、自分の作品の唯物論的な「みごとさ」が生んだ思弁的幻想を説き明かした。方法と思弁の二語を漏らすことで、ごく当然にも彼は、「自分の弁証法的方法」とヘーゲルの「弁証法的方法」との根本的な違いへと話をもっていく。

「私の弁証法的方法は、ヘーゲル弁証法と根底（*Grundlage*）において違うだけでなく、それとは正反対（*ihr direktes Gegenteil*）でもある。ヘーゲルは思考過程（*Denkprozeß*）を、〈理念〉の名のもとに、独立した主体に変えさえする。彼にとっては、その思考過程が、現実的なもの（*das Wirkliche*）を創造するデミウルゴスであり、現実的なものは、思考過程の外的な現象（*Erscheinung*）でしかない。私のもとではまったく逆さまに（*umgekehrt*）、観念的なものは、人間の頭の中に移されて翻訳された、物質的なもの以外のなにでもない」[*8]
この有名な文章は、ヘーゲルの方法の、またはDenkprozeßの様態と、マルクスの方法の、またはDenkprozeßの様態との一から十までの対立を、ひっくり返しを、明確に言っている。ヘーゲルのDenkprozeßは「現実的なものを創造するデミウルゴス」で、現実的なものはこのDenkprozeßの現象でしかない、と言うのであるが、「デミウルゴス」という語をさして歪めることなしに、それはこう言ってもいいのである。ヘーゲルのDenkprozeß つまり、〈理念〉の運動は、現実的なものを生産する、と。対して、マルクスのもとでのDenkprozeßは、物質の運動そのものを、概念の運動の中に「再現する」以上のことをしない。またヘーゲルのもとで、現実的なものは、独立しているものとして置かれた〈理念〉それの現象（Erscheinung）でしかないが、マルクスのもとでは、ちょうど逆さまに（umgekehrt）、観念的なもの（Denkprozeß）が「物質的なもの」の「反映」でしかない。
すぐに見えてくるように、言葉を裏返すことによるこの対立は、思弁的幻想の説明のために言われた言葉をはみ出していく。じつに概念的叙述形式にのみかかわる「Konstruktion a priori」だけが問題なのではもはやなく（概念的「構築」が異なっていることは、なるほどそうであろう）、いまやむしろ、まさに現実的なものの構成か生産か、が問題にされる。方法の「ひっくり返し」において問題にされるのは、方法だけ、とりわけ叙述方法だけ、というわけではなく、まったく別のものが密かに喚問されてもいる。審問の仕事を首尾よく運ぶために定めて占めねばならぬ、哲学的立場。この立場が、まさに方法を座標にして、定められるというそのことが、話を見えにくくしている。
以上の制限事項を言い表すには、様々なかたちがありうる。たとえば、かつて私がなしたように、[(2)]こう示してみせるかたち。「ひっくり返し」の作業をなすときのマルクスがその中にいる哲学的配備は、フォイエルバッハが思弁を、観念論一般の完成された本質、ゆえに、それの真理として定義したときに使った配備のままであり、そのかぎりで、マルクスは、フォイエルバッハによるヘーゲル的「思弁」の解釈に捕まっている。したがって、フォイエルバッハのなした「ひっくり返し」、「思弁」それのみのひっくり返しによって唯物論を定義する、との限界に捕まっている。だが、当の制限事項は、いまとは違うかたち、マルクスの思考のロジック「そのもの」を確定することに賭けられているものを我々につかませるのに、より適したかたちで、言い表せもする。様態のひっくり返し（ヘーゲルの方法とマルクスの方法のあいだでの）は、よく見ると、じつは、対極をなす二つの哲学的カテゴリーを賭金として積んでいて、それらのあいだにて、ひっくり返しが起きるかに見える。一方は、現実的なもの、物質、物質的なもの、他方は、観念、観念的なもの。この二つの対極的カテゴリーのどちらを優位に置くかに、哲学の原理的立場、唯物論的テーゼか観念論的テーゼか、が懸かる。だが、この二つの対極的カテゴリーのほかに、別の二つの項がいまや入り込んでくる。*Denkprozeß* と方法。この二項が一つであること、どちらもが観念または観念的なものの側にあることは言えるのだが、じつのところ、それらは、優位を入れ替える様態のひっくり返しに変わらず使われる、梃子ないし台座のごときものをなす。別様に言おう。マルクスの中には、いま指摘した定数のかたちで、*Denkprozeß* と方法とについての、批判も疑問視もされない或る観念がみいだされる。*Denkprozeß* の、方法の、「ひっくり返し」を許しはしても、この作業を取り仕切る哲学的前提の、その境界から出ることのない観念である。[*9]

　このことは結果から判断できる。*Denkprozeß* の様態のひっくり返しにすべてが懸かるのだから、批判に従って、つまりは、思弁を観念論一般の真理として概念構成するフォイエルバッハのロジックの中にいて、「思弁的」*Denkprozeß* の様態をひっくり返しさえすれば、「科学的 - 唯物論的」*Denkprozeß* が得られる？　*Denkprozeß* そのものから逆に距離をとり、そのすべての形式、すべての概念、要するに *Denkprozeß* の観念を転覆する必要はない？　*Denkprozeß* の様態それさえひっくり返せば、「ヘーゲルの弁証法」はマルクスの「弁証法的方法」になる？　逆に *Denkprozeß* のすべての形式ばかりか、それの意味までも、改変する必要はない？　核心を言うなら、「二つの方法」、ほんとうに一つで、ほんとうに方法であるそれを、それがヘーゲル的思弁から「自由である」にもせよ、みずからに与えることを要求できるのは、いかなる権利からか、何と引き換えにか？　そのような要求は、「方法」と「弁証法」とに沿ってたどられる、波乱の行程への道を開きかねない。どの道も、フォイエルバッハがヘーゲルのもとに在る思弁として解釈したものから、自由になれるとされていて、結局、どの道も、それが思弁以前にかつてもっていた観念論的傾向の、まったく自由に回復されることだけを求める。[*10] 疑問とされなくてならぬのは、明らかすぎるほど明らか、*Denkprozeß* というそのこと自体。唯一の共通する、ゆえに手本になる *Denkprozeß* が存在するとの観念そのもの。素材を真に「再現する」概念的叙述についての思弁的幻想と、素材を「生産する」と言い張る思弁的言説の錯乱とを共に維持させてしまうほどにも勝れている、とマルクスの言う *Denkprozeß* それが存在するとの観念。

このことは結果から判断できる。思弁的幻想に陥る可能性とまったく同じほどに、「弁証法的幻想」に、しかし遥かに重大な理由から、陥る可能性のまたあることを、明らかにできる。「ヘーゲルの弁証法的方法」と「自分の」弁証法的方法との違いは様態（もはや思弁的でなく、唯物論的なそれ）にあると言い、方法なる既成の観念に自分の唯物論的立場を賭けること、担保させることで、マルクスは、みずからのテーゼに対する制御を失う危険を冒す。性急なほんの数語にかかわるにすぎないことは、もちろん、私も認めるが、しかしマルクスがそれらの語に立ち返らなかったばかりか、それ以上に、読んだそれらの語に宗教的な注釈を加えた人々によって、マルクスの最終的な言葉と受け止められてしまったからには、当の数語をまさに軽率に扱ってならないのだ。マルクス自身、最終的に、それらの語を極めて重要なものとみなした。[*11]『経済学批判要綱』〔一八五七～五八年〕を読むだけで見えてくるように、『資本論』第一巻「後記」〔一八七三年〕から〕さかのぼること十五年前のマルクスは、『資本論』を書くのに不可欠な助走を付けようとするその前に、しばしばヘーゲルの、うわごととは言わない、少なくとも吸引力に屈したのであり、この誘惑の深い痕跡は、周到な注意深さにもかかわらず、『資本論』にさえ残る。しかも注釈者たちは、『資本論』第一巻第一篇におけるヘーゲル的「用語法」への、本人も認める「しゃれ」に、一人ならず幻惑されて、「対立物の統一」としての商品の「アプリオリな構築」（「価値」の「担い手――*Träger*――」であると述べられた「使用価値」が、それの「担う」価値といったいどこで矛盾するなどと言えるのか？　不思議）、商品からの資本の導出を語らずしてなされる、対自（商品）と即自（交換）の、その対自‐即自としての貨幣の導出、etc. へと、ごく自然に引きずり込まれていったのだった。

その歴史的重みの結局は疑わしい注釈者たちは言うに及ばず、レーニンでさえ、ヘーゲルの『大論理学』[*12]を読んだときの驚きの中で、なんと、こんな信じられない文章を書き付けてしまう。『資本論』においてマルクスは、最も単純なことがら［…］商品交換をまず分析する。分析は、この現象の中に、現代社会のあらゆる矛盾を、より正確には、あらゆる矛盾の胚芽を探り出す。続いてその叙述は、これらの矛盾の発展と様々な部分におけるこの社会の発展（成長と運動）との、はじめから終わりまでを、我々に描き出す。弁証法一般の叙述方法（より正確には、研究方法）は、こうでなくてならない（マルクスにとって、ブルジョワ社会の弁証法は、じつに弁証法一般の特殊ケースにほかならないのだから）(3)」。そしてレーニンは、彼の制御から明らかに逃れている「大胆さ」の延長線上で、こう強調する。「最も単純なものであれ、最も日常的なものであれ、最も一般的なものであれ、etc. どの命題から始めようが、『細胞』の場合と同じく、いかなる命題の中にも、弁証法のあらゆる要素の胚芽を探り出すことができる（かつまた、探り出さねばならない）［…］」[*13]。もちろん、これは思い付きを私用に書き留めたものにすぎない。しかし、この手の覚え書きはこれ一つではない。レーニンはまた、こうも書いた。「マルクスから半世紀たったいまでも、彼を理解したマルクス主義者は一人としていない！」、ヘーゲルの『論理学』を読むのを怠ったからである[*14]。真空なくしては、吸引力もまた、けっしてない。

　だが、たとえ思弁から解放してそれを在るがままの状態に置いても、つまり、「思弁」より古いその理論的存在理由だけを残しても、この「一般的」弁証法の一般的であること、偏在することを言ってしまえば、それは、エンゲルスとレーニンとを証人とする二つの相補う誘導のあいだを、たえず揺れ動く。一方で弁証法は、いわゆる「物質の運動」と「思考の運動」とがもつ「法則」を述べる、かの「科学」となる。語（普遍的、法則）を語のままに受け取っていけないことは、もちろん、私も承知のうえだが、しかし、ならば、どうしてほかならぬその語でなくてならないのか？　その語は事情をいっそう悪くする。じつに弁証法の「普遍性」とは、真なりと認めさせようとすることがらを、「法則」であるとの弁証法の権威によって、そのつど保証するために、人が弁証法を好きなように、つまりは、勝手に、使えることを、そして使い終えられてしまえば、弁証法が休眠状態に戻ることを、意味するのだから。他方で弁証法は、マルクス自身がすでに語る、かの「方法」になる。救い出すためにヘーゲルの「体系」から分離しなくてならなかったと、のちにエンゲルスが回顧して述べるはずのあの「方法」である。[*15] 弁証法の真であることを請け合うために言われる「科学」、弁証法をあらかじめ科学への確実な道となすために、要は、自分自身の先を行く科学となすために、言われる「方法」。ゆえに、弁証法は「科学的方法」と言われることになる。[*16]

だが、哲学史の奥底からやってくるこの方法の観念、とるべき道を知ってからしかそこに入り込もうとせぬ人々、ヘーゲルの言うごとく、泳ぎのなんたるかを知ってから泳ぎを会得しようとする人々の問いに、おそらく(確かに、とは言わぬ。なみいだされるべきそれについての確信をあらかじめ得ようとする人々、真理を探しに出かけるとき、にせ答えが問いより少し先走りすぎている) 答える観念、(デカルトに反対して) ヘーゲルによって斥けられたこの方法の観念、それは、あらゆるやくざな「認識理論」が提供する、想像的で、しかし強く訴える力をもつ担保に、少なからず結び付いているので、もう一度、見直さないでいられない。

実際、ヘーゲル、彼は精力的に方法を批判するのであるが、そのヘーゲルのもとに、生成するあらゆる成果の到来を保証する担保、いかなるプロセスにも目的論的意味あり、と保証するアプリオリな担保として、方法が、ただし「絶対的」方法のかたちで、再登場するのは、まったくの偶然ではない。認識理論への再落下からヘーゲルを守っている「絶対的」を取り除いて、弁証法は一般的である、普遍的であると言ってみるがいい、さすれば、「弁証法的方法」が手に入る。あらゆる領域で、やくざな認識理論の代用として、申し立てに従ってか、ひとりでにか働いてくれるそれが。

かくして「自由な状態」に置かれれば(単一であるとされる *Denkprozeß* の、その思弁的様態にのみ逆らう唯物論的テーゼによって解放されれば)、弁証法的方法は、端的な弁証法、すなわち「最も一般的な」運動「法則」の科学、普遍的でも断続的でもある存在論としてか、研究者や理論家に彼の諸命題をあらかじめ、つまりは事後的に、保証してくれる認識理論のその代わりとなる方法としてか、自発的に働く。ライプニッツがおおよそ言ったごとく、求める結果に到達するには、それを得るにふさわしい手続きを踏みさえすればいい。

しかしマルクスは、そのような唯物論的テーゼ、弁証法的方法を解放して、ただそれを伝統的な誘導のもとにゆだねることしかしないテーゼを、言明しただけでなかった。彼は、*Denkprozeß* の重要なポイントについてもまた、自説を開陳したのだった。それは、『資本論』ドイツ語第二版の「後記」〔一八七三年〕に先立つこと十六年前、一八五七年の『経済学批判』の「序説」[*17]でのことだった（「先に論証しておくべき結果を先取るのは、混乱を招くだけ」[*18*]というわけで、未刊のままにされた「序説」）。

一八六七年に第一巻の出るはずの『資本論』それの初稿（『経済学批判』〔一八五九年〕）と同時期に当たるこの「序説」〔一八五七年〕は、まさにヘーゲルによる *Denkprozeß* についての思弁的な概念構成を、攻撃する。そこにマルクスは書く。「自分だけをすべてとし、自分自身の中で自己認識を深め、自力で運動していく思考の、その成果として、実在的なもの（*das Reale*）を捉える幻想に、ヘーゲルは陥った」[*19]。要するに、ヘーゲルその人もまた、一八七三年の「後記」で告発される思弁的幻想に、してやられた。「それに対して、抽象的なものから具体的なものへ上昇していく（*aufsteigen*）ことを要とする方法は、思考が具体的なものを我がものにして（*aneignen*）、それを思考された具体物（*ein geistig Konkretes*）として再現する仕方にほかならない」[*20]。一八五七年、だが、そこにはすでに一八七三年の言葉がある。

ここで我々は、在りのままの *Denkprozeß* を語る、極めて一般性の高いテーゼの中にいる。しかし問題にされているのは、すでにして様態であって、*Denkprozeß* はそれ固有の運動によって実在的なものを生産する、と置くか、*Denkprozeß* は実在的なものを我有化する一様式にすぎない、と置くかである（その同じ実在的なものを我有化する様式は、ほかにもある。宗教的様式、美的様式、実践的様式）。ならば、思弁から真の理論への移行をなすには、様態をひっくり返しさえすればいい。しかし事態に即せば、*Denkprozeß* がそれ自体として在るかのようでもある。強い思弁的性格を与えたり、科学へとひっくり返したりすることのできる *Denkprozeß* が。

そのうえで、こう信ずるべきか？　分析に踏み込み、「唯物論的」*Denkprozeß* のなんたるかを我々に明らかにすることが、この序説におけるマルクスの大きな独創性をなす、と。仮にそう信ずるなら、マルクスの大胆さ、デュメニルを魅惑し、かつて我々をも魅惑したその大胆さは、いかなる経験論にも抗して、つぎの点を明らかにしたことにある、となろう。真の *Denkprozeß* では、具体的なものが始点にでなく、終点にあること、したがって、抽象の結果として得られる真理に到達するためのその元になる、具体的なものにでなく、具体的なものを、「思考された総体としての具体的総体」を、少しずつ生産するための抽象に、「始まり」があること、この総体が「考える頭の産物」であること。この「生産」――まっとうな唯物論的テーゼとして言うなら、直観と表象とを「概念に」変える長い加工作業（*Verarbeitung*）のあとになされる、実在的なものの、要するに「再現」――を見張るかのように、確かに、実在的なものは、目の前に、*Denkprozeß* のそとに、たえず（*stets*）ありつづけるのであるが、しかし、もう一つの注意点（端緒を開く抽象について、「分析」によって到達される「最も単純な規定」について、言われるそれ）を別にすれば、まさに実在的なものがそうあることそれしか、我々を思弁的 *Denkprozeß* に陥らぬよう導く標識はない。

ところが、具体的なものを生産するために抽象的なものから始める過程が、ヘーゲルの *Denkprozeß* から切れていない。「具体化」をなすこの *Denkprozeß* は、ヘーゲルの『論理学』がたどる過程を、遠くから、明らかにまねているとさえ言える。レーニンの見なかった重要なポイントだが、『論理学』は「最も単純な規定」（そのノートにおいてレーニンを魅惑することになるあの単純性）から始めるのでは、確かにない。じつにそれ以外のなにとも同じく「最も単純なもの」でさえ、つねになにかで、ゆえに規定されたものであるが、『論理学』は、規定されて-いないもの、〈在る〉から始めるのである。しかし、最も単純なものから始めるのでない代わり、その同じ『論理学』が〈在る〉に始まりをもち、ゆえに極め付けの抽象性から始めることを、また言えるのであり、その運動全体は、当然にも、『論理学』を、やはり抽象的なものから具体的なものへむかわせる。ならば、ヘーゲルの *Denkprozeß* の中に概念が出現し、規定され、変形されていく、その様式が、ヘーゲルの望むとおり、ほんとうに「絶対的方法[*21*]」、「否定の否定」、*Aufhebung* によって「アプリオリに」律せられているのか、それを見る必要があるだろう。じつにこの点での〔ヘーゲルとの〕違い

（「構築」であって、「生産」でないとの違い）を保留しては、抽象的なものから具体的なものへの運動それのみがマルクスの思考という問題を解決して、彼をヘーゲルから画す、とは言えないのである。

まさにこの点をめぐって、デュメニルは強靱な諸テーゼを主張する。彼の考えを裏切ることにならなければいいが、私としてはこう言うことにする。マルクスの思考は、概念による概念の自動生産にでなく、概念の措定に従って動く、と。この措定によって開かれ、また閉じられもする理論空間の探索（分析）を彼の思考は開始してのち、続いて新しい概念の措定によって、その理論場を拡大し、最終的に、極端に複雑な構造をもつ、複数の理論場を構成する。

マルクスのもとに持続的に働いている要請を、明快かつ首尾一貫したやり方で明らかにすることに、このような見方のいいところがある。最初に来る要請は、「法則」が内域性 intériorité という性格をもたねばならぬとのそれである。マルクスのもとで、このテーマは、経験論／合理主義に、通常、結び付けられるもろもろの含意とはなんの関係もない、との観念をデュメニルは大胆に主張する。内域性は、外面に対置される本質をでなく、諸規定が概念の、または、理論場の内部に属すことを指す。厳密に見れば、『資本論』においてマルクスは、概念のうち、それどころか無視されてならない「現象的全体性」であってさえ、叙述の現時点でその場に在る理論場の、その内部にのみ書き込める部分をしか手元に残さない、と言っていい。理論場のそとに排除された規定は、マルクス自身も言うことがあるように、「我々にとって存在しない」。この存在しないことが、理論の内域をその外域から境界画定する。

内域性のこの定義（第三巻でのマルクスによる「法則」の定義、「二つのもののあいだの内的で必然的な関連［…］」[*22*]から、デュメニルは出発している）は、それに相関する外域性 extériorité の定義をも、同時にもたらす。それは、法則を内的本質とする現象的外面性を言うのでなく、最初の論理的全体性とは交差しない「別の論理的全体性」を言う。たとえば、例を一つだけあげるなら、交換価値（ないし価値）は、『資本論』の端緒をなす「基礎的」理論場に属すが、使用価値（商品の「半面」）は、価値の物質的「担い手」である以上は商品を思考するのに必要ではあっても、別の理論場（有用な生産物のもつ物理的・生物学的特性を研究する理論場）に属す。要するに、どの「論理的全体性」

も自治権をもつ。

内域性と外域性をめぐる以上のテーゼが、デュメニルによる抽象の解釈に、それのもちうる力のすべてを付与する。「経済」では、抽象が、自然科学の道具（顕微鏡、etc.）を装備せぬ理論にとっての、唯一の思考の「道具」なり、とのマルクスの強調する言明が、どんな問題をもたらすかは知られている。弱い形式をしか抽象に見ない人々と、どうしか見ない人々は、産業資本主義の運動が、現ニナサレテイルこの抽象であることを忘れている」[*23*]。デュメニルの注釈はつぎのとおり。「一人の経済学者がはじめて抽象を認識原理として置き、理論場の徐々に整備されていくことのほかならぬ意識に基礎をもつ、一つの体系を構築する」。『資本論』における理論的抽象が、個別的諸対象からのなんらかの一般性の取り出しといった性格を少しももたぬことを、それは言っている。この抽象は、対象の抽象化を反映しつつも、排除によるその対象についての思考として構成されていく。「具体化」をその過程としてもつ抽象の中でマルクスが考えるとは、彼が捨象によって考えること、概念のどの措定も、ゆえに「内的」理論場のどの開設も、同時に外部の排除、ゆえに理論場の閉鎖であることを意味する。理論場の開設はそれの閉鎖と表裏の関係にあり、そのつど、この閉鎖は、結果として、外部の捨象を引き起こす。

それ自体限定された場の中で主張されている、このままのかたちででも、これらのテーゼは強靭である、と私には思われる。なぜなら、ヘーゲル的様式にもとづく概念の（いわんや概念による実在的なものの）自動生産のみかけを、それらのテーゼはことごとく排除して、鍵概念の措定、叙述の任意の時点でなされる鍵概念の介入を、思考させずにおかない。鍵概念とは、価値（「第一の基礎」）、資本、資本制生産など、『資本論』の全展開を司る概念のことで、それら概念の多様な組み合わせによって、それらのまわりに、概念場の構成と探索とが組織される。ところで、概念の措定を言うからには、「推論順序」の中への概念の出現を、概念の自動生産と考えてはならない。叙述順序のみかけの連続性は、鍵概念の措定によって区切られる理論的不連続性を、覆い隠している。この主題にデュメニルのさくぺージからは、たとえば、商品の概念から資本の概念を演繹することの現実的な不可能性が、明快に読み取れる。「商品生産」の量的変動が価値の上に及ぼす影響が、価値を剰余価値へと引き伸ばすよう誘惑するにしても、である。そもそもこのことは、ほかならぬ『経済学批判要綱』で、マルクスがじつにはっきりと言っている。「剰余価値とは、まったく単純に、等価を超過した価値のことである。等価とは、定義から言って、価値がそれ自体と同一であることにほかならない。ゆえに、剰余価値はけっして等価からは湧き出しえず、ゆえに、流通から湧き出すこともまた、もとより、ありえない。それは、必然的に、資本の生産過程そのものから湧き出さねばならない」[4]。叙述順序が概念の自動生産ないし自己導出を信じさせかねないそこのところで、デュメニルは、新たな空間を開く概念の措定を、我々に明かしてみせる。

しかし、新たな空間を開くと同時に、この措定はまた、それを閉じもする。マルクス主義理論の有限性というテーゼを、強力な推論によって解き放つことは、この分析のもたらす小さからぬ帰結の一つである。レーニンのつぎの定式は、まさにそこに触れてくる。マルクスが我々に与えたのは「角石」にすぎぬ……。[*24*] ただし、と付け加えなくてならない、有限な理論空間の「角石」。マルクス主義理論は、その権利から言っても、普遍的ではないし、社会的・人間的「事実」の場に現れる現象のなんにでも、勝手に拡張できもしない。そのつど、証拠にもとづいて判断する必要がある。このことは、マルクス主義理論を、それがみずからの場から排除する対象や、それが関知しない対象に、権柄づくで拡大しようとの冒険に乗り出すマルクス主義形而上学者たちを、おそらく、がっくりさせるではあろうが。

この論証から何を手元に残しておくべきか？　マルクスが思考するために「意識的に」用いる方法についての、彼が特定の概念を措定することと並行してなす、たえず「計量され」、制御されている抽象についての、或る極めて鮮明で、くっきりした表象である。似たような誘惑を強く感じているデュメニルもまた、「経済学は公理論ではない」と、どこかで書いている。イデオロギー的に捉えられた公理論の意味では、確かにそう言える。実際、マルクスが特定の概念を置いたり、追加するのは、論理的に出てくる帰結を純粋な仮定によって「調べる」ためでも、論理的に連結された諸結果を生み出すためでもない。また、勝手な変奏にも、任意の現象的全体性の、戯れになされる「把握」にも、彼は手を出しはしない。端緒にてなされる価値の抽出が「産業資本主義の運動、現ニナサレテイル抽象」に下支えされているのと同様、明らかに彼の叙述は、黙せる「探究方法」の援用によってみいだされた大いなる諸現実に、舞台のそとから、導かれている。だが、実在的なものを抽象として「再現」するとの唯物論的テーゼに原理的に見張られているはずの、この境界内にあっても、はっきり認めなくてはならないが、概念の措定、理論場の開閉効果、外部を排除する内部によって構成されるこの場のもつ、及ぶ範囲のかぎられた自治権（理論的に独立して在る二つの「論理的全体性」）、新しい概念の措定が多様な変動や交差を可能にしつつ、場の意味と境界とに作用して引き起こす変容、さらには、諸法則の「出現」とそれら法則の（歴史的変容を招来する）「現実化」とをめぐる複雑きわまりない分析にいたるまで――なにもかもが、叙述形式の中に公理論的思考にごく近い思考様式の働いていることを、思わせずにいない。デュメニルを読むかぎり、『資本論』では、明らかに、なにごとも、措定されて叙述のそのつどの時点で理論場を規定する――すなわち、開いて閉じる――諸概念を「意識的」制御のもとに置きつつ、一歩一歩しか、進められていかない。これが、『資本論』の *Denkprozeß* であるだろう。

その独自の視角から、さらにデュメニルは、概念構成や有名な解釈にかんする、理論的に興味深い諸帰結を引き出す。いかなる手続きを経て？『資本論』にみいだす思考のロジックを、『資本論』そのものに当てはめるという、それだけのことによって、である。この単純な当てはめが、場のもつ広がりと境界とから見て余分なことがら、不足していることがらを、露呈させる。すなわち、『資本論』に書き込まれる余地のないテーゼや、そこに席を用意されているのに省略されてしまう敷衍の数々を。それだけのことがデュメニルに、エンゲルスが再度取り上げて半ばで放棄してしまう「鉄の賃金法則」、「絶対的」、それどころか「相対的貧困化の法則」、過少消費が恐慌の「原因」であるとする観念、etc. への、対抗議論を構成させてくれる。それだけのことが彼に、一つの注目すべき不在、利潤率決定への資本回転の関与をみいだして注釈すること、etc. をさせてくれる。別の箇所では、大きな意味をもつ少なからぬ誤訳から明確に袂を分かつこと、特定の区別（たとえば商人的競争と資本家的競争のそれ）をきわだたせること、マルクスの立てる *Form* と *Gestalt* と *Gestaltung* の区別のもつ理論的な豊かさを強調すること、etc. をさせてくれる。

これをなすのにデュメニルは、マルクスの思考、とりわけ彼のものとされるもろもろの思考を、より綿密に検査するだけでよしとし、そこになにも付け加えようとしない。それもそのはず、彼は、マルクスがその *Denkprozeß* においてみずからに課す思考形式それのみを、導きの糸にする。『資本論』でマルクスが階級闘争について語ったのは、階級闘争の諸規定が、商品、資本、資本制生産の三大概念によって画定される概念場の内域に属すかぎりにおいてであった、と彼が指摘できるのは、そのことの一例である。また彼は、きっぱりと、こう断言する。彼の予測どおりマルクスは『資本論』で国家について語ったが、それも「必然的に」いま言った境界内でのことであったはず、と……

もちろんのこと、デュメニルによって主張された諸テーゼのラジカルさは、多くの問題を投げ掛けずにすまない。こう言ったからとて、彼に急襲を仕掛けるつもりはない。我々のもとにゆっくりと受け入れられてきた観念、つぎのような逆説的なかたちをとりうる観念に、彼の諸テーゼは新たな根拠を与えてくれる。『資本論』はそれがみずからに与える統一性を、一つだけ、またそれだけをもつのでない。[*25]

最初の語を書き付けるその初っ端から、マルクスが、できるかぎり統一された等質な形式を、『資本論』に努めて付与しようとしたこと、そのつど彼が、道を開いてはそこに経路を示す標《しるべ》を立て、探索している理論場の境界をたえず管制下に置いたこと、かくして、いまやこの場の内部で探究と叙述とが、究極的には、一つになりえたであろうこと、これらのことは、ほぼまちがいない。探究と叙述とのこの統一性をマルクスが、「『資本論』の方法」、すなわち「分析的」・「弁証法的方法」、に属す諸カテゴリーのもとで、対自的に（「意識的に」とデュメニルは言う）考え抜いたことは、彼のもろもろの言明から、我々に知られる。[*26] 彼がこの「方法」を、「思考過程」（*Denkprozeß*）についてのなにがしかの観念、つまりは、真なるものを考えるのに必要にして不可欠な、なにがしかの思考規範に結び付けたこと、ゆえに、デュメニルが理解するごとく、彼が「特定の」認識理論について、なにがしかの観念をもったこと、これらのことは、一八五七年の「序説」と一八七三年の「後記」をまともに信ずるなら、ほぼ、まちがいない。*Denkprozeß* についてもたらされたこの観念が、『資本論』の叙述の統一性にとって、担保の役を果たしたであろうことは、ありうること、考えられうることである。だが、我々にとっては、効果が重要である。

それと指し示すにはあまりに遠くに及んでいて間接的にすぎる擬似効果、たとえば「弁証法は（ヘーゲルと）マルクス主義の認識理論である」[*27*] と述べるレーニンのもとに認められうるようなそれのことを、私は言っているのではない。私の言うのは、『資本論』それ自体の中に観察しうる効果のことである。

おびただしい試行と実験とを経て、じつに我々はこう信ずる根拠を得た。『資本論』の *Denkprozeß* の統一性、その叙述順序の統一性は、そこに与えられるがままのものではない――それは、いちじるしく不均等で斑《むら》のある統一性なのである。私が「いちじるしく」と言うのは、この不均等が一つの意味、じつに重要な意味をもつから。

『資本論』には、太い線で進む叙述順序が、確かにある。目に見え、強く印象的で、（デュメニルの理解するように、概念の設置〔措定〕position と共置 composition とによって構成される統一性の意味で）単一にして等質である順序、価値から資本、資本制生産へ、さらに第三巻の「具体的」諸カテゴリーへとむかう順序。しかし、それに付随しつつ、その横合いに、複数の別の「叙述順序」が、またある。何度も割り込んでは第一の順序を中断させ、そこを横断していく順序。間歇的に挿入されていく、終わりのないひじょうに重要な、それは諸章のことで、そこには、大きな順序に属す真に「理論的」である分析に対置されて、便宜上、「具体的」「歴史的」と言われてきた、まったく別の「分析」が入り込んでくる――まるで「理論」は認知された、同定可能な完結したかたちをしかもっていけないかのように、そう言われてきた分析である。我々はこのような便宜に甘んじるわけにいかない。たとえそれらを大きな順序に組み込もうとすると問題が出てくるにしても、あれらの分析もまた、「理論的」価値をもつ。大きな順序に背馳するにもかかわらず執拗に残っていく、この不規則性とその意味とを、我々は、与えられるがままに引き受けなくてはならない。

でなければ、我々は、理論が必然的にみずからのまわりに描く円環に、いずれ囚われてしまう。なぜなら、「理論」が理論であるには、言うまでもなく、それは開かれるだけでなく、また閉じられ、みずからをそれ自身の境界の内部に封じ込めねばならない。そうした境界を、デュメニルは、明晰にたえず我々の前に描き出し、かつ、マルクスがその境界を意識していることを我々に示す。たとえば、理論的なものがもつ境界。理論的なもののむこう側には、理論化できないものしかない。たとえば、（理論の）内部とそれの「外部」との境界。使用価値から労働の生産性、階級闘争までが、この「外部」に含まれる！　どのケースでも、大きな叙述順序のもつ境界に我々はぶつかる。この境界が概念の措定による場の開閉の関数になっている以上は、我々は、結局、概念が措定されるというそのことにぶつかるのであり、ゆえに究極的には、叙述順序の理論場を価値の概念によって開くようマルクスに強いた、言うなれば、偶然性にぶつかるのである。偶然に開かれるどんな道も境界を、ゆえに「外部」を画定する。そのような「外部」が『資本論』の中にもまたあって、『資本論』を支えるためにその順序を横断し、中断させるということ、それは我々に、順序をだけでなく、順序の閉じを、つまりは、順序の偶然性、ゆえに順序の意味を、はっきり見えるようにしてくれる。

『資本論』の統一性がいちじるしく不均等であることは、かくして、なにゆえにマルクスが、「労働日」をめぐるあの分析、「心血」を注いでマニュファクチュアと機械化とを論じたあの章、原始蓄積〔本源的蓄積〕をめぐるあの驚くべき第八章、エトセトラ、要するに、分析の中にいわゆる「具体的歴史」が闖入してくる、あらゆる章とページとを、『資本論』の中に、よく言われるように、「注入」したのか、その理由の重大さを考えさせてくれるだろう。あの「外部」が、奇妙なことに、「内部」への通路をもっていた、と思わずにいられないのである。ならば、その通路がマルクスによって明瞭に思考されなかったというそのことのうちに、外部の効果、マルクスに課せられた叙述順序の生み出すそれを、どうして見ないですまされるだろう？　むしろ、こう言ったほうがいい。かくも奇妙である「外部的」なあれら叙述形式から、これは注意せねばとの心構えをもつなら、分析そのもののほかならぬ内部にさえ、なによりもあの理解しがたい理論的「核」のあることが、気付かれるだろう。それを支配し隠蔽する第一篇の諸概念に還元されていながら、しかし還元し尽くされてしまうことも、またありえない「核」、それは、労働力とその再生産とにかかわる「理論」のことで、この決定的な点については（決定的というのも、それの解釈に資本制搾取の理論全体が懸かっている）、デュメニルの言葉を繰り返していいであろう。『資本論』の中で、労働力の「理論」は、境界の範囲に入ってくるかぎりでしか現前しない。つまり、考察対象とされている理論場のそこに属す諸概念のもとに入ってくるかぎりでしか。この場面で言えば、労働力が、価値を、ゆえに剰余価値を生産する商品、それ自体の価値（＝それ自体の再生産に必要とされる諸商品全体の価値）の対価たる商品であるかぎりでしか。この境界の範囲内にとどまって、マルクスの頭には、彼がここで書いていることがら以外はなにもない、と思い込むなら、剰余価値の（この範囲内では会計学的であらざるをえない）解説を、遺漏のない搾取理論とみなしてしまう恐れがある。よくわかる言葉で言うなら、搾取を剰余価値のたんなるピンハネに縮小し、労働（第一の「外部」）の条件をも労働力（第二の「外部」）の再生産の条件をも、「外部」に置き去りにしてしまう恐れが。しかし、鉄の賃金法則に対して挑んだ論争でマルクスも十分に感じ取らせたように、労働力、他の商品のようには生産されも消費されもしないこの商品こそが、階級闘争（第三の、そして最後の「外部」）における勝負どころ、賭金をなす。[*28]

かくして、『資本論』の中に「外部」がみいだされても、驚くことはない。叙述順序を横切ってそこを超え出ていくあれらの章のかたちをとり、「経済学批判」の企図にとっての不可欠な理論的要素として、「外部」は介入してくる。叙述順序――それのもたらす理論的拘束を、マルクスは受け入れた――によってなされる「縮小」の意味を明かすために。この「縮小」によって狭められてしまった空間にて運ばれる、分析の現実的な射程を示すために。かくして、その空間の必然的な「境界」を乗り越えるために。あれら複数の様々な「叙述順序」のもつ、その意味がひとたび気付かれたあとは、それら同時に存在する「叙述順序」のあいだの、統一性が問題になるであろうが、しかしそれは、別の問題、マルクスが始めるときのその始まりの偶然性に、また彼の「方法」に、差し戻して考えるべき問題である。

ことほど左様に、ここで問題なのは、『資本論』の中に与えられてそこを支配しようとする大きな叙述順序 ordre それ自体の統一性である。始まりを『資本論』がもつことの自明性を根拠とする、強い意味での ordre——すなわち、命令——と、商品ないし価値という「最も単純な規定」を見紛いようのない自明性としてもつ一つの始まりとが、問題なのである。始まりになくてならない、つまりは理論の基礎になくてならない自明性でもあるかの単純なものからと、その単純なものがもつ等質空間から始めなくては、とのあの要請の枠内に、第一篇全体は収まっている。始まりについてのなにがしかの観念に導かれてマルクスがそのように始めたこと、そのように始めなくてならなかったことは、一つの事実である。自明性から袂を分かとうとその自明性に抗して、しかしまたその自明性のもとでみずからの真実を証明しようとする、一つの発見にかんして、議論、争点、不服申し立てが介入してくるときの、その介入の偶然性が必然的であることを、その事実は表す。ならば、マルクスが、第一篇に、それのもつべき決定的性格を与えようとして、あれほど何度も執筆をやり直したことには納得がいく。また、ぶつかった困難を、「いかなる科学においても、始まりが険しい[*29*]」とのひとことで一般化して、転移させたこと、彼の理論のような革命的理論を創始するラジカルな力仕事と、科学を叙述するにはその叙述に絶対的始まりを与えなくてならないとする要請とを、いっしょくたにしてしまったことも。みずからの企てを基礎付けるのに適した模範的 *Denkprozeß* と「方法」とを哲学的に担保してくれる、絶対的始まりを、マルクスが舞台の袖で強く要求するのは、ゆえに偶然ではない。この担保の役割のなんであるかに気付いたからには、我々にとって重要なのは、その担保に代わられて覆い隠されてしまった実際の困難であり、その言うところの困難とは、さて、まさに自明性のことなのである。「最も単純な規定」という自明性、この自明性から始めなくてならないという自明性。

　絶対的始まりを担保として受け入れさせる観念を別にして、また絶対的始まりを加工していく工程が産出する、観察可能な諸効果（複数の別の順序がそこを横切り超え出ていくところの一つの叙述順序それによって、達成される諸成果）を除いて、じつに何が、この自明性から始めることを、単純なものとそれの開く等質空間とから始めることを、強いるというのか？　それは気まぐれの即興によって始まるのではない。その証拠に、始まりを決めかねていることの痕跡、始まりの及ぼす拘束力に警戒心を抱いていることの根拠を、我々はマルクスにみいだす。たとえば、クーゲルマン宛の手紙で[*30]、「価値法則」を再生産にかかわる用語で定義して、この法則は「子供にでも」わかると述べるときのマルクスに。たとえば、『ヴァーグナー傍注』で、「商品を複数形で言える場、種類の違う複数の商品の在る場でしか［…］商品の交換価値は存在しない［…］」[*31]と述べて、商品が価値に還元されない社会関係であることを強調するときのマルクスに。[*32]ことがらを「つかむ」一つならずの仕方、ゆえに分析をやり直す一つならずの仕方を示唆する手掛かりなら、たくさんあげることができるだろう。それらは、「単純なものから」でなくて、なにがしかの複雑さから始めるほうが実り多いかも知れぬとの観念を、結局は、示唆するのである――分析を支える観念である始まりの観念と、単純なもののもつ等質性を体現する概念である価値とに、反作用を及ぼさずにおかない、それは観念である。[*33]

デュメニルの諸テーゼに対位旋律として重なり合う、以上のたんなる批判的注記から、『資本論』に別の「叙述順序」、本来のそれを与えるべきことを暗に言おうとしているのでは、もちろんない。マルクスの作品は在るがままのそれである。作品の限界を議決してこそ、それの射程もまた確認できる。「理論」としてすでにして百年余りもありつづけるために、形式的統一性をみずからに与えなくてはならなかった思考、ゆえにその形式的統一性をいまも含んではいるが、しかしまたその形式的統一性からはみ出しもする思考、この思考のもつ力を見極め、再編し、解放するには、『資本論』の統一性と不均等性とに書き込まれているもろもろの難点を、それらの拠ってくる理論的前提をとおして特定し、それらに立ち向かうことが、むしろ大切なのである。

これらの難点に立ち向かうとは、マルクスの思考の諸形式が偶然であるというそのことの必然性を、問題として立てることである。必然的にそれは、マルクスの思考を我々の時代に再びもたらすことであり、ゆえにその思考を、アクチュアルにすべく加工することである。

原注

(1) Cf. Marx-Engels, *Werke* [Berlin, Dietz], tome 23, p.18 *sq.* 〔『資本論』マルクス＝エンゲルス全集刊行委員会訳、第一巻第一分冊、大月書店、一九六八年、二二ページ以下〕。引用は拙訳。マルクスによる「見直し」を経たロワ訳は、不正確かつ訳し落としを含む。〔「ロワ訳」はエディシオン・ソシアル社版で、その後、ドイツ語決定版〔MEGA〕をもとにした『資本論』第一巻の新訳が、J＝P・フェーヴル監訳にて出た。*Le Capital. Livre I*, Paris, PUF, coll. «Quadrige», 1993. マルクスからの引用は新訳の一七ページにある〕

(2) 『マルクスのために』『資本論を読む』において。

(3) *Cahiers sur la dialectique*, Paris, E.S., p.280 [« Sur la question de la dialectique », *in* Lénine, *Cahiers philosophiques*, Paris/Moscou, E.S. /Éditions du Progrès, 1973, pp.344-345]〔「弁証法の問題によせて」、『哲学ノート』松村一人訳、岩波文庫、一九七五年、下巻、一九八ページ〕

(4) [*Grundrisse, in Marx Engels Gesamtausbage*] *Mega*, vol.11,1.1, p.240.〔『経済学批判要綱』、『マルクス 資本論草稿集〔1〕』資本論草稿集翻訳委員会訳、大月書店、一九八一年、三九七ページ〕

第十一章　やっと、マルクス主義の危機！（一九七七年）

このテキストは、「イル・マニフェスト」紙が一九七七年十一月十一、十二、十三日にわたって組織した「ヴェネツィア討論会」でのアルチュセールの報告の原稿をなし、最初にイタリア語で討論会の議事録に、続いて、この議事録のフランス語訳『ポスト革命期社会における権力と対抗』に、フランス語で載った。[*1]

「イル・マニフェスト」の活動をリードしていたのは、スターリニズム（とりわけ、ソ連のチェコ侵攻〔一九六八年八月二十一日〕）への「左翼的」批判から出発して、六〇年代末にイタリア共産党を離れた一団で、アルチュセールは、少し前からすでに、彼らとの接触をもっていた。彼らのうち、とくに著名な人物に、L・カステッリナ、L・マーグリ、V・パルラート、L・ピントール、R・ロッサンダがいた。この集団が主宰した雑誌は、日刊化されて、かなりのスピードで受け入れられていき、一九七〇年代およびその後の「新左翼」に大きな影響力を振るった。「ヴェネツィア討論会」のころには、この集団は、組織としての輪郭を失いはじめていて、その後しばらくして、解散にいたった――しかし日刊紙のほうは、紙名を変えず、今日まで発行されている。

ヴェネツィア建築研究所で開催された討論会は、西ヨーロッパの左翼を東欧の左翼反体制派と対話させることを大きな課題とした。参加者には、B・トレンティンなどイタリア労働組合幹部、G・ヴァッカ、R・ロンバルディなどイタリア共産党およびイタリア社会党指導部、「イル・マニフェスト」の主宰者たちとこのグループに近い知識人（K・S・カロルなど）、ユーゴスラヴィアと（F・クラウディンをはじめとする）スペインの何人かのマルクス主義者、理論的にアルチュセールの近くにいた何人かの知識人（アルチュセール自身のほか、Ch・ベトレーム、書面での報告を送ったR・リナール）、東欧左翼反体制派、たとえばL・プリウーシチ（ソ連）、J・ペリカン（チェコスロヴァキア）、I・メーサーロシュ（ハンガリー）、E・バルカ（ポーランド）、

C・フランクイ（キューバ）、J・フクス（東ドイツ）などがいた。ポーランド当局によって討論会への参加を阻まれたA・ミフニク、J・クーロン、K・ポミアンは、賛同のアピールを送ってよこした。聴衆は尨大な数に上り、毎日、何百人という人が、討論を聞くために押し掛けた――スペースの問題上、大挙の来場を見合わせて欲しい、と「イル・マニフェスト」が読者に呼び掛けねばならぬほどであった。

「現存社会主義」を問題視するために、西の左翼が東の左翼――党‐国家所属の「公式」左翼でなく、反体制派「進歩」陣営――とはじめて対話をもったことに、この出来事の重要性があった。それは、一九八〇年代の平和運動が、東西の「異端分子」を、定期的に結集しえたときの展望と、いくらか似ていた。このような枠組みでアルチュセールが参加したことには、彼の側での大きな進展が反映されていた。対話者の選択の仕方は、東側共産党指導部との公然たる訣別を、暗に意味していたのである。この訣別は、アルチュセールの言葉の、理論的射程をいちだんと増幅させた。『ジョン・ルイスへの回答』からたった五年後の言葉とは、ときに信じがたくもあるほどに。

フランスやイタリアといった国で、マルクス主義は知識人・大学人の教養をほぼ制覇するにいたっていたが、そのマルクス主義に対する問い直しの動きが、一九七五年以降、いよいよ強まっていったという背景が、そこにはあった――かつて最も教条主義的なマルクス主義者であった人々、とりわけ「マルクス＝レーニン主義者」であった人々が、じつに多く、その動きを推進した。フランスでは「ヌーヴォー・フィロゾーフ」が時代を席巻するかに見えていた。フランスよりは整然とであれ、イタリアでもやはり、マルクス主義知識人は退却の途上にあり、国は（「赤色」「黒色」の）テロと有事立法の渦に呑まれはじめていた。「マルクス主義の危機」とアルチュセールの呼ぶ事態の効果は、それでも、一九七四年から二、三年すると、そのころ南欧の国々で顕著になった大規模な民衆運動の力によって、とりわけギリシャ、スペイン、ポルトガルの独裁政権崩壊を経て、薄らいでいった。しかし、「アルチュセール主義」は、政治的‐知的状況の進展によるしっぺ返しをまともに喰らい、アルチュセール自身も、このころから、みずからの理論の「脱構築」局面に入っていった。

一九七〇年代末のアルチュセールにとって、マルクス主義の危機という問題は大きな関心事であった。本書の第十二章、第十三章として再録したテキスト（「『有限』な理論としてのマルクス主義」と「今日のマルクス主義」）も、同じ問題にさかれている。さらに一九七八年に彼は、「やっと、マルクス主義の危機！」に込められた観念を発展させた、長大な試論を執筆した。「自らの限界にあるマルクス」と題されたその試論は、彼の死後、ようやく公刊された。[*2]

「やっと、マルクス主義の危機！」を、アルチュセールは長い時間と労力をかけて推敲した。少なくとも四つの連続する版がＩＭＥＣに保管されている。討論会の抜粋が一九七七年十一月十六日付「イル・マニフェスト」に掲載された二ヵ月後、その全体が（新訳にて）「エスプレッソ」誌に公表された。討論会「議事録」に載せるに当たり、アルチュセールは、テキストの最初の版を大幅に書き直して増補した。手直しと加筆とによる作業であったが、根本的な問題構成に変更はない。本書で提供するのはこの最新の版で、討論会で朗読したテキストにアルチュセールがなした二、三の小さな削除は、編者注にて指摘する。

我々の体験している情勢についての、手短な考察に話をかぎる。[*3] 我々の体験している情勢、というのも、いま話を聞いた東側の亡命者たちに我々の寄せる関心のその先には、たんに情報への欲求があるのでも、連帯の表明があるのでもない。東側諸国で起きていることがらは、心底、我々の耳目をそばだたせるが、そこで語られているのは、また我々自身のことでもある。東側諸国で起きていることがらのすべては、直接、我々に及んでいて、我々の展望、我々の闘争目標、我々の理論、我々の実践に跳ね返る。

数分で乱暴に、図式的に語ること、必要なニュアンスを付けずに語ることを許されたい。さて、ここしばらく、我々のあいだでは、マルクス主義の危機が言われだしている。ロッサナ・ロッサンダも、開会の辞で、この語を発した。言うのが憚られるほどの負債を、社会闘争の歴史において負わされた語に、それは属す。この百年来、労働運動の敵対者たちは、いったい何度、「マルクス主義の危機」を口にしただろう。ただし、手前味噌の語り口で、マルクス主義の破産と死を告知するために。彼らは、労働運動の直面した困難、矛盾、失敗を、最大限、ブルジョワ階級闘争に利用した。今日では、ソ連強制収容所の恐怖とそれがマルクス主義に残した後遺症を、活用している。恫喝もまた、階級闘争の一部なのである。

「マルクス主義の危機」の語を逆手にとることで、我々は、この恫喝の挑戦を受けて立つ。破産や死とは別の意味を、その語に与えるために。その語を恐れる理由が、我々にはない。ユニオン・サクレと第二インターナショナルの「破産」〔「自己批判の要素」訳注＊19＊参照〕とに通じた時期をはじめとして、マルクス主義は、ほかにも様々な危機の時期を経験し、なおかつ、それを乗り切ってきた。あの語を口に出すことを、我々は恐れはしない。たくさんの予兆が示すごとく、今日、マルクス主義は、然り、危機にある。しかし、それは開かれている危機だ。開かれているとは、誰にでも見えるということ。その危機を利用するためならなんでもやらかす、我々の敵たちの目にも。だが、我々は、彼らのなす横領の手口には慣れっこである。我々のほうは、その危機を見ているだけでなく、それを体験してもいる。しかも、長い以前から。開かれている危機、それは見えているだけでなく、おそらくは、はじめて、その中身を見させようともしている。

マルクス主義の危機から何を理解すべきか？　マルクス主義の伝統に触発された革命的階級闘争組織が、今日、はまり込んでいる困難、矛盾、袋小路にかかわる、歴史的・世界的水準の現象である。国際共産主義運動の統一性が綻び、その古い組織化形態が潰れているだけではない。その歴史が改めて問われてもいる。それに連動して、従来の戦略・実践もまた。帝国主義最大の危機のさ中、かつてないほどに労働者・民衆の闘争が展開を見せているそのときに、逆説的にも、諸国の共産党は壊乱の道を歩んでいる。戦略と実践との矛盾がマルクス主義理論そのものに跳ね返っていることは、この深い危機の、二の次の面でしかない。

最も直接的、最も敏感な水準で言えば、この危機は、モンテフィオリ[*4]の労働者同志たちの、昨日の〔討論会での〕言葉に反映されたような反応に表されている。我々の多くにとって、過去と現在とのあいだで、労働運動の歴史のなにかが「毀れた」、そう彼らは言った。そしてこの「毀れ」が未来についての問題を投げ掛ける。少なくとも直接的な意識においては、しかし、たぶんそれを超えたところででも、危機とはつぎの事実を言う。一九一七年十月を、ソビエト革命の圧倒的な世界的役割を、スターリングラード〔攻防戦の勝利（一九四三年）〕を、かつてのように、スターリン体制の恐怖とブレジネフの抑圧的システムに、「ひと連なりにつなげておく」ことが、今日では、もはやできなくなったとの事実。さらに、同じ仲間たちはこうも言った。過去をもはや現在にひと連なりにつなげておけないのは、社会主義の「実現された理想」、真に生きた見本が、大衆にとって、もはや存在しないから、と。ふつう東側諸国は社会主義国と言われる、だが、どう考えても、それは、我々にとって、社会主義とは別ものだ、と。

言った単純な事実がやりすごせぬ事実である、と信ずる根拠はある。確かに、その事実は、〔ブレジネフによるスターリン批判のなされた一九五六年のソ連共産党〕第二十回大会を揺さぶるきっかけをなしたし、主題をめぐる西欧共産党指導者たちの繰り返された声明「社会主義にはただ一つのモデルしかないわけでない」「我々はモデルの理念を捨てる」に、登録され、翻訳されもした。しかし、これら声明は、事実確認ではあっても、大衆の問いへの十分な答えにはなっていない。「社会主義に行く複数の道」「別の道を通る社会主義」あり、と言うだけでは、実際、現時点の情勢を真に考えることはできない。畢竟、別の問いが避けられない。「現存社会主義」が「現存社会主義」と同じ結果にいたらないと、誰が保証できるのか？　そして、この問いがまた別の問いのもとにある。なぜ、いかにして、ソビエト社会主義はスターリンと現行体制に通じる可能性をもってしまったか？

さて、この最後の問い、鍵となる問いは、ほんとうの答えをまだ受け取っていない。

このだんまりゆえに、我々の体験している危機は深刻の度を増している。共産主義運動の歴史の中で、なにかが「毀れた」だけではなかった。ソビエト社会主義共和国連邦が、レーニンからスターリン、ブレジネフの手に移っただけではなかった。そのうえに、共産党、マルクスの名を標榜する階級闘争組織が、このドラマチックな歴史の真の説明を、みずからなそうとはしなかったのでもあった。第二十回大会から二十年経つ、いまも！　そうすることを共産党は望まなかったか、できなかった。この政治的な言い淀みの裏、我々が知りすぎるほどに知っている数々のたわけた言い回しの裏には（「個人崇拝」「社会主義的合法性への違反」「ソ連の後進性」のほか、何年も唱えつづけられてきた約束手形「ソ連には社会主義的デモクラシーに必要なすべてがある、あと少し待たれたし」）、もっと深刻なことがらが透けて見える。マルクス主義の名でつくられてきた歴史であるのに、その歴史の真に満足のいくマルクス主義的説明を差し出すことの、極端な難しさである（その説明に真剣に取り組んでいる人なら誰でも、この難しさを知っている）。それは、現時点での我々の理論的知識の状態から見れば、ほとんど不可能とさえ、おそらく言っていいほどだ……。この難しさが想像的なものでないなら、それが告げているのは、マルクス主義理論の限界が明らかになった、それでいて、さらに、マルクス主義理論を批判することの困難もがまた明らかになった、そういう情勢を我々がいま生きているということだ。

そこまで行かなくては、と私は思う。マルクス主義の危機は、マルクス主義理論をも容赦しない。マルクス主義の危機は、歴史に属すどこかの領域、歴史の偶然性、歴史の偶発事、歴史のドラマの属すそこを、マルクス主義理論に触れずに通過しているのではない。行動を導く「指針」として、歴史的闘争と歴史的諸帰結との試練にじかにかかわるマルクス主義理論が、その試練に入り込むことも巻き込まれることもなしに、純粋なまま、どこかにあるとする観念、マルクス主義者たる我々は、そんな観念に満足するわけにいかない。マルクス主義理論は、その理論の名のもとにつくられてきた歴史に対して、理論としての責任を負う、と考えるのは、なるほど、マルクスによって粘り強く明るみに出されてきた、観念論的形態の一つであるだろう。「自己意識」(マルクス主義者である、と自己申告すること)が人や組織を規定するのでないように、たとえマルクス主義的な「観念」であれ、「観念」が「歴史をつくる」のでないのだから。しかし、マルクス主義に触発されたかマルクス主義を標榜するかする階級闘争組織の行動が重要な、あるいは、決定的な役割を果たしてきた、一つの歴史のその試練に、マルクス主義理論は入り込みも、巻き込まれもしないと考えるそのこともまた、やはり観念論の一種だろう。理論に対する実践優位のテーゼの重大さを自覚しさえすれば、マルクス主義者たる者、マルクス主義理論が、その理論に触発されたかその理論を看板に掲げる政治的実践の中に、まさしく入り込んでいることを認めるはずである。政治的実践のもつ戦略論的・組織論的次元の中にも、目標・手段の中にも、入り込んでいることを。この入り込みの形式と効果は理論に跳ね返らずにいず、様々な葛藤、曲折、分岐、偏向を、引き起こすか暴き出す。これらの形式、これらの効果が、もとより、理論的重みをもつ。もう八年も前にF・クラウディンが、国際共産主義運動の危機を分析しようとして「理論の危機」を語ったのも、ついさっきトレンティンが、そのどれも理論的意味と理論的重みをもつ組織論の問題(党‐組合関係)に言及したのも、いま言った線でのことだ。*5

マルクス主義の理論的危機を、今日、語らねばならないとするなら、この深く政治的な意味においてであると、私には思える。たとえ、それによって、マルクス主義理論と呼ばれる理論それ自体のどこに危機が及んでいるかまで、あえて明確化せねばならなくなるとしても。葛藤にみちた過去全体を現時点の情勢が、深部から、「再賦活」して、その過去からもたらされるようにしている諸効果に、第二インターナショナル、第三インターナショナルから受け継がれたもろもろの確信の揺らぎに、我々が捉えられないでいられないことは、あまりに明白だ。国際共産主義運動の公然たる危機（中ソ分裂）、隠然たる危機（チェコ占領後の西欧共産党とソ連とのあいだの分裂）によって、引き起こされた振動、胸を張って言える理論的・政治的理由もなしになされた、「プロレタリアート独裁」ほどにも重要な原則の厳かな、または、無言の放棄によってもたらされた問題、*6 闘争へのおぼつかない展望によってもたらされた問題、それらに我々が捉えられないでいられないこともまた、あまりに明白だ。明らかな政治的袋小路、戦略の統一のなさと矛盾、混乱した言葉づかいと参照のどれもが、言うまでもなく、政治的重みをもつ。マルクス主義理論そのものに、のしかかってこずにすまない重みを。この情勢がマルクス主義理論に課す問題は、現在の歴史の諸矛盾にだけでなく、マルクス主義理論そのものにもまた、かかわる。

こうした文脈のもとでマルクス主義の危機に対しては、我々の敵のなすこの危機の活用を別にすれば、ごく図式的に言って、三つの反応の仕方が観察されうる。

［1］第一の反応の仕方はいくつかの共産党に独特のもので、見ないために目をつむって沈黙することに尽きる。東側諸国では、大衆と若者の全面的なマルクス主義離れにもかかわらず、マルクス主義は公式理論、公式イデオロギーでありつづけている。公式的にはマルクス主義は達者でやっていて、危機を言っているのはマルクス主義の敵たちだとされる。中には延焼だけは食い止めようと、策に出た共産党もある。制御可能な諸点については、一斉に右に倣え

のプラグマティックな態度で臨み、そうでない諸点については、「都合の悪い」定式を切り捨て、臭い物には蓋をの策。危機の名は呼ばれずじまい。

［2］第二の反応の仕方は、危機の衝撃を受け止め、その危機を体験として堪えつつ、労働者・大衆の運動の力に希望の糧を求めることにある。心配も問題もなく進むわけでないこの反応を、我々の誰も避けられない。しかし、マルクス主義の危機というかくも重要な歴史的現象に対する、最小限の省察なくしては、我々は生きていけない。労働運動の力が、まちがいなく、そこに在るからといって、在るだけでは、それは説明、展望、客観的見直しの代わりにはなりえない。

［3］危機に対する第三の反応の仕方は、危機の性格、意味、射程を、けっして容易くないが、みいだそうとして、それに必要な歴史的・理論的・政治的距離をとることである。その距離がとれたとき、我々は言い方を変えることができる。長い歴史を抜け出て、我々は「マルクス主義は危機にある」でなく、こういうふうに言うことができる。「やっと、マルクス主義の危機が炸裂した！　やっと、それは目に見えるようになり、危機の要素が白日のもとに我々の目に触れだした！　死活にかかわるなにか、生きているなにかが、この危機によって、この危機の中で、やっと、自由に立ち現れることができる！」

これは言葉の捻りでも、テーブルの上に並べられたカードのめくり方を、恣意的に変えることでもない。「やっと」という言い方で私は、我々にとって肝心と見える、つぎの一点を指摘したいのだ。マルクス主義の危機が最近の現象、ここ何年かの出来事でないこと、中ソ分裂によって公然と始まり、西欧共産党とソ連共産党との「意見対立」によって深まった国際共産主義運動の危機とさえ、さらには第二十回大会とさえ、時を同じくするのでないこと。マルクス主義の危機は、意識に上りはじめたのが国際共産主義運動の危機のあとのことであっても、じつは、その危機よりも遥かに古い。

我々のいま体験している危機が炸裂して目に見えるようになったのは、炸裂を食い止めていた様々な形態の下にその危機を燻りつづけさせてきた、長いプロセスが、来るところまで来たからだ。危機の最初の証拠や大前提を、現在と切れた過去に、[*7]時間をさかのぼって求めようとせずとも、こう言える。ごく図式的に捉えるなら、マルクス主義の危機は、我々にとって、三〇年代にかたちをなした。そして、かたちをなした途端、それは揉み消しにされた。みずからの諸矛盾をさえ、それまではまだ生きる糧としていたマルクス主義が、成長を止められ、「理論的」諸定式の中、さらには、スターリン主義という歴史的指針によって労働者の諸組織に押し付けられた、路線と政治的実践の中に固定されたのは、三〇年代のことだった。マルクス主義の諸「問題」(じつにマルクス主義はつねに問題を抱えてきた)に自己流の決着を図るべくスターリンがむりやり与えた解決は、その解決自体が引き起こすか助長した危機を、塞き止める効果をもった。開かれた状態のまま、まだ様々な困難の中にさえいた当時のマルクス主義に、力ずくで働き掛けることで、スターリンは、マルクス主義内部に深刻な危機を誘発したが、また同じ力ずくで、その危機を塞き止め、炸裂を抑え込みもした。

今日の我々が生きている情勢は、つぎの利点を示す。経験と試練とを共に蓄積してきた長くも悲劇的な歴史に続いて、あの長く塞き止められていた危機が、やっと炸裂したとの利点、しかも、その危機が明晰に見ることを強いて新たな生命をマルクス主義にもたらしてくれそうな、そんな文脈の中で、炸裂は起きている。それは、危機ならなんでも、おのずと、未来への約束、解放への約束をはらんでいる、というのではない。危機の中身を少し明晰に見さえすれば、未来の保証が得られる、というのでもまたない。マルクス主義の危機の炸裂を、第二十回大会と国際共産主義運動の危機とに帰結する、ドラマチックな歴史にのみ関係付けるのは、だから、的外れと言っていい。危機が「炸裂」して活発化したという、このことの条件を理解するには、何が崩れつつあるかだけでなく、ことがらの他面、何がつくられつつあるかをも、見なくてはならない。労働者・一般大衆の運動の、新しい体力と新しい潜在能力とを秘めたいままでにない力強さを。解放の可能性、蘇生の可能性を言う言葉で、今日、我々がマルクス主義の危機を語りうるのは、この大衆運動のもつ力強さと歴史的能力のゆえである。閉じてしまった我々の歴史に風穴を空けたのは、その運動だった。何度でもなされてきた反撃の試みによって（人民戦線、レジスタンス）、ゆえに数々の敗北と、また数々の勝利によって（アルジェリア、ベトナム）、フランスにて、チェコスロヴァキアにて、世界各地にて示された六八年五月のとてつもない勇気によって、ついに塞き止めの機制を揺るがし、危機状態のマルクス主義に解放への現実的なチャンスをもたらしたのは、その運動だった。

だが、解放へのこの最初のシグナルはまた、警告のサインでもある。我々は後ろを振り向くだけで満足しているわけにいかない。過去の残高を照会したところで、それは偽られているか、歪められているかするだけだろう。我々の体験している危機は、新しい要請を抱えていて、我々に、マルクス主義との関係におけるなにかを、ひいては、マルクス主義そのもののなにかを、変えるべきことを求めている。

スターリンの役割を持ち出しているだけでは、我々が事態を乗り切ることは確かにありえない。我々の歴史的・政治的伝統、それどころか理論的伝統さえも純粋な遺産であると、それがスターリンという名の一個人、または、彼の支配した歴史的な一時期によって歪曲されたと、我々は考えているわけにいかない——遺産のもっていたそれ以前の「純粋性」を、ゆえに、取り戻しさえすればいい、などと。この長い試練のあいだ、「六〇年代の」我々の誰もが「源泉に」帰って、マルクス、レーニン、グラムシを何度も読み返し、スターリン的な定式と実践とによって息を止められていた生きたマルクス主義を、そこに探そうとしたとき、誰もがそれぞれの仕方で、しかもそれぞれの違いにもかかわらず、明白な事実の前に屈せねばならなかった。我々の理論的伝統は「純粋」でなく、抗争的であるとの事実、レーニンの性急な言葉に反して、マルクス主義は「鋼鉄の塊」*88*であるのでなく、難点、矛盾、欠落を抱えていて、かつて第二インターナショナルのもとで、また、レーニン存命中の初期第三インターナショナルのもとでさえ、そうであったように、それら難点、矛盾、欠落のどれもがまた、この長い危機の中で、果たすべきお役を果たしてきたとの事実。

それゆえ、私はつぎのように言っておきたい。我々の著作家であるマルクス、レーニン、グラムシ、毛沢東について我々が歴史と闘争との中でつくってきた、或る観念を詳細に見直す必要性が、今日の我々には、ある。死活問題としてある。我々の党が突き付けてくるイデオロギー的統一性への要求に、明らかに、その根をもつ観念、我々は、なした批判の努力にもかかわらず、あまりに長く、我々の生活をこの観念に合わせてきたし、これからもまた、そうせぬともかぎらない。我々の著作家たちが、前例のない、貴重このうえない、ひとまとまりの理論的視点、理論的取っ掛かりを我々にもたらしてくれたにせよ、レーニンの賢明な言葉「マルクスは我々に角石を与えたにすぎない……」*9*をも、忘れないでおきたい。彼らが我々に与えてくれたのは、一《いっ》をなす完成された全体ではなかった。理論的原理と堅固な分析とに加えていろいろな難点、矛盾、欠落をも含んだ、一つの作品であった。意外でもなんでもない。彼らが我々に与えてくれたのは、資本制社会における階級闘争理論の、基本要素であった。してみれば、生まれたときからその理論が「純粋」で完備されたものでありえたとするほうが、むしろ馬鹿げている。そもそも、「純粋で完備した理論」なんてものが、唯物論者にとって、何を意味しうるだろう？　そのうえに、階級闘争の条件と形態との理論、支配イデオロギーの影響力と重みとを暴くことをなしていたその理論が、はじめから、少しも支配イデオロギーに囚われないですんだなどと、どうやったら想像できるのか？　支配イデオロギーを断ち切るための闘争の指針としてあったその理論が、当の闘争の中でさえ、支配イデオロギーの刻印を受けずにすんだなどと。何度でも戻ってくる支配イデオロギーにその理論が、それの政治的・イデオロギー的歴史の中で、感染せずにいられたなどと。支配イデオロギーからの断絶は一つの戦いであるが、しかしそれは終わりのない戦いで、そのことを知るのに、我々は高い授業料を払ってきた。彼らの未刊著作、たんなる読書ノートの中にまで入り込んで追求されてきた、我々の著作家たちについてもつべき観念を踏まえて、こう率直に認めよう。未知の中を進んでいったこれらの人々は、どんなに高い資質を具えていたのであっても、やはりふつうの人間であった。彼らは探究と発見とをなしたが、しかしまた迷いもし、どんな探究にも付き物の取り違え、やり直し、躓き、誤り、そして予断にさらされていた。彼らの作品が「時代」の諸観念の刻印をもち、難点、矛盾、欠落を抱えることに、驚く余地などありはしない。

今日、重要なのは、それらの難点、それらの矛盾、それらの欠落の意識をもつこと、それらを再確認して、全面的かつ自覚的に引き受けることだ。我々にかかわってくる諸帰結をそこから引き出すためにも、我々が体験している危機のいくつかの側面を照らすためにも、さらに、我々がものごとを正すことのできたそのときにその危機が我々に与えてくれる、歴史的チャンスを測定するためにも。じつにそれら難点の[*10]いくつかは、現在の危機にまつわる、最重要の諸問題に触れてくる。

言っていることをわかってもらうために、ごく図式的に、いくつかの実例を取り上げてみる。

マルクスその人のもとにさえ、つまり、『資本論』の中に、ということだが、我々はかなりはっきりと、こう見通しはじめている。叙述順序が受け入れさせる理論的統一性は、大部分、フィクションである、と。商品、ゆえに価値（数々の問題をもたらすもの）から始めねばならぬことをマルクスが信じた、との事実をだけでなく（「いかなる科学においても、始まりが険しい[*11*]」！）、この始まりと、『資本論』がもたらされた思考としての統一性とが及ぼす効果を、私は喚起しようとしている。言った統一性は、理論が真たるためには統一性をまとわねばならぬとしてマルクスが抱いていた、統一性の或る観念に、明らかに呼応する。そうした効果の最も重要な一つ、剰余価値にかかわるそれは、つぎのとおり。『資本論』第一巻第一篇を読み進むと、剰余価値の理論的解説にいたるが、それは会計学的解説で、そこには剰余価値が、労働力によって生産される価値と、その同じ労働力の再生産に必要な商品それの価値（労賃）との（価値的）差として書き込まれ、労働力が純然たる商品として登場する。剰余価値のこの会計学的解説は、マルクスの従う叙述順序に明らかに適合していて、ゆえにまた、その叙述順序の「始まり」と、それにじかに後続する諸区別（みずからの価値の一部を移転させる不変資本、労働力に投入される可変資本）とに依存する。たとえこの始まりとそれらの区別とを受け入れても、つぎのことは確認せざるをえない。すなわち、会計学的でしかないゆえに剰余価値抽出の条件（労働条件）と労働力再生産の条件を共に捨象する、この剰余価値の解説は、或る強い誘惑の引き金になりうる。剰余価値のこの（会計学的）解説を、実際に、「完備された」搾取理論とみなしたくなる誘惑、ゆえに、労働条件と再生産条件とを無視したくなる誘惑。これらの条件を、しかし、マルクスは描き出す。ただし、それは別の章、じつに叙述順序のそとにあるがゆえに、「具体的」ないし「歴史的」と言われる章でのこと（労働日、マニュファクチュアと大工場、原始蓄積〔本源的蓄積〕、etc. の章）。当然にも、これらの章は、いくつかの実践的帰結の導出を可能ならしめた「叙述順序」、それの諸前提とそれにかかわる諸概念とを、問題に変える。実際、こう問うてみるといい。剰余価値の会計学的解説を「完備された」搾取理論と受け取る誤解が、結局は、マルクス主義労働運動の歴史において、搾取の条件と形態を正確に概念構成する、その理論的・政治的妨げになったのでは？　搾取の（それをたんなる差し引きと見る）狭い概念構成、労働力の（それをたんなる商品と見る）狭い概念構成が、階級闘争における経済闘争と政治闘争の古典的役割分担を、つまりは、それぞれの闘争形態の狭い概念構成を、部分的に促したのでは？　或る時期から労働者・民衆の階級闘争諸形態の拡大にブレーキを掛けた可能性のある――今日では、はっきりブレーキを掛けている――概念構成を。

マルクスには、ほかにも、もろもろの難点がある。また謎が。たとえば哲学の、とりわけ弁証法の謎。文字どおり受け取るには図式的にすぎ、受け入れるには曖昧にすぎる、いくつかの定式のあと、マルクスは、この謎について黙ってしまった。それは、マルクスにおける弁証法とヘーゲルにおける弁証法との関係にかかわる謎だった。とても抽象的で哲学にかかわっているかに見えて、じつはそこに置かれた賭金は大きかった。賭けられていたのは、歴史における必然性とその必然性の諸形態とについての概念構成（歴史に方向と目的はあるか？　資本主義の崩壊は運命であるか？　エトセトラ）、すなわち、階級闘争と革命行動とについての概念構成であった。マルクスの沈黙、彼の作品から彼の哲学的立場を再構成することの困難は――例外（レーニン、グラムシ）を除いて――実証主義と進化論への道を開き、『ソ同盟共産党（ボ）小史』（一九三八年）中の」『弁証法的唯物論と史的唯物論』をめぐるスターリンの章が、実証主義と進化論を定式に固定して、三十年間にわたって不動のものにした。

別の例。マルクスとレーニンには、のちに大きなツケを回すことになる、二つの理論的欠落が認められる。一つは国家論、もう一つは階級闘争組織論。

我々はつぎのように言っていい。国家の「マルクス主義理論」というものは、ほんとうにはない。マルクスとレーニンが国家の問題を避けて通った、というのではない。その問題は、彼らの政治的思考の中心にある。だが、この二人の著作家のもとに我々がまず最初にみいだすのは、国家を階級闘争および階級支配とに関連付けるかたちで（決定的意味をもつが、分析を伴わない指摘のかたちで）繰り返しなされる忠告、国家のブルジョワ的概念構成を避けよ、との忠告、ゆえに、本質的に消極的な境界画定と定義である。「国家の諸類型」の在ることをマルクスもレーニンも言うが、しかし、それら類型は何において区別されるのか？　さらに、階級支配はどのように国家によって保証されるのか、国家装置はどのように作動するか？　彼らは分析に踏み込まなかった。一九一九年七月十一日にスヴェルドロフ大学でなされたレーニンの講演[*12]を、今日、読み返してみると、そこにはなにか切羽詰まったものがある。極めて錯綜した、極めて難しい問題、ブルジョワ・イデオロギーによって引っ掻き回された問題であることを、レーニンは力説する……。国家が特別な装置であること、特別な機械であることを二十回もしつこくレーニンは言い、国家が並の装置、並の機械でないことをしっかり印象付けるために、「特別な」という語を繰り返すのを止めないのだが、「特別な」が（さらには「機械」「装置」が）いったい何を意味するかを、結局、言わないのだ。獄中のグラムシの記した、ささやかな等式（国家＝強制力＋ヘゲモニー、＝独裁＋ヘゲモニー、＝力＋合意 etc.）を、今日、読み返しても、そこにもやはり、同じほどの切迫感がある。等式に表現されているのは国家の理論でなくて、むしろ、労働者階級による国家権力奪取を睨みつつ、レーニンからばかりでなくて「政治学」からもカテゴリーを借りてなされる、政治路線の探究である。レーニンとグラムシを駆り立てているのは、国家の古典的な消極的定義を乗り越えようとの試行なのだが、それは手探りと言っていい試行で、真に目的まで届かない。[*13*]

しかし今日では、国家というこの問題が、労働者・大衆の運動にとって決定的意味をもつ。「死滅」[*14*]するどころか

〈党〉との融合から国家がさらなる力を引き出している、東欧諸国の歴史と働き方を理解するために、それは決定的意味をもつ。権力の座に就いて、国家の死滅を睨んだ国家の民主的・革命的変形をめざす民衆勢力の行動が課題になるや、ただちにそれは決定的意味をもつ。

同じように、マルクス主義の遺産の中には、階級闘争組織、なによりも政党と組合のまっとうな理論が見付からない。〈党〉と組合それぞれの違いと目標と組織化原理を定める、政治的な、ゆえに実践的なテーゼは確かにある――しかし、〈党〉と組合の実際の働き方を、ゆえに加えて、この作動の条件、作動の揺れを、したがって究極的には、それらの陥りうる機能不全の形態を理解させてくれる分析が、一つとしてない。マルクス登場の遥か前に、労働運動は闘争組織をもった。それら組織の一部を、既存のブルジョワ組織から（必要なときは軍隊モデルからも）借りて。それら組織形態は、変更、変形をくぐってきて、それなりの波乱の歴史をもち、その歴史を生き抜いてきた。ところが、いまや東側でも西側でも、我々は、これら組織と国家とのあいだに介在する関係という、深刻な問題に直面している。東側ではこれら組織と国家との融合の問題。我々西側では、或る種の融合がもつ危険の問題。というのは、西側では、ブルジョワ国家は、それ自体の機能の一部として、労働者階級闘争組織を組み込むことをたえずもくろみ、しばしばそのもくろみに成功してきた。

さて、マルクス主義理論の、まさにこの二つの「欠落」、この二つの「弱点」が、我々にとっての決定的な問いと接触している。国家、ほかならぬ現在の我々の帝国主義的社会に典型的な国家の、その本性とは何か？〈党〉と組合はどんな本性を、いかなる現実的な作動方式をもつか？ブルジョワ国家を利しかねないとの、目下の危険、党‐国家の融合に陥りかねないとの、将来の危険を、どう回避するか？ブルジョワ国家「廃絶」の必要性を、このプロセスを始動させるためにいまからどう考えて、どう革命国家の「死滅」を準備するか？労働者階級闘争組織の本性と働き方をどう見直し、どう変えていくか？共産党が伝統的にみずからについて抱く「労働者階級の党」または「指導する党」の観念を、どう変更し、つまりは、どうそのイデオロギーを変更して、どう実践において、他の諸党派、他の諸運動の存在を認知させるか？　経済的なものと政治的なものとの区別どころか、それらの「足し合わせ」をさえほぼつねに超えて進む、民衆のイニシアチブの発展を党‐組合の区別に閉じ込めずに保証する関係を、どう大衆運動とのあいだに確立するか？　とりわけ最後の問いは、現在と未来にとって、問いの中の問いをなす。じつに我々は、一般大衆の運動が、組合と〈党〉のそとでどんどん自生するのを目にしていて、それらの運動は、掛け替えのないなにかを、闘争にもたらすか、もたらしうる。要するに、どうすれば一般大衆の要求と期待に、ほんとうの意味で応えることができるか？　消極的にか積極的にか、地としてか図としてか、客観的にか主観的にか、我々に様々なかたちで出されている鍵となる問いは、すべて同じである。国家、組合、〈党〉、大衆運動と大衆のイニシアチブにかかわる問いである。そして、これらの問いにかんしては、結局、我々は、我々自身のもつ力に頼るほかない。

確かにこれらの問いは新しくはない。過去にも多数のマルクス主義者、革命家が、危機の時期に、これらの問いを発しようとした。結局、彼らは忘れ去れたか、掃討されたが。しかし今日では、これらの問いは、前例のない規模で発せられ、受け入れられている。じつに大衆のレベルで、彼らの実践の中で、受け入れられているので（イタリア、スペイン、その他で見られるごとく）、もはやそれらの問いは、やりすごされるわけにいかなくなっている。我々はつぎのように言えるのである。大衆の運動と彼らのイニシアチブがないなら、我々は、今日、それらの問いを公然と提起することができないだろう、その運動、そのイニシアチブのおかげで、それらはアクチュアルな政治的問いになったのだから——また、マルクス主義の危機の炸裂がなくても、我々は、これほど自由かつ明快に、それらの問いを発することができないであろう。

確かに、事をなす前にはなにも得られないし、一朝一夕では、なにごともなされない。マルクス主義の危機に対する「塞き止め」は、多少とも「平穏な」装いのもとに、これからもまだ長く、任意の党、任意の組合の中で持続することはありうる。大切なのは東側、西側出身の何人かの知識人が、砂漠に響いて消え入る「危ない」の叫びを上げることではない。たとえ分裂していても、たとえ、こちらでもむこうでも、一時的な袋小路にあるように見えても、かって労働者・大衆の運動がこれほどの力強さをもったことはなかった、これほどの気力とイニシアチブに溢れたことはなかった、大切なのはこれである。大切なのは、労働者・大衆の運動が、迷いと試練という代償をさえ払いつつも、実践の中で、国際共産主義運動とマルクス主義との危機がもつ射程を意識しはじめていること。私はここで、危機のはらむ危険の深刻さを言っていると共に、その危機に表された歴史的チャンスのことを言っている。マルクス主義は、その歴史の中で、危機と変形との長い連続を経験してきた。第二インターナショナルのマルクス主義がユニオン・サクレのもとで崩壊したのちの、マルクス主義の変形のことを考えてみてもらいたい。いまや現在の危機の胎内で、我々は、大衆の闘争の中にすでに胎動している、新たな変形過程を前にしている。マルクス主義を更新し、その理論に新しい力を吹き込み、そのイデオロギー、その組織、その実践を変えて、社会的・政治的・文化的解放への真の未来を労働者階級、すべての労働者に開く可能性をもつ、変形過程である。

なすべきことの極端な厳しさだけを言わないで欲しい。肝心なのは、あらゆる困難にもかかわらず、それが可能だということなのだから。

第十二章　「有限」な理論としてのマルクス主義（一九七八年）

このテキストは、一九七八年四月四日付「イル・マニフェスト」紙に、イタリア語ではじめて掲載された。ロッサナ・ロッサンダ（この日刊紙の当時の主宰者）の一九七八年三月十二日付の書面による要請に応えて、それは執筆された。「ヴェネツィア討論会」でのアルチュセールの発言[*1]が投げ掛けた波紋を、引き取るかたちでなされた要請である。討論会においてアルチュセールは、マルクスのもとに国家理論のないことをとくに主張したが、この言い方が、イタリア左翼に、或る種の物議を醸した。これを受けて「イル・マニフェスト」は、「ヴェネツィアで結論を先送りされたこの主張を再論する」よう、『マルクスのために』の著者に求めた。「なによりも考慮してもらいたいのは、イタリア左翼のあいだで進行中の議論である。また『モンドペライオ』（「労働者の世界」）を発端に、その後、ジュリアーノ・アマートとピエトロ・イングラオとの対談、さらに『リナシタ』（「再生」）でのビャジオ・デ・ジョヴァンニの最近の論文にまで引き継がれている論争をも、とくに考慮してもらいたい[*2]」

ここで言われているように、イタリア社会党の月刊理論誌「モンドペライオ」は、これより少し前、N・ボッビオの二つの論文を掲載して、イタリアに大きな反響を巻き起こした[*3]。マルクス主義国家理論をめぐって、当時、ヨーロッパ中で白熱していた討議に加わるかたちで、それらの論文にて精妙な分析を重ねつつ、この哲学者は、マルクス主義理論は、民主主義国家を考えようとすると、矛盾に突き当たることを主張した。論争を狙ったのでない真摯な議論に依拠した彼の理論的攻勢は、イタリアの左翼知識人、左翼政治指導者に一連の反応を引き起こした。イタリア共産党系の人々は、党の週刊理論誌「リナシタ」を中心に、反撃に出た。続いて、ボッビオが批判者たちに応じた[*4]。論争全体は、それが展開されたときの限定された状況を、明らかに、反映してはいるが、極めて質の高いものであった。政治哲学と論争――政治戦略をめぐってと、政治の身分規定をめぐってなされた論争――が、これほどの高さで絡み合うのは、じつに稀なことである。この二つの水準を整合的に接合しようとの参加者たちの意気込みと、それら水準を十分に思考しうるだけの彼ら個々の能力とがそこにかかわっていたことは、言うまでもない。この議論は、フランスでは、大した反響を呼ばなかった。[*5] 全体として論争の優位に立ったのはボッビオであった、と事後的には考えることができる。論争にかかわったテキストはすべて、のちに「モンドペライオ」によって一巻にまとめられた。[*6]

アルチュセールのテキストが、すでに始まっていた論争にみずからを登録しつつ、「イル・マニフェスト」で開く議論は、要するに、その論争を構成する要素の配置を変えるものと理解することができた。イタリア共産党の「マルクス主義正統派」と見えていたものに対する、ボッビオの理論的攻勢、左翼リベラルの問題構成を支えとするそれに対立するかたちで、アルチュセールは、ほとんど「ウルトラ・リベラル libertaire」とでも形容できる問題構成を採用しつつ、論争を繰り込んだ。

ロッサナ・ロッサンダの質問は、つぎのとおり。

ヴェネツィアでの発言で君は、マルクスのもとに国家理論のないことを言明した。僕もそう思うが、それでも、彼のもとには、レーニンよりも進んだ現代国家分析が断片的にあり、かつまた、社会主義国家はどうあってはならぬかを言う一種の逆理論もある。ここで言う国家論のある・なしは、いずれにせよ、文献学の問題ではない。「現存社会主義」の危機が明白となり、イタリア共産党や西欧の他の共産党が政府に参加するか、参加への見通しをもつ局面で、それは或る種の切迫感を帯びた問題なのだ。

イタリアで現在進行中の論争をもとにして、いくつかの質問を言わせてもらいたい。

論争の一部は「プロレタリア独裁」にかかわる。一九七六年十二月のソルボンヌでの発表で［…］君は、マルクス主義の或る根本的な立場を放棄せずに［この概念を］脇に置くことの不可能性を、とりわけ強調した。しかし、「社会主義」諸国におけるプロレタリア独裁の歴史的経験は、いかなる点で、危機に入り込んでいると君は考えるのか？　可能性として二つの探究の方向がある。それらの社会が相対的に未熟なこと、ゆえに統一をつくり出す政治圏域として国家の必要なことを強調する方向が、一つ［…］。だが、それは、「未熟な」社会主義に旧来の国家が必要なことを含意するのか？　その国家が、他のどんな近代国家よりも、中央集権的でなくてならないことをさえ。探究のもう一つの方向は、逆に、共産主義への移行局面での、「政治圏域」の理論的形態にかかわる。この局面は——イタリアで多くの人が言うように——みずからを国家となす〈党〉を通過しなくてならないのか？　なんらかの内的弁証法による通過も含めて、である（ソルボンヌでの君の言葉は曖昧だった。弁証法はいいが、分裂はだめ、と言うのだから）。逆に、様々な社会的下部が、政治的に自己表現をなすのがいいのか［…］？　仮にそれがいいなら、そのとき、政治圏域と労働者階級の党との関係は、いかなるものでありうるか？

移行局面における「政治圏域」とは、正確には、何を意味するのか？［…］言いかえれば、矛盾していることをみずから望む社会（毛沢東）は、ゲームの規則なしでも生きていけるのか？　つねに与えられているその規則を、不均衡な局面で、中心も右も左もはっきりしなくなるのを覚悟で、つまり、社会的弁証法のぼやけるのを覚悟で、中断しても。生きていけるなら、「法」、「国家」は、移行局面も含めたどの局面にも存在する、社会的妥協形態として現れるのでは？　しかし、ならば、国家はいかにして、いつ、死滅するのか？　「一般的」な政治的媒介を「生産者」は必要としなくなると、何が我々にそう考えさせてくれるのか？[*7]

アルチュセールのテキストは、フランス共産党の逆鱗に触れた。「フランス共産党員の感情」を「逆撫で」したとして、党は彼を激しく批判し、返す刀で「イル・マニフェスト」の態度をも厳しく問い質したのだった。[*8] 彼のテキストはまた、「イル・マニフェスト」の紙面にて、集中的な議論を引き起こし、イタリアとヨーロッパの少なからぬ左翼知識人が、その議論に参加することになった。議論の全体は、少し手直しされて、『国家を論ず(ルイ・アルチュセールのテーゼにもとづく論戦)』[*9]と題する本に再録された。さらに、テキストのフランス語縮小版が、雑誌「ディアレクティーク」の手で、「インタビュー」の題目のもとに公表された。[*10] J・T・ドゥサンティとアルチュセールの二重の系譜に連なる「ディアレクティーク」は、一九七〇年代に大成功を収めた、独立の理論誌である。[*11] 最後の最後になって、アルチュセールは翻意し、フランス語版テキストの掲載を阻止しようとした。印刷された雑誌の全部を買い戻すことさえ計画したのだった——だが、カイゼルグリュベール一派の拒否に会って、最終的に彼は諦めた。

『有限』な理論としてのマルクス主義」は、本来の意味でのインタビューでなく、R・ロッサンダの質問をもとに執筆された、書かれたテキストである。以下に我々の提供する版は、「イル・マニフェスト」のイタリア語翻訳に使われたタイプ稿にもとづく。「ディアレクティーク」に発表された縮小版は、文体上の改善の見られることもあるが、おしなべて文体を重くしている。しかもそれの執筆は、「イル・マニフェスト」の使ったタイプ稿より少し前の版をもとになされたようで、とりわけタイプ稿に現れる手書きの訂正は繰り込まれていない。採用した版と「ディアレクティーク」に発表された版とのおもな違いは、編者注にて指摘する。[*12*]

君が答えるよう僕に求めた質問は、マルクス主義理論、国家と「市民社会」、政治、国家の消滅、etc. をめぐって、じつは一連の前提を含む形式、また、とりわけ用語系の中で、言葉にされている。君の質問を明晰に理解するには、まずこれらの前提について、僕の考えをはっきりさせる必要がある。言うところの前提は、マルクス主義の観点から見て、自明ではまったくないので。[*13]

1　イングラオとデ・ジョヴァンニのテキストを読んでいて、僕が形容詞「*complessivo*」[*14]に引っ掛かったのは、偶然ではない。仲間たちの（また、そのほかの人々の）政治的テキストにたえず登場するこの形容詞、それの示す「包括性」という観念は、やはり同じほどに流通している別の語「一般性」（たとえば「一般的契機」など）と無関係でない、と僕には見える。これらの語とそこに透けて見える或る種のヴィジョンの背後には、資本主義から共産主義にむかうプロセス全体を、マルクス主義理論は「包括」できる、とする観念が認められるように思われるが、じつのところ、マルクス主義理論は、現在進行中のプロセスの中で働いている、矛盾した諸傾向をしか指示できない。青年期の著作やユートピア的社会主義に特徴的な、予言者的傾向（言っておかなくてならないが、『資本論』のいくつかの視角にも、まだこの傾向は残っている）からひとたび自由になったマルクスは、共産主義を、資本制社会の一傾向と考えるようになる。この傾向は、抽象的な合力のことではない。「資本制社会の隙間」、商品関係を回避できるまでになったと、おおむね言っていいアソシアシオンの中に、潜在的な共産主義諸形態が、すでに、具体的に存在するのだ（奴隷制・封建制社会の「隙間に」、商品交換が存在していたのと少し似て）[*15]。

極めて重要な理論的問題が、いま言及した問題点の背後にある。僕の考えでは、マルクス主義理論は「有限」で、限定されている。資本制生産様式の分析、資本主義の矛盾した傾向――資本主義を廃止して、それを「別のもの」、空洞としてすでに資本制社会の内部に描き出されている「別のもの」で、置き換えることへと移行の可能性を開く傾向――の分析に、それは限定されている。マルクス主義理論は「有限」であると述べることは、マルクス主義理論は歴史哲学とは正反対のものである、との本質的観念を主張することだ。歴史哲学、すなわち、人類のすべてのなりゆきを実際に思考しつつ「包括」する哲学、ゆえに、そのなりゆきの終点、共産主義を、事前に、積極的に定義することをなせる哲学。（マルクスがときに屈したこともあった歴史哲学への誘惑、第二インターナショナルとスターリン時代とを圧倒的な力で支配したこの誘惑を、脇に置くなら）マルクス主義理論は、現在進行中の局面、資本制搾取の局面に、登録・限定されている。将来について、この理論の言いうることは、現在進行中の傾向がもつ複数の可能性の、点線で引かれる消極的延長線以上のものではない。現在進行中の傾向、すなわち、資本制社会の一連の現象（生産の社会化から「隙間的」形態まで）の中に観察できる、共産主義への傾向である。移行（プロレタリアート独裁――この語に利害絡みのまちがった意味を与えない、との条件を付けて）[*16]とその後の国家の死滅とを考える出発点が、現在の社会であること、これをはっきり見なくてはならない。移行についてなにを言っても、そこで問題になりうるのは、現在進行中の傾向から導き出される指針でしかありえない。マルクスの言うどの傾向とも同じく、現在進行中の傾向も「阻止」されていて、政治的階級闘争がそれに現実性を与えないなら、完結しないこともありうる。この現実性の、決定された積極的なかたちを、現時点で予見することはできない。ありうるもろもろのかたちが明らかになって日程に上りうるのは、それらがみずからをあらわにして現実性になりうるのは、ただ闘争の流れの中でのこと。

マルクス主義理論は「有限」との観念を、以上の留保のもとで、承認することは、それが閉じられた理論であることを完全に斥ける。閉じられているのは歴史哲学で、じつにそれは、歴史の全行程を、あらかじめみずからの思考の中に閉じ込める。ただ「有限」な理論だけが、矛盾した諸傾向に対して、現実的に開かれていることができ、資本制社会にはらまれるそうした諸傾向を明らかにする。それだけが、そうした諸傾向の偶発的なりゆき、労働運動の歴史にたえず記録されてきた思い掛けない「不意打ち」を前にしても、開かれている。開かれているとは、すなわち、細心であること、「有限」な理論だけが、歴史の度しがたい想像力の動きを現実と受け止める力をもち、それを早めに予測する。[*17]

だから僕は、マルクス主義理論を「全体」理論であるとする観念から離脱する、絶対の必要がある、と思う。〈絶対知〉の実践に極まる或る種の歴史哲学のかたち、「日程」に入ってこない問題を考えることのできるかたち、それらの問題の解決の条件を恣意的に先取るかたちで、その観念は、まだ、レーニンのいくつかの言い回しに、またグラムシのもとにも、みいだされる。マルクス主義理論は「有限」な理論である、この有限性についての鋭い意識から出発するとき、我々の大問題のおおかたは提起することができる。

これに関連して、つぎのことが付け加わってくる。資本制社会と労働運動が問題であるのに、国家、一般と個別のイデオロギー、政治、階級闘争組織（それら組織の構造や活動）のどれについても、マルクス主義理論はほとんどなにも言わない。[*18] マルクスのぶつかった理論的限界をおそらく物語る、それは「盲点」で、そのとき彼は、国家、政治、etc. のブルジョワ的表象によって身動きできなくされ、ただその表象を消極的なかたちで（それのもつ法的性格の批判として）再生しているだけ、とでもいうふうなのだ。[*19] 盲点と言っても禁止領域と言っても、結果は同じこと。だが、それが重要なことで、じつにそれらの「部位」、それらの問題にかかわるあらゆることがらにおいて、共産主義への傾向は、いわば、拒絶反応に会っている（または自己を意識させられずにいる）。

2 第二の前提は、「政治」にかかわる。深い歴史感覚をもっていたにもかかわらず、[*20] グラムシは、マルクスの抱えることの盲点を明らかにしたよりは、見えにくくした、と僕には思える。市民社会という準概念に別の意味を込めたにせよ、政治社会・市民社会の古いブルジョワ的区別を引き継ぐことによって、彼はそうした、と（ヘゲモニー諸組織は「私的」とされ、ゆえに「政治社会」に同義の「国家圏域」のそとにある。要するにこれは、「公的」・「私的」の既存の法的区別に寄り掛かることに等しい）。[*21] イタリアの諸議論の共有する問題意識では、政治社会、国家という準概念と、「私的」に対置された「一般性」の機能とのあいだに、結び付きがあると僕には見える（「私的」はデ・ジョヴァンニの言う「個別的」、とりわけ「セクター的」にまったく同じというわけでないのに、彼もまた「私的」を拠り所にそれを言う）。[*22] 塊をなしつつ互いにつながるこれら準概念は、いずれにせよ、政治をめぐるブルジョワ的なイデオロギー、概念構成（さらに実践）をか、それ以上に「国家の普遍性」なる潜在的観念論を、反映していると僕は思う。搾取、分業、抑圧（「指導する人々／指導される人々」）から最終的に解放された人類という「普遍者」ないし「一般性」を国家が実現する、との観念論、青年期の諸著作でそれをフォイエルバッハから受け継いだのち、なおも長らくマルクスの引きずっていく観念論。人間の本質は究極的に国家にあり、国家は人間的本質の普遍性を疎外されたかたちで表現する、ゆえに、このことを意識化し、意識化にもとづいて、疎外されていない良い「普遍性」を実現すればいいとする、それは観念論で、行き着く道の果てには、改良主義が待つ。[*23]

さて、僕に本質的と見える点はつぎのとおり。（ブルジョワによるのとプロレタリアによる）階級闘争が国家を（いま・ここでの）争点としてもつことは、国家を基準に政治が定義されなくてはならないことを、まったく意味しない。つまり、プロレタリア政治を、その直接の争点からていねいに区別しなくてはならない。[*24]『資本論』をマルクスが意識的に「経済学批判」として呈示したのと同様、我々も「政治学批判」、彼の到達しえなかったこの目的にまで、[*25] 行かなくてはならない。言うところの政治学とは、ブルジョワ政治のイデオロギー的概念構成とその政治の実践とが押し付けてくるそれのことだ。「政治社会」と「市民社会」の区別があるのは、ブルジョワジーの視点から見てのこと。この区別はブルジョワ階級のイデオロギーと闘争との成分をなし、国家の政治的イデオロギー装置をとおして、ブルジョワジーによって自明性として押し付けられる区別なのだ（個別意思の合力として普通選挙によって表現され、議会に「代表」される一般意思）[*26]。国家は他から、市民社会（ヘーゲルの言う意味でもグラムシの言う意味でも）から、区別される「圏域」、市民社会のそとに在るそれとして表象される、と言えるのもまた、ブルジョワジーの視点から見てのこと。特定の利害に奉仕するこのイデオロギー的概念構成は、法から見てさえ、単純な現実に対応していないことを見なくてならない[*27]。国家は、お金と法、抑圧装置の存在と介入をとおしてだけでなく、諸イデオロギー装置をとおして、たえず市民社会（〔ヘーゲル的とグラムシ的の〕二つの意味での）に深く入り込んできた。グラムシの分析の精緻さにもかかわらず、よくよく考えた末の結論として、国家のイデオロギー装置の概念をやはり維持していい、と僕は思っている。なぜなら、装置の原動力であるイデオロギーに言及せずに結果（ヘゲモニー）だけによって装置を定義する、グラムシ的ヘゲモニー装置概念より、それは的を射ている、と僕には見えるから[*28]――また、ヘゲモニーが様々な形態のもとで働くことをはっきり感じ取らせるためにも。たとえ「起源」が自然発生的で「私的」であっても、それらの形態は、国家と有機的な関連をもつイデオロギー形態へと、統合・変形されている。それらすでにあった形態を国家は「見付ける」ことができるのだ。自分で生み出さなくともそれらに「出会う」ことは、たえず歴史の中で起きていて、国家は、ヘゲモニーを確実なものとなすのに適した形態へと、それらを続々と統合‐一体化する。支配イデオロギーの構成と一つであるこの統合‐変形において決定的役割を演じるのは、支配階級の実践に緊密に結び付いたイデオロギーの、その一部位で、ブルジョワのヘゲモニーについて言えば、このまとめと総合の役割をなしてきたのは法的イデオロギーである。完結している、でなくて、矛盾していると理解すべき、それはプロセスで、実際、支配イデオロギーは被支配イデオロギーなくては存在せず、被支配イデオロギーもまた、支配イデオロギーによる支配の刻印を受けている[*29]。

国家が階級闘争の最後の争点をなすとの理由で（このこと自体は正しい）、政治がその争点の「圏域」へと縮小されてしまったかのごとく、要するにすべてが進んでいる。ブルジョワ・イデオロギーと、政治をその争点へ縮小する概念構成とからじかに吹き込まれたこの幻想に抗して、グラムシはじつにはっきり、こう理解したのだった。「すべては政治である」、ゆえに、「政治圏域」はない、ゆえに、政治社会（または国家）と市民社会の区別が、まさにブルジョワのイデオロギーと実践とによって押し付けられた諸形態を、明確化するなら、労働運動は、この幻想とそれの様々なカムフラージュとから手を切り、政治と国家いずれについても、別の観念を自分のものにせねばならぬ。

国家にかんしては、それのもつ現実性を、可視的圏域である国家諸装置――たとえそれらが国家政治のイデオロギー的舞台（政治「制度」）の裏に紛れていようと――に縮小しないことがなにより重要で、国家がつねに「拡大」されてきたとの、この点のはっきりした理解をもつ必要がある。この「拡大」を最近の出来事とみなして問題を構成するあらゆる与件を変えてしまうような人々の、曖昧な言葉に惑わされずに。変わったのは（まったくなんと大きく！）、この拡大の諸形態であって、拡大の原理ではない。絶対君主制（それ以前にさかのぼる必要はない）や帝国主義的資本制国家の中にはっきり見えていた国家拡大の事実が、たんに最近まで、人々には見えていなかっただけのことと、僕には思われる。

政治にかんしては、国家、人民代表制、政党、既存の国家権力の掌握をめざす政争など、政治的であるとの公的お墨付きをブルジョワ・イデオロギーによって与えられた諸形態に、それを縮小しないことが、なにより重要である。この論理に入り込み、そこにとどまってしまえば、「議会的痴呆化」（議論の及んでいる問題）にだけでなく、とりわけ政治をめぐる法的幻想に陥る危険がある。じつに政治が権利によって定義され、この権利が、ブルジョワ・イデオロギーによって定義された政治形態、政党活動をも含むそれを、公認するとの幻想（ただし、公認するのにすぎないが）。イタリアで起きていることより遥かにレベルの低い、たんなる一地方の事例をあげるなら、労働現場に出向いて労働者たちに話をした共産党員に対する、雇用主による一連の訴訟がフランスで起こされてきた。雇用主は労働者に対する権利をもつ、と言うのである。もちろん、この政治的・「社会的」権利は、政治と非政治的なものとを丹念に区別する、法的イデオロギーに裏打ちされている。このイデオロギーは「観念」であるのではない。たとえば国家の組合的イデオロギー装置の中に、それは現実化されている。なんと多くの労働組合が、労働者を、非政治的組合なるイデオロギーの背後に結集していることか（必要なら、労働者によるブルジョワ政治の拒否をも利用して。cf. アナルコ＝サンディカリスム）[*30]。

ここでもまた、既存の政治を「拡大する」ことが問題なのではない。大切なのは、政治が生まれてみずからをつくっていくその現場で、政治の声を聞きうるだけの耳をもつこと。政治にそのブルジョワ的な法的身分規定から脱することをさせる重要な傾向が、いま現在、輪郭をなしつつある。党／組合の古い区別は厳しい試練にさらされていて、まったく予期しなかった様々な政治的率先行動が、党のそとばかりか、労働運動のそとでさえ、生まれている（エコロジー、女性・若者の闘争、etc.）。確かに大きな混乱を伴ってはいるが、しかし豊かな成果をも、もたらしうる、それは混乱である。イングラオの言う「全面的な政治化」は、政治の古典的ブルジョワ諸形態に対する、ときに粗暴ではあっても、しかし根底的な問い直しとして、解釈しなくてはならない徴候である。そういうことの全体が、激越な抗議の中で、求められているのだが、言うところの抗議は、たとえ当事者によってそのようなものとして自覚されていなくても、やはり「民衆内部からの抗議」なのである[*31]。この平面で、イタリアは率先行動の最先端にいる。この点で、私なら進んでこう理解するだろう。いくつかの新しい運動を統合すること、いや、それらと接触をもつことさえできないイタリア共産党の諸困難は、政治と党とについての古典的概念構成が問い直されていることのしるしである、と。また、ときに党の不意を衝いてなされる労働組合の率先行動は、古い概念構成から脱せよとの、党に対する警告のサインである、と[*32]。言うまでもなく、この運動全体は、最終的に、党そのものの組織化形態を問い質す。まさにブルジョワ的政治装置のモデルの上に構築されていると気付かれた（遅きに失する感なきにしもあらず！）その党の、である（党は議論の場たる議会をもつ。「下部」と、選ばれた指導部を。なにが起きようとその場を動かずにすませる手段――さらに、みずからの「路線」の支配を官僚機構によって、また、党の意思統一を追認させる、一《いっ》なる党というイデオロギーの名において、確保する手段――を有する指導部[*33]）。ブルジョワ・イデオロギーによる政治の概念構成が、このように、深部にまで伝染しているというそこが、やがて労働者組織の未来が賭けられる（あるいは、失われる）点になるのは、明らかである。

3　移行局面での「政治圏域」の理論的形態は、「みずからを国家となす党を通過しなくてならない」こと、それを認めよう、といったたぐいの言い回しを前にして、僕が安閑としていられないのは、そういうわけだ。はっきり言って、こんな観念は受け入れられない、と僕には思われる（僕の勘違いでなければ、「現代の君主」理論の中でグラムシによって擁護された、それは観念であり、じつはこの理論自体が、政治をめぐるブルジョワ・イデオロギーの大テーマ、マキャヴェリによってみごとな表現を得たテーマの継承なのだ）。党が「みずからを国家となす」なら、我々がもつのはソ連だ。かつて僕はイタリアの友人たちにこう書いた。原則として党は「統治する党」とけっして、絶対に、考えられてならない、と――たとえ、事情によっては、党が政府に参加することがあっても。その政治的・歴史的存在理由から言って、党は原則的に国家のそとにあらねばならない。ブルジョワ国家のもとではもちろんのこと、プロレタリア国家のもとでなら、なおさら。[*34] 党は国家死滅のための道具の一つになる前に（点線の「なる」……）、国家「廃絶」の第一の道具でなくてならない。国家に対する党の政治的外在性は、問題を論じたマルクスとレーニンの数少ないテキストにみいだされる、基本原則である。（党を国家からもぎ放して大衆に返すことは、文化革命における毛沢東の絶望的な試みだった。[*35]）国家に対する党の（政治の、ではない）この自律性なくしては、ブルジョワ国家をどれほど「改良」しても、ブルジョワ国家からの脱出はけっしてない。

国家に対する党のこの自律性が、「多元主義」と形式的に呼ばれるものの可能性（さらには必然性）を思考させてくれる。移行期に複数の党派の在ることは、掛け値なしに有益なことで、それは労働者階級とその味方とによるヘゲモニー掌握形態の一つになりうる。が、それには条件が付く。労働者の党が、他と同じように国家の政治的イデオロギー装置（議会制）の部品であるにとどまらず、大衆の中での活動によって、基本的に国家のそとに立ち、ブルジョワ国家の諸装置の廃絶‐変形と革命的新国家の死滅とにマッチした、大衆行動を駆動するなら、との条件。

落とし穴の最たるものは国家である。階級的協力、既存の「合法性」内での対処法といった政治的形態をとるにせよ、党の「国家化」という神話的形態をとるにせよ。神話的と僕が言うのは、理論的視点からのことで、残念ながら、「社会主義」諸国では、それは神話的と言えないほどにも現実的である。

このような政治的立場を「堅持する」ことの難しさは、僕も承知しているが、しかしそれなくしては、党の自律性は取り返しのつかないまでに危うくされ、階級的協力への、党‐国家とそれのもたらす帰結への、危険を回避するチャンスは逸せられる。

逆にそのような立場を堅持できたなら、イタリアの社会主義者たちによって提起されたような諸問題は的確な席に就けられる、と僕には見える。人員と反対者とを庇護する[36]、法的な「ゲームの規則」を立てて、それを遵守し、遵守させることを、移行期の国家は、もちろん、なさなくてはならないが、しかし自律的で、なおかつ自律的でありつづける党なら、交渉相手たちが古典的ブルジョワ・イデオロギーに従って「政治圏域」と見るものの中でも、「ゲームの規則」を遵守するだろう――すべてを決定する大衆運動の中で、同時に政治をなしつつ（政治ヲツクリツツ *fare politica*）、である。ブルジョワ国家を廃絶するとは、「ゲームの規則」を端的に廃止することでなくて、ブルジョワ国家の諸装置を根底から変形すること、中の或るものを廃止し、別の装置をつくり出し、すべての装置を変革することなのだ[37]。悲劇的結末をいつかは迎える可能性のある、野蛮な諸形態のそとで一般大衆の行動が表現される、との希望をもてるのは、ゲームの規則を制限したり、（ソ連でのように）廃止することによってではない[38]。ゲームの規則、古典的諸イデオロギーによって考えられたその規則は、権利ゲームより遥かに重要なまったく別のゲームの中の一部にすぎず、ボッビオ自身もそのことはよく知っている。自律性を守るなら、党には、ゲームの規則を遵守したり提案することで、まるまる得るものはあっても、失うものなどなにもない。しかも、ゲームの規則が変更を求められるのは、国家死滅の方向への、より大きな自由に適合させる必要のあるときのみであろう[39]。逆に党が階級、イニシアチブ、行動とにかかわる自律性をなくせば、その同じ「ゲームの規則」が、一般大衆の利益とはまったく別の利益に、奉仕することになるだろう。[*40]

さて、傾向であり「隙間的」現実性である共産主義に続いて、いまや「ゲームの規則」が問題である以上、あのおそらくけっして到来することのない「遠い未来」、しかし空洞として我々の社会内部に描き出される未来について、ひとこと言っておく必要が、たぶんあるだろう。「必然性の君臨」のあとに続く「自由の君臨」（！）、「諸個人の自由な発展」と彼らの「自由なアソシアシオン」についてのマルクスのそれと同様な観念論的定式の域を、人々は一般に出ていない。「人」にならねばとの道徳的なイデオロギー的任務からついに解放された個人の到来で共産主義があって欲しい、と僕も願うが、しかし、マルクスが共産主義をそのように解していたとする確信を、僕はまったくもてない。その証拠に、彼のもとでは、諸個人の自由な発展は、フェティシズムの不透明さから最終的に解き放たれた、社会関係の「透明さ」につねに結び付いている。フェティシズムの反対物、フェティシズムを体現したあらゆる現実の、その反対物として共産主義が現れるのは、偶然ではない。じつにフェティシズムの反転としての共産主義像の中に現れるのは、個人の自由な活動、個人の「疎外」の終了、その疎外のあらゆる形態の終了なのだから。商品関係の終了、国家の終了、〈イデオロギー〉の終了、政治そのものの終了。究極的には社会関係なき個人社会が現れるのだ。

たとえこれが先取りで、先取りであるものとして、極力、慎重に考えられるべきだとしても、人間たちが、彼らの身体が、彼らの生活の条件、彼らの自由の条件が透明になるとの、あのアダム的イメージを、我々は受け入れられない。いやしくも共産主義社会があるなら、それは、「生産者の自由なアソシアシオン」に与えられるべき名であるそれなりの生産関係を、ゆえに、それなりの社会関係を、さらにはイデオロギー的関係をももつだろう。それが国家から最終的に解放された社会であっても、政治の終わりを目にするなどと言えるわけがない。最後的なブルジョワ諸形態の政治は、確かに終わるだろうが——しかし、ほかならぬその政治（マルクスが「盲点」の中にあってさえ照準しえた唯一の政治）は、まったく別の政治、一つの政治、国家なき政治に取って代われるのだ。政治と国家を、我々の社会の中でさえ、混同していけないことを見た以上は、それは大して想像の難いことではない。

こんなちょっとした理論的遊びに耽るのは、脳天気と見えるかもしれないが、しかし経験は教えている。人間たち、とりわけ共産主義者たちの頭の中に広まっている共産主義の、たとえ漠とした表象であっても、彼らが現時点の社会と、いまの、またつぎに来る闘争とについて観念をもつ、その仕方に、関係なくないことを。共産主義のイメージは衛生無害でない。それは現在の行動の諸形態とその行動の未来とを保証してくれる、メシア的幻想を膨らませて、それらを「具体的情勢の具体的分析」という実践的唯物論から逸脱させる力がある。また、「普遍性」という空虚な観念を維持する力も。「調整された社会」における真の「社会契約」の、将来ありうるかたちを間接的に素描するかのように一般的諸利害のなんらかの「共通性」がみたされるはずの、いわゆる「一般的契機」といった、同音異義的代用品の中にも再登場する、それは観念である。最後に、あのイメージは、マルクスが、宗教のいかなる理論をももたずして、宗教を直接のモデルとしつつフェティシズムと疎外を考えたときの、怪しげな諸概念に、存命力（または延命力）を供給しつづける――『一八四四年草稿』の全空間を占領してのち、大挙して『経済学批判要綱』にも再帰し、しかもなお『資本論』の中にその痕跡を残す諸概念。これらの概念の謎を打ち破るには、みずからつくろうとしていたマルクスの共産主義像へ、立ち返らなくてはならない。この問題多き像を唯物論的批判に掛けるとき、あれら概念の解読が開始されうるのだ。そしてこの批判をとおして、マルクスの何がいまだ歴史の〈方向〉といった観念論的インスピレーションから抜け切れていないかの、目安を付ける作業が緒に就く。理論的にも政治的にもやってみるだけの価値がある、これは賭である。

4　いまイタリアで進行中の、じつに興味深い議論（アマート〜イングラオ〜デ・ジョヴァンニ）に入り込むことは、僕にはとても難しい。理由を政治的意味論にだけかぎってみても……じつに我らが仲間たちは、グラムシの概念的指標をもとにした、極めて洗練度の高い抽象的な用語法の中で考えていて、我々のごときフランスの田舎者に、それは意思疎通上の恐るべき問題を投げ掛けてくる。[*41]

党のそとで展開されている独自の運動すべてを、最大限、考慮しなくてならないことを強調するときの、また（全体への組み込みをめざすいかなる見解をも拒否しつつ）党の態度変更を揚言するときの、さらに政治的党派の問題が新しい言葉で提起されることを言明するときのイングラオに、僕はじつに大きな親近感を覚える、と言えば言っていいが、国家と政治圏域[*42]が政治の例外なき尺度をなすかに彼が語るように思えるときは（たぶん僕は彼の言ってることをうまく理解していない）、乗り出した身を引きたくなる。それは彼が「政治の社会化」を語るときだ――むしろ（別の場所で彼も言う）「社会的なものの政治化」を語るべきと見えるのに。というのも、「政治の社会化」を語ることのうちには、社会化されるべき個別政治のあらかじめ存在していることが前提されているわけで、この個別政治が「社会化」されるなら、支配的諸形態をとる一般政治にそれがなるのはほぼ必至、と言っていいだろう。イングラオの引くほかならぬ諸実例では、事態がじつは逆方向に進んでいることが、僕には興味深く映る。政治から大衆へ、でなくて、大衆から政治へ、とりわけ重要なことに、「政治の新しい実践」（バリバール）へと。「運動の抗争性と多様性は、一般的媒介の契機をいちだんと重要なものに変える」と言明するイングラオが僕に不満を残すのは、たぶんそのせいだ。こんなにも抽象的な言葉で彼が語って、国家の変形を前面に出さずに国家一般を強調するとの印象を与えかねないのは残念、と僕は思う。国家装置とその諸機能とを混同する傾向のあったグラムシ、国家装置の物質性を十分に課題としなかった彼経由の、たぶんこれはバイアスだろう。[*43]

デ・ジョヴァンニにもみいだされる似た言い回しに（「政治の社会化 *socializzare la politica*」『個別的なもの』への政治の伝播性 *diffusività della politica nel « particolare »*」「政治の分子的伝播 *diffusione molecolare della politica*」etc.）、また、「国家の拡大」を連想させて誤解のタネ、国家と政治の混同（前出）をもたらしかねない彼のテーゼ「国家の伝播 *diffusione dello Stato*」に同様の留保を付ける僕だが、「一般政治の自律性の危機」に言及するときの彼、とりわけ、この政治を「古い国家の理論的・実践的形態」と定義する彼には、強い親近感を覚える。このとき彼は、固定されたへゲモニー的諸形態であると、一般政治のなんたるかを直截に言っているから。「政治的媒介の称揚は、それのたんなる『伝播』が媒介力そのものを弱めてしまいかねないから、生じるのだ」と、極めて正しく指摘するときの彼にも、僕は同意する。これは決定的な論点だ。つまり、技術主義、「投票」――国家権力の「壁」に突き当たる政治参加（なぜなら国家そのものが、この投票＝政治参加を組織できるのだから！）――に流れる危険を冒さずしては、政治は「伝播」しない（国家諸形態という、さらには党という、上からなされる伝播の意味で）。「歴史的に存在する権力それの『一般的』であることに、自律性による自主管理で応接するだけでは十分でない、と思われる［ここでもデ・ジョヴァンニは、「一般的」のなんたるかを直截に言い当てている］。決定的な論点はつねにヘゲモニーで、ヘゲモニーは、国家建設の表現の場となるべき包括的形態によって与えられる」

「包括的形態」はあまりいただけないが、ヘゲモニー、国家建設（革命的国家の建設が同時にブルジョワ国家の廃絶を意味するなら）は、[*44] 長く前から知られていたことがらについて、独自の――デ・ジョヴァンニによって「暗号化」された論文全体は「解読」を要する――口調で我々に語りかけてくる語である……[*45]

第十三章　今日のマルクス主義（一九七八年）

一九七八年、『ガルザンティ百科事典』の項目「マルクス主義」の一記事として、まずこのテキストの縮小版が「批判的総括」の題名のもとに出た。[*1] 続いて、それとほぼ同時の一九七八年九月、完全版が『共産党の中でこれ以上続いてはならないこと』のイタリア語版に、「今日のマルクス主義」の題名で発表された。[*2] フランス語版は、アルチュセールの死の直後、この哲学者の特集を組んだ「雑誌M」に、死後出版のかたちで公表された。[*3]

アルチュセールはテキストに大幅な手直しを加えた。IMECには、連続する異稿が少なくとも四つ保存されている。以下に公刊する版は、一九七八年二月九〜十二日の日付をもつタイプ稿をもとにしているが、この版は、整備の最終段階を示しているように見える。また、既発表のイタリア語版とフランス語版のもとになったテキストよりも、あとのものと思われる。次々と書き直していく過程でアルチュセールがおこなったのは、おもに加筆で、削除は、さして重要でない語句に及んでいるだけである。先行する既発表の版の本文と比べて、理論的にも政治的にも大きな意味をもつ異文だけを、この版にとどめた。異文は、編者注にて、それと指摘する。

『共産党宣言』から百三十年、『資本論』から百十年経ついま、いわゆる「マルクス主義」なるものについて、総括を素描するごときことをなせるか？　おそらくなせる、なぜなら我々には、客観的に事態を見詰め直すのに必要な時間的距離だけでなく、マルクス主義の勝利、敗北、悲劇をくぐってきた長い経験もある。たぶんなせる、なぜなら、いまや我々は、一つの危機、マルクス主義の危機の圧倒性のもとで生きている——あらゆる幻想を砕き、人々に現実という容赦ない試練を強いることができると思えるような危機。

今日、我々は、マルクスの何を手元に残しておけるか？　本質的な、とはいえ、たぶん必ずしも理解されてきたとはかぎらない何を？

まずは、つぎの単純な事実。私は「マルクス主義者」でない、とマルクス自身が言ったとの事実。読者に「自分で考えること」を求めた自由な精神の機知と受け取られてきたこの事実は、じつは遥かに多くのことを語っている。自分は階級闘争についての新しい認識をもたらすと、ゆえに、この意味で自分はマルクスであり、「マルクス主義者」であると、マルクスは信じていただけではない。自分は「マルクス主義者でない」と言うことで、彼は、自分の作品が一つの体系、新しい歴史哲学、あるいは、ついにみいだされた経済学なる科学と解釈されてしまうことに、あらかじめ抗議してもいた。一人の「作者」（マルクス）によって生み出された全体理論（マルクス主義）として統一性をもった作品、と考えられてしまうことに。そう解釈され、考えられてしまうことを、マルクスは、『資本論』は「科学」でなく、「経済学批判」であると宣言することで、拒否しようとしただけではない。そう宣言することで、同時に、批判なる語の意味そのものを変えようとした。偽から真を解放すること、真の名において偽を告発することを合理主義の伝統によって担わされた準概念に、まったく別の任務、階級闘争に根差す任務を課そうとした。「そうした批判（『資本論』）は一つの階級……プロレタリアートを代表する」[*4*]と言うのである。そのように言うことで、彼は、自分がそうした批判の知識人「作者」、伝統的な意味での「作者」でありうるとの観念を、斥けようとしたのである。

そこを通って、我々は、別の事実へと送り返される。労働運動のただ中で、その実践、その願望、その闘争に参加することによって、マルクスとエンゲルスの思考は土台を替え、「批判的・革命的」[*5*]になったとの事実。これはたんなる思想史の問題ではない。それは、マルクス主義の歴史の中で、正解と誤解を込められた理論的‐政治的解釈の争点になった問題なのだ。たとえばカウツキーは、ドイツ社会民主主義の大躍進期に、こう断言した（一九〇二年）。マルクス主義理論は、「科学」を我がものとする力の唯一の持ち主「ブルジョワ知識人」によって生み出され、「外部から労働運動の中に導入された」。続いて、全然違う文脈においてであったが、レーニンさえ、この定式を引くことになった。それは、「棒を逆方向に撓める」ことによって、自然発生主義的「経済主義」と闘うためであった。のちに彼がこのときの事態を長々と説明したようにである。(1) この定式はマルクスの思考を、曖昧きわまりない解釈の中に引きずり込んだ（カウツキー）。あるいは、引きずり込む可能性を、誤読によってつくり出した（レーニン）[*6]。定式は定式にすぎないが、しかし、その文脈から外れていてさえ、いや、そうであらばこそ、定式は任意の傾向を定着させ、ついで、様々な歴史的実践を正当化し、強化することがありうる。その証拠に、或る科学的理論がブルジョワ知識人によって生み出され「外部から労働運動の中に導入された」、と見ることの裏面には、理論と実践の関係、大衆運動に対する党の関係、ふつうの活動家に対する党指導部の関係をめぐる、一つの考え方が、もろに透けて見える。知と権力のブルジョワ的形態、知と権力の分離を反映した考え方である。

マルクスとエンゲルスが大学教育を受けたブルジョワ「知識人」であったことは、疑いない。だが、出自が運命とならないこともあるのだ。労働者階級に属す「有機的知識人」たる歴史的役割を、マルクスとエンゲルスに定めた真の運命は、彼らがじかにくぐった実践的経験の中で決まった。一人は、イギリスで、労働者階級の搾取とチャーチスト運動を、もう一人は、フランスで、社会主義・共産主義諸組織の政治闘争を、経験したのだった。進むほどに彼らの「青年期の作品」の諸矛盾に捉えられていくこの経験を、段階的に追うことができる。さらに、『一八四四年草稿』での哲学と経済学の劇的対面のあとに来る、「決定的瞬間」を追い詰めることさえ。みずからの自己形成の諸原理を根底から疑うことの必要性、別の仕方で考えることの必要性、そう考えるために『以前の哲学的意識』を清算する[*77*]ことの必要性が、彼らの「意識」に湧き上がる瞬間である。

この「決定的瞬間」は、『フォイエルバッハにかんするテーゼ』の謎めいた、電光石火のごとき文章の中でかたちをなしはじめる。それは、終わりなき探究の最初の契機にすぎない。ライン州での一八四八〜四九年の政治闘争のあと、『フランスにおける階級闘争』(一八五二年)と『[ルイ・ボナパルトの]ブリュメール十八日』(一八五二年)、つぎに『経済学批判』(一八五九年)とインターナショナル創設(一八六四年)、続いて、ほかならぬ『資本論』(一八六四年)、そして『フランスの内乱』(一八七一年)へと、探究の終わりなさは証言されていく。理論的作品においても政治的戦いにおいても、マルクスが労働者階級闘争の地盤を離れたことは一度もなかった。カウツキーの定式には、つぎのように応答していい。マルクスの思考は労働者運動の内部で、この運動を土台に形成され、この運動の推移していく位置に従って発展していったのだ。労働者運動の内部から、しかしなんという格闘と矛盾を代償にしてであったか、彼の思考は広がっていった。最初のマルクス主義諸サークルから、大衆の大きな諸党派へと。

カウツキーが体系的に再考し、レーニンが脇固めに使う、エンゲルスの有名なテーゼ、マルクス主義の「三源泉」にも、やはり同様の曖昧さをみいだせる。確かにマルクスとエンゲルスは、ドイツ哲学、イギリス経済学、フランス社会主義、我らマルクス主義者にとっての「三源泉」に育まれた知識人の一員であった。しかし、これら三つの流れの合流へとマルクスの思考を縮めてしまうのは、思想史の常套手段に落ち込むことだ。三つの流れとの出会いを不可避となし、その出会いを、出会った要素に対する「革命的批判」へ変えた政治的 - 理論的土台に、思想史は説明を付けることができない。ヘーゲル、スミスとリカード、プルードン、etc. は、なるほど、マルクスの歴史的地平をなし、逃れられぬ知的背景、なしですませぬものであった。それを彼は出発点となし、この原料を加工していくことになった――だが、それのもつイデオロギー的正面の裏側に回るため、それのもつ諸原理を裏返すため、それのもつ背中、裏面を、要するに、隠蔽された現実を見抜くために、彼はそうしたのである。裏側に回るとは、まさに「地盤を替える」こと、「プロレタリアートを代表する……批判的」立場を選び取ることだった。思考に起きたこの大転換の歴史を「三源泉」のたんなる合流に縮めるのは、畢竟、マルクスの中に、自分のもとで出会った三要素を組み合わせるだけの力量ある「作者」を見ることにすぎない。たとえば、ヘーゲルをリカードに応用して「経済学の形而上学」をつくり出す「作者」、手元の三要素がもつ構造には手を付けずに、それぞれの要素を「再び足で立たせ」、経済学を科学として、哲学を弁証法的唯物論として、フランス社会主義の未来展望を「唯物論的」歴史哲学として、あるいは、この社会主義の実用版たる科学的社会主義として、構成する「作者」。

　これらの定式が、これほど完成したかたちで、マルクスのもとにみいだされないことは知られているが、それらは、しかし、マルクス主義の歴史に属し、第二インターナショナル以後のマルクス主義に与えられた公式定義の、代理をなしてきた。すなわち、弁証法的唯物論、史的唯物論、科学的社会主義。だが、名前をもたぬものを思考せねばならぬとの矛盾と格闘していたマルクスの中にも、これら定式の、まことしやかさを受け入れさせるものがある。マルクスの中には、ヘーゲル哲学を（フォイエルバッハ流に）「転倒させる」とのテーマ、ヘーゲル弁証法を「再び足で立たせる」とのテーマが見付かる。いよいよ批判されていくとはいえ、彼のもとには、つねに、透かしのごとく歴史哲学的な観念、歴史の〈方向〉という観念が現前する。この〈方向〉は、特定の生産様式のあとに特定の生産様式が来る「漸進的時期」の継起として、具体的に示され（『経済学批判』の「序言」、一八五九年）、共産主義の透明性にむかっていく。[2]「必然性の王国」のあとに来る「自由の王国」なる観念論的表象が、[*8*] マルクスのもとには見られるのである。その共同体では、国家と商品関係と同様、余分となった社会関係に、諸個人の自由な発展が取って代わるとの神話が。[3]

こうしたテーマの潜在的・顕在的観念論は、『ドイツ・イデオロギー』(「唯物論的」な、まさに歴史哲学)にばかりでなく、一八五九年の「序言」の進化論(諸生産様式の「漸進的」継起)にも取り付いている。さらに、グラムシに強迫観念のごとく付きまとう[*9]、かの名文句の、同語反復的目的論にも。「どの社会構成体も、生産力の最大容量をすべて発展させてしまうまでは、けっして消滅しない……。ゆえに、人類は達成しうる課題をしかみずからに課さない[(4)]」。同様の観念論は、もっと遥かに巧妙なかたちで、『資本論』そのものに、取り付いている。我々は、いまや、つぎのことに気付くにいたったのである。『資本論』の「叙述順序」は、いかに卓越しているにせよ、曖昧であること、はじめから「叙述順序」がフィクショナルな統一性を課されてしまうのは、価値なる抽象性から始めねばならぬとの要請のせい、等価性の領野は等質であるとの前提のせいであり、その前に、搾取過程の条件として、資本制搾取関係を置かなかったがゆえであること[*10]。

「始まり」の問題があれほどの重要性、あれほどの苦難(「いかなる科学においても、始まりが険しい[*11*]」)をマルクスに感じ取らせ、彼が、価値なる究極の抽象性から始めねば、との観念をみずからに押し付けた、そのことには、科学(*Wissenschaft*)についての或る発想がかかわってもいた。真であろうとすればいかなる思考過程(*Denkprozeß*)もが従わねばならぬ形式的諸条件、という発想である(例——いかなる認識も、ゆえにいかなるその叙述も、抽象から具体へと進まねばならぬ)。〈真なるもの〉の必然的たる呈示(*Darstellung*)ないし叙述という幻想の中には、明らかに、まだヘーゲルがいる[*12*]。

〈真〉の思考過程なる哲学的発想の諸効果を、『資本論』の特定の箇所に指摘できる。剰余価値を、生産された価値と労賃‐価値との差として、会計学的に呈示する箇所が、その一例である。叙述順序からの演繹によって会計学的形式を課されたこの呈示は、搾取の経済主義的解釈に通ずる可能性を与える。じつは、搾取は価値の天引きには縮小されない。搾取は、その具体的諸形態、具体的諸条件の中でしか、思考されえない。労働過程(技術による労働の分割と編成、労働時間、労働強化、単純労働への細分化、etc.)によってと、労働編成の分割および規制によって課される、容赦ない諸拘束の中でしか——また、労働力の生産・再生産過程（消費、住居、家族、教育、健康、女性問題、etc.）の課す諸拘束の中でしか。確かにマルクスは、搾取を、価値のたんなる会計学的徴収と少しも混同しない。剰余価値の形態（絶対的、相対的）についても、労働過程と労働力再生産とにおける搾取の形態についても、彼は論じる。しかし、それが論じられるのは、いままでつねに奇妙と見えてきた「歴史的」・「具体的」な諸章、抽象的でない諸章、大きな叙述順序のそとに在る諸章でのこと。大きな叙述順序に意味を与えるには、この順序を破るか中断する必要あり、とでも言うかのごとし！

価値なる抽象性から始めねば、との始まりをみずからに課したがゆえにマルクスが自分からはまり込む、困難と矛盾の例は、ほかにもたくさん示すことができるだろう。二つだけ引く。労働力の「使用」によって労働手段が活用されることの結果として、労働手段の価値が永続するとされる、厄介な問題がある。さらに、価値から生産価格への転形問題があり、推論ミスからマルクスはこの問題に捕まっている——この誤りを理解するには価値以前にさかのぼる必要なし、とでも言うかのごとし。

わかるとおり、「地盤を替える」必要性、「プロレタリアートを代表する」立場をとる必要性が自明でどれほど意識されていても、それだけでは、「以前の哲学的意識を清算する」ことは、即座には、なされえなかった。マルクスが掲げる唯物論、意識が実践を、それどころか思考の現実的諸形態すべてを汲み尽くすことなどないとする唯物論は、彼自身にも当てはまるのだ。この避けられない溝のしるしとして、つぎの事実があげられるだろう。『フォイエルバッハにかんするテーゼ』の謎めいた短い指摘以外で、マルクスが明快に自分の新しい立場、「自分の」哲学を説明したことは、一度としてないとの事実である。弁証法について二十ページ書くとエンゲルスに約束した彼は、それをまったく書かなかった。最も完成度の高い一八五七年の「序説」でさえ、彼は「伏せた」（原語に忠実なら、「禁圧 *unterdrückt*」した）。[*13*]「先に論証しておくべき結果を先取るのは、混乱を招くだけ」と言うのである。[*14] すべては、彼の作品の中でと、彼の格闘の中で起きた。[*15] 古い立場の回帰に対抗しつつ新しい立場を確実にしようとの矛盾において続く、終わりなき戦いの中で。勝ったと見えたそのときでさえ、まだあいかわらず流動的な戦い、強大な語によって隠蔽されてしまったものを考えるための語、いまだ存在しないその語を、みいだそうとの戦い。言うまでもなく、勝敗の行方は、じつに語にも賭けられるのだ。『資本論』に見られる最も深い迷いの数々が、そのことを証言している。そこでは物神崇拝理論、死んだ労働と生きた労働の対立、労働者のもとに及ぶ生産条件の支配、共産主義像に、疎外が語として、テーマとして、さらには「概念」としてさえ、まとい付くことをやめない——疎外、古い語、観念論に属す、なんでも屋の古い概念だが、そこにおいて、もちろん、別のことがらを考えるために。考えられないままにされてきた考えられていないものを、考えるために。

まっとうな唯物論者である歴史がマルクスの思考を不意につかみ、追い越してしまったことの、もう一つ別の例は、以下のごとくである。[*16] みずからの観念をも含め、「観念の全能性」についぞ幻想を抱かなかった点で、マルクスは、観念論的政治哲学全体から区別される（論争の戦火の中で、こう不用意に書いてしまうのはレーニンである。「マルクスの観念は、真であるがゆえに全能である」[*17]）。彼の観念は確かに真であるが、しかし「全能」ではない。じつにいかなる〈観念〉も、「全能」ではない。[*18]『〔共産党〕宣言』〔一八四八年〕以後の、そしてそれ以後まったく変わることのない、マルクスの立場は明快である。共産主義への道を開きつつあり、やがて開くのは、資本家に対するプロレタリアによる階級闘争という全体運動、「現実的運動」であるとする立場。観念の影響力など、階級間の力関係の二次的表現にすぎない。目を見張らせるのは、みずからの観念を措定するときも、マルクスがこの唯物論的テーゼを考慮するということ。そのことは、『宣言』にも、一八五九年の「序言」にも、見ることができ、[*19] いずれにおいても、観念の呈示はトポス論、場所（*topoi*）を伴なう空間的布置、のかたちをとる。それは、マルクスがそこで、二度、それぞれ異なる形態のもとに、みずからの観念を呈示することを言っている。

彼はみずからの観念を、まずは、全体的分析（『宣言』では状況全般の分析、一八五九年の「序言」では社会構成体の構造の分析）の原理として差し出す。このとき、彼の観念はいたるところにある。その観念による全体的現実の説明がめざされている以上、当然である。そしてこのとき、彼の観念は、理論的形態をとって、その場にある。

だが、二度目にマルクスがみずからの観念を示すとき、彼はそれを同じ全体的現実の、しかし特定の、限定された場所に位置付ける。一八五九年の「序言」での言い方を借りれば、「人々が（階級的）抗争を意識し、それを戦い抜く場、イデオロギー諸形態」[*20]のあいだに位置付けるのである。このようにみずからの観念を、社会関係と階級関係とによって規定された場所（上部構造）に位置付けるということは、マルクスが、そのみずからの観念を、与えられた全体を説明する原理と考えているのでない、ということでもある。彼はみずからの観念を、それがイデオロギー的階級闘争に、ゆえに、政治的階級闘争にもたらしうる作用との関連でのみ考えている。そのため、このとき、彼の観念は形態を変える。理論‐形態から「イデオロギー‐形態」へ移行するのである。

マルクスの唯物論の真価は、彼の理論の唯物論的内容によりもむしろ、働き掛ける力をみずからの観念がもちうるときの条件、形態、またそのときの限界についての、鋭い実践的意識にある。それゆえ、彼の観念は、トポス論の中に二重に書き込まれる。それゆえ、つぎの中心テーゼも出てくる。真であっても、形式的に証明されていても、観念それ自体が、歴史において、働き掛ける力をもつことはけっしてありえず、ただそうした力を観念がもちうるのは、階級闘争において固まる大衆的イデオロギー諸形態のもとにあるとき、それらの中に置かれるとき、それらを通過するときのみである。

ところが、マルクスは、自分の思想も歴史の思わぬ反転によって道を逸らされ、「観念の全能性」への運命に就かされ、その線での政治に奉仕させられる可能性があるとは、考えてもみなかった。ここでマルクスを法廷に召喚し、彼自身の理論的・政治的経歴、我々が考えてみなくてならないこの経歴以外のものにもとづいて、判決を下そうというのでないが、それでも一つの調書を作成せねばならない。まず、マルクスが我々に遺した全遺産の中に、彼が「上部構造」と呼んだ法、国家、「イデオロギー諸形態」にかかわるものは、ほんの一握りしかない、との事実確認である。つぎに、重要だが[*21]限定されてもいる寄与をなしたグラムシを待つあいだ、マルクス主義の伝統は、マルクスの遺産になにも付け加えてこなかった。いずれにせよ、一つの驚くべき逆説として、こう確認される。彼の思想を元に、注釈、解説（ときに華々しい、しかしおしなべて平板な）、応用が、おびただしいほど、生み出されたにもかかわらず、理論的に見て、大部分の場所でマルクス主義は、マルクスの段階かその手前にとどまってきたのである。彼の思想は、革命的政治活動によって、確かに解釈の激突の中に引き入れられたのに、しかし、本質的な点でマルクス主義は反復されただけで、反復される中、道を逸らされたか、硬直化させられてきた。啞然とする現象である。絵に描いた餅でなく科学であると、マルクス主義理論が標榜していたことを考え合わせるなら。前進せずに命脈を保ち、みずからの最初の出現形態、すなわち、みずからの「始まり」を批判的に審問に掛けずして前進する科学など、この世にないことを知れば。

マルクス主義の歴史のケースには、前進も審問もいっさいなかった。辛くもローザ・ルクセンブルクだけが、『資本論』第二巻の生産諸範式を批判しようとの勇気を示したが、この試みは、つかむべきものを取り違えた。近年になって、避けられぬ、しかしやがて豊かに結実するであろう混乱の中で、批判的探究の動きが出てきたように思われるが、それまで一度もマルクス主義は、つぎにつながれることも、発展させられることもなかった。

さて、この逆説が我々に再考を迫るのは、階級闘争の明らかすぎるほどの諸効果についてと、ブルジョワ・イデオロギーによる支配についてだけではない。マルクス主義を理論的守勢一辺倒に追い込んできた、これら二つのものについてだけではないのだ。それは我々をして、マルクスの不備を再考させもする。ついては、遺漏も矛盾もないそれ自体で「完全」であるはずの〈理論〉、なる〈観念〉を持ち出して判断しないよう、しっかり用心しよう。

というのも、観念をトポス論の中に二重に置き、かつ、観念を階級闘争に従属させる唯物論だけでは、階級闘争における観念の効力を考えることはできない。そうした効力をもつには、観念がさらに大衆的「イデオロギー諸形態」の中にも入り込めていなくてはならない。たんなるプロパガンダによっては、観念はそこに入り込めない。入り込むには、階級闘争を担う諸組織を必要とする。「万国のプロレタリア、団結せよ！」[*22*]は、実践的には、「みずからを組織せよ！」の意味である。しかし、マルクスにとって組織化は、かくべつ、理論的な問題にはならなかったように見える。自由で平等な参加者によって構成され、意思と意識に律せられた一つの共同体のその透明性の中で、すべての問題はあらかじめ解決済みとでもいったふうなのだ――共産主義、社会関係なしの自由共同体を先取るかたちで。

労働運動がのちに歴史的経験として生きることになる観念、持続していくには、思考と行動との統一性を確かなものにするには、いかなる組織も中枢機関〔指導部〕をみずからに与えねばなぬ、中枢機関なしの組織というものは存在せぬ、との観念――しかし、指導部と活動家への分割には、権力のブルジョワ的分割を再生産する可能性、悲劇に行き着く危うさをはらむ、恐るべき諸問題を突き付けてくる可能性がある、との観念、この観念がマルクスに宿ることは、ついぞなかった。かといって、彼の後継者たちが、理論的問題として、この観念に手を付けたことも、やはり一度としてなかった。危険を感じ取ったローザ・ルクセンブルクでさえ、そうだった（他の点ではじつに明快にものごとを見通すトロツキーも、この問題を提起しなかった）。[*23] 組織化について透明な観念を抱いていたのと同様、イデオロギーについても、マルクスは、以前からもっていた古い透明な捉え方を、けっして捨てることがなかった。イデオロギーとは「意識」なり、観念の集合体なり、とする捉え方。そのため、彼は、イデオロギーの物質性を捉えることができなかった。支配的「イデオロギー諸形態」として機能する諸装置、国家に下属するそれらの装置によって規制される諸実践の内部で、イデオロギーは物質的に現実化されるということを。(5) マルクスの言葉を鸚鵡のごとく繰り返すばかりの、つまりは、マルクスを注釈するか解釈する以外のことをなさない彼の後継者の多くは、盲滅法、夜の底へ迷い込んでいった。国家を覆う夜、イデオロギーを覆う夜、党を覆う夜、政治を覆う夜。そこへ迷い込んだ果てに、彼らはマルクスの思考を、それとはまったく異質なもののほうへ傾けたのだった。

マルクス主義は「教義でなく、行動の指針である」との高らかな宣言がなされた――だがそれは、教義でないとの否認に、教義への誘惑がまとい付いていたことの証拠でもあった。レーニンでさえ、迷わずこう言ったのだった。「マルクスの観念は、真であるがゆえに全能である」。「マルクス主義はひとかたまりの鋼鉄へ鋳込まれる」。[*24*] 文脈を見なくてならぬこと、彼が意図的に「棒を逆方向に撓めようとしていた」ことを理解しなくてならぬことはもちろんだが、しかし、文脈は歴史から消え去る。そして、語だけが残る。マルクス主義は進化論的歴史哲学にされ（カウツキー、プレハーノフ）、『資本論』は経済学の教科書にされた。そうした企ての統一性をしっかり固めるために、エンゲルスの不幸なテキスト（L・フォイエルバッハ論、自然の弁証法）が抜き出され、マルクス主義哲学「そのもの」、弁証法的唯物論が構築された。弁証法的唯物論を絶対に守らねばとの義務感から、レーニンは、それは「端から端まで一貫した唯一の」唯物論と言明した。しかし「一貫」してはいても、「端」はもたぬことを、唯物論は受け入れねばならない。[*25]

こうした傾向の結果、マルクス主義は、他と変わらない一つの哲学（弁証法的唯物論）になる以外なかった。史的唯物論をその「不可欠の構成要素」とし（そう言ったのは、とりわけスターリン）、科学的社会主義をその応用とする哲学に。[*26]この貧乏人のヘーゲル主義、この外部なき〈絶対知〉の諸定式を、スターリンは、マルクスとレーニンの名のもとに、[*27]何年、何十年にわたって固定してしまった。そこにトポス論はすでに影も形もなかったが、それもそのはず、なにしろ「指導部がすべてを決める」と言うのだから。「真なるもの」を定義するのは、指導者たち独占の仕事。国家‐党‐国家イデオロギーの醜悪な三位一体の中で、観念の全能性なるブルジョワ・イデオロギーが勝ちを占めた。大衆に残された義務は、従うことのみ、しかも、なんとみずからの解放のために、そうすることのみ。

このものすごい逸脱現象を説明するには、ブルジョワ・イデオロギーとそれが労働運動に及ぼす影響とだけを持ち出すのでは、十分でない。ブルジョワ・イデオロギーの諸形態が労働運動の中で再生産されることの説明も必要なのだ。それを説明するには、イデオロギーの理論が欠かせない。イデオロギーと国家との関係、諸装置内でのイデオロギーの物質的な在り方、さらに党そのものとイデオロギーとの関係についての理論が。労働運動の諸傾向への（支配的）ブルジョワ・イデオロギーの影響に、マルクス主義指導者たちはつねに敏感であったが、その影響を決まって機械的に捉えてきた。労働運動と共産主義とにかかわる諸困難、諸「偏向」の原因を、彼らはいつも最終的に、この影響に帰してきた。この影響のみに。階級闘争の実践と階級闘争の目先の諸問題とに気をとられ、いわば目を見えなくされていた彼らは、つぎのことに注意をむけなかった。闘争をめざして、また闘争の中で、いかなる闘争組織も、組織的統一を揺るがぬものにすべく、特有のイデオロギーを分泌する。マルクス主義理論が政治的に働き掛ける力をもつには、この理論がさらに大衆的「イデオロギー諸形態」をも、つかまねばならぬことに、彼らははっきり気付いた代わり、マルクス主義イデオロギーとあのイデオロギー、生きるため、統一を保つため、自己防衛するために組織が必要とするイデオロギーとが、食い違うことも、矛盾することもありうるとの事実を、真剣には考慮しなかった。党についての、また党の装置としての構造が生産する諸効果についての理論を欠くため、彼らは、マルクス主義イデオロギーが、いま在る党の必要とするイデオロギーによって、歪められてしまう可能性のことに、思い至らなかった。

「マルクスの観念の全能性」と「マルクス主義という鋼鉄の塊」についてレーニンが言った定式は、いま触れた党にとってのイデオロギーの必要性を反映している。党が組織的実践における統一性を保つには、波乱の時期に党の大義と党の未来とに確たる見通しをもつには、党のイデオロギーが〈真理〉であることの、党の理論と実践とが一部の隙もない統一性を有すことの、まさに公然たる保証を、党は必要としたのである。しかも〈党〉は、必然的に、中枢機関を内蔵する。中枢機関の指令が〈絶対知〉のごときものであることを、イデオロギー的に保証せねばとの大きな誘惑も、それゆえあった。この知が中枢機関の権力と一体化して果たすイデオロギー的機能が、したがって、この一体化のはらむ危うさが、もはや目に入らなくなるほどにも、その誘惑は大きかった。このイデオロギー的機能が誤認された果てに党そのものの中に、指導層と活動家の区別として、ほかならぬブルジョワ国家の構造、「統治する者と統治される者」の分離を再生産してしまう可能性のあることが、もはや目に入らなくなるほどにさえ。*28

労働運動へのブルジョワ・イデオロギーの、既知とみなされた影響は、「観念」や「傾向」に及ぶだけではない。それは組織構造という物質性に反映され、現存国家、すなわち、ブルジョワ国家の構造を再生産する方向にも働くのだが、しかしこのことを見るには、じつはイデオロギーの、国家の、党の理論が必要であった。組織化実践の中でたえずマルクス主義はこれら三つの現実に出会い、それらにかかわる政治的諸問題を確かに解決してはきた。しかし手探りの、まるで闇の中を行くごときの解決であった。それゆえにこそ、レーニンの作品と行動は偉大であり、かつ、悲壮なのである。あれらの問題の、差し迫った在り方に敏感であった彼は、みずからの考えをたえず訂正し、翻しつつ、気の遠くなるような課題に立ち向かった。新しい党、新しい国家を樹立し、大衆をまったく新たなイデオロギー形態たる文化革命へ導こうとの課題である。彼の実践、この壮大なる実験は、確かに、革命の神話的観念を正したが（即座の全体的変容から、矛盾をはらむ長期過程へ）、国家、イデオロギー、党の理論に、結実することはなかった。同じ理由ゆえに、グラムシの偉大さも悲壮さもある。あれらの問題のもつ重要性と政治的重みを感じ取った彼は、それを思考する一歩手前まで行ったが[*29]、しかし或る種の歴史哲学にいまだ囚われた歴史的探究から、抜け出すことができなかった。また、同じ理由ゆえに毛沢東の偉大さもある。弁証法の形而上学的観念を実践的に再審に付した彼は、大胆にも、弁証法そのものを弁証法のもとに置いた（彼の矛盾「一般」の理論、それは、じつは、「諸」矛盾とそれらの状況依存的差異の理論である）[*30]。つまり、イデオロギー諸関係の本性へと考えを進め、文化革命なる野心的計画、大衆への党の関係を変えるはずの計画に託して、党中枢機関の分離とその強大な力とに手を付けたのである。だが、そこにおいてもやはり、実践は理論へと通じることがなかった。

以上の調書が判決にすり替えられてはならない。なされた歴史に対する責任を、イデオロギー、国家、党の理論の不在に帰すのは、巧妙なかたちでの「観念の全能性」に、再び陥ることだと言っていいのだから[(6)]。それは、マルクス主義理論が「完全」であったなら、この理論は歴史を支配できたはず、とする前提を置くことに等しい。そこには、歴史の支配なる観念論に加え、もう一つ別の観念論が前提されている。すなわち、プロレタリアートの階級闘争において「プロレタリアートを代表する」理論は、この闘争から出てくるのでも、国家と支配イデオロギーとがもつ強大な力のもとに在るこの闘争の展開、この闘争の歴史に、従属しているのでもない、ゆえに、この闘争を担う諸組織の構造にも、それら組織の構成と戦いとを規定するイデオロギー的条件にも依存しない、とする観念論である。言うまでもなく、マルクス主義理論は、そのものがこの闘争の中にあるのだ。この闘争のなす諸発見の中にと、この闘争のはらむ空隙と諸矛盾の中に。さらには、この闘争の歴史における歪曲や悲劇の数々の中にも。

告発や憤慨によっては、マルクス主義が、みずからの歴史の悲劇から解き放たれることはない。告発や憤慨こそ、道徳にすぎず、それは理論的・政治的役割を放棄することである。あれらの悲劇をきちんと認識し、引き受け、緊急の課題となすこと、根に踏み込み、理解に必要な理論的手段をつくり出すこと、そこに、マルクス主義の死活は懸かる。元に戻せない過去を明瞭に見通すことに、たんなる知的好奇心などいっさい関係ない。このラジカルな反省において審問に掛けられるのは、今日のマルクス主義なのである。いま在るみずからの姿を在るがままに知ることを、マルクス主義がついに開始し、やがてついに変われるか、本来の自分になれるか[*31]、それが問われているのだ。

実際、理論的諸問題は、知識人(大学教師であるか政治家であるか、指導的地位にあるかないか、「精神労働」に従事しているか「肉体労働」に従事しているかにかかわらず[*32])の頭の中で弄ばれるのではない。知識人が、理論的諸問題の惹起、設定、突破の決定権を握っているのではないのだ。今日において唯物論者であるとは、なによりもつぎの認識をもつことである。マルクスの思考、その空隙、その矛盾、その幻想の最初にして暫定的な総括を我々が素描できるのは、それを情勢が我々に強いているから、かつまた、許すからである。世界中でとヨーロッパ各国での労働者民衆による階級闘争の大々的な展開、帝国主義の攻勢に対抗するこの闘争のかつてない潜勢力が、政治、イデオロギー、理論にわたるマルクス主義の全面的「危機」、マルクス主義の矛盾、混乱、ゆきづまり、劇的事件を、ついに閃光のごとき白日のもとに照らし出しているからなのだ。過去へさかのぼらなくとも(そんなのはできること、やらねばならないこと)、こうは言える。スターリン的国家の教条主義がまとってきた様々な形態の中で、マルクス主義の危機は、我々のもとに届かぬよう塞き止められ、封印されてきた、と。その危機に近付こうとした人々を政治的孤立や断罪(排除、強制収容、投獄、拷問、強制労働、死、処刑[*33])の道に送り込んだのは、その教条主義だった、と。

この塞き止めの諸形態が解体途中にあること、危機の諸要素が、そのバラバラ状態まで、一般大衆に見えるようになっていること、これがじつに大きな帰結を伴う新しい事実である。この危機のはらむ諸矛盾と諸要請、ひとことで言えば、この危機の「傾向」が我々に、何がマルクスに欠けているかを見させるのである。なぜなら、いまや生き死ににかかわるほどに我々に迫られている必要は、帝国主義、国家、イデオロギー、党、政治を明晰に見通すことなのだから。まだ生きていたときでさえ、マルクス主義がつねに critique な位置にあったことは、マルクスとレーニンを読むだけでわかる（批判的＝危機的という critique の二重の意味で。つまり、マルクス主義は支配イデオロギーの生む幻想と戦っていたと同時に、支配イデオロギーが露出するたびに、たえず脅かされてもいた）。それは、マルクス主義が大衆運動のまっただ中に捉えられ、そこにおいて不意打ちを食らっていたから。大衆闘争の先行き見えぬ歴史から繰り出される諸要請に、マルクス主義がさらされていたからである。だがいまや、最悪の矛盾の中にあってさえ、大衆はかつてなく動いている。そのことを理解するには、彼らに「耳を傾ける」ことを始めなければならない[*34]。

その歴史において、おそらく、はじめてマルクス主義は、深甚な変化の前夜にいる。変化の最初の兆しは、すでに目に見えている。今日、マルクス主義理論は、もう放棄しないようマルクスの古い言葉を自分のこととして引き受けることができるし、引き受けなくてならない。すなわち、我々は、「我々の以前の哲学的意識に負う彼のツケを清算する」ことをなさなくてならないのだ。なによりも真っ先に、マルクス自身のいまも「以前的」である「哲学的意識」に負うそれを。しかもこれが、言うまでもなく、哲学者、知識人、指導者だけの問題でも、党だけの問題でもないことを踏まえたうえで。実際、「人はみな哲学者である」（グラムシ）。最終的に、それは、戦いの試練の中にある一般大衆の問題なのだ。

原注

（1） Cf. la « Préface au recueil “En douze ans” », *Œuvres*, ［Paris/Moscou, E.S. /Éditions du Progrès］ tome 13, pp.95-115.
〔「論集『一二年間』の序文」、『レーニン全集』マルクス＝レーニン主義研究所訳、第十三巻、大月書店、一九五五年、八五〜一〇三ページ〕

（2）『ドイツ・イデオロギー』一八四五年、および、『経済学批判要綱』一八五七〜五八年。
（3）『資本論』、一八六七年。
（4）この文章は、一般には、つぎのようにフランス語訳されている。「人類は解決できる問題（ママ）をしか、みずからに立てない」（cf. la « Préface » à la *Contribution à la Critique de l'économie politique*, Paris, E.S. 1977, p.3)。『経済学批判』「序言」、杉本俊朗訳、国民文庫、大月書店、一九六六年、一六ページ。「問題」のドイツ語原語は « *Aufgabe* » であり、確かにこれは、アルチュセールのなしているごとく、「課題」と訳すのがいいであろう〕
（5）グラムシは、確かに、イデオロギーという下部構造を語っているが、この下部構造を技術的に、すなわち、「経済主義的」に捉えている〔追加された注〕。
（6）性急な或る共産主義者たちのもとで、今日、歴史における「責任」なる法的‐道徳的カテゴリーが、大々的かつ盲目的に使用されているが、このカテゴリーの使用は、問題を解決するより、むしろ問題を引き起こす。そのことをスピノザは明快に論証し、その論証に、マルクスは承認を与えた〔追加された注〕。

第十四章　マキャヴェリの孤独（一九七七年）

一九七七年五月の日付をもつこのテキストは、アルチュセールが一九七七年六月十一日、パリ国立政治学財団でおこなった講演の原稿である。このテキストがアルチュセールの生前に活字になったのは、講演から十年後にすぎず、しかも、まずはドイツ語、ついで英語で発表された――その後、「前未来」誌がフランス語版の公表を計画するのは、哲学者の死の数ヵ月前のことである。[*1]

フランス政治学協会がアルチュセールに講演を依頼したのは、すでに何ヵ月も前のことだったが、彼の不安定な健康、多方面にわたる仕事が、もっと早期にこの招請に応えることを許さなかった。超満員の聴衆を前に彼は話をし、自他とも認める成功を収めた。ただ証言によれば、政治学の教師の中には、『マルクスのために』の著者が講演したことに、眉をひそめる者もいたようである。

マキャヴェリは、どの時期にあっても、アルチュセールお気に入りの著作家の一人であった。一九六二年と一九七一～一九七二年ころを含め、彼は何度かマキャヴェリに講義をさき、そこから、のちにF・マトゥロンによって死後出版作品として編集されることになる、めざましいテキストを引き出した。そのテキストで彼が詳述している問題構成は、財団での講演で展開された問題構成にごく近い――講演そのものが、講義で取り上げたおもなテーマを再び取り上げ、総合しているのである。[*2]

アルチュセールは講演原稿を念入りに準備した。その証拠に、一連の版に対応する多数のタイプ稿が、IMECに保管されている。ここに公刊する版は、最終タイプ稿にもとづくテキストである。最終タイプ稿には二系列の訂正が現れる。青インクでなされた訂正の系列は、明らかに講演以前のものである。黒インクでなされたもう一方の訂正の系列は、講演以後、著者が病の正面攻撃にさらされていた時期のものと思われる。講演以前の訂正は、とくに注記することなくテキストに繰り込み、講演以後の訂正は、編者注にて、それと指示することにした。

このような意見交換の場に招かれる大きな栄誉を授けてくれた、フランス政治学協会とJ・シャルロ氏に、まず感謝しておきたい。続いてすぐに私の側から、正直に、第一の留保を言わせてもらいたい。あなたがたの協会の関心は、なによりもまず、アクチュアルな政治的大問題にあるが、私の申し出た講演のテーマには、アクチュアルでないとの判断が、おそらく、下されるであろう。言うところのテーマとは、マキャヴェリである。さらに第二の留保。著名な政治家、歴史家、政治学の専門家などの講演を聴くことが、あなたがたの慣れ性になっているが、私はというと、一介の哲学者にすぎず、哲学者として私はあなたがたの前で、マキャヴェリの孤独と私が呼ぶことがらについて、お話しするつもりでいる。たんなる哲学者にすぎない、とはっきり言っておいたのは、私が答えに窮するような問題が多々ある、とあらかじめ断っておくためである。しかしこの点は、これから触れてみたいいくつかの論点について、私が少なくともあなたがたの理解を首尾よく引き出せたなら、おそらく大目に見てもらえるだろう。教養、専門、関心が違っていても意見交換ができれば、と願う。少なくとも私個人は、そのような意見交換から多くのものを期待している。

協会の慣例として、質問をあらかじめ講演者に提出し、講演者がそれに講演で答えることになっていると、私も承知している。だが思うに、講演の題目のアクチュアルでない、いささか突飛な性格が、対話者たちに二の足を踏ませたにちがいない。私が受け取った質問は、三つしかなかった。一つはピエール・ファーヴル氏からのもので、すでに古いと言っていいほど以前の、一連の哲学的試論において私が素描した、認識論の概念構成にかんする質問である。ファーブル氏も受け入れてくださると思うが、この質問は氏との直接的な対話に回したい。あまりにも私個人にかかわる質問であるため、講演の主題から話が逸れてしまうであろうから。第二の質問、イスマル夫人から寄せられた質問は、グラムシのマキャヴェリ評価にかかわる。グラムシ同様、確かに私も、マキャヴェリは国民国家の理論家、封建制と資本制のあいだの過渡的国家たる、絶対制国家の理論家であると思う――だが、彼がそのような理論家であるのはまったく例外的な条件においてである、というのが私の考えで、これについてはお話しする。第三の質問、ポルテリ氏から受けた質問は、マキャヴェリの思想とマルクス主義の伝統とのつながりについてである。確かにこのつながりは存在する、と私は思うが、しかしそれは、直接的な親子関係というより、偶然に出会い、あとを引き継ぐ、といったつながりのように、私には思われる。これについても、お話しできるだろう。

さて、よろしければ、選んだ主題、マキャヴェリの孤独をめぐるいくつかの省察によって、討論への道を付けてみたい。

たえず歴史に取り付き、十六世紀から現代まで休むいとまもなくいつも、悪魔、最悪の冷笑家と非難されたり、最も偉大な政治家たちの実践に体現されたり、その思想の大胆さ、深さを称えられたりしてきた（啓蒙主義期、リソルジメント期において、またグラムシ、その他によって）著作家について孤独を語るのは逆説だ、との反論が、必ずや、返ってくるだろう。どうしてマキャヴェリの孤独を語れるなどと言えるのか？　歴史の中にみいだす彼は、手強い敵、賛同者、細心な注釈者の巨大な一群に、取り囲まれているというのに。

だが、マキャヴェリの思考が彼に関心を抱くすべての人々の上に振るう、分裂させる力に注目するなら、彼の孤独を語れるのである。これら読者を彼が敵・味方になるまで分裂させ、しかも歴史的な環境が変わっても、そう分裂させるのをやめないでいることは、特定の陣営を彼に指定する難しさ、彼を分類する難しさ、彼が誰で、何を考えているかを言う難しさを証明している。彼の孤独とは、まずこれである。分類しがたい人と見えること、この人はアリストテレスの伝統に入る、といったようには彼をほかの思想家といっしょに、特定の陣営、特定の伝統に入れることができないこと。彼への断罪であれ、彼への帰依であれ、かくも様々な党派、かくも偉大な著作家たちが、彼の一部を逸することなしに、それを最後までなしえなかったのも、おそらく、彼が分類しがたいからである。あたかもマキャヴェリには、つねに、なにかつかみがたいものがあるかのようなのだ。マキャヴェリ擁護派の意見を排し、もっと公正な評価を許す時間的距離を置いて、今度は、この百年来、彼の作品を研究している注釈者たちを見てみると、再び我々は、彼らの驚きの中に、あのつかみがたいという真実に通ずるものをみいだす。つい先ほど私はマキャヴェリの思考について語ったが、現代の偉大な注釈者たちもやはり、マキャヴェリが歴史の中で触発してきた、激越な分裂に説明を与えることのできる或る特徴を、マキャヴェリの思考特有の属性として、それぞれの関心に即しつつも考え抜かれた仕方で、取り上げたのだった。この思考は、確かに、古典的思考としてのみかけをすべてもち、一つの対象をみずからに与えている。たとえば『君主論』なら、様々な種類の公国を対象に、公国の形態、公国の征服と維持の仕方、統治の仕方を分析してみせる。古典的思考としてのみかけをすべてもつとは、区別と同定が簡単な安心できる思考、曖昧さなく理解しうる思考であるとのみかけをすべてもつ、ということだ。たとえその思考が、あれこれの問題を未解決のまま残しているとしても。ところが、注釈者たちは、ほぼ異口同音に、こう認める。未解決の問題とはまったく別のもの、謎がマキャヴェリにはある、この謎は解読不可能に等しい。マキャヴェリ問題には、けっして決着は付かないだろう、と最晩年のクローチェ[*3]は言った。この謎は様々な形態をとりうる。たとえば、よく知られた形態はこうだ。マキャヴェリは君主制論者か、共和制論者か？　もっと精緻な形態をとることもある。明示と韜晦を同時になすなどということが、どうして彼の思考には起きるのか？　クロード・ルフォールがその学位論文[*4]でみごとに明らかにしたように、なぜ彼の思考は、中断、脱線、未解決の矛盾を通って前進するのか？　しっかり取り押さえたと見えた思考が、現にそこにあって、なおかつじつは逃れていくとは、まさに完全に表現されていて未だ表現されきっていないとは、いったいどういうことなのか？　これら人を困惑させる論点のいずれもが、つぎの観念を裏付ける。すなわち、マキャヴェリの孤独は、彼の思考のもつ意表を衝く性格に根差す。

そのことを証言できるのは、なにも注釈者たちにかぎらない。ごく一般の読者でもそれをなしうる。『君主論』『論攷』〔いわゆる『政略論』、原題は『ティトゥス・リウィウスの初篇十章にもとづく論攷』〕、まさに今日、この三百五十年前のテキストをひもとく人は、フロイトの言った *Unheimlichkeit*——奇妙な親密さ〔疎遠な近しさ〕[*5]——に捉えられた気分になる。なぜだかわからぬが、ともかくこの古いテキストは、まるで我々の時代のものであるかのごとく、我々に呼び掛けてくる。いわば我々のために書かれたテキスト、我々に直接かかわるなにごとかを、我々に言わんがために書かれたテキストでもあるかのように、それは我々をつかむ。だが、なぜそうなのか、正確なところ、我々にはわからない。この奇妙な印象を、十九世紀、デ・サンクティス[*6]は、はっきり書き留めた。彼はマキャヴェリについてこう言ったのである。「彼は我々を不意打ちし、我々をして考え込ませる〔…〕」。この一撃、この不意打ちはなぜなのか？　なぜに考え込ませるのか？　抗っても彼の思考が我々の中に持続していくからである。なぜに考え込ませるのか？　我々の思考を乱して我々を不意につかんでしまうそのことによってのみ、この思考は、我々の中に持続していけるからである。かぎりなく近くにありながら、不意にそれにつかまれることなくしては我々がけっして出会うことのない思考、唖然とさせるというあの驚くべき力を我々の上に振るう思考として、それは我々の中に持続していく。何が我々を唖然とさせるのか？

我々を唖然とさせるのは、月並みな発見、彼が近代政治学の創設者であったとの発見ではない。たとえばホルクハイマーが言うように、やがてガリレイのなすのと同じやり方で政治学を扱い、要素のまとまりが示す変動を一つの定数的関係の中に固定しようとした人、つまり、「それはかくある」、諸邦の統治を司る「法則とはこれなり」と、実証的方法にもとづいて政治学を扱った人であるとの発見ではない。違う、我々を唖然とさせるのは、その種の発見ではない。そのような発見は我々の文化に吸収され、科学の伝統全体に受け継がれ、ゆえに、我々にとって、見慣れたものになっている。そのような発見には、もはや我々を驚かすもの、「我々を不意打ちする」ものは、なにもない。なるほど、政治学におけるあらゆる偉大な発見者、たとえば、のちのヴィーコ[*7]やモンテスキュー同様、マキャヴェリもまた、新しい認識の創出者として登場してくる。だが、それはまさにガリレイ的認識とはまったく異なる認識であり、彼の思考は、継承されないまま、その誕生を見た時代と人の中で孤立していると言っていい。それでいて、彼の思考は生む力を及ぼすのである。

ここで我々は、マキャヴェリの孤独と突飛さにかかわる、或る決定的な地点に接している。だが、そこに赴く前に、そこにいたるために、マキャヴェリなる謎のまとう古典的形態を、まずはじめに一掃しておく必要のあることを、示しておきたい。

この古典的形態はつぎのように言い表すことができる。『君主論』がそう示唆すると見えるように、マキャヴェリは本心から君主制論者であったか、それとも、『十章にもとづく論攷』がそう示唆すると見えるように、共和制論者であったか？　通常、問題はこのように立てられるが、このように問題を立てるのは、既存の政体分類を自明なこととして受け入れることである。様々な統治形態、それらの健常と病理を考察したアリストテレス以来の古典的政体類型論を。ところが、ほかならぬこの類型論を、マキャヴェリは受け入れも、実行しもしない。特定の統治類型のもつ本質の規定を、彼はみずからの思索の課題としない。彼の関心は、まったく別にある。デ・サンクティス、続いてグラムシがはっきり理解したように、生きていたあいだに絶対君主制としてフランスやスペインに実在した国民国家について、その理論をつくることは、さして彼の関心になっていない。国内割拠とそとからの侵略にさらされている統一なき国イタリアにおける、国民国家樹立の条件という政治的問題をみずからに問うこと、これが彼の関心であった。この問題をマキャヴェリは、ラジカルな政治的言葉づかいにて立てる。こう確認するのである。君主によって統治されていようが、共和制をとっていようが、教皇領であろうが、いかなる既存の国家によっても、イタリア国民国家の建設なる政治的使命は成就されえない。既存の国家はすべて古いからである。現代の言葉づかいで言えば、それらはすべてまだ封建制に捕まっている――自由都市ですら。言った問題をマキャヴェリはラジカルな言葉づかいで立て、こう宣言する。「新しい公国の新しい君主」だけが、あの困難な使命を最後までやり遂げることができるだろう。新しい公国の新しい君主でなくてはならない。新しい君主であっても古い公国にいるなら、そこから彼はなにも引き出すことができないだろう。なぜなら、古い公国は彼をその古さに囚われたままにするであろうから。古さの拒否とマキャヴェリが読者を置く未決状態とがもつ、政治的意味をしっかりつかむことが肝心、と私は思う。明らかに、マキャヴェリは自分の望みに適う君主を探した。しかし、態度を変えた。そんな君主など見付かりっこない、と悟ったから。国民国家樹立の使命の緊急性、イタリアの政治的惨状、イタリア民衆の性質、四方八方から湧き上がる求めの声などを考えて彼は、民衆は一致してあのような君主を迎え入れるだろうとの確信を抱き、新公国樹立の緊急性を表現するための、パセティックな口調を見付け出した。新公国が必要でも可能でもあることの証左を、チェーザレ・ボルジア[*8]の波乱に富んだ行程が、すでに彼に与えていた。ボルジアは新しい公国を首尾よく樹立する一歩手前まで行ったが、そこまで行けたのは、彼が出発点において無であったから。彼がいかなる国の君主でもなかったから。つまり、それまで封建制と教皇権が侵略に荒廃したイタリアにまとわせてきた古い政治的国家形態に、彼が囚われていなかったから。あの政治的使命が差し迫っていること、イタリアにその手段がたくさんあることだけでなく、マキャヴェリは、つぎのことも確信していた。生まれてくるべき君主は、封建的なすべての桎梏から自由でなくてならない。あの使命を無から、すなわち、既存の政治形態に従属せずに、企てなくてならない。だからこそ、「新しい公国の新しい君主」について、彼は一般的に語る。一般的に、つまり、名も場所も与えず抽象的に。この匿名性に込められているのは、既存のあらゆる君主、既存のあらゆる国家を認めないとする意思であり、国家でなかった小国、父である教皇が慰みに彼に与えた一粒の属国から、みずからの国家を仕立て上げていこうとしたチェーザレ・ボルジア、この極限例に倣って、新しい国家をつくり上げよ、との、誰か名もない人への呼び掛けである。無名の人よ、彼のごとく、無から出発するがいい、運がおまえのヴィルトゥ〔力量〕につながったなら、成功の望みもあるだろう。ただし、成功には条件が付く。新しい国家、持続することのできる国家、拡大していくことのできる、つまり、イタリア全土を、征服によってかそのほかの手段によって、統一することのできる国家を樹立すること。

　君主制論者か共和制論者かの、有名なマキャヴェリ問題は、この二者択一を乗り越えていく問題であり、その全貌は、いま言った国家の条件から、明らかになる。というのは、マキャヴェリがこう言っているからである。新しい国家を樹立するには、「独りである」ことが必要。いかなる政治にも欠かせない軍隊をこしらえ上げるには、独りであることが必要。最初の法を制定するにも独り、「基礎」を据え、揺るがぬものにするにも独りであることが。

これが国家の第一段階である。その国家は、必然的に、ただ独りの人間の手になるもので、その一私人が君主となる。ゆえにこの第一段階は、言うなれば、君主制ないし独裁制の段階である。

だがこれは、十分条件ではない。あのようにしてつくられた国家は、とてつもなく脆い。二つの危険に狙われている。まず、この国家の主人が圧政に陥る可能性がある。のちのモンテスキューにとって専政がそうであるように、圧政は、マキャヴェリにとって、許しがたいものであった。なぜなら、圧政は民衆の憎悪を掻き立てる。そうなれば、君主は破滅である。もう一つの可能性は、国家が国内的に分派へと分裂することである。それは国家を、そとからの攻撃の餌食にする。

ゆえに、ひとたび樹立されたなら、この国家は持続できなくてならない。そのために〈君主〉、国家樹立のときには独りであった〈君主〉のなすべきは、マキャヴェリの言葉をそのまま使えば、「複数になる」こと、大貴族のゆきすぎから民衆を守るための法制と、国王、民衆、大貴族それぞれの代表者からなる「合成」政府（これは彼の用語である）を設置することである。これが第二段階、権力を民衆の中に根付かせる段階である。民衆の中に、というより、正確には、民衆対大貴族の闘争がもつ矛盾の中に。というのも、当時のあらゆる常識に反し、マキャヴェリは、気質の違いによる貧しい者と富める者との摩擦、要するに、階級闘争は、国家の強化と成長に、絶対に欠くべからざるもの、との観念を擁護するのだから。

この第二段階を、マキャヴェリの共和制的段階と主張することもできないわけではないが、しかし、フランスの政体のもつ利点についてと、ローマという驚くべき歴史的実例、王によって樹立された共和国なるパラドクスを示す実例、共和制の諸制度のもとに君主制を維持した実例について、彼が言ったことを比較すればわかるように、君主制論者と共和制論者を彼の中で分離することはできない。あるいは、むしろ、この二つの立場の二者択一は、彼の思考にフィットしない。実際、彼が望むのは、典型的な君主制、典型的な共和制のどちらか一方ではない。——彼が望むのは国民的統一であり、国民的統一を実現するだけの力をもった、国家の構成なのである。このような国家の構成は、まず個体性の形態を通過する。王と呼んでいい個体性、新しい国家の基礎を置くだけの力があり、その国家を持続可能で拡大していくに適したものにするために、連合政府と法とを授けるような個体性である。連合政府、すなわち、民衆による階級闘争の働きを許容する政府、国家強化のために王と民衆を同じ側に就け、国家をその国民的使命に適うものにする政府である。君主制か共和制かの問いに対してマキャヴェリが示した、深い独創性がこれであると、私は思う。政治学に受け入れられた現代的な意味で、彼を絶対君主制の理論家であるとは言い切れない。確かに彼は絶対君主制を基準にして考え、スペインとフランスの実例を傍証として取り上げるが、私はむしろこう言いたい。彼は国民国家構成のための政治的条件の理論家である、と。新しい君主のもとでの新しい国家の樹立の理論家、この国家の持続の理論家、この国家の強化・拡大の理論家である、と。まったく独創的な立場である。なにしろ彼が考えているのは、絶対君主国という成し遂げられた事実でも、絶対君主国の仕組みでもない。彼が考えているのは、成し遂げられるべき事実、グラムシがこれから樹立される国民国家の「在るべき姿」と呼んだものなのである。しかも、途方もない条件のもとで彼はそれを考えている。途方もないというのも、そのような成果を生み出すに適したいっさいの政治的形態の不在、という条件なのであるから。

さて、ここにおいて私は、マキャヴェリの思考のもつ、意表を衝く性格に再び接している。

実際、彼が好んで口にする短いフレーズ「国家を樹立するには独りであらねばならぬ」は、それの果たす批判的働きを理解したあとでは、彼の作品の中で奇妙な響きを放つ。なぜに独りであらねばならぬのか？　この孤独は分離である。国民国家の構成という歴史的使命を、自由に、思いどおりに成し遂げるには、独りであらねばならぬ。つまり、根底から引き離されている自己、あらゆる根から切れている自己、現存イタリア世界の政治形態に戻れないほどに、そのそとへつかみ出されている自己を、運とヴィルトゥによってみいだすことが必要なのである。というのも、それら政治形態はすべて古い。すべて封建制の刻印を受けている。ゆえに、それらに期待できる、なにもない。この孤独を担うのでないなら、君主は新しくありえない。新しい国家を樹立するあの自由さを担うのでないなら。私は言った――あの過去の全体、過去の制度、過去の習俗、過去の思想のそとへつかみ出されている自己を、運とヴィルトゥによってみいだす必要がある。自己をみいだす、というのも、マニフェストによって同時代人の意識に訴えようとしているかに見えるマキャヴェリが、じつはそれとは裏腹に、個人の意識覚醒を頼りにしていない。個人がヴィルトゥをもつということ――これは、究極的には、意識や意思のなせる業ではない――彼がヴィルトゥをもつということは、彼がヴィルトゥによって所有され、つかまれているということ。マキャヴェリは〈情念論〉も〈知性改善論〉も書かなかった。彼にとって、新しい国家の基礎を据えるために古い世界の条件のそとへと任意の個人をつかみ出してくれるのは、意識でなくて、運とヴィルトゥの出会いである。そう、あのフレーズはマキャヴェリの作品の中で奇妙な響きを放つ。「新しい国家を樹立するには独りであらねばならぬ」と彼が言うとき、私なら、『君主論』『論攷』を書くために、マキャヴェリ自身が独りであらねばならなかったのだ、と言いたい。独り、すなわち、古い世界に流通する自明なことがらのそとへつかみ出されている自己、古い世界のイデオロギーから離脱した自己をみいださねばならなかったのである。新しい理論を打ち立てる自由を得るために。彼が語る船乗りたちのように、未知の水域へと乗り出していく自由を得るために。

まさにそうであるのだ。キリスト教の伝統と有象無象の人文主義者たちの理想主義とによって改訂されたアリストテレス主義的政治イデオロギーの、もろもろの大テーマが支配していた或る時期、マキャヴェリは、これら支配的観念のあらゆるものから手を切る。この断絶は言明されていないが、言明されていないぶん、いちだんと深い。彼はその作品でたえず〈古典古代〉を描くが、彼が持ち出す〈古典古代〉は、当時のあらゆる知識人のあいだに流通していた〈古典古代〉、文学、哲学、芸術、医学、法にかかわる〈古典古代〉でなく、誰も語らぬまったく別の古代、政治的実践にかかわる古代であることを、人は考えたことがあるか？　たえず古代人の政治を語る彼の作品において、〈古典古代〉の偉大な政治理論家は、事実上、まったく問題にされていない、プラトンもアリストテレスも問題でなく、キケロもストア派も問題でないことを、人は十分に考えたことがあるか？　彼の作品に、キリスト教の政治的伝統も人文学者たちの理想主義もまったく影響の跡をとどめていないことを、人は考えたことがあるか？　過ぎ去ったとはいえ、あいかわらず彼の時代を支配していたこの過去全体から、明らかに、マキャヴェリは徹底して一線を画すが、しかしそれを彼が、口をつぐんだまま、めだたぬようになすことに、人は気付いていたか？　ことがら（*la cosa*）そのものを空想となすものより、実際の現実となすもののほうへ赴きたかったとのみ、彼は言うだけ。彼は自分が拒絶する空想なるものをはっきりそれと名指さなかったが、しかし、我々は知っている、彼の時代に空想がどれほどもてはやされていたか。まちがいなく、彼には独りであることが必要だった。実際にもそうしたように、人目を避けて発見をなすために。自分の戦っている相手の名を言わぬために。

だがそう言うだけでは、マキャヴェリの突飛さを説明するには十分でない。彼独りが新しい真実を口にしたからと て、それだけでは、彼がみずからの孤独のもとに置かれるに足る、その理由にはならない。偉大な創造者たちは、みな、その名を我々に知られ、彼らを動かした動機もまた、我々に明らかになっている。だが、マキャヴェリはそうではない。

マキャヴェリは独りである。なぜなら孤立していたから。彼は孤立していた。なぜなら、たえず彼の思考と格闘してきた人はいたが、彼の思考の中で考えた人は[10]いなかったから。そうした人がいなかった理由は、彼の思考の性質にもあったが、また彼以後の思考が置かれた思考の枠組みにもあった。誰もが知るように、十七世紀以後、ブルジョワ階級のイデオローグたちは、一つのきわだった政治哲学をつくり上げていった。自然法哲学である。それはすべてを、言うまでもなくマキャヴェリの思考をも、埋もれさせていった。[11]法イデオロギーに根差す準概念、主体としての個人の権利を元に、この哲学はつくり上げられ、それは、法イデオロギーが人間主体に授ける属性（自由、平等、所有）

から、実定法と政治国家との存在を理論的に演繹しようとした。マキャヴェリと彼固有の問いを前にするとき、我々はまったく別の思想世界にいるが、また同時に、まったく別のイデオロギー的・政治的世界にもいる。というのも、自然法哲学最大の対象、最大の争点は絶対君主制である。[*12] 絶対君主制を法的に基礎付けようとするとき、法的に論難するとき、理論家たちが出発点とするのも語るのも、絶対君主制である。正当化の対象としてであれ、異議申し立ての対象としてであれ、問題とされるのは絶対君主制。ここに歴然たる違いがある。マキャヴェリもフランスやスペインに現に在る絶対君主制について語るが、しかしそれは、まったく別の対象を論じるための、実例、論拠としてである。イタリアにおける国民国家の構成を論じるためである。要するに、彼は、成し遂げられるべき事実について語る。自然法理論家たちは、絶対君主制という成し遂げられた事実の中、成し遂げられた事実のもとで語る。彼らが法的諸問題を課題として立てるのは、事がすでに成し遂げられているから。事が疑わしくか怪しくなり、事を法的に基礎付ける必要があるから。事が既成事実化してしまい、事をその法的資格から疑う必要があるから。だが、そうすることで彼らは、絶対君主制と国家とをめぐるまったく別の弁論、なかんずく、マキャヴェリの弁論を埋もれさせる。彼の弁論が哲学的射程をもつことを誰も考えない。マキャヴェリが、一瞬たりと、自然法の言葉を話さないからだ。[*13]

おそらくここに、マキャヴェリの孤独の極みがある。政治思想史の中につかのま彼が占めた、ユニークな席に。道徳的教化をめざして長らく続いてきた宗教的・理想主義的政治思想の伝統、彼が峻拒した伝統と、それに続く自然法という政治哲学の新しい伝統、すべてを覆い尽くし、新興ブルジョワジーの自己確認をなした伝統との隙間に在る席。後者の伝統がすべてを覆い尽くしてしまう前に、前者の伝統から自由になったこと、これがマキャヴェリの孤独である。後続する自然法の伝統の中で、ブルジョワ・イデオローグたちは、以後も営々と語り継がれていく国家の歴史＝物語を語りはじめた。はじめに自然状態があった、それは戦争状態へと続き、やがて戦争状態は、国家と実定法とを誕生させる社会契約で終息する。完全に神話的な歴史＝物語だが、それは耳に快い。国家の中で生活する人々に、それは、要するに、こう説明するわけだから。国家の起源には、いささかの恐怖もない。そこに在るのは自然と法である。国家は法的なものにほかならず、法のごとく純粋で、法のごとく、人間の本性＝自然の中にある。国家ほど自然的かつ人間的なものがあろうか？

我々の誰もが知るように、マルクスは『資本論』第一巻第八章で、いわゆる「本源的蓄積」（フランス語には「原始蓄積」と訳されている）に挑む。自然法哲学者たちの語る国家の歴史と同じく、本源的蓄積の場合も、資本主義のイデオローグたちが、講話まがいの資本の歴史を語っていた。はじめに独立した労働者がいた。彼は勤労意欲と倹約精神に溢れていたので、備蓄と、ついで交換をなすまでになった。一人の貧乏人が通りかかったとき、彼は働いてもらうのと引き換えにその人を養ってやった。この慈悲深さが彼にいっそう多くのものをもたらし、その増した富によって彼は、他の様々な労働と引き換えに、他の貧しい人々を助けた。こうして資本が蓄積された。つまり、労働、禁欲、慈悲によって。マルクスがいかに応ずるかを、我々は知っている。略奪、盗み、強要の歴史によってである。土地から追われ、農園を潰され、浮浪者に落ちぶれるまで暴力的剝奪を受けるイギリス農民、資本主義のイデオローグたちの抹香臭い繰り言とはまったく違う、遥かに胸迫る物語によって。

細かいことを抜きにすれば、マキャヴェリも、自然法哲学者が国家の歴史について繰り出す講話じみた弁論に、いくらかそんなふうに応接するのだ、と私は言いたい。それどころか、おそらくマキャヴェリは、私が政治的な原始蓄積と呼ぶ事態の数少ない証人の一人、国民国家の始まりの数少ない理論家の一人である、と仄めかしさえしてもいい。法と自然から国家は生まれた、でなく、国家は、持続しようとするなら、また、一国民に属す国家になれるほどにも強くあろうとするなら、どのように生まれなくてならないかを、彼は我々に語る。彼は法の言葉を話さない。いかなる国家を構成するにも軍隊が欠かせない、と語る言葉を話す。国家の出だしには残酷さが必要、と語る言葉を話す。政治は宗教に帰依せぬが、なんとしても宗教を利用せねばならぬ、政治は道徳的であるべきだが、道徳的でなくあることもできねばならぬ、政治は憎しみを買ってはならぬが、恐れは吹き込まねばならぬ、と語る言葉を話す。彼は階級闘争の言葉を話す。権利、法、道徳については、彼はそれらをしかるべき席に、すなわち、従属的な席に就ける。

我々がどんなに歴史の暴力に通じていようと、彼を読むとき、彼の中に在るなにかが我々をつかむ。あらゆるイデオローグが現実を物語で覆い尽くしてしまう遥か前に、国家誕生の暴力を、身をもって、生きたり堪えたりでなく、それを思考することのできる人、ということが。それゆえ、マキャヴェリは、我々の時代の始まり、ブルジョワ社会の始まりに、じかに強い光を当てる。それればかりか、そのまったきユートピア〔非・場所〕思想をとおして、すなわち、新しい国家はどこででも始まることができるとした必要な、しかし考えることのできない仮説をとおして、彼は、国民国家形成の予測不可能性 caractère aléatoir に、じかに強い光を当てもする。というのは、我々にとって国民国家は、まるでそれのつねに先を行く運命の中に、あらかじめ、永遠に固定されているとでも言うように、すでに地図に記載済み。だが、彼にとって、国民国家はおよそ不可測なものなのである。境界は決まっていない。征服が必要だとしても、征服の範囲はどこまで？　言語の共通性の範囲、それともその先まで？　力の限界まで？　そうしたことすべてを、我々は忘れている。彼を読むとき、我々は忘れたことにつかまれるように、彼につかまれる。フロイトが言ったようなあの奇妙な親密さ、抑圧されたもののもつ近しさに、つかまれるのである。[*14]

マキャヴェリの突飛さに話を戻し、彼の弁論の中に在る、おそらく最も人を困惑させるものを取り上げてみよう。先ほど私は、彼を読むと引き起こされる不意打ち効果を指摘した。何を言いたいのか、とだけでなく、なぜにこんなふうに、かくも面食らわせるやり方で推論を運ぶのかと、人をして自問させる効果。はっきりした理由もなく章から章へ移るのはなぜ？　一つのテーマが途中で打ち切られ、続きを先のほうへ探しにいかなくてならないのはなぜ？　しかし、その続きは位置をズラされ、しかも、そこで決着が図られるのでもないのはなぜ？　問題が再論されるのに、けっして期待されたようには答えが与えられないのはなぜ？　マキャヴェリ問題には、けっして決着が付くことはないだろう、とクローチェは言ったが、[*15]むしろ、こう自分に尋ねてみるのがいいだろう。答えを受け取れなくしているのは、彼にむけられる問いの類型なのでは？　受け取れなくなっているのは、ほかならぬ、その問いの類型が要求し、期待する答えなのでは？

近代政治学の祖マキャヴェリとは、言い古された言葉である。また、ガリレイ物理学、デカルト解析学と共に、近代的実証性の最初の形姿の一つを、彼のうちに嬉々としてみいだしてきた注釈家も、たくさんいる。あらゆる領域にわたり、彼ら注釈家たちは、新しい合理性の典型たる実証科学を例証しようとしてきたのである。実証科学、すなわち、若々しいブルジョワ階級に自然支配を可能にさせ、その階級の生産力を発展させる手段。彼らと同じ道を行けば、文章にしろ、思考実験の形式にしろ、関係の変動を固定するために確立された一般化の方式にしろ、言われたようなマキャヴェリ像にお墨付きを与えるものを、たやすく彼の中に見付けることができる。たとえば『君主論』について、こんなふうに言うことが。この本で彼が踏む[*16]、様々な公国を漏れなく数え上げる手続きは、デカルトの規則、すべて列挙せよ、の先取りである、ヴィルトゥと運との関係について彼が立てる法則らしきものは、近代物理学の決定的な始まりをなすことになる法則に似ている、エトセトラ。一般化して言えば、空想を捨て、ことがらの実際の真実[*17]と彼が言うものにじかに赴こうとする彼の行き方は、みかけを文字どおりに受け取ってならないとする絶対条件のもとで構成されて発展する、新しい実証科学の、その精神に従っている。

だが、こんなふうに、むりやり、彼に純然たる実証性を語らせても、思い掛けない落とし穴、主張の棚上げ、思考の謎めいたままの未完了性が、必ずやそれを失敗させる、と私は思う。マキャヴェリには別の視点から接近すべきで、それには、グラムシの直観に従ってみることが必要だと思う。

『君主論』は政治的〈マニフェスト〉である、とグラムシは書いた。さて、その理念型を考えることができるなら、政治的〈マニフェスト〉は、純粋な理論的言説でないこと、純粋な実証的議論でないことを固有の特徴とする。〈マニフェスト〉に理論はない、との意味ではない。知ることにかかわる積極的要素を含まないなら[*18]、〈マニフェスト〉は、真空で張り上げる大声にすぎないだろう。そうではなく、政治的〈マニフェスト〉は、〈マニフェスト〉たらんとするなら、つまり、歴史的効果を生み出さんとするなら、純粋認識とはまったく別の領野に書き込まれなくてならない、ということなのだ。その〈マニフェスト〉は、それがそこで作用を及ぼそうとする政治状況に書き込まれなくてならず、そのすべてが、政治状況とこの状況を決定する力関係とがもたらす政治的実践を、目標としなくてならない。このような要請は、まったく陳腐なものと言われるかもしれない。だが、つぎの点に気付くなら、問題は目に見えて複雑になる。すなわち、その対象たる外的政治状況への〈マニフェスト〉の書き込みはまた、その書き込みを実際になす、まさにテキストの中に表現されなくてならない。〈マニフェスト〉のテキストを読む人をして、自分からこの状況への自覚的な参照をなさせ、この状況の中での〈マニフェスト〉の占める席を正確に測り取らせるよう、仕向けたいと望むなら、である。言いかえれば、〈マニフェスト〉が真に政治的であるには、実在論的‐唯物論的であるには、〈マニフェスト〉の表明する理論は、〈マニフェスト〉によって表明されるだけでは足りず、〈マニフェスト〉の介入の場、〈マニフェスト〉の思考の場、すなわち、社会空間の中に、この〈マニフェスト〉そのものによって位置付けられなくてならない。『共産主義者［共産党］宣言』の行き方がまさにそうである、と示すこともできるだろう。現存社会の理論をつくったあと、この〈マニフェスト〉は、現存社会のそのどこか、他の諸理論が社会的に働いている部位に、共産主義者の理論を置き入れる。この二重操作、この二重の包み込みはなんのためなのか？　共産主義者の理論の占めるべき、イデオロギー的な席を、分析された歴史的状況の中、分析された力関係の空間の中に指定するためである。ここには二重の意図が働いている。理論からいかなる種類の効果が期待できるかを明示して、それによって理論を、社会システム内での理論の存在条件に従属させようとの意図と、階級的抗争内に占める理論の位置によって、理論の意味を言い表そうとの意図。

いま私は、単純なと言っていい或ることがら、マルクス〔ママ〕が書いたことの全体の中に含まれ、グラムシがはっきり理解したことがらを、抽象的に述べたにすぎない。すなわち、つぎのことがらを。マキャヴェリの思考のすべてが国民国家の構成という歴史的使命の考察に捧げられているとするなら、また、『君主論』が一つの〈マニフェスト〉として差し出されているとするなら、また、経験的に、つまり、ヨーロッパの大使館を駆け巡った経験、諸君主に助言を与えた経験、チェーザレ・ボルジアの知遇を得た経験、さらにトスカーナで軍隊を動員・組織した経験によって政治的実践のなんたるかを知っていたマキャヴェリ、そのマキャヴェリが政治的実践を計算に入れているとするなら――彼の思考が、たんに中性的空間のもつ、実証性の装いのもとに現れるはずがない。まったく逆に、こう主張できるのである。マキャヴェリの理論的思考が人を戸惑わせるのは、その思考によって分析される理論的要素が、ことがらのあいだの定数的関係[*19]をめぐるたんなる陳述に従ってでなく、それとはまったく別の主文に従って布置されるからである、と。言うところの別の主文とは『君主論』と『論攷』に見られる主文で、その主文にたえず付きまとっているのは、政治的実践の変動する条件、政治的実践の不可測性だけでなく、政治的抗争の中に占める政治的実践の位置であり、また、理論的弁論を、それの語る政治的領野の中にも書き込まねばならぬ、とする要請である。マキャヴェリのもとでこの要請が完全に意識されていることは、引用するに多すぎるほどの文章が証言している。それらの中から、一つだけあげることにしたい。『君主論』の献辞に現れる文章である。

「身分低き卑しき私が、にもかかわらず、大胆にも〈君主〉による統治について語り、その統治の規則を与えんとするのを、人が私の慢心のなせる業と受け取るならば［…］それは私の本意ではございません。風景を描こうとする者は、山々や高みのありさまを眺めるために低きところ、平原に立ち、低きところを眺めるためには山々や高みの頂に立ちます。ことほど左様に、民衆の本性に通暁するためには〈君主〉たる必要が、〈君主〉の本性に通暁するためには民衆たる必要が、あるのでございます[*20]」

マキャヴェリが書いたのは〈民衆〉論でなく〈君主〉論[*21]であったこと、彼が恥じらうことなく、それどころか逆に積極的な理屈として、みずからの「身分を、低き卑しき立場」と告げることをしっかり銘記するなら、また、こうした搦め手を『君主論』および『論攷』の内容全体と関連付けるなら、つぎのことは明らかである。マキャヴェリはみずからを民衆に擬して〈君主〉について語り、イタリア統一をなしてくれる誰か君主の実践を「民衆」の視点から心より願い、かつ、その実践を考えているのである。ところで、民衆に訴えるとは闘争に訴えることであると、我々はマキャヴェリのなすすべての分析によって知っている。それは貴族に対する民衆階級の闘争であり、ゆえに、闘争に訴えるとは、民衆の友愛を自分の側に引き寄せることによって[*22]みずからの歴史的使命を実現するよう、〈君主〉を促すことなのだ。直截に言えば、貴族、働かないという理由でマキャヴェリがじつに手厳しく非難するあの封建領主に対抗する民衆の団結[*23]を、自分の側へ引き寄せることによって。

どんなことよりも、まさにこのことによって、マキャヴェリはグラムシを強く捉えた。『君主論』は一種の〈マニフェスト〉である、体系的ではないが生々しい弁論であると言ったグラムシは、『君主論』のもつ、人の意表を衝く性格を、マキャヴェリの政治的立場に、また、自分が大義として掲げた歴史的使命についてマキャベリがもっていた意識に、関連付けた最初の一人であった。マキャヴェリがもっていた意識に、と私は言う。そう言うのは、意識をもつとは、イタリアの政治闘争における自分の立場のなんたるかを知っているということであり、書くことによってその立場から帰結を引き出すということであるから。そして、その書くことは、彼に、彼が理論を扱うそのとおりのものとして理論を扱わせるのである。すなわち、政治闘争を命じる大いなる社会的現実に光を当てるものとして、また同時に、この闘争の従属的契機、この闘争のどこかに書き込まれる契機として。どこかに。マキャヴェリは、新しい国家の基礎を誰がイタリアのどの場所に据えるのかを言うことも、自分の作品がイタリアの諸闘争のどこに書き込まれるのかを言うこともできなかった。それでも彼は知っていた。自分の作品が後衛の位置にあること、それがたんなる著述、書かれただけのものにすぎぬことを。だから、彼は自分の作品をも僥倖に、誰とも知れぬ人との出会いに、ゆだねたのである。

彼の最終的な孤独が、おそらく、これである。自分の思考がいくばくか歴史をつくることに荷担したとしても、そのとき自分はもうこの世にいないことを彼は知っていたのである。この知識人は、知識人が歴史をつくるなどと信じていなかった。そのことを彼は、みずからのユートピアをとおし、ブルジョワ国民国家の始まりにかんして何度も言っていたのだった。この始まりを語るブルジョワ・イデオローグたちの歴史＝物語によっても覆されないほどに。拒絶と立場とにおいて彼に近しいもう一つ別の思考、マルクスの思考だけが、彼をその孤独から救うことができた。[*24]

編者注・訳者注

＊1＊〔訳注〕 Michel Foucault, *Histoire de la folie à l'âge classique*, coll. « tel », Gallimard 1972, p.556. ミシェル・フーコー『狂気の歴史——古典主義時代における』田村俶訳、新潮社、一九七五年、五五九ページ。

＊2 このような文脈の中にあって書かれたE・バリバールの美しい論文「黙ったままでいるんだ、アルチュセール！」（一九八八年）参照（É Balibar, « Tais-toi encore, Althusser! », repris *in Écrits pour Althusser*, Paris, La Découverte 1991, pp.59-89.〔エティエンヌ・バリバール『ルイ・アルチュセール』福井和美編訳、藤原書店、一九九四年、一一三〜一九三ページ——なお、このバリバールの拙訳には、一箇所、ひじょうにまずい誤記があるので、この場を借りて訂正しておきたい。三一三ページ、（誤）「分析家を代辯して」→（正）「被分析家を代辯して」〕）。

＊3 とりわけつぎのような著作をあげることができる。É. Balibar, *Écrits pour Althusser*, *op.cit.*〔邦訳、前掲〕; H. Böke, J.-C. Müller, S. Reinfeldt（eds.）, *Denk-Prozesse nach Althusser*, Berlin, Argument 1994 ; G. Elliot（ed.）, *Althusser. A Critical Reader*, Oxford/Cambridge（Mass.）, Blackwell 1994 ; E. A. Kaplan, M. Sprinker（eds.）, *The Althusserian Legacy*, Londres/New York, Verso 1993 ; Y. Moulier-Boutang, *Louis Althusser. Une biographie*, T. 1 : *La formation du mythe (1918-1956)*, Paris, Grasset 1992〔ヤン・ムーリエ＝ブータン『アルチュセール伝——思想の形成（一九一八—一九五六）』今村仁司／塚原史／谷昌親／下澤和義／吉本素子訳、筑摩書房、一九九八年〕; S. Lazarus（ed.）, *Politique et philosophie dans l'œuvre de Louis Althusser*, Paris, PUF 1993 ; A. Callari, D. F. Ruccio, *Postmodern Materialism and the Future of Marxist Theory*, Hanover (NH), Wesleyan University Press 1996 ; P. Raymond（ed.）, *Althusser philosophe*, Paris, PUF 1997. 雑誌の特集号 *M*（numéro 43, janvier 1991）, *Magazine littéraire*（numéro 304, novembre 1992）, *Futur antérieur*（*Sur Althusser. Passage*, et *Lire Althusser aujourd'hui*, Paris, L'Harmattan 1993 et 1997）。このリストに、いままでのところ哲学者アルチュセールの知的・政治的歩みについての最も優れた全体的分析でありつづけている、一九八七年に出たG・エリオットの研究を付け加えることができる（G. Elliot, *Althusser. The Detour of Theory*, Londres/New York, Verso 1987）。

＊4＊〔訳注〕 もちろん、アルチュセールのこと。パリ五区のユルム通りは、彼が勤務・居住した高等師範学校の所在地。

＊5　『資本論を読む』（L・アルチュセール、E・バリバール、R・エスタブレ、P・マシュレ、J・ランシエール共著）の第三版が、E・バリバール、P・ブラヴォ・ガラ、Y・デュルーの編集により出版された（Paris, PUF 1996, coll. « Quadrige »）〔今村仁司訳、全三巻、ちくま学芸文庫、一九九六～一九九七年〕。『マルクスのために』は、E・バリバール執筆の「序文」と「伝記ノート」を付して再刊された（Paris, La Découverte/Poche 1996）〔河野健二／田村俶／西川長夫訳、平凡社ライブラリー、一九九四年〕。

＊6　*L'avenir dure longtemps* (suivi de *Les faits*), O. Corpet, Y. Moulier-Boutang (eds.), Paris, Stock/IMEC 1992 (réédition augmentée Paris, Le Livre de Poche 1994). 他の死後出版作品の詳細については、本書に付したアルチュセール著作一覧を参照してもらいたい。(＊)

（＊）〔訳注〕著作一覧は以下のとおり。

——*Montesquieu, la politique et l'histoire*, PUF, 1959. Réédition en coll. « Quadrige ».
——*Pour Marx*, Maspero, coll. « Théorie », 1965. Réédition augmentée La Découverte, coll. « La Découverte/Poche », 1996.
——*Lire Le Capital* (en collaboration avec É. Balibar, R. Establet, P. Macherey et J. Rancière), Maspero, coll. « Théorie », 2 volumes, 1965. Réédition coll. « PCM », 4. volumes, 1968 et 1973, puis aux PUF, coll. « Quadrige », 1 volume, 1996.
——*Lénine et la philosophie*, Maspero, coll. « Théorie », 1969. Réédition augmentée sous le titre *Lénine et la philosophie (suivi de Marx et Lénine devant Hegel)*, coll. « PCM », 1972.
——*Réponse à John Lewis*, Maspero, coll. « Théorie », 1973.
——*Philosophie et philosophie spontanée des savants (1967)*, Maspero, coll. « Théorie », 1974.
——*Éléments d'autocritique*, Hachette, coll. « Analyse », 1974.
——*Positions*, Éditions Sociales, 1976. Réédition coll. « Essentiel », 1982.
——*XXIIè Congrès*, Maspero, coll. « Théorie », 1977.
——*Ce qui ne peut plus durer dans le parti communiste*, Maspero, coll. « Théorie », 1978.
——*L'avenir dure longtemps (suivi de Les fais)*, Stock/IMEC, 1992. Réédition augmentée Le Livre de Poche, 1994.
——*Journal de captivité (Stalag XA 1940-1945)*, Stock/IMEC, 1992.
——*Écrits sur la psychanalyse. Freud et Lacan*, Stock/IMEC, 1993. Réédition Le Livre de Poche, coll. « Biblio-essais », 1996.
——*Sur la philosophie*, Gallimard, coll. « L'infini », 1994.
——*Écrits philosophiques et politiques*, 2 tomes, Stock/IMEC, 1994 et 1995.

——*Sur la reproduction*, PUF, coll. « Actuel Marx Confrontations », 1995.

——*Psychanalyse et sciences humaines* (*Deux conférences*), Le Livre de Poche, coll. « Biblio-essais », 1996.

＊7＊〔訳注〕これが原書のフル・タイトルであるが、本邦訳の書名は、簡潔に、『マキャヴェリの孤独』とする。

＊8 *Écrits sur la psychanalyse. Freud et Lacan*, O. Corpet, F. Matheron (eds.), Paris, Stock/IMEC, 1993 (réédition Paris, Le Livre de Poche - coll. « Biblio-essais » 1996).〔『フロイトとラカン——精神分析論集』石田靖夫／小倉孝誠／菅野賢治訳、人文書院、二〇〇一年〕

＊9 紙幅の問題があったほか、こうした基準にも照らし、『ジョン・ルイスへの回答』(Paris, Maspero, coll. « Théorie » 1973)〔『歴史・階級・人間』西川長夫訳、福村出版、一九七四年所収〕のような試論は脇に置かれた。

＊10 『再生産について』と題され、最近フランス大学出版局から公刊された死後出版集成（*Sur la reproduction*, Paris, PUF 1995, avec une introduction de J. Bidet）は、本質的に、そのような意味での生産物の見本であると我々には思われる。

＊11 厳密な意味での年代順にわずかに手直しが加えられた。［1］象徴的な意味をもたせるために、テキスト「マキャヴェリの孤独」はいちばん最後に置かれた、［2］いくつかのテキストについては、もとはほぼ同時に執筆または発表されたのであっても、つながり（たとえば二つの試論「やっと、マルクス主義の危機！」と『有限』な理論としてのマルクス主義」のあいだのそれ）をきわだたせるために、本来の時間順序にわずかなズレを繰り込んだ。

＊12 「歴史の客観性について（ポール・リクールへの手紙）」、「レーモン・ポラン『ジョン・ロックの道徳的政治学』について」、「哲学と人間科学」、「『〈社会契約〉』について」。

＊13＊〔訳注〕Cf. Raymon Aron, *D'une Sainte Famille à l'autre: Essais sur les marxismes imaginaires*, Paris, Gallimard 1969.

＊14 « Lettre à Malamud », 8 mars 1984, *in Sur la philosophie*, Paris, Gallimard, coll. « L'infini » 1994, p.88.〔「マウリシオ・マラムードへの手紙」、『哲学について』今村仁司訳、筑摩書房、一九九五年、一〇六ページ〕

＊15　この点、アルチュセールに比肩する唯一の人物はメルロ＝ポンティである。

＊16　デュビーは、近くからであれ遠くからであれ、一度も「アルチュセール主義者」であったことはないが、しかしユルム通りの哲学者の仕事が自分の研究にとってもちえた重要性を、何度も言明してきた。これと同じような考え方から、アルチュセールとブルデューのあいだの様々な収束点について、真剣な研究、とくに認識論の平面における研究が、望まれる。

＊17　「レーニンと哲学」および「革命の武器としての哲学」。

＊18　一九六八年五月を考え合わせてみれば、この逆説はいや増す。アルチュセリアンたちは一九六八年五月を予想しておらず、それが起きたときも、周辺的な役割を演じたにすぎない。しかも、一九六八年五月について、三十年経ったいまでも読むに堪えるほどの分析は差し出すことができなかった。それだけではない。政治哲学に及ぼした影響に比べ、アルチュセールの知識人としての役割（アカデミックな領域で獲得した影響力を公共空間で発揮すること）も、フランス共産党の締め付けを受けていたせいで、遥かに限定されているように見える。

＊19　同じく、マキャヴェリにさかれた分析、一九七一〜一九七二年の講義のときにすでにエッセンスができ上がっていた分析も、政治／社会科学の結び付きを理解しようとする試みとして、『レーニンと哲学』よりも遥かに刺激的な実例を提供する。

＊20　ここで一例だけあげよう。「支配因を伴なう構造化された全体」の概念は、社会を全体化して捉えようとするあらゆる見方に対立する点で刺激的であり、ヘーゲルだけでなく、デュルケムなどの理論ともかかわってくる。だが、上部構造／下部構造という有名な「トポス論」と、上部構造に対する下部構造による「最終審級における決定」の観念が、この概念の枷になっている。そうした「トポス論」、観念よりも、いくらかウェーバー流に、因果性の多数性を断固として前提とする問題構成のほうが好ましい、と言っていい。

＊21　「終わった歴史、終わらざる歴史」、「G・デュメニル著『「資本論」における経済法則の概念』への序」、「やっと、マルクス主義の危機！」、「『有限』な理論としてのマルクス主義」、「今日のマルクス主義」、そして「マキャヴェリの孤独」。

＊22　とりわけ『第二十二回大会』〔E・バリバール『プロレタリア独裁とはなにか』加藤晴久訳、新評論、一九七八年所収〕と『共

産党の中でこれ以上続いてはならないこと』〔加藤晴久訳、新評論、一九七九年〕(Paris, Maspero, coll. « Théorie » 1977 et 1978) をもってして。

＊23　アルチュセール主義とレギュラシオン学派との系譜関係については、この学派の頭目M・アグリエッタの証言 (F. Dosse, *Histoire du structuralisme*, Paris, La Découverte 1992—rééd. Le livre de Poche, tome II, pp.336-337)〔フランソワ・ドッス『構造主義の歴史』下巻、仲澤紀雄訳、国文社、一九九九年、三五一〜三五二ページ〕と、A・リピエッツの理論的分析 (« From Althusserianism to "Regulation Theory" », *in* A. Kaplan, M. Sprinker (eds.), *The Althusserian Legacy*, *op.cit.*, pp. 99-138) 参照。

＊24　「歴史の客観性について（ポール・リクールへの手紙）」、「レーモン・ポラン『ジョン・ロックの道徳的政治学』について」、「『〈社会契約〉』について」、「哲学と人間科学」、「やっと、マルクス主義の危機！」、「『有限』な理論としてのマルクス主義」の六つである。これらのテキストはいずれも、アルチュセールの生前に、フランス語で発表された。

＊25　それぞれ「終わった歴史、終わらざる歴史」と「G・デュメニル著『「資本論」における経済法則の概念』への序」である。

＊26　このことは、いずれにせよ、当該テキストのフランス語版については明白である（テキストは、最初、ドイツ語と英語で公刊された）。

＊27　Paris, Maspero, 1969.

＊28　Paris, Maspero（coll. « PCM »）1972, pp.5-47. アルチュセールは一時期、この版に「あとがき」の追加を考えた。「あとがき」は、一三ページの未刊テキストとしてＩＭＥＣに保管されて残っている。

＊29　一つは「マルクスのヘーゲルに対する関係について」(pp.49-71) と題され、一九六八年二月の、ジャン・イポリット主宰のゼミでの発言がもとになっている〔『政治と歴史――モンテスキュー・ルソー・ヘーゲルとマルクス』西川長夫／坂上孝訳、紀伊國屋書店、一九七四年所収〕。このテキストの初出は *Hegel et la pensée modernem*, J. d'Hondt (ed.), Paris, PUF 1970, pp.85-111 である。もう一つは「ヘーゲルに対するレーニン」と題されたテキストで、一九六九年四月パリで開催された「ヘーゲル・シンポジウム」での報告がもとになっており、初出は *Hegel-Jahrbuch 1968/69*, W. R. Beyer (ed.), Meissenheim a. Glan 1970, pp.45-58 である〔『レーニンと哲学』西川長夫訳、人文書院、一九七〇年所収〕。

＊30　Paris, Hachette, coll. « Analyse » 1974.

＊31　「自己批判の要素」は、論文集では一九七二年六月と日付が付けられていて、その九ページから一〇二ページを、また、一九七〇年七月の日付をもつ「若きマルクスの進化について」は一〇三ページから一二六ページを占める。

＊32　*Positions*, Paris, Éditions Sociales 1976. この論文集は、一九八二年、「エサンシエル」叢書からポケット版で再刊された。「エサンシエル」叢書には、マルクス、エンゲルス、レーニン、トロツキー、グラムシ、ルクセンブルク、スターリン、〔リュシアン・〕セーヴ、〔トマス・〕モア、ルソーといった「古典的」著作家のテキストのほか、中国、レジスタンス、ソ連共産党第二十回大会などにかんする現代の著作家の著書も登場する。

＊33　*Écrits sur la psychanalyse, op.cit.*〔『フロイトとラカン』前掲〕; *Sur la reproduction, op.cit.*

＊34＊〔訳注〕いままで公刊された論文や著書を博士論文に代えて学位申請される博士号のこと。

＊35＊〔訳注〕これは、実際には、「インタビュー」ではなく、マッチオッキの質問表をもとにアルチュセールが全面的に書き下ろした、テキストである。

＊36　これら二つの論文にかんするより詳細な情報は、第六章、第八章の導入部に記してある。

＊37　［1］「『資本論』をどう読むか」（初出は〔フランス共産党機関紙〕『ユマニテ』一九六九年三月二十一日）は、『資本論』第一巻のポケット版出版にさいし、アルチュセールによるその序文（« Avertissement aux lecteurs du livre I du *Capital* », *in* K. Marx, *Le Capital, livre I*, Paris, Garnier-Flammarion 1969, pp.5-30）として執筆された。［2］「マルクス主義と階級闘争」（一九七〇年一月）は、もとは、M・ハルネケルの本『史的唯物論の基本概念』第二版（M. Harnecker, *Los conceptos elementales del materialismo histórico*, Mexico/Buenos Aires, Siglo XXI, 1971（2））への序をなす。アルチュセールの諸テーゼを啓蒙的なかたちで繰り込んだこの教科書は、南米で印刷部数百万を超える大ベストセラーを記録した。〔一九七〇年代にアルチュセールの「構造主義的マルクス主義」が南米に浸透していくさいにハルネケルの果たした役割については、Michaël Löwy, « Note sur la réception de l'althussérianisme en Amérique latine (années 70) », *in* J.-M. Vincent *et al.*, *Contre Althusser, Pour*

Marx, nouvelle édition revue et augmentée, Paris, Les Éditions de la Passion 1999 参照〕

＊38　引用してきた遺稿は、すべてこのアルチュセール文庫にのみ属す。

＊39　テキストの校閲と編集は、イヴ・サントメ、ソニア・フェルテス、ジャン＝クロード・ビュシエール、セバスティアン・モルドレルの責任でおこなわれた。

第一章　歴史の客観性について

＊1　Yann Moulier-Boutang, *Louis Althusser. Une biographie*, tome 1, Paris, Grasset 1992, p.497.〔ヤン・ムーリエ＝ブータン『アルチュセール伝』今村仁司ほか訳、筑摩書房、一九九八年、六五四ページ〕（＊）

（＊）［訳注］ちなみに、ムーリエ＝ブータンはアルチュセールのこの論文について、つぎのように書いている。

　アロンは一見するときわめてカント的ともとれる「歴史の科学は可能か」という疑問を提出しているが、そうした可能性の条件を客観性〔対象性——引用者〕の条件のなかに求める代わりに、過去の再構築は当初の意図や現在における有用性との関係でつねにおこなわれるという口実のもとで、アプリオリな歴史哲学へと逃避している。歴史体験の直接性という仮定にすぎない、まやかしの考え方、歴史学のモデルとしての過去の蘇りという概念そのものに対し、リクールは反対するのである。アルチュセールはリクールを支持する。歴史をその特異性のうちに科学として基礎づけるものは、歴史学のイデオロギー理論であるこの悪しき主観性の理論でありうるはずがない。観客〔目撃者——引用者〕でもあり判事でもある歴史家によってつねに位置づけられる回顧的構築と歴史的合理性を切り離すのはアロンには不可能だ。複合的で、とらえどころがなく、複数の要素から成り、両義的な現実に歴史家があたえる意味は、集団的なものであれ個人的なものであれ、主観的かつイデオロギー的な動機につねに従うことになろう。普遍性、すなわち歴史の一義的意味について同意する可能性は消える。リクールは、そしてアルチュセールも、それを認めるわけにはいかないのである。

　だがアルチュセールは、リクールの提示するヘーゲル的解決、すなわち批判的方法の使用によって保証される客観性という目標のうちに、チャン・デュク・タオ〔ベトナム出身で、フランスに留学していた現象学的マルクス主義者——引用者〕に見いだしたのと同じ根源的な不充分さを見ていた。リクールにもマルクス主義的現象学者にも足りないのは、歴史家の客観性への意図を、歴史家のイデオロギーではなく、歴史の対象についての総合理論との関連で根拠づけるという点だ。批判の規則――リクールはまだ解釈学という用語を出してきていない――によって実験を省けるわけではない。歴史が科学でありうるとしたら、それは実験に基づくものであるかぎりにおいてだ。リクールの主張するように、歴史の客観性は歴史家の主観性の相関物なのだろうか？ 事実、リクールは最後の一歩を踏みだすのをためらい、歴史に法則を認められないでいる。というのも、そのためには、アルチュセールが躊躇なく掲げる「実験に基づくのでなければ歴史は科学たりえない」という破廉恥なテーゼを認めねばならないからだ。これはどうにも支持されえないテーゼに見える。マルクス自身によって不滅の真理とされたように、歴史の特性は決して二度と繰り返されないという点に存するのではないか？ しかし、おのおのの状況のこうした特異性は、アルチュセールにとっては、実験の問題ではなく、経験に基づくものだった。歴史の一般法則は存在するのだろうか？ 一般性、演繹性を構築できるのだろうか？ そうした可能性をマルクス主義者がどうして拒否できようか。とりわけ、厳密さにこだわるリクールのごとき哲学者であれば、批判的方法の真の基準を、その基準の構築に際し、批判的方法の対象との関連ににおいて規定する場合に、右の可能性に至るのは不可避ではあるまいか。〔六五四～六五五ページ〕

ムーリエ＝ブータンはまた、リクール宛の公開書簡というかたちをとったこの手紙が、じつは、レーモン・アロンその人にむけられていると言っている。「というのも、アロンが唱える歴史の構成に関するイデオロギー理論が、結局のところ、歴史の法則を模索する史的唯物論とは折り合いが悪いにしても、反対に、理論家への迂回を経たのちにいまや哲学における唯物論の基礎固めをめざしていたアルチュセールは、その前提として哲学への肩入れを考えていたが、そうした考えにアロンのイデオロギー理論はほぼそのままで合致していたのである」（六五六ページ）。この求められた「対話」は、結局、実現しなかったが……

＊2　Raymond Aron, *Introduction à la Philosophie de l'Histoire*, Paris, Gallimard 1938 (rééd. Coll. « Tel » 1983).〔レイモン・アロン『歴史哲学入門』霧生和夫訳、『レイモン・アロン選集4』荒地出版社、一九七一年〕

＊3　« Objectivité et subjectivité en histoire », *Revue de l'enseignement philosophique*, 3 (5-6), juin-septembre 1953, pp.28-43.〔この論文自体の邦訳はおそらくないと思われるが、『歴史哲学入門』への言及と議論は、リクール『時間と物語』第一巻、久米博訳、新曜社、一九八七年に散見される〕

＊4　後出、本書第5章。

＊5　これらの講演はいまではフランス語で読める。*L'idéologie et l'utopie* (traduction M. Revault d'Allonnes et J. Roman, G.H. Taylor (ed.), Paris, Seuil 1997), chapitres 7-9 (*Lectures on Ideology and Utopia*, New York, Columbia University Press 1986).

＊6　*Revue M*, 43, janvier 1991 (spécial Althusser), p.15.

＊7＊〔訳注〕この論文は、単純に日本語にすると、極めて理解しづらいものになる。論文の内容自体が難解であるわけではない。フランス語で一語で言われる«objectivité»および«histoire»が、日本語では、それぞれ「客観性／対象性」「歴史／歴史学」の二義に翻訳可能であることに、ネックがある。読者には、同義反復的なニュアンスを伴なうつぎの点を念頭に置かれたい。歴史学の対象は歴史である。ここでのアルチュセールの視点をひとことで言えば、歴史という対象の理論（科学認識論）なくしては、歴史学は科学として構成されえない、ということである。この視点は、歴史という対象が構成されるのではなく、客観的に実在すること、つまり、歴史の客観性（対象性）を、前提にする。言いかえれば、歴史という対象（ないし歴史の対象性）は「超越的」でもなければ、「超越論的」でもない。「超越的」であるなら、それは認識されえない。「超越論的」であるなら、この対象の認識は超越論的主観性の関数として構成されるが、しかし、アルチュセールは、そこに実践、ただし歴史家の実践ではなく、歴史そのものの（というのも、歴史は実在するので）実践という契機が欠けていることを主張する。訳文はこの理解の線に沿って組み立ててみたが、日本語のもたらすバイアスをどれだけ補正しえたか、訳者にはわからない。その点、読者に注意を促しておきたい。

＊8＊〔訳注〕「紺色の制服を着た男が改札口で私の方に手を差し出す時、私は、その行為の動機を直接的に知る。しかし、私が辿り着くエゴは、いわば完全に非個別化されている。他のいかなる個人も全く同じ行為をするであろう。私が理解する意識は、私が知覚した動作と同じく、匿名的である。これが最も単純なケースである。事実、目的も手段も、最初から私には明白である。遠い目的も個人的な動因も、探す必要はない。そこにいるのは、個人ではなく公務員である。この基本的なケースから出発すると、理解の諸類型がすぐに組み立てられる」（アロン前掲邦訳、一二五ページ）

＊9＊〔訳注〕「思想の継承は（思想という言葉の広い意味において）、直ちに歴史的認識の歴史性に関わって来る。純粋な思想は、一つの体系を要求し、生にコミットした思想は、新しい理論を要求する。前者は、知識の無限の進歩によって更新され、後者は、予測できない生の変化によって更新される。過去の認識を精神の生成から切り

離し得ない理由はここにある」（アロン前掲邦訳、一四四ページ）

＊10　G.W.Hegel, *Die Vernunft in der Geschichte* (trad. fr. *La raison dans l'Histoire. Introduction à la philosophie de l'Histoire*, Paris, Plon 1965).〔G・W・ヘーゲル「歴史における理性とはなにか」、『歴史哲学講義』（上）長谷川宏訳、岩波文庫、一九九四年〕

＊11＊〔訳注〕マルク・ブロック（一八八六〜一九四四）、フランスの中世史家。雑誌「経済・社会史年報」（いわゆる「アナール」）の創刊者の一人。レジスタンスの闘士で、『歴史のための弁明』（一九五二年、死後出版。讃井鉄男訳、岩波書店、一九五六年）の脱稿間近、ナチスによって惨殺。『フランス農村史の基本性格』（一九三一年。河野健二／飯沼二郎訳、創文社、一九五九年）、『封建社会』（一九三九〜一九四〇年。新村猛ほか訳、みすず書房、一九七三年）など。

＊12　Fernand Braudel, *La Méditerranée et le monde méditerranéen à l'époque de Philippe II*, Paris, Armand Colin 1974.〔フェルナン・ブローデル『地中海』浜名優美訳、全五巻、藤原書店、一九九一〜一九九五年〕

＊13　『フォイエルバッハにかんするテーゼ』の第一テーゼ。

＊14＊〔訳注〕曖昧さはないと思うが、ここでカントが問うているのは、科学の現実性、科学が現にいま在るかどうかではなく——それは現にいま在る——、現にいま在るというそのことの可能性である。アロンのほうは科学の現実性そのものを、ゆえに科学自体の可能性を問うている。

第二章　レーモン・ポラン『ジョン・ロックの道徳的政治学』について

＊1　Raymond Polin, *La politique morale de John Locke*, Paris, Presse Universitaire de France (Bibliothèque de Philosophie contemporaine) 1960.

＊2　彼はこの講義から、本書第四章に再録したルソーをめぐるテキスト「『〈社会契約〉』について」を抜粋することになる。

＊3　レーモン・ポランからアルチュセール宛一九六〇年十二月十四日付書簡。

＊4＊〔訳注〕本書に収録された初期アルチュセールの「アカデミック」な論文は、しかし、たんなる「筆のすさび」ではない。たとえば、この「書評」は、ごく短いものだとはいえ、彼が「読む」ときの「アルチュセール的」と形容していいような切り口をすでに示す。書評対象になっているポランの著書は日本語で読めないが（原著も、訳者は未参照）、その著書に対する「アカデミック」な「解釈」の一見本をあげておこう。いかなる本を彼が書評しているか、その断片的イメージをつかませてくれるから。また、「アルチュセール的」な読み方をきわだたせる、一助にもなるだろうから。

ポーランにとって、ロックの「同意」が創り出す「主権的人民」は確かに、「近代国家の全歴史を支配するにいたった」要素を分有するが、にもかかわらずその「人民」とは、自然法命令の貫徹という「目的論的存在」、「法的存在」の性格を有するものであった。この点でポーランにあっては、ロックとストア的伝統、フッカーとが多くの一致点を見出すことになるのである。したがって、ポーランによれば、ロックの〝同意〟観念は、自然法的義務を政治的義務に転化せしめる触媒的な機能を果たしこそすれ、功利的個人主義的政治概念の創出を意味するものではない。他方、また、「フィルマーが概念したごとき族父的社会が純粋に物理的な決定という意味で自然的社会である」のに対して、ロックの同意論的社会は、「自由たることを固有の本質とする本性〔つまり人間〕」が「自己を保存し発展せしめる」ことが自然的〔＝本性的〕であるという意味において、「自然的」である。ところで、自然（法）的命令に従う場合における態様は、〝強制〟にあるのではなく自由存在についてのみ語りうる「義務」の履行である。そして、ロックの〝同意〟は、この「自然法」命令に従う「義務」履行の態様をもって、「自然法」を全うすべき「理性」の命令——「政治社会」の建設・運営——に服従することである。この〝同意〟が理性的な人間の自由な行為である以上、それは「人間の業的」であるのだが、理性的である以上「合自然法的」たらざるをえず、ここに〝人為的〟でかつ〝合自然法的〟行為によって結果する政治社会もまた「人間の人為的作品であると同様に」「自然的作品」でもあるのである。だとすれば、〝同意〟とは、「個人ならびに個人の人間本性の自由な開花に第一義的に関わる」道徳との関連をもちつつも、これとは区別された領域である「政治体」に関わる政治において、「自然法」目的を貫徹するための装置であるというのが、その本質的意味になる。

（友岡敏明『ジョン・ロックの政治思想——〝伝統〟と〝革新〟の一断面』名古屋大学出版会、一九八六年、二二五～二二六ページ。ただし、挿入された原語はすべて省略。〔 〕内の補足はすべて友岡。なお、引用文中の

意味不明の語「人間の業的」は、著者が«artificiel»に与えた訳語である）

原著者の言葉をちりばめながら要約しつつ「解釈」を呈示する、いかにも日本的な「アカデミズム」のこのかつたるさは、要所をすぱっと明快に切り取ってはつなげていく、アルチュセールの「読み」の鋭利な圧縮のやり方と対照的であろう。もう一つの興味深い点については、後出のレオ・シュトラウスについての訳注が、或る種の暗示を与えてくれるだろう。

5［訳注］この基礎資料をもとにして、『世俗権力論』『自然法論』『キリスト教の合理性』などを含むクラレンドン版『ジョン・ロック著作集』が刊行中である。また、ロックの書簡集も。

6［訳注］友岡敏明『ジョン・ロックの政治思想』前掲の「序論」および「補論」は、ロック研究史をコンパクトに紹介している。興味のある読者は参照されたし。アルチュセールは意外と本を読まない人で、どこまでロック研究文献に通じていたかは定かでないが（しかし一九五九年、すでに『モンテスキュー』を上梓している）、ロック研究史と照らし合わせてみると、一九六〇年という日付をもつこの「書評」でのアルチュセールの論点の取り出し方は、彼がロック研究の、少なくとも、ツボだけは的確に押さえていたことを窺わせる。

*7 《フランスでロックは、有名であるそのぶん知られていない》

8［訳注］ロックは十八世紀初頭には無視されるが、その世紀後半に再び関心を集めるようになる。民主主義への方向性は、ロック以前、すでに「水平派」の思想に示されていたが、しかし「一六四九年までには、レベラーズの運動は解散されたのであって、それは優れた論文を出版するのに必要なだけ長くはもちこたえられなかったし、その影響はレベラーズの解体後までは生き残ることができなかった。それゆえ、十八世紀の五〇―七五年における共和主義的、民主主義的改革者たちが、権威と示唆の典拠を探求した時、彼らはロックの『政府二論』に目を向けたのである」（ジュリアン・H・フランクリン『ジョン・ロックと主権理論――イギリス革命政治思想における混合王政と抵抗権』今中比呂志／渡邊有二訳、御茶の水書房、一九八〇年、一六七ページ）。

*9 《なぜなら、いままでずっと、》

*10 《十七世紀および十八世紀のイギリスの偉大な「経験論者」たちを、ひいては、その彼らに触発されたフランスの観念学者たちを》

＊11　ジョン・ロック『人間知性論』一六九〇年（*An Essay concerning Human Understanding*）〔大槻春彦訳、『世界の名著32 ロック　ヒューム』中央公論社、一九八〇年所収〕。G・W・ライプニッツ『人間知性新論』（一七〇三年から執筆開始、一七六五年に出版）〔谷川多佳子／福島清紀／岡部英男訳、『ライプニッツ著作集』第四／五巻、工作舎、一九九三年／一九九五年〕。

＊12　《イデオローグたち》

＊13　〔……イデオローグたちに示した〕《広範な反動の、極めて明らかなことに、一部をなす。》

＊14　《無意識的》

＊15　〔だが〕《明白なことに》

＊16　*Philosophie et politique chez Thomas Hobbes*, Paris, PUF 1953 (rééd. Paris, Vrin 1977).

＊17　〔……迂回させてきた〕《すべての偏見に対する批判》

＊18　《哲学的諸問題をまさに解明するうえで》

＊19　〔ポラン氏の〕《考えを歪曲する》

＊20　「超越的義務」はたんに《義務》となっている。タイプ稿では、この文に続くつぎの一節が抹消されている。《ライプニッツが自説の都合のいいようにロックの思考の一面をしか取り上げなかったこと、そしてロックの政治的思考が彼の経験論の諸前提を理解させてくれること、ポラン氏はこのことを、もののみごとに明らかにする。人間精神をタブラ・ラサとして呈示するとき、ロックはじつは「生得」観念への批判を意図している。言うなれば彼は、「生得」観念という考え方を認可するところの理論的モデルと戦う、そのためのモデルを、みずからに与えようとしているわけだ。にもかかわらず、彼がラジカルな経験論に落ち着いてしまうことはない。》

＊21＊〔訳注〕　ちなみに、ライプニッツ研究者イヴォン・ベラヴァルは、ライプニッツがピエール・コストによる『人間知性論』のフランス語訳を使ったため、そのロック理解にバイアスがかかったことを、指摘している。

＊22　《自然法の本性》

＊23 〔この照明にとって〕《決定的である》

＊24 《理論的前提を露呈させるかぎりで》

＊25 〔「〜であろう」との〕《条件法になっていること以外、私はこの文章に瑕疵《かし》を認めない。》

＊26 〔氏の研究は〕《同じく》

＊27 W. Kendall : *J. Locke and the Doctrine of Majority Rule*, Illinois Press 1941 ; C. F. Vaughan : *Studies in the History of political Philosophy*, New York, Burt Franklin 1930, tome 1, chapitre 4, pp. 130-203 ; L. Strauss : « On Locke's Doctrine of Natural Right », *Philosophical Review*, 56, 1952, pp.475-502, *Droit naturel et histoire*, Paris, Plon 1954 pp.215-261 に再録〔レオ・シュトラウス『自然権と歴史』塚崎智／石崎嘉彦訳、昭和堂、一九八八年、二一六〜二六二ページ〕。（＊）

（＊）〔訳注〕ひとことで言うと、ケンダルはロックを多数決的民主主義者、ヴォーンは個人主義者と見る。他方、言及されているシュトラウスの論文にはマキャヴェリの名は出てこないが（ホッブズの名は出てくる）、しかし、『自然権と歴史』のパースペクティヴ全体を視野に入れて極端に圧縮して言えば、彼はロックに、いわば、マキャヴェリストの面影を投影し、ふつうロックに帰せられるイギリス的コモンセンスを一種の「見せかけ」と解釈する力業をなしている。「用心深い」ロック、「正統的著作家よりも正統から逸脱した著作家の方に、より多くの共通面をもっていた」ロック（前掲邦訳、二二〇ページ、一八一ページ）を、シュトラウスは、エピクロス〜ルクレティウス〜マキャヴェリ〜ホッブズの線に登録する。この線は、アルチュセールがのちに言う「唯物論の地下水脈」にほぼ重なる。シュトラウスのロック解釈は、なるほど、「異端」であろうが、しかし、当り障りのない教科書ふうの解釈より、その異端的解釈のほうが、我々をして考え込ませるのはなぜか？

＊28 J. Locke : *Traité du gouvernement civil*, Londres, 1690 (*Second Treatie of Government, in Two Treaties of Government*). 『統治論』第二論文のこのフランス語訳は、最近、S・ゴヤール＝ファーブルの手で再刊された (tr. par D. Mazel, Paris, Flammarion 1984, réédition 1990)。〔『市民政府論　国政二論後編』鵜飼信成訳、岩波文庫、一九六八年。『統治論』宮川透訳、『世界の名著32　ロック　ヒューム』中央公論社、一九八〇年所収〕

＊29 オランダ総督（*stathouder*）オランイエ公ヴィレム〔オランダ語でなく、英語式に表記すれば「オレンジ公ウィリアム」〕（一

六五〇～一七〇二）は、イギリス王ジェイムズ二世を退位させた一六八八年の「名誉革命」を率いた。一六八九年の「権利章典」（*Bill of Rights*）に署名し、彼は妻メアリーとの共同王位のかたちでイギリス王位を継ぎ、この国の議会君主制を決定的に堅固なものにした。

*30 彼が校訂した『統治論二篇』（*Two Treatises of Government*, Cambridge 1960）（この校訂版は多くの版を重ねている）においてと、«Locke's Two Treatises of Government», *Transactions of Cambridge Bibliographical Society*, 1952, vol.1, 4e partie, pp.341-347 ; vol.2, 1e partie, pp.63-87 において。

*31 《おそらくポラン氏の注釈の字義をはみだすではあろうが、私であれば、こう言うであろう。この自由主義は》

*32 アルチュセールによる一九六五年のロック講義において、この点が中心的な議論の一つになる。

*33 《たぶん》

*34 レヴェラーズ、すなわち水平主義者たちは、イギリス革命期に共和派〔反王党派〕の中の最もラジカルな（最も平等主義的な）派を構成した。

*35 *〔訳注〕この箇所は、アルチュセールが「みずからの関心にもとづいて」ロックを唐突に「マルクス主義」へ傾斜させる印象を与えるかもしれないが、その印象は、おそらく、性急である。たとえばJ・フランクリンは、為政者の交替をだけでなく、統治形態の変革をも容認する『市民政府論』の「抵抗権」理論が、ホイッグ党をして、ロックを拒否させるほどにラジカルであったことを報告している（『ジョン・ロックと主権理論』前掲邦訳、一二五ページ以下）。

*36 《ポリス的生の、また政治体の》

*37 *〔訳注〕«mission»には、「委託」のニュアンスを強調するなら、「任務」の訳語を与えてもいい。ここでは、むしろ、神学的コノーテーション（神からの召命）をまとわせて、「使命」とした。後出の訳注参照。

*38 《まず基本的に》

*39 *〔訳注〕ロックは人民と政府に、«compact»または«contract»というより、«covenant»、つまり「信託契約」

「信約」を結ばせる。「信約」では、受託者（政府）は、受益者（人民）との契約に入らず、信託によって生ずる責務を片務的に負い、しかもこの責務は、信託の背後に在る神の法、つまり自然法による制約を受ける。受託者義務 trusteeship は、その意味で、神からの召命と同義と言ってよく、それを「至上の使命」と解する根拠はここにあると思われる。「政治信託は、それゆえ、責務の負荷を意味し、その顕著な面は信託される権力の乱用に対する責任、権力の側の怠慢に対してさえそれへの責任であり、それは相手側からの信託違反行為の除去にいたる」（川中藤治『ジョン・ロック　市民政治の思想』法律文化社、一九八六年、四六三〜四六四ページ参照）

＊40　《人間の自然の本質》〔編者によるこの異文の指摘は、アルチュセールがタイプ稿で「人間の自然の本質」を重複して書いているとも受け取れるし（ゆえにそれを「人類の一体性」に書き替えた）、またタイプ稿には「人類の一体性」の語がないとも受け取れる（ゆえにそれを書き加えた）〕

＊41　《人類の歴史》

＊42　括弧でくくられたこの一文はタイプ稿にない。アルチュセールは、ここで言われたテーゼを、すでに言及した一九六五年の講義において詳細に注釈する。

第三章　哲学と人間科学

＊1　本書第一章の編者解題参照。

＊2　*Revue de l'enseignement philosophique*, 10 (6), août-septembre 1960.

＊3　E. Roudinesco, *Histoire de la psychanalyse en France*, tome 2 : 1925-1985, Paris, Fayard 1994, p.386.

＊4　一九六一〜六二年度セミナー「若きマルクス」、一九六二〜六三年度セミナー「構造主義の起源」ののち、一九六三〜六四年度にアルチュセールは「ラカンと精神分析」に着手する（このセミナーの枠組みの中で彼がなした特筆すべき二つの講義は、最近、O・コルペとF・マトゥロンの手で編集・公刊された。*Psychanalyse et sciences humaines. Deux conférences*, Paris, Librairie Générale Française/IMEC 1996）。この講義録以外にアルチュセールが精神分析について書いたものは、*Écrits sur la psychanalyse. Freud et Lacan*, O. Corpet, F. Matheron eds., Paris, Stock/IMEC

1993『フロイトとラカン――精神分析論集』石田靖夫／小倉孝誠／菅野賢治訳、人文書院、二〇〇一年）に集成された。

＊5　公教育哲学教員協会のこと。この協会の機関誌が「哲学教育評論」。

＊6　ジョルジュ・ポリツェル（一九〇三～一九四二）、フランス共産党員で、心理学をめぐる理論的著作によって知られる哲学者。完膚なきまでにベルクソンの問題構成を、またそれよりはいくらか穏やかにではあるが、精神分析を批判した。

＊7＊〔訳注〕レオン・ブランシュヴィク（一八六九～一九四四）、フランスの哲学者。批判的観念論の立場から科学精神の在り方を研究。『数理哲学の諸段階』（一九一二年）、『西洋哲学における意識の進歩』（一九二七年）など。

＊8＊〔訳注〕アランはペンネーム、本名エミール＝オーギュスト・シャルティエ（一八六八～一九五一）、フランスの哲学者、エッセイスト。広義の人間教育にかかわる一種の「倫理学」を展開。『美術の体系』（一九二〇年）、『思想と時代』（一九二七年）、『幸福論』（一九二七年）など、著書多数。

＊9＊〔訳注〕メーヌ・ド・ビラン、本名マリ・フランソワ・ピエール・ゴンティエ・ド・ビラン（一七六六～一八二四）、意識の統一性を主張したフランスの神秘的唯心論者。物質的抵抗を克服しようとする身体的努力の中に、自我を意思としてみいだす。『習慣が思考能力に及ぼす影響』（一八〇二年）、『直接的統覚』（一八〇七年）など。

＊10＊〔訳注〕イポリット・テーヌ（一八二八～一八九三）、フランスの文芸批評家、哲学者、歴史家。厳格な決定論の立場に立ち、芸術生産の原理を人種、環境、時代に求め、哲学的には、感覚論と観念連合説を展開。『十九世紀フランス哲学』（一八五七年）、『イギリス文学史』（一八六二～一八六九年）、『現代フランスの起源』（一八七五～一八八八年）など、極めて多作。アルチュセールがこの論文で使う〈起源〉（les Origines）の語は、おそらく、テーヌの著書の題名を念頭に置いている。

＊11＊〔訳注〕フェリクス・ラシェ・ラヴェッソン（一八一三～一九〇〇）、フランスの哲学者。精神と自然との連続性を主張し、「実在論または唯心論的実証主義」とみずから呼ぶ形而上学を展開。『アリストテレス形而上学試論』（一八三七～一八四六年）、『習慣』（一八三九年）。

＊12＊［訳注］　ジュール・ラシュリエ（一八三二〜一九一八）、フランスの哲学者。「事物の存在は思考の可能性のその条件である」とする批判主義的観念論を展開。『帰納の基礎について』（一八七一年）、『三段論法の本性について』（一八七一年）。

＊13＊［訳注］　エミール・ブートゥルー（一八四五〜一九二一）、フランスの哲学者。科学認識の分析によって決定論を批判し、科学認識の限界付けをなす。精神的・宗教的生活のみが〈存在〉を把握させてくれるとした。『自然法則の偶然性について』（一八七四年）、『現代哲学における科学と宗教』（一九〇八年）など。

＊14＊［訳注］　マックス・シェーラー（一八七四〜一九二八）、ドイツの哲学者。ディルタイ、ニーチェ、ベルクソンなどの影響を受けつつ、フッサールから出発し、「魂の」現象学を展開。『倫理学における形式主義と諸価値の物質的倫理学』（一九一三〜一九一六年）、『共感の本性と形式』（一九二三年）など。

＊15＊［訳注］　カール・ヤスパース（一八八三〜一九六九）、ドイツの心理学者、哲学者。ディルタイおよびフッサールに想を得て、「了解的」方法を心理学に導入。『世界観の心理学』（一九一九年）、『我々の時代の精神的状況』（一九三一年）、『ドイツの罪』（一九四六年）など。

＊16＊［訳注］　ジョルジュ・ギュスドルフ（一九一二〜）、本質主義的実存主義者と言われるフランスの哲学者。倫理を実存に基礎付ける一方、価値の超個人性を主張。『自己の発見』（一九四八年）、『記憶と人格』（一九五一年）など。

＊17＊［訳注］　アルチュセールの語の選び方の巧みさ（それをうまく翻訳に反映させるのはなかなか難しいが）は、たとえば、この一語にもよく現れている。原語は«plat de résistance»で、はっきりした語源は知らぬが、これはおそらく、軽い「前菜」に対して、胃袋に抵抗感を与える料理というところから来ているのだろう。「主菜」「メインディッシュ」という訳語では消えてしまう「抵抗 résistance」の字義を、ここでは、原文にはない「抗不安剤」の訳語によって維持した。もちろん、そこに置かれている語は「主菜」であるが、これは翻訳上のちょっとした捻りと理解していただきたい。

＊18＊［訳注］　クルト・ゴルトシュタイン（一八七八〜一九六五）、ドイツ生まれのアメリカの神経生理学者。ゲシュタルト心理学の立場からの失語症研究で有名。フランスの哲学者メルロ＝ポンティに大きな影響与える。『失

語症分析と言語研究』（一九二七年）、『有機体の構造』（一九三四年）など。

＊19＊〔訳注〕　ヨハン・フォン・ノイマン（一九〇三～一九五七）、ハンガリー出身で、二十世紀最大のアメリカの数学者の一人。その業績は、数学基礎論、量子力学、位相群論、ゲーム理論など、多方面に渡る。『量子力学の数学的基礎』（一九三二年）、『ゲームと経済的行動の理論』（一九四四年、経済学者O・モルゲンシュターンとの共著）。

＊20＊〔訳注〕　「認識理論 théorie de la connaissance」はドイツ語 *Erkentnisstheorie* のフランス語訳。周知のとおり、アルチュセールはやがて「認識理論」を「イデオロギー」とみなし、それと区別して「（科学）認識論 epistémologie」の語を使い、マルクス主義認識論についてはーーのちに「自己批判」することになるとはいえーー大文字の〈理論 Théorie〉なる語をあてる。

＊21＊〔訳注〕　「従来のすべての唯物論（フォイエルバッハの唯物論をも含めて）の主要な欠陥は、対象、現実、感性がただ客体または直観の形式のもとでのみとらえられ、感性的な人間的活動、実践としてはとらえられず、主体的にとらえられていないことである」（マルクス『フォイエルバッハについての十一のテーゼ』高島善哉／高島光郎訳、『マルクス　経済学・哲学論集』前掲所収、一九五ページ）

＊22＊〔訳注〕　ジョルジュ・デュアメル（一八八四～一九六六）、フランスの作家。ここでアルチュセールが念頭に置いている作品の一つは、おそらく、『ヒューマニズムと自動機械』（一九三三年）であろう。

＊23＊〔訳注〕　メーヌ・ド・ビランの影響を受け、折衷主義的唯心論を唱えたフランスの哲学者（一七九二～一八六七）。

第四章　「〈社会契約〉」について

＊1＊〔訳注〕　「思考されざるもの l'impensé」というテーマはアルチュセールのルソー論にもかかわっているので、J＝A・ミレールとJ＝C・ミルネールによる長くはないこの「編者序」の全文を、以下に訳出しておく。

客観性の中に与えられる言表の集合体を等質で完備した組織体へと変形するには、言表を生み出す規則のまとまりを編成し直していく過程で、規則間の両立性の検証、規則の順序の確立、規則の潜勢力の実際化をなす以外の、すなわち、統辞論の行使によって規則のつながりのもつ現勢化能力を拡大し、潜勢的なものが雲散霧消するまでに規則の量を増加させる以外のやり方があるだろうか？

最大限の実際化というこの操作は、最後までやりとおされたとき、領野を絶対的に限定する。これを積極的な限定であると述べることは、汲み出されていくにつれて非現勢的なものが再形成されていくことを、また、エレア学派のパラドクスから再び生れ来る半身のごとくにつねに参入してくる思考されざるもののもとから、新たな言表がつねに出来《しゅったい》してくることを、斥けることだ――じつに言説とは、本質的に離散的である一つの連接《シークエンス》、意識内容とは同じ広がりをもたぬ連接であるのだから。

思考すべき思考されざるものがない、まさにそのときには、欠損なしの連鎖がそれを包む周囲から乖離して、それは認証プロセスをかたちづくるように配備されたひとまとまりの論証として、存続していく。一つの組織体をなすそれら論証の中では、自分で自分を規制する論証以外の、つまりは認証の原理以外の、どの論証も、それを規制するところの先行する論証を暗に含む。自分で自己の定立をなし他のあらゆる言表に含まれる、自律した言表、自分だけで認証をなす言表が、認証の原理として存在する。すなわち、判断における盲点、自明なものが。

いかなる言説も自明なものの導出を欠く以上、自明なものは、言わずもがなのものという思考されざるものにゆだねられる。自明なものが言葉にされうることが否定されているわけではない――じつに逆で、自明なもののもつ偶成されるか反復される明示的な部分は、難なく言葉にされうる。しかしこれは、自明なものがどの思考にも現前してはいても思考されえないと、自明なものが可能的意識のそとにむかって、すなわち言説の措定《テーゼ》を限定するものにむかって開かれている、と主張することである。

思考されざる限定〔決定〕――それのもつ半透明性はプロセスの自律性という幻想を許す――は、ここでは思考不可能な限定〔決定〕である。なぜならそれは、現勢化している言表と両立しない。ゆえに、自明なものを認証すれば、現勢化した言表はすぐにも認証されなくなるだろう。（治療〔実践〕の場面として、あるいは概念の画期として）周知のとおり、原因は誤認のもとに与えられてはじめて実際化する。

私が思考するものは、私が思考しないもの、それの効果にほかならない。

表現は晦渋だが、言われていることのポイントは、自明性は盲点を含み、その盲点が自明性を成り立たせるということ、あるいは、言葉にされていて思考されてはいないものが存在するということであろう。これは、『資本論を読む』でアルチュセールのなした、古典派経済学の読解（「労働」という可視性の盲点として、現前しつつ欠如する「労働力」の概念）を想起させる。

＊2＊〔訳注〕アラン・グロリシャール「ルソーの重力（均衡する作品）」、パトリク・オシャール「自然法とシミュラークル（記号の自明性）」、マルセル・フランソン「J＝J・ルソーの数学的言語」。

＊3　ロック講義の一部もタイプ稿にされた。

＊4　本書第八章参照。

＊5　*Montesquieu, La politique et l'histoire*, Paris, PUF 1959.『政治と歴史――モンテスキュー・ルソー・ヘーゲルとマルクス』西川長夫／阪上孝訳、紀伊國屋書店、一九七四年所収〕

＊6＊〔訳注〕アルチュセールの論文の中でも、このルソー論は、技術的に見て、おそらく、最も巧みなものの一つである。「スコラ的」と言いたくなるほどにも。論証の構成が考え抜かれていることはまことにそのとおりだが、それ以上に、構文の、いかにも練られたとの印象がきわだつ。組み立てられていく文章のもつロジックとは別に、組み立てそれ自体のもつロジックを思考することができるのである。この構文の、あるいは、技巧の、ロジックを考えたほうが、文章が直接言っていることがらを、より明確に理解できることさえある。たとえば、第V節の最後のほうの文章「提案。我々の踏破してきた道をさかしまにたどり直したらどうか、そうすれば……」以下の部分は、原文に即すなら、おおよそつぎのように訳せる。「提案。ここまでたどってきた道を逆方向にたどり直すことには、さぞ意味があるだろう。ただしそうするに当たって、いままで見てきたすべての『問題』と〈ズレ〉の、その根拠をなす〈ズレⅢ〉を出発点にするなら、である。ルソーの哲学がなす乖離から出発するなら。すなわち、ルソーの哲学がみずからを彼の生きている社会の法的イデオロギーに接合する、その地点から出発するなら」。乖離と接合の関係は、じつは、文章の流れそのものより、構文のロジックを見たほうがはるかに明確になる。この箇所はそのように訳してあるが、これは、言ったように、「意訳」とは別のことがらに属す。

なお、本書に収録されたテキストと「分析手帖」版とを比較参照し、いくつかの語の強調（傍点）を追加し（なんの注記もないところをみると、おそらく、編者による見落とし）、「分析手帖」版に従って、九九ページの図を理解しやすいかたちに、いくらか、手直しした。さらに、段落の切れ目を変更した箇所がある。

＊７＊［訳注］　この段落がすぐさま連想させる、『資本論を読む』（一九六五年）中の一フレーズに参照を振っておこう。「哲学者として『資本論』を読むとは、種別的な言説がもつ種別的な対象、まさにそれを問題にし、その言説とその対象との種別的な関係を問題にすることだ。ゆえに、この言説－対象の統一性に、その統一性を他の言説－対象の統一性の諸形態から区別させてくれる、認識論的資格を問うこと」（Cf.『資本論を読む』今村仁司訳、ちくま学芸文庫、一九九六年、上巻、二二ページ）

＊８＊［訳注］「遊び」はブレーキやクラッチについて言われるそれのこと。「機関を円滑に運動または作動させるために設けられる隙間」。しかしまた《jeu》はこの円滑な動き、作動そのものをも指す。機械は、その内部に「遊び」があってはじめて作動する、つまり、効果を生産する。遊び＝働き。ゆえに、ここでは、《jeu》は意味論的に《fonctionnement》（作動）と《décalage》（ズレ）とに重なり合って、その二つを媒介していると言えよう。以下、《jeu》が「隙間」を意味するときは「遊び」、「動き」を意味するときは「戯れ」、と訳し分けてみる。

＊９＊［訳注］「解決」（solution）とは「解消」のことでもある。「社会契約」の「役割」が、或る「問題」を立てることで別の問題を隠蔽することにあるのなら、その立てられた（擬似的）「問題」の「解決」は、当然にも、別の（真の）問題の「解消」にほかならぬであろうから。問題が「解決」されるのでなくて「解消」されるがゆえに、すなわち、問題がズラされていくゆえに、「解決」のあとに再び問題が現れて、問題のズラシが問題の連鎖を織り成していくだろう。

＊10＊［訳注］　これは誤植ではなく、《contrat-social》（社会－契約）と《contrat social》（社会契約）の二つの表記がある。「社会」と「契約」を分ける＝つなぐハイフンの意味は、にわかには判断しかねるが、ルソーの言う社会契約がたんなる（「社会」なる限定をもたぬ）契約、法学的な意味での「契約」（ギブ・アンド・テイク）とは異なることを、おそらく、指し示すためであろうかと思われる。その意味でなら、ハイフンは、「社会－契約」が法学的概念（契約）ではなく、哲学的対象であることの指標としての働きをもつ。また、こうも考えられる。そのハイフンは、「社会」と「契約」（「現実」と「理論」）とのあいだの「隙間」または「ズレ」を、すでに暗示する、

と。以下、アルチュセールの推論を順次たどっていくと、やがて読者は、最終的に、つぎのような言明に出会う。「抵抗の働いている絶対的な地点。その抵抗が〈理性〉に属す事実でなく、還元不可能な事実そのものであるとの意味で。すなわち、ここまでの長い『追い出し』の果てに、はじめて現実的な問題に出会うとの意味で。（…）実在からの、理論の〈ズレ〉それ自体である。社会集団が存在するとのそのことにおいて理論がはじめて出会う、実在からの」

＊11＊［訳注］　原語は«report»と«transfert»で、ここでは、それらのもちうる意味のすべてが込められて使われている。具体的な語を立ててイメージをつくってみる。決済期限の「先送り」、台帳への「転記」、権利の「移転」、エトセトラ。要するに、「移動」という一般的な意味に、「契約」にかかわる意味が付け加わっている。«transfert»には、また、精神分析で言う「転移」の意味もある。すなわち、治療中の患者が、幼年期に（父、母などに対して）経験した情動を、担当の精神分析医に向け直すこと。

＊12＊［訳注］　«la problématique»は、ふつうには、二つの意味をもつ。［1］互いに緊密に結び付いた問題のまとまり（問題群、問題系、問題体系……）、［2］問題の立て方、その技法、その科学（問題意識、問題設定、問題構成、問題構成法……）。アルチュセールの言う「プロブレマティーク」はこれらの意味とは関係がない。問題を立てたり、解決したりすることを条件付けて、そのことを可能にする、または、可能にしない場、問題そのものが置かれる場、問題（役者）の登場する舞台、これが、「プロブレマティーク」の最も大きな枠組みである。漠然とした比喩と言われても、訳者としては、これ以上の限定、「解説」はなさずにおく（詳しくは『資本論を読む』中のアルチュセール担当のパート『資本論』からマルクスの哲学へ」を参照――ただし訳者には、そこでアルチュセールが「プロブレマティーク」を「概念」としてきちんと説明しきっているようには思われない……）。今村仁司氏は、ドイツ系哲学の訳語として用いられる「問題構制」をソフトに言い直した感じのする、「問いの構造」という訳を与えていて、悪くない訳語とは思うが、「プロブレマティーク」とは、問いや問題それ自体がもつ構造のことではない（「問いの構造」には、そのような誤解を与える余地がある）。その主語は、「問い」ではなく、「問い」が置かれる・立てられるところの場、舞台のほうである。この概念を、自殺した親友ジャック・マルタンから教えられたことを、アルチュセールはどこかで語っていたが、『マルクスのために』や『資本論を読む』で使われる概念として、すでにそのとき把握していたのかどうかはわからない。何十年にもわたって生産される言説の中で、概念もまた歴史をもつ。語が同じであっても、その語が概念として変わらず固定されているとはかぎらない。

＊13　《なによりもまずカント的な解釈（ズレⅠ）とヘーゲル的な解釈（ズレⅡ）》

＊14＊［訳注］この言い方に、おそらく読者は「奇妙」な印象をもつだろう。やがてアルチュセールがその謎解きをしてくれる。少し待たれたし！　堪え性がない？　では、あらかじめ簡単に指摘しておけば、ルソーのもとでは、人民は人民と契約しなくてはならない。でないと、人民は〈主権者〉になれない。その〈人民〉を構成する行為が、彼の言う〈社会契約〉で、ゆえにそれはふつうの意味での「契約」ではない。原文は«l'acte par lequel un peuple est un peuple»で、「いま人民であるところのものをその人民にした行為」とでもしたほうが、冗長ではあれ、より原意に近くなるかもしれない。つまり、原文は、言われている「行為」以前に「人民」が何であったかは、まったく述べていない。やがて明らかにされていくように、ルソーが社会契約に与える「特殊」な構造が、「人民を人民となす」のトートロジーを強いる。アルチュセールの用いるアルヴァクス版『社会契約論』は、各章のあとに、アルヴァクスによる「注釈」が置かれているが、その注釈は、この「行為」によって「群衆 la multitude が人民 un peuple になる」ことを言っている（p.87）。「群衆」とは何か？　マスとしての原子的個人である。原初契約はそれら個人に結社行為をなさせ、彼らを人民に、つまり、一つの共同体に変える。要するに、「人民」は契約の結果である。しかし、ルソーは、社会契約の構造、「全面的譲渡」において、それら個人をして、契約の結果たる共同体と契約させる。契約の結果を先取って、その結果を、契約の「当事者」の一方として、契約締結以前に置くのである。トートロジーが生ずるのは、文脈がまだ原初契約を語る段階に入っていないからではなくて、この先取りと矛盾、契約構造の捩れを、ルソーが知っているからである（なにしろ、その構造を考案したのは、彼自身なので）。人民は人民となる以前にすでに（契約の「当事者」として）人民であった、と言わないようにするために、ここで彼は、契約の以後をしか語らない構文（「人民を人民となす」）を、意識的につくっている。しかし、その「意識」は、或ることがらを言わずにすまそうとする「抑圧」でもある。その「抑圧」の機制を、アルチュセールは「ズレ」として取り出していく。

＊15　《、ロックの理論にくみする者が彼〔ルソー〕にむけるかもしれぬそれ〔反論〕》

＊16＊［訳注］ジョン・ロック『統治論』第八章「政治社会の起源について」参照（宮川透訳、『世界の名著32』、中央公論社、一九八〇年所収）。「或る共同社会を動かすものは、それを構成する各個人の同意だけであり、そして一つの団体は一つの道筋へ動くことが必要であるから、その団体は大きいほうの力が引っ張っていく道筋へと

動かなければならない。それが多数派の同意というものである」（二五二ページ）。多数決の法について、「自然的」の語は見当たらないが、引用した文章では、多数派の力が物理的な力として叙述されているとは言えるだろう。

*17 『人間のあいだにおける不平等の起源と根拠をめぐる論文』（一七五五年）〔いわゆる『不平等起源論』〕。前掲プレイアッド版『全集』第三巻所収の校訂版を参照。〔原好男訳、白水社版『ルソー全集』第四巻、一九七八年所収〕

18 〔訳注〕『不平等起源論』前掲邦訳、二三七ページ以下参照。「(…) いまや我々のあらゆる能力は発達し、記憶力と想像力は働き、利己愛には利害が絡み、理性は能動的になり、精神は可能なかぎりの完成の域にまでほとんど達している。(…) 存在と外観とはまったく異なる二つのものになった (…)。結局、貪り尽くす野心、真の欲求というよりも他人の上に立ちたいために、自分の相対的な財産を増やそうという熱意は、お互いに危害を加え合うという陰険な傾向と、もっと確実に成功を収めるためにしばしば好意の仮面を付けているだけに、ますます危険な密かな嫉妬心を、あらゆる人間に呼び覚ましたのである。要するに、一方では競争と対抗心、他方では利害の対立、そしてつねに他人を犠牲にして自分の利益を得ようという欲望、これらすべての悪は私有の最初の結果であり、生まれたばかりの不平等から切り離すことのできない付随物であった」（二四三〜二四四ページ）。「事態がかつてのままではもう続きえないところまできていた」「自然状態の最後の地点」（二三二ページ）。

19 〔訳注〕ルソーは、「仮説的・条件的推理」にもとづく「想定」（レヴィ＝ストロース流に言えば、「モデル」）としての「純粋な自然状態」と、「未開人」という実証性を傍証とする「第二の自然状態」とを、区別する（『不平等起源論』前掲邦訳、二〇〇ページ、二二八ページ参照）。

20 〔訳注〕「野生の人はただ本能のままで自然状態に生きるために必要なものすべてをもっていたが、磨かれた理性は社会で生きるために必要なもののみをもっているのである。(…) この状態に在る人々はお互いにいかなる種類の倫理的な関係や既知の義務ももっていないので、善良でも悪辣でもありえず、悪徳も美徳ももっていなかったと思われる」（『不平等起源論』前掲邦訳、二二〇ページ）

21 〔訳注〕「自然人が潜在的に受け取った『完成能力』や社会的な徳やそのほかの能力は、それ自体ではけっして発展できなかった (…)」（『人間不平等起源論』前掲邦訳、二三〇ページ、強調は引用者）

*22 《利害が力というテーマに置き換わることが重要である。じつに利害にかかわる用語に沿って、社会契約の全

過程が動いていくことになるので。》

＊23＊〔訳注〕『不平等起源論』でルソーが「利己愛」に付した注はこう言う。「利己愛〔自尊心〕と自己愛を混同してならない。この二つの情念は、その本性からもその効果からも、ひじょうに異なったものである。自己愛は自然の感情で、すべての動物を自己保存に注意させ、人間にあっては、理性によって導かれ、憐れみの情によって変えられ、人類愛と徳とを生み出すのである。利己愛は相対的で、人為的で、社会の中で生まれ、各人をほかの誰よりも自分を重んじるようにさせ、お互いにおこなうあらゆる悪を人々に思い付かせ、名誉の真の源である感情にすぎない」（前掲邦訳、一八七ページ）

＊24＊〔訳注〕「〔…〕人間は自由で独立していたのに、いまや無数の新しい欲求によって、いわば自然全体に、とりわけ同胞たちに屈従する。同胞の支配者となりながらも、或る意味ではその奴隷となる。金持ちであれば同胞の奉仕が、貧しければその援助が必要であり、ほどほどであっても、同胞なしで済ませられない」（『不平等起源論』前掲邦訳、二四三ページ）

＊25＊〔訳注〕『不平等起源論』前掲邦訳、二四四ページ。

＊26　強調はアルチュセール。

＊27《〈立法者〉の肖像参照。「一つの人民に制度を与えようとあえて企てるほどの人は、いわば人間性を変えること［＝人間の在り方を変えること……、L・A〔アルチュセール〕］ができるという確信をもっていなければならない。［…］ひとことで言えば、立法者は人間からその固有の力を取り上げ、それに代えて、これまで無縁であった力、他人の援助がなければ使用できない力を与えなければならないのである。自然的な能力が死滅していくにつれ、それだけ新たに得た力は大きく、永続的となる［…］。それゆえ、各市民が、他の市民のすべての援助がなければ、単独ではなにものでもなく、またなにごともできず、そして、全体によって獲得された力がすべての個人の自然的な力の総和に等しいか、あるいはそれより大きい場合、立法はそれが到達しうる最高の完成度にあると言える」（II. VII. pp.180-181〔第二篇第七章、一四六〜一四七ページ〕）――つまり、その場合、現にいま在る諸個人の力を使って、「多くの人たちの協力によってしか生じえない［ところの］力の総和」（I. VI. p.89〔第一篇第六章、一二〇ページ〕）をつくり出すことができる。》

＊28《ゆえに解決は、対をなす二つの要素、力‐利害、さらにまた自由‐義務を尊重しなくてならない。》

＊29＊［訳注］白水社版のほか、角川文庫版、『世界の名著』版などの邦訳では、この「行為」は「結社行為」となっているが、文章の流れから言って、「契約行為」と解すべきであろう（契約行為は、結局、結社行為であるが……）。続く『エミール』からの引用、さらにアルチュセールの行論からも、それは裏付けられる。

＊30 強調はアルチュセール。

＊31 オランダの法律家、外交官（一五八三～一六四五）。

＊32＊［訳注］«aliénation»（ドイツ語では«Entfremdung»）がもともとは「売り渡し」を意味することについては、たとえば、エルンスト・ブロッホがこう言っている。「疎外すること entfremden という語は古い言葉で、昔から商業用語として使われていた。abalienare〔> abalienieren = entfremden, veräußern――引用者注〕という語は古代ローマ語で、品物を手放す、つまり売ることを意味している。グリンメルスハウゼンはまだ取引のことを veralienieren と言っているが、それを除けばこの外来語は、フランス語や英語の場合と異なり、日常語からは姿を消してしまった。ドイツ語の「Entfremden」も、少なくともその本来の売り渡す veräußern という意味では、ほぼ同じ道をたどった。（…）この語が再び abalienatio〔譲渡〕とのつながりをもつのは、まず専門用語としてである。つまりヘーゲルにおいては理念の自然への譲渡 Entäußerung として、また別なときには、人間の労働への譲渡として（この場合には人間にとって有利な交換として）登場している。これに対してフォイエルバッハになると、これに自己疎外 Selbstentfremdung という重要な関連が、それもはっきりと否定的なアクセントを伴なって、付け加えられる。（…）マルクスはこの自己疎外という意味を取り上げた。が、天国を搾取と置き換えた。そうすることで、みずからを売り渡さなければならない人間のうち、もっぱら食い物にされた労働者だけがあとに残ることになったのである」（『異化』〔Ｉヤヌスの諸像、Ⅱゲオグラフィカ〕船戸満之／守山晃／藤川芳郎／宗宮好和訳、白水社、一九八六年、八二～八三ページ。用字法変更）。マルクスの言う「労働者の疎外」に、ブロッホが「売り渡し」の意味を関連付けている点は、興味深い。

＊33《それでもしかし、それ〔「疎外」という意味での aliénation という語〕はルソーのプロブレマティークから、それどころかルソーの用語法から、ヘーゲルとフォイエルバッハを通って出てくるのである。》

＊34《すなわち、解決はエレメントを、〈状態〉を、超越することができないということ、解決は変形することにむけられるということ、解決はそとからは到来しえないということ、解決はあのエレメントの在り方、あのエレメントの本質の様態にしか、すなわち、あの疎外の、あの全面的疎外の在り方にしか、働き掛けることができないということ。言うところの「働き掛け」とは、客観的には、無意思的・無意識的な全面的疎外を意思的・意識的譲渡に変形することである……。意識的？　必ずしもそうではない。実際、ルソーは、この社会協約が、ゆえにこの意思的譲渡が、暗黙の状態にとどまることがあるということを明瞭に強調している——このことを彼は『社会契約論』でより、『エミール』で遥かに明確な言葉にしている。》(＊)

(＊)〔訳注〕「(…)人民を創設するためには、私たちが仮定している契約に先行する一つの契約が、少なくとも暗黙の契約が、必要なのではないか(…)」(『エミール』、白水社版『ルソー全集』第七巻、三三七ページ)

＊35＊〔訳注〕アルチュセールが考えているのは、おそらく、『社会契約論』初稿(いわゆる「ジュネーヴ草稿」)、第一篇第二章のつぎの箇所であろう。「(…)たとえ、人間たちのあいだに自然的で一般的な社会がないとしても、人間は、社会的になることによって、不幸で邪悪となるとしても、また、自然状態の自由のうちに生き、しかも同時に、社会状態の要求に従って生きる人々にとっては、正義と平等の法はなきに等しいとしても、それでもなお、我々には徳も幸福もなく、神は人類の堕落に備える方策もなしに我々を見捨てたとは考えないで、悪そのものの中から、それを癒すべき薬を引き出すよう努力しよう」(白水社版『ルソー全集』第五巻、二七九〜二八〇ページ)

＊36《ほかならぬ契約の条件と、そこからの帰結が、この矛盾を解決する。ルソーの厳密さだけを指摘しておこう。矛盾を解消しようとして、しかしルソーは一瞬も矛盾から逃げることをしない。それどころか逆に、矛盾をその極限にまで推し進めていき、矛盾にその最も先鋭なかたち、解決できるとは見えない背理のかたちを与える。このようにしておいて、彼はみずからの原則を忠実に遵守する。悪そのものから、正確に言えば、悪の法外さから、治療薬を悪にもたらすための手段を引き出す、とする原則である。病理を、ロックにおけるように散らすことによってではなく、それを極端にまで昂進させることによって健常を回復させる、あるいはむしろ健常をはじめて根付かせることが、めざされる。譲渡を、全面的・自由な、と定式化することをとおしてルソーは、問題をそれ

の含む矛盾の極端にまで運んで厳密に立てることにもとづいた、解決を提出する。疎外からは疎外を通ってしか抜けられない。全面的疎外の最高度の背理を通ってしか。すなわち、全面的疎外が自由な全面的譲渡へ転換する、との背理。》

＊37＊［訳注］ 原文は« jeu de mot »である。或ることがらを表す語に別の語を「掛ける」という意味での「言葉遊び」なら、二つの語が必要なわけだから、ふつう« mot »（語）を複数形にして「jeu de mots」となるであろう。ここでは、もちろん「言葉遊び」に「掛けて」、同時に、別の訳注で指摘したブレーキの「遊び」にかかわる意味が込められて使われているだろう。すなわち、その「遊び」によって可能になる、語の指示対象（Ｐ・Ｐ・１とＰ・Ｐ・２）の入れ替え、「語の移動」ないし「語の動き」としての「戯れ」である。

＊38＊［訳注］「人民を人民となす行為」は、ルソーの原文では、« l'acte par lequel un peuple *est* un peuple »であったが、この箇所でアルチュセールは、« l'acte par lequel « un peuple *devient* un peuple » と表記している。

＊39　強調はアルチュセール。

＊40　《契約を成立させる交換は、ゆえに、言ったところの行為、ＰＰ・２を構成する行為のあとにある。ゆえに、ＰＰ・２を構成するこの行為、交換のあらゆる可能性に先立つ行為の中に、契約の謎全体がある。》

＊41＊［訳注］ Ｅ・カッシーラー『ジャン＝ジャック・ルソー問題』生松敬三訳、みすず書房、一九七四年参照。

＊42　講義のタイプ稿においてアルチュセールは、説明のこの段階では、契約のカント的な読み方だけを検討している。

《言うまでもなく、この第一のズレは、社会契約のカント的（観念論的）な解釈の、客観的可能性にきっかけを与える。この解釈とその議論を検討してみよう。契約が外見的にのみ契約であるにすぎないのは、個が「言うなれば、自分自身とのみ契約を交わす［…］」からである。何が言われているか？ 契約が真の交換契約でなくて、構成する契約であり、その構成されるべきものが自然的個人に対する共同体的個人であるなら、この構成は個人そのものに及ぶだけの自己構成であるということ、自然的個人を法的個人へと構成するものであるという、このことである。実際にも、ルソーの一連のテキスト、とりわけ〔『百科全書』に収録された〕事項「政治経済」にかかわるテキストは、すべてまさにこの方向に進んでいく［« Discours sur l'économie politique » (1755), *in Œuvres complètes*,

III, Paris, Gallimard, Bibliothèque de la Pléiade 1964, pp. 241-280.〔「政治経済論」阪上孝訳、白水社版『ルソー全集』第五巻、六一～一〇四ページ〕〕。個人とその当人とのあいだで交わされる契約は、ただ一つのことしか意味しない。そのような契約は内的な転回、自然性（情念、私的利害、暴力、etc.）から道徳性への転回であるということ。［…］契約は共同体を創始するが、その共同体とは、カント的道徳性の諸目的の君臨以外のなにごとでもない（自由とは法への服従、徳の君臨、etc. なり。ルソーのすべての概念は、カント的な意味に解釈されてみいだされる）。ところが、このようなカント的な解釈――*Moralität*〔道徳性〕――に対する二つの大きな障害［が存在する］。

［１］義務を功利性に結び付けること。この総合は、いかなる資格においても、カント的なものとはみなせない。

ついては、ルソーが

―義務と利害との統一性［…］

―契約における個人の利害の永続性（後出参照）

について述べること全体を参照

［２］自由の概念

自由の概念は「人がみずからに与える法に服従すること」として呈示される。言われた法は理性の法であるが、

その一方……

独立国家《シテ》内部の人間は、

「自由であることを強いられるであろう……」

処罰の理論全体。自由を実現する手段としての、拘束!! 我々がもはや道徳性の中にいないのはまさにそのとおりで、我々は、せいぜい、権利（カント的意味での権利、すなわち、拘束を前提にするそれ）の領域にいるにすぎない。

私がここで指標として取り上げたこの二つの根本理由からして、カント的なルソー解釈は支持されえない。しかしまた、我々はこうも言わなくてならない。ルソーのカント的な読み方は、客観的には可能である。カント的な読み方がそこにみずからの席をみいだしうるような、客観的スペースが存在する。ここで言う客観的スペースは、もちろん、一つの理論空間のことで、この理論空間を我々にもたらすのは、契約の機械仕掛けの中に客観的に存在する遊びである。正確に言うなら、ＰＰ・２のもつ極めて特殊な身分規定によって開かれる遊び。この遊びは、ＰＰ・１と比べたときの、ＰＰ・２の曖昧さを言う。契約そのものが可能になるためには、［ＰＰ・２は］契約以前に存在していなくてならないはずなのに――同時に、契約そのものの結果でもあるということ。この円

環が遊びをつくり出す。ゆえに、カント的な読み方がそこに場所を占めることのできる、遊びの理論空間を。この遊びによって可能にされるこのカント的な読み方は、つぎの条件のもとでしか受け入れることができない。PP・2の身分規定の中に観察されうる「戯れ」を、契約という問題に対する、現実化された答え、完結した、閉じた答えとして扱いうるとみなすこと。だが、当の戯れに含まれているのは、完備した答えではなく、一つの問いであり、しかもその問いの答えは、これから見ていくように、問いの一連の移転＝転移の中に求めていかなくてはならない。カント的な読み方を企てるには、ズレ、我々の析出した両義性が、それ自体のうちにそれ自体の根拠を含む、と前提しなくてはならない。ところが、この前提は成り立たない。言うところのズレは指標、言葉にされて立てられることを要求する問いでしかなく……、その問いは答えを受け取る前に、次々に立てられては立て直されていく。ゆえに、この問いは中断したままに置き、ここから先は、彼の基本的な問いから見て、ルソーがPP・2のこの両義的身分規定から何を獲得するか、を明らかにするというそのことにのみ専念しよう。彼が獲得するのは、まったく単純な結果である。契約における全個人の全面的譲渡というそのことが突き付けてくる、常識外れの問題に答えること。それと同時に、またそれと同様にして彼は、彼以前の政治哲学による解決が引き起こした、あらゆる古典的反論、あらゆる古典的困難、とりわけホッブズのあらゆる反論とあらゆる困難を、全面的譲渡をなす個人の側から清算するとの結果を獲得する。》

＊43＊［訳注］ホッブズは「戦争」を戦闘行為としてでなく、各人が戦争への意思を持続的にもつこと、すなわち、そのような状態として定義する。「戦争の本質を考察するにはしたがって、天候の本質を考察する場合と同じく『時間』の概念を考慮しなければならない。悪天候とは一度や二度のにわか雨ではなく、雨の降りそうな日が何日も続くことであるように、戦争の本質は実際の戦闘行為にあるのではない。その反対へ向かおうとする保証のまったく見られないあいだはそれのへの明らかな志向がすなわち戦争である」（『リヴァイアサン』永井道雄／宗片義邦訳、『世界の名著23』中央公論社、一九七一年、一五六〜一五七ページ）。またルソーも戦争を、はっきりとホッブズ的な意味での「状態」と捉えている。たとえば、「戦争は、あらかじめ計画してはいない一つないしはいくつかの小競り合いの中に存するのでも、ましてや激怒のあまり犯された人殺しや殺人の中に存するのでもなくて、恒久不変で、熟慮した末の、自己の敵を滅ぼそうと表明された意思の中に存する」（「戦争についての断片」、白水社版『ルソー全集』第四巻、三九五ページ）。ルソーはホッブズを「これまで存在した最も優れた天才の一人」と評している（「戦争状態は社会状態から生まれるということ」、白水社版『ルソー全集』第四巻、三八三ページ）。

＊44　語句が欠如。

＊45　タイプ稿では、この箇所は少し異なるかたちで書き出されている。

《かくして我々は、社会契約のカント的な読み方にとどまっていられない新たな理由を、やがてすぐにみいだす。全面的譲渡について、二人のＰＰの同一性について、また個々別々に在る自然的存在形態から共同体的存在形態へと同一の諸個人を移行させるところの構成作用について我々が述べたことは……、交換でないとの譲渡のほかならぬこの本性のゆえに、こう信じさせることを可能にする。すなわち、すでに指摘したいくつかの不都合な点を除けば、我々は道徳性の王国の内部にいる、と。ところが、じつはまったくそうではない。》

＊46　講義録では、論文で削除された以下の部分がここに挿入されている。〔〜四六三ページ〕

《間奏、政治制度の配備。

新しい問題に入っていく前に、進めてきた検討を、一時、中断しなくてはならない。『社会契約論』で続いてなされる分析の対象、政治的現実の、その構図、〈共和国〉または〈都市国家《シテ》〉(＊)を構成する諸制度の全体像、を素描するために。政治的現実のもつ諸契機と本質的な諸性格、政治的独立国家《シテ》の構成要素は、以下のとおり。

（＊）〔訳注〕ルソーの考えている「共和国」のモデルは、彼の生地ジュネーヴのような、極めて規模の小さい「国家」、「都市国家」である。また「cité」をフランス語訳とするラテン語の「civitas」＝「国家」は中世以降、とりわけイタリアに割拠する都市国家を指し、ニュアンスとしては、国家の制度的組織性を強調する「respublica」に対して、むしろ国家に集う人々の集合性の面を表した。「各個人がすべての他者と結び付くことによって形成されるこの公的人格は、かつては〈都市国家〉、いまは〈共和国〉または〈政治体〉と名付けられている」(『社会契約論』第一篇第六章)。そしてルソーは注で、現在では「都市国家」(cité)と「都市・都会」(ville)が、したがって「シトワイヤン」(公民、ゆえに国民)と「ブルジョワ」(市民、都市在住者)が混同されている、と指摘する。ただし、我々は「シトワイヤン」を「市民」と訳す。

（a）まず、社会契約。原初契約、独立国家構成時に登場する唯一の契約、あの「人民を人民となす行為」と一つである契約。この契約は明示的であることも暗黙のままであることもあるが、いずれにせよ、つねに全員の合意にもとづいているのでなくてはならない。契約時に反対者が現れるなら、彼らは票決を、ゆえに結合を、ゆえに独立国家をみずからに拒むわけだから、事の道理として、彼らは〔成立した〕〈都市国家〉の領土を去らねばならない。そこにとどまるなら、それは、彼らが事実上みずからの反対票を見直したこと、みずからの意思表示に反して、彼らが、契約に賛成票を投じた人々の全体と合同することを意味する。この契約は、独立国家のあらゆる法的行為とあらゆる制度の、内的本質をなす。契約締結へと導いたのが〔各人の〕自由であるというそのことからして、この契約は撤回できない――これ以外にいっさい契約はない。

(b) この契約はそれを結んだ個人のあいだに、結合、結社、一つの政治体〔政治的身体〕を生み出す。「この結社行為は一つの精神的で集合的な団体を生み出す。集会の投票権と同数の成員からなる(*)、それは団体で、その団体は当の結社行為からみずからの統一性、みずからの共同自我、みずからの生命と意思を受け取る」(I. VI. p. 92〔第一篇第六章、一二二ページ〕)。この団体は「理屈で考え出されたもの」(I. VII. p. 107〔第一篇第七章、一二五ページ〕)ではなく、一つの客観的な――人為的・精神的であるとはいえ――現実である。真の結合体であり、心と魂(〈主権者〉ないし〈立法〉権力)と頭脳(〈政府〉)を具えた一個の新しい身体である。それは「公的人格」(I. VI.〔第一篇第六章、一二二ページ〕)という現実性をもつ。この政治体は、受動的なものと捉えられるときには〈国家〉État と呼ばれ、「能動的であるときには〈主権者〉」と呼ばれ、他の諸〈国家〉と比べられるときには〈主権国家〉Puissance と呼ばれる(I. VI.〔第一篇第六章、一二二ページ〕)。

(*)〔訳注〕ルソーは、言うまでもなく、直接民主制を考えているから、「集会」は有権者全員から構成される。

(c)〈主権者〉、すなわち集会を構成する公衆または人民が、独立国家の「cœur」――この語のすべての意味で〔心、心臓、核〕――ないし魂をなす。主権者と一般意思は一つであり、主権者とは、生ける能動的な一般意思のことにほかならない。〈主権者〉は〈立法〉権力を構成し、統治権はこの権力の〈執行者〉、代理人、補佐にすぎない。〈主権者〉の活動は、「一般意思の記録」〔第二篇第六章、一四四ページ〕にほかならぬ〈法〉を布告することにある。〈主権者〉のこのような概念構成の中に、我々はロックの概念構成のエッセンスを再びみいだす。人民と一般意思との同一性、一般意思と〈立法権〉による決定(法)との同一性、〈立法権〉への〈政府〉の従属性、つまり契約なしで制定されたとの〈政府〉の性格。しかし、ロックからルソーを分かつのは、〈立法権〉ないし〈主権者〉と、集会を構成する公衆とが、権利上、同一化される点である。ロックの場合、人民は選挙で選ばれた代議員たちの集会にか、寡頭政治家集団にか、または一人の人間(〈国王〉)に〈立法権〉を基本〈法〉〔憲法〕にもとづいて委任し、この委任された〈立法権〉が、人民の一般意思(自然法)の記録たる法を発布する任を負う。だが民主制――といっても、ロックでは議会民主制であるが――の場合を除いて、人民そのものが〈立法権〉であることはけっしてない。ルソーのもとでは逆にいかなる権力も、彼自身が言うように、公共のことがら républicain である。つまり、〈立法権〉は〈主権者〉と、ゆえに集会を構成する公衆と一つである。人民は誰にも至高権力〔主権〕を、すなわち立法権力を、委任できない。この重要な相違はもう一つ別の帰結をもたらすが、それを私は指摘するだけにとどめる。ロックとルソーでは、統治形態の種類という有名な古典的問題が、同じ水準では立てられていないということ。ロックにとって、民主制、貴族制ないし寡頭制、君主制のあいだに存する性格の違いは、立法権力の帰属の水準で説明される。国制の多様な形態の区別を最終的に決定付けるのは、〈立法権〉所持者の本性なのである。しかしルソーにとって、〈立法権〉はいかなる委任・帰属の対象にもなりえない。いかなる権力も公共のことがらである。国制の形態の区別がなされるのも、その区別が基礎付けられるのも、統治の水準においてであり、執行権力が人民全体に帰属するか（民主制）、人間の一集団に帰属するか（貴族制ないし寡頭制）、ただ一人の人間に帰属するか（君主制）、さらには混合的単位に帰属するか（混合政府）に従ってである。「gouvernement」をルソーがそれに与える正確な意味に、つまり、立法権力から区別される執行権力の意味にとるなら、つぎのように言っていい。ルソーにとっては、いかなる政治体も人民による人民のための人民の立法行為を含む――ただし、民主制だけが人民による人民の立法行為に、人民による人民の統治行為を付け加える。民主制以外の体制も、すべて、人民による人民の立法行為を伴なうが、しかし人民による人民の統治行為は伴なわない。この場合、人民の統治は、統治権ないし執行権を構成する（程度の差はあれ、多人数に及ぶこともある）執政官によって進められる。しかしいずれにせよ、〈政府〉は主権者という、すなわち、集会を構成する公衆という一般意思の、代理人、執行者、補佐にすぎない。

（d）人民がひとたび〈結合体〉、政治体、結社として、ゆえに〈主権者〉として構成されてしまえば、国法（基本法）、市民法、刑法は、この結合体にそれが生きていけるようにする構造を与えるべく、一旦停止されてのちに再発布されなくてならない。それが発布されれば、今度は〈主権者〉＝一般意思、一般意思＝法という同一性の名のもとに、〈主権者〉の側から、みずからがいかなる法を、いかなる基本法を無条件に望んでいるかが率直に語られる。

ルソーのもとで第一の驚くべき観念が現れるのは、この時点においてである。基本法の内容を定めるのは主権者でなくて第三者、常人を超えた尋常でない（人間に法を与えるために、彼はじつに人間以上でなくてならないから）人物、すなわち、〈立法者〉（II. VII.〔第二篇第七章〕）である。これは〈主権者〉が脇に置かれることを意味しない。〈主権者〉は、〈立法者〉が〈主権者〉に提出する〈法〉を吟味し、みずからの自由にもとづいてそれを受け入れていくことで、〈主権者〉としての機能を果たす。しかし、〈法〉の起草と提出をなすのは〈主権者〉ではない。〈主権者〉がなすのは、〈法〉を吟味・議定し、かぎりなく全員の合意に近くなくてならぬ票決によって、それを認可することである。こうした〈立法者〉なる人物を案出することは、ルソーのもとでは恣意的な案出なのではない。この案出は特殊な実践的・理論的機能をもつ。〈立法者〉の介入には、〈契約〉における或る典型的にルソー的な問題を解決する役目が負わされている。『第二論文』以来我々が熟知している問題、実践的・理論的円環というアポリア的問題である。円環のかたちをとるこの問題はこれまた、歴史の理論という問題が浮上してくるそのことの、指標であり、徴候である。

実際、ルソーがみずからに立てる問いは、或る歴史過程の中で或る新しい現実を生産することにかかわる問いである。この生産はつねに円環のかたちをとる。必然的だが不可能、または、不可能だが必然的、のかたちを。たとえば、任意の〈都市国家〉の〈基本〉法を定めるという問題の中で、(偶然性が必然性の場をつくり出す、というかたちをとって——ここでもまた我々は『第二論文』のもつ或る馴染み深い構造へと送り返される(*))歴史が表に現れてくる。人民に〈法〉を与えるために選ばねばならぬ、適切な時期、適切な事態というかたちでの歴史——これは契約のそれとは別の「時間」、歴史的な「時間」である。人民となる召命・運命に、つまり社会契約へいたるそれに、どの人間集団も無差別に、かつ、時期に関係なく就かされているわけではない。同時代の大きな人間集団のうち[…]、人民へと構成することのできない集団、〈法〉を与えてやることのできない集団、ゆえに社会契約に必要な例外的条件が揃うまではそこにいたることを禁じられている状態、野蛮状態にとどまるほかない集団を、ルソーは例示する。いちばん有名な例はロシアである。ふつうではちょっと考えられぬ理由ゆえに、ロシア人はもはや人民になることができない。彼らを「人民に」変えようとした時期が早すぎたのである。要するに、ロシアは二つのことがらを示す実例である。人間の群れを野生状態のままに留め置かなくてならないその必然性を示す実例であると共に、人間の群れに法を与えるべく(ピョートル大帝〔在位一六八二~一七二五〕によって)選ばれた時期の悪さ・時期尚早さが及ぼす、破局的効果を示す実例。ポーランドと共にコルシカ、あの「世界を驚倒させるであろう小島」〔『社会契約論』第二篇第十章——ただし、『契約論』の本文は「世界」ではなく、「ヨーロッパ」となっている〕は逆に、〈法〉を受け取るに足る成熟さに達している。見られるごとく、人民を制定すること、〈法〉の授与(と受け入れ)によって人民を人民として構成することは、ルソーが概念として考えている歴史に、直接かかわっている。

(*)〔訳注〕ここでは、具体的には、たとえば非歴史的——「仮説」であるとの意味で——な自然状態から歴史的な社会状態への移行（我々は社会状態にいるのだから、この移行は必然的でなくてならない）を説明するのに「偶然」を介入させる、『第二論文』のつぎのごとき文章が、おそらく、念頭に置かれているだろう。「自然人が潜在的に受け取った『完成能力』や社会的な徳やそのほかの能力は、それ自体ではけっして発展できなかった。（…）そのためには、けっして起こらなかったかもしれず、それなしでは永久に原初の構造のままにとどまっていたであろうような、いくつかの外的な原因の偶然の協力が必要であった（…）」（白水社版『ルソー全集』第四巻、二三〇ページ、強調は引用者）。また、『第二論文』の最も大きな円環構造として、過度の不平等が再び自然状態に行き着く、との円環をあげることができるだろう。「ここが不平等の最後の到達点であり、円環が閉じて、我々が出発した点に接する極点であり（…）ここで、すべては最も強い者の法のみに、したがって、我々が出発点とした自然状態とは違った新たな自然状態にまた戻るのである。（…）とはいえ、この二つの状態のあいだにはほとんど相違がなく（…）」（白水社版『ルソー全集』第四巻、二六〇ページ）

やがてすぐに我々は、あの円環の出現を目にする。

「生まれたばかりの人民が政治の健全な格率を好ましいものと判断して、国家理性の根本規則に従うようになりうるためには、結果が原因となりうること、制定行為の所産たるべき社会精神が当の制定行為そのものを司ること、法によってなるべき姿に、人間たちが法以前になっていることが必要であろう」（II. VII. p.184〔第二篇第七章、一四九ページ〕［強調はアルチュセール］）。この円環を解消するのが、〈立法者〉である。彼は人間たちに法を与えることによって、人間たちの歴史を先取る。つまり、彼の与える法は、その当の〈法〉を生み出すのに必要な、「社会精神」を生み出す。〈立法者〉とは、ルソーのもとで歴史的円環の解消が問題となるときにいつもそうであるように、要するに、そとからの解決なのである。そして、外部に在ることがこの解決に要請されるがゆえに（内部とは、必然的であるのに在りえない、という円環そのものにほかならぬから）、〈立法者〉は外部のもちうるあらゆる属性をまとう――人間以上の存在、「機械を発明する技師」（II. VII. p.180〔第二篇第七章、一四七ページ〕）。［第二篇第七章の最初の段落は］つぎのように結ばれる。「人間に法を与えるには、〈神々〉が必要であろう」（II. VII. p.180〔第二篇第七章、一四六ページ〕）。すなわち、〈立法者〉は人間本性のそとにいるに等しく、神に準ずる存在なのである。だがそれだけでなく、彼はまた、みずからが制定する機械のそとに立たなくてもならない。統治権の中に登場しないばかりか、そのうえに〈主権者〉の中にも登場できない！　みずからの手になる〈法〉を結合体に与えるために、彼は結合体のそとにいなくてならないのだ。

国家の中にあって立法者は、どこから見ても、非凡な人間である。その資質から見て彼はそうでなくてならぬが、しかしその職務から見ても、やはりそうなのである。その職務は執政でもなければ、主権行使でもない。共和国を構成するとの職務は、共和国を構成することに内属しない。それは特殊な卓越した役目で、人間支配 empire humain とはいかなる共通性ももたない。人間たちを支配する人〔統治権、L・A〔アルチュセール〕〕が法〔〈立法権〉、L・A〕を支配してはならないのなら、法を支配する人〔ここでは〈立法者〉、L・A〕は、人間たちを支配してならないのである。(II. VII. p.182〔第二篇第七章、一四七ページ〕)

実例。スパルタに法を与えるために、リュクルゴスは王位を退く、その他。〔〈立法者〉は〕統治権のそとにいる——王位を退く——だけでなく、主権者のそとにいもする。「ゆえに法を起草する人は、立法の権利をいっさいもたぬし、もってもならない」(II. VII. p.183〔第二篇第七章、一四八ページ〕)

おしまいに、外在性をめぐる最後の議論、最後の形象。すなわち、宗教と〈立法者〉との同時介入。宗教は第二の円環を解消するために必要とされる。第二の円環は第一の円環の反復、ここでは人民それ自体の水準での反復にほかならない。社会精神の欠如ゆえに、人民に属す人間には、人民の法を思考することがしようにもできない。それもそのはず、社会精神は法の産物でしかありえない。そとの人間だけが、この法を思考すること、この法を適切な時期に与えることをなせる。しかし、宗教を介入させるべく働くのも、やはりこれと同じ理由なのだ。もはや人民の法を思考するためではない——その法を受け入れるため、その法の正しさを見るため、その法の中にみずからの一般意思を確認するために、人民はあの社会精神を、あの市民の徳とあの明知を、有しているのでなければならないだろう。要するに、我々のかかわっている円環に従ってほかならぬ法によって生み出されるべき、あの習俗を。差し出された法を〈主権者〉が受け入れ、それを自由にもとづいて認可するためにも、〈主権者〉の政治的形成がやはり先取られていなくてはならない。この先取りが、すなわち、習俗をもたらす宗教の威光である。『第二論文』でルソーのなした解決がすでにこれであったが、しかし解決が言われただけで、問題は立てられなかった。『社会契約論』では、その問題を言う言葉がはっきり置かれ、はっきり定義される。

注意にあたいするもう一つ別の困難。賢者は一般大衆に彼らの言葉でなく、みずからの言葉をもたらそうとしても、耳を貸してもらえないだろう。ところが、民衆の言葉に翻訳できない何千もの種類の観念がある。一般的すぎる見方もあまりに縁遠い対象も、また民衆の手に届かない。〔…〕力も理屈も用いることが許されぬ〈立法者〉は、そういうわけで、それらとは次元の違う権威に訴えなくてならない。力ずくでなしに教え込むこと、説伏せずに納得させることを可能にする権威である。かくして、強いて天の助けを請うてみずからの叡智を神々の栄誉となすことによって、いついかなる時代の建国者たちも、人民に、自然の法に従うごとく国家《エタ》の法に従うこと、人間の形成にも独立国家《シテ》の形成にも同じ力の働きを認めて、自由な心で服従することと、公共の至福という軛を従順に身に受けることをなさせたのであった。(II. VII. p.183-4〔第二篇第七章、一四九ページ〕)

二つの円環が同じ結果に行き着くのは、というかむしろ、同じやり方で外在性へと解消されるのは、偶然ではない。〈立法者〉は一種の〈神〉なのだが、その彼がみずからを人間たちに理解させるためには、〈神〉を持ち出さなくてはならない。

(e) 統治権の制定

すでに我々も知っているとおり、〈主権者〉は〔基本法(憲法)にもとづいて法律をつくるとの意味で〕立法者で、立法権力は譲渡も委託もされえず(なにより代表者がいない。選出された代表者さえ)、また分割もされえない。基本法は〈立法者〉によって起草され、〈主権者〉によって受け入れられる。ゆえに、〈主権者〉は基本法を受け入れること、基本法を票決することで、みずからの主権を行使する。ところが、〈政府〉の制定は極めてデリケートな問題を提起する(cf. III. XVII. p.352 *sq.*〔第三篇第十七章、二〇七ページ以下参照〕)。「統治権が制定されるにいたる行為を、いったいいかなる観念にもとづいて考える必要があるか?」統治権の制定は契約でありえない、それというのも、ただ一つの契約、社会契約しかないので、と前章は明らかにした。「国家にはただ一つの契約しかない。それは結社契約であって、この契約があるというだけで、ほかのどんな契約も排除される。そのただ一つの契約の侵犯とならないような、ほかのいかなる公的〈契約〉も想像できない」(III. XVI. p.350〔第三篇第十六章、二〇七ページ〕)。統治権(執行権)が契約によっては制定されえないのであるなら、それはいかにして制定されたのか? いかなる行為によって?

私はまず、この行為は複合的であって、他の二つの行為、すなわち、法の作成と法の執行からなることを指摘しよう。第一の行為によって、〈主権者〉は、かくかくの形態のもとに〈政府〉という団体が設けられるべきことを規定する。この行為が一つの法であること[すなわち、人民全体にかかわる一般対象を対象としてもつこと、L・A]は明らかである。第二の行為によって、〈人民〉は、樹立された〈政府〉をゆだねるべき、首脳を任命する。ところで、この任命は個別行為であるから、第二の法ではなくて、たんに第一の法の帰結であり、統治権の一機能である。(III. XVII. p.325〔第三篇第十七章、二〇七~二〇八ページ〕)

この推論は、ルソーが本質的と考える区別にもとづく。いかなる法も一般対象に及ぶが、いかなる統治行為も、あるいは、いかなる政令も個別対象に及ぶということ。かくして、我々はまたもや円環の前に立たされる！「難しいのは、〈政府〉が存在する以前にいかにして〈政府〉の行為〔統治行為〕がありうるか、を理解することである」(*id.*〔第三篇第十七章、二〇八ページ〕)。このアポリアを、ルソーはつぎのような処理によって切り抜ける。

なおこの点において、一見矛盾した様々な作用を調和させる、政治体の驚くべき特性の一つがみいだされる。というのは、この特性は、〈主権〉が民主制へと即座に転換する時点で事実となるからであり、こうして、なんらのめだった変化もなしに、ただ全員の全員に対する新しい関係が生ずるだけで、〈市民〉は執政官となって、一般行為から個別行為へ、法からその執行へと移る。(III. XVII. p.353〔第三篇第十七章、二〇八ページ〕)

だが、そうであるのなら、つまり、政府首脳の任命が例外なく一つの法的行為を、適切には、民主制という特殊な統治形態によって発せられる政令を、経由するのであるなら、それは二つのことを意味する。

［1］いかなる権力も公共のことがらであるが、すなわち、いかなる体制もその基礎を主権者の立法権力に、したがって、集会を構成する公衆に置くが、それだけでなく、あらゆる統治権にかんして、政府首脳の任命は、民主制が少なくとも或る期間は存在することを前提にする。民主制をとらないいかなる統治権も、それを法的適格者たちがもつには、その起源に民主的統治権が、たとえどんなに短命であったとしても、存在したことを前提にする。要するに、民主制以外のあらゆる統治形態にも、そのそうとは見えぬ外観の下に、じつは民主制の（すなわち、民主的統治権の）本質的先行性が潜んでいる。

［2］続いてこのことは、他方でつぎのことを意味する。法的適格者を執政官の職に就けるために、民主制は、民主制に先行する統治権を必要としない。民主制を構成するその行為によって、民主制の諸職権もまた、充当されるのである。つまり、民主制の場合では、民主的統治権を規定する法と、法的適格者に職権を授ける政令とが区別されない。「民主〈政府〉は、見たように、一般意思の単一の行為によって事実として樹立されうるということを利点とする」(III. XVII. p.353〔第三篇第十七章、二〇八ページ〕)。法と政令との一致が可能であるのは、主権者が民主制へと「即座に転換」することで、主権者の構成員と執政官とのあいだに同一性が成り立つからである。主権者のどの構成員も、その場で、執政官となる！

かくしてルソーはこう結論する。「これ以外の方法によって正当に、なおかつ、以上に定めた諸原理を放棄せずに、統治権を制定するのは不可能である」(*id.*〔第三篇第十七章、二〇八ページ〕)。この新たな円環は歴史とのなんらかのつながりをもつか、このアポリアはそれに見合った固有の根拠をもつか、との問いは脇に置くが、いずれにせよ、引いた文章からは、つぎのことがはっきり浮かび上がる。ルソーの中心的な努力は一方で、集会を構成する公衆の至高権力〔主権〕の役割を、あくまでもただ立法権力としてのみ、保存していこうとすることに傾注され、他方で、法を立法権の行為、政令とは区別される行為として、あるいは――つねに個別対象をもつ政令に対して、法がつねに一般対象をもつそのかぎりで――執行権の行為として定義することに傾注されている。かくしてこの二重の本質的な関心は、ルソーの体系のロジックに従って、一つの個別的な統治形態である民主制に、他のあらゆる統治形態と比べて、かくべつに特権的な役割をみいだすことになる。民主制においては〈立法権〉と〈執行権〉とが一致するのである。

（f）他の諸制度

かくして〈執行権〉と〈政府〉は据えられた。のちに再びあいまみえることになる技術的な問題があるが、それは端折る。執政官（統治者）の数と市民の数との、しかるべき割合という問題である。ルソーが全面的に展開するこの比率の理論（III. I et II.〔第三篇第一章および第二章〕）は、そのすべての基礎を人間集団の個別利害と国家の一般利害との理論にもつ。人民集会における投票方式の問題も端折る。この問題もやはり、個別利害と一般利害との関係の問題にかかわるので。独立国家固有の三つの制度に言及するだけにとどめる。護民府、監察官、市民宗教である。

護民府は諮問機関であり、ルソーの言によれば、それは本来的には国制〔憲法＝構成する権力 constitution〕に属さず〔「護民府は独立国家の構成部分ではない（…）。それは法の守護者としての資格において、法を執行する統治者や、法を制定する主権者よりも、いっそう神聖であり、いっそう尊敬される」、第四篇第五章、二三二ページ〕、国制〔憲法〕のそとにある。法を公布するために設置されるのでも、法を適用するために設置されるのでもないからである。それは法を守るために設置される（IV. V.〔第四篇第五章〕）。

監察官は「公衆の判断を表明する」ために設置される（IV. VII. p.407〔第四篇第七章、二三七ページ〕）。すなわち、習俗を形成する世論の動向に、注意を凝らすために。世論は国制〔憲法〕を原因とするその結果であるから〔「一つの人民の世論は、その法制から生まれる」、第四篇第七章、二三八ページ〕、監察官の唯一の目的は「習俗を最初のときの良い状態のままに保ち、習俗が堕落せぬよう見張る」〔引用箇所不明〕ことである。

最後に市民宗教（後出参照）。》

＊47　« Dédicace : À la République de Genève », *in Œuvres complètes*, volume 3, *op. cit.*, p. 112.〔「ジュネーヴ共和国への献辞」白水社版『ルソー全集』第四巻、一七九ページ〕

＊48＊〔訳注〕引用では「意思 la volonté」となっているが、『社会契約論』の原文にもとづいて訂正。「分析手帖」版でも「意思」となっているから、明らかにこれは、アルチュセール本人による写し間違いである。

＊49《注目すべきことに、この文章は、社会契約の基礎と独立国家の生命の基礎とが同じであるとの指示を含む。すなわち、一般利害の存在。またこの文章は、一方で個別利害の対立を舞台に載せ――他方で、一般利害を個別利害に共通するものとして定義する。》

＊50　この語のみアルチュセールによる強調。

＊51《自己優先に二つの存在形式のあることが、ここから結論として引き出せる。一方は一般利害に道を開く形式、他方はこの道を開くことを禁ずる形式。良い個別利害と悪い個別利害があるわけだ。全面的譲渡の条項に従い、つぎに票決規則――これについてはのちに検討する――に従って、実際に一般利害を生み出す個別利害は良い――そのように従わない個別利害は悪い。良い・悪いの区別をなすには、どのように事を運べばいいか？　一般意思が表明されるには、つまり、独立国家に一般利害が君臨するには、いかに事を運べばいいか？　この問題はルソーの思索の中心的な場所を占めていて、それはいくつかの水準で、かつ、独立国家のいくつかの構成の仕方にかかわらせて、取り組みと検討がなされる。投票にだけでなく、執政官の数と市民の数とのしかるべき比率、護民府、監察、etc. にもかかわらせて。》

＊52《すぐに気付くように、〔…〕一般意思が表明されるための三つの条件は、〔…〕破壊できないとの一般意思の、ゆえに一般利害の性格をもつ、基本法に従属している。》

＊53＊〔訳注〕この文章は、一読するだけでは、極めて難解である。ルソーの推論を追ってみよう。この文章の前にこうある。「全員の意思と一般意思とのあいだにはしばしばかなりの違いがある。一般意思は共通利害をしか、全員の意思は私的利害をしか考慮せず、したがって、全員の意思は個別意思の総和にすぎない」。そして「過不足分を差し引いてみよ」に付けた注で、ルソーは、「二つの個別利害の一致は第三者の個別利害との対立によってつくられる」とのダルジャンソンの言に続けてこう述べる。「彼は、すべての利害のあいだの一致は各人の利害との

対立によってつくられる、と付け加えることもできたであろう。相異なる利害がなければ、共通利害はなんの障害にもぶつかることがないから、共通利害が感じ取られることもないだろう（…）」（強調は引用者）。二つのことがらが言われている。［1］共通利害は、個別利害と対立するかぎりでしか認識されない。［2］認識された共通利害は、つねに各々の個別利害との対立において成り立つ。AとBの共通利害は、Cの個別利害との対比において認識され、Cの個別利害に対するAとBそれぞれの個別利害の「相殺し合う過不足分」をその個別利害から差し引いた残りとして成り立つ。つまり、Cを基準にして認識される、AとBの個別利害の共通部分として。分析的な言い方をここでするなら、この操作が人民の全員について繰り返されていけば、順次析出されていく「相殺し合う過不足分」を差し引いた、個別利害に対する「差分」の、その総和として全員にとっての共通利害がみいだされる。しかし、この操作は、$(A_1 + B_2 + C_3 + \cdots l_{n-1} + m_n) \div n$というかたちの平均値算出とは少し異なるように思われる（デュルケムは一般意思を「平均」と捉えているが）。一般意思は、むしろ、$A_1 : B_2 = B_2 : C_3 = \cdots = l_{n-1} : m_n$という――ルソー自身の用語を使えば――「連比」のかたちでダイナミックにみいだされると言ったほうがいいのでは？　それはともかく、このようにして共通利害と個別利害との差分の「合計」が一般利害とされるなら、明らかに、一般利害において共通利害と個別利害は一致する。言いかえれば、各人は自分の個別利害を追及するそのことによって、同時に、みんなの共通利害を追求することになる。アルヴァクスは、一般利害は個別利害の「算術的」和ではなく、「代数的」和であり、ルソーの推論は「確率論」のそれに似ていると言っている。共通部分を取り出すための、項の組み合わせが多数ありうるからであろう。アルチュセールの言い方にもとづくなら、一般利害は、無数のベクトル（個別利害）から生み出される「合力」である。

54［訳注］　邦訳では「国家の中に部分社会のないことと」が訳し落とされている。

55［訳注］　原語は「«chassé»-croisé」。chasséが括弧でくくってあるということは、この語の字義「追い掛けること、追い出すこと」が強調されているわけで、実際、「chassé-croisé」（交錯ダンス）では、二人のダンサーの一方が他方のダンサーの位置に移動し、ゆえに相手を「追い出し」、追い出されたダンサーが移動した相手の元の位置へ同時に移動することを連綿と繰り返していく。「交錯ダンス」の訳語ではうまく表現されないこの運動、交差しつつ互いの位置を入れ替え、互いを「追い出し」ていくことを、ここでは訳語としてきわだたせた。また、ここでは、「個別」と「一般」の二語のあいだの入れ替えを言っているので、アルチュセールは«mot»を複数形にして、«un jeu de mots»と表記している。アルチュセールは厳密である！　「語の戯れ jeu de mot」とせずに、「言葉

遊び」と訳したのはそのためである。

＊56 《一般利害が神話であることの事実証拠は、一般意思が黙り込まされやりすごされても一般利害は絶対的かつ純粋に存在する、との言明、すなわち、存在せぬ、から、口を閉ざす・抹消する、への概念的な移し替えによってなされる、一般利害は破壊されぬ、一般利害は存在せぬことがありえぬ、との言明の中に、含まれるだけではない――その事実証拠はまた同時に、個別利害・一般利害という鏡像的カテゴリーのもとでやりすごされる現実それに対する、イデオロギー的否認、利害集団に対する否認の中にもある。一般意思への問い掛けがなされるための厳密な条件を規定するかたちで、じつに一つの否認がなされているのである。すなわち、或る現実が存在せぬことを、またはそれが関与せぬことを主張＝肯定するとのかたちで、当の現実を再認＝承認すること。経済的、政治的、その他の（たとえば宗教的）利害集団においてルソーは或る現実に出会い、その現実に二重の処置を施す。理にそぐわぬ、逸脱している、としてその現実を禁圧 supprimer する実践的処置。鏡像的対をなす個別利害‐一般利害のカテゴリーの内部でその現実を思考する、理論的処置。独立国家内のいかなる人間集団、むしろ、国家の下位に在るいかなる人間集団も、なんらかの一般利害を担うと考えられているが（言われた一般利害はただ類推的に一般利害であるにすぎない。人間集団は破壊できない純粋な一般意思を支える台座をなす、との主張を、じつにルソーは避けている）、それはまた個別利害を担ってもいる。あえて言えば、ひじょうに特殊な個別利害。なぜなら、じつにこの個別利害は個別利害のもともとの概念（個人にかんしてしか意味をもたぬそれ）の中でではなく、個別利害のこれまた類推的な概念の中で考えられている。個別利害の概念が、ここでは、集団に当てはめられるのだ！　ゆえに、あの現実――利害集団、国家内部の人間集団――の身分規定を思考しようとするとき、一方で、ルソーはその現実に、みずからの思考の場と思考の理論的対象とを限定する鏡像的概念、一般意思・個別意思、一般利害・個別利害の概念を、当てはめようとする――だが他方で彼は、それら概念に或る奇妙な理論的捩れをこうむらせるよう、強いられる。思考されることのありえないあの現象、利害集団、を指し示すために個別利害の語を使うという、まさにこの水準に最大の理論的弱点をもつ、それは捩れである。

一般利害はイデオロギー的神話である、一般利害・個別利害という鏡像的カテゴリーは鏡のごとく互いを反射し合うイデオロギー的神話である、一般利害、一般意思が絶対的かつ純粋に存在するとのかたちでルソーはみずからの信の絶対的に存在することを主張＝肯定する、そう述べることで私は同時にこうも言っている。ルソーは、錯覚の上に成り立つその理論の中で――いかなるイデオロギー的概念構成の場合でもそうであるように――実在するなにごとかを仄めかしている、と。人間のつくる利害集団、つまり、社会階級や政治的、イデオロギー的、その他の党派が存在する、というそのことを。しかし、彼の思考の中でこのように指し示されるこの実在は、彼の思考の中で、思考されてしまう。つまり、鏡像的な双子のカテゴリー、一般利害と個別利害、による思考のかたちで、彼の思考の内部に強引に回収されてしまうわけだ。当のカテゴリーは、そとから見るかぎり、損なわれずに、この思考をやり遂げる。だがじつは、それが外見的には無傷で存在することのその裏に、我々は或る内部的な捩れを見て取ることができる。照準された現実への概念の不一致。とりわけ、国家に従属する人間集団の、その利害の存在を思考するうえで個別利害概念が示す、根本的なその不一致。

この理論的誤認は、すでに述べたように、実践的否認に裏打ちされている。利害集団、すなわち、社会階級や政治的・イデオロギー的党派は、消滅しなくてならぬ、破壊されなくてならぬ、なぜならあの双子のカテゴリーと両立しえないから、なぜならその二つのカテゴリーの関係の戯れと両立しえないから、との否認。見られるとおり、理論的なものと実践的なものとは一つである――それもそのはず、個別利害と一般利害の理論的関係は、立法行為の手続き、個別利害を擦り合わせて一般利害を産み落とす、票決の手続きに一致しているのだから。》

＊57＊［訳注］「富める者は（…）必要に迫られて、人間の精神にこれまで入り込んだ、最も考え抜かれた計画をついに思い付いた（…）。こうした意図のもとに（…）富める者は隣人を自分の目的へと導くためのもっともらしい理由を容易に発明したのだった。『（…）我々の力を、我々自身にむけないで、賢明な法によって我々を支配し、協同体のすべての成員を保護し、守り、共通の敵をはねのけ、永久の和合の中に我々を維持するような一つの最高の権力に集中しよう』と、富める者は隣人に言ったのだった」（『不平等起源論』前掲邦訳、二四五～二四六ページ）

＊58＊［訳注］ここでは« supprimer »（削除、廃止）を、精神分析的な意味での「禁圧」、すなわち、意識的な（無意識的でない）「抑圧」（refouler）と同義であると解釈する。

＊59＊［訳注］「祭り」については、ジャン・スタロバンスキー『J・J・ルソー　透明と障害』松本勤訳、思索社、一九七三年、一七七ページ以下参照。「祭は、『社会契約論』が法理論の平面で表明するすべてのものを、情的機能の『実存的』平面で表現している。公衆の歓喜の陶酔のなかでは、各人は同時に役者であり観衆である。（…）そこで人々が享受する直接性は、二次的な直接性であって、それはまず分離を予想し、ついで分離を克服す

る仲介行為の絶対的な成功を予想している」（一八三ページ）

＊60 *Discours sur l'origine de l'inégalité, op. cit.*, seconde partie, pp.171-175.〔『不平等起源論』第二部、白水社版『ルソー全集』第四巻、二四〇〜二四四ページ〕

＊61＊〔訳注〕これは前出の引用中の一文だが、「いかなる市民も」の「市民」が書き入れてない。アルチュセールが誤って単純に脱落させたのか、あるいは、「市民」という限定をはずして、「人」一般のことがらとして敷衍したのか、判断が付かない。アルチュセールの書き方の癖から言って、後者の可能性もありうる。

＊62＊〔訳注〕白水社版『ルソー全集』第四巻、二四〇ページ。原語は«commerce indépendante»で、邦訳では「独立した状態での交際」となっている。

＊63 タイプ稿は、論文とはいくらか違う終わり方をしている。

《唯一可能な転移は、イデオロギー的なそれである。すなわち、このズレについてのイデオロギー的注釈。［1］信仰告白の神学〔『エミール』第四篇中の「サヴォワの助任司祭の信仰告白」、白水社版『ルソー全集』第七巻、一九ページ以下参照〕、［2］『新エロイーズ』『エミール』という文学。

結論に代えて

最終的で決定的なこのズレをもはや転移させる余地がないとしても、それでも、ズレを注釈していくのとは別の打開策が一つ残っている。この最終的なズレを、またそのズレの無意味さを、意識化すること。その意識化をルソーはなす。その意識化を彼は、人民を制定させてくれる例外的な物質的・精神的条件、時間、場所、習俗、富、etc. を検討しつつ、『社会契約論』のあらゆる章に反映させる。その意識化の中に、我々は再び歴史と〈立法者〉をみいだす。ルソーの生活と活動の舞台たる、彼の同時代の歴史をだけでなく、彼のもつ歴史概念をも、我々はその意識化の中に再びみいだす。人民の制定がこんなに困難なのは、この企てを失敗させないために必要とされる条件が、不可能に等しいほど稀にしか揃わないからだ。それらの条件が揃うことは奇跡にも似ている。〈立法者〉の人格が奇跡にも似ているように。人民に習俗を保たせていくこと、構成された人民の中に自由を生きさせていくことが、奇跡にも似ているように。

ルソーのもとで、歴史の教訓全体が、歴史を構成してきた大きな切断のその偶然性からもたらされ、かつまた、社会契約と人民の正しい制定、人間の業になるこの作品の不確実性からもたらされもするのは――歴史の構成にたえず歴史の底知れなさがまとい付くのは、或る根本的な不確実さについての確信の中でルソーの理論と、彼がみずからの時代に占める地歩とが、今度ばかりは一つに結び付く、という事情におそらくかかわっている。つぎのように言ってもいい。君主暗殺によって専制が緩和されるように、ルソーによる政治の概念構成は、彼による歴史の概念構成によって緩和される、あるいは、彼の政治イデオロギーは、彼の歴史概念によって緩和される。ならば、要するに、歴史概念の中にこそ――政治イデオロギーの不確実さについての、まさに意識として『社会契約論』に介入してくる、この概念の中にこそ――ルソーの最も深い思考が、最終的にみいだされるだろう。歴史は不確実なり、との歴史概念は、ルソーのもとでは、歴史がみずからの不確実さについてもつ、研ぎ澄まされた意識のことなのである。》

第五章　レーニンと哲学

＊1　討議は、そのかなりの部分を抜粋して、編者注に載せてある。報告と討議を併せた記録が、「会報」のこの号の全体を占める。ちなみに、前の号は「差延」をテーマにした、J・デリダの講演にあてられている。

＊2　Paris, Maspero, coll. «Théorie» 1969.

＊3　Paris, Maspero, coll. «PCM» 1972.（本書冒頭の「編者解題」参照）。アルチュセールは、一時、『資本論を読む』〔所収の論文〕から「レーニンと哲学」までを含む論文集を考えた（S. Karz, *Théorie et politique : Louis Althusser*, Paris 1974, pp.315-320 所収の、一九六八年二月一日付「序文の計画」参照）。

＊4　「目的論を、できるなら、取り払ってみよ。マルクスが継承した哲学的カテゴリーが残る。主体なき過程のカテゴリーが。マルクスがヘーゲルに負う、おもな積極的負債がこれだ。すなわち、主体なき過程の概念」（*Lénine et la philosophie suivi de Marx et Lénine devant Hegel, op.cit.*, p.70〔「マルクスのヘーゲルに対する関係」、『政治と歴史』西川長夫／阪上孝訳、紀伊國屋書店、一九七四年所収、二四〇～二四一ページ〕）。この最後のテーマは、『ジョン・ルイスへの回答』（*Réponse à John Lewis*, Paris, Maspero 1973）〔『歴史・階級・人間』西川長夫訳、福村出版、一九七四年所収〕で取り上げ直される。

＊5　『レーニンと哲学』は二万五千部印刷され、その後、マスペロ小叢書〔「ＰＣＭ」〕のかたちで、一九七二年から、

一万三千部が増刷された（F. Dosse, *Histoire du structuralisme*, Paris, La Découverte 1992—rééd. Le livre de Poche, tome II, p.213, note 9〔フランソワ・ドッス『構造主義の歴史』下巻、仲澤紀雄訳、国文社、一九九九年、二二四ページ、原注（9）〕）。

＊6＊〔訳注〕「教条主義的」テキスト、ゆえに、注意せよ、との編者の配慮に対して、「棒を逆方向に撓める」誘惑を、訳者としては、禁じえない。編者が、ここで、まさに読者にむかって介入している以上、訳者の（ふつうは入れるべきでない）「横槍」も或る種の正当性をもつであろう。「死んで硬くなり白骨化した」定理のごとき「教条」を支えるのは、編者の「判断」に従えば、「或る種の通俗版共産主義と或る種の『正統派マルクス＝レーニン主義』に属す『言語』」（本書冒頭の「編者解題」）だということになろう。しかし、その「死んだ言語」が配備される構文、または、文体という場のもつ「新しさ」については、編者は、本質的な指摘を一つもなしていない。これが、訳者としては、編者の介入における最も気懸かりな点である。まるで概念というものが単一の語でもあるかのよう（語が古くなれば、概念も古くなる……）。「発見的な価値をもつ概念」が語の配備によって、一つの場として、つくられるのではない、とでも言うよう。言語の「古さ」が「判断」されることで喜ぶ（あるいは、安心する）のは、たとえば「プチブル」の（なんとまあ、古い！）一語で片付けることのできる（できた）「大学教師」たちでは？　問題はそんな簡単に割り切れない、「判断」できない？　しかし、ここで問われているのは「判断」の真偽ではない。ここで問われているのは、「実践」――「行動は思想から敏活に続かねばなりません」（W・H・オーデン）――である。「大学教師」は「プチブル」だ、との「判断」は、「行動」を引き出すものであって、真偽とは関係ないとの意味で、編者の「判断」が「行動」に続かない以上、その「判断」は、じつは判断されていない。要するに、このテキスト「レーニンと哲学」において読むべきは、語の古さや新しさでなく、文体という場のもつ力であるということ。その点を、編者の指摘の上に、いわば一つの「反動」として、付記しておきたい。もちろん、この簡単な付記は、擁護でも、またなにより「教条主義」でもない。なにしろ「棒の撓め」は、明らかに、「教条主義」とはまったく別のことがらを言うのだから。

＊7　展開するつもりのテーマを要約した論旨の執筆を、アルチュセールはあらかじめ要請された。この要旨は、講演案内状と共に郵送され、書面での質問を講演者のもとに送付できるよう、配慮された。要旨として執筆されたテキストは、「フランス哲学会会報」（一二五～一二六ページ）に、序として掲載された。

　大学アカデミズムの伝統はレーニンを、哲学者でなく、「政治家」と考えている。『唯物論と経験批判論』

は、哲学的には内容の薄い論争の書とみなされている。無知のなせる業か先入見のなせる業か、いずれにせよ、一般的な見解は、レーニンの哲学的重要性を正当に評価していない。ゆえに、レーニンが、［1］マルクス主義哲学の、［2］哲学の、それぞれの歴史の中に占める席を、マルクス主義哲学と哲学「一般」とのあいだに在る特殊な関係から出発して指摘することは、できるとも、有益であるとも思われる。

［1］マルクス主義哲学におけるレーニンの席。（a）マルクス主義哲学の本質的な諸「段階」――『フォイエルバッハにかんするテーゼ』――『資本論』という科学的仕事が及ぼした効果――エンゲルスの介入――レーニンの介入。（b）それまでのマルクス主義哲学の伝統にレーニン（『唯物論と経験批判論』『弁証法ノート』〔『哲学ノート』〕、経済学的著作）がもたらしたもの――哲学、科学、政治。

［2］哲学史におけるレーニンの席。（a）マルクス主義哲学と哲学――弁証法的唯物論の新しさ。（b）マルクスによって創設された歴史の科学に対してマルクス＝レーニン主義哲学が遅れることの必然性の、その理由。（c）この遅れがレーニンの前衛的立場に及ぼした、逆説的効果。（d）マルクス＝レーニン主義哲学の未来。

＊8＊〔訳注〕素直に読めば、ここでアルチュセールは、学会の招請にお礼を述べているのであるが、しかし、ここでの構文は「学会」を主語に立てて、「感謝される」との受動形を採用し、しかも、「感謝されるといい」との願望の表現を用いている。つまり、「私は」学会に感謝する、と直接にはまったく言っていない（根性が曲がっている？ この反りはどんな意味をもつか？）。また、動詞«remercier»（感謝する）は、たとえば「ドジを踏んでくれて、恩に着るよ」といったふうに、反語的にも用いられる。続いてどんな「返礼」がアルチュセールによって返されるかを読めば、反語的ニュアンスの予告するものを読者は理解するだろう。

＊9＊〔訳注〕マクシム・ゴーリキ（一八六八～一九三六）、社会主義リアリズムを創始したソ連の作家。本名アレクセイ・マクシモヴィッチ・ペチコフ。彼はレーニンがやがて創刊する月刊誌「プロスヴェシチェーニエ」で文芸欄を担当することになる。

＊10　ツァーリ体制下の、ほとんど権限のなかった国会。

＊11　オーストリアの物理学者・哲学者エルンスト・マッハ（一八三八～一九一六）は、アルチュセールの理論的参照枠のそとに在るウィーン学派の新実証主義にもまた――かつ、とりわけそれに対して――大きな影響を与え

た。R・ムージル〔一八八〇～一九四二。未完の長編小説『特性のない男』を書いたオーストリアの作家〕は、マッハにかんする学位論文を書いた。「経験批判論と言われる彼の実証主義哲学は、感覚とそれを結び付ける機能（法則）とをもとにして、経験の全体を記述しようとする試みで、実体、因果性などの観念を排除して、心的なものと身体的なものとの二元論・対立を否定する」（*Le petit Robert des noms propres*, Paris, 1994）。ピエール・デュエム、フランスの物理学者・哲学者（一八六一～一九一六）。アベル・レー、フランスの哲学者、科学認識論研究者（一八七三～一九四〇）。

＊12＊〔訳注〕「マッハは、フランスの物理学者P・デュエムや同アンリ・ポワンカレと自分とには連帯性がある、ととくにのべている」（『唯物論と経験批判論』川内唯彦訳、『世界の大思想10 レーニン』河出書房新社、一九七四年所収、三五ページ）

＊13　一九六七年十月～十一月に高等師範学校でなされた「科学者のための哲学講義」で、アルチュセールはすでにこの哲学をめぐるテーマ体系に言及していた（この講義はのちに『哲学と学者の自然発生的哲学（一九六七年）』の書名で出版された。*Philosophie et philosophie spontanée des savants* (1967), Paris, Maspero, coll. Théorie 1974.〔『科学者のための哲学講義』西川長夫／阪上孝／塩沢由典訳、福村出版、一九七七年〕

＊14＊〔訳注〕ボグダーノフ、後出、編者注＊41参照。ルナチャルスキー（一八七五～一九三三）、ロシアの職業革命家、政治家、社会活動家。最初、ボリシェヴィキ、反動期に「創神精神」を説き、反党グループに参加。バザーロフ（一八七四～一九三九）、ロシアの哲学者、経済学者。「創神精神」と経験批判論を掲げたマッハ主義的修正主義の代表者の一人。著書に『無政府共産主義とマルクス主義』（一九〇六年）、『科学と宗教』（一九一〇年）など。

＊15＊〔訳注〕レーニン『唯物論と経験批判論』佐野文夫訳、岩波文庫（全三冊）、一九五二～一九五三年、の「解説」より（下巻二〇六～二〇七ページ、用字法変更、〔　〕内は引用者による補足）。

　ロシヤ社会民主労働党内において〔西欧で流行していた新カント主義やマッハ主義の立場からマルクス主義の修正を試みる〕傾向を代表したものは、ボルシェヴィキではボグダーノフ、ルナチャルスキイ、バザーロフであり、メンシェヴィキではワレンチーノフ、ユシケーウィッチなどであった。彼らはアヴェナリウスやマッハなど新しいドイツの哲学の反動的な本質を理解しないで、そうした最新の哲学によってマルクス主義の哲学を「基礎づける」のだと称していたが、これは実際にはマルクス主義哲学の修正の試みにほかならぬものであった。かような企てと平行して、一種の宗教的傾向も革命の陣営のなかに現れてきた。当時のブルジョア、小ブルジョアのインテリゲンチヤのあいだに流行した「神の探究」という思想に対抗して「神の創造」ということが唱えられた。かような傾向はルナチャルスキイやマクシム・ゴーリキイなどによって代表されたものであり、彼らはこれによって、インテリゲンチヤや農民のあいだに支配していた宗教的・神秘的気分に迎合し、彼らとの同盟を確保し、彼らを進歩の側にとどめておこうとしたのである。そしてこの二つの傾向は大体において一体をなして結びついていた。

マッハ主義の哲学は一九〇七年頃にはロシヤのマルクス主義者のあいだに相当の追随者を見出し、知識人ばかりでなく労働者にもある程度影響をおよぼしていた。また当時メンシェヴィキのあいだに起った解党派、すなわち非合法的な党組織を解体してもっぱら合法的活動のみにたよろうとする連中や、ボルシェヴィキのあいだに起った召喚派〔「召還派」？ 本文では「引き揚げ派」とした〕、すなわち一切の合法舞台を放棄し、国会の代議員を喚びかえすことを主張した一派（ボグダーノフ、ルナチャルスキイなど）もかような傾向と結びつくものであった。さらに社会革命党〔いわゆるエス・エル党〕の指導者ヴェー・チェルノフなどもかようなマルクス主義のマッハ主義的修正を支持していた。

＊16＊〔訳注〕一九〇八年四月十六日付の手紙（『レーニンのゴオリキーへの手紙』中野重治訳、岩波文庫、第六刷、一九九六年、三七〜三八ページ、用字法変更）。

今日あなたの手紙を受け取りました、そして急いで返事を書きます。旅行は私には無益で有害です。科学的社会主義と宗教との統一を説教しようとしている人達と話し合うことなどは、私には出来ませんし、したくもありません。（…）無益に神経をひっかくのは馬鹿げています。哲学は党の（分派の）仕事から切り離さなければなりません。（…）

哲学以外の別な事柄の話からは今は何も生まれて来ないでしょう。そんなことは不自然でしょう。しかし、もしこの別な事柄というのが事実全く哲学的なものでなくて、たとえば「プロレタリヤ」がいまいま、そして外でなくあなたのところでの話し合いを求めているというのならば、それならば私も行けましょう（それにいる金が作れるかどうかは分りません。あいにく今いろんな困難があるのです）。とにかく繰り返しますが、哲学と宗教とについては私が何も喋らぬという条件でなければ駄目なのです。

＊17＊〔訳注〕「話」「講演」「演説」「言説」の原語はすべて«discours»である。この箇所でアルチュセールが«discours»の多重な意味を重層的に用いていることは確かであるにしても、この多義性そのものに過剰な意味付けをする必要はない。それは文体上の技巧に属することがらである。ただし文体と思考との関連は、或る重要な問題を、別の問題として提起しはするだろうが。

＊18 *Pour connaître la pensée de Lénine*, Paris, Bordas 1957.〔アンリ・ルフェーヴル『レーニン――生涯と思想』大崎平八郎訳、ミネルヴァ書房、一九六三年〕

＊19『唯物論と経験批判論』（一九〇八年）にはフランス語訳あり（Paris/Moscou, Éditions Sociales/Éditions du Progrès 1973. アルチュセールによるレーニンの引用は、この版をもとに訂正し、該当ページをブラケットにくって追記した。アルチュセールは、自分の使った版の該当ページをあげていない）。アンリ・ポワンカレ、フランスの最も重要な数学者の一人（一八五四〜一九一二）。

＊20 J.-P. Sartre, « Matérialisme et révolution », *Les Temps Modernes* 9 et 10, juin et juillet 1946, repris *in Situations III*, pp. 135-225 ; M. Merleau-Ponty, *Les aventures de la dialectiquen*, chapitre 3, Paris, Gallimard 1955.〔ジャン＝ポール・サルトル「唯物論と革命」多田道太郎／矢内原伊作訳、『サルトル全集』第十巻、人文書院、一九五三年所収。モーリス・メルロ＝ポンティ『弁証法の冒険』滝浦静雄ほか訳、みすず書房、一九七二年、第三章〕

＊21＊〔訳注〕オクターヴ・アムラン（一八五六〜一九〇七）、フランスの哲学者。ルヌヴィエとヘーゲルに触発されて、経験をめぐる諸カテゴリーの体系化をめざした。

＊22＊〔訳注〕アントワーヌ・オーギュスタン・クールノ（一八〇一〜一八七七）、フランスの数学者、経済学者、哲学者。『富の理論の数学的原理の研究』（一八三八年）によって、数理経済学の先駆をなす。『機会と確率の理論の呈示』（一八四三年）、『科学と歴史とにおける基本観念の連鎖』（一八六一年）など。

＊23＊〔訳注〕ルイ・クーテュラ（一八六八〜一九一四）、フランスの数学者、論理学者、哲学者。ライプニッツの研究から、数理論理学を構想。『ライプニッツの論理学』（一九〇一年）、『論理学の算術』（一九〇五年）など。

24 ［訳注］ ジャン・カヴァイエス（一九〇三〜一九四四）、フランスの哲学者、論理学者。論理主義に抵抗した彼は、また、レジスタンスにも参加し、のちに捕らえられ、ドイツ軍によって処刑された。フランスの哲学者ガストン・バシュラール（一八八四〜一九六二）については、捕虜収容所から帰還して高等師範学校に復学したアルチュセールの、指導教授であったことのみ付記しておく。

25 ［訳注］ これは、もちろん、「我らフランス人の」ルソーという意味だが、言うまでもなく、ルソーは、みずから署名するごとく、「ジュネーヴ共和国市民」、ジュネーヴ人なのであった……

*26 ヨーゼフ・ディーツゲン（一八二八〜一八八八）、哲学を独学で習得して、一八四八年からアメリカ合衆国に住んだドイツの哲学者。

*27 司会を務めたJ・ヴァールは、講演のこの段で、アルチュセールを制し、こう発言した。「この言葉には堪えがたいものがあるが、しかしそれを引くルイ・アルチュセール自身が、彼も先ほど言ったように、上級教員資格者《アグレジェ》にして大学教師であることを、みなさんが思い起こすなら、我慢できる」。この横槍にカチンときたアルチュセールは、その部分が「フランス哲学会会報」の講演記録に印刷されることに抗議したが、無駄であった。

28 ［訳注］ ここで二重の意味を訳語に反映させた原語は、それぞれ « ruminer » « traiter » « pratiquer » である。通常の意味＋精神分析（医療）にかかわる意味の二重性である。これはもはやたんなる文体上の効果を超えて、マルクス主義に精神分析を繰り込むことのアルチュセールにとっての「問題」（というのも、彼はこの繰り込みにいつまでも決着を付けることができず、押し出したり引っ込めたりの迷いを示すから）が、その語法において表現されている。ゆえに、意味の二重性を訳文に明示した。

29 ［訳注］ この文章は、一読するだけでは、わかりにくいかもしれないが、のちに言われるテーゼ「哲学は科学に遅れる」に関連付けて、再読されたし。つまり、なかなか生まれぬマルクス主義哲学に痺れを切らし、グラムシは、科学が生まれる前に——「時期尚早にも」——すでに「プラクシスの哲学」が生まれていたとした……

30 ［訳注］ 『経済学批判序言』岡崎次郎訳、『世界の大思想Ⅱ‐4 マルクス』河出書房、一九六七年所収、四七七ページ。

31 ［訳注］ » Die Philosophen haben die Welt nur verschieden *interpretiert*, es kömmt drauf an, sie zu *verändern* « ([Thesen über Feuerbach］, *in* Karl Marx/Friedrich Engels, *Studienausgabe*, Band I Philosophie, Herausgegeben von Iring Fetscher, Fischer Taschenbuch Verlag, Frankfurt am Main 1990, S.140).「第十一テーゼ」でマルクスは、「哲学者」に言及してはいても、「哲学」についてはなにも言っていない。この、いわば、「空白」をマルクス主義は「プラクシスの哲学」で埋めたが、しかし、アルチュセールは、この「なにも言っていない」を「埋める」ことをせずに、むしろ、それを引き伸ばす。「第十一テーゼ」の言う《*Veränderung*》（フランス語には《transformation》と訳される）に「哲学」を参与させるために、哲学の「変形」を考えていくのである。変形する哲学を考えるには、まず、哲学を変形しなくてならないが、彼がここで争おうとするのは、「実践の哲学」と「哲学の実践」のあいだのニュアンスの差であり、この差異をめぐる闘争は、彼の思索の一つの重要な課題となる。位置的に（時期的にではなく）言えば、「偶然性唯物論」「出会いの唯物論」は、この「変形」の延長線上に出てくるものであると言っていい。Cf. L. Althusser, «*La transformation de la philosophie*», *in Sur la philosophie*, Gallimard, 1994.（「哲学の変革」、『哲学について』今村仁司訳、筑摩書房、一九九五年所収）

＊32 アルトゥーロ・ラブリオーラ、イタリアの哲学者、経済学者、政治家（一八七三〜一九五九）、マルクス主義のイタリアへの移入を主導した一人。

＊33 カール・オイゲン・デューリング、ドイツの哲学者、経済学者（一八三三〜一九二一）、今日ではとくにエンゲルスに批判されたことでその名を知られている彼は、当時、ドイツ社会民主主義者のあいだに、とりわけベルンシュタインに、強い影響力をもった。

＊34 ＊［訳注］『オイゲン・デューリング氏の科学の変革（反デューリング論）』村田陽一訳、「三つの版の序文」、『マルクス＝エンゲルス全集』第二十巻、大月書店、一九六八年所収、六ページ。「デューリング氏がおよそ可能なあらゆる事柄、いやそれ以上のいくつかの事柄までも論じている、あのだだっぴろい領域に、彼のあとを追って踏みいる必要があった」

＊35 ＊［訳注］「昼の残滓 restes diurnes」とは、言うまでもなく、フロイトが指摘した夢の一成分（*die Tagesreste*）のことである。「夢形成の典型的な一例は次のように記述することができる。ある一連の観念が昼間の精神の営みによって呼び醒まされたが、なおその活動能力を少し保っていた。その保っていた活動能力によってその一連の観念は、睡眠を惹き起こし、睡眠のために精神的準備をする一般的な興味の低下から免れている。夜間、この一連

の観念は、夢を見る本人の精神生活の中に幼時からつねに存在しているが、普通は抑圧されていてその意識的存在から締め出されている無意識的諸願望の一つと結びつくことに成功する。この無意識的な支持を受けた力によって、諸観念、つまり昼間の行動の残滓がふたたび活動を続けるようになり、夢という形をとって意識面に浮かび上がってくることがあるわけである」(「精神分析における無意識の概念に関する二、三の覚書」小此木啓吾訳、『フロイト著作集6』人文書院、一九七〇年所収、四七ページ)。また、アルチュセール「イデオロギーと国家のイデオロギー装置」柳内隆訳、『アルチュセールの〈イデオロギー〉論』三交社、一九九三年所収、六一〜六二ページも参照。

36〔訳注〕ここで「擬似概念」とした原語は«notion»で、この語自体には「擬似的」などという含意はまったくない。ただアルチュセールの用語法から言うと、「科学的」という形容詞に«concept»が、「イデオロギー的」という形容詞に«notion»が結び付けられる傾向が強い。さらに彼は«idée»に独特の強い意味を込めて使う場合があるので、どうしてもこの三つを訳し分けたいのであるが(«conception»を加えるなら四つ)、哲学的色彩をもつ用語として「観念」と「概念」の二つしか具えぬ日本語でそれをなすのは困難である。この箇所では、辞書的意味としてそれがもたぬ「擬似的」なる含意を、文脈の助けを借りてあえて«notion»に付加し、«concept»との区別を図った。また、文脈上「擬似的」なるニュアンスを伴なわずに«notion»が«concept»と対比的に用いられている場合は、前者を「準概念」、後者を「概念」として訳語の上で区別した場合がある。「準概念」の語で訳者が、とりあえず、考えているのは、「概念」になる前の概念、「実践状態」に在る概念のことである。

*37『ロシアにおける資本主義の発展』(一八九九年)〔マルクス=レーニン主義研究所訳、『レーニン全集』第三巻、大月書店、一九五四年〕、『資本主義の最高段階としての帝国主義』(一九一六年)〔堀江邑一訳、『世界の大思想 10 レーニン』河出書房新社、一九七四年所収〕。

38〔訳注〕エンゲルス『自然の弁証法』菅原仰訳、『マルクス=エンゲルス全集』第二十巻、大月書店、一九六八年所収、五〇九ページ。

39〔訳注〕「国家は、階級対立の非和解性の産物であり、その現われである。国家は階級対立が客観的に和解させることができないところに、またそのときに、その限りで、発生する。逆にまた、国家の存在は、階級対立が和解できないものであることを証明している」(『国家と革命』平沢三郎訳、『世界の思想13 ロシア革命の思想』

河出書房、一九六六年所収、二三七ページ）

*40　*Que faire?* (1902), Paris, Seuil 1966, p.79. レーニンからの引用は、この版にもとづいて訂正。〔レーニン『何をなすべきか？』マルクス＝レーニン主義研究所訳、『レーニン全集』第五巻、大月書店、一九五四年所収、三八九ページ〕

*41　ボグダーノフ、ロシアの哲学者、経済学者、社会学者（一八七三〜一九二八）、一九〇七年まではボリシェヴィキであったが、その後、ロシアにおける経験批判論の主要な擁護者の一人となる。

*42　一九一四〜一九一五年に綴られた『哲学ノート』は、一九二九〜一九三〇年にロシア語ではじめて公表された。フランス語訳も入手可能（Paris/Moscou, Éditons Sociales/Éditions du Progrès 1973）〔邦訳、村松一人訳、全二巻、岩波文庫、一九七五年〕。『レーニンと哲学』から数年後、アルチュセールに暗に応答するかたちでM・ルヴィは、レーニンの哲学的思考の進展と「切断」とをめぐる、文献学的により感度の高い分析を送り出す（M. Löwy, « De la Grande Logique de Hegel à la gare finlandaise de Petrograd », *in Dialectique et révolution*, Paris, Anthropos 1973）。〔本文で言及されている『弁証法ノート』は、『哲学ノート』のこと。周知のとおり、『哲学ノート』自体は、ヘーゲルのほか、ラサール、アリストテレス、フォイエルバッハなどについてのノートをも含む。訳者は未確認だが、ヘーゲルにかんするノートのみが『弁証法ノート』と題されてフランス語訳されているのでは？　本書の第十章「G・デュメニル著『「資本論」における経済法則の概念』への序」では、『弁証法ノート』は、編者によって、『哲学ノート』中の「弁証法の問題によせて」と題されたノート（『哲学ノート』前掲邦訳、下巻、一九五ページ以下）へ参照が振られている〕

*43　*Que faire?, op.cit.*, p.78.〔『何をなすべきか？』前掲邦訳、三八九ページ〕

44〔訳注〕『フォイエルバッハ論』松村一人訳、岩波文庫、一九六〇年。

45〔訳注〕『フォイエルバッハ論』前掲邦訳、六三〜七〇ページ参照。

46〔訳注〕「…自然と歴史とから追放された哲学にとって残るものは、なお残るものがあるとすれば、純粋な諸思考の領域、すなわち、思考過程の諸法則にかんする理論、論理学と弁証法だけである」（『フォイエルバッハ論』前掲邦訳、八三〜八四ページ）

47〔訳注〕クロード・レヴィ＝ストロース『親族の基本構造』福井和美訳、青弓社、二〇〇〇年、第27章、七

三三〜七三四ページ参照。

＊48　« Structure et herméneutique », *Esprit*, 11, 1963, p.619.

＊49＊［訳注］　プラトン『ソフィステース』における、「分割法」によるソフィストの定義参照。「分割法」については、たとえば、天野正幸『イデアとエピステーメー――プラトン哲学の発展史的研究』東京大学出版会、一九九八年、三九六ページ以下、が平易な説明を提供している。

＊50＊［訳注］　E・フッサール『ヨーロッパ諸学の危機と超越論的現象学』細谷恒夫／木田元訳、中央公論社、一九七四年、三三ページ。

＊51＊［訳注］　『乱暴な』分析について」『フロイト著作集9　技法・症例篇』小此木啓吾訳、人文書院、一九八三年所収参照。

＊52＊［訳注］　「幻想」のことであるが、明らかにここでは願望充足の働きをなす、現実とは切れた観念やイメージを言う精神分析用語として使われているので、カタカナ書きとした。

＊53＊［訳注］　「位置を変える」という通常の意味＋「(リビドーの）備給対象を変える」という精神分析的な意味。この精神分析的な意味には、言うまでもなく、哲学的「否認」を解除するとの「治療」的ないしは「実践」的な意味が込められている。

＊54　「フランス哲学会会報」では、講演に引き続いてなされた議論の記録が、以下の箇所に挿入されている。議論の参加者たちは、印刷された発言を発行前に校正する機会をもてたようである。いくつかの通信文でアルチュセールは、P・リクールとのあいだでなされた、やりとりの展開を気にしている。口頭のやりとり（彼によれば、かなりの部分が誤解にもとづく）を文字に起こすことに代えて、それを、別途、文章として執筆するよう、リクールと「会報」編集委員に強く求めた。「公正を期して」と言うのである（リクールへの手紙、一九六八年三月二十一日）。この点について、彼の言い分が通ったようには見えない。議論からの長い抜粋を、以下にあげる。

J・ヴァール　研究発表《コミュニカシオン》をしていただいたこと、アルチュセール氏に深く感謝したい。実際、意思伝達《コミュニカシオン》であることにまちがいない。氏がどう思われようと、フランス哲学会が氏の話に耳を傾けたのであってみれば、なにごとかが、なんらかの空間の中で起きたのであると私は思う。では、快く受けてくださるなら、リクール氏に発言権をお渡しする……

P・リクール　あなたの言う科学について一つ質問したい。その科学は存在するのか、その科学に属す学者とは何か？　歴史家のことを言うのか、あるいは、それ以外の学者？

L・アルチュセール　私の言う科学は、それの限定された生産物がいくつか存在するところの科学で、この科学は『資本論』の中にエッセンスとして存在し、かつ、それ以外のいくつかのテキストの中にもまた、存在する。歴史家たちが、いままで、この科学から極めて遠いところに身を置いてきたことは、言っておかなくてならない。歴史の理論は、歴史家たちのなしていることとは別のことがらだ。現在のところ、歴史の理論は、それが書き溜められてきたテキストそこから引き出すことのできる、或る形態の中に存在する。なによりも資本制生産様式の分析の中、すなわち『資本論』の中に。その理論は、誇張なしに言って、歴史家たちに大いに役立ちうるような——役立ちうると私は思う——明示的な形態で示されるのを待っている。歴史家たちが、しかもマルクス主義者である歴史家の多くでさえ、つねに意識してきたとは言えないが、彼らが仕事に使っていてなおかつ彼らが鍛えてもいる準概念の、その一部を更新させることのできる理論的要素を、『資本論』は含んでいる。彼ら自身の実践、歴史家としての実践のまさに内部で歴史家たちが様々な問題をみずからに問うこと、概念を手直しすることへと導かれている、その方向は、遥か昔にマルクスが、すでに彼らに先んじて、こうした練り上げ作業をなしていたことを、いずれにせよ、証明していると私は思う。たとえばフランスの「アナール」学派内で、マルク・ブロックや、この学派のいまのリーダーたるブローデルによってなされてきた努力、明らかにマルクス主義に触発されたのでないその努力を見ると、そこには長期持続、短期持続、etc. を含め、歴史家たちがその練り上げに多大の自覚的努力を費やしてきたいくつかの概念が現れているが、にもかかわらず、それらの概念は、やはりまだかなり焦点が定まらないままだ。他方、『資本論』を詳細に研究すれば気付くとおり、それらより格段に正確な諸概念、同様の対象にかかわり、それら対象を遥かに適切に定義する諸概念が、すでに百年前からそこにある。

J・ヴァール　ちょうどあなたは我々を、歴史の方法論の領域に連れてきてくれた。あなたが言及した学派の一員なら、ブローデルが難儀しつつ見ようとしているものを、マルクスがすでに遥かに正確に見ていたとのあなたの言に、おそらく賛成しないだろう。

L・アルチュセール　ブローデルがいま見ているものを、マルクスは百年前に見た、などと私は言おうとしているのではまったくない。百年という時間になにも起きない、と真面目に主張できる人などいるわけがない、当たり前だ。私が言いたいのは、ともかくどうしようもなくはっきり目に飛び込んでくることに、明らかに——といっても、これは歴史家たちだけのせいではたぶんない、なぜなら文化的営為や歴史、それどころか科学史の場合でも、様々な引き継ぎが必要とされると思うから——彼ら歴史家、自分たち自身の歴史的過去を遥かに凌ぐ作品を生み出している、その歴史家たちが、『資本論』についての認識、『資本論』の中にみいだされる概念についての、真に満足のいく認識を、一片すらもったことがないように思われるということなのだ。だから、そのように言うのは、彼らを罵るのとは違う。

J・ヴァール　それほどまでに『資本論』の重要性、そればかりか、言うなれば、〈歴史〉の重要性を強調することには、なにかしらの独断があるのでは、とあなたに尋ねていいだろう。なぜなら、確かにマルクスがいるが、あなた自身よくご存知のように、またフロイトもいるし、そのほかもろもろの領域、物理学などもあり、物理学の領域で私たちは、そう、まさに物質の様々な概念について考えさせられるわけだ。しかもレーニンは、周知のとおり、当時の物理学の理論家の何人かから、考えるヒントを得た。レーニンの時代にデュエムがいたことは象徴的で、その彼をレーニンは知っていた。おそらく反動的であった一人のカトリック——デュエムのことだが——彼の書いた『物理学の理論』〔一九〇六年〕という本があって、その本の大部分をレーニンは承認している。それは措いて、私が取り上げ直したいと思った点は、歴史学を最前列にもってくることにはちょっと独断がありはしないか、ということだ。というのも、物理学は新たに問題を投げ掛けている。あなたは冒頭でこう言った、科学は統一を、哲学は分裂をもたらす。だが今日、私たちが目にしているのは、科学が、あなたが言うほどには、学者たちをまとめはしないということだ。学者たちのあいだには哲学的な相違、哲学的な論争がある。現在、科学が物理学者のあいだに統一をもたらしているとは、ちょっと言えない。決定論の問題をめぐる彼らの考え方は、それほど一様ではない。決定論を堅持しようと望む、反動的と、とりあえずのことだが、たぶん呼んでいい人々がいる一方で、それを堅持すべきでないと考える人々もいる。ならば、あなたが提起した純マルクス主義的な問題に付け加わってくる、マルクス主義的でない問題も、たんとあることになる。

P・リクール　最初の質問に関連して第二の質問をしたい。あなたのなした「地域」の区別と、それら「地域」を分離する切断から話を始めることにする。あなたがこれら地域を象徴させるところの、認識論的行為、したがって地域を識別する活動であるその認識論的行為は、あなたを唯物論か観念論かの二者択一に、再び舞い戻らせることになるのでは？　言った認識論的行為と二者択一は、私には、二つの根本的に異なる哲学的場面設定だと思われる。二者択一の場面設定はなんらかの形而上学的対立をつくり出すが、我々がそんなお荷物をしょっていると、なぜ言えるのか私にはわからない。だって、地域を区別すれば、そんな荷物をしょわずにすむ。おまけに、自然という地域に対する歴史という地域の種別性を説明しようとすれば、あなたは、カント的かヘーゲル的かの、いずれか一方の問題構成に行き着くことになるのでは？　地域への分割を支えるのはカテゴリーの秩序である、と単純に主張するなら、問題構成はカント的になる。これらの局域を連係していこうとすれば、それはヘーゲル的になって、いずれあなたは、ヘーゲルの言う精神みたいなものを生み出すことになるだろう。言うところの精神とは、唯物論に対立する唯心論のことではもちろんなくて、まさに、自然から歴史を区別させてくれる規定をすべて集めた、そのまとまりのことだ。どちらを仮定しても、あなたが依拠することになるのは地域連係の認識論であって、あの三つの地域〔数学、物理学、歴史〕を構成する活動とは全然関係ないと私には見える、いわば、頭ごなしの命令によって、あなたが我々に受け入れさせようとしている二者択一のごときものではまったくない。

L・アルチュセール　いまの質問について、私の考えを手短に説明するのは、かなり難しい。こう述べておくだけにとどめたい。誰でも決まって誰かを基準にして、みずからの位置を定めるが、私が基準としているのは、カントでもヘーゲルでもなく、あえて言えば、スピノザ。言いかえれば、地域を連係することの一般的な必要性というのは、私に言わせれば、イデオロギーに固有な問いであって、そんな問いを私は全然立てていない。

P・リクール　いや、立てたのはあなただ……

L・アルチュセール　いや、地域連係を語ったのはエンゲルスで、科学は科学自身の地域を連係しつつある、と彼は言ったが、私はそんなことはひとことも言っていない。複数の大陸があるが、私は、それらの大陸が隣接してなす境界があるなどと言っていない、金輪際。だって私はスピノザ主義者で、あるのは無限の諸属性……

P・リクール　なるほど、しかしスピノザはそんなことはしていない……。彼は属性について語るけれど、地域の複数性のことなんか考えていない。ところが、あなたは、どこか認識論的な空間の中で、それら地域をまとめて考えることができる……

L・アルチュセール　どこか認識論的な空間の中で、それらをまとめて考えているのではなく、私はそれらを、それらのあいだの区別において考えている……

P・リクール　でもあなたは、唯物論か観念論かのどちらか一方を選択するよう我々に迫って、ちゃんとどこかに統一を回復させた。ところが私には、認識論的切断をもとにすることで、どうやってあなたがこの統一をつくり直せるのか、わからない。二つに一つだ。これら切断のもとにあなたがとどまるなら、種々様々な「メチエ」がある、歴史家のそれ、物理学者のそれ。他方、哲学レベルであなたが統一を考えているなら、あなたの提出した統一が問いへの答えであることが私にはわからない。

L・アルチュセール　待ってもらいたい。質問を順にたどろう。「これら切断のもとにあなたがとどまるなら、種々様々なメチエがある」とあなたは言うが、この言い方が、十分、的を射ているとは、私にはとても思えない。まるであなたは私に、「経済のもとにとどまるなら、乾物屋がいる」と言っているに等しい。これと同じたぐいの言い方だ。切断のもとにとどまるということは、歴史、etc. を含む理論的領域にとどまるということだ。しかし、理論は職業《メチエ》ではない。この理論をつくる職人は、なるほど、なんらかの職業をもつ人々なのだけれど。ちょうど乾物屋が商業資本に属すように。

P・リクール　私はマルク・ブロックの言う意味で「メチエ」という語を使った。彼が「歴史家の仕事《メチエ》」と言うときの意味で。ゆえに、実践という意味で。ただそのメチエをなす権利がなぜないのか、私にはわからない。メチエとは様々な実践のことだ、と私は言っている。実践とメチエの二語を使うことで、あなたと同じ方向に行っていると思ったのだが。それは措いて、私の言いたいのは、あなたが認識論的切断の観念を練り上げようとしている種類の思考は、あなたが唯物論か観念論かの二者択一を我々に押し付けつつ我々を終点にまで連れて行こうとしている種類の思考とは、相容れないように私には見える、ということだ。まったく、この二者択一は、どこからどこまで、形而上学的で作り話であるかに、私には思われる。言いかえるなら、あなたの終点は、始点をなす方法論的分析そこでの主張に比べて、遥かに後退しているように私には見える。あの新しい科学がなんであるかを、あなたは我々に言わなかったけれども、当然にもそれは、あなたがその科学に属す学者も、対象も、作品も、示すことができなかったからだ。

J・ヴァール　いや、それはマルクスが……

〔…〕

L・アルチュセール　哲学的に言えば、レーニンに従うかぎり、つねにあるのは物質の変わることのない概念ではなくて、物質のカテゴリーだ……

〔…〕

P・リクール　いまあなたが言われたことから、議論をやり直そう。あなたが区別した三つの地域に対して、どんな位置付けを、物質のカテゴリーはもつのか？　物質のカテゴリーは、それら地域を三つとも包摂するのか、それとも一つだけを？

L・アルチュセール　いい質問だ。討論を引き締めてくれる。大陸にかんして——地域より大陸という言い方をしたいが、まあ、これは重要なことではない——私が述べたことは、歴史の、科学史の、対象となりうるなにごとかだ、と言っておこう。つまり、それは科学の中で起きていることがらだ。さて、科学はどのように作動するか？　どんな条件のもとで？　科学の作動の中には、なにか哲学的なものがあるか、すなわち、哲学的カテゴリーが認識生産の過程を主導しているか？　主導しているとの確信を私はもつが、いずれにしても、これは現実の中で起きていることであって、そとから無理やりやらされていることではない。ところが、レーニンが考えているのは、そんなことではまったくない。私が三つの大陸と呼ぶところのものの統一の問題など、彼は、全然、考えていない。或る新しい大陸が我々の目の前に、どうもいま開かれつつあり、それは、そのどこかに上陸にしたにちがいないフロイトという名の人物によって、また、他の学問がそこに上陸しつつあるとの事実によって、我々に開示されている、と私は言ったが、これもまた、科学史の中で起きることがら、或るとき出現することがら、持続していくことがら、etc. である。ここで私が確認したいのは単純なことで、地域の、ないし、大陸の総体がもつ統一性ということにかかわる問題が立てられているのでなくて、様々な大陸のそれぞれが、紛れもない明らかな自律性を、厳然としてもつというそのことだ。数学の中になにかが起きる、そう、そしてその起きるなにかは物理学大陸に起きることがらと関係をもち、その関係は極めて特殊な関係で、研究することができる。さらに物理学大陸にも、ありとあらゆる種類のことがらが起きている。生物学のような科学は、かつて、生命の科学と考えられていたことさえ観察される。しかし、生命というのは、明らかに、イデオロギー的な擬似概念であって、いまや消えつつある。歴史大陸にもなにかが起きていて、その歴史大陸に起きていることがら全体を考えるなら、これは広大な領域だ。だが、第一義的には、こうした事実のすべてでは、異なる地域ないし異なる大陸のあいだの統一性という問題——なるほど、明らかに現代の我々を捉えて放さない、広大な問題ではあるが——その問題にかかわっているのではない。異なる科学のあいだの統一性という問題に、人間は、長いあいだ、取り付かれてきた。異なる科学のあいだに隣接性が存在することを説明せねば、との必要に、である。つまり、税関の通過、国境の通過を保証すること、お隣さんがいるとの確信をもたせること。お隣さんがいると確信できれば、心安らぎはすれ、そこに歴史はない。まさにそのような態度をレーニンは、愚にもつかぬことと笑い飛ばすのだ。隣接性の問題は第一義的な科学的問題ではまったくない、どんな科学もお隣さんなしで長々と進化を続けることができ、それでいて、海を一つ越えるほどに遠くに在る科学と関係を保つことができる、と。たとえば、化学と、それの言うなれば右側のお隣さんである物理学とのあいだにいま在る関係は、長いあいだ存在せず、存在しはじめても、ごく緩い関係のままであり、そのあとやっと最近、ごく密なものになったということ、これは事実だ。いまの精神分析を考えてみよ、どんなお隣さんがいるというのか？　ごらんのとおり、どんな科学も、お隣の彼・彼女がいなくても、まったく達者に、長期の発展をなしていくことができる。したがって、地域の統一を必然的かつアプリオリに考えねばとの問題、隣接させることを人々に力ずくで強いるところの隣接化、隣接すること、隣同士に座って議論を交わすことを、科学に義務付けるところの隣接化、私はお隣さんの確かに隣にいると科学に言わせるそれは、哲学的要求として見れば、専横的・イデオロギー的な要求なのだ。

P・リクール　ならば、あなたの言う物質の概念は無益だということになる……

L・アルチュセール　それとは少しも関係ない！

P・リクール　ほかならぬその言葉を、あなたの口から聞きたいと思っていた。さっき言われたことに物質の概念がなんの関係ももたないなら、二つに一つ。まず物質の概念は、自然という地域的対象からの帰納による一般化に帰着して、なにごとかを意味する。これは力任せにその概念を、三つの地域に拡大することだ。でなければ、つぎに、物質の概念は、地域のどれか一つと関係をもつことも、三つの地域すべてと同時に関係をもつこともない。この場合、物質の概念は最大限に一般化されて、ただ「〜が在る」を意味するにすぎなくなる。こんなのは、どうしようもなく不毛な概念だと私には見える。それのじつに反対概念を、見付けてやることができないのだから。

L・アルチュセール　或る意味ではおっしゃるとおり。私もまた——ただし、マルクスとレーニンの理論をもとにこれから擁護しようと思う視点から——カテゴリーは反対カテゴリーをもたぬと言ってもいいが——カテゴリーは、じつは、作動するのであって、これは同じことではない。抗争を記録する、抗争を引き起こすといったふうに、作動するのだ。ただそうは言っても、確かにレーニンの定式化は、読者をすぐに納得させるような定式化ではない。レーニンが唯物論、物質、etc. を語るそこのところでいちばん本質的と思われることがらだけを、私は強調したつもりだ。しかし、一八九八〜一九〇五年のレーニンのテキスト、大衆迎合主義者との論争として書かれたそれらのテキストすべてを検討してみれば、そこで彼は経済学について語っているし、統計を使った研究もしている。そしてレーニンはあらゆる歴史家、あらゆる社会学者が読んでしかるべきであった一冊の本、『ロシアにおける資本主義の発展』という題の本を書いたが、その本には、統計学的研究、アンケート調査などをベースにした五巻に及ぶ、ロシア農民の現状にかんする研究の蓄積が、あらかじめある。

［…］

J・イポリット　リクール氏の最初の質問を、そのまま繰り返したいと思っていた。混同してはたぶんいけない、二つの断絶がまずある。一方を認識論的断絶と呼ぶなら、それは科学の科学性が出現するときを指す。他方はそれとは同じ次元にない断絶で（大きな相違がある）、大陸のあいだの差異を指す。ところで、数学の科学性、物理学の、化学の、さらには生物学の科学性、そういう科学性はその基礎にイデオロギー的概念をもたなくなってはじめて認知され、当の大陸にとっての切断が出現するわけだが、しかし、歴史にかんするかぎり、そういうことは極端に難しくなる。歴史では、我々がそのようなかたちで科学性を認知することは起きない。歴史大陸がやはり異なる次元にあるということが、おそらく、その理由だ——だからといって、その大陸が精神的なものだと言いたいのではないが、この問題は脇に置く。マルクス主義がもとうとしていると思われる歴史の概念構成、マルクスが発展させ、あなたが、言わせてもらえば、まさしく思弁的なやり方で再考したそれは、現在のいわゆる人間科学が文献カード、リサーチ、見本などを使ってなす、記述的な、または、全面的に数学的ないくつかの概念構成〔統計や確率論などを利用する、たとえば、アナール学派の歴史研究を指すものと思われる〕よりも、なるほど、たぶんより深くあり、たぶんそれとはかなり違っていて、より深いであろうが、もっと近くにまで寄って、詳細に眺める必要があるだろう。実際、史的唯物論と呼ばれるあの科学の科学性が、簡単には認知されないこと、この科学の科学性を立証するところの科学が、きちんとものごとの見える人にとっては、確立されていないことを考えてもらいたい。この科学の科学性は、あなたが最後に言われたように――そう言われたと思うが――結局のところ、いくつかの面で政治に依存している。そしてまさにそのことが――数学を大陸と呼ぶなら――数学大陸や物理学大陸の場合に比べて、事態を紛糾させる。そうなるのは、言っておかなくてならないが、史的唯物論についての概念構成のすべてが、認知されているわけでないからだと思う。レーニンについて言えば、『哲学ノート』は経験批判論を批判した本よりあとだと思うが、私がよく知っているのはこの『哲学ノート』で、そこでレーニンが示すヘーゲルへの賞賛、彼がヘーゲルを抜粋するときのその驚くべきやり方に劣らず、余白に「恥ずべき唯物論者、困まりもん」と書きつつ、アベル・レーを抜粋するそのやり方もまた、驚くべきものと私には思われる。ヘーゲルにかんしては、余白で彼はとても深いことを言っていて、たとえば、こう注記している。本質の理論は、偶有的なものと本質的なものとの、まさに中間を行く、なぜなら深いところの流れと水面とでは、水面のほうが、ことがらを説明するのにとても重要だから〔『哲学ノート』前掲邦訳、上巻、七五ページ〕。ところが、概念の理論になると、レーニンは、概念が主体であることについてこう言う。理解できない。ただし、彼がヘーゲルを問い質すことをする理由は――これがまた彼がヘーゲルを賞賛する理由でもあり、また或る意味で、アベル・レーを抜粋する理由でもあるのだが――それは彼が、物自体の哲学に満足する気に全然なれないからで、これはこのかたちで言っておく必要がある。彼は、物自体の哲学が据えられて、それが別のことがら、科学と科学の科学性の問題とは別のことがらを成り立たせてしまうことを、望まない。つまり、政治に依存すると彼の考える或る信念を、物自体の哲学が成り立たせてしまうことを。なによりもこの闘いが――私の言っていることに賛成かどうか、言っていただきたいが――根本にある。というわけで、私は、リクール氏の最初の質問を繰り返すだけにしたかった。氏の第二の質問、大陸の多様性と統一の問題ではなく。このたぐいの統一は、人が望むなら、なしていい権利が確かにある。それは、いつか共産主義が存在するときに、おそらくなされるだろう。しかし、科学に科学的真理しかないなら、科学のそとには、もはやイデオロギーしかなく、ゆえに、イデオロギーでもまたある科学の、その科学性は——あなたの或る論文を信ずるなら、そう説明したのはマルクスだと思うが——みずからのなす切断にもさらにまた責任を負い、自分で自分を訂正していき、奇妙なことに、その科学性は、或る種の政治の最先端において、絶対知に似てくる。そこには両義性がある。賛成していただけるか？

L・アルチュセール　ええ、たぶん。あなたがいま言われたことで私に重要と思われるのは、哲学の身分規定にかかわる、あるいはいずれにせよ、哲学的テーゼの本性にかかわる或る危険から袂を分かとうとする、レーニンの配慮である。ともかく偶然ではないのであるが、彼が自分で自分の実践について反省するのは、決まってこう述べるためだ。科学が白骨化した定理にならぬようにせねばならなぬ、エトセトラ。つまり、彼の哲学的介入は、科学的実践を解放する役目をつねに目標としてもち、彼の最も深い思考、たとえそれが、ここでもう一度言えば、十八世紀譲りの表現に、とりわけ基準とされるバークリー・ディドロの対に足をとられているのであっても、その彼の最も深い思考は、反実証主義である、疑問の余地なくそれである、と私は心底から考えている。だが、一般にレーニンの思考はそう考えられていない。それゆえ、あなたが持ち出された問題はとても重要な問題だ。私がここで指摘したこと、すなわち、哲学が意識しようとして意識しがたいなにごとかについての意識を、レーニンは——おそらく彼一人というわけではないだろうが——もったのだということに、もちろん、まったく賛成できない人もいると思う。哲学とは或る特別な仕方で作動するなにか、哲学者の中で作動するなにかであるということ——哲学者の中で哲学をつくるのは哲学者ではない——、哲学は作動し、この作動は研究できるということ、この作動はいくつかの審級を関連付けるということ、こうした観念は重要このうえない観念であり、いくつかの予断さえ克服しさえすれば簡単に相互了解の図れる様々な探究それの、領域をなす。細かいことを抜きにすれば、これは、フロイトがまったく別の領域でなしたことにかなり似ている。しかし、あなたの立てる最も的を射た問いは、じつは、歴史の科学、史的唯物論の中で起きることがらにかかわっている。史的唯物論が極めて独創的な、極めて教えるところの多い、極めて特殊な観念であることを私は言ったが、明らかにレーニンもこの観念にひどくこだわっている。マルクスがなんらかの科学の基礎を置いたことを、マルクス主義の伝統全体は強く言う。マルクス自身もまたそう信じていた。確かにマルクスは、みずからの科学的思考を練り上げていくうえで、既存の科学、数学、化学、天文学——とりわけ化学——への参照を、たえず利用する。しかし、そのあとではじめてと言っていいが、科学的認識の存在様態が、または、〈歴史〉というまったく特異な大陸の上で発展していく可能性のある科学それの存在条件が、問いとして出てくる。実際しばしばそうなのだが、考えるに、〈歴史〉のもつユニークな性格のいくつかは——ここで私はまったく古典的な、レーニン主義的テーゼを擁護する——この新しい大陸の特性のいくつかは、レーニンなら観念論哲学の或る方面によって強制的に変装させられたと、または、その対象から逸らされた、etc. と言うであろうかたちで、表現されてきた。自然科学の場合同様、歴史科学の場合でも、あるいは、端的に歴史の場合でも、そんなことはないと観念論哲学は言ってきたのだけれど。歴史の科学は、確かに、一つの科学であるが、しかし、他の科学と同様の科学ではない。ご存知のとおり、この差異が観念論哲学によって掘り起こされてきた、とりわけディルタイと彼の弟子たちによって。問題は、実際の差異が何かということだ——さらに、その差異をどこに位置付けるか、ということ。これが肝心な問いで、それは、必ずしも答えるのが容易でない問いでもある。だから私は、人類は解決できる問題しか、少なくともすぐに解決できる問題しか、みずからに立てないとは言わないようにしている。むしろ逆のことを言うだろう、人類は、立てることのできる問題にしか答えを見付けない、と。マルクス主義的な言《げん》とはこれだと私は思う。人類は立てることのできる問題をしか——いま我々にかかわっている視点から言えば、中でも史的唯物論の問題をしか——解決することができないのだ。物理学大陸と比べた歴史大陸の科学性の条件の、特定の種差を、難しくはあっても問題として立てることのできるところまでは、我々は来ていると思う。時期尚早とあなたは言われるかもしれないが、しかし、そのための重要な要素はすでに手元にある。レーニンの中に、言うところの要素はある。それがみいだされる場所は、経験批判論を批判した本でも、『哲学ノート』でもなくて、彼がマルクスを研究したテキスト、経済分析の仕事、とりわけ彼の政治的作品である。そこには、かぎりなく興味を掻き立てることがらが詰まっている。というのも、彼は自分が何に出会ったかを解説している。彼は様々なことに出会うが、それらを必ずしも理解できない。しかし出会うことで、彼はそれらを特定しつつ、つねに思考している。ところで、そういうすべてのテキスト、社会学者として書いているそういうテキストにおいて彼は、二つのことがら、客観性と客観主義とを区別して、社会学者との論争に時間を費やしている。それは、この時期のロシアに社会学者がいて、ほかならぬ彼ら社会学者が、あらゆる人の仕事の元になる統計、解釈される対象となる統計を、作成していたから。レーニンはこの統計を逆手に解釈し、みずからの方法論を経済学者のそれに対置するが、極めて興味深い一連の認識論的思索が、そこでなされる。自然大陸、数学大陸、etc. に対する歴史大陸の科学性の種差をどう考えたらいいかを問おうとするとき、参考になりうると言っていい、それは思索なのだ。この問題を立てることはもうすぐ可能になる、と私は思っているが、立てる前にそれを解決しようと望むのは、はっきり言って、与太話以外のなにものでもない。[…]

＊55＊［訳注］別の参考として、アルチュセールの「遺稿」から（「唯物論のユニークな伝統（1）」田崎英明／市田良彦訳、『批評空間』Ⅱ-5、太田出版、一九九五年、八八ページ）。

観念論哲学者とは、乗り込む列車がどこから出発し、どこへ行くのか、どの駅が始発でどの駅が終点か（さらに言えば、手紙の宛先のような、旅の目的地か）、あらかじめ知っている人間のようなものである。唯物論者とは、反対に、走っている列車（世界のコースを、歴史のコースを、その人生のコースを走っている）に、その列車がどこから来てどこへ行くのかも知らずに飛び乗る人間のことである。彼は、偶然来合わせた列車に乗る。そして、その客車がどんな内装を事実として施されているか、どんな乗客たちに事実として取り囲まれているのか、同乗者たちはどんな会話をし、考え方をしているか、彼らの社会環境の刻印（聖書の預言者たちのように）を帯びてどんな言語を話しているかを発見する。こういったことは私にとって、スピノザの思考のなかに透かし模様で書き込まれているかのように思えた。いや、むしろ、少しずつそう思えてきたのだが、その頃、私は、ハイデガーに先立って哲学を「杣径の中の杣径 Holzweg der Holzwege」と語ったディーツゲンを好んで引用したものだ。しかしハイデガーは「どこにも行き着けない道の中の道」という言い方は知らなかったろう（私はそれをレーニンに、ついで、J-P・オジエの美しい翻訳に負っている）。私はヘーゲルがすでにずっと以前に、森と野原を分け入りながら道を開く「ひとりでに進む道」というすばらしいイメージを作り上げていたことも知った。何という「出会い」！

また、ハイデガー『杣径』の題辞にはこうある（茅野良男／ハンス・ブロッカルト訳、『ハイデッガー全集』第5巻、創文社、一九八八年）。

杣《そま》とは森に対する古い名称のことである。杣にはあまたの径《みち》があるが、大抵は草木に覆われ、突如として径無き所に杜絶する。それらは杣径と呼ばれている。

どの杣径も離れた別の経路を走る、しかし同時に森の中に消えてしまう。しばしば或る杣径が他の杣径と似ているように見える。けれども、似ているように見えるだけである。
これらの径の心得があるのは、杣人たちであり森番たちである。杣径を辿り径に迷うとはどういうことであるのか、熟知しているのはかれらなのである。

「この言葉の含むハイデガーへの暗示」、確かに。しかし、その暗示は別に大した意味をもつわけではない。ハイデガーにとって「杣径」が「形而上学の本質と歴史」をめぐる省察（迷いの中で行く、ではなく、迷いの中を行く——「迷いの道」）の喩であるとするなら（細川亮一『意味・真理・場所——ハイデガーの思惟の道』創文社、一九九二年、一四ページ）、アルチュセールにとっての「杣径」はまったく違う意味をもっている点に注意すべきだ。アルチュセールが哲学において考えていることは、「存在史 *Seinsgeschichte*」なるゲテモノとは関係ない！『存在の歴史』とは、人間が存在をどう解釈したかという、存在論の歴史（存在了解の歴史）、『存在概念の歴史』ではなく、存在自身の本質 Wesen、すなわち『存在自身の現成』Wesung である。存在の歴史とは、存在によって性起させられた歴史として、存在そのもののあり方であり、『性‐起としての存在は歴史である』。それ故、『歴史的』とは『存在自身の現成に帰属すること』であり、人間が歴史的であるとは、人間が存在自身の現成に属することを言う」（笑）（細川亮一、前掲書、四六一ページ）。この注釈に思わず吹き出して、「馬鹿言ってんじゃないよ」と口走ってしまったあなた、残念ながら、あなたには、立派な哲学者になる可能性はまずない。「哲学の新しい実践」を語って、平然と「その方面には疎い」と言ってのけるレーニン同様、アルチュセールもまた、おそらく、こう言うであろう。私は哲学者であっても、「立派な」哲学者ではないと思う。実際、アルチュセールは「存在」の哲学をうっちゃる。これまたレーニンのごとく、ごく乱暴に！　重要なのは、ディーツゲンがハイデガーに先立って、*Holzwege* の語を使ったこと。「道」はハイデガーの手前で曲がっているわけだ。じつにその「杣径の中の杣径」は、「ハイデガーの先を行く」マキャヴェリに「出会う」道なのだから。

第六章　革命の武器としての哲学

＊１＊［訳注］アルチュセールの遺された資料の中には、一九六六年ころに執筆されたと思われる、マルクス＝レーニン主義についての教科書が二冊、見付かっている（アルチュセール『哲学・政治著作集Ｉ』市田良彦／福井和美訳、藤原書店、一九九九年、編者注、五六五～五六六ページ参照）。

＊2　当初の質問の原文は、編者注にあげる。

＊3　タイプされた決定稿には、一九六八年一月十九日の日付がある（脱稿は実際には、おそらくこの日付よりいくらかあとのことだろう。その一つ前の稿も、この同じ日付をもつので）。「パンセ」掲載時、ついで『ポジション』収録時にこの論文末尾に現れる日付「一九六七年十一月」は、いずれにせよ、誤りである。

＊4　マッチオッキからアルチュセールに宛てられた一九六八年一月十四日付および二月一日付の手紙。「ウニタ」ミラノ版はわざともたつき、テキストの掲載を数日、先延べした。

＊5＊〔訳注〕「プロレタリア」の砕けた言い方。

＊6　アルチュセールからマッチオッキに宛てられた一九六八年二月三日付の手紙。

＊7　A. Macciocchi, *Lettere dall'interno del P. C. I. a Louis Althusser*, Milan, Feltrinelli 1969.

＊8　マッチオッキ‐アルチュセール書簡一九六九年八月。マッチオッキの本のフランス語訳は、『共産党内部からの手紙』のタイトルで出た。*Lettres de l'intérieur du Parti*, Paris, Maspero 1970.〔イタリア語原書の書名『イタリア共産党内部からのルイ・アルチュセールへの手紙』に対し、そのフランス語訳からは、「ルイ・アルチュセール」の名が削られている……〕

＊9　*La Pensée*, 138, avril 1968, pp.26-34. 六〇年代と七〇年代、アルチュセールは大部分のテキストを、この雑誌で発表した。

＊10　「革命の武器としての哲学」、および、書名と同じタイトルをもつJ・ルイスをめぐるテキストのほか、つぎのものがこの論文集に収録される予定であった。『資本論を読む』スウェーデン語版およびイタリア語版への「序文」、「グラムシの思想についての手紙」（「リナシタ」一九六八年三月十五日）、「若きマルクスの進化について」（一九七〇年六月、これは最終的に『自己批判の要素』*Éléments d'autocritique*, Paris, Hachette 1974 に再録された）、『資本論』をいかに読むか？」（「フランス共産党の日刊機関紙」「ユマニテ」一九六九年三月二十一日）、M・ハルネケルの本への序「マルクス主義と階級闘争」（最後の二つのテキストは、最終的に、『ポジション』に再録された）。結局、『ジョン・ルイスへの回答』フランス語版（Paris, Maspero 1973）に集められた未刊テキストは、英語で出たルイスについてのテキスト（少しの手直しを経ている）を除けば、つぎの二つにとどまる。『個人崇拝批判』に

ついての覚え書き」（一九七二年六月）、「〈主体も終わり（諸目的）もない過程〉というカテゴリーについての注記」（一九七三年五月）。

＊11 「革命の武器としての哲学」は、『ポジション』一九七六年版の三五〜四五ページ、文庫（「エサンシエル」叢書）として再刊された一九八二年版同書の四一〜五六ページを占める。『ポジション』という著作についての詳細は、本論文集冒頭に付けた「編者解題」を参照。

＊12 マッチオッキによってなされた、もとの質問はつぎのとおり。

［1］西欧共産党と、国家の問題。つぎの二点を考え合わせるとき、西欧共産党にとって、国家という問題はどのように立てられると思うか？　第一に出発点——現代における最も偉大な政治革命、最も偉大な理論革命のメルクマールをなす『資本論』第一巻から百年、レーニンの『国家と革命』から五十年——、第二に、その出発点以降、国家の本性と問題とをめぐって共産主義運動によって成し遂げられきて、グラムシの作品で展開の頂点に達した仕上げ作業。

［2］いかに『資本論』を読む」べきか？　今日、『資本論』のいかなるタイプの読み方が、より（または最も）実り多い読み方であると思うか？　西欧の共産主義者にとって『資本論』への革命的なアプローチの仕方とはいかなるものであるか、現在（さらに現在以降において）闘争の戦略目標を決定するために、またマルクス主義理論を前進させるために『資本論』を——歴史の中に位置付けられるべきテキストとしてでなく、理論と革命実践との連結として——読む読み方とは、いかなるものか？

［3］理論的に見て階級概念が——社会民主主義者の一団（Mallet, *La nouvelle classe ouvrière*, Paris, Seuil 1963）の側からと、アドルノ、マルクーゼの側から挟撃されて——あやふやで混乱しているが、その階級概念の新しい定義を提出する必要あり、と考えるか？　それとも、マルクス＝レーニン主義による古典的定義はいまでも有効、と考えるか？

［4］いま在る様々な哲学、サルトル、レヴィ＝ストロース、フーコーらに対して、どうみずからを位置付けるか？　とりわけ構造主義に対して、どうみずからを位置付けるか？（新論理実証主義とあなたは呼んだと思うが、それに対する闘いの意味とは何か？）

［5］なぜあなたは——一九六七年十二月から一九六八年一月に——高等師範学校で、科学者のための哲学

講義をおこなったのか？　哲学者と科学者のユニットの目標は何か？　この結合は、いかなるイデオロギーに対抗して実現されるべきものか？

［6］あなたはこの夏、レーニンを読み直した。哲学的視点および／または政治的視点から見て、この再読はいったい何をあなたにもたらしたか、言ってもらえまいか？　今日、いかに「レーニンを読む」べきか？

［7］労働運動の国際的情勢はどうあるべきと思うか（どんな判断を下しているか）？　政治的展望をどう見ているか？　あなたの理論的練り上げ作業の政治的見通しはいかなるものか？

注記。ここでラテンアメリカの革命闘争か西洋の革命闘争について発言してもらってもいいし、あるいは、この質問自体を抹消してもらってもかまわない。ちょっと前にパリに来ていた、イタリアの同志たちがくれたヒントをもとにしての質問なので。ブファリーニ［イタリア共産党知識人担当責任者］から、つぎの質問をあなたにしてくれと頼まれた。（a）「パンセ」［掲載］の〔リュシアン・〕セーヴの論文にあなたはどう答えるか？（b）「クリティカ・マルクシスタ」最新号［掲載］のグルッピの論文に、あなたはどう答えるか？（c）西洋における政治的展望をあなたはどう見るか？［…］（d）ヨーロッパのマルクス主義的研究の領域のどこに、あなたは最先端を見るか？

（マッチオッキからアルチュセールへの手紙、一九六八年一月十四日付）

＊13　この質問とそれに伴なう回答は、「ウニタ」に掲載された版には出てこない。

＊14　「ウニタ」版には「世界観のあいだの」はない。

＊15　「ウニタ」版には「なによりも〈経済主義〉／〈人間主義〉の対」はない。

＊16　「今日、ヨーロッパの国々には……」からここまでの部分は、「ウニタ」版にない。

＊17　「理論のもとで」以下の文章は「ウニタ」版にない。

＊18　「ウニタ」版では、この答えの最終部は、つぎのように極端に短縮されている。《境界画定のこの線を哲学は、科学的厳密性に支配された理論の中に引く。境界画定のこの線を引くために、哲学は理論的、抽象的、体系的言説を弄する。理論的言説は厳密でなくてならない。厳密でないなら、理論的言説ではない。》

＊19　「ウニタ」版（およびフランス語タイプ稿）には、二つの補足的な文章が見られる。《現在は、とりわけパリ

バール、バディウ、マシュレといっしょに。私が披瀝した考えは、その共同作業の成果だ。》

＊20　一九六六年、文化問題と知識人問題をテーマとしたフランス共産党中央委員会のこの大会は、そうしたテーマを共産党内で議論する自由の、公式的な始まりをなしたという点で重要だった。理論的な平面では、中央委員会は暗黙裡にアルチュセールの立場を非とした一方、ガロディの立場からも一線を画した。

第七章　自己批判の要素

＊1　*Éléments d'autocritique*, Paris, Hachette, coll. « Analyse » 1974. 広範な読者層への影響力を強めようとアルチュセールは、マスペロ社のもとで監修していた叢書（「理論」）と並行して、出版部数を誇るアシェット社を版元に新しい叢書（「分析」）の立ち上げを決意した。E・バリバール〔エティエンヌ・バリバール〕によれば、いずれにせよ、この企画はマスペロ社の不興を買った。アルチュセールの論文集のほか、二冊の著作をいずれも一九七四年に刊行したのみで、この叢書は打ち切られた（資金面でのアルチュセールとアシェット社の確執がおもな原因であった）。一冊はR・バリバール〔ルネ・バリバール〕とD・ラポルトの共著『国語としてのフランス語』（R. Balibar et D. Laporte, *Le français national*）、もう一冊はR・バリバール『虚構のフランス語。文学の文体と国語の関係』（R. Balibar, *Les français fictifs. Le rapport des styles littéraires au français national*）。

＊2　*Éléments d'autocritique, op. cit.*, pp. 7-8.『ジョン・ルイスへの回答』は『要素』の前年に公刊された（*Réponse à John Lewis*, Paris, Maspero, coll. « Théorie » 1973〔『歴史・階級・人間』西川長夫訳、福村出版、一九七四年〕）。

＊3　« The Althusser Case », *Marxism Today*, janvier et février 1972, pp. 23-28 et 43-48.〔『ジョン・ルイスへの回答』の邦訳『歴史・階級・人間』前掲は、このルイス論文を要約的に紹介している〕

＊4　« Reply to John Lewis (Self Criticism) », *Marxism Today*, octobre et novembre 1972, pp. 310-318 et 3443-349.

＊5　テキストは改訂され、前掲論文集『ジョン・ルイスへの回答』にフランス語で収録された。

＊6　最初のタイプ稿の日付は一九七二年五月一日、発表されたテキストの日付は一九七二年七月四日である。

＊7　課題から見た「回答」と「要素」との連続性を示す成分の濃度は、この点において最も高まる。

＊8　「自己批判の要素」初稿に現れる「歴史的シチュエーション化」(*)をめぐる長大な敷衍、『マルクスのために』序文の書き方を踏襲したそれもまた、最終稿では消える。

(＊)〔訳注〕　何のことを言っているのか判然としないこの語と、後出の「歴史的遠近法化」は、本テキスト冒頭の「解題」で編者が言う「みずからの理論的介入を歴史の中に置き直して、その効果を測定しようとする配慮」に、かかわると思われる。

＊9　「要素」のタイプ稿群には日付がない。このテキストが『ジョン・ルイスへの回答』の一部をなしていて、のちに『回答』だけが切り離された、というのでないことは明らかで、せいぜい言えるのは、アルチュセールが二つのテキストを同一論文集に収録して公刊しようと考えた、ということのみ。

＊10　最終稿では「歴史的遠近法化」のほか、いくつかの批判的敷衍が脇に置かれる。中でもつぎの一節は引用しておいていい。そこに表現される懐疑は、数年後、『有限』な理論としてのマルクス主義」(後出、第十一章参照)で展開されることになる諸テーゼを予告している。

《マルクス主義理論は、歴史、生産諸様式、継起する社会構成体、階級闘争の一般理論であるか？　この問いに「そうである」と答えるのは、思弁か実証主義に陥る瀬戸際に立つことである。互いに組み合わされて歴史のもつ具体的で特異な形象を生み出すような、普遍的要素ないし形態を考えるか、または、どんな具体的な歴史的対象にも適用するだけでそれを認識させてくれる、普遍的法則を考えることになりかねないのである。だが逆に、あの問いに「そうでない」と答え、マルクスは資本制生産様式のみを、唯一この特異な対象に対応する諸概念を用いて分析しただけと主張すれば、経験論に陥る瀬戸際に立たされる。》

＊11　« Les "Manifestes philosophiques" de Feuerbach », *La Nouvelle Critique*, 121, décembre 1960.

＊12　*Die deutsche Ideologie*, 1845-1846.〔『ドイツ・イデオロギー』古在由重訳、岩波文庫、一九五六年〕

＊13　K.Marx, « Critique du programme de Gotha » (1875), *in* K.Marx, F.Engels, *Critique des programmes de Gotha et d'Erfurt*, Paris, E.S. 1972 ; « Notes marginales pour le "Traité d'économie politique" d'Adolphe Wagner » (1881-1882), *in Le Capital*, Livre premier, tome 3, Paris, E.S. pp.241-253.〔「ゴータ綱領批判」山辺健太郎訳、『マルクス＝エンゲルス全集』第十九巻、大月書店、一九六八年所収。「アードルフ・ヴァーグナー著『経済学教科書』への傍注」杉本俊朗訳、『マルクス＝エンゲルス全集』第十九巻、前掲所

収、三五四～三八五ページ。「……私は抽象物である『価値そのもの』がそれへ分裂する対立物としての使用価値と交換価値とに、価値そのものを分けてはいない。そうではなく、労働生産物の具体的な社会的姿態である『商品』が、一方では使用価値であり、他方では『価値』――交換価値ではなくて――なのである。なぜならば、たんなる現象形態は、商品の本質の内容ではないからである」（三六九ページ）

＊14 《グラムシにおいても（史的唯物論をめぐるブハーリンとの論争）、》

＊15＊［訳注］ 必然性と偶然性が、少なくとも（なぜなら、アルチュセールはやがてそのもっと先、驚くべき先まで行くだろうから――出会いの唯物論、偶然性唯物論）単純に対立するものでないことは、すでにヘーゲルが言っている。ここでは、エンゲルスを引くことにしよう。「この二つの見方に対して、これまでかつて聞いたこともない次のような命題をたずさえてヘーゲルがやってくる。すなわち、偶然的なものはそれが偶然的であるがゆえに根拠をもち、また偶然的であるがゆえに同じく根拠をもたない。偶然的なものは必然的であり、必然性は自己自身を偶然性と規定する。そしてその反面このような偶然性がむしろ絶対的な必然性なのである（『論理学』、第二部、第三篇、第二章、「現実性」）。自然科学はこれらの命題をたんに逆説的な遊びとして、自己撞着のたわごととしてほうっておき、理論的には、一方ではあるものは偶然的であるか必然的であるかのどちらかであって同時にその両方ではないとするヴォルフ流の形而上学の無思想性のうちにとどまるか、あるいは他方では、口さきだけでは偶然を否定しながら実際にはこれを特殊な場合ごとに承認してゆく、前者におとらず無思想な機械論的決定論のうちにふみとどまったのである」（『自然の弁証法』菅原仰訳、『マルクス＝エンゲルス全集』第二十巻、大月書店、一九六八年所収、五二八ページ）。諸要素が「出会う」という偶然性の、その必然性、他方（後出）、「父をもつ」という（自然的な）必然性の、その偶然性……。後者の必然性の偶然性は、たとえば、レヴィ＝ストロースの言うそれ――「自然」は「父をもつ」ことを命ずるが、どの「父」をもつべきかは命じない――とはまったく違う。なにしろ、「父」が複数いるわけだから！

＊16＊［訳注］ 哲学がその歴史から抜ける？ 「レーニンと哲学」で言われた、哲学がその反復強迫の歴史、否認の歴史から抜ける、の謂いか？

＊17＊［訳注］ 原文は«la chambre communiste de Weitling»となっているが、アシェット社版『自己批判の要素』（二八ページ）に従って、これを«la chambre du communiste Weitling»と読みかえた。ただし、前者の場合でも、ヴァイトリングが構えていた共産主義者同盟の事務所のようなものと、読める。

18［訳注］　このような「論理」、むしろレトリックは、しばしばアルチュセールのもとに観察される。たとえば、彼のスピノザ解釈は「異端的」だとするスピノザ学者たちに、スピノザ自身がそもそも「異端的」なのでは、と応接するときのレトリック。したがって、「異端的」なスピノザ解釈こそが「正統的」な解釈だということが、ここに仄めかされているわけだ。またたとえば、アルチュセールを「異端」のマルクス主義者とする資格付けに対して、マルクス自身「マルクス主義者」でないと言っていたのでは、と答えるときなど。しかし重要なのは、この捻りによってアルチュセールがただたんに「否定」による正当化、たんなる転倒をなしているのではないということだ。この捻りを、いわば、バネにして、まさにこの捻りから、はじめて彼のロジックがつくり出されていく。たんなるレトリックから、否定をも肯定をも超えていく豊かなロジックへむかう、彼独自の「弁証法」が動きだす。

19［訳注］　ここでアルチュセールは、「ユニオン・サクレ」の語を「大同団結」の比喩として用いているのであるが、この比喩には、もちろん、歴史的背景がある。「ユニオン・サクレ」とは、一九一四年八月、フランス第三共和政の大統領レーモン・ポワンカレが、対ドイツ挙国一致体制を確立するために、すべての政党の大同団結を要請したアピールのこと。すでに彼は、共和派社会主義者ルネ・ヴィヴィアニを仲立ちにして、ロシアとの戦争協力を推し進めていて、やがてすぐにフランスへの支援を求めて、ツァーリに総動員令の発令を促した。こうした挙国一致は、そこへの参加をめぐって、第二インターナショナルに亀裂を走らせる。大戦勃発と共に、「ユニオン・サクレ」への参加を決めた多数派とそれに反対する少数派に分裂し、また、少数派も中道派（カウツキー）と左派（「資本主義の戦争を内戦に」と呼び掛けるレーニン）に分裂する。レーニンの言う第二インターナショナルの「破産」である。

*20　《科学、それが理論の客観性の指標のことである以上》

21［訳注］　アルチュセール注（18）を参照せよ。

22［訳注］　マックス・シュティルナー『唯一者とその所有』片岡啓治訳、上・下巻、現代思潮社、一九七七年参照。

*23　《全体》

＊24＊〔訳注〕『知性改善論』（三三）（畠中尚志訳、岩波文庫、一九六八年、三〇ページ）。

＊25＊〔訳注〕この表現については、しばしば『エチカ』第二部定理四三備考に参照が振られ、『エチカ』の該当箇所では「ただし« *index* »が« *norma* »（規範）となっている」との注記が付してあるが、実際には、これは「書簡七六」からの引用である（Correspondance LXXVI, *in Œuvres complètes*, Bibliothèque de la Pléiade, Gallimard 1954, p. 1290 ; Lettre LXXVI, *in Œuvres* 4, Garnier Flammarion 1966, p.343）。

＊26＊〔訳注〕ドイツ語の« kokettieren »およびそのフランス語訳« flirter »は、ふつうには「媚びを売る」と訳されてきた。媚び、すなわち、相手の気を引いたり相手に気に入られようとしてなされるわざとらしい言動。しかしヘーゲルやヘーゲル主義者に気に入られようと媚びねばならない理由など、いくら考えても、マルクスにあるようには思えない。kokettieren = « etwas spielerisch betonnen, um Widerspruch oder Nachsicht hervorzurufen », Gerhard Wahrig, *Deutsches Wörterbuch*, Mosaik Verlag 1980. さらに、『資本論』ドイツ語第二版後記（強調は引用者）――« Ich [...] *kokettierte* sogar hier und da im Kapitel über die Werttheorie *mit* der ihm eigentümlichen Ausdruckswiese ». むしろマルクスは、ヘーゲルを「しゃれる」ことで、彼を「しゃれのめす」ことをしているのでは？　つまり、からかっているのでは？　もちろん、それはその単純な対偶、マルクスが反ヘーゲル主義にくみしていることを意味しない。反ヘーゲル的なおたんちん（「不愉快で不遜で無能な亜流」）に対しては、彼はちゃんとヘーゲルを持ち上げてもいるのだから。これとて一種の「しゃれっ気」と言えないだろうか？　訳語はこの線で選ばれている。これを「うがった」解釈と思われる読者は、「しゃれ」を「媚び」に書きかえられたし。

＊27　《我々に》

＊28　《或る意味でその批判は埋葬をなした。》

＊29　フェルディナン・ド・ソシュール（一八五七〜一九一三）は、『一般言語学講義』（一九一六年刊〔死後出版〕）において、現代言語学の基礎を据えた。

＊30　「ごく半端な」が括弧でくくられている。

＊31　ドイツ生まれのアメリカの人類学者フランツ・ボアズ（一八六九〜一九四四）は、おもにエスキモーとアメリカ・インディアンの研究に従事した。

＊32 《……ことが、ゆえに重要になる。》

＊33 「構造主義」が括弧でくくられている。

＊34＊〔訳注〕「傾向とは、漠然とした、不確かな、浮動的な推定ではなくて、反対に、それは生成であるから、本質や法則を内包している。たとえば資本主義——自由競争の資本主義においては、平均利潤率が形成される傾向があり、そしてこの平均利潤は、資本の競争によって低下する傾向がある。／一定の範囲内で規定され、限定される傾向法則は、したがって、より大きな法則のなかに包摂されている。だから、資本主義社会のすべての法則は、この社会（最盛期を過ぎた下り坂の）の運動法則そのものに従属し、——そして法則そのものは、社会発展の総体、すなわち、歴史の諸法則に、つまり、全体としての経済的社会構成態の諸法則に従属する」（アンリ・ルフェーヴル『レーニン——生涯と思想』大崎平八郎訳、ミネルヴァ書房、一九六三年、二七三～二七四ページ）。

＊35 《まさしく》

＊36 レオン・ブランシュヴィク（一八六九～一九四四）、二十世紀初頭のフランスで最も大きな影響力をもった講壇哲学者の一人。

＊37 《おそらく》

＊38 《一九六〇～一九六五年に我々はこの迂回をなし opéré、なるほど、かなり高い代償を払った。》〔本文では動詞 opérer の代わりに faire が用いられている〕

＊39 「単純」が下線で強調されている。

＊40 《どうしても》

＊41 *Wissenschaft der Logik*, Berlin, 1827.〔『大論理学』武市健人訳、『ヘーゲル全集』6a～8巻、岩波書店、一九五六～一九六一年〕

＊42 《創世の根拠 raison》

＊43 《それの普遍性によって》

*44 《逆説的にも》

*45 *〔訳注〕スピノザ『エチカ』第二部定理一七備考、畠中尚志訳、岩波文庫、一九七五年、上巻、一二二ページ参照。

*46 《その真価が懸かっていて》

*47 《ここでも》

*48 *〔訳注〕「露呈」させるということでアルチュセールが考えているのは、おそらく、produire（生産する）の原義、「前に‐引き出す」であろう。すなわち、「みずからをあらわにする」との意味での「真理《アレーテイア》」。

*49 *〔訳注〕ここで「『真なるもの』として」は訳しすぎと言われるかもしれないが、「みずからをあらわにするs'avérer」のavérerは語源的にはa+vraiから来ている。すなわち、「真実を見させる」の意味である。文脈から判断して、アルチュセールがこの語源的意味を考慮しつつ《s'avérer》という動詞を使っていることは明らかである。

*50 *〔訳注〕レーニン『唯物論と経験批判論』、「認識論における実践の基準」参照。「各人ことごとくにとって幻想と現実を分かつ実践の基準が、エルンスト・マッハによって、科学の限界外、認識論の限界外に持ち出されている場合が、そういうイカサマのプロフェッサー的観念論なのだ。（…）マッハにとっては、実践と認識論とはまったく別々のもので、前者によって後者を制約することなしに両者を同列に置くことができるのだ。（…）唯物論者にとっては、人間的実践の『成功』は、我々の表象と、我々の知覚する事物の客観的な本性との照応〔つまり、古典的な意味での「真理」——引用者〕を証明する。独在論者〔独我論者——引用者〕にとっては、『成功』とは、この私が実践の上に必要とするものすべてを言うのであって、この実践を、認識論と別々に見ることができるのだ。（…）実践の基準は、人間のどんな表象であっても、それを完全に確認したり反駁したりすることは、実際から言ってけっしてできるものでない……」（佐野文夫訳、岩波文庫、一九五二年、中巻、一七～一八ページ、一二一ページ、用字法変更）

*51 *〔訳注〕「マルクス主義の三つの源泉と三つの構成部分」村田陽一訳、『世界の思想13 ロシア革命の思想』河出書房、一九六六年所収、一〇九ページ。

＊52　《刻み込んでくれる》

＊53＊［訳注］　周知のとおり、フロイトもまた「トポス論」の語を用いていて、その場合、「局所論」と訳される。本文のこの文脈では、フロイトは、確かに、関係ない。にもかかわらず、ここで言わずもがなの注記を付すのは、アルチュセールが、「トポス論」という同一の語の中に、フロイトとマルクスの思考の、いわば、同型性を見るからだけではない（そのようなことは、おそらく、誰にでもできるだろう）。互いに見知らぬ同士（『精神分析入門』にマルクス主義への言及がありはしても、フロイトがマルクスを読んだとは思われない）が同じ語を介して偶然に「出会う」というそこにおいて、アルチュセールが、彼の言葉を使えば、「分岐における出会い」、理論的に敏感な点を思考していこうとするからでもある。「マルクスは、社会の本質を統一化され、中心化された全体と捉えていたブルジョワ・イデオロギーの神話を放棄し、あらゆる社会構成体を中心のない諸審級の体系として考えることができた。フロイトを論じると、マルクスによってもたらされたこの革命のことを、遠い関係とはいえ、考えないわけにはいかない。マルクスをほとんど知らなかったフロイトは、（両者の対象には共通するものが何もなかったにもかかわらず）、マルクスと同様、自分の対象を『局所論』という空間的表象のなかで思考した（一八五九年の『経済学批判序説』〔「序説」は一八五七年、ここでアルチュセールが言っているのは「序言」のほう――引用者〕を想起してほしい）。それは中心のない局所論であり、そこではさまざまな審級の統一性とは、フロイトが『心的装置』と呼んだものにおける葛藤を含む審級の作動の統一性にほかならない〔「葛藤」、すなわち「抗争」、ゆえに含意は「階級闘争」へ振られている――引用者〕。そしてこの（装置という）用語には、どことなくマルクスを思わせるものがある」（アルチュセール「マルクスとフロイトについて」、『フロイトとラカン――精神分析論集』石田靖夫／小倉孝誠／菅野賢治訳、人文書院、二〇〇一年所収、二六四～二六五ページ）

＊54＊［訳注］　注意しておきたいが、この「上方に au-dessus」という小さな語には、極めて大きな理論的負荷が込められている。それは、上部構造が、直接、土台の上に（sur）載っているのでないこと、それらが単純に連動していないことを言っている。つまり、上部構造と土台とのあいだには、間隔がある。土台による上部構造の一義的・絶対的決定を斥け、上部構造の「相対的自立性」を導く、それは「比喩」たりえている。だが、やがてアルチュセールはその遥か先にまで行く。「上方に」と「上に」の差異は、マルクスとヘーゲルのあいだに引かれる「境界画定の線」をなす、と言ってもいい。「上部構造は土台のうえに聳える（sich erhebt）［…］。マルクスは良き唯物論者として、Aufhebung ではなく Erhebung を語っているという、ほんのちょっとした意味論的な違いのぶん

だけ、我々は前進したにすぎない。なるほど、〈法〉と〈国家〉が土台のうえに聳える——あるいは今日的ないい方をするなら、土台の上方にもち上がっている——ことは、『乗り越えられるものを保持しつつ乗り越えること』(Aufhebung) ではない。〈法〉と〈国家〉は、土台の上方に現実に聳えている現実的な構築物であり、したがって土台とはまったく別の世界なのである——つまり、『乗り越え』のなかに『維持 - 保持』される土台ではない。確かにこれは大きな違いである。しかし、概念的にはほとんど違わないのだ」(「自らの限界にあるマルクス」、『哲学・政治著作集Ⅰ』前掲、三八七ページ、一部訳文変更)

＊55＊〔訳注〕この訳語は、『法の哲学』藤野渉／赤澤正敏訳、『世界の名著35 ヘーゲル』中央公論社、一九六七年所収、による (Cf. G. W. F. Hegel, *Grundlinien der Philosophie des Rechts*, Herausgegeben und eingeleitet von Helmut Reichelt, Verlag Ullstein GmbH, 1972)。

＊56＊〔訳注〕『大論理学』武市健人訳、下巻、『ヘーゲル全集』第8巻、岩波書店、一九六一年、三八三〜三八四ページ。「以上に述べた本性のために、学〔論理学または哲学そのもの〕は自分の中に回帰する円環の姿を呈する。即ち、そこでは媒介は終末を、この円環の始元へ、即ち単純な根拠に巻き戻すのである。しかしこの場合この円環は多くの円環の中の一つの円環 (ein Kreis von Kreisen) である。というのは、そこでは個々の一環が方法の生命体《ベーゼルテ》〔体現者〕として自分への反省だからである。即ち始元に戻ることによって同時に新たな一環の始元となるような自己反省だからである」

＊57＊〔訳注〕マルクス『経済学・哲学手稿』藤野渉訳、国民文庫、大月書店、一九六三年、二二九ページ参照。「こうして、たとえばヘーゲルの法哲学においては、止揚された私権は道徳に等しく、止揚された道徳は家族に等しく、止揚された家族は市民社会に等しく、止揚された市民社会は国家に等しく、止揚された国家は世界史に等しい。現実においては私権、道徳、家族、市民社会、国家等々は、あいかわらず存続している。ただ、それらは人間の諸々の契機、すなわち、孤立してではだめであって相互に解消しあい産出しあい等々するような、人間の諸々の現存在とあり方になっているだけである。運動の諸契機」

＊58《帰属する「当の」もの》

＊59「素材」が括弧でくくられている。

＊60　「唯物論の保証スタンプ」が下線で強調されている。

＊61　《神秘化による関連付け、しかし、力とイデオロギーとによって保証された搾取にその根をもつ》……

＊62　「素材」が括弧でくくられている。

＊63　《（すなわち力学的でも）》

＊64＊　［訳注］　このなんとも訳者泣かせの一文に出てくる、「措定」「立場」（また、あとに出てくる「陣地」も含め）、原語はすべて《position》である。この多重な意味を「共鳴」させつつ、アルチュセールがこの語を用いていることは確かだが、しかしそれでも、それぞれの意味を確定することは可能であるように思われる。つまり、このような語の使用法は「曖昧化」をではなく、あくまでも、共鳴効果を狙っていて、それなりに明晰であるということ。意味の確定が読む者の「理解」ないしは「ロジック」に依存するとしても（ゆえに、ここに提出した訳文が「正解」であるわけではない！）。さらに、その確定によって、「共鳴」している他の意味が排除されてしまうわけでないにせよ。この一文と同じようなことを言っている、別の例。「テーゼ＝立場、ところで、立場には、とられた立場しかない、＝哲学空間での立場設定prise de position、しかも立場設定には、歴史的立場をやはり占めている複数または単数の敵に対抗した、立場設定しかない。ゆえに、いかなるテーゼも反対テーゼか対抗テーゼである。いかなる哲学も、単数または複数の敵によって占められている立場を攻囲しようと企てる（このことは、いつでも、ほとんどいつでも、検分される）。この企ては、概念的な戦略・概念的な戦術をフルに使った、文字どおり、陣地戦のごときかたちで進んでいく」（L. Althusser, *Sur la philosophie*, Gallimard, 1994, p.104.『哲学について』今村仁司訳、筑摩書房、一九九五年、一二八〜一二九ページ参照）

＊65　前文中の「支配権」とこの「支配権」とが括弧でくくられている。

＊66　つぎの注が抹消（この種の抹消はここ一箇所のみ）。《マルクス主義についての「人間主義的」〈テーゼ〉の帰趨を見よ。私の定式化のいくつかが帯びた理論主義的‐スピノザ主義的体裁にもかかわらず、人間主義的〈テーゼ〉の表れは、フランス共産党内で退却し、そうした〈テーゼ〉は、矛盾した予備陣地、現在のところでは「科学的人間主義」に、拠点を求めざるをえなくなった。我々のイタリア人同志のもとでの、歴史主義的〈テーゼ〉の帰趨を見よ。グラムシの定式、「絶対的歴史主義」としてのマルクス主義、のもつ威光にもかかわらず、歴史主義

的〈テーゼ〉は、彼の定式を様々な日和見主義に仕えさせるためにその定式から切り離された文脈の中で、地歩を大きく譲った。そこに現れる形容詞「絶対的」には用心する必要があった。その形容詞が〈神様〉Bon Dieu をほとんど指すことのない哲学も中にはあるので、レーニンはこう書けた。〈絶対的理念〉をめぐってヘーゲルの書いた章は、完全に「神への入れ込み bondieuserie」を免れている、と。「注目にあたいするが、〈絶対的理念〉の章全体は、ほとんど〈神〉という語を口にしない（ほんの一度だけ神的概念という語が現れる以外は）。しかも――重要ナ指摘、注意セヨ――この章は、いかなる特別な観念論をもほとんど含んでおらず、ただ弁証法的方法をその本質的主題とするのだ――［…］これはまったく驚嘆にあたいするが、それ以上につぎのことは。ヘーゲルのこの最も観念論的な作品には、最小の観念論と最大の唯物論がある。これは矛盾している、しかし、事実だ」[Lénine, *Cahiers philosophiques, op.cit.*, p.222〔レーニン『哲学ノート』松村一人訳、岩波文庫、一九七五年、上巻、二三八ページ〕]。めざましいテキスト。矛盾を基準に、また、観念論と唯物論の多寡を基準に、哲学というものを考えているのだから。しかも、どんな哲学を考えているか、絶対的観念論！　毛沢東の区別（分割）を参照されたい。》

＊67　《……を直すことがさらに必要である》

＊68　《別の文脈でおそらく有害なものであった》

＊69　《必然的に観念論的である》

＊70＊　［訳注］　原語は«lignage»で、人類学で言うところの「リネージ」、すなわち、出自集団の一つ、明確な共通の祖先から系譜をたどることのできる人々の集まりを指す。ここではもちろん厳密な人類学用語としてでなく、音声と意味の両面での「線 ligne」との近似性を利用して、比喩的にこの語が使われている。

＊71　《相互干渉から生じるものの中で、すなわち、マルクスによって基礎をつくられた革命的科学の中で》

＊72　《まさに（より）的確な席に就けるためである》

＊73＊　［訳注］　パスカルが決定的回心をなした一六五四年十一月二十三日の、いわゆる「火の夜」を指すと思われる。『メモリアル』、メナール版『パスカル全集』第一巻、白水社、一九九三年所収、参照。

＊74＊　［訳注］　社会民主主義の『左翼急進派』を代表するものの一人として、カウツキーに反対した」オランダ

社会民主党員（一八七三〜一九六〇）。レーニン『国家と革命』菊地昌典訳、『世界の名著52 レーニン』、中央公論社、一九六六年所収、参照。

＊75＊［訳注］「科学者のための哲学講義第五講」付録より（『哲学・政治著作集Ⅱ』市田良彦ほか訳、藤原書店、一九九九年、八八六ページ）。「**テーゼ4** 哲学は、一つの対象をもつという意味では対象をもたない。／**テーゼ5** 哲学は（**テーゼ4**の意味では）対象はもたないが、『哲学の対象』は存在する。哲学内部に在る『対象』である」

＊76＊［訳注］フランス知識人の地勢図にパリ対地方の対立のあることが、おそらく、この些細な挿入の背景をなす。たとえばフランス現代思想の意匠のもとに日本に紹介された「構造主義」、ドゥルーズ、デリダなどはパリの「流行《モード》」だとする、醒めた意識が「地方」にはあったし、いまもある（「フランスかぶれ」というより、「パリかぶれ」の日本の大学知識人よ！「留学」するなら、なんたって花の都パリ！これは、もちろん、「花の東京」という田舎者の「中央」志向の転移である）。したがってこの箇所は、アルチュセールがこの論文を書いた当時、マックス・シュティルナーが「中央」のフランス知識人のあいだでもてはやされていたことを、暗に伝えているわけだ。シュティルナーについてアルチュセールは、一九六七年につぎのように書いている。「フォイエルバッハに対するシュティルナーの難詰は、マルクスとエンゲルスを震撼させた。シュティルナーの論証をきっかけに、何か新しいものが理論的に獲得された。それまでの彼らの考えとは逆に、〈人間〉、〈人間主義〉は実在、具体性などとは正反対のものをさしている――僧侶の説教、平服のプチブルが垂れる本質的に宗教的な道徳イデオロギーを」（「ヒューマニズム論争」、『哲学・政治著作集Ⅱ』前掲、一〇五二ページ）

＊77＊［訳注］マルクスからJ・B・フォン・シュヴァイツァー宛一八六五年一月二十四日付書簡、村田陽一訳、『マルクス＝エンゲルス全集』第十六巻、大月書店、一九六六年所収、二五ページ。「私は彼〔プルードン〕にヘーゲル主義を感染 infizieren させましたが、これはかれにとって大害となりました」。Cf. K. Marx, *Über P.-J. Proudhon* [Brief an J. B. v. Schweitzer], *in* K. Marx, *Das Elend der Philosophie*, Dietz Verlag, Berlin 1971, SS. 219-220.「注入」と「感染」では、いかにも開きがありすぎるように感じるかもしれないが、これは日本語の問題である。« *infizieren* »を« *injecter* »と訳すのは誤訳ではなく、むしろ、とてもうまい語の選択と言っていい。どちらも、要するに、（思想などを）「吹き込む」「植え付ける」といった比喩的な意味で使われていて、しかも、医学的な連想（感染／注射）によるつながりを保っている。

第八章　アミアンの口頭弁論

＊１＊〔訳注〕　フランスでは博士論文審査は公開審査とされ、誰でもその審査に立ち会うことができる。この形式化された一種の演劇の舞台――あるいは、法廷（なにしろ「審査委員会 jury」は「陪審団」を意味する）――で、博士号申請者は、論文の主旨説明とそこでの立論を擁護する弁論とをなし、審査委員会のそれぞれの委員も、講評を一つの「演説」として展開する。このさい、「観客」によってそれぞれの委員、つまり教壇で講義を操る大学教師の「台詞回し」、演説能力もが、或る意味で「審査」されるのである。こうして博士号申請者と委員とのあいだでの批判、答弁、等の応酬を経て、論文に対する評価が下されるが、とくに優秀な論文については、委員会からその出版の奨励がなされる。これもあらかじめ決まった筋書きである。

「アミアンの口頭弁論」と訳したこのテキストの原題は「Soutenance d'Amiens」である（これはまた、アミアン――共産党主導のその町、または、その大学――を支援する、との意味にもとれる……。この点については、口頭弁論タイプ稿の「前置き」部分、編者注、後出、参照）。« soutenance »とは、先ほど言った学位申請者による弁論を、もっと一般的には「主張する」ことを指す。ところで、「学位論文」はフランス語で« thèse »と言う。したがって「学位申請」は、文字どおりには、「テーゼを主張する」ことである。これは一つの明確な学問的主張や立場を打ち出すものとの強い含意が、もともと、フランス語の「学位論文」の観念に伴なうからなのだが、それ以上にアルチュセールにとって、「テーゼを主張する」は、哲学の営みそのものを意味する。しかも彼は« thèse »を、そのギリシャ語の起源にまで遡行させて、語源的意味「置くこと＝措定＝立場 position」に重ね合わせて用いもする。簡単に言ってしまおう。哲学は「テーゼ」を立てる・置くことで（置く、つまり、どこかの場所を占めること）、理論内階級闘争において、その「戦場」にて、一つのポジション――「位置」「立場」「陣地」――をとる、と。

＊２　前者二著はそれぞれ一九五九年と一九六〇年にフランス大学出版局（ＰＵＦ）から、後者二著は一九六五年にマスペロ社から出版された。

＊３＊〔訳注〕　高等師範学校はフランスにおける文科系高等教育機関の最高学府で、その象徴的権威・威光は絶大であるものの、しかしそこでのアルチュセールの身分は「復習教師」（のちに助教授）という低いものであったことを考え合わせてもらいたい。そのようなアルチュセールにとっては、ユルム通りから大学への移籍は、日本で

言えば、進学塾または予備校教師が国立大学教員になるような、一種の社会的「昇進」を意味する。編者は、アルチュセールがそのような「昇進」への色気をもったことを暗示するが、この点については、判断を保留しておこう。アルチュセールの「性格」は、なにしろ、一筋縄ではいかないので。「昇進」に「政治的」判断が働かなかったとは、少なくとも、言えまい。

＊4　編者注に再録したB・ルッセの審査報告書参照。

＊5　初版一二八～一七二ページ（Paris, Éditions Sociales 1976）、第二版一三九～一八五ページ（Paris, Éditions Sociales 1982）。

＊6＊［訳注］『経済学批判』のエディシオン・ソシアル版フランス語訳をあいにく手元にもたぬ訳者は、この銘に相当する文章を、残念ながら、ドイツ語原書の中にも、ゆえに邦訳の中にも特定することができなかった。ただたんに訳者が見落としただけかもしれぬが……。しかし、いずれにせよ、重要なのは、そこではない。この銘に現れる「叙述」――おそらくドイツ語の « *Darstellung* » のフランス語訳―― « exposé » はまた、アルチュセールが学位審査においてなした口頭弁論のような「口頭発表」の意味をももつ。ゆえに、この引用句はそこで言われている観念を、彼自身の口頭弁論の形式についても与えている。

＊7　B・ルッセ執筆による審査報告書の文面は以下のとおり。

以上の業績を審査申請者は、書面報告と口頭発表のかたちで、提示した。書面報告、口頭発表のいずれも、新たな解明と重要な貢献とをなすものであり、件《くだん》の報告文書が出版されるよう、審査委員会は要望を表明した。弛まぬ深化と再考とを経ていく独創的かつ強靭な探究、その持続的歩み、その継起的問い掛け、その漸進的訂正は、出版にあたいすると思われたのである。

厳密さと持続性、真摯な姿勢と勇気とによってきわだつ営為に、審査委員会の全体は、心よりの敬意、ときに賞賛を表した。マルクス主義研究、マルクスの諸テキストにかんする分析を世界規模で更新することを成し遂げ、経済学批判の中に現前する哲学をもとに、弁証法的唯物論のより良い理解をもたらした営為である。哲学的でないと見えるテキストを読む行為が、その哲学的でじつはあるテキストをめぐる、哲学的作業であることを、この営為は決定的に示した。審査請求者によって提出された翻訳と論文とのもつ文学的美質であるその明快さ、簡潔さが、幅広い支持を集めた。最初になされた口頭発表、それに続く議論においても、この美質は如何なく発揮され、指摘される難点、出される疑問を前にして、すべてがみごとに、簡潔かつ明快に表現され、審査請求者は、提出した論文を、審査委員会から出された質問や反論に対する答えを、これもまたみごとなまでに自家薬籠中のものとして扱った。

ドン委員はフォイエルバッハの抜粋訳にいくつか留保を付けた。原文から離れすぎているとの意見であった。また氏の批判は、アルチュセール氏が『資本論』の中にマルクスの暗黙の哲学を探して、他のテキストの中にみいだせる彼の明示的な哲学、エンゲルスによって述べられたそれを、蔑ろにしていることにも及んだ。ヴィラール委員は、歴史主義批判を取り上げ、テキストをその時代に位置付ける歴史的分析が、構造論的テキスト研究に伴なわなかったのは惜しい、と述べた。それが伴なっていれば、切断よりも多くの連続性が気付かれたであろう、と。ルッセ委員は、観念論とヘーゲル主義がもう少し簡潔に解説されていたなら、この二つの立場に対する批判は、おそらく、もっと簡単になされたであろうことを指摘した。

出された多くの疑義の中でも、とくにつぎのものを記録しておいてよい。全体性の観念、それどころか全体という簡潔な観念でさえまだ目的論的観念ではないかとの疑問が、ベラヴァル委員から言われた。委員によれば、マルクスはおそらくモンテスキュー以上に目的論的である。マドール委員の疑問は、アルチュセール氏にとって究極的に哲学とは何か、という点に及んだ。イデオロギーおよび理論という語に比べて哲学という語は、諸論文が書き継がれていくに従い、その用法が変化するので。マルクスとヘーゲルの対立点を浮き彫りにするためにスピノザを経由することの必然性は、弁証法的唯物論がなんらかの存在論を抱えていることを、結果的に、意味するのでないかとは、ルッセ委員の意見であった。

しかし、すでにして豊かである営為への、さらなる追補がとりわけ望まれた。審査請求者によって更新されたマルクス主義的批判が、現在の歴史学、経済学、社会学、さらにまたその他すべての科学、科学史にまで適用されていくことの期待を、ヴィラール委員は述べた。諸審級の相対的自律と最終審級における決定とにかんして、ルッセ委員は、弁証法的・構造的因果性の理論が、弁証法的唯物論の内部で、史的唯物論を軸にして、これからまだ精緻に仕上げられねばならぬとの見解を、また理論的人間主義に対する批判にかんしては、人間が「主体も目的もない過程」の中で「主体に‐なる」ことを説明するために、マルクス主義はみずからの仕事を続行せねばならぬ、との見解を述べた。数多くの研究をすでにして生んだ一つの方法を、アルチュセール氏は打ち立てたが、しかしその方法は、生み出されてしかるべきたくさんの成果をまだ生み出し尽くしていない。じつにこの方法は、絶えざる生産性への、絶えざる内的更新への可能性を、マルクス主義にもたらしたのである。

　アルチュセール氏が「文学博士」としての資格を極めて満足のいくかたちでみたすことを、審査委員会は、優の評価をもって、満場一致で決議した。さらにこの報告書をもって、審査委員会は、提出された営為に絶大なる賞賛を送るものである。

＊8　口頭弁論タイプ稿には、つぎの前置きが含まれる。

まず最初に、アミアン哲学教育研究系〔UER（unité d'enseignement et de recherche）は、一九七一年の教育制度再編に伴なって導入された組織単位で、従来の「学部」に相当〕、とりわけその部長ベルナール・ルッセに感謝の意を表しておきたい。友情のこもった度重なる彼の要請なくしては、博士号取得の意図を抱くことも、いくつかのすでに古い哲学的試論を「国家博士号審査委員会」の評価にゆだねるようにとの誘いを受け入れることも、おそらくけっしてなかっただろう。提出したいくつかの仕事が博士号の対象になりうることを鷹揚にも認めていただき、指導の任を引き受けてくださったベラヴァル氏にも、同じく感謝の意を表しておきたい。アミアン教育研究系バルテレミ＝マドール夫人、ポワティエ教育研究系ドン氏、高等研究院ヴィラール氏には、地方の若い一大学で組織されることになった、この「審査委員会」への参加を受諾していただいたことに、感謝する。

　さて、皆さんに栄誉を送るために言わせていただくが、今回の学位審査のもつ例外的性格を、私は完全に意識している。いまここに私という個人がいるそのことが、この場に博士号審査の名目を与えるのではけっしてない。私はじつにそのきっかけにすぎない。だがいずれにせよ、これはまずもって「業績にもとづく博士号」の審査である。この手続きを確かに「教育基本法」は可能にしたが、しかし経験の教えるように、ごくわずかな大学しか、この手続きに同意してこなかった。審査請求される博士論文が、批判、引用、参照、文献など、適切な装備で完全武装している場合ですら。ならば、これらのかくも特殊な試論を業績とする「業績にもとづく博士号」については、何をか言わんや、である。なるほど哲学にかかわってはいても、同時に公然と政治にもかかわり、知識人の言葉づかいの中に、〈労働運動〉のいくつかのドラマ、戦い、問題を理論的なこだまとしてくぐもらせるか、はっきり響かせている試論である。文献表なし、参照もほとんどなしの裸同然のこれらのページ、何人かの著作家、いくつかの問題が省略的に、いや暗示的とさえ言っていいやり方で、取り扱われているだけのそれを、業績として差し出せることもまた、皆さんのおかげである。このようなかたちでいただいた特権を、私は意識している。ゆえに、この特権が未来の博士号申請者たちに対しても同じ道を切り開いてくれることを考えないでは、私はみずからの特権に後ろめたさ、それどころか恥ずかしさを、覚えることだろう。

こうした事情を踏まえても、これら書いてすでに十年から十五年も経つテキストを、皆さんに説明することもまた、もちろん、私の義務である。しかし、議論構成の仕組みに入っていく前に、いくつかの予備的注記に立ち止まらせてもらいたい。

＊9 『人間のあいだにおける不平等の起源〔と根拠〕をめぐる論文』、前掲。〔専門研究者のあいだで「第二論文」の略称によって呼ばれる、いわゆる『不平等起源論』に対し、いわゆる『学問芸術論』が「第一論文」に当たる〕

＊10 《マルクス主義者であることは、共産党員であることより少し難しい。じつに私は》

＊11 《少しは極めたと思うが、しかし》

＊12 〔……不可欠〕《との確信をいよいよ深めていくことになった》〔迂回〕

＊13 《このテーゼを検証してくれる》

＊14 「政治について」から「じつに」までは、「パンセ」誌に発表された版での追加。

＊15 《これらの探究とこれらの考察とに、博士論文の準備作業というかたちを与えなかったのは、》〔十八世紀をもとにした……〕

＊16 《だがまったく比較の余地がないわけでもないことを承知で言えば、》

＊17＊ 〔訳注〕「一八四二年から一八四三年にかけて、『ライン新聞』の編集者として、はじめて私は、いわゆる物質的利害関係に口だしせざるをえないという困った破目におちいった」云々（『経済学批判』「序言」、杉本俊朗訳、国民文庫、一九六六年、一四ページ）。

＊18 《いささかスピノザふうに言いかえれば、》

*19 「若きマルクスについて」、前掲『マルクスのために』所収。

*20 《気付こうとすれば、誰でも気付くことだが、どんな哲学的試論も、哲学を覆う恒久戦争にいくら巻き込まれまいと望んでも、実際には、その戦争の法のもとから逃れられず、論戦に捕まっている。ただその論戦を免れているとの幻想を抱くこと、伝統的なやり方で欄外に考証を書き込むだけとの口実のもとに、みずからを戦いの一傍観者、一記録者、堂に入った一注釈者にすること、そのような者であると思い込むことはできる。》

*21 《乗り越えようとする》

*22 《……私の試論群の理論的議論構成に及んだかも知れぬリスクだけは、取り上げさせてもらっていいだろう。それらリスクの一つにこだわってみたい。私の試論群の或る明確な一性格を理解する鍵となると同時に、それら試論のなす議論に必然的に含まれることになる、それはリスクであるので。》

*23 《教条主義が声を荒げたのは言うまでもない。》

*24 *〔訳注〕「マルクス主義の三つの源泉と三つの構成部分」村田陽一訳、『世界の思想13 ロシア革命の思想』河出書房、一九六六年所収、一〇九ページ。ただし、邦訳では、「マルクスの理論」は「マルクスの学説」となっている。

*25 《正直言って、この爆発した怒りを前にした私の頭には、エンゲルス宛一八六七年六月二十七日付の、要するに百八年前の昨日の手紙の中の、マルクスの気の利いた台詞が、半ば悪戯っぽく、しばしば過《よ》ぎったものだ。『資本論』第一巻出版の直前、マルクスは第三巻について語って言う。「ブルジョワと俗流経済学者の思考法の拠って来るところは、その巻ではっきりするはずである。つまり、彼らの脳味噌に反映しているのは諸関係のまったき直接的現象形態にすぎず、内的諸関係でないというそのことに、その思考法は由来する。そうなら、そもそも科学なんてものが、まだなにかの役に立つだろうか？　役に立たないとして僕がこの種の批判全部を、一括りにさっさと止めようとすれば、弁証法的展開の方法全体を台無しにすることになる。推論を逆にたどればこうだ。この方法のいいところは、それがあの連中にたえず罠を仕掛けて、彼らをしてみずからの間抜けさ加減を、はしなくも曝け出すようもっていく点にある。」》(K. Marx, F. Engels, *Correspondance. Lettres sur "Le Capital"*, G. Badia (éd.), Paris, ES 1964, pp. 169-170——強調はルイ・アルチュセール『マルクス＝エンゲルス全集』第三十一巻、萩原通／渡邊實

訳、大月書店、一九七三年、二六二〜二六三ページ）

＊26《そのいくつかは挑発ぎりぎりのところにある》

＊27《その理論を私は、農民で森林監督官であった祖父（＊）から教わった。》

（＊）［訳注］互いに脈絡のない引用やテーゼの断片を寄せ集め、一種の自由連想法によって、そこからものを考えていくといった「奇妙な」思考法、彼言うところの「探触棒《ソンデ》の方法」を、アルチュセールは実行していた。そうした材料の中には、母方祖父シャルルの言葉さえ書き留められている。「人は、これまでに起こったことのない、考えられないようなことを見てきた（シャルル・アルチュセール）」。祖父がレーニンの棒のことを知っていて、それをアルチュセールに教えたのか、祖父の何気ない言葉が、事後に、レーニンの棒と共鳴を起こしたのかはわからないが、印象としては後者の可能性のほうが高い。彼の愛した祖父シャルルは、学校や学校的知性とは無縁で、「素朴」な、しかしおのずと身についた「実践知」に溢れる老人であったのだから。

＊28《そこに記録・翻訳された民衆の経験のアレゴリーに託して、》

＊29《社会的に実在し社会的に受容されていく力を観念に与える、社会的・経済的・政治的・イデオロギー的諸関係を関数にしてのみ、観念は大衆のもとに維持される、あるいは、大衆の中に浸透していくと》

＊30《私は、ちゃんと考えたうえで意識的に、なおかつ、自分の払う代償をほぼ承知したうえで、》

＊31《、そう、まさにそのもとに》

＊32《この法則を、観念論的否認のもとで、偉大な哲学者たちは、レーニンがそこに立ち止まらずただ寸言に隠れてそれをなすごとく、言葉にせずともつねに実践してきた。そして、偏りなき中間を説くときの哲学でさえ、逆方向への曲げには或る種の過激さがつねに伴なうのであり、ゆえにすべての哲学者は、哲学者であるかぎり、ラジカルかつ扇動的なのである。》

＊33《、ゆえに見当違いをするリスク》

＊34《付け加えておきたい。なによりも自分がいま言っていることを理解するには、と。》

＊35 《以上の前置き的注記を、皆さんになさなくてはならなかった。この業績にもとづく博士号審査の対象となっている諸テキストに対する、自分の立場をはっきり示すためである。授けてもらった栄誉に真っ先に応える義務が、私にはあるが、それに応えるには、自分の試論群のもつ論争的な、すなわち政治的な性格、究極的にはそれら試論を支える唯物論的哲学観と唯物論的哲学実践とを、完全な自覚のもとで受け入れておくべきと考える。その一方でしかし、我が〈審査委員会〉に対しては、過ぎ去った時間をも、とることのできるようになった自分の試論群への批判的距離をも、盾にすべきでないと考える。よって、私としてはつぎのような方策を採用しようと思う。十年から十五年前に書かれたことがらを擁護しつつ、その言い分のロジックを内側からつかもうというのである。その結果、様々な反論が私を、自分のなしたことの矛盾や論理的袋小路にひょっとして——というのも、これは賭なのであるから——行き着かせることになったなら、仕方ない、その矛盾、袋小路を認めよう。いまならそこから抜けられるかどうかは、別にして。試論群において擁護した本質的諸テーゼを正当化するために、皆さんの忍耐に付け入って、改めてそれらテーゼを取り上げるつもりはない。進んでそれとは別の解説のやり方を、皆さんに提案したい。自分のテキスト群に横合いから接近して、二つか三つの、まだ踏み均されていない道筋をそこに付けてみるやり方である。だがそこに入り込む前に、私の企てのもつ最も一般的な狙いについて、やはりひとこと述べておかなくてはならない。》

＊36 《スターリン時代の犯罪と過誤とが告発されたあとでさえ》

＊37 戦後イタリアの最も重要なマルクス主義者ガルヴァーノ・デッラ・ヴォルペ（一八九五〜一九六八）に触発された、思想の潮流は、自己批判による旋回を一九六〇年代になす前のルイ・アルチュセールの問題構成に、実際、近いそれを、展開しつつあった。公刊されたデッラ・ヴォルペのおもな著作に、『歴史科学としての論理学』（*La logique comme science historique*, Bruxelles, Complexe 1977. 原書は Rome, Riuniti 1950）、『ルソーとマルクス』（*Rousseau et Marx*, Paris, Grasset 1974. 原書は Rome, Riuniti 1957〔竹内良知訳、合同出版、一九六八年〕）、『現代イデオロギー批判』（*Critica dell' ideologia contemporanea*, Rome, Riuniti 1967）がある。

＊38＊ ［訳注］『資本論』第一巻、第一分冊、マルクス＝エンゲルス全集刊行委員会訳、大月書店、一九六八年、八ページ。

＊39 《はじめて彼が、〈歴史〉‐大陸——私としては、支配階級のイデオロギーがどれほど警戒してそのまわりに見

張りを立てたかをきわだたせるために、〈禁じられた - 大陸〉と呼びたい——を科学的認識に開いたから。》

＊40 《みずからの実践をまったく明瞭な意識のもとで引き受ける手段》

＊41 《その概念が生み出される》

＊42 « Introduction à la critique de l'économie politique » (1857), *in Contribution à la critique de l'économie politique*, Paris, ES 1977, pp.149-176.〔「経済学批判への序説」岡崎次郎訳、『経済学批判』杉本俊朗訳、国民文庫4、大月書店、一九五三年所収、二六八〜三一〇ページ〕

＊43＊ 〔訳注〕 原文では「十ページ」となっている。

＊44 《いずれにせよ、そんなことは、いかなる哲学者の手にも負えない。》

＊45 《歴史的・論理的順序に従うことはせずに》

＊46 《この道をとるのも、試論群に明確な道筋として示されていないにもかかわらず、試論の多くについて、それが全体的俯瞰を与えてくれるからである。》

＊47 « Préface » de 1859 à la *Contribution à la critique de l'économie politique, op. cit.*, pp.1-5.〔「序言」、『経済学批判』前掲、一三〜一九ページ〕

＊48 《弁証法を位相構造の中に登録し、弁証法を〔…〕》

＊49 《古典哲学を止揚して和解させることで「弁証法を神秘化した」。》

＊50＊ 〔訳注〕 たとえば「共産主義内の『左翼主義』小児病」（一九二〇年）では、こう言われている（『レーニン全集』第三十一巻、大月書店、一九五九年所収、八ページ）。「……小規模生産は、残念ながら、まだこの世におびただしくのこっていて、この小規模生産が、資本主義とブルジョワジーを、たえず、毎日、毎時間、自然発生的に、大規模に生みだしている」

＊51＊ 〔訳注〕 「全体」は、ひとことで言えば、諸矛盾のあいだの関係の、アモルフでないまとまりを指す。「アモ

ルフでない」とは、構造化されている（一定のかたちGestaltをもつ）ということ、構造化されているとは、それら諸関係が、「不平等」な関係、支配・被支配関係として、「位階的」に秩序付けられているということ（位階的——ゆえに、「支配因」が存在するはずだ）。これが、アルチュセールの言う「支配因を伴なう構造化された全体」の、いわば、単純でスタティックなイメージである。視角を変えるなら、矛盾の諸関係が構造化されているがゆえに、全体の中で、矛盾は位置的差異をもちうる。一つとして「同じ」（「平等」な）矛盾はない。ただし、位置的差異である以上、矛盾の独自性・自律性は相対的ではある。この相対的位置はいかにして与えられるか？　矛盾が位階化されているなら、当然にも、矛盾の及ぼしうる効果（矛盾は働く）も「平等」ではありえず、しかも、すべての矛盾が「構造化された全体」として関係付けられているのだから、どの矛盾も他のすべての矛盾から及ぼされる均一でない諸効力のもとにあって、つまり、重層決定されて、その位置を全体の中にもつ。すなわち、どの矛盾も、「構造化された全体」を、その存在することの条件としつつ、存在する。しかし、矛盾のこの「現にいま在る」位置は、重層決定を——まさに重層的（過剰または過少）である決定、すなわち、一律で定量的でない決定を——受けているから、必ずしも、それの「在るべき」位置とはならない。言いかえれば、重層決定は矛盾を偏差の中に置く。しかしその偏差こそが、矛盾に、移動すること、或る幅で変動することを許し、それゆえに、矛盾の位階秩序は固定されない。ならば、「支配因を伴なう構造化された全体」は、支配的重心の移動を伴なう、諸偏差の構造化された全体だと言ってもいいだろう。ただし、固定されはしないが、矛盾の位階秩序、矛盾の位置的関係はつねに存在する。その意味では、「構造」は矛盾の諸関係を「変数」とする一定した関数である（この一定性をもたせる、すなわち、この「構造」を最終審級的に決定するのが、経済的矛盾、ゆえに経済的階級闘争）。

——思いっきり自由に、かつ、かなり無理をして圧縮・再構成した、アバウトな注記ではあるが、本文の以下の記述に或る程度の奥行きをもたせるために。きちんとした精度を得るべく、読者には、「矛盾と重層決定」および「唯物弁証法について」（ⅣとⅤ）、『マルクスのために』河野健二／田村俶／西川長夫訳、平凡社ライブラリー、一九九四年所収、への参照をお願いしたい。ただし、邦訳は「難解」である。心されよ！

＊52　「隠喩として使えば我々をヘーゲルに連れ戻すところの」は加筆。

＊53　《中心によって秩序づけられた円環という、単一の、ないしは、単純化された統一性の中に》

＊54　*In Pour Marx, op.cit.*〔「唯物弁証法について」、『マルクスのために』前掲邦訳所収〕

＊55＊〔訳注〕『何をなすべきか？』マルクス＝レーニン主義研究所訳、『レーニン全集』第五巻、大月書店、一九五四年所収、三八九ページ。

＊56《理論的実践をめぐる諸テーゼ、あるいは、いくらか的確さを欠く用語を引き継いで言うなら、》

＊57＊〔訳注〕『エチカ』第二部定理四〇～四二、畠中尚志訳、岩波文庫、一九七五年、（上）、一三九～一四四ページ。なお、「第三種の認識」については、第五部で論じられる。

＊58 « Introduction à la critique de l'économie politique » (1857), *op. cit.*〔カール・マルクス『経済学批判序説』岡崎次郎訳、『世界の大思想Ⅱ-4 マルクス 経済学・哲学論集』河出書房、一九六七年所収〕

＊59＊〔訳注〕「弁証法はまさに、（ヘーゲルおよび）マルクス主義の認識〔理〕論である」（『哲学ノート』松村一人訳、岩波文庫、一九七五年、下巻、二〇〇ページ）

＊60＊〔訳注〕このパラグラフに出てくる「過程 procès」と「プロセス processus」の二語は、まったく「同義」である。ただ、文脈から明らかなとおり、「過程」には一般性・抽象性の観念が、「プロセス」には個別性・具体性の観念がそれぞれ結び付けられている。ゆえに、ここから引き出される結論は一つ、アルチュセールがここで問題にする「認識過程」が「最小限の一般性」として呈示される、ということだ。

＊61＊〔訳注〕原語は « exhibition » で、« exhibition » も « production » も、法律用語または官庁用語として、書類や証明書を提出・提示することを言う。要するに、そとに出して、相手に見せることである。そこには、「真理《アレーテイア》」の原義「覆いをとること」の遠い残響が聞き取れるであろう。

＊62＊〔訳注〕『経済学批判序説』前掲邦訳、四六二ページ。Cf. » Einleitung zur Kritik der politischen Ökonomie «, *in Zur Kritik der politischen Ökonomie*, Verlagsgenossenschaft ausländischer Arbeiter in der UdSSR, Moskau-Leningrad, 1934, S. 237.

＊63《私はスピノザを、いわば必要なときに使えるよう、とっておいたのである。》

＊64 « Introduction à la critique de l'économie politique » (1857), *op. cit.*, pp.165-167.〔『経済学批判序説』前掲邦訳、四六一～四六二ページ〕（強調はアルチュセール）。引用部分は、我々が注にあげるもっと最近の版にもとづいて、訂正してある。

ただし直観から概念への移行を言う語はそのまま。最近の版ではつぎのようになっている。認識は「直観と表象を概念へと変形する加工による」生産物である。

＊65＊〔訳注〕『経済学批判序説』前掲邦訳、四六二ページ。

＊66　*Id.*, p.167.〔『経済学批判序説』前掲邦訳、四六三ページ〕

＊67　*Matérialisme et empiriocriticisme, op.cit.*, p.127.（強調はアルチュセール）〔レーニン『唯物論と経験批判論』佐野文夫訳、岩波文庫（全三冊）、一九五二～一九五三年、中巻、一二～一三ページ〕

＊68＊〔訳注〕「マルクス主義の核心、その精髄をなす点、すなわち具体的情勢の具体的分析……」（『共産主義』マルクス＝レーニン主義研究所訳、『レーニン全集』第三十一巻、大月書店、一九五九年所収、一五七ページ）

＊69　以上二つの文章は加筆。

＊70＊〔訳注〕『われわれの綱領』マルクス＝レーニン主義研究所訳、『レーニン全集』第四巻、大月書店、一九五六年所収、二一六ページ。

＊71　《〈人間的本質〉がじかに自分の声で語り掛けてくる。》

＊72　《同意してもらえると思うが、人間の類的本質と疎外とにもとづくフォイエルバッハのプロブレマティークに深々とのめり込んだのち、マルクスは彼から訣別した。ゆえに、これまた同意してもらえると思うが、少なくとも歴史的に語るかぎりは、つぎのように言ってもいいはずである。フォイエルバッハから訣別したのである以上、マルクスは理論的反人間主義者になった、またそうならなくては、彼から訣別などできなかったはず、と。》

＊73＊〔訳注〕「種属なしに恋愛は考え得ない。恋愛とは種属が性の区別の範囲内でもつ自己感情以外の何物でもない。他の場合には単に理性の事柄であり思惟の対象であるに過ぎないところの種属の真理が、愛に於いては、感情の事柄であり感情の真理である。何故なら人は愛に於いて、孤立した個性に対する不満足を表明し、他人の現存在を魂の欲求として要請し、他人を自分自身の本質に加え、ただ愛によって他人と結合された自分の生活だけを人間——即ち種属——の概念にふさわしい真の人間的生活として言明するからである。然し愛は強く、完全であり、満足して居り、欠乏して居らず、自己充足的であり、無限である。何故なら愛に於いて個性の自己感情は

種属の完全性の自己感情であるからである」（『キリスト教の本質』船山信一訳、全二巻、岩波文庫、一九三七年、上巻、三〇五〜三〇六ページ）。それに対して、キリスト教は？　「キリスト教徒は種属を個人と直接に同一化する。それ故にキリスト教徒は性別を厄介な偶然的付属物として拭い去る。男と女とは一緒になって始めて実際の人間を形成する。男と女とは一緒になって種属の実存となるのである。何故なら、男と女との結合は多数性の源であり、他の人々の源であるからである。それ故に、自分の男性性を否認しない人間・自己を男として観じ且つこの感情を合自然的合則的感情として承認する人間——かかる人間は自己を、真の人類という全体者を産出するためには他方の部分的本質を必要とするところの一方の部分的本質として知り且つ感ずるのである。之に反してキリスト教徒は、自己の度を越した超自然的主観性を、自分自身だけで完全な本質として捉えるのである。然し性欲はこの考えに反対した。性欲はキリスト教徒の理想や最高の本質に矛盾した。それ故にキリスト教徒は性欲を抑圧せねばならなかった」（同書、三二五〜三二六ページ）

＊74＊　［訳注］　いわゆる「本源的蓄積」のこと。J・ロワ訳のフランス語版『資本論』では、« *ursprüngliche Akkumulation* »は、「原始蓄積 accumulation primitive」と訳されている。「マキャヴェリの孤独」では、アルチュセールはそれに、文字どおり、« accumulation originelle » の訳語を与える。

＊75＊　［訳注］　『経済学批判要綱』、『マルクス　資本論草稿集［1］』資本論草稿集翻訳委員会訳、大月書店、一九八一年、三九七ページ。「社会は、諸個人から成り立っているのではなくて、これらの個人がたがいにかかわりあっているもろもろの関連や関係［Verhältnisse］の総和を表現している」

＊76　« Notes marginales pour le "Traité d'économie politique" d'Adolphe Wagner », *in Le Capital*, Livre I tome III, Paris, E.S. 1978, p.249 ; K. Marx, F. Engels, *Critique des programmes de Gotha et d'Erfurt*, Paris, E.S.1972, pp.22-23. ［アルチュセールによる引用は、これらの版に従って訂正した］［「アードルフ・ヴァーグナー著『経済学教科書』への傍注」杉本俊朗訳、『マルクス＝エンゲルス全集』第十九巻、大月書店、一九六八年所収、三七一ページ。『ゴータ綱領批判』山辺健太郎訳、『マルクス＝エンゲルス全集』第十九巻、前掲所収、一五ページ］

＊77　《そのように言っておくのも、曖昧さをきっぱり避けたいからで、言うところの実在的で具体的なものは、特殊的個のことではない。マルクスの分析を遥か遠くまで推し進め、過少決定と過剰決定とを含む多様な決定それの総合を経由して、また、それら決定の変動と作用とを経由して、特殊的個を認識するための条件に接近してい

くことは、なるほど、可能だろう。しかし、マルクスが確かに考えたことは、また我々にも考えられうることは、いま言った認識にとって彼の理論が不可欠、ということであって、それが十分ということではない。そう、個的特殊性の認識をもたらすのに適した理論を与えようと、マルクスはめざしたのでなかった。彼の目標は、明らかに、そこにはなかった。》

＊78　最後の段落は、タイプ稿では、つぎのように異なっている。《私の本を議題の一つに取り上げて一九六六年に開催された、アルジャントゥイユ中央委員会大会のあとに私がもった、ヴァルデク・ロシェ［フランス共産党書記長、一九六四年、トレーズから書記長の跡を継いだが、一九六九年、病を得て、マルシェに席を譲らねばならなくなる］との対話の思い出を、聞くことも話すこともけっしてしないあの人間への賞賛を込めて、想起させていただきたい。私は彼に、人間主義と疎外についてこう質問した。「あなたのよく知る農民たちは、人間主義と疎外をどう考えているのか？」彼は叫ぶように答えた。「なにも考えてないよ」。では、工員たちは？「なにも」。そう言うと、彼は笑い出した。疎外の欠片《かけら》もない偉大な人間性が輝き渡るような、それは笑いだった。ただ言っておかなくてならないが、そこには少なからぬ茶目っ気が仕込まれていた。しばらくの沈黙のあと、彼は続けてこう言い足したのである。「いいかい、労働者たちが望んでいるのはね、革命それだよ」》

第九章　終わった歴史、終わらざる歴史

＊1　Domique Lecourt, *Lyssenko. Histoire réelle d' une « science prolétarienne »*, Paris, Maspero, coll. « Théorie » 1976, pp. 9-19.「アルチュセール主義」路線の枠を集めたこの叢書として、アルチュセールは自分の本だけでなく、たくさんの著作を出版させた。一九七二年から一九八一年までに、およそ三十巻がこの叢書として並び、著者としてA・バディウ、E・バリバール、G・デュメニル、M・フィシャン、P・マシュレ、M・ペシュー、P・レーモンなどが名を連ねた。一九七二年から一九七三年に、この同じ叢書としてすでに、D・ルクールは二冊の本を出していた。『科学認識論批判のために。バシュラール、カンギレム、フーコー』(*Pour une critique de l'épistémologie. Bachelard, Canguilhem, Foucault*)、『危機とその賭金。哲学におけるレーニンの立場をめぐる試論』(*Une crise et son enjeu. Essai sur la position de Lénine en philosophie*) である。

＊2　Paris, PUF, coll. « Quadrige » 1995. その一一～二一ページが、アルチュセールのテキスト。

＊3　さらに、アルベール・ジャカールが、「ル・モンド」紙第一面に、この本の記事を書いたこと、また、マルセル・プルナンが、同紙に、この本に対する好意的意見を寄せたことを指摘しておいていい。

＊4＊［訳注］　この序文は、そのタイトルが「終わりある分析と終わりなき分析」（『フロイト著作集6　自我論・不安本能論』井村恒郎ほか訳、人文書院、一九七〇年所収）へのアリュージョンを含むことからもわかるとおり、フロイトへ参照を振る。このアリュージョンの結ばれ方を、明示的な理論的解釈の言葉に書き直すことは、訳者の任ではない（それは読者の任である）。ただ、このテキストを読むうえで有益と思われる、つぎの点のみを注記しておけばいいであろう。ここで参照されていいフロイトの論文は、「精神分析治療中における誤った再認識（「すでに話した」）について」（『フロイト著作集9　技法・症例篇』小此木啓吾訳、人文書院、一九八三年所収）である。そこでは、実行されなかった意図が無意識的に抑圧され、そののちに、その意図を実行されたものとして「誤って」再認することが言われている。もちろん、コンテキストは違うが、この再認＝誤認の図式は、アルチュセールのこのテキストに頻出する語「再認 reconnaissance」の意味にも、一見よくわからぬ言い回し「あらかじめ、すなわち、事後的」の用法にも、一つの理解の道筋を付けてくれるだろう。意図されたのに実行されなかった「訂正」を、実行されたもの（「あらかじめ」）として「事後的」に「再認」、すなわち、「誤認する」……。ところで、フロイトは、当該論文で、こう述べている。「……この種の人々が、自分はすでにそれを話したことがある、そして分析医もそれを知っているはずだ、と主張している内容、そして彼らが今ではもう古い昔のことであるとして再認している内容は、（…）分析操作の一部分を終結させるような解決になるものである。事実それは、分析医がさらに詳しい論議に入ってゆくきっかけになる解決なのである。患者もこのような事態に直面して、その事情をはっきり認識すれば、それが本当にそうであったかどうかは説明できないにしても、自分の記憶は誤りだったに違いないと言う事実は認めるようになるであろう」（一〇九ページ）

＊5＊［訳注］　環境条件を変えることで秋撒き小麦を春撒き小麦に変える「春化処理《ヤロビザーツィヤ》」の研究で頭角を現したトロフィム・デニソヴィチ・ルイセンコ（一八九八～一九七六）は、ミチューリンに続いて、遺伝子による遺伝を否定し、環境とのあいだの「物質代謝」が種の進化を決定するとの「唯物論的」学説を主張した（「ルイセンコとプレゼントは、遺伝性が生物体の一般的な内的（生得的？――引用者）本性であり、したがって染色体中に存在し、しかも親から子に伝えられる個々の遺伝物質を必要としないと主張し、古典的遺伝学説を否定した」、ジョレス・メドヴェジェフ『ルイセンコ学説の興亡』金光不二夫訳、河出書房新社、一九七一年、三二一ページ）。彼の学説は、

まず、ソ連の農業政策に反映し（日本でも、ルイセンコ学説の農業への適用をめざす「ミチューリン運動」が、一九五四年を頂点に広まっていった）、ついで一九四八年の農業アカデミー総会において（彼は一九三九年からこのアカデミーの総裁の地位にある）、ソ連共産党中央委員会による承認を宣言された。正統派生物学者たちが「自己批判」を求められ、公職を追放された、この前後から、いわゆる「ルイセンコ論争」が起こる。はじめは彼の生物学理論の学問的当否が問題とされたが、アルチュセール言うところの一九四八年の「大叙階」はこの科学論争を、政治による科学の弾圧等々を主題とする政治論争へと、決定的に傾斜させ、「自由主義諸国」では、彼の理論は、最終的に政策生物学として片付けられるにいたる。

＊6＊［訳注］一九一八年三月三日に締結され、ロシアがポーランド、バルト諸国等をドイツ側勢力に渡すことを強いられた条約、「信じがたいほど過酷で、暴力的で、屈辱的な講和」（レーニン「第四回臨時全ロシア・ソヴェト大会　一九一八年三月十四〜十六日」『レーニン全集』マルクス＝レーニン主義研究所訳、第二十七巻、大月書店、一九五八年所収、二〇三ページ）。半年後に、ソビエト政府はこの条約を破棄する。

＊7＊［訳注］反対の仮定から出発して反対の結論を導くこと。

＊8　「しかしならば……」以下ここまで追加。

＊9　《（「形而上学的」よりも正確な用語）》

＊10＊［訳注］『資本論』「第二版後記」、マルクス＝エンゲルス全集刊行委員会訳、第一巻第一分冊、大月書店、一九六八年、二三ページ。

＊11　《党外になんらかの聴衆を獲得できるほどのマルクス主義哲学が、もはや長いことなくても、かまいはしない。》

＊12　「こんなふうに言われるとき……」以下ここまで追加。

＊13　《、政治的・経済的・社会的・文化的営みの上層部を占めるすべての人々、プロレタリアートに属す「有機的知識人」を自認する人々という意味での知識人たち》

＊14　《永遠に続く難しさ、というのも、この難しさの原因がいつまでも続くので。》

第十章　G・デュメニル著『「資本論」における経済法則の概念』への序

*1　七～二六ページに。

*2　一九九七年五月のアルチュセールへのインタビューによる。

*3　E・バリバールの著作〔『史的唯物論研究』今村仁司訳、新評論、一九七九年〕。

*4　《(それ自体についての答えを、あらかじめすべて含んでいるとみなされた)『資本論』を理解するだけでは、もはや明らかに足りず、いくつか自明視されていることがらを疑問視して、『資本論』の内容と全体的構成を布置し直す必要のある時代に達したいま》

*5　«Introduction à la critique de l'économie politique» (1857), *op.cit.*〔『経済学批判序説』岡崎次郎訳、『世界の大思想Ⅱ-4 マルクス 経済学・哲学論集』河出書房、一九六七年所収。「〔経済学批判への〕序説」岡崎次郎訳、『経済学批判』国民文庫、大月書店、一九六六年所収〕

6〔訳注〕「叙述様式は、形式上〔formell〕、探究様式とは区別されなければならない」(Cf.「第二版後記」、『資本論』マルクス＝エンゲルス全集刊行委員会訳、第一巻第一分冊、大月書店、一九六八年、二二ページ)

*7　マルクスが「後記」で引く書評論文への暗示。*op.cit.*, pp.15-17.〔「第二版後記」、『資本論』前掲邦訳、一九ページ〕

*8　«Postface», *op.cit.*, pp.14 et 17.〔「第二版後記」、『資本論』前掲邦訳、二二ページ〕

*9　《……*Denkprozeß*についての或る観念と方法についての或る観念、それらの様態の「ひっくり返し」に梃子として使われうる観念、もっと適切に言えば、マルクスの告げる「ひっくり返し」の、その形式自体を支配する観念――なぜならその観念は、マルクスの立場設定を、不可侵の諸前提による決定の中に繰り入れて、危うくするのだから――が、みいだされる。》

10〔訳注〕フォイエルバッハによるヘーゲル批判は、ヘーゲル以前、十八世紀哲学に逆戻りすることによってなされるとするアルチュセールの論点は、「フォイエルバッハについて」「ヒューマニズム論争」(『哲学・政治著

作集Ⅱ』藤原書店、一九九九年所収）参照。

＊11　《その綿密周到さにもかかわらず、マルクス自身、『資本論』の「後記」に文字として定着させる前に、それらの語を、最終的に、極めて重要なものとみなしたのだった。》

＊12　*Wissenschaft der Logik*, Berlin, 1927.〔『大論理学』武市健人訳、『ヘーゲル全集』６ａ～８巻、岩波書店、一九五六～一九六一年〕

＊13　« Sur la question de la dialectique », *in* Lénine, *Cahiers philosophiques*, Paris / Moscou, E.S. / Éditions du Progrès, 1973, p. 345.〔「弁証法の問題によせて」、『哲学ノート』松村一人訳、岩波文庫、一九七五年、下巻、一九九ページ〕

＊14　« Résumé de la *Science de la logique* de Hegel », *in Cahiers philosophiques*, *op. cit.*, p. 170.〔『哲学ノート』前掲邦訳、上巻、一五五ページ〕

＊15＊〔訳注〕エンゲルス『フォイエルバッハ論』松村一人訳、岩波文庫、一九七五年参照。

＊16　つぎの段落が削除。《実際、『資本論』ドイツ語第二版の「後記」でマルクスの語る「方法」とは、これである。それは、彼自身の言葉を使えば、『資本論』の方法はほとんど理解されなかった」（「みごとさ」のすぎた*Denkprozeß*によって生み出された、あの忌々しい思弁的幻想のせいで）と言うためなのだ。》

＊17　« Introduction à la critique de l'économie politique » (1857), *op. cit.*〔『経済学批判序説』（一八五七年）、前掲邦訳〕

＊18＊〔訳注〕『経済学批判序言』（一八五九年）、岡崎次郎訳、『世界の大思想Ⅱ - ４ マルクス 経済学・哲学論集』河出書房、一九六七年所収、四七五ページ。

＊19　*Id.*, p. 166.〔『経済学批判序説』（一八五七年）、前掲邦訳、四六二ページ〕

＊20　*Id.*〔『経済学批判序説』前掲邦訳、四六二ページ〕

＊21＊〔訳注〕ヘーゲル『大論理学』武市健人訳、上巻の一、『ヘーゲル全集』６ａ巻、岩波書店、一九五六年、五ページ。

＊22＊〔訳注〕『資本論』マルクス＝エンゲルス全集刊行委員会訳、第三巻第一分冊、大月書店、一九六八年、二

八二ページ。

＊23＊［訳注］『資本論』マルクス＝エンゲルス全集刊行委員会訳、第二巻、大月書店、一九六八年、一三〇ページ。

＊24＊［訳注］『われわれの綱領』マルクス＝レーニン主義研究所訳、『レーニン全集』第四巻、大月書店、一九五六年所収、二二六ページ。

＊25　つぎの文章が差し替えられている。《彼の諸テーゼのラジカルさは、一つの問題を気付かせるのに役立ち、つぎのすでに古くある観念に、新たな根拠を与えてくれる。すなわち、その問題の拠ってくるところは特定の解釈にでなく、むしろ思考形式、つまり、マルクスが『資本論』に、そして『資本論』をとおして読者に課さねばならなかった（また課すべしと信じもした）統一性の形式にあり、その統一性の形式は彼が、意識的にか否か、*Denkprozeß*についてもった「観念」に由来する、との観念である。》

＊26《彼はこのとき（単純なものから純粋に始めることを、その始まりからの展開に適した特定の方法に結合させるとき）、みずからの哲学的「自己意識」の内容を告白する、と我々は考えたくなる。つまりは、真の*Denkprozeß*について、みごとにつくられていく認識というものについて、彼のもつ観念、デュメニルの言葉をそのまま引き継ぐなら、要するに、彼の「認識理論」（心の中に秘された暗黙裡のそれであれ）を告白する、と。一八五七年の「序説」の言明も、それの事後、一八七三年の「後記」の考察も、我々につぎの点を納得させるためにこそ、ある。「序説」も「後記」も、『資本論』を、あまりにみごとに時代の枠の中にはめ込んでしまうこと、模範的*Denkprozeß*なる大きな影響力をもつ観念、当時にあってなら一個の限定可能な方法の中に反映しておかしくないこの観念を、「序説」と「後記」とが、ぴたり呼応し合って、囲い込んでしまうそのせいで、我々には、『資本論』固有の方法に見張られた*Denkprozeß*の、ほかならぬその観念が『資本論』の叙述やいくつかの理論的側面の中にもまた「現実化」しているとの点が、見えなくなること。ところで、みずからの統一性を成り立たせる「特定の方法」の中でみずからの統一性を思考しようとして、*Denkprozeß*がみずからを二重化するとき（*Denkprozeß*は在るがままに在るのであって、それみずから主張するような等質な統一性を*Denkprozeß*がもつかどうかを調べるのは、我々のやるべきことである）、この二重化を一つの徴候として扱うべき根拠、また、この*Denkprozeß*が、その形式においてだけでなく、それを超えたところ、この形式によって引き起こされざるをえない理論的諸効果においても、じつは認識理論に取り付かれ、かたどられていると信ずるべき根拠が、我々にはある。*Denkprozeß*による統一性の

実現をあらかじめ保証する役目を、その認識理論が、（分析的または弁証法的）「理論」のかたちで、担っている、と。突き詰めれば、レーニンも、この帰結のもつ力を完全に理解していたのだった。すでに引いた長い読書ノートの最後で、まったく能天気に、こう彼が結論するとき。「弁証法はまさに、（ヘーゲルと）マルクス主義の認識理論である」（すでにして多くのことを語っている括弧は、彼のものである）。一読しただけでは、謎めいている文章。弁証法が、いったいどこでどのようにして、「認識理論」たりうるのか？　しかも、ヘーゲルとマルクスとに共通するそれたりうるのか？　その答えは、一つの語の中にあらかじめ書き込まれ、隠されている。方法、の一語に。ここで持ち出される方法のそこに込められた理論的重みの中に、要約的・扮装的なかたちで、認識理論の在ることに気付きさえすれば、弁証法は、方法として、認識理論なのである。みごとにつくられていくどんな *Denkprozeß* も、みずからの統一性の条件・担保としての、「特定の」方法に従属する、との仮定に立てば、レーニンのあの文章は明快になる。だが、おびただしい試行、実験、試験を経て、我々はこう信ずる根拠を得た。『資本論』の *Denkprozeß* のもつ統一性、その叙述順序の統一性は、不均等で斑《むら》のあること、この叙述順序に付与された統一性・等質性の大部分が、じつは、フィクションであること。『資本論』の中に、我々は、単一で等質な叙述順序をでなく、むしろ、互いに交差し合う、ただし衝突するか食い違うことでしか連接することのない、複数の異質な叙述順序のあることを、見るべきなのである（すでに一九七四年、別の文脈でJ・ランシエールは、『資本論』の一つでなく、複数のロジック」のおそらく在ることを示唆した——*La Leçon d'Althusser*, Paris, Gallimard, p.154）。『資本論』のテキストにおける「理論的なもの」の境界に極めて明晰に言及するときの、デュメニルの諸定式にまとい付く同語反復への誘惑を、この仮説は避けさせてくれるだろう。さらに、内部と外部（この「外部」が労働の生産性、「階級闘争」、etc. と呼ばれるとき）を理論的に区別することの難しさ、「生産様式の継起の理論」として、つまりは「経済」という場固有の内域のそとにまったく自律して在る、単独の貧しいプログラムとして考えられた史的唯物論への、この「外部」の帰属、対象とその概念との一致に論理的につながっている法則の「現実化」という、そのことの帯びる目的論、etc. を、避けさせてくれるだろう。》

＊27＊［訳注］レーニン『哲学ノート』松村一人訳、岩波文庫、一九七五年、下巻、二〇〇ページ。

＊28　続く二段落はタイプ稿になく、代わりにつぎの段落が現れる。《『資本論』の別の「叙述順序」、おそらくは絵に描いた餅であるその順序の可能性が、とは言わぬが、少なくとも『資本論』の諸問題を、それの獲得した成果を、それのもたらす指針を特定できる可能性が、これら問いの果てに描き出されて、『資本論』に我々が負う、掛

け替えのないものを布置し直してくれるだろう。自明な、と言われる様々なことがらのもつ哲学的負荷から我々を解放して、より良い分析手段を我々にもたらしてくれるだろう。請け合っていいが、『資本論』の叙述のもつフィクショナルな統一性を疑問視し、「『資本論』の方法」についてマルクスとレーニンの言ったことを手直しするなら、この変形を受け入れていくたびに、我々は、形式的な叙述問題の中にだけでなく、用語法と概念との問題、つまりは、概念構成の問題の中にも、入り込んでいくのである。》

＊29＊〔訳注〕「第一版序文」、『資本論』第一巻第一分冊、前掲邦訳、七ページ。

＊30＊〔訳注〕マルクスからルートヴィヒ・クーゲルマン宛一八六七年十一月三十日付書簡、『マルクス＝エンゲルス全集』第三十一巻、大月書店、一九七三年所収。

＊31 «Notes marginales pour le *Traité d'économie politique* d'Adolphe Wagner», *op.cit*, p.252.（この版にもとづいて引用を訂正）。〔「アードルフ・ヴァーグナー著『経済学教科書』への傍注」杉本俊朗訳、『マルクス＝エンゲルス全集』第十九巻、前掲所収、三七六ページ〕

＊32《このことは、第一篇にそれと名指されずに呈示されている「価値法則」それの、理論的意味や歴史的意味をめぐって飽かず持ち出される問題を避けさせてくれ、マルクスが商品の出現を説明するために入り込んでいく「歴史小説」、エンゲルスが、周知のとおり、話をもっと先まで進めることになるその小説を、余計なものにしてくれるだろう。だがまた、商品の概念を置こうとしてマルクスが選び取る、一方に在るあの第一の自明性、とりわけ価値それの概念と、彼が用いるか公言するかする他方に在る方法とのあいだにも、隠れた、しかし決定的な関係が存在する、と考えていい根拠が我々にはある。商品内域への価値概念の帰属〔「商品についての」「最も単純な規定」〕という一方のことがらと、彼が展開するだけでなく、言うまでもなく――なぜなら、彼は価値概念なる自明性から始めたのだから――展開しなくてもまたならない叙述順序という他方のことがらとのあいだに、である。実際、最初に最も単純な始まりを選び取るとは、「素材」の「生命の再現」を課題とする思考の叙述を「方法」に物言わせて、特定のタイプの統一性、部分的に「フィクション」であるがために（そのめざすところから見て）強すぎも（その力不足から見て）弱すぎもする統一性、に従属させる約束を、あらかじめ、みずからに強制することなのだから。》

*33　以下、最後の二段落はタイプ稿にない。

第十一章　やっと、マルクス主義の危機！

*1　*Pouvoir et opposition dans les sociétés post-révolutionnaires*, Paris, Seuil, coll. « Combat » 1978, pp.242-253. このフランス語訳のもとになったイタリア語原書は、*Potere e opposizione nelle società post-rivoluzionarie*, Il Manifesto 1978 である。〔なお、このテキスト自体は『共産党の中でこれ以上続いてはならないこと』の日本語版（加藤晴久訳、新評論、一九七九年）に、「炸裂したマルクス主義の危機」と題して訳出されている。「アルチュセールから送られてきた原稿コピー」をもとになされた翻訳であるが、本書に訳出した版とのあいだに、いくつか異同が確認される。言われる「原稿コピー」がどの版に相当するかは判断しかねるものの、全体としては、重大な差異は見当たらない〕

*2　*In Écrits philosophiques et politiques*, F. Matheron (ed.), tome I, pp. 357-524.〔『哲学・政治著作集Ｉ』市田良彦／福井和美訳、藤原書店、一九九九年、三二七〜四八四ページ〕

*3　討論会でアルチュセールは、つぎのような言葉を報告の導入部とした。《この会合を率先して組織した「イル・マニフェスト」の仲間たちにお礼を言う。東側諸国から追放されたマルクス主義者と進歩主義者、イタリア、フランス、スペイン、ドイツのサンディカリスト、共産主義者、社会主義者が、はじめて、おおやけの場にて、その経験を語って、共同作業のたたき台を据えることができた。これは大きな射程をもつ出来事で、この作業の持続することを願わずにいられない。その証言を我々が感動をもって聞いた亡命中の仲間、友人たちに、私は言及した。勇敢にも彼らはみずからの思想を守り、マルクス主義者、進歩主義者であることを公言し、ブルジョワ・イデオロギーの恫喝に屈することがなかった。だが、現場での抵抗をなすため、民衆から別れないためにと自国にとどまることを選び、それをなしえた人々をも、私は彼らの側に加えたい。それらの人々は名をもたぬが、我々は、彼らが実際に存在し、かつ、たくさん存在することを知っている。その彼らの後ろにはまた、みずからのやり方で抵抗する労働者大衆がいる。私はトレンティンと同意見だ。彼らの行き方は確かに人を当惑させるとしても、しかしその行き方を、我々は理解しなくてならない。我々は、もちうるあらゆる手段を講じて、東側の労働者を支援しなくてならない。なによりも彼らが孤立状態を打破するよう。これだけを言って、私は、我々の体験している情勢についての、手短な考察に話をかぎる……》

＊4　トリーノにあるフィアットの大工場で、さしずめ、イタリア労働運動にとってのブローニュ＝ビアンクールと言っていい〔ブローニュ＝ビアンクールは、当時のルノー公団の自動車工場があったパリ南西部郊外の地区で、労働運動の、いわば、メッカ〕。

＊5　F. Claudin, *La crise du mouvement communiste. Du Komintern au Kominform, op.cit.* トレンティンは、ＣＧＴ〔フランス労働総連盟〕のイタリア版に相当するＣＧＩＬＬの、当時のリーダー。

＊6　一九七六年の第二十二回党大会にて、フランス共産党は「プロレタリアート独裁」概念の放棄を決定した。アルチュセールの近くにいた人々はそれを、本質的に理論的である思慮によってでなく、純粋に政治屋的である勘案によって動機付けられた決定として、批判した。Cf. E. Balibar, *Sur la dictature du prolétariat*, Paris, Mespero, coll. « Théorie », 1976.〔E・バリバール『プロレタリア独裁とはなにか』加藤晴久訳、新評論、一九七八年〕

＊7　《人民戦線とレジスタンスの続いた短い期間を別として》

＊8＊〔訳注〕レーニン『唯物論と経験批判論』川内唯彦訳、『世界の大思想10 レーニン』河出書房新社、一九七四年所収、二五四ページ。

＊9＊〔訳注〕『われわれの綱領』マルクス＝レーニン主義研究所訳、『レーニン全集』第四巻、大月書店、一九五六年所収、二二六ページ。

＊10　《マルクス、レーニン、グラムシの難点の》

＊11＊〔訳注〕「第一版序文」、『資本論』マルクス＝エンゲルス全集刊行委員会訳、第一巻第一分冊、大月書店、一九六八年、七ページ。

＊12　« De l'État. Conférence à l'Université Sverdlovsk le 11 juillet 1919 », *in Œuvres*, tome 29, Paris/Moscou, ES/Editions en Langues Etrangères 1962, pp.474-493.〔「国家について　スヴェルドロフ大学での講義〔講演〕一九一九年七月十一日」、『レーニン全集』マルクス＝レーニン主義研究所訳、第二十九巻、大月書店、一九五八年、四七七～四九六ページ〕

＊13＊〔訳注〕「国家論」の線上にてここで問題にされているレーニンとグラムシについては、未刊のテキスト「自らの限界にあるマルクス」（一九七八年）で、詳しく敷衍されている（『哲学・政治著作集I』前掲所収）。

＊14＊［訳注］「ここでエンゲルスが語っているのは、じつは、プロレタリア革命によるブルジョワジーの国家の『廃絶』についてであって、『死滅』(Absterben) という言葉のほうは、社会主義革命後のプロレタリア国家組織の残存物に関して用いられているのである。エンゲルスによれば、ブルジョワ国家は『死滅する』のではなくて、革命のなかでプロレタリアートによって『**廃絶される**』のだ。一方、『死滅する』のは、この革命後のプロレタリア国家、あるいは半国家なのだ」（レーニン『国家と革命』菊地昌典訳、『世界の名著52 レーニン』中央公論社、一九六六年所収、四八四ページ）

第十二章　「有限」な理論としてのマルクス主義

＊1　本書第十一章「やっと、マルクス主義の危機！」参照。

＊2　R. Rossanda, « Premessa », *in Discutere lo stato (posizioni a confronto su una tesi di Louis Althusser)*, Bari, De Donato 1978. 当時、アマートはイタリア社会党執行部メンバー。イングラオはイタリア共産党左派を率い、なおかつ、イタリア共産党内でも、とりわけ影響力のある指導者の一人であった。デ・ジョヴァンニはイタリア共産党の知識人の最も名の知られた一人であり、〔イタリア共産党書記長〕ベルリングェル路線側の党公認知識人といった役割を演じていた。G・アマートとP・イングラオの対談は「モンドペライオ」三二（二）、一九七八年、に「議会制、党、市民社会」のタイトルで掲載された。それに先立つイングラオの発言（「リナシタ」六号、一九七六年二月六日）は、「ボッビオに答える――大衆デモクラシー」のタイトルでフランス語訳された（*in* Pietro Ingrao: *Masses et pouvoir*, Paris, PUF 1980, pp. 146-157――これはN・プーランザス監修「政治」叢書の一冊である）。デ・ジョヴァンニの論文「政治の伝播と国家の危機」は、「リナシタ」九号、一九七八年、に発表された。

＊3　« Esiste una dottrina marxista dello stato? » et « Quali alternative alla democrazia rappresentativa? », *Mondoperaio*, 8-9 et 10, septembre et octobre 1975, pp. 24-31 et 40-47. 二十世紀後半のイタリアを代表する哲学者の一人ノルベルト・ボッビオはまた、イタリアで最も尊敬を集める知識人の一人である。彼の立場は、政治的平面では左翼自由主義の問題構成に、社会 - 経済的平面では社会民主主義の問題構成に準拠する。

＊4　« Quale socialismo? », *Mondoperaio*, 5, mai 1976, pp. 55-62.

＊5　牽引役を務めたのは雑誌「ディアレクティーク」で、「イタリアと我々」と題された第一八〜一九号で、「モンドペライオ」と「リナシタ」での論争のおもな発言を掲載した。またE・バリバール、C・ルポリーニ、A・トーゼル共著『マルクスと彼の政治批判』（*Marx et sa critique de la politique*, Paris, Maspero, coll. « Théorie » 1979）およびニコス・プーランザス〔または、プーランツァス〕も貢献した。プーランザスは、アルチュセールの深い刻印を受けていたけれども、この時期には、「『有限』な理論としてのマルクス主義」でアルチュセールがとったとは反対方向の思索を展開しようとしていた。じつに彼は、国家を社会的力関係の「凝集」と見る反対の戦略を、逆に要請していたのである。Cf. *La crise de l'État*, ouvrage collectif sous la direction de N. Poulantzas, Paris, PUF 1976 ; *L'État, le pouvoir, le socialisme*, Paris, PUF 1978 ; *Reprères*, Paris, Maspero, coll. « Dialectiques-Interventions » 1980.〔N・プーランツァス『国家・権力・社会主義』田中正人／柳内隆訳、ユニテ、一九八四年。『資本の国家――現代資本主義国家の諸問題』田中正人訳、ユニテ、一九八三年〕

＊6　*Quaderni di Mondoperaio*, nouvelle série, 4 : *Il marxismo e lo stato. Il dibattito aperto nella sinistra italiana sulle tesi di Norberto Bobbio.*〔『マルクス主義と国家――ノルベルト・ボッビオのテーゼにもとづくイタリア左翼の公開討論』石堂清倫訳、三一書房、一九八〇年〕。この論集には、ボッビオのほか、チェッローニ、ボッファ、ジェッラターナ、オッケット、イングラオ、グイドゥッチ、セッテンブリーニ、ディアズ、ヴァッカ、シニョリーレ、ルッフォロ、マッキオロの論文が含まれる。さらにボッビオの論文は、のちに彼自身の論集『どんな社会主義か?』（*Quale socialismo?*, Turin, Einaudi, 1976）に再録された。

＊7　一九七八年四月四日付「イル・マニフェスト」。一九七六年十二月十六日ソルボンヌで開催された、共産主義学生同盟（Union des Étudiants Communistes）の公開討論会でのアルチュセールの発言は、『二十二回大会』の題で出版された（*22e Congrès*, Paris, Maspero, coll. « Théorie » 1977）〔E・バリバール『プロレタリア独裁とは何か』加藤晴久訳、新評論、一九七八年所収〕。

＊8　一九七八年四月八日付「ユマニテ」紙。

＊9　*Discutere lo Stato (posizioni a confronto su una tesi di Louis Althusser)*, Bari, De Donate, 1978. 論集は、アルチュセールのテキスト「『有限』な理論としてのマルクス主義」のほか、つぎの人々の論文を含む。ヴァッカ、メナパーチェ、カンパニャーノ、デ・ジョヴァンニ、カヴァッツティ、モンタナーリ、バダローニ、カンピ、ボッビ

オ、ツォロ、フィステッティ、レオーネ、デ・カストリス、ロヴァッティ、パスクワレッツリ、ルポリーニ、フェッチャー、デ・ブルンホッフ、アルトファーター、カルショイアー、テロ、エーデルマン、マッラマオ、バリバール、ビュシ＝グリュクスマン、ロッサンダ。「ディアレクティーク」誌（24-25, 4e trimestre, 1978）に、これらアルチュセールへの回答の要約が、関連資料として、フランス語で掲載された。

＊10 *Dialectiques*, 23, printemps 1978, pp.5-12. この雑誌に見られるテキスト執筆の日付――一九七七年十二月――は誤り。

＊11 発行部数が一万部を超えることもあった（cf. F. Dosse, *Histoire du structuralisme*, tome 2, *op. cit.*, pp.209-210〔フランソワ・ドッス『構造主義の歴史』下巻、仲澤紀雄訳、国文社、一九九九年、二二〇ページ〕）。編集長はD・カイゼルグリュベールであった。

＊12＊〔訳注〕 イタリアの論争から引用されたいくつかの原語について、原書では、そのフランス語訳が編者注に示されているが、本書では邦訳語を「　」で括って、そのあとにイタリア語を記す。

＊13 最後の二つの文章は縮小版では削られている。

＊14 イタリア語の「*complessivo*」は「総体的」「全体的」「包括的」と訳せる。

＊15 最後の二つの文章削除。

＊16 ダッシュ以下の補足削除。

＊17 この段落削除。

＊18 括弧部分削除。

＊19 括弧部分削除。

＊20 「深い歴史感覚をもっていたにもかかわらず」削除。

＊21 「要するに」以下削除。

＊22　括弧部分削除。

＊23　「人間の本質」以下削除。

＊24　この一文削除。

＊25　《彼がなさなかったこのことを考えるところまで》

＊26　「国家の政治的イデオロギー装置」以下削除。

＊27　この一文削除。

＊28　＊［訳注］　アルチュセールによるヘゲモニー装置論批判の詳細は、「自らの限界にあるマルクス」参照（『哲学・政治著作集Ⅰ』、藤原書店、一九九九年所収）。

＊29　「支配イデオロギーの構成」以下ここまで削除。

＊30　「イタリアで起きていること」以下ここまで削除。

＊31　この一文削除。

＊32　この一文削除。

＊33　「さらに……確保する手段」削除。

＊34　のちに、プーランザスは、つぎのごとく注釈する。「私の考えでは、この点でアルチュセールは、国家にかんする第三インターナショナルの伝統的立場をじつにみごとに要約する。何度も論じたように、それは道具主義的概念構成である。支配階級の手で好きなように操作できる［…］道具ないし機械としての国家（＊）。ならば権力は、モノへと受肉化されたこの国家に体現される、計量可能な実体であることになろう。機械論的な隠喩の代わりに位相論的な隠喩を使えば、そのことは、ほぼつぎのように言える。国家は官僚制の機能不全のもたらす以外の罅をもたぬ、一枚岩的塊をなす。階級的諸矛盾としての国家の内的諸矛盾は、国家の内的中心部にまで届くことがけっしてない［…］。国家の道具主義的であるだけでなく、本質主義的でもある、それは概念構成で、一般大衆を

国家の内部に含まれていて――『統合されて』いて、ゆえに城を汚すブルジョワ的ペストに感染しているとするか、清潔なまま［…］城壁のまったきそとに置くかする。［…］このような本質主義的概念構成に対して、私は、国家が関係 rapport として考えられること、より正確には、階級および階級的分派の力関係の物質的凝集として考えられることを主張した。権力そのものは、性質規定の可能な本質でなく、関係 relation である。国家は階級的諸矛盾によってまさしく構成されているのであって、これら階級的諸矛盾が、或る種別的形態として、国家の内的諸矛盾になる。［…］ここでは内部・外部の用語でよりも、戦略的戦域・戦略的プロセスの用語で推論をなさねばならない。政治的側面から見た民衆の戦いは、つねに国家という戦域に［…］位置付けられるのだから。［…］それゆえ、党は、国家のまったきそとに、みずからを位置付けることはできないと言っていい。ほかならぬ国家という戦域での力関係を、国家の内的諸矛盾に依拠しつつ、変えることをめざす長期戦略それを、国家権力の奪取は参照点とする。［…］党は国家という戦域にみずからを位置付ける、とのことは、党が、国家という管理モデルにみずからをかたどるか、国家自体と化して、国家のもつ装置的物質性をみずからのものとしなくてはならない、というのではなくて（極めて現実性の高い危険）、それとはまったく逆のことを意味する。労働者階級・一般大衆の組織化の自律性という問題は、まさにここにあるのであって、国家のそとへのこの組織化の分離にあるのでない」（« La crise des partis », *in Repères*, Paris, Maspero, coll. « Dialectiques-Interventions » 1980, pp. 172-174〔『資本の国家』前掲、一八一～一八三ページ参照〕）。これとかなり似た見解を、のちにエティエンヌ・バリバールも展開し、「国家のそと」の党という点で、彼はアルチュセールから政治的距離をとる。

（＊）［訳注］「機械としての国家」のアルチュセール的概念構成については、「自らの限界にあるマルクス」（前掲）参照。

＊35　括弧部分削除。

＊36　《人員と「反体制派」ないし反対者とを》

＊37　数年後、ボッビオはアルチュセールにこう反論する。「これはいささか丼勘定の主張ではないか？　ゲームのすべての規則を廃止することが問題なのではない、とアルチュセールは言う。ご説ごもっとも、しかし、どの規則を廃止して、どの規則を廃止しないかを知ることができるものだろうか？［…］それが生み出して何世紀も経つ、いまや互いに連係した諸手続きの観点から見て、民主制ほどの緊密なまとまりをなすシステムのその内部

で、維持すべき規則と放棄すべき規則とを、あれほどの確信をもって、区別することがほんとうに可能なのか？　普通選挙制は残して、言論の自由はやめにしておこう？　言論の自由は残して、多党制はやめよう？　多党制は残して、市民の諸権利の法的擁護はやめよう？　ゲームのすべての規則が廃止されるわけでないとの主張は、結局、まさにゲームの規則ほどにも中心的な問題に対する、自分自身の視点を明確化する義務をやりすごす口実にすぎない。そのような主張は、かく在る問題のありうべき解決についてなんの考えもないことを、とりわけ、物語る」（« I vincoli della democrazia », *in Il futuro della democrazia. Una difesa delle regole del gioco*, Turin Einaudi 1984, pp. 56-57）

＊38　「悲劇的結末を…諸形態のそとで」削除。

＊39　この一文削除。

＊40　つぎに来る三つの段落削除。

＊41　「じつに」以下ここまで削除。

＊42　括弧付きで《(現時点での、あるいは、一般的なそれら)》が追加。

＊43　「国家装置の物質性を十分に課題としなかった彼」削除。

＊44　「『包括的形態』はあまりいただけないが」削除。「(革命的国家の建設が同時にブルジョワ国家の廃絶を意味するなら)」削除。

＊45　アルチュセールのこのテキストと、それが引き起こした論争とについて、のちにボッビオは、長大な俯瞰的注釈をなす。彼の議論構成は以下のごとく要約されるだろう。「マルクス主義国家理論の不在は、マルクス主義に触発されたと言われる諸システムの、極めて深刻な欠陥の理由、少なくとも一つの理由をなすのでは？」を中心的問いとした論争は、ほとんど前進しなかった。ついては、二つのことが指摘されていい。［1］「国家の問題を扱うときのマルクス主義者たちの教養的行動範囲の狭さ」に、第一の指摘はかかわる。ウェーバー、〔タルコット・〕パーソンズ、〔カール・〕シュミットといった著者への言及のまったくないことは、その点で、徴候的。ところで、マルクス主義が「有限」な理論であるなら、そのそとから、この理論の穴を照らし出せるはずであることを、そ

れは意味する――進行中の論争はこれをまったくやっていない。［2］論争で論じている対象が、マルクス主義者と非マルクス主義者とでは同じでない。政治理論は伝統的には主権の組織化を対象とする。すなわち、統治する者の権力行使と統治される者による統治する者の制御とを可能にする仕組みを――続いてそれぞれの理論家は、この極のどちらかに重点を置く。西欧では個人、市民、政治にかかわる権利が明確化されてきたことが特徴で、それらの権利が、民主主義の互いに不可分な三成分をなす。ところが、マルクス主義者たちは、これらの権利と、それらが規定する国家形態とについて言うべきなにもないかのように、「ブルジョワ的」「資本主義的」の形容詞を使うことだけに満足している。「いったいそれら権利を何で置き換えようというのか？　謎である」。議論で「参加者の関心を呼ぶテーマは、権力の組織化様式でなくて、権力の掌握方法である」。だが、「ゲームの規則」の何を廃止すべきか、何をつくるべきか、何を変革すべきかは、肝心要の問いであると言っていい。これらの問いに答えるまでは、マルクス主義者が国家理論をもつことはありえまい。なにはともあれ、（すべての人が守るべき）「ゲームの規則」と「ゲームのやり方の規則」、言いかえれば「政治戦略」（どの党派もみずからのそれをもつ）とを多様化することが問題である。いかなる国家理論も前者の規則に基本的にかかわるのに、マルクス主義者は、なによりもまず、後者の規則に興味を示す。議論の全体を締め括るに当たって、ボッビオは、マルクス主義へのみずからの関係を明示して、自分はマルクス主義者でもアンチ・マルクス主義者でもないと主張する。ただ格闘すべき古典でマルクスがあるというにすぎない、と。危機に瀕しているのは、じつは、マルクス主義でなくて、マルクス主義を普遍的理論とみなすマルクス主義者である。だが、マルクス主義が「有限」な理論であると言うのなら、マルクス主義が危機にあると言明する理由はない。批判にさらされているからといって、資本主義の起源についてのウェーバーの理論が危機にあるのでないように。「マルクスの作品は、その誤りと不備とにかかわらず、みずからの道を歩みつづけてきたし、これからも歩みつづけていくだろう。それに対して、危機に瀕したマルクス主義者がアンチ・マルクス主義者になることは、じつによくあるのだ」（« Discutendo con Althusser. La crisi è dei marxisti, che si ostinano a cercare una teoria marxista dello stato », *Il Manifesto*, 30/05/1978）

第十三章　今日のマルクス主義

＊1　« Un bilancio critico », *in* entrée « Marxismo », *Enciclopedia Europea*, vol. VII, Milan, Garzanti, 1978, pp.280-282. アルチュセールは、百科事典の記事であることを念頭に置いて、このテキストを執筆した。「マルクス主義」の項目は、

ほかに三つの記事を含む。I・フレッチャーの二つのテキスト（「歴史哲学としてのマルクス主義」、「政治理論としてのマルクス主義」）とG・ヴァッティモのテキスト（「マルクス主義と現代文化」）である。この項目の一つ前の項目「マルクス」は、記事の一つとして、E・バリバールのテキストを含む。

＊2　«Il marxismo oggi», in *Quel che deve cambiare nel partito comunista*, Milan, Garzanti, pp. 107-126.「批判的総括」も「今日のマルクス主義」も、原稿はフランス語で執筆されたのに、イタリア語訳者の名前が記されていない（しかも、この二つのテキストのイタリア語訳は、別々の訳者の手になる）。

＊3　*Revue M*, janvier 1991, p.7-11.

＊4＊〔訳注〕『資本論』第二版後記。

＊5＊〔訳注〕『資本論』第二版後記。

＊6　《ドイツ社会民主主義の大躍進期にカウツキーが、マルクス主義理論は「科学」を我がものとする力の唯一の持ち主「ブルジョワ知識人」によって生み出され、「外部から労働運動の中に導入された」と断言したとき、さらに全然違う文脈で（自然発生主義的「経済主義」と闘うため）、レーニンさえもがほかならぬカウツキーの定式を引いたとき、彼らはマルクスの思考をこれ以上ない曖昧さの中に引きずり込んだのである。》

＊7＊〔訳注〕『経済学批判』「序言」。

＊8＊〔訳注〕いずれもヘーゲルの用語である。

＊9　《グラムシを魅了した》

＊10　『資本論』の叙述順序の問題は、すでに『資本論を読む』で詳細に分析された。論文「今日のマルクス主義」の公刊後、この問題は、とくにジャック・ビデ『資本論をどう使うか？』によって再検討された（Jacques Bidet, *Que faire du Capital?*, Paris, Méridiens-Klincksieck 1985『資本論をどう読むか』今村仁司ほか訳、法政大学出版局、一九八九年）（*Sur la philosophie*, Paris, Gallimard 1994, p. 37において、アルチュセールは、賞賛を込めて、この著作を評している『哲学について』今村仁司訳、筑摩書房、一九九五年、三七〜三八ページ）。

＊11＊〔訳注〕『資本論』第一版序文。

＊12＊〔訳注〕ヘーゲルが「論理学」を、「神の叙述 *Darstellung Gottes*」とした点を想起せよ。「われわれは論理学の内容を、自然と有限精神との創造以前の永遠な本質の中にあるところの神の叙述 (die Darstellung Gottes, wie der Inhalt in seinem ewigen Wesen vor der Erschaffung der Natur und eines endlichen Geistes ist) だということができる。」(『大論理学』武市健人訳、上巻の一、『ヘーゲル全集』6a巻、岩波書店、一九五六年、三四ページ)。なお、この点は、若きアルチュセールのDES論文「ヘーゲルの思考における内容の概念」でも触れられている(『哲学・政治著作集Ⅰ』藤原書店、一九九九年所収)。

＊13＊〔訳注〕「禁圧」は、もちろん、意識的な(無意識的でない)抑圧を意味する精神分析用語でもある。

＊14 La « Préface » (1859) de la *Contribution à la Critique de l'économie politique*, *op.cit.*, p.1.〔『経済学批判』「序言」(一八五九年)、杉本俊朗訳、国民文庫、大月書店、一九六六年、一三〜一四ページ〕。一八五七年の「経済学批判序説」のフランス語訳は、前掲同書一四七ページ以下に公刊されている〔邦訳は『経済学批判』前掲、二六八ページ以下。または、『経済学批判序説』岡崎次郎訳、『世界の大思想Ⅱ‐4 マルクス 経済学・哲学論集』河出書房、一九六七年所収〕。

＊15 最終タイプ稿でのこの一文は、判読不可能。

＊16 ガルザンティ社『ヨーロッパ百科事典』に公刊された記事は、つぎの文章以下から始まる。

＊17＊〔訳注〕「マルクス主義の三つの源泉と三つの構成部分」村田陽一訳、『世界の思想13 ロシア革命の思想』河出書房、一九六六年所収、一〇九ページ。ただし、邦訳では、「マルクスの観念」は「マルクスの学説」となっている。

＊18 この一文加筆。

＊19『ヨーロッパ百科事典』版では、括弧にくくられてつぎの一文が追加されている。《(「序言」はその二年前に書かれた「[経済学批判]序説」を乗り越え、或る程度までそれを無効にするものである)》

＊20 « Préface », *op.cit.*, p.3.〔「序言」前掲邦訳、一六ページ〕

＊21 「重要だが」加筆。

＊22 ＊〔訳注〕『共産党宣言』。

＊23 括弧追加。

＊24 ＊〔訳注〕レーニン『唯物論と経験批判論』川内唯彦訳、『世界の大思想10 レーニン』河出書房新社、一九七四年所収、二五四ページ。

＊25 この一文加筆。

＊26 《この傾向の結果、マルクス主義は一つの哲学（弁証法的唯物論）になりえたのであり、史的唯物論はこの哲学の「不可欠の構成要素」、科学的社会主義はこの哲学の応用と言われた。》

＊27 「マルクスとレーニンの名のもとに」加筆。

＊28 『統治する者と統治される者』の分離」加筆。

＊29 「それを思考する一歩手前まで行ったが」加筆。

＊30 この一文加筆。

＊31 《いま在るみずからの姿を在るがままに知ることをマルクス主義がついに開始し、やがて変わることになるか》

＊32 括弧部分追加。(＊)

＊〔訳注〕なお、この追加された文中の「精神労働」「肉体労働」に、編者による「原文ノママ」の注記が挿入してあるが、この箇所は、フランス語の構文上、「精神労働」をなす「知識人」というトートロジックな意味になるからだと思われる。ここでは、アルチュセールの言わんとしていることを踏まえ、敷衍して訳してある。「知識人」は別に「学者」にかぎられない。たとえ、「肉体労働」に従事していようが、抽象的な思考をなす人ならば、彼は「知識人」であろう。

＊33 括弧部分加筆。

＊34 この一文加筆。

第十四章　マキャヴェリの孤独

＊１　« Die Einsamkeit Machiavellis », *in* L. Althusser, *Machiavelli - Montesquieu - Rousseau*, (Schriften, vol. 2), P. Schöttler, F. O. Wolf (eds.), Berlin, Argument 1987, pp. 11-32; « Machiavelli's Solitude », *Economy and Society*, 17 (4), 1988, pp. 468-179; « La solitude de Machiavel », *Futur Antérieur*, 1, printemps 1990, pp. 26-40.（「前未来」誌では、講演の日付が、誤って一九七八年とされている）

＊２　Cf. « Machiavel et nous », *in Écrits philosophiques et politiques*, tome 2, F. Matheron (éd.), Paris, Stock/IMEC 1995, pp. 39-168〔「マキァヴェッリと私たち」、『哲学・政治著作集Ⅱ』藤原書店、一九九九年所収、六六一〜七七六ページ〕. さらに、グラムシのマキャヴェリ解釈にさかれ、一九七〇年代末の日付をもつ、数十ページのタイプ稿（ＩＭＥＣ保管）の存在を知らせておくことができる。

＊３　ベネデット・クローチェ（一八六六〜一九五二）、二十世紀イタリアの代表的な哲学者、知識人の一人。彼は、中でもグラムシに強い影響を与え、自由主義の立場からファシズムに反対した。

＊４　Claude Lefort, *Le travail de l'œuvre : Machiavel*, Paris, Gallimard 1972 (rééd. coll. « Tel » 1979).

＊５＊〔訳注〕 *Unheimlichkeit*（不気味さ）を、ここでアルチュセールは« étrange familialité »と訳しているが、実際、フロイトはこう言っている。「この『不気味なもの』は実際にはなんら新しいものでもなく、また、見も知らぬものでもなく、心的生活にとって昔から親しい何ものかであって、ただ抑圧の過程によって疎遠にされたもの」であり、「この抑圧への関係こそ、今われわれにシェリングの定義——不気味なるものとは、秘め隠されているべきはずのもので、しかもそれが外に現われたなにものかである——をも明らかにしてくれるのである」（「不気味なもの」『フロイト著作集３　文化・芸術論』高橋義孝ほか訳、人文書院、一九六九年所収、三四七ページ）。「不気味なものとは、一度抑圧を経て、ふたたび戻ってきた『馴れ親しんだもの』である（同書、三五〇ページ）

＊６　フランチェスコ・デ・サンクティス（一八一七〜一八八三）、イタリアの批評家、政治家。リソルジメント〔イタリア国家統一運動〕の立て役者の一人。

＊７　ジャンバティスタ・ヴィーコ（一六六八〜一七四四）、イタリアの哲学者。近代的歴史哲学をつくり上げた一

人。

＊8　チェーザレ・ボルジア（一四七六〜一五〇七）、教皇アレクサンデル六世（一四三一〜一五〇三、在位一四九二〜一五〇三。芸術保護に積極的であった反面、教皇権を買収によって手に入れ、放蕩な生活を送った。一四九八年、サボナローラを処刑）の息子。教皇領をイタリア一強大な国家に仕立てたあと、新教皇選出を機に、逆境に置かれる。彼はマキャヴェリが分析する主要な事例となった。

＊9　「政治的実践」が下線で強調。

＊10　《誰一人として》

＊11　《ただスピノザ、決然として「対抗」したこのもう一人の「悪魔」だけはそうしなかったが。》

＊12　「絶対君主制」が下線で強調。

＊13　《マキャヴェリは、彼を「鋭敏コノウエナシ *actissimus*」と論ずるスピノザと共に、全人類史上、おそらく最も深い哲学者である！》

＊14　本書所収のこの版を校訂する元にしたタイプ稿では、以下の段落が線で抹消されている（こうした抹消は、この箇所だけである）。《さらに付け加えて、こう言っておきたい。我々にとって、マキャヴェリは哲学における奇妙な証人でもある、と。いったいどんな権利あって彼を哲学者として扱うことなどできるのかと、なるほど、彼を手軽に政治理論の枠に閉じ込めておいてから、そう問うのは可能だ。哲学者にふさわしい言葉を一語たりとも発しなかった彼、一度として哲学者として注釈されたこともない彼を。――だがそれは、自然法哲学者による覆い隠しの場合と同じく、彼のあとに続く時代が或る極めて特殊な哲学、やはり土台の大部分を法的イデオロギーに置く哲学の中で考えるようになったということを、忘れるに等しい。その哲学は、彼がそれとは別の哲学、エピクロスに発する唯物論を教えていると理解するのを、おそらく妨げる。文化史にあれこれ奇妙な痕跡を残しているこの唯物論も、歴史的にはやはり、ギリシャ以来の存在論的哲学、エイドスの、あるいは、存在の哲学という大きな伝統と、やがてすべてを覆い尽くしていくことになる新しい哲学、主体の哲学とのあいだで孤立している。だが、この問題に深入りするつもりはない。》

＊15 「決着が付く」にカギ括弧。

＊16 「で彼」が削除。

＊17 「ことがらの実際の真実」(＊)に引用符。

＊〔訳注〕 この言葉は『君主論』第十五章にみいだされる。『君主論』池田廉訳、『世界の名著21 マキアヴェリ』中央公論社、一九七九年所収、一〇五ページ。なお、「実際の真実 vérité effective」には、「効果としての真理」という含意もある。その「効果」は、つぎに言われる「マニフェスト」-「歴史的効果」につながっているのだが、ここでは、アルチュセールはこのつながりを主題的には論じていかない。「マキャヴェリと私たち」では、この「効果」は、意外な方向へ展開されていくだろう。「マキァヴェッリにとって肝心なのは、『ことがらの本性』一般(モンテスキュー)ではなく、彼の言葉を最大限読み込めば、『ことがらの効果としてある真理』、特異なものとしてのことがら、『ケース』の特異性なのだ。そしてことがら chose とは、原因 cause であり、任務であり、提起して解決すべき特異な問題である。このちょっとした差異のなかに、言説全体を変え、分割してしまうものを見分けることができる」(『哲学・政治著作集Ⅱ』藤原書店、一九九九年、六七九ページ)。

＊18 pas が書き込まれている〔これは、解釈上でも、翻訳上でも、まったく問題にならない訂正である。フランス語では仮定法で「もし~ないなら」と否定にしたとき、否定を表す ne pas の pas を省略してもよい。アルチュセールがのちの見直しで、原稿にその pas を書き加えたということ〕。

＊19 「ことがらのあいだの定数的関係」が下線で強調。

＊20 *Le Prince (et atures textes)*, Paris, Gallimard, coll. « Folio classique » 1980, p.38. この版により、引用文を改めた。〔『君主論』前掲邦訳、四四ページ〕

＊21 「民衆」と「君主」が、ギユメ《 》でくくられている。

＊22 「民衆の友愛を自分の側に引き寄せることによって」が下線で強調。

＊23 「貴族」と「に対抗する民衆の団結」が下線で強調。

＊24 《それとグラムシの思考。ただし、人を困惑させる小さなひとことを、付け加えさせてもらいたい。マキャ

ヴェリを最もよく理解したグラムシはほとんどなにも、彼については、まったくなにも理解しなかった。お望みなら皆さんの納得のいくまで、このことについて話してもいいし、必要なら論証してもかまわない。ただし、今日の「会＝出会い rencontre」とは別の機会に。まさに「機会 occasion」（運、幸運な巡り合わせ）が訪れれば、私は自分が「出会いの哲学」と呼ぶものの構築を企てるであろう。哲学史上唯一の唯物論哲学――少なくとも私にはそう映る哲学。お気に召すなら、会合と言いかえてもいい。その会合で待ち受けているのは「驚き」である。つまり「予見不可能な出会い」であり、それは私が、今日、敷衍しようとしたこととは、いかなるつながりもない！私はつぎのことを論証するだろう、少なくともそのような野心をもつであろう。哲学について一度も「語った」ことがないと見えるマキャヴェリは、すべての時代を通じて、最も偉大な哲学者である。スピノザ（「最も偉大」――ヘーゲル）に匹敵する、いや、おそらくそれ以上の哲学者であるばかりか、とても遠くからフロイト、ハイデガー、デリダを先取りしていさえする哲学者――ハイデガーを遥か後ろに引き離し、フロイトとデリダに比べても、その先を行っている哲学者。このことの是非は、証拠にもとづいて判断してもらえるだろう。しかし時間も遅くなり、あなたがたの質問にも答えなくてはならない……。私の代わりにマキャヴェリがすでに答えてしまっているのでないなら、であるが、それはやがてわかるであろう。》

訳者あとがき

Sur Louis, pour lui ...（ルイについて、彼のために……）

＊

あの火の消えた夜が霊柩車のように彼を運んでゆく。風土病に冒された樹木のように死者たちが立ち枯れ　せめぎあう錆びた足の根で　彼の生誕の水源を刺し貫いている土地へ。

あの火の消えた夜が霊柩車のように彼を運んでゆき　彼の苦しまぎれの夢のなかで夏の復元力のように蘇るのは　肉の剣で掻きまわされた泉の女。

彼女はあいかわらず原罪の冬にこもり　歳月の疲れと熱望とで禁断の木の実を真っ赤に泣きはらして　彼に産みの苦しみを訴えるけれど　神の操る日と日のあいだをジャンプするこの愚かしい彼には　彼女の猛り狂う渇きを癒やすことなんかできやしない。

廃疾してゆく秋を眺望する　丘のうえに建つ墓碑銘のない墓から　彼の生誕が馬鹿なふるまいの三輪車に乗って　がたぴしゃ懐かしいあのひとのもとへ帰ってゆくまでは。

そして　彼の血の奔流に紛れるおびただしい太陽から　恐怖と勇気をいっしょに駆りだすようにと　あの火の消えた夜は霊柩車のように彼を運んでゆくのだ。

いまは語ってはいけない　彼の罪について。こうして彼のアキレス腱に仕掛けられたバネも新しい日記の一頁を埋めたり　優しい恋人に出会ったりするためではないのだから。

こうして意志の赤児のよじれた掌を震わせ　世界の汚水が集まって流れる排水溝に突っこみ

燃える八月の女の乳房をまさぐるこの彼の　罪について語ってはいけない。いまは。
いまは　磨かれた情欲の揮発する熱のぬくもりを浴びる彼を　あの火の消えた夜が霊柩車のように運んでゆくのだから。

＊＊

囚人のようにうちひしがれて　彼は入ってゆかねばならない。月の荒廃する夜の館へ。母親が夜なべして針を通した　雲より優しい羽布団にくるまったまま　できそこないの尻を冷え切った愛のベッドに摩擦して　夢を　熱のようにつくりだすために。

睡眠と暗黒を呼吸する彼の　生命の脊柱に絡んだ蔦の神経から　握るべきものを持たない揉み潰された一枚の掌が開き　水の意志が　太陽の握手と激励で泡だちながら　ずんずん茎を這い登ってゆく。落ちてくる六月の雨　煙る記憶のカーテンを破いて　悲哀の春と刺し違えるために。

そして彼のひ弱な声帯は　春の淫乱な風の香りに発情したけれど　わが眼と口と耳の産声となるまえに　ずぶ濡れたみすぼらしい父親のストーブが　裏返された憎悪の吐息を　破れた塔の窓から吹きこみ　円天井に彩られた彼の星のペンダントは錆びついた。

誰も知らない。そのときこの彼も　死のパウダーにまぶされた胎児の悲鳴の土砂降りに濡れていたことを。その雨音を「人間」の背中で入れ墨のように暗記したことを。雨の父親を越え　霜の母親を抜け　そこで入口のように待ち構えていた死の唇にキスし　舞い戻ってきたことなんか。

彼は知った。母親のすさんだ塔が墓石に似ていることを。冬に発芽する種子の熱病を。彼は心臓の尊厳のために　この世のあらゆる悲哀のスープに匙を投げつける子となった。役場の書類棚で黄色く変色した　埃にまみれた記号の現身を拒否する子となった。

そして彼は恋する裸の少年となった。
少女たち　聖なる不毛の土地に初潮の雨を恵み　か弱い性の農具で耕して　新しい柩を埋葬する女の因襲を守る少女たちよ。
彼が夜目　血を流す星のバイブルから　黙示録のかすかなモールス信号を解読するとき。海のようにうねる陰鬱な欲情をあやしてくれる　肉の売人が吹き鳴らすハーモニカの子守唄にほだされて　彼の股のあいだで父親の血の暴力の棘が芽ぶくとき。
そのとき　歌っておくれ。大地の発電所が送りだす電流をコイル線の神経に通じて　羞恥の熱で真っ赤になりながら　雨と土の親和力について　歌っておくれ。きみたちを撃ちぬいた彼の隠語の鉄砲水が　逆流して　秘められた泉で憩うように。
そして彼の眼の涙から　彼のつまづいた石の悲哀が蒸発し　天国へと上昇してゆくように。

二〇〇一年六月
kf

な 行

は 行

ま 行

や 行

ら 行

雑誌・新聞名

著作名

あ 行

か 行

さ 行

た 行

ラヴェッソン, フェリクス・ラシェ　RAVAISSON, Félix Lacher ………… 61, 143
ラカン, ジャック　LACAN, Jacques ………… 12, 57, 69, 72, 76, 80
ラシュリエ, ジュール　LACHELIRE, Jules ………… 61-2, 143
ラスレット, P　LASSLETT, P. ………… 50
ラッセル, バートランド　RUSSEL, Bartrand ………… 143
ラヴォアジェ, アントワーヌ・ロラン　LAVOISIER, Antoine Laurent ………… 153
ランシエール, ジャック　RANCIÈRE, Jacques ………… 526

リカード, デイヴィド　RICARDO, David ………… 249, 390
リクール, ポール　RICŒUR, Paul ………… 22, 136, 142, 172, 480, 482-5, 487
リナール, ロベール　LINHART, Robert ………… 80, 348
リュクルゴス　LYKOURGOS ………… 460

ルイス, ジョン　LEWIS, John ………… 203, 206-7
ルイセンコ, トロフィム・デニソヴィチ　LYSENKO, Trofim Denisovich ………… 251, 308-9, 316
ルヴォ・ダロンヌ, オリヴィエ　REVAULT d'ALLONNES, Olivier ………… 22
ルーディネスコ, エリザベト　ROUDINESCO, Elisabeth ………… 57
ルカーチ, ジェルジ　LUKÁCS, György ………… 158, 250, 282
ルクール, ドミニク　LECOURT, Dominique ………… 16, 258-9, 308
ルクセンブルク, ローザ　LUXEMBURG, Rosa ………… 211, 395-6
ルソー, ジャン=ジャック　ROUSSEAU, Jean-Jacques ………… 46, 51, 72, 80, 82-3, 85, 88, 94-7, 99, 101-8, 110, 113, 116-7, 121, 123-5, 127, 129-31, 144, 260-1, 286, 447, 450-1, 453, 456, 458, 460, 462, 464, 466, 468
ルッセ, ベルナール　ROUSSET, Bernard ………… 258-9, 510
ルフェーヴル, アンリ　LEFEBVRE, Henri ………… 142
ルフォール, クロード　LEFORT, Claude ………… 408
ルロワ, ロラン　LEROY, Roland ………… 187

レヴィ=ストロース, クロード　LÉVI-STRAUSS, Claude ………… 10, 72, 76-7, 172, 224
レー, アベル　REY, Abel ………… 139, 142, 487
レーニン, ウラジミール・イリイチ　LENIN, Vladimir Iliich (Uliyanov/Nikolai L.) ………… 34, 41, 136, 138, 140-8, 153-4, 156-7, 159-71, 173, 175-9, 181-3, 186, 190, 194, 197, 208, 213-4, 220, 228, 233, 240-1, 243-4, 248-50, 252, 264, 266-7, 269, 275-6, 284, 288-9, 291, 303, 305, 310-1, 313-4, 325, 332, 335, 338, 341, 353, 358-9, 361-2, 369, 374, 379, 388, 393, 396-9, 401, 470, 481, 484-9, 505, 513, 526-7, 529, 537
レモン, ルネ　RÉMOND, René ………… 44

ロシェ, ヴァルデク　ROCHET, Waldech ………… 206, 520
ロック, ジョン　LOCKE, John ………… 44-53, 80, 85, 261, 435-6, 447, 456
ロック, グレイアム　LOCK, Grahame ………… 203
ロッサンダ, ロッサナ　ROSSANDA, Rossana ………… 348, 351, 368-9, 371
ロビエ, J　LAUBIER, J. ………… 56
ロンバルディ, リッカルド　LOMBARDI, Riccardo ………… 348

ポワンカレ, アンリ　POINCARÉ, Henri …… 139, 142

ま 行

マキャヴェリ, ニッコロ　MACHIAVELLI, Niccolò …… 144, 231, 261-2, 265, 379, 404, 406-22, 541-3
マーグリ, ルチオ　MAGRI, Lucio …… 348
マシュレ, ピエール　MACHEREY, Pierre …… 495
マスペロ, フランソワ　MASPERO, François …… 323
マッチオッキ, マリア=アントニエッタ　MACCIOCCHI, Maria-Antonietta …… 18, 186-7
マッハ, エルンスト　MACH, Ernst …… 139, 168
マトゥロン, フランソワ　MATHERON, François …… 8-9, 18-9
マルクーゼ, ヘルベルト　MARCUSE, Herbert …… 251
マルクス, カール　MARX, Karl …… 11-3, 33, 39, 63, 65, 71-3, 75-6, 136, 146-7, 151-3, 156-7, 165, 169, 171, 180, 190, 192-3, 202, 207-10, 212-4, 218-9, 221-2, 224-5, 228, 233-7, 243, 245, 247-9, 252, 260-1, 263, 268-78, 280, 282-91, 293-4, 296-304, 317-8, 322, 324-31, 333-8, 340, 342-6, 354, 358-62, 369, 373-4, 379, 381, 387-97, 401-2, 417, 420, 422, 469, 480, 484, 486-8, 496, 502, 505, 512, 518-9, 523-7, 529, 537

ミルネール, ジャン=クロード　MILNER, Jean-Claude …… 80
ミフニク, アダム　MICHNIK, Adam …… 349
ミレール, ジャック=アラン　MILLER, Jacques-Alain …… 80

ムーリエ=ブータン, ヤン　MOULIER-BOUTANG, Yann …… 8, 18, 22

メーサーロシュ, イシュトヴァーン　MÉSZÁROS, István …… 348
メーヌ・ド・ビラン　MAINE DE BIRAN (GONTIER de BIRAN, Marie François Pierre) …… 61, 76, 143
メドヴェジェフ, ジョレス　MEDVEDEV, Jaurès …… 320
メルロ=ポンティ, モーリス　MERLEAU-PONTY, Maurice …… 142
メンデル, グレゴリ　MENDEL, Gregori …… 153

毛沢東　MAO, Tsê-tung …… 213, 240-1, 248, 250, 359, 370, 379, 399, 505
モノー　MONOD …… 22
モリエール　MOLIÈRE (POQUELIN, Jean-Baptiste) …… 241
モルフォ, ルイ=マリ　MORFAUX, Louis-Marie …… 22, 56
モンテスキュー　MONTESQUIEU (SECONDAT, Charles de) …… 50-1, 81, 258, 260-1, 277, 409, 412

や 行

ヤコブソン, ローマン　JAKOBSON, Roman …… 77
ヤスパース, カール　JASPERS, Karl …… 62

ら 行

ライヒ, ウィルヘルム　REICH, Wilhelm …… 251
ライプニッツ, ゴットフリート・ウィルヘルム　LEIBNIZ, Gottfried Wilhelm …… 46-8, 333, 436

フッサール, エドムント　HUSSERL, Edmund ……29, 46, 62, 65, 143, 155, 163, 177
ブハーリン, ニコライ・イワノヴィチ　BUKHARIN, Nikolai Ivanovich …… 497
プラトン　PLATŌN …… 82, 155-6, 176-7, 193, 415
フランクイ, C　FRANQUI, C. …… 349
ブランシャール　BLANCHARD …… 136
ブランシュヴィク, レオン　BRUNSCHVICG, Léon …… 61, 143, 226
フランソン, マルセル　FRANÇON, Marcel …… 80
プリウーシチ, レオニード　PLIOUCHTCH, Leonid …… 348
プリジャン, M　PRIGENT, M. …… 19
プルースト, マルセル　PROUST, Marcel …… 37
プルードン, ピエール・ジョセフ　PROUDHON, Pierre Joseph …… 210, 252, 390
フルシチョフ, ニキータ・セルゲーエヴィチ　KHRUSHCHEV, Nikita Sergeevich …… 314
ブルデュー, ピエール　BOURDIEU, Pierre …… 12
ブルトン, R・P　BRETON, R.P. …… 136
フレーゲ, ゴットローブ　FREGE, Gottlob …… 143
ブレジネフ, レオニード　BREZHNEV, Leonid …… 352-3
プレハーノフ, ゲオルギ・ヴァレンチノヴィチ　PLEKHANOV, Georgii Valentinovich …… 170, 397
フロイト, ジグムント　FREUD, Sigmund …… 69, 71-3, 76, 153, 179, 409, 418, 481, 484, 488, 502, 543
ブローデル, フェルナン　BRAUDEL, Fernand …… 33, 41, 480
ブロック, マルク　BLOCH, Marc …… 29, 480, 483
ブロッホ, ヨーゼフ　BLOCH, Joseph …… 304
プロティノス　PLŌTINOS …… 34

ヘーゲル, ゲオルク・ウィルヘルム・フリードリヒ　HEGEL, Georg Wilhelm Friedrich …… 136, 143, 155, 164, 169, 176, 225, 228-30, 232-7, 241, 246, 249, 252, 254, 261, 265, 271-6, 279, 281-4, 286, 288, 327-36, 341, 376, 390-1, 450, 469, 482, 487, 505, 526
ベトレーム, シャルル・オスカール　BETTELHEIM, Charles Oscar …… 348
ベラヴァル, イヴォン　BELAVAL, Yvon …… 259
ペリカン, ヤロシュラフ　PELIKAN, Jaroslav …… 348
ベルクソン, アンリ　BERGSON, Henri …… 61, 66, 76, 143
ベルトフ(プレハーノフの筆名) → プレハーノフ

ボアズ, フランツ　BOAS, Franz …… 224
ボグダーノフ, アレクサンドル・アレクサンドロヴィチ　BOGDANOV, Aleksandr Aleksandrovich …… 164, 170
ボダール, フランソワ　BODDAERT, François …… 19
ボッビオ, ノルベルト　BOBBIO, Norberto …… 368-9, 380
ホッブズ, トマス　HOBBES, Thomas …… 46, 80, 87, 94, 105-6, 107, 144, 261, 454
ポミアン, クシシトフ　POMIAN, Krzysztof …… 349
ポラン, レーモン　POLIN, Raymond …… 44-5, 47-8, 49-51, 53, 436, 438
ポリツェル, ジョルジュ　POLITZER, Georges …… 61
ホルクハイマー, マックス　HORKHEIMER, Max …… 409
ボルジア, チェーザレ　BORJA (BORGIA), Cesare …… 411, 420
ポルテリ　PORTELLI …… 407

デュルー, イヴ　DUROUX, Yves 204
デュルケム, エミール　DURKHEIM, Émile 13
デリダ, ジャック　DERRIDA, Jacques 259, 543

ドゥサンティ, ジャン=トゥッサン　DESANTI, Jean-Toussain 371
トクヴィル, シャルル・アレクシス・クレレル・ド　TOCQUEVILLE, Charles Alexis Clérel de 13
ドランクール, ミシェル　DRANCOURT, Michel 74
ドレフュス, D　DREYFUS, D. 74
トレンティン, ブルーノ　TRENTIN, Bruno 348, 354, 528
トロツキー, レフ　TROTSKII, Lev 396
ドン, ジャック　d'HONDT, Jacques 259, 510

な 行

ニュートン, アイザック　NEWTON, Isaac 155

は 行

バークリー, ジョージ　BERKELEY, George 164, 168, 488
ハイデガー, マルティン　HEIDEGGER, Martin 168, 177, 183, 490
バシュラール, ガストン　BACHELARD, Gaston 143, 152, 219, 251, 253, 286
パスカル, ブレーズ　PASCAL, Blaise 249
バディウ, アラン　BADIOU, Alain 495
バリバール, エティエンヌ　BALIBAR, Étienne 19, 383, 494
バルカ, E　BALUKA, E. 348
バルテレミ=マドール, マドレーヌ　BARTHÉLÉMY-MADAULE, Madeleine 259, 510
パルラート, V　PARLATO, V. 348
パンネクック, A　PANNEKŒK, A. 250

ビデ, ジャック　BIDET, Jacques 19
ヒューム, デイヴィド　HUME, David 46, 169, 174, 289
ピョートル大帝　PYOTR I Alekseevich 458
ピントール, ルイジ　PINTOR, Luigi 348

ファーヴル, ピエール　FAVRE, Pierre 406
ファーユ, ジャン=ピエール　FAYE, Jean-Pierre 136
フォン・ノイマン, ヨハン・ルートヴィヒ　von NEUMANN, Johann Ludwig 72, 77
フーコー, ミシェル　FOUCAULT, Michel 10, 12
ブートゥルー, エミール　BOUTROUX, Émile 62, 143
プーランザス, ニコス　POULANTZAS, Nicos 12
フェリペ二世　FELIPE II 33
フォイエルバッハ, ルートヴィヒ　FEUERBACH, Ludwig 39, 69, 247-8, 258, 292-6, 329-30, 375, 390, 397, 450, 518
フクス, J　FUCHS, J. 349

さ 行

サルトル, ジャン=ポール　SARTRE, Jean-Paul ………… 142-3
サン=テグジュペリ, アントワーヌ・ド　SAINT-EXUPÉRY, Antoine de ………… 75

シェーラー, マックス　SCHELER, Max ………… 62
シャルロ, J　CHARLOT, J. ………… 406
ジャンケレヴィッチ, ヴラディミール　JANKÉLÉVITCH, Vladimir ………… 260
シュール, ピエール=マクシム　SCHUHL, Pierre-Maxime ………… 136
シュティルナー, マックス　STIRNER, Max ………… 215, 250-1
シュトラウス, レオ　STRAUSS, Leo ………… 50
ジロー, V　GIRAUD, V. ………… 19

スターリン, ヨシフ・ヴィサリオノヴィチ　STALIN, Iosif Vissarionovich ………… 41, 189, 268, 309, 315, 317, 353, 357-8, 361, 397, 514
スピール　SPIRE ………… 22
スピノザ, バルーフ・デ　SPINOZA, Baruch de ………… 144, 205-6, 219, 222, 227, 229-34, 237, 243, 261, 269, 273-4, 283-6, 288, 296, 333, 402, 482-3, 490, 517, 541, 543
スミス, アダム　SMITH, Adam ………… 390

セーヴ, リュシアン　SÈVE, Lucien ………… 75

ソシュール, フェルディナン・ド　SAUSSURE, Ferdinand de ………… 223-4

た 行

ダーウィン, チャールズ・ロバート　DARWIN, Charles Robert ………… 153
ターレス　THALĒS ………… 152, 193, 248

ディーツゲン, ヨーゼフ　DIETZGEN, Joseph ………… 144-5, 168, 181, 183, 490
ディドロ, ドゥニ　DIDEROT, Denis ………… 164, 168-9, 488
テイヤール・ド・シャルダン, ピエール　TEIHARD DE CHARDIN, Pierre ………… 75
ディルタイ, ウィルヘルム　DILTHEY, Wilhelm ………… 489
テーヌ, イポリット　TAINE, Hippolyte ………… 61
デカルト, ルネ　DESCARTES, René ………… 46, 82, 155-6, 193, 236, 273, 333, 419
デ・サンクティス, フランチェスコ　DE SANCTIS, Francesco ………… 409-10
デ・ジョヴァンニ, ビアジョ　De GIOVANNI, Biagio ………… 372, 375, 382, 384
デッラ・ヴォルペ, ガルヴァーノ　Della VOLPE, Galvano ………… 268
デュアメル, ジョルジュ　DUHAMEL, Georges ………… 76
デューリング, カール・オイゲン　DÜHRING, Karl Eugen ………… 150
デュエム, ピエール　DUHEM, Pierre ………… 139, 142, 481
デュビー, ジョルジュ　DUBY, Georges ………… 12
デュメニル, ジェラール　DUMÉNIL, Gérard ………… 16, 322, 324-5, 335-43, 345, 525-6

か 行

カイゼルグリュベール, ダヴィド　KAISERGRUBER, David …… 371
カヴァイエス, ジャン　CAVAILLÈS, Jean …… 143
カウツキー, カール　KAUTSKY, Karl …… 388-9, 397, 537
カウフマン, イラリオン・イグナチエヴィチ　KAUFMAN, Illarion Ignatjewitsch …… 327
カステッリナ, L　CASTELLINA, L. …… 348
カッシーラー, エルンスト　CASSIRER, Ernst …… 103
カミュ, アルベール　CAMUS, Albert …… 75
ガリレイ, ガリレオ　GALILEI, Galileo …… 29, 156, 193-4, 409, 419
カルノー, サディ　CARNOT, Sadi …… 166
カロル, K・S　KAROL, K.S. …… 348
カンギレム, ジョルジュ　CANGUILHEM, Georges …… 253
カント, イマヌエル　KANT, Immanuel …… 23-5, 37, 39-40, 46, 49, 62, 65, 82, 143, 146, 161, 164, 169, 172, 174, 177, 195, 261, 273, 289, 333, 482

キケロ　CICERO, Marcus Tullius …… 415
ギュスドルフ, ジョルジュ　GUSDOLF, Georges …… 62
ギユマン, B　GUILLEMAIN, B …… 22, 56

クヴェラキス, E　KOUVÉLAKIS, E. …… 19
クーゲルマン, ルートヴィヒ　KUGELMANN, Ludwig …… 345
クーテュラ, ルイ　COUTURAT, Louis …… 143
クールノ, アントワーヌ・オーギュスタン　COURNOT, Antoine Augustin …… 143
クザン, ヴィクトール　COUSIN, Victor …… 76, 143
クラウディン, フェルナンド　CLAUDIN, Fernando …… 348, 354
グラムシ, アントニオ　GRAMSCI, Antonio …… 150, 158, 190, 248, 358-9, 361-2, 374, 376-7, 379, 382-3, 391, 394, 399, 401-2, 407, 410, 413, 419-20, 422, 497, 504, 529, 537, 542-3
クローチェ, ベネデット　CROCE, Benedetto …… 250, 408, 418
グロティウス, フーゴー　GROTIUS, Hugo …… 85, 95-6, 144
グロリシャール, アラン　GROSRICHARD, Alain …… 80
クーロン, ヤツェク　KURON, Jacek …… 349

ケーラー, ヴォルフガング　KÖHLER, Wolfgang …… 26, 40
ケンダル, ウィルムーア　KENDALL, Willmoore …… 50

ゴーリキ, マクシム　GORKII, Maksim …… 138, 140, 146, 182-3
コドス, C　KHODOSS, C …… 56
ゴドリエ, モーリス　GODELIER, Maurice …… 12
コルシュ, カール　KORSCH, Karl …… 250
ゴルトシュタイン, クルト　GOLDSTEIN, Kurt …… 72
コルペ, オリヴィエ　CORPET, Olivier …… 8-9, 18-9
コント, オーギュスト　COMTE, Auguste …… 72

固有名索引

人　名

あ　行

アマート, ジュリアノ　AMATO, Guiliano ……… 382
アムラン, オクターヴ　HAMELIN, Octave ……… 143
アラン(シャルティエ, エミール=オーギュスト)　ALAIN (CHARTIER, Émile-Auguste) ……… 61
アリストテレス　ARISTOTELĒS ……… 82, 229, 407, 410, 415
アルヴァクス, モーリス　HALBWACHS, Maurice ……… 132
アルキエ, フェルディナン　ALQUIÉ, Ferdinand ……… 22
アルキメデス　ARCHIMĒDĒS ……… 279
アルマン, ルイ　ARMAND, Louis ……… 74
アロン, レーモン　ARON, Raymond ……… 11, 22-8, 30-2, 34, 36, 39-41, 249

イスマル夫人　Mme YSMAL ……… 407
イポリット, ジャン　HYPPOLITE, Jean ……… 22, 136, 183, 260, 486
イングラオ, ピエトロ　INGRAO, Pietro ……… 372, 378, 382-3

ヴァイトリング, ウィルヘルム　WEITLING, Wilhelm ……… 212
ヴァーグナー, アードルフ　WAGNER, Adolf ……… 211
ヴァール, ジャン　WAHL, Jean ……… 136, 479-80, 484
ヴァッカ, ジュゼッペ　VACCA, Giuseppe ……… 348
ヴィーコ, ジャンバティスタ　VICO, Giambattista ……… 409
ヴィラール, ピエール　VILAR, Pierre ……… 41, 259, 510
ウィリアム(三世)(オレンジ公)　William III (Prince of Orange) ……… 50
ウェーバー, マックス　WEBER, Max ……… 13-4
ヴォーン, C・E　VAUGHAN, C.E. ……… 50

エピクロス　EPIKUROS ……… 273-4, 541
エンゲルス, フリードリヒ　ENGELS, Friedrich ……… 41, 143, 146, 151, 159, 166-7, 169-73, 179, 192, 194, 213-4, 240-1, 245, 248, 271, 304, 317, 332, 339, 388-9, 392, 397, 482, 512, 527

オジエ, ジャン=ピエール　OSIER, Jean-Pierre ……… 490
オシャール, パトリク　HOCHART, Patrick ……… 80

ま 行

曲がった棒(を正す) (redresser) le bâton courbé …… 266-7, 388, 397
マス masse …… 181-2, 190, 193-4, 302
マニフェスト manifeste …… 414, 419-20, 422

無 rien …… 168-71, 175, 411
矛盾 contradiction …… 28-9, 47, 71, 74, 87, 91, 98, 104, 159, 177, 195, 197, 210, 220, 225-37, 241-3, 248, 254, 279, 281, 300-1, 311-2, 317-8, 331-2, 351-2, 355, 357-60, 368, 372-4, 376, 389, 392, 395, 398-401, 408, 412, 451, 462, 504-5, 514
　——した統一 unité contradictoire …… 242
　——の不均等性 inégalité de la contradiction …… 281-2
　主要な—— contradiction principale …… 282
　過程に対する——の優位 → 過程

巡り合わせ conjonction …… 245, 543

や 行

揺さぶる → 動かす

余分な太陽 soleil de trop …… 38

ら 行

領有, 占有, 我がものにする appropriation, approprier …… 63, 65, 75, 91, 109-12, 326-7
理論主義 théoricisme …… 10, 13, 166, 202, 204-7, 215-6, 218, 220-3, 226, 237, 242, 253, 325, 504
理論的実践 pratique théorique …… 63, 197, 203, 221, 233, 243, 246, 253, 264, 285, 517
理論内階級闘争 lutte de classes dans la théorie …… 203, 238-41, 244-6, 261

「歴史は実験的であるかぎりでしか科学でありえない」 L' histoire ne peut être une science que si elle est expérimentale …… 30

労働運動とマルクス主義理論との融合(合一) fusion (union) du mouvement ouvrier et de la théorie marxiste …… 213, 248

わ 行

我がものにする → 領有
「我々は真なる観念を実際に所持する」(スピノザ) *Habemus enim ideam veram* …… 219, 283

な 行

成し遂げられた事実, 既成事実　fait accompli …… 104, 318, 413, 416

ニュアンス　nuance …… 158, 199, 206, 244, 276
人間学 → 人類学
人間主義, ヒューマニズム　humanisme …… 14, 22, 69, 76, 159, 189, 197, 199, 204, 223, 242-3, 263, 268, 291, 294, 296-7, 301, 303, 315, 504, 518, 520
認識過程　procès de connaissance …… 14, 163, 166, 172, 283-91, 302
認識の対象／実在する対象　objet de connaissance/objet réel …… 170, 286-90, 304
認識論　épistémologie …… 14, 28, 33-4, 62, 143, 155, 165, 205, 253-4, 406, 482-3, 489
　——的切断 → 切断

は 行

配備＝装置　dispositif …… 209
始まり　commencement …… 73, 109, 153, 161, 179, 213, 220, 230, 281, 290, 335, 343-5, 360, 391-2, 395, 417-8, 422, 525, 527
　「——が険しい」(マルクス)　Le commencement est ardu …… 344, 360, 391
「始まりに在る問題が終わりに在る」　Les problèmes qui sont au début, sont à la fin …… 109
反復　répétition …… 30, 147, 168, 170-1, 176-7, 230, 279, 460
反復強迫(反芻)　rumination …… 146-7, 149, 170, 179

否認　dénégation …… 8, 15, 71, 100-1, 104, 110, 123-4, 147, 177, 179-80, 235, 250, 267, 318, 466-7
ヒューマニズム → 人間主義
昼の残滓　restes diurnes …… 151
貧乏人のヘーゲル主義　hégélianisme du pauvre …… 282, 397

不意打ち　surprise …… 312, 374, 401, 409, 418
フェティシズム → 物神崇拝
不可測(予測不可能)　aléatoir …… 418, 421
不在の原因 → 因果性
舞台の袖　cantonade …… 261, 265, 344
物象化　réification …… 214-6, 250, 293
物神崇拝, フェティシズム　féticisme …… 214, 221, 250, 381-2, 393
ブリコラージュ → 器用仕事
分裂 →「哲学は分裂をもたらす」
分裂させる力(マキャヴェリの思考の)　division que fait rénger la pensée de Machiavel …… 407

平行論　parallélisme …… 288
ヘゲモニー　hégémonie …… 194, 196, 262, 297, 362, 375-6, 379, 383-4

発作＝危機　crise …… 87, 139-40, 163

想像的なものの唯物論　matérialisme de l'imaginaire ………………………… 231
疎外, 外化　aliénation…… 88-9, 90-2, 97-8, 197, 209, 215-6, 230, 247, 277, 294, 303, 375, 381-2, 393, 451-2, 520
措定(テーゼ)からなる装置　système de positions (thèses) ………………………… 239

た　行

第＊種の認識　genre de connaissance ………………………… 284
　第一種の認識　le premier genre de connaissance ………………………… 231, 237, 284, 286
　第二種の認識　le deuxième genre de connaissance ………………………… 286
　第三種の認識　le troisème genre de connaissance ………………………… 284
体系＝機構　système………………………… 83, 124, 171, 209
退行　régression ………………………… 130-1
代補　supplément ………………………… 263
大陸　continent ………………………… 152-4, 156, 193, 195, 208, 210, 482, 484, 486-7, 489-90, 514
多幸症　euphorie ………………………… 71, 140
立場設定　prise de position ………………………… 161, 164-5, 204, 238, 523
断絶　rupture ………………………… 12, 76, 136, 150, 154, 206, 212, 218-9, 247-8, 297, 359, 414, 486

父なき子　enfant sans père ………………………… 212, 245
徴候　symptôme ………………………… 28, 100, 148-9, 216, 219, 325, 378, 458, 525
治療(哲学の)　pratique ………………………… 146-7, 179

つかむことである概念　*Begriff*, concept qui est prise ………………………… 279

出会い　rencontre ………………………… 72, 147, 389, 407, 414, 422, 466, 490, 543
　分岐における——　rencontre dans la bifurcation ………………………… 252
的確さ　justesse ………………………… 67, 147, 199, 213, 237-40, 242-4, 246-7, 260, 380, 505, 517
哲学教育　enseignement philosophique ………………………… 58-60, 65
哲学的効果, 哲学の効果　effets philosophiques ………………………… 65, 149
哲学的問い／科学的問題　question philosophique/problème scientifique ………………………… 149
　問いを問題へと移動させる　déplacer la question en un problème ………………………… 179
哲学の新しい実践　nouvelle pratique de la philosophie ………………………… 262
哲学の変形　transformation de la philosophie ………………………… 56, 180-1, 193, 269
「哲学は分裂をもたらす」　La philosophie divise ………………………… 141, 481
転移　transfert ………………………… 35, 82, 126, 132, 204, 344, 454, 468
点線で引かれる延長線, 点線の「なる」　prolongement en pointillé, devenir en pointillé ………………………… 373, 379

党派性, 党派的立場　prise de parti, position de parti ………………………… 161, 177, 262
どこへも通じぬ道の中の道　*Holzweg der Holzwege* ………………………… 145-6, 168, 183, 490
トポス論, 位相, 位相構造　topique ………………………… 13, 234-6, 270-2, 278-9, 393-5, 397, 515
取り違え　méprise ………………………… 70, 160, 359, 395

さ 行

最終審級(的に, における) (en) dernière instance………… 149, 168, 191, 195, 199, 238-40, 245-6, 250, 261-2, 270-83, 301
——での決定 détermination en dernière instance … 222, 234, 236, 254, 270-2, 278-9, 283, 297, 299-302
先取り, 先取る anticipation, anticiper……………………………… 88, 103, 142, 219, 230, 266, 276, 374, 392, 396, 460, 543
作者 auteur ……………………………………………………………………………… 388, 390
作動 fonctionnement…………… 82-3, 109, 114, 126, 171, 208-9, 231, 247, 250-1, 282, 288, 362-3, 484, 486, 488

事後的 après coup……………………………………………………………………… 211, 312-3, 319, 333
自然発生主義, 自然発生(性) spontanéisme, spontanéité ………… 67, 75, 140, 165-7, 191, 195, 220, 252, 272, 288, 376, 388, 537
自然法 loi naturelle ……………………………………………… 48-51, 52, 94, 407, 415-7, 436, 456, 541
実在する対象 → 認識の対象
支配因を伴なう構造化された複合的全体 tout complexe structuré à dominante, *Gliederung* ……………………………………………………………………………………14, 272, 276, 281
支配力をもつ → 決定力
地盤替え changement de terrain …………………………………………………………… 209
しゃれる, しゃれ, しゃれっ気 *Kokettieren*, flierter, fliert ……………………………… 10, 222-3, 267, 331
充満 plein …………………………………………………………………………………… 151
縮小, 縮める réduction, réduire ………………… 207-8, 217-20, 248, 282, 298, 316-7, 327, 343, 376-7, 389-90
主体なき過程 → 過程
主要な矛盾 → 矛盾
状況 conjoncture ………………8-9, 11, 13, 163, 176, 229, 241-2, 251, 263, 310, 312, 349, 368, 393, 399, 419-20
勝負どころ enjeu ……………………………………………………………… 196, 198, 263, 343
剰余価値の会計学的解説 présentation comptable de la plus-value ……………………………… 361, 391
真空 → 空虚
「真なるものはみずからと虚偽とを共に指し示す」(スピノザ) *Verum index sui et falsi* ……… 219, 232
心理学 psychologie …………………………………………… 29, 48-9, 60-5, 68-70, 76, 147, 164, 224, 298
人類学, 人間学 anthropologie ……………………………………………………………… 193, 298

隙間 → 遊び
ズレ décalage………………………… 82-3, 98-9, 101-4, 108-10, 114-5, 123, 125, 131-2, 159, 272, 452, 454, 468
——の否認 dénégation du décalage ……………………………………………………… 103-4

接合 articulation ……………………………………………………………………… 102, 125, 279
切断 coupure…………… 150, 153-5, 204-5, 207-8, 213, 216, 219-20, 232, 244-5, 248, 252, 289, 468, 482-3, 488
認識論的—— coupure épistémologique …………………………152-3, 207, 212, 216, 286, 483
(差し引き)ゼロ nul……………………………………………………………170-1, 175-6, 237, 290
戦場 *Kampfplatz* , champ de bataille ………………………………………… 169, 177, 196, 238-40, 261
占有 → 領有

介入　intervention …… 174, 246, 263, 267
乖離　des-articulation …… 102, 125
過少決定／過剰決定　sous-détermination/surdétermination …… 279-80, 282, 312, 519
過程　procès
　——に対する矛盾の優位　primat de la contradiction sur le procès …… 225
　主体なき——　procès sans sujet …… 136, 232, 469

既成事実 → 成し遂げられた事実, 既成事実
奇妙な親密さ, 疎遠な近しさ（不気味さ）　*Unheimlichkeit*, étrange familialité …… 409, 418
境界画定（の線）　(ligne de) démarcation ……174-5, 198, 215, 223-5, 245, 252, 272-4, 289, 336, 362
器用仕事　bricolage …… 72, 194
極限テーゼを表明する　énoncer des thèses-limites …… 265
極端において考える　penser aux extrêmes …… 267
距離　distance …… 125, 152, 175-6
禁圧　suppression …… 126, 392, 466

空虚, 真空　vide …… 7, 31-2, 150-1, 173, 230, 332, 419
　とられた距離の空虚　vide d'une distance prise …… 175
偶然（性）　contingence …… 37-8, 92, 147, 211-2, 246, 263, 342-5, 354, 407, 458-9, 468, 490
偶発的な事故　accident …… 89, 104, 150, 154, 316
具体的情勢の具体的分析　analyse concrète de la situation concrète …… 289, 382
　具体的プロセスの具体的分析　analyse contrète du processus concret …… 285

経験論　empirisme …… 46-9, 63-5, 76, 140, 159, 161, 163-7, 265, 268, 273, 286, 295, 335-6, 435-6, 496
傾向法則　loi tendancielle …… 225, 248
形式主義　formalisme ……29-30, 140, 224-5, 227
結合　*Verbindung,* combinaison …… 224-5
結節　nœud …… 241
決定力／支配力をもつ　être déterminant/dominant …… 191, 235, 250, 271, 278, 302
言語学, 音声学　languistique, phonologie …… 68
現在的である起源的「瞬間」　« instant » originaire actuel …… 117-8
現時点　moment actuel …… 336, 353, 355, 373, 382

交錯ダンス　chassé-croisé …… 124, 229
抗争　conflit …… 177-8, 260-1, 358, 383, 394, 420-1, 486
構造的因果性 → 因果性
誤差補正　ajustement …… 213, 239, 244-5, 255
個人崇拝　culte de la personnalité …… 254, 262, 310, 314, 353
国家に対する党の自立性　autonomie du parti par rapport à l'État …… 379
国家の廃絶／死滅　destruction/dépérissement de l'État …… 362-3, 370, 373, 379-80, 384, 535
言葉遊び, 語の戯れ　jeu de mot(s) …… 100, 102-3, 123, 212, 327
語をめぐる戦い　bataille sur des mots …… 198-9, 215

概念・事項索引

＊ 索引作成にあたっては，アルチュセール著『哲学・政治著作集Ⅱ』（藤原書店）の概念索引（市田良彦氏作成）を参考に選定した見出し語を，作成者の判断で増補し，さらに，アルチュセールの言葉づかいの特徴をなすか，アルチュセール的スパイスの香りが感じられる語句を，いくつか追加した。
＊ 索引の対象範囲はつぎのとおり。編者解題と第 1 章から第 14 章まで（7 ページから 422 ページまで）のすべて。編者注・訳者注（423 ページから 543 ページ）におけるアルチュセールのテキスト（対話者のテキストと引用テキストも含む）。
＊ 見出し語のページ数は機械的にすべてをピックアップすることはせず，文脈に応じて，或る程度まで取捨選択した。

あ　行

遊び（「間隔」「隙間」という意味での），戯れ（「動き」という意味での）　jeu …………… 82, 181, 272, 453-4

「言うなれば」（否認の徴候としての）　pour ainsi dire …………………………… 101, 103, 110, 452
一般性 Ⅰ，Ⅱ，Ⅲ　Généralité I, II, III …………………………………………………… 285-6
イデオロギー装置（国家の）　Appareils Idéologiques (d'État) ……………………… 17, 375-6, 378-9
移動　déplacement ……………………………… 14, 175-6, 179-80, 225, 240, 244, 251, 263, 279, 282
因果性　causalité ………………………………………………… 32-3, 42, 156, 222, 236
　構造的因果性　causalité structurale …………………………………………………… 222
　不在の原因　cause absente ……………………………………………………………… 221
隠喩　métaphore ……………………………… 77, 152-3, 208-10, 234-5, 241, 246-7, 252, 271, 275, 277-8

ヴィルトゥ（力量）　virtù ……………………………………………………………… 411, 414, 419
迂回　détour …………………………………… 225, 227-30, 233, 236-7, 260-1, 270, 273, 302, 500
動かす，揺さぶる　faire bouger ……………………………………………………… 180, 215, 287
運　fortune …………………………………………………………………… 411, 414, 419, 543

エレメント　élément ………………………………………………………… 45, 97, 107-8, 451
円環を解消する　résoudre un cercle ……………………………………………………… 459-60

遅れ　retard …………………………………………… 8, 155-6, 158-60, 192-3, 291, 312, 315-6, 471
音声学 → 言語学

か　行

回帰　récurrence/récurrent …………………………………………………… 219, 232, 238, 392

著者紹介

ルイ・アルチュセール（Louis ALTHUSSER）

1918年アルジェリア生まれ。39年高等師範学校に合格。同年9月軍役に召集、捕虜となり5年間ドイツの捕虜収容所で過ごす。45-48年を高等師範学校で学生生活。バシュラールを指導教官とする学位論文で高等研究免状を取得。ついでアグレガシオンに合格し48年より高等師範学校教員、同年フランス共産党入党。65年『マルクスのために』『資本論を読む』公刊、マスペロ社の「〈理論〉叢書」創刊。70年「イデオロギーと国家のイデオロギー装置」発表。73年『ジョン・ルイスへの回答』公刊――イギリス共産党との論争を経て哲学的人間主義への批判をいっそう強める。76年『ポジション』公刊。78年、党に所属したまま『ル・モンド』に「共産党の中でこれ以上続いてはならないこと」を発表。80年5月、重症の抑鬱状態におそわれる。同年11月、アパートの自宅でアルチュセールによって絞殺された妻エレーヌの遺体が見つかる。この一件で「責任能力なし」の判決を受け、また文部省の職権によって強制退職を通知される。以後、自宅滞在と入院を繰り返す。87年食道閉塞を起こし、新たな抑鬱状態に陥り再入院。健康状態は悪化の一途をたどる。1990年、夏の間ずっと硬直性肺炎を患った後、10月22日心拍停止により死去。

訳者紹介

福井和美（ふくい・かずみ）

1953年生まれ。訳書に、L・アルチュセール『哲学・政治著作集Ⅰ・Ⅱ』（共訳、藤原書店、1999年）、C・レヴィ＝ストロース『親族の基本構造』（青弓社、2000年）など。

マキャヴェリの孤独

2001年10月30日　初版第1刷発行©

訳者　福井和美

発行者　藤原良雄

発行所　株式会社　藤原書店

〒162-0041　東京都新宿区早稲田鶴巻町523

TEL　03（5272）0301
FAX　03（5272）0450
振替　00160-4-17013

印刷・製本　図書印刷

落丁本・乱丁本はお取り替えします
定価はカバーに表示してあります

Printed in Japan
ISBN4-89434-255-3

〔附〕主要著作解題・全著作目録

構造と実践

〈ブルデュー自身によるブルデュー〉

P・ブルデュー　石崎晴己訳

新しい人文社会科学の創造を企図するブルデューが、自らの全著作・仕事について語る。行為者を構造の産物にして構造の再生産者として構成する「プラチック」とは何かを、自身の「語られたものごと」を通して呈示する、ブルデュー自身によるブルデュー。

A5上製　三七六頁　**三六八九円**

（在庫僅少）（一九九一年一二月刊）◇4-938661-40-3

CHOSES DITES　Pierre BOURDIEU

ブルデュー理論の基礎

社会学者のメチエ

〈認識論上の前提条件〉

P・ブルデュー他

田原音和・水島和則訳

ブルデューの隠れた理論体系を一望に収める基本文献。科学の根本問題としての認識論上の議論を、マルクス、ウェーバー、デュルケーム、バシュラールほか、45のテキストから引き出し、縦横に編み、その神髄を賦活する。

A5上製　五二八頁　**五六三一円**

（在庫僅少）（一九九四年一月刊）◇4-938661-84-5

LE MÉTIER DE SOCIOLOGUE

Pierre BOURDIEU, Jean-Claude CHAMBOREDON et Jean-Claude PASSERON

日本人のためのブルデュー入門

ピエール・ブルデュー

〈超領域の人間学〉

P・ブルデュー　加藤晴久編

構造主義以降のフランス現代思想の閉塞を超える〈思想〉としてのブルデュー社会学の意義を、日本人に向けてブルデュー自身が特別に編集。ブローデル、フーコら知識人界の巨人と自己との関わりをも初めて語る話題の書。**廣松渉、今村仁司との鼎談も収録。**

A5並製　二二四頁　**二一三六円**

（在庫僅少）（一九九〇年一一月刊）◇4-938661-14-4

ブルデュー社会学を日本に適用

文化的再生産の社会学

〈ブルデュー理論からの展開〉

宮島　喬

文化的再生産論の諸相を包括的に示し、そのダイナミズムとフロンティアを初めて呈示する本邦初成果。ブルデュー理論の基本を整理し、さらなる展開としてエスニシティ、ジェンダー等の新領野にも挑む。現在唯一の日本社会調査・分析も収録した注目の書。

A5上製　三二〇頁　**三七八六円**

（一九九四年二月刊）◇4-93861-87-X

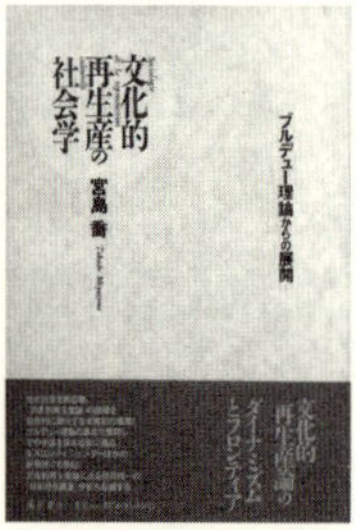